sans phrase Zeitschrift für Ideologiekritik Heft 17, Winter 2020/21

Parataxis

sans phrase Zeitschrift für Ideologiekritik Heft 17, Winter 2020/21

Essays

In Erinnerung an Samuel Paty
18. 9. 1973 – 16. 10. 2020

Zwei Mohammed-Karikaturen in Worten – nebst historischen Hinweisen

1. Ein Strichmännchen mit der Bildunterschrift »Der Große Prophet«
»Wir haben keinerlei Evidenzen für die Existenz eines Propheten namens Muhamad, der von 570 – 632 (oder ähnlich) gelebt und den Koran verkündet haben soll. ... Man mag durchaus eine religiöse Persönlichkeit, etwa einen Prediger, in der Arabischen Wüste annehmen. Nur hieß er nicht Muhamad und dürfte herzlich wenig mit der kolportierten Vita des Propheten zu tun haben.«

2. Eine Karikatur von Mohammed, der eine Karikatur von Mohammed zeichnet, der eine Karikatur ...
»Genauso gut könnte es sich um ein Team, ja sogar um eine Sekte handeln, die sich hinter dem Label ›Muhamad‹ verbirgt oder einfach um eine erfundene Symbolfigur. ... Eine einzelne Figur als exklusiver Präsentator fällt aus. ... Die Entwicklung des Islam ist in erster Linie prozessual zu sehen ...«

Die Zitate stammen aus dem Buch von Norbert G. Pressburg: Good Bye Mohammed. Das neue Bild des Islam. Books on Demand: Norderstedt. 3. Aufl. 2012.

»Zum Autor finden sich weder im Buch noch im Internet weitere Angaben. Man muss wohl davon ausgehen, dass es sich bei ›Norbert G. Pressburg‹ um ein Pseudonym handelt, wie es auch beim Semitisten Christoph Luxenberg (›Die syroaramäische Lesart des Koran‹) der Fall ist. Das illustriert die äußerst bedenkliche Tatsache, dass sich immer mehr Autoren und Verlage bei islamkritischen Themen einer Selbstzensur unterziehen, da sie offenbar Gewalttaten radikaler Muslime fürchten. So bleibt zu fragen, ob man es bereits als einen Sieg radikalislamischer Einschüchterungen verbuchen muss, dass das Buch im ›Samisdat‹ Verlag Books on Demand erschien. Es hätte die Lektorierung durch einen renommierten Sachbuchverlag verdient.« (Eckehard Peters: Gelesen: Norbert G. Pressburg: Good Bye Mohammed. Mohammed und die Wirklichkeit. In: Die Politische Meinung. Konrad Adenauer Stiftung. 491 / 2010, S. 45.)

Der Autor dieses Artikels verlor 2010 seine Stelle als ›Ausländerbeauftragter‹ bei der Thüringer Landesregierung, weil er 500 Exemplare dieses Buchs an Verantwortliche in Behörden, Schulen und Kultureinrichtungen verteilen ließ. Zehn Jahre später ist der französische Lehrer Samuel Paty, der in seiner Klasse Mohammed-Karikaturen zeigte, um über sie zu diskutieren, von einem Anhänger Mohammeds enthauptet worden.

Parataxis

Alex Gruber

Speerspitze des postkolonialen Antisemitismus

Achille Mbembes ›Nekropolitik‹ als Handreichung für deutsche Erinnerungskultur

Im Frühling 2020 wurde eine erbitterte Debatte um das Werk Achille Mbembes und die gegen ihn erhobenen Antisemitismusvorwürfe geführt. Begonnen hatte alles damit, dass die Intendantin der *Ruhrtriennale* Stefanie Carp den Politologen und Historiker eingeladen hatte, die Eröffnungsrede auf dem Kulturfestival zu halten.[1] In Folge wies der kulturpolitische Sprecher der FDP-Fraktion im nordrhein-westfälischen Landtag, Lorenz Deutsch, darauf hin, dass Mbembe in der Vergangenheit Aufrufe zum Boykott der Ben-Gurion-Universität in Israel[2] unterzeichnet und antiisraelische Texte veröffentlichte hatte, in denen er – wie Deutsch in einem offenen Brief ausführte[3] – den Holocaust relativie-

1 Achille Mbembe: Reflections On Planetary Living. Festivalrede. www.ruhrtriennale.de/de/agenda/262/ACHILLE_MBEMBE/Reflections_On_Planetary_Living (letzter Zugriff: 27.9.2020). Da die *Ruhrtriennale* letzten Endes wegen Corona abgesagt wurde, wurde die Rede nie gehalten, sie erschien aber im August in gedruckter Form in der *Süddeutschen Zeitung*: Das Leben wägen. Der nicht gehaltene Eröffnungsvortrag Achille Mbembes. www.sueddeutsche.de/kultur/achille-mbembe-corona-gerechtigkeit-1.4989012 (letzter Zugriff: 27.9.2020).

2 University of Johannesburg (UJ) Petition: South African Academics Support the Call for UJ to Terminate Relationship with Israeli Institution. www.web.archive.org/web/20100927171559/http:/www.ujpetition.com/2010/09/south-african-academics-support-call.html (letzter Zugriff: 27.9.2020). Mbembe bestritt in Folge, je Mitglied der Israelboykottbewegung BDS gewesen zu sein, was nicht besonders aussagekräftig ist angesichts der Tatsache, dass BDS sich als Aktivisten-Bewegung versteht, die keine Mitglieder kennt. Neben der Petition von 2010 zum Boykott der Ben-Gurion-Universität unterzeichnete Mbembe noch 2015 eine Petition, in der der akademische Boykott Israels befürwortet wird und setzte im Jahr 2018 unter explizitem Bezug auf BDS die südafrikanische Universität Stellenbosch unter Druck, die israelische Friedensaktivistin Shifra Sagy auszuladen, womit er und seine Mitstreiter letztlich auch Erfolg hatten. (Statement from Sarah Nuttall and Achille Mbembe on »Recognition, Reparation, Reconciliation« Conference, Stellenbosch University.) www.wiser.wits.ac.za/content/statement-sarah-nuttall-and-achille-mbembe-%E2%80%9Crecognition-reparation-reconciliation%E2%80%9D (letzter Zugriff: 27.9.2020). In einem Gastbeitrag für die *Zeit* schrieb Mbembe dann im April 2020 als Reaktion auf die gegen ihn erhobenen Vorwürfe: »Was den Boykott des universitären Austauschs betrifft, so war ich tatsächlich der Auffassung, er könne fruchtbar sein. Doch nach reiflichem Nachdenken bin ich zu dem Schluss gekommen, dass ein Boykott nicht unterschiedslos erfolgen darf, und diese Position vertrete ich öffentlich. ... Für mich gehört die Verweigerung einer Zusammenarbeit mit Personen und Institutionen, die an der kolonialen Besatzung eines Volkes durch ein anderes Volk beteiligt sind, zur Ausübung der Gewissensfreiheit.« (Achille Mbembe: Antisemitismus: Die Welt reparieren. www.zeit.de/2020/18/antisemitismus-achille-mbembe-vorwuerfe-holocaust-rechtsextremisus-rassismus, letzter Zugriff: 27.9.2020.) Das bedeutet, Mbembe steht nach wie vor hinter seiner 2010 erhobenen Forderung zum Boykott der Ben-Gurion-Universität, weil für ihn feststeht, dass sie an der kolonialen Unterdrückung der Palästinenser beteiligt sei.

3 Lorenz Deutsch: Antisemitismus keine Plattform bieten. Offener Brief an Intendantin der Ruhrtriennale. www.lorenz-deutsch.de/antisemitismus-keine-buehne-bieten/2234 (letzter Zugriff: 27.9.2020).

re und die israelische Politik nicht nur mit der südafrikanischen Apartheidpolitik vergleiche, sondern sie als sogar noch weitreichender und schlimmer darstelle.

Deutsch appellierte an Carp, ihre Einladungspolitik noch einmal zu überdenken, wobei er auch auf den Beschluss des nordrhein-westfälischen Landtags verwies, die BDS-Bewegung als antisemitisch einzustufen und öffentlichen Einrichtungen zu untersagen, ihren Vertretern Räumlichkeiten zur Verfügung zu stellen oder sie finanziell zu fördern und zu unterstützen. Carp wies die Vorwürfe Deutschs umgehend als falsch zurück, ohne jedoch inhaltlich weiter auf sie einzugehen, womit sie etwas vorwegnehmen sollte, was die folgende Diskussion von Seiten vieler Verteidiger Achille Mbembes prägen sollte.[4] Carp verwies stattdessen darauf, dass Mbembe in den vergangenen Jahren vielfach in Deutschland aufgetreten und geehrt worden sei, so als ob allein dies ein hinreichender Beleg dafür wäre, dass er keinerlei antisemitische Ressentiments hegen könne.[5] Als sich anschließend der Beauftragte der Bundesregierung für jüdisches Leben in Deutschland und den Kampf gegen Antisemitismus, Felix Klein, zu Wort meldete und auf die »antisemitischen Muster« in den Texten Mbembes, auf seine BDS-Unterstützung und den »politischen Schaden« hinwies, den die Ruhrtriennale durch einen Auftritt des Philosophen als Eröffnungsredner nähme,[6] hatte Deutschland seine bis dato neueste ›Antisemitismusdebatte‹, die sich vor allem um die Frage drehte, ob das, was Mbembe über den jüdischen Staat und dessen Politik schreibt, ›legitime Israelkritik‹ sei oder von antisemitischem Ressentiment getriebene Projektion.

Eine weitgehend projektive Debatte

Für letzteres spricht allein schon, wie projektiv diejenigen, die Mbembe gegen jeden Vorwurf verteidigten, vorgingen. Die meisten dieser Verteidiger redeten in ihren oftmals mehr an Anwürfe denn an Diskussionsbeiträge erinnernden Antworten auf die Kritiker Achille Mbembes – allen voran Lorenz Deutsch und Felix Klein – nämlich weniger über die in Frage stehende Sache, als vielmehr über das, was vermeintlich hinter ihr verborgen sein sollte. In aller Regel versuchten diejenigen, die Mbembe von den erhobenen Vorwürfen freisprechen wollten, kaum, den von den Kritikern vorgebrachten Textstellen argumentativ etwas entgegenzusetzen, um deren Deutungen zu entkräften oder zu widerlegen.

Eine gewisse Ausnahme bildet hier die breit diskutierte Frage, ob Mbembe nun die südafrikanische Apartheid mit der nationalsozialistischen Judenvernichtung gleichgesetzt habe oder nicht. Doch auch diese Debatte, die zumindest vordergründig über inhaltliche Argumente geführt wurde, glich über weite Strecken einer Geisterdebatte, warfen die Verteidiger Mbembes den Kritikern doch immer wieder etwas vor, was diese gar nicht behauptet hatten: dass sie nämlich das Vergleichen verbieten wollten, während der Vergleich doch ein notwendiges Instrument wissenschaftlicher Analyse sei; und dass Vergleichen schließlich nicht gleichset-

4 Zu diesem frühen Stadium der Auseinandersetzung siehe Alex Feuerherdt: Ruhrtriennale: Israel schlimmer als Apartheid-Südafrika? www.mena-watch.com/ruhrtriennale-israel-schlimmer-als-apartheid-suedafrika (letzter Zugriff: 27.9.2020).

5 Ähnlich argumentierte auch Jörg Häntzschel in der *Süddeutschen Zeitung*, als er schrieb, es sei überraschend, dass die »antisemitische Gefahr nun ausgerechnet von einem weltweit bekannten und renommierten Wissenschaftler aus Kamerun ausgeht, dem Historiker, Politikwissenschaftler und Postkolonialismus-Denker Achille Mbembe. ... Wäre er tatsächlich Antisemit, hätte das längst auffallen müssen: als er im letzten Jahr als Gastprofessor in Köln lehrte, als er den Ernst-Bloch- und den Gerda-Henkel-Preis erhielt (die Laudatio hielt die Staatsministerin Michelle Müntefering), bei den ›Berliner Korrespondenzen‹, veranstaltet von Humboldt-Universität, Gorki-Theater und Auswärtigem Amt, oder als er 2015 mit dem nach den Widerstandskämpfern der Weißen Rose benannten Geschwister-Scholl-Preis ausgezeichnet wurde.« (Jörg Häntzschel: »Sehr viel Fantasie«. Antisemitismusvorwürfe gegen Mbembe. www.sueddeutsche.de/kultur/achille-mbembe-antisemitismus-klein-1.4881441, letzter Zugriff: 27.9.2020.) Auch hier sollen also der akademische Titel und ein paar Auszeichnungen der Beweis für nichtexistenten Antisemitismus sein. Zu Mbembes Buch *Kritik der Schwarzen Vernunft*, für das er die meisten der genannten Auszeichnungen erhalten hat und dessen Rezeption siehe Paulette Gensler: Der Neger ist tot, es lebe der Neger! »Le devenir-nègre du monde« – die antirassistische Zukunftsversion des Herrn Mbembe. In: Bahamas 71/2015, S. 46–51.

6 Häntzschel: »Sehr viel Fantasie« (wie Anm. 5). Siehe dazu auch in der *Jüdischen Allgemeinen*: Protest gegen Auftritt von Mbembe. www.juedische-allgemeine.de/politik/protest-gegen-auftritt-von-mbembe (letzter Zugriff: 27.9.2020).

zen bedeute.[7] Dass es keinem der an der Diskussion beteiligten Kritiker um ein Verbot des Vergleichens ging – schließlich ist auch die Feststellung von Singularität in sich selbst eine komparative –; dass Mbembe die Relativierung der Judenvernichtung und nicht deren Gleichsetzung mit Apartheid vorgeworfen wurde; dass die Kritiker also mitnichten den Unterschied zwischen »zulässigen Vergleichen und unzulässigen Gleichsetzungen[8] einebnen wollten, sondern vielmehr auf die Unzulässigkeit der Mbembeschen Vergleiche hinwiesen: all dies durften Mbembes Fürsprecher nicht zur Kenntnis nehmen, wäre dann doch nicht nur ihre Verteidigung des Philosophen und der Beziehung, in die er Apartheid und Judenvernichtung rückt, hinfällig geworden. Vielmehr fungierte das Strohmannargument vom angeblich allüberall grassierenden Verbot, vergleichende Überlegungen in Bezug auf die Shoah anstellen zu dürfen, darüber hinaus auch noch als Instrument, den bis dato singulären Charakter der nationalsozialistischen Judenvernichtung infrage zu stellen beziehungsweise eine Fixierung auf diesen zu behaupten: Im Namen der »These von der Unvergleichbarkeit des Holocaust«[9] würden Hierarchien und Exklusionen, Tabus und Sprechverbote, ja gar eine Einschränkung der Meinungs- und Wissenschaftsfreiheit installiert.[10]

Da der deutschen »Erinnerungskultur« diese Vorstellung von der Singularität zugrunde liege, sei sie, so der wissenschaftliche Mitarbeiter am Zentrum für Antisemitismusforschung der TU Berlin Felix Axster, von »provinziellem Charakter«; sie stelle eine nicht mehr zeitgemäße »Hervorhebung der Bedeutung von Antisemitismus« dar, die »Opferkonkurrenz« und »damit einhergehende Ausschlüsse« produziere und dem Gedenken an andere, etwa rassistische oder kolonialistische, »Gewaltverbrechen« »im Zeichen von Auschwitz im Weg« stehe; eine Spannung, die im Sinne des Universalismus »produktiv genutzt werden« müsse.[11] Der angemahnte Weg ›produktiver Nutzung‹ postkolonialer Erfahrung, der zur ›selbstkritischen Reflexion‹ der konstatierten

7 Siehe paradigmatisch hierzu den von Aleida und Jan Assmann, Wolfgang Benz, Micha Brumlik, Eva Illouz, Susan Neiman, Michael Rothberg, Moshe Zimmermann, Moshe Zuckermann, Rolf Verleger u. a. unterschriebenen offenen Brief: Solidarität mit Achille Mbembe. www.diefreiheitsliebe.de/politik/solidaritaet-mit-achille-mbembe (letzter Zugriff: 27.9.2020). Eine treffende Kritik an diesem offenen Brief veröffentlichte der zu den Kritikern Mbembes zählende Alan Posener auf seinem Blog: Vergleich ist nicht gleich Vergleich. www.starke-meinungen.de/blog/2020/05/11/vergleich-ist-nicht-gleich-vergleich (letzter Zugriff: 27.9.2020).

8 Solidarität mit Achille Mbembe (wie Anm. 7).

9 Michael Rothberg: Das Gespenst des Vergleichs. Debatte um Achille Mbembe. www.goethe.de/prj/lat/de/dis/21864662.html (letzter Zugriff: 27.9.2020). »Durch die dem Holocaust zugeschriebene Einzigartigkeit – in der offiziellen Gedenkkultur und sogar in der Wissenschaft – unterliegt er nicht mehr dem üblichen Geschichtsbewusstsein, das sich zwangsläufig auf einen Vergleich und eine relative Verhältnismäßigkeit zwischen verschiedenen Ereignissen stützt. Eine derartige Sakralisierung der Einzigartigkeit ist keine Besonderheit in Deutschland, hat allerdings in der Bundesrepublik in den vergangenen Jahren eine ganz eigene – und besonders ausgeprägte – Form angenommen. In Deutschland setzt der allgemeine öffentliche Diskurs voraus, dass ein Vergleich des Holocaust mit anderen Ereignissen dieses von den Deutschen verübte Verbrechen verharmlost und damit der Ernsthaftigkeit des deutschen Verantwortungsgefühls schadet. Was zur Folge hatte, dass der öffentliche und der wissenschaftliche Diskurs einer strengen Kontrolle unterliegen.« Zur Kritik an Rothbergs gegen die Singularität der Shoah gerichtete »multidirektionale Erinnerung« siehe Steffen Klävers: Decolonizing Auschwitz? Komparativ-postkoloniale Ansätze in der Holocaustforschung. Oldenburg 2019, S. 133–177.

10 Siehe Aleida Assmann: Ein neuer deutscher Sonderweg? www.berliner-zeitung.de/kultur-vergnuegen/aleida-assmann-antisemitismus-ein-neuer-deutscher-sonderweg-li.93013 (letzter Zugriff: 27.9.2020).

11 Felix Axster: War doch nicht so schlimm. www.freitag.de/autoren/der-freitag/war-doch-nicht-so-schlimm (letzter Zugriff: 27.9.2020). Die Behauptung, dass an der Problematik deutscher Erinnerungspolitik ausgerechnet deren (angeblicher) Provinzialismus schuld sein soll, kann nur aufrechterhalten werde, wenn ihre Vertreter – wie jüngst erst wieder René Aguigah in einer von der *Bildungsstätte Anne Frank* organisierten Diskussionsveranstaltung – zugleich behaupten oder zumindest nahelegen, die These von der Singularität sei im Zuge des deutschen Historikerstreits entstanden und wirkmächtig geworden. (Die Causa Mbembe. Ein Gespräch mit Ijoma Mangold und René Aguigah. www.youtube.com/watch?v=QSB2d6NMNRQ (letzter Zugriff: 27.9.2020).) Damit ignorieren sie nicht nur jüdische Autoren wie Chaim Kaplan oder Abraham Lewin, der bereits 1942 von dieser Singularität sprach, sondern ebenso jemanden wie Claude Lanzmann oder Wissenschaftler wie Israel Gutman, Saul Friedländer, Yehuda Bauer oder Lucy Dawidowicz, die genauso wenig Deutsche sind wie Deborah Lipstadt oder Steve T. Katz, die ebenfalls die Singularitätsthese vertreten. Jüdische und israelische Wissenschaftler nehmen die Mbembe-Apologeten immer nur dann zur Kenntnis, wenn sie diese – wie Aguigah am Ende der genannten Diskussion – als Kronzeugen aufrufen können; oft noch unterlegt mit der Suggestion: ›Wenn das Juden beziehungsweise Israelis selbst sagen, dann kann es doch unmöglich antisemitisch sein.‹

›Provinzialität‹ postnazistischer Erinnerungskultur führen soll – zur Kritik dessen also, was Axster als »deutsche Befindlichkeiten«[12] bezeichnet und Aleida Assmann sogar einen »neuen deutschen Sonderweg« nennt –, endet logisch zu Ende gedacht darin, die Vernichtung der europäischen Juden in die Gewaltgeschichte des Kolonialismus einzusortieren – und letztlich darin aufzuheben.[13]

Daneben zeigte sich in der Debatte – für die poststrukturalistischen, postkolonialistischen, diskurstheoretischen Milieus, aus denen die Mbembe-Fürsprecher zumeist stammen, nicht ganz untypisch – zugleich eine Verschiebung von der inhaltlichen Ebene auf jene des Diskurses: auf Fragen des Sprechorts, der Macht der Sprecher und der ›eigentlichen Intention‹ der Kritiker. Schon Mbembe selbst warf in ersten Reaktionen seinen Kritikern Rassismus und das Verbreiten von »Hassbotschaften«[14] vor, um deren inhaltliche Argumente von vornherein zu diskreditieren. So erklärte er in einem Interview mit dem Deutschlandfunk, auf die gegen ihn erhobenen Antisemitismusvorwürfe angesprochen: »Ich fürchte, sie sehen in mir kein menschliches Wesen, das in der Lage ist, eigenständig zu denken und seinem eigenen moralischen Gewissen entsprechend zu handeln. Also haben sie schnell eine Maske erfunden. Ich habe dieses Phänomen in einem meiner Bücher einmal mit dem Begriff ›Neger‹ beschrieben. Und nun sieht es so aus, als ob ich in Wahrheit nichts als ein ›Neger‹ sei, ein Antisemit von einem ›Neger‹! Selten habe ich mich in meinem ganzen Leben so verletzt und respektlos behandelt gefühlt.«[15]

12 »Zu einem Zeitpunkt, wo man im Begriff ist, die von Europa ausgegangene Gewalt überall auf der Welt zu reflektieren und an der Herstellung bedeutungsvoller globaler Beziehungen zu arbeiten, echauffieren sich deutsche Intellektuelle in solchen Scheinkämpfen [gegen angeblichen Antisemitismus wie bei Achille Mbembe]. Während Gewalt und Hetze täglich zunehmen und ein solidarisches Vorgehen mehr denn je geboten wäre, provinzialisiert sich Deutschland und schlägt einen neuen Sonderweg ein.« (Assmann: Ein neuer deutscher Sonderweg?, wie Anm. 10.) Zu Assmanns Versuch, die deutsche Erinnerungspolitik postkolonial bzw. einer Einwanderungsgesellschaft gemäß zu modernisieren, siehe den Artikel von Niklaas Machunsky in diesem Heft.

13 Reinhart Kößler und Henning Melber etwa nehmen die von Achille Mbembe hergestellte Beziehung zwischen Apartheid und Shoah mit den Worten in Schutz, seinen Kritikern entgehe, dass der »ihm zur Last gelegte Vergleich eine metaphorische Zusammenschau des Holocaust, der Apartheid in Südafrika, vieler anderer Kolonialsysteme und auch der gegenwärtigen israelischen Besatzungspolitik betrifft. Solch segregierenden Herrschaftssystemen wohnt eine Systematik inne, die zur Steigerung und einer zur Willkür neigenden Praxis der gewaltsamen Diskriminierung neigt [sic!]. Diese kann bis zum Völkermord gehen.« (Reinhart Kößler / Henning Melber: Gegen Antisemitismus als Immunisierungsstrategie. Die Debatte um Achille Mbembe. www.kulturrat.de/wp-content/uploads/2020/05/puk06-20.pdf, S. 15, letzter Zugriff: 27. 9. 2020.) Dass auch die Argumentation gemäßigt auftretender Vertreter einer ›multidirektionalen‹ Erinnerungstheorie, die wie Axster den Vorwurf der Auflösung der Shoah in den Strom der Geschichte weit von sich weisen würden, letzten Endes auf genau diese Auflösung hinausläuft, zeigt Ingo Elbe in seinem Aufsatz: Solidarität statt Provinzialität? Fallstricke »multidirektionaler Erinnerung«. www.mena-watch.com/solidaritaet-statt-provinzialitaet-fallstricke-multidirektionaler-erinnerung (letzter Zugriff: 27. 9. 2020).

14 Achille Mbembe: The conviction and conscience of Achille Mbembe. Edited excerpt of an interview with Achille Mbembe conducted by culture journalist René Aguigah for Deutschlandradio Kultur. www.newframe.com/the-conviction-and-conscience-of-achille-mbembe (letzter Zugriff: 27. 9. 2020).

15 Achille Mbembe: »Diese Unterstellung trifft mich in meiner Seele«. Achille Mbembe im Interview mit René Aguigah. www.deutschlandfunkkultur.de/achille-mbembe-antwortet-kritikern-diese-unterstellung.1013.de.html?dram:article_id=475398 (letzter Zugriff: 27. 9. 2020). In der *taz* argumentiert Mbembe ganz ähnlich: »Sie haben erfahren, dass ich seit einigen Wochen Objekt völlig grundloser, ebenso verrückter wie hinterhältiger Attacken seitens der Rechten und extremen Rechten in Deutschland bin. Am Ursprung dieser Diffamierungskampagne steht ein Lokalpolitiker aus Nordrhein-Westfalen. Er heißt Lorenz Deutsch. ... Unser Politiker konnte nicht sagen, dass er keinen Neger auf dem Festival wollte. Er konnte nicht sagen, dass er mich ablehnt, weil ich antikoloniale Thesen vertrete. Oder weil ich für die Rückgabe afrikanischer Kulturgüter eingetreten bin. Oder weil ich mich gegen Europas Umgang mit Migranten und Asylsuchenden ausspreche. Also hat er etwas Besseres gefunden. Er hat eine teuflische Idee gehabt: Ein antisemitischer Neger – das schlägt zwei Fliegen mit einer Klappe! Wie sonst soll man diese gigantische Diffamierungskampagne mit rassistischen Zügen erklären? ... Aber für Deutsch ist die Idee unerträglich, dass ein Neger ganz allein nachdenken und moralische Standpunkte beziehen kann. Ein Neger ist ein Objekt, das man verwendet. [An dieser Stelle unterschlägt die Übersetzung der *taz* den darauf folgenden Satz aus dem französischen Original: »Hinter jedem Neger steht ein Meister, der ihm Befehle gibt und ihm sagt, was er denken und sagen soll, wie, wann und warum.«] ... Ich bin nicht der Einzige, der auf diese Weise gelyncht worden ist. Viele andere Intellektuelle, oft aus Ländern des Südens oder von dort abstammend, haben in jüngster Zeit diese Qual erlitten. Denken wir an sie.« (Achille Mbembe: »Gigantische Diffamierungskampagne«. Mbembe zum Antisemitismusvorwurf. www.taz.de/Mbembe-zum-Antisemitismusvorwurf/!5684094, letzter Zugriff: 27. 9. 2020.)

Mbembe will oder kann nicht erkennen, dass er gerade in der an ihm geäußerten Kritik als jemand gesehen wird, der eigenständig denken kann und dass ihm in genau diesen eigenständigen Gedanken und deren Inhalt widersprochen wurde. Vielmehr weigert er selbst sich, der Kritik irgendeinen Gehalt auch nur zuzugestehen, den es zu durchdenken und argumentativ zu entkräften oder widerlegen gälte, und zieht sich stattdessen auf eine Opferrolle zurück, aus der heraus er seine Widersacher als Rassisten und Rechtsextreme bezeichnet,[16] die ihm keinen Respekt zollten. In der englischsprachigen Version des Interviews mit René Aguigah, dem Leiter des Ressorts Kultur und Gesellschaft des Deutschlandradio Kultur geht Mbembe in seiner Reflexionsabwehr und Kritikunfähigkeit sogar so weit, dass Aguigah es für notwendig zu halten schien, diese Stellen für das deutsche Publikum zu glätten,[17] weil in ihnen allzu deutlich wird, wie stark Mbembes Denken von Verschwörungstheorien geprägt ist.

Nicht nur beginnt Mbembe seine Ausführungen dort mit der Wette, »dass diejenigen, die mich beschuldigen, nicht einmal in der Lage sind, meinen Namen richtig auszusprechen«, vielmehr erklärt er dort, dass die Zeit schnell kommen werde, »in der wir uns fragen müssen, warum Deutschland ein Laboratorium für eine mächtige Offensive gegen bestimmte Traditionen kritischen Denkens und fortschrittlicher Politik geworden zu sein scheint. Warum richtet sich diese Offensive in erster Linie gegen die Stimmen der Minderheiten in Europa und die Stimmen der ehemals kolonialisierten Welten? Wer gewinnt am meisten, wenn diese Stimmen tatsächlich zum Schweigen gebracht werden?« In dem Ausmaß, in dem die berühmt-berüchtigte Frage nach dem cui bono? die argumentative und deutende Auseinandersetzung in der Kritik ersetzen soll, insinuiert Mbembe, dass es Akteure gebe, die Deutschland in ein Labor zur Entwicklung von Unterdrückungsinstrumenten für Minderheiten und (Post-) Kolonien verwandelt hätten; und eines der schlagendsten dieser Instrumente sei, wie könnte es anders sein, die Antisemitismuskeule: »Der Kampf gegen den Antisemitismus sollte niemals als Alibi oder als Deckmantel für eine neue Form des Rassismus benutzt werden. ... Ich befürchte, dass es fatale Folgen haben wird, wenn das unaussprechliche Verbrechen der Vernichtung der Juden im Herzen Europas entweder für rassistische Zwecke oder zur Unterdrückung der zerbrechlichen Stimmen missbraucht wird, die in unserer Welt immer noch nach Gerechtigkeit streben«[18] – womit Mbembe natürlich nicht zuletzt sich selbst meint.

Ein Antisemitismusbeauftragter als Ärgernis

Wenig überraschend argumentierten viele seiner deutschen Verteidiger ganz ähnlich wie Mbembe selbst. So glaubte der Afrikawissenschaftler Andreas Eckert »Anzeichen einer Hexenjagd«[19] ausmachen

16 Achille Mbembe: Les conditions morales de la lutte contre l'antisemitism. www.facebook.com/story.php?story_fbid=10157204379976451&id=618071450&scmts=scwspsdd&extid=qz4mxWb9Ytu0mGA0 (letzter Zugriff: 27.9.2020).

17 Dominic Johnson, der Achille Mbembes ursprünglich auf dessen *Facebook*-Profil erschienene Antwort auf Lorenz Deutsch und Felix Klein ins Deutsche übersetzte, ging ähnlich vor wie Aguigah und ließ allzu ressentimentgeladene Stellen ebenfalls einfach unter den Tisch fallen. Neben der bereits genannten (siehe Anm. 15) findet sich auch folgende Aussage des französischen Originals nicht in der Version, die in der *taz* publiziert wurde: »Im Übrigen, gepriesen sei Gott, sind Felix Klein und Deutsch (der behauptet, ein Liberaler zu sein) in Südafrika nicht an der Macht. Mit ihnen hätten Neger niemals das Recht erhalten, Petitionen zu unterzeichnen!« (Mbembe: Les conditions morales, wie Anm. 16.)

18 Mbembe: The conviction and conscience of Achille Mbembe (wie Anm. 14). In der *taz* stößt Mbembe ins selbe Horn, wenn er in seiner dort publizierten Antwort auf die gegen ihn gerichteten Vorwürfe vor der Instrumentalisierung des Antisemitismus zum Zweck des Ausschlusses und der Mundtotmachung unterdrückter Völker warnt: »Der unbarmherzige Kampf gegen Antisemitismus kann seinerseits weder philosophisch noch ethisch als Vorwand dienen, Rassismus gegen andere Völker auf der Erde zu befördern, sie zum Schweigen zu bringen, ihre Klagen zu ersticken oder ihre Träume von Gleichheit, Gerechtigkeit und Freiheit zu disqualifizieren.« (Mbembe: »Gigantische Diffamierungskampagne«, wie Anm. 15.)

19 Andreas Eckert: »Anzeichen einer Hexenjagd«. Antisemitismus-Vorwürfe gegen Achille Mbembe. www.swr.de/swr2/leben-und-gesellschaft/antisemitismus-vorwuerfe-gegen-achille-mbembe-anzeichen-einer-hexenjagd-1.04.html (letzter Zugriff: 27.9.2020). Andernorts wirft Eckert – ähnlich wie Politiker, die sich nach fremdenfeindlichen Anschlägen Sorgen um den internationalen Ruf Deutschlands machen – den Kritikern Mbembes vor, sie würden dem »Wissenschaftsstandort Deutschland« einen »potenziell verheerenden« Schaden zufügen. (Postkolonialismus und die Causa Mbembe. www.rotary.de/gesellschaft/

zu können, und Ruhrtriennale-Intendantin Stefanie Carp erklärte, Mbembe werde im Zuge einer unvergleichlichen »Diffamierungskampagne« »öffentlich in Stücke gerissen«.[20] Etwas mehr auf Differenzierung bedachte Stimmen glaubten erkennen zu können, wie in der Debatte »Mbembes Argumentation ... als antisemitisch vereindeutigt wird«,[21] ohne aber zu erklären, was eine uneindeutig oder zweideutig antisemitische Argumentation sei. Und der Leiter des Auslandsressorts der *taz*, Dominic Johnson, warf der Kritik an dem Philosophen im Allgemeinen vor, in ihr würde der »Kampf gegen Antisemitismus dafür missbraucht, eine weltweit anerkannte antikoloniale Stimme aus Afrika auszuschalten«; Felix Klein im Besonderen gehe es darum, »einen der wichtigsten afrikanischen Kolonialismusdenker in deutschen Augen zu diskreditieren.«[22] Nicht nur setzt sich Johnson an keiner einzigen Stelle seines Textes inhaltlich mit den gegen Mbembe vorgebrachten Argumenten auseinander, vielmehr versteigt er sich sogar zu der Aussage: »Dabei interessiert sich Mbembe nicht besonders für Israel. Sein Gedankengang ist universalistisch. Er vergleicht ständig alles mit allem. Die Vorwürfe gegen Israel stehen bei Mbembe nicht im Hauptwerk, sondern bloß in Streitschriften, die im Kontext der universitären Debatten Südafrikas entstanden.«[23] Möchte man allerdings Mbembes programmatischen Aufsatz *Necropolitics* von 2003, in dem er Israel mit »Nekromacht und spätmoderne koloniale Besatzung« ein ganzes Kapitel widmet, nicht als Nebenwerk bezeichnen – ein Aufsatz, den Mbembe offensichtlich immer noch als derart grundlegend betrachtet, dass er ihn 2019 in leicht überarbeiteter Form als eigenes Kapitel in die unter dem Titel *Necropolitics* erschienene englische Auflage seines Buchs *Politik der Feindschaft* übernahm –, dann erweist sich Johnsons Behauptung, Mbembes Auseinandersetzung mit Israel sei völlig randständig und betreffe das philosophische Werk nicht, als bewusste Irreführung.[24]

Besonders der Antisemitismusbeauftragte der deutschen Bundesregierung, Felix Klein, hatte es den Fürsprechern Achille Mbembes also angetan. Weil Klein nicht nur die üblichen Floskeln deutscher Erinnerungspolitik abgibt und nicht nur vor rechtem und rechtsextremem, sondern auch vor linksliberalem und linkem Judenhass warnt, und

postkolonialismus-und-die-causa-mbembe-a-16094.html, letzter Zugriff: 27. 9. 2020.)

20 Stefanie Carp: Weshalb ich Achille Mbembe für einen Vortrag bei der Ruhrtriennale eingeladen habe. Eine Stellungnahme von Intendantin Stefanie Carp. www.nachtkritik.de/index.php?option=com_content&view=article&id=18093:eine-persoenliche-stellungnahme-der-intendantin-stefanie-carp (letzter Zugriff: 27. 9. 2020).

21 Susanne Leeb; Jenny Nachtigall; Juliane Rebentisch; Kerstin Stakemeier; Diedrich Diederichsen: Stellungnahme zur Debatte um *Texte zur Kunst*. Heft 119. www.textezurkunst.de/articles/zur-debatte-um-texte-zur-kunst-heft-119 (letzter Zugriff: 27. 9. 2020).

22 Dominic Johnson: Zum Schweigen gebracht. Debatte um Achille Mbembe. www.taz.de/Debatte-um-Achille-Mbembe/!5679782 (letzter Zugriff: 27. 9. 2020). Dabei schreckt Johnson auch vor an Verschwörungstheorien gemahnende Spekulationen über großangelegte Masterpläne nicht zurück: »Zufällig arbeitete just damals [als Mbembe das diktatorisch regierte Kamerun verließ, um seine kritischen Schriften veröffentlichen zu können] der heutige deutsche Antisemitismusbeauftragte und aktuelle Mbembe-Chefkritiker Felix Klein als Diplomat an der deutschen Botschaft in Kamerun und promovierte dann mit einer Arbeit über ›Eherecht und Ehewirklichkeit in Kamerun‹. Man darf (!) also bei Klein davon ausgehen (!), dass er genau weiß, wer Mbembe ist, und dass ihm klar ist, was er anrichtet, wenn er ihn als Antisemiten diffamiert ... Mbembe wurde in Deutschland ernst genommen, gefeiert und mit Preisen überschüttet. Sein Ruhm verlieh der Forderung nach Aufarbeiten der Kolonialgeschichte intellektuelle Akzeptanz. Teile der Politik aber tun sich damit weiterhin schwer, von der Anerkennung des Völkermords an den Herero und dem Umgang mit geraubten Kulturgütern bis zur Verteidigung des Kolonialismus durch den Afrikabeauftragten Günter Nooke. Ihnen hilft eine Schmutzkampagne gegen Mbembe.«

23 Ebd. Darüber hinaus habe Mbembe mit seiner Israelkritik Recht, so Johnson weiter, schließlich sei Israel an der (post-) kolonialen Unterdrückung der Afrikaner beteiligt: Der »Apartheid-Vorwurf gegenüber dem israelischen Besatzungsregime ist in Südafrika und auch in Israel selbst gang und gäbe, und in beiden Ländern ist auch präsent, dass Israel und Apartheid-Südafrika einst militärisch zusammenarbeiteten und dass Israels radikale Siedlerbewegung das Homeland-System bejubelte. Heute tritt Israel in Afrika vor allem als Elite-Militärausbilder sowie als Anbieter von Spitzentechnologie zu Kampf- und Überwachungszwecken auf: Hightech gegen den ›Neger‹.«

24 Achille Mbembe: Necropolitics. In: Public Culture. Volume 15. No. 1/2003. S. 11 – 40. www.muse.jhu.edu/article/39984 (letzter Zugriff: 27. 9. 2020) beziehungsweise Achille Mbembe: Necropolitics. Durham; London 2019, S. 66 – 92. Auch in seinem Buch *Ausgang aus der langen Nacht. Versuch über ein entkolonisiertes Afrika* (Berlin 2016) verweist Mbembe an der Stelle, an der er von *»nekropolitischen* Bestrebungen« im »Kontext der Opferideologien« spricht, die »jemand anders den Opfertod« sterben lassen, auf die ›koloniale Gegenwart‹ in Afghanistan, im Irak – und in Palästina. (Ebd. S. 215.)

weil er obendrein die BDS-Bewegung als das charakterisiert, was sie ist: antisemitisch, ist er den hauptberuflichen Israelkritikern, die so gerne das Menschenrecht auf ihr Ressentiment einklagen, ein Dorn im Auge. Das Unterschriftenkartell um Assmann & Assmann, Benz und Brumlik warf Klein in einem der vielen offenen Briefe, die es im Laufe des Frühlings und Sommer verfasste, vor, dass er mit »Unterstützung rechtspopulistischer israelischer Stimmen ... die Aufmerksamkeit von realen antisemitischen Gesinnungen und Ausschreitungen ablenkt, die jüdisches Leben in Deutschland tatsächlich gefährden.«[25] Angesichts der in einem weiteren offenen Brief[26] – diesmal von internationalen Wissenschaftlern, darunter wieder Eva Illouz, Michael Rothberg und Moshe Zuckermann – erhobenen Forderung nach der Abberufung Felix Kleins rief der ehemalige *taz*-Redakteur und jetzige Abteilungsleiter am Deutschen Zentrum für Integrations- und Migrationsforschung, Daniel Bax, zustimmend aus: »Das war überfällig.«[27]

Der Chefkorrespondent des Deutschlandradios in Berlin, Stephan Detjen, schließlich warf Felix Klein vor, er nutze »sein staatliches Mandat für den Versuch, einen international renommierten Wissenschaftler aus einem deutschen Diskursraum zu verbannen.« In einer Diktion, die man bislang eher aus der *Jungen Freiheit* kannte, bezeichnete Detjen den deutschen Antisemitismusbeauftragten als »diskursiven Schrankenwärter«, der berechtigte Israelkritik als Dämonisierung »verurteilt« und Wissenschaftler, Künstler und Intellektuelle als Antisemiten »brandmarkt«. Als »Hohepriester« der »politischen Staatsraison« habe Klein die »Zivilreligion« der Singularität des Holocausts zu schützen, was – einmal mehr fiel der Vorwurf – provinziell sei und zu Abschottung führe: »Der geschichtswissenschaftlich begründete Satz von der Einmaligkeit des Holocausts wandelt sich zu einer doktrinären Glaubenslehre, die mit staatlicher Autorität gegen häretische Hinterfragung verteidigt wird, als handele es sich um ein geistiges Eigentum der Bundesrepublik Deutschland. Während die Regierung einerseits den akademischen und kulturellen Dialog mit der südlichen Welt propagiert, treibt sie im Namen des Kampfes gegen den Antisemitismus zugleich eine Selbst-Provinzialisierung voran.«[28] Kleins »Vorgehen im Fall Mbembe« – die schonungslose Kritik von Antisemitismus also, die keine Rücksicht auf die psychischen Bedürfnisse der Israelkritiker aus bestem Wissen und Gewissen nimmt[29] –, er-

25 Offener Brief an Bundeskanzlerin Angela Merkel. www.mena-watch.com/wp-content/uploads/2020/07/Offener-Brief-Merkel.pdf (letzter Zugriff: 27.9.2020).

26 Call to replace Felix Klein as the Federal government Commissioner for the Fight against Antisemitism. de.scribd.com/document/459345514/Call-on-German-Minister-Seehofer (letzter Zugriff: 27.9.2020).

27 Daniel Bax: Der Fall Mbembe wird zum Fall Klein. www.freitag.de/autoren/der-freitag/der-fall-mbeme-wird-zum-fall-klein (letzter Zugriff: 27.9.2020). In dem Artikel machte Bax auch deutlich, was er sich von deutschen Juden erwartet: »Dass der Zentralrat der Juden nun Klein zur Seite springt, ist leider nicht überraschend: Dem Verband, dem rund die Hälfte der Juden in Deutschland angehört, fällt es schon seit vielen Jahren schwer, eine kritische Distanz zur offiziellen israelischen Linie zu wahren. Durch Antisemitismusbeauftragte wie Klein wird diese fehlende Distanz nun Teil der offiziellen deutschen Politik.«

28 Stephan Detjen: Antisemitismusbeauftragter als diskursiver Schrankenwärter. Streit um Historiker Mbembe. www.deutschlandfunk.de/streit-um-historiker-mbembe-antisemitismusbeauftragter-als.720.de.html (letzter Zugriff: 28.5.2020. *Deutschlandfunk* hat den Kommentar mittlerweile von seiner Website genommen.) Und Detjen fuhr ganz in der Manier von Assmann, Benz & Co. fort, indem er Klein beschuldigte, Teil der ominösen ›Israel-Lobby‹ zu sein: »Der Regierungsbeauftragte machte sich damit eine Strategie von Lobbygruppen zu eigen, die einen entgrenzten Antisemitismus-Begriff instrumentalisieren. Politisch oder wissenschaftlich begründete Kritik an der israelischen Besatzungspolitik soll auf diese Weise systematisch delegitimiert werden.« Dass Detjen wie Axster (siehe Anm. 11) in ihrer Kritik an der »identitätspolitischen Aufladung der Holocaust-Erinnerung im Sinne einer nationalen Selbstvergewisserung« (Axster) auch Aussagen trafen, die einen gewissen Wahrheitsgehalt haben, ändert nichts an der grundlegenden Ausrichtung ihrer Interventionen. Zum Kampf um die Geschichtsdeutung, der im Zuge der Mbembe-Debatte zugleich ausgetragen wurde, sodass stellenweise auch von einem neuen Historikerstreit gesprochen wurde, siehe wiederum den Artikel von Niklaas Machunsky in diesem Heft.

29 Aleida Assmann etwa fühlt sich nicht zuletzt durch die Arbeit Felix Kleins einem »Klima des Verdachts, der Verunsicherung und Denunziation« ausgesetzt, obwohl sie doch nur das Beste für Israel und die Juden wolle: »Mit dem neuen Antisemitismusbegriff wird die globale Solidarität im Kampf gegen Judenhass nicht gestärkt, sondern behindert. Denn jetzt verläuft eine neue Trennungslinie zwischen denen, die bemüht sind, den Staat Israel mit ihrer Kritik zu unterstützen und zu verbessern, und denen, die entschlossen sind, ihn gegen jegliche Kritik zu immunisieren.« (Aleida Assmann: Ein Klima des Verdachts, der Verunsicherung und Denunziation. Antisemitismus-Vorwürfe.

weckte in Detjen die Angst, dass »ein paralleles Tugendwächterwesen« entstehen könnte, »das nach jeweiliger Opportunität definiert, wer heute Rassist, morgen Antisemit und übermorgen Extremist ist. Niemand bräuchte sich dann noch zu wundern, wenn der Antisemitismusbeauftragte als erster auf der Anklagebank des Rassismusbeauftragten einer solchen Regierung landen würde.« Letzteres sollte natürlich keine Drohung sein, sondern lediglich ein mahnender Hinweis an Klein, was ihm blühen könnte, machte sein eigenes Treiben der Brandmarkung, Verurteilung und Verbannung Schule.

Auch Detjen bediente sich also des Vorwurfs, den Kritikern Mbembes gehe es nicht darum, in intellektuellen Austausch mit einem Theoretiker aus jenem »Teil der Welt« zu treten, der »über Generationen nur als unterworfene Kolonien oder Adressaten von Entwicklungspolitik wahrgenommen wurde«, sondern darum, eine unliebsame, weil kritische Stimme aus »der südlichen Welt« zur »gefährlichen Bedrohung« zu stilisieren, mit der kein Dialog möglich sei.[30] Besonders deutlich wurde dies in einem vom Deutschlandfunk gesendeten Streitgespräch zwischen Detjen und Alan Posener.[31] Dort warf Detjen Posener nämlich vor, sich nicht mit »anderen Perspektiven« auf den Holocaust, wie eben jener Mbembes, auseinanderzusetzen zu wollen. Absurd war dies nicht nur, weil Posener unmittelbar vor Detjens Vorwurf seine Kritik an Mbembes Holocaust-Begriff formuliert, sich also explizit mit Mbembes Perspektive auseinandergesetzt hatte – nur eben nicht in der Art, wie Detjen es gerne hätte, weswegen er Posener dann auch vorwarf, den Antisemitismusbegriff politisch zu instrumentalisieren. Absurd war dieser Vorwurf auch deswegen, weil Detjen selbst es war, der zwar geradezu durchgängig über die sinistren Intentionen der Kritiker spekulierte – und ihnen dabei zum Teil Positionen unterstellte, die sie gar nicht bezogen hatten –, der aber auf Mbembes ›Perspektive‹, also auf seine Argumente bezüglich Kolonialismus, Holocaust und Israel so gut wie gar nicht einging.[32]

Foucaults ›Biopolitik‹, ...

Der zentrale Begriff in Mbembes politischer Theorie ist der Begriff der ›Nekropolitik‹, den er erstmals in einem Aufsatz aus dem Jahr 2003 mit dem gleichnamigen Titel systematisch auszuarbeiten versuchte und dann in der Monographie *Politik der Feindschaft*, die 2016 auf Französisch erschienen ist, wieder aufnahm.[33] Der Begriff der ›Nekropolitik‹ versteht sich als Ergänzung und Weiterentwicklung des Foucaultschen Begriffs der ›Biopolitik‹, wobei Mbembe mit Carl Schmitt und Foucault davon ausgeht, dass es der »Ausnahmezustand« und die »Bezieh-

www.fr.de/kultur/gesellschaft/klima-verdachts-verunsicherung-denunziation-13749410.html, letzter Zugriff: 27.9.2020.)

30 Detjen: Antisemitismusbeauftragter als diskursiver Schrankenwärter (wie Anm. 28).

31 Posener hatte Detjens Auslassungen zuvor auf seinem Blog scharf kritisiert. Siehe Alan Posener: Der gute Herr Detjen und der böse Herr Klein. www.starke-meinungen.de/blog/2020/05/24/der-gute-herr-detjen-und-der-finstere-herr-klein (letzter Zugriff: 27.9.2020). Dort findet sich auch eine Transkription des Detjen-Textes, der beim *Deutschlandfunk* nicht mehr aufrufbar ist. (Siehe dazu Anm. 28.)

32 Siehe Mbembe und der Antisemitismus-Vorwurf. Alan Posener und Stephan Detjen im Gespräch mit Anke Schaefer. www.deutschlandfunkkultur.de/streitgespraech-mbembe-und-der-antisemitismus-vorwurf.2950.de.html?dram:article_id=477439 (letzter Zugriff: 27.9.2020). Den Vogel diesbezüglich schoss Aleida Assmann ab, die – nachdem sie Achille Mbembe in einem Radiogespräch mit René Aguigah und Susan Neiman ganze 48 Minuten gegen jeden Vorwurf verteidigt hatte – in der Abschlussfrage eingestand: »Erstmal beeindruckt mich der Autor sehr, auch wenn ich hinzufügen muss, dass ich nicht sehr viel von ihm verstehe, weil dieser sehr hohe philosophische Ton, der von Lacan und anderen inspiriert ist, manchmal für mich doch zu abstrakt ist. ... Also, das ist nicht einfach zugänglich, aber was mich am meisten interessiert an ihm, ist, dass er auch über Reparaturen nachdenkt. ... Das finde ich einen ganz, ganz wichtigen Weg, und wie man da in kleinen Schritten wieder rauskommt aus dem Dilemma und auch der Falle das Hasses.« (Die Welt reparieren, ohne zu relativieren. Aleida Assmann und Susan Neiman zur Causa Mbembe. www.deutschlandfunkkultur.de/aleida-assmann-und-susan-neiman-zur-causa-mbembe-die-welt.974.de.html?dram:article_id=475512, letzter Zugriff: 27.9.2020.) Wenn Aleida Assmann auch so gut wie nichts über Mbembes Werk weiß, so scheint sie doch eines immer schon genau zu wissen: dass er ganz bestimmt kein Antisemit sein könne.

33 Wie eng die beiden Texte zusammenhängen, zeigt sich nicht zuletzt daran, dass die 2019 erschienene englische Ausgabe des Buches ebenfalls *Necropolitics* lautet und – anders als die französische und 2017 publizierte deutsche Version – den leicht überarbeiteten Aufsatz von 2003 als eigenes Kapitel enthält. (Siehe Anm. 24.) Zur Orientierung werden im Fortgang die Seitenzahlen beider Versionen angegeben – in der Form: Seitenzahl Aufsatz 2003 / Seitenzahl Buch 2019.

ung der Feindschaft« seien, die das Feld des Politischen konstituieren, auf dem dann konkrete Politik beziehungsweise Souveränitätsausübung stattfinde – wobei Mebmbe das im Gegensatz zu Schmitt nicht ontologisch, sondern als historisch zu Herrschaftszwecken entstanden und damit auch wieder aufhebbar verstanden wissen will.[34] Souveränität zeichne sich durch die Macht zu töten aus, die auf dem Ausnahmezustand und der Feindschaft beruhe, weil sich nur aufgrund letzterer die Frage der Zugehörigkeit lösen lasse: Zum Staat gehöre, wer von der souveränen Macht als zugehörig und nicht als Anderer oder Feind definiert werde. Der Ausnahmezustand hingegen solle die Tötung legitimieren: Weil der Feind eine existenzielle Bedrohung der eigenen Ordnung sei, könne er nicht integriert, sondern müsse eliminiert werden. Genau diese Charakteristik der Souveränität sei es, die sich in Foucaults Begriff der ›Biopolitik‹ ausdrücke und die darüber funktioniere, dass die souveräne Macht die ihr unterworfenen Menschen danach einteilt, »wer leben darf und wer sterben muss.«

Aufgrund dieser Charakteristik fallen für Mbembe dann auch Souveränität und Rassismus geradezu gleichursprünglich und deckungsgleich zusammen: Die Einteilung in die eigene und die fremde Rasse gilt ihm, wieder unter Bezug auf Foucault, für die paradigmatische Entscheidung darüber, wer als Mensch zu gelten habe und wer nicht, wer in letzter Konsequenz leben dürfe und wer nicht. »In der Tat ist, in Foucaults Begriffen, Rassismus in erster Linie eine Technologie, die die Ausübung von Biomacht erlaubt ... In der Ökonomie der Biomacht liegt die Funktion des Rassismus darin, die Verteilung des Todes zu regulieren und die mörderischen Funktionen des Staates möglich zu machen.« Die ›biopolitische‹ und über den Rassismus erfolgende Einteilung in lebenswert und lebensunwert sei das »konstitutive Element der Macht des Staates in der Moderne«,[35] das sich nicht zuletzt in einem »Trennungswahn« und einer »permanenten Trennungsarbeit«[36] manifestiere, mit denen die als Nichtzugehörige und Feinde Konstruierten ausgeschlossen, draußen gehalten, unterdrückt und letzten Endes getötet beziehungsweise vernichtet werden sollen. Dementsprechend, so folgert Mbembe mit Foucault, sei dann auch der »Nazi-Staat das vollkommenste Beispiel eines Staates, der sein Recht zu töten ausübt. ... Durch die biologische Extrapolation des politischen Feindes, durch die Organisation des Krieges gegen seine Gegner und durch das – gleichzeitige – dem Krieg Aussetzen seiner eigenen Bürger hat der Nazi-Staat anerkanntermaßen den Weg bereitet für eine schreckliche Verdichtung des Rechts zu töten, die im Projekt der ›Endlösung‹ kulminierte.«[37]

Die materiellen Voraussetzungen der NS-Vernichtungspolitik seien ebenso im »kolonialen Imperialismus« zu suchen wie in der »Serialisierung technischer Vorrichtungen zur Tötung von Menschen«, erklärt Mbembe und fährt unter Bezug auf Enzo Traverso fort: Diese »Entmenschlichung und Industrialisierung« des Todes sei zum Teil durch klassisch »rassistische Stereotype« ermöglicht worden sowie durch das »Florieren eines auf der Klasse basierenden Rassismus, der, indem er die sozialen Konflikte der industriellen Welt in rassistische Begriffe übersetzte, dabei endete, die arbeitenden Klassen und ›staatenlosen Völker‹ der industriellen Welt mit den ›Wilden‹ der kolonialen Welt zu vergleichen.«[38] Die Moderne habe diesbezüglich also darin bestanden, auch

34 Mbembe: Necropolitics (wie Anm. 24), S. 12 / S. 66. In *Postkolonie* etwa schreibt Mbembe, dass im gegenwärtigen Afrika »alles – oder fast alles – Gewalt und Tod bezeichnet«, da die »Technologien und die Alltagspraxis der Macht« dort die »Gegenwart des Todes im Leben und des Lebens im Tode bewirkt«. Dagegen gelte es, »die Zirkulation und den verallgemeinerten Austausch des Todes« zu unterbrechen, da solch eine Unterbrechung die »Bedingung für den Aufstieg zur Humanität« sei. Folglich sei sein Buch, so schreibt Mbembe im *Vorwort zur zweiten Auflage*, der Untersuchung verpflichtet, »inwieweit *den Tod dem Tod auszuliefern* tatsächlich der Kern jeder echten Politik des Lebens und mithin der Freiheit wäre. ... Diese Utopie, dieses radikale Projekt, das darin besteht, ›den Tod dem Tod auszuliefern‹, bildet in meinen Augen die letzte ethische Grenze des Politischen – seinen unüberwindbaren Horizont« (Achille Mbembe: Postkolonie. Zur politischen Vorstellungkraft im gegenwärtigen Afrika. Wien 2020, S. 18 – 22). Siehe dazu auch das Kapitel *Die Kehrseite des Schattens*, an dessen Ende der Tod durch seine Beziehung aufs Jüngste Gericht dann aber doch wieder eine eigentümliche Sinnstiftungsfunktion erhält. (Siehe ebd. S. 282 – 295.)

35 Mbembe: Necropolitics (wie Anm. 24). S. 16 f. / S. 71.

36 Achille Mbembe: Politik der Feindschaft. Berlin 2017, S. 88 f.

37 Mbembe: Necropolitics (wie Anm. 24), S. 17 / S. 71.

38 Ebd. S. 18 / S. 72. Mbembe bezieht sich dabei auf Enzo Traverso: Moderne und Gewalt. Eine europäische Genealogie des Nazi-Terrors. Köln 2003.

die sozialen Auseinandersetzungen unter die ›biopolitische‹ Maßgabe zu bringen und Konfliktlösungen jenseits der ›permanenten Trennungsarbeit‹ zu marginalisieren.

Die ›Biopolitik‹ und ihre rassistische Unterscheidung in zugehörig und ausgeschlossen beziehungsweise lebenswert und todgeweiht, die die Grundlage und der »stets präsente Schatten«[39] moderner Staatlichkeit seien, hätten schließlich im nationalsozialistischen Staat und seiner Vernichtungspolitik ihre vollendete Ausprägung gefunden: dieser sei ihr Kulminationspunkt. Innerhalb solch eines Verständnisses ist es geradezu logisch zwingend, dass Mbembe das Apartheidregime in Südafrika und die Vernichtung der europäischen Juden als »zwei emblematische Manifestationen dieses Trennungswahns«, der ›biopolitischen‹ Grundlage moderner Staatlichkeit, begreift – wenn die Shoa auch als »eine extreme Form«[40] zu verstehen sei: eben als jener Kulminationspunkt, der die auf die Spitze getriebene Manifestation der rassistischen Einteilung und Trennung darstelle. Indem der »Nazi-Staat« von Mbembe bloß als Extremform ›biopolitischer‹ Souveränität und ihrer Technologie des Rassismus verstanden wird, die – wenn auch in geringerer Intensität – gleichermaßen dem Kolonialismus und der Apartheid zugrunde lägen, wird die nationalsozialistische Judenvernichtung letzten Endes in der Geschichte der Souveränität und ihres Rechts zu töten, also in einer Art ›allgemeiner Gewaltgeschichte‹ aufgehoben und damit zum Verschwinden gebracht.[41]

Aufgrund seiner theoretischen Prämissen kann für Mbembe bloß ein quantitativer, aber kein qualitativer Unterschied zwischen einem auf Separation ausgerichteten Ausbeutungs- und Unterdrückungssystem wie der südafrikanischen Apartheid und der industriell betriebenen Vernichtung von Menschen, wie die Nationalsozialisten sie ins Werk setzten, bestehen. Im Begriff der ›Biopolitik‹ verschwinden die qualitativen Unterschiede, und der Nationalsozialismus kann nicht mehr als eine der Moderne im doppelten Sinne entsprungene Gesellschaftsformation gefasst werden, die – so fraglos sie ihrer bürgerlich-kapitalistischen Vorgängerin entwachsen ist – doch eine »neue Ordnung« darstellt.[42] Vom Antisemitismus im allgemeinen und seiner Rolle für NS-Deutschland im Besonderen hat Mbembe keinen Begriff: Dass dem Antisemitismus eine Erlösungsdimension zukommt, die dem Rassismus in dieser Form nicht zu eigen ist und die das bürgerliche Prinzip der Selbsterhaltung in »Selbstzerstörung« (Adorno / Horkheimer) und (Selbst-) Vernichtung umschlagen lässt; dass der antisemitische Vernichtungswahn jene Dynamik in Gang setzte, die die in der Krise an ihrer eigenen Widersprüchlichkeit auseinanderzubrechen drohende Gesellschaft zu neuer Identität zusammenschweißte; dass sich dadurch die bürgerliche Gesellschaft in das Mord- und Opferkollektiv Volksgemeinschaft transformierte, das – solange dadurch nur

39 Mbembe: Necropolitics (wie Anm. 24), S. 17 / S. 71.

40 Ebd. S. 46. Ich folge hier der englischen Version von 2019, weil die deutsche Übersetzung – »in einer ganz anderen Größenordnung« (Mbembe: Politik der Feindschaft, wie. Anm. 36, S. 89) – diese Vorstellung einer Kulmination nicht ausreichend wiedergibt, und gerade diese von den Verteidigern Mbembes immer wieder ins Spiel geführt wurde, um sie der Kritik entgegenzusetzen, Mbembe betreibe hier Holocaustrelativierung. (In der französischen Originalversion steht an dieser Stelle: »paroxystique«, was »anfallartig ausbrechend« oder »aufs Höchste gesteigert« bedeutet.)

41 Insofern trifft der von Jürgen Kaube erhobene Vorwurf, Mbembes Theorie werfe alles in einen Topf, gerade an dieser kritischen Stelle vollkommen zu. (Jürgen Kaube: Alles in einem Topf. Vorwürfe gegen Achille Mbembe. www.faz.net/aktuell/feuilleton/debatten/alles-in-einem-topf-vorwuerfe-gegen-den-philosophen-achille-mbembe-16732050.html, letzter Zugriff: 27. 9. 2020.)

42 Siehe Friedrich Pollock: Ist der Nationalsozialismus eine neue Ordnung? In: Ders.: Stadien des Kapitalismus. Hrsg. v. Helmut Dubiel, München 1975. Mit dem Begriff der ›doppelten Entsprungenheit‹ charakterisierte Joachim Bruhn nicht zuletzt den Versuch Pollocks, das Wesen des Nationalsozialismus zu fassen, das sich den überkommenen Begrifflichkeiten der marxistischen Tradition entzog: »Es ist der Versuch, im vollendet kritischen Selbstbewußtsein dieser Tradition eine Gesellschaft zu erfassen, die sich allen Kategorien der Tradition entzieht, d. h. das Resultat der ›deutschen Revolution‹ begrifflich zu fixieren, die dem Kapitalverhältnis im doppelten Sinne des Wortes entsprungen ist, die nur aus dem Kapital erwachsen, nur in der Barbarei als Gesellschaft sui generis enden konnte.« (Joachim Bruhn: Das Ende der politischen Ökonomie. Moishe Postones Interpretation der kritischen Theorie von Marx auf der Grenze von Theorie und Kritik. www.ca-ira.net/verein/positionen-und-texte/bruhn-ende-oekonomie, letzter Zugriff: 27. 9. 2020.) Siehe dazu auch Phillip Lenhard: »In den Marxschen Begriffen stimmt etwas nicht«. Friedrich Pollock und der Anfang der Kritischen Theorie. In: sans phrase 5 / 2014.

die Vernichtung der »Gegenrasse«[43] sichergestellt würde – den eigenen Untergang miteinkalkulierte; all das kann im Begriff der ›Biopolitik‹ nicht erfasst werden. Dementsprechend ist für Mbembe, wenn er etwa die Gewalttaten, Gräuel und Massaker der Kolonialzeit thematisiert, entweder die bürgerliche Gesellschaft immer schon nichts anderes als ein Raub- und Mordkollektiv gewesen. Oder der Antisemitismus wird seiner Spezifik beraubt und zu einem bloßen Ausdruck dessen gemacht, was im akademischen Jargon so gerne »gruppenbezogene Menschenfeindlichkeit« (Heitmeyer) genannt wird und worin alle Differenzen eingezogen sind. Der »Herrschaftswunsch, der zugleich ein Immanenzfeld und eine aus Mannigfaltigkeiten bestehende Kraft darstellt, richtet sich auf ein Objekt (oder auf mehrere Objekte). Früher hatten diese Objekte meist Namen wie Neger oder Jude. Heute haben Neger und Juden andere Vornamen – Islam, Muslim, Araber, Ausländer, Immigrant, Eindringling, um nur einige davon zu nennen.«[44]

In der NS-Vernichtungspolitik kann Mbembe nichts anderes sehen als eine weitere – wenn auch extreme – Manifestation des der Moderne und ihrer ›Biopolitik‹ zugrundeliegenden allgemeinen Prinzips der Trennung. Die Manifestation, die der Nationalsozialismus sein soll, unterscheidet sich in seinen Ausführungen bloß in ihrer ›extremen, aufs Höchste gesteigerten Größenordnung‹ von anderen ebensolchen Manifestationen wie Staat, Rassismus, Kolonialismus etc., wie man nicht zuletzt an Mbembes Bestimmung dessen sieht, was er den Zusammenhang zwischen traditionellem Imperialismus und Nationalsozialismus nennt: »Was man im Zweiten Weltkrieg beobachten kann, ist die Erweiterung der Methoden, die zuvor für die ›Wilden‹ reserviert waren, auf die ›zivilisierten‹ Völker Europas.«[45] Die exakte Beantwortung der Frage, ob die »Technologien, die in der Produktion des Nazismus endeten« nun in »der Plantage oder der Kolonie ihren Ausgang nahmen«, sei insofern irrelevant als feststehe, dass im modernen politischen Denken und in der politischen Praxis Europas, »die Kolonie den Ort repräsentiert, an dem die Souveränität grundlegend in der Ausübung von Macht außerhalb des Gesetzes (ab legibus solutus) besteht, und wo es sehr wahrscheinlich ist, dass der ›Friede‹ den Ausdruck eines ›Krieges ohne Ende‹ annimmt.«[46] Carl Schmitt habe diese Vorstellung dann in seine Konzeption vom Souverän als Entscheidungsgewalt über den Ausnahmezustand übernommen, die auch für den Nationalsozialismus charakteristisch gewesen sei – und darüber hinaus, insofern »die Welt Schmitts ... nun die unsere ist.«[47]

... Agambens Lager ...

Mbembe bezieht sich im Zusammenhang seiner Ausführungen über den Ausnahmezustand schließlich auf Giorgio Agamben, der die Todeslager als eine der »Figuren der Souveränität« beschreibe, »die den Nomos des politischen Raumes konstituieren, in dem wir immer noch leben.«[48] Indem die Insassen der Todeslager ihres politischen Status beraubt und auf das ›nackte Leben‹ reduziert worden seien, habe dort, gemäß Agamben, der Ausnahmezustand aufgehört, eine bloß temporäre Erscheinung zu sein, sondern habe einen Raum erhalten, der permanent außerhalb der normalen Rechtsstaatlichkeit liege.[49] Ähnlich

43 Der Begriff geht auf die 1927 von Arno Schickedanz veröffentlichte Schrift *Das Judentum – eine Gegenrasse* zurück und wurde dann von Alfred Rosenberg für sein 1930 publiziertes Buch *Der Mythus des 20. Jahrhunderts. Eine Wertung der seelisch-geistigen Gestaltenkämpfe unserer Zeit* übernommen.

44 Mbembe: Politik der Feindschaft (wie. Anm. 36), S. 82.

45 Mbembe: Necropolitics (wie Anm. 24), S. 23 / S. 76. Hier steht Mbembe ganz in der Tradition der postkolonialen Holocaustrelativierung eines William Du Bois oder Aimé Césaire. (Siehe dazu Elbe: Solidarität statt Provinzialität?, wie Anm. 13.) Die Bahn der Steigerung ist laut Mbembe in der kolonialen Situation begründet: »Die Grenzen dessen, was dem Kolonialismus als ›normal‹ galt, wurden ständig hinausgeschoben ... Die Juden bezahlten bekanntlich den Preis dafür mitten in Europa. Zuvor bereits hatten Neger und Indianer den Kreuzweg eröffnet, vor allem in der Neuen Welt. ... Kolonialismus, Faschismus und Nationalsozialismus sind drei extreme und pathologische Formen dieser *Rückkehr der angeblich äußeren Welt* [dem ins Außen projizierten Zerstörungstrieb] *ins Subjekt.*« (Mbembe: Politik der Feindschaft, wie. Anm. 36, S. 88, 117, 128.)

46 Mbembe: Necropolitics (wie Anm. 24), S. 23 / S. 76.

47 Mbembe: Politik der Feindschaft (wie. Anm. 36), S. 93. In der englischen Version von 2019 spricht Mbembe von »unserer eigenen Welt«. (Mbembe: Necropolitics, wie Anm. 24, S. 49.)

48 Ebd. S. 14 / S. 68.

49 Ebd. S. 12 f. / S. 67. Mbembe bezieht sich dabei auf Giorgio Agamben: Mittel ohne Zweck. Noten zur Politik. Zürich 2001.

wie Mbembe in der ›extremen Form‹ macht auch Agamben die Besonderheit des Nationalsozialismus allein an dessen »fundamentaler biopolitischer Intensität«[50] fest, weswegen seine Theorie vom homo sacer dann auch das (Todes-) Lager zum »biopolitischen Paradigma des Abendlandes«[51] erklärt, das ja auf dieser ›Biopolitik‹ aufruhe, die nie aufgehört habe, sondern sich immer wiederhole. Der Ausnahmezustand habe heute gar erst seine weltweit größte Ausbreitung erreicht und überträfe den der Vernichtungslager sogar noch: denn während die zwar auch ihrer politischen und rechtlichen Identität beraubten Insassen der nationalsozialistischen Lager »wenigstens die jüdische noch« behalten durften,[52] stellten die Guantanamo-Häftlinge nichts weiter als auf das absolute Nichts reduziertes ›nacktes Leben‹ dar. Agambens Begrifflichkeit zielt nicht zuletzt auf die Einebnung der Unterschiede zwischen Vernichtungs-, Internierungs- und Flüchtlingslagern ab.[53]

So weit möchte Achille Mbembe nicht explizit gehen, sondern schreibt, dass »seit dem Holocaust das Lager als Ort einer radikalen Entmenschlichung« gelte, da die Vernichtung des europäischen Judentums zwar kein »einzigartiges Verbrechen« sei, aber »dennoch eine Sonderstellung« einnehme. Die Logik des Konzentrationslagers habe es bereits vor dem Dritten Reich gegeben, der Nationalsozialismus habe diesem »aus der Kolonialherrschaft stammenden Vorbild« allerdings »eine wesentliche Funktion hinzugefügt: den geplanten Massenmord.« Die Konzentrationslager in den Kolonien seien zwar »keine Vernichtungslager im eigentlichen Sinne« gewesen, der Ursprung der Lager liege aber »im Hexenkessel der imperialistischen und kolonialen (und damit per definitionem asymmetrischen) Kriege«, wobei »das Lager fast überall die Logik der auf Ausrottung zielenden Besiedlung begleitete«, weil sich der koloniale Prozess stets »um einen völkermörderischen Drang herum konstruiert«, der zumindest latent stets vorhanden sei.[54]

Was schon für seine Bestimmung des Verhältnisses von kolonialem Konzentrations- und nationalsozialistischem Vernichtungslager gilt: dass er letzterem einen besonderen Status zuschreiben möchte, in seinen Ausführungen – nicht zuletzt weil er keinen Begriff vom Antisemitismus hat – diese Differenz aber auch immer wieder verwischen muss; das gilt auch für seine Überlegungen zum Lager in der postnationalsozialistischen Gesellschaft. So wie Carl Schmitts Bestimmung von Souveränität und permanentem Ausnahmezustand den Nationalsozialismus überdauert habe, so hätten auch die Lager 1945 überlebt und charakterisierten ›unsere eigene Welt‹, die eine Welt der Lager sei. In einer 2019 im Düsseldorfer Schauspielhaus gehaltenen Rede führte Mbembe aus, was er unter der »Dialektik von Verschränkung und Trennung« versteht: Stärker als jemals zuvor in der Menschheitsgeschichte seien die Menschen heutzutage »nicht nur in enger Nachbarschaft zueinander, sondern auch einander ausgesetzt.« Diese Nähe und dieses Ausgesetztsein würden jedoch immer weniger als Chancen eröffnende Gelegenheit begriffen, sondern immer stärker als Risiko und als Gefahr: »Wohin wir auch blicken, überall sehen wir einen Drang zur Kontraktion, zur Einhegung, zur Abschließung und zu diversen Formen der Einrichtung von Lagern ... Es gab noch nie so viele Lager auf unserer Welt wie heute. Die Anzahl der Lager ...

50 Giorgio Agamben: Was von Auschwitz bleibt. Das Archiv und der Zeuge (Homo Sacer III). Frankfurt am Main 2003, S. 75.

51 Giorgio Agamben: Homo sacer. Die souveräne Macht und das nackte Leben. Frankfurt am Main 2002, S. 190.

52 Agamben: Was von Auschwitz bleibt (wie Anm. 50), S. 45.

53 Siehe dazu ausführlich Gerhard Scheit: Philosophie der Selbstentwaffnung: Von Emmanuel Lévinas zu Giorgio Agamben. (Theorie des Zionismus, Kritik des Antizionismus. 2. Teil). In: sans phrase 12/2018, S. 97.

54 Mbembe: Politik der Feindschaft (wie. Anm. 36), S. 131 – 138. In einem Interview auf die an ihm geäußerte Kritik der Holocaustrelativierung und seiner Einschätzung des Begriffs Singularität angesprochen, antwortet Mbembe: »Ich kenne keinen zurechnungsfähigen Menschen, der das Vorhaben der Vernichtung der Juden, das in Deutschland ins Werk gesetzt wurde, nicht als etwas so Einzigartiges und Bestürzendes begreift, dass es nicht nur die Deutschen, sondern die Menschheit als Ganze einschließt. So habe ich das in meiner frühen Kindheit bereits in Kamerun gelernt. Ein Land übrigens, das, nebenbei gesagt, selbst eine frühere deutsche Kolonie war, in der nacheinander mehrere Kolonial-Gouverneure, darunter Gouverneur Jesko von Puttkamer, für einige Gräueltaten verantwortlich waren.« (Mbembe: »Diese Unterstellung trifft mich in meiner Seele«, wie Anm. 15.) Es wird an dieser Stelle nicht klar, was Mbembe damit sagen möchte, dass er diese Auffassung ›nebenbei gesagt‹ in einer ehemaligen deutschen Kolonie gelehrt bekommen habe, bemerkenswert ist jedoch, dass er erneut nicht von der Shoah reden kann, ohne im selben Atemzug auf den Kolonialismus zu sprechen zu kommen.

Diese Form, die Lager genannt wird, wir dachten, wir hätten das überwunden – mit dem Holocaust. Dass es vorbei war. Dass wir das Lager begraben hätten. Nein, wir haben das Lager nicht begraben. Wir hatten noch nie so viele Lager auf diesem Planeten wie heute. Und die meisten davon sind in Europa. Sie sind hier in Europa. Lagerhaft, Internierung, Einkerkerung.«[55]

Die Manifestation der ›biopolitischen‹ Trennung, die Lager heißt, habe also nicht nur die nationalsozialistische Vernichtungspolitik überlebt, sondern sei heute so weit verbreitet wie niemals zuvor in der Menschheitsgeschichte, womit auch der durch den permanenten Ausnahmezustand geschaffene, außerhalb der Rechtsstaatlichkeit liegende Raum eine Dimension erreicht habe, die präzedenzlos sei. »Das Lager, so muss man sagen, ist zu einem strukturierenden Bestandteil des globalen Lebens geworden. Es wird nicht mehr als Skandal empfunden. Und das Lager ist nicht nur unsere Gegenwart. Es ist auch unsere Zukunft ... Kurz gesagt, das Lager ist eines der Mittel, mit denen heute die Welt regiert wird.«[56]

Während in der Frühzeit der Moderne die Subjekte der Herrschaft – »rundum eingehüllt in eine einzigartige Phantasie (der Allmacht, der Amputation, der Zerstörung oder Verfolgung, das hat kaum Bedeutung)« – sich der Hoffnung hingegeben hätten, die eigene Sicherheit gewährleisten zu können, sei dies heute hinfällig geworden. Der ›Herrschaftswunsch‹ habe immer schon auf einer Illusion beruht, was ihn jedoch nur immer unersättlicher werden ließ. Stets sei es ihm darum gegangenen, Nähe und Ausgesetzsein durch Trennung und Ausschluss in Distanz und Überlegenheit zu verwandeln, indem er nach »beängstigenden Objekten« fahndet, die es zu unterwerfen gilt, um mittels dieser »Eroberung« Sicherheit zu gewinnen. Weil diese Objekte aber allein den Ängsten derer entsprängen, die vom Begehren nach Herrschaft und Sicherheit geprägt sind, hätten sie »in Wirklichkeit niemals existiert«, existierten nicht und würden »auch niemals existieren«, sondern müssten »unablässig erfunden werden.« Der Kampf des herrschaftlichen Subjekts sei demnach ein Kampf gegen »die Windmühlen seiner Phantasie«, weswegen Trennung und Ausschluss auch niemals ein Ende finden könnten, ja sogar stetig gesteigert werden müssten. Die ebenso erhoffte wie niemals eintretende Sicherheit würde mehr und mehr zum Phantasma und damit der Ausnahmezustand permanent, während er früher noch als temporäre Erscheinung gedacht und inszeniert worden war, deren Bewältigung zur Normalität zurückführen sollte. »Der Wunsch nach einem Feind, der Wunsch nach Apartheid (Trennung und Einschließung) und Ausrottungsphantasien sind an die Stelle dieses Zauberkreises getreten.«[57]

Die Angst, wegen derer Mauern, Zäune und Lager errichtet und ganze Territorien und Bevölkerungen ausgegrenzt würden, sei allumfassend geworden – und damit auch der Rassismus, der nicht mehr nur als Technologie dieser ausschließenden Trennung fungiere, sondern »inzwischen auch« zu einer »Ressource« geworden sei, »ohne die die von Guy Debord beschimpfte ›Gesellschaft des Spektakels‹ gar nicht mehr existierte.« Der ubiquitär gewordene rassistische Trennungswahn sei nicht zuletzt eine »Reaktion auf den verbreiteten Aufruf zur Lüsternheit, der vom Neoliberalismus ausgeht«, ja ein Unterhaltungsmedium, das »es uns erlaubt, der grassierenden Langeweile zu entkommen.« Mbembe beschreibt das, was er hier Neoliberalismus nennt, als eine Art dekadentes – »die Eingeweide von allerlei Gasen geblähtes« – spätrömisches Reich, für das die Verquickung von »Voyeurismus und Lust«, von »Lüsternheit, Brutalität und Sinnlichkeit« charakteristisch sei.[58]

55 Achille Mbembe: »Ist Mobilität ein Menschenrecht?« Videoaufzeichnung des Vortrags. www.dhaus.de/programm/a-z/achille-mbembe/video (letzter Zugriff: 27.9.2020). Die entsprechende Stelle findet sich ab Minute 27:35, nicht jedoch im Skript des Vortrags, das erheblich von der gesprochenen Rede abweicht. (Achille Mbembe: Körper als Grenzen. Das Recht auf Mobilität im planetaren Zeitalter. www.dhaus.de/download/6698/achille_mbembe_vortrag_pdf.pdf, letzter Zugriff: 27.9.2020.)
56 Mbembe: Politik der Feindschaft (wie Anm. 36), S. 112.

57 Ebd. S. 83. Auch wenn Mbembe diesen Begriff meines Wissens nicht selbst benutzt, so folgen seine Ausführungen doch exakt dem Konzept des ›Othering‹, das sich in poststrukturalistischen, postkolonialen oder diskurstheoretischen Zusammenhängen so großer Popularität erfreut. (Siehe dazu auch Ingo Elbe: Die postkoloniale Schablone. Debatte um Historiker Achille Mbembe: Die postkoloniale Schablone. www.taz.de/Debatte-um-Historiker-Achille-Mbembe/!5685526, letzter Zugriff: 27.9.2020.)
58 Mbembe: Politik der Feindschaft (wie. Anm. 36), S. 114 f. »Ein ausgelassener, fideler, ganz und gar idiotischer Nanorassismus,

Angesichts solcher Ausführungen verwundert es wenig, dass er in der Kritik an der islamischen Sexualmoral und ihrem sichtbarsten Zeichen, der Frauenverschleierung, nur die westlichen Haremsphantasien eines »bestimmten heruntergekommenen Feminismus« erkennen möchte, »der Gleichheit heute mit der Pflicht gleichsetzt, verschleierte Musliminnen zu zwingen, einen String-Tanga zu tragen«.[59] Darin kehre, wie im, von Mbembe in Anführungszeichen gesetzten, »Krieg gegen den Terror« mit seinen Drohnenangriffen, außergesetzlichen Hinrichtungen, Massakern und Gemetzeln, »die den Takt dazu schlagen«[60], die alte koloniale Vorstellung von der absoluten Überlegenheit des Westens zurück. Auch wenn er an anderen Stellen durchaus die Gefahren des islamischen Krisenlösungsmodells etwa in Afrika erkennt,[61] so wendet Mbembe doch in geradezu klassisch antiimperialistischer Manier die islamistische Feinderklärung gegen – wie immer herrschaftsvermittelte – Zivilisation, Freizügigkeit und Triebverfeinerung gegen den Westen, indem er sie zu einer projektiven Herrschaftsstrategie eben dieses Westens verkehrt: zu »abgedroschenen Geschichten« – über unsere Lebensweise hassende Terroristen – für »Leichtgläubige«; Geschichten, die der Angst vor Vergeltung und »frommen Racheakten« entsprängen, nachdem der Westen selbst »Tod und Verderben gesät« habe in der nichtwestlichen Welt. »Was immer man unter Terrorismus verstehen mag«, so erklärt Mbembe, sei zwar keine Fiktion, aber der war on terror sei nur »angeblich« die Reaktion auf diesen Terrorismus und in Wahrheit »Eroberungskrieg« und »Gegenterror«: permanente Simulation des Ausnahmezustandes und »grenzenloser, absoluter Ausrottungskrieg«, ein Krieg also, »der seine Waffen aus jenem ›Übel‹ schöpft, das er auszurotten vorgibt.«[62]

... und Mbembes ›Nekropolitik‹

Zu den Folgen der neuartigen Situation, die Mbembe nicht zuletzt mit dem ›Neoliberalismus‹ – jenem »Zeitalter«, in dem die zivilisatorischen »Dämme einer nach dem anderen brachen«[63] – heraufdräuen sieht, gehöre die »Reaktivierung des Vernichtungswahns«, der »in seine letzten Verschanzungen zurückgedrängt ... nicht nur die vollkommene Zerstörung der Erde ins Auge fasst, sondern auch das Verschwinden des Menschen, seine Ausrottung ... im Sinne einer Reinigung durch das Feuer.« Hier kommt schließlich Mbembes Begriff der ›Nekropolitik‹ ins Spiel, mit dem er diesen Vernichtungscharakter zu fassen versucht, der die politische Ordnung in eine Organisationsform für den Tod transformiere: »Die nekropolitische

der sich vergnügt in seiner Ignoranz ergeht und das Recht auf Dummheit und die ihr zugrundeliegende Gewalt beansprucht – das also ist der Zeitgeist.« (Ebd. S. 116.)

59 Ebd. S. 112 f. Wie er sich Kritik an seinen eigenen Ausführungen kaum anders denn als rassistische Kabale vorstellen kann, so diene auch die »Manipulation der Geschlechterfragen zu rassistischen Zwecken auf dem Umweg über den Hinweis auf die männliche Vorherrschaft beim Anderen« meist bloß »dem Ziel, die Realität der Phallokratie in der eigenen Gesellschaft zu verschleiern.« (Ebd. S. 113.) »Die wiederholten Auseinandersetzungen um das ›islamische Kopftuch‹ oder die Burka sind voller orientalisierender Bilder, wie sie früher von Said gebrandmarkt worden sind. Diese erlauben vor allem die Inszenierung der Gewalt, die *jene* Männer *jenen* Frauen antun und die ganz anders ist als die ›Gewalt bei uns‹: genitale Verstümmelung, Zwangsheirat, Polygamie, Gehorsam gegenüber dem älteren Bruder, Kopftuchtragen, Jungfräulichkeitstests. Deshalb hat man Mitleid mit ›muslimischen Frauen‹. ... Auf der Linken wie auf der Rechten verwandelt sich der republikanische Feminismus in eine Brutstätte der Islamophobie.« (Mbembe: Ausgang aus der langen Nacht, wie Anm. 24, S. 172 f., 194.)

60 Mbembe: Politik der Feindschaft (wie. Anm. 36), S. 119. In der Einleitung bezeichnet Mbembe den »Krieg gegen den Terror« auch als postkolonialen »Ausbeutungs- und Raubkrieg«. (Ebd. S. 14.)

61 Siehe etwa Mbembe: Ausgang aus der langen Nacht (wie Anm. 24), S. 224 f., 283.

62 Mbembe: Politik der Feindschaft (wie. Anm. 36), S. 114, 65, 74.

63 Ebd. S. 217. So schreibt Mbembe, dass die »Abschaffung von Tabus und die mehr oder weniger vollständige Befreiung von Trieben aller Art sowie deren anschließende Umwandlung in Material für einen endlosen Akkumulationsprozess ... die zentralen Merkmale unserer Zeit« seien (ebd.) – als hätte es vor dem Neoliberalismus kein Kapital gegeben. Dass Mbembe keinen Begriff vom Kapital hat, wird nicht zuletzt deutlich, wenn er schreibt, dass der »globale Kapitalismus weniger und weniger der Erzeugung sozialen Reichtums« verpflichtet sei, seit »das Finanzkapital die Hegemonie über die Erde« erhalten habe. »In einer Welt, die darauf erpicht ist, jeden Menschen und jedes Lebewesen im Namen des Profits zu vergegenständlichen, besteht die wahre Bedrohung in der Ausradierung des Politischen durch das Kapital. Die Transformation des Politischen in Geschäft erhöht das Risiko der Eliminierung der bloßen Möglichkeit von Politik.« (Mbembe: Necropolitics, wie Anm. 24,, S. 113 – 116.) Das ist ›Neoliberalismus‹-Kritik auf der Höhe der Sozialdemokratie und der *No-Globals*.

Macht basiert gleichsam auf einer Umkehrung des Verhältnisses zwischen Leben und Tod, als wäre das Leben nur das Medium des Todes.«[64]

Während für den Kolonialismus der frühen Moderne die ›Biopolitik‹ charakteristisch gewesen sei, sei der (Post-) Kolonialismus[65] der späten Moderne durch die ›Nekropolitik‹ gekennzeichnet. Zwar war schon bei Foucault die ›Biopolitik‹ durch das Recht zu töten und die Trennungsarbeit charakterisiert, dennoch habe diese ›Biopolitik‹ und ihre Einschreibung neuer sozialer und räumlicher Beziehungen in der frühen Moderne der gewaltsamen Inbesitznahme der Kolonien, ihrer Erschließung und Ausbeutung gedient. Die ›Biopolitik‹ diente also – trotz aller Brutalität und allem Blutvergießen – doch noch irgendwelchen außerhalb der Gewalt selbst liegenden Zwecken, was sich auch in den Herrschaftsformen ausdrückte, durch welche koloniale Souveränität agierte: Ziehung von Grenzen, Umsturz bestehender Eigentumsverhältnisse, Entzug von Ressourcen. »Souveränität hieß Besetzung, und Besetzung hieß, den Kolonisierten in eine dritte Sphäre zwischen Subjekthaftigkeit und Objekthaftigkeit zu verbannen. So funktionierte das Apartheidregime in Südafrika.«[66] Diese Form ›biopolitisch‹ bestimmter Souveränität sei also bestimmend für das Apartheidregime gewesen, das für Mbembe damit noch in die Sphäre des (früh-) modernen Kolonialismus fällt.

Die spätmoderne Form der kolonialen Besetzung dagegen unterscheide sich in vielen Formen von der früheren Form des Kolonialismus: Hier bestehe die Souveränität darin, zu entscheiden, wer »wegwerfbar sei und wer nicht« und sei gekennzeichnet durch eine »Kombination der Disziplinarmacht, der Biopolitik und der Nekropolitik. Die vollkommenste Form der Nekromacht ist die aktuelle koloniale Besetzung Palästinas.«[67] Mbembes Verteidiger haben also Recht, wenn sie sagen, der Philosoph setze die südafrikanische Apartheid und die israelische Präsenz in der Westbank nicht gleich – wenn auch anders als sie meinen: Für Mbembe ist die israelische Politik schlimmer als die südafrikanische Apartheid, weil letztere noch unter die Bestimmung der ›Biopolitik‹ falle, während erstere die vollendete Erscheinung der ›Nekropolitik‹ darstelle. So wie die ›nekropolitische‹ Souveränität durch die Entscheidung charakterisiert sei, wer verwertbar und wer wegzuwerfen sei, so betrachte Israel die Palästinenser bloß als loszuwerdenden Abfall. In diesem Zusammenhang sind auch Mbembes Ausführungen von den »Müllbergen« zu verstehen, in die Israel das Leben der Palästinenser verwandle, und worin es die südafrikanische Apartheid – mit ihren »vergleichsweise primitiven Maßnahmen« – »weitaus« in den Schatten stelle: die »fanatische Zerstörungsdynamik« mit ihren »Techniken der Zerstörung von nahezu allem« ziele darauf ab, »das Leben der Palästinenser in einen zur Entsorgung bestimmten Berg aus Müll zu verwandeln. In Südafrika erreichten die Trümmerberge niemals solche Ausmaße.« Die Trennung in Südafrika konnte, so Mbembe, aufgrund dessen kolonialer Verfassung – und weil die weißen Siedler die einheimische Bevölkerung anders als in anderen Siedlungskolonien nicht von Anfang an ausgerottet hatten – bloß »partieller Natur« sein, da eine radikale Trennung unweigerlich auch »das Überleben des Unterdrückers beeinträchtigt« hätte. Deswegen, so bringt er seine diesbezüglichen Überlegungen auf den Punkt, »konnte die Dialektik der Nähe, Distanz

64 Mbembe: Politik der Feindschaft (wie. Anm. 36), S. 116, 118, 73.

65 In *Postkolonie* und *Ausgang aus der langen Nacht* beschreibt Achille Mbembe, wie in Afrika die kolonialen Herrschaftsformen das Ende des Kolonialismus überlebt hätten, weil die ehemals kolonialen Subjekte und die lokalen neuen Eliten diese Formen – etwa Souveränität und Rassismus – für sich übernommen hätten, also keine ›Dekolonisierung‹ des Bewusstseins und damit der Politik stattgefunden habe. »Ganz wie im kolonialen Verhältnis erscheint das postkoloniale Verhältnis nicht nur als Zwangsverhältnis, sondern auch als *heimliches Einverständnis* schlechthin. Es beruht auf dem stilschweigend hingenommenen ›Paradigma‹, dem zufolge die Befehlsgewalt ... jenseits dessen, der sie ausübt, über eine Art von absolutem Nutzungsrecht verfügt.« (Mbembe: Postkolonie, wie Anm. 34, S. 204.) »Die afrikanischen Nationalismen des 20. Jahrhunderts haben sich leider damit begnügt, diese Rassenpolitik und den Geist der Gewalt, der aus ihr erwächst, zu ihren Gunsten zu nutzen. Anstatt sich für die Demokratie einzusetzen, haben sie diese Logik und diesen Geist in den Dienst des Projekts der Aufrechterhaltung ihrer eigenen Macht gestellt.« (Mbembe: Ausgang aus der langen Nacht, wie Anm. 24, S. 288.)

66 Mbembe: Necropolitics (wie Anm. 24), S. 26 / S. 79. Siehe dazu auch: »Aus diesem Grund schwankt das Kolonialverhältnis ständig zwischen dem Wunsch, den Anderen auszubeuten (dessen Rasse als minderwertig gilt), und dem Versuch, ihn zu beseitigen und auszurotten.« (Mbembe: Ausgang aus der langen Nacht, wie Anm. 24, S. 104.)

67 Mbembe: Necropolitics (wie Anm. 24), S. 27 / S. 80.

und Kontrolle niemals die in Palästina zu beobachtenden kritischen Schwellen erreichen.«[68]

Dementsprechend ist in Necropolitics nach der Überleitung auf die ›spätkoloniale Besetzung Palästinas‹ von Südafrika auch keine Rede mehr, sondern nur noch von den angeblichen Missetaten Israels in der Westbank und in Gaza. Während im Aufsatz Necropolitics Gaza noch keine gesonderte Rolle spielt, da der Text 2003, also zwei Jahre vor Israels unilateralem Rückzug, erschien, widmet Mbembe dem Küstenstreifen im 2019 erschienenen Buch Necropolitics gesonderte Aufmerksamkeit. Dort erklärt er »das heutige Gaza in Palästina« als »paradigmatisch für jene Herrschaftsmatrix«, die »überschüssige Bevölkerungen« in »zu Gefängnissen gemachte Territorien« sperre und sie dort ohne jede Unterstützung vor sich hinvegetieren lasse – während sie sie mit »periodischer militärischer Eskalation und ständiger außergerichtlicher Ermordung« malträtiere. Darin sei Gaza die Vorschau darauf, wie in Zukunft mit denen umgegangen werde, »deren bloße Existenz für unsere Reproduktion nicht notwendig erscheine«.[69] Die ›nekropolitischen‹ Maßnahmen, die Mbembe Israel in diesem Zusammenhang zurechnet, laufen auf eine Form absoluter Willkürherrschaft hinaus, der es nicht darum gehe, die ihr unterworfenen Kolonisierten irgendwie auszubeuten und Profit aus ihnen zu schlagen, sondern bloß darum, sie zu unterdrücken, zu erniedrigen und zu schikanieren, zu vertreiben und zu internieren – ja sie um der bloßen Lust am Töten willen zu töten.

Wie Mbembe seitenlang ausmalt, was er für die israelischen Untaten in ›Palästina‹ hält, lässt sich nicht anders charakterisieren denn als eine einzige sadistische Gewaltphantasie, die er auf den jüdischen Staat projiziert. Er beginnt bei den Checkpoints, von denen er natürlich mit keinem Wort erwähnt, dass sie der Terrorabwehr geschuldet sind, geht von den ›Siedlerstraßen‹ – die das Land mittels eines »Systems von Über- und Unterführungen« einer »vertikalen Souveränität«[70] unterwürfen – und dem angeblichen Raub von Wasser[71] und medizinischem Gerät über zu dem, was er »infrastrukturelle Kriegsführung« gegen den »protopalästinensischen Staat« und »mittelalterliche Belagerungskriegsführung« nennt – nur um letzten Endes beim Mord um des Mordes willen zu landen. Nicht nur behauptet Mbembe, dass zu den »unverblümten Hinrichtungen« ein »unsichtbares Töten« hinzukomme, vielmehr schreibt er, dass den »lokalen« israelischen »Militärkommandanten« die »Freiheit überlassen« sei, nach »Gutdünken« zu entscheiden, »wen sie wann erschießen«.[72] Diese Schilderung, die an die Figur des Konzentrationslager-Kommandanten Amon Göth in *Schindlers Liste* erinnert, aber nichts mit den Einsätzen der israelischen Armee zu tun hat, erklärt Mbembe zur in der Westbank herrschenden Realität – und keinem seiner deutschen Fürsprecher will auffallen, dass es sich hier um eine vom Ressentiment getriebene Wahnphantasie handelt. Völlig augenscheinlich werden Mbembes Versuche, Israel in eine Reihe mit dem Nationalsozialismus zu stellen, wenn er andernorts erneut auf Gaza zu sprechen kommt: »Alle zwei oder drei Jahre« starte Israel einen »totalen, asymmetrischen Angriff auf die in einem Open-Air-Gefängnis eingesperrte Bevölkerung«, behauptet er dort, ohne die Hamas und deren (Raketen-) Terror – der Grund sowohl für die (Teil-) Abriegelung des Küstenstreifens wie für die Gazakriege – auch nur einmal zu erwähnen. Vielmehr gehe es dem jüdischen Staat in seinen Kriegen darum, einen »Kampf bis zum Ende« zu führen, das in »Gemetzel, Zerstörung und schrittweiser Vernichtung« bestehe; ein Ziel, in dem er von »Kohorten internationaler Pharisäer« unterstützt werde.[73] »Wenn der Holocaust die größte Katastrophe des 20. Jahrhunderts war, dann ist die Palästinafrage der größte moralische Skandal unserer Zeit«, schreibt Mbembe 2014 in einem Kommentar – und rückt

68 Mbembe: Politik der Feindschaft (wie. Anm. 36), S. 86.

69 Mbembe: Necropolitics (wie Anm. 24), S. 97.

70 Ebd. S. 26 / S. 79.

71 Siehe zu dieser weitverbreiteten antiisraelischen Propaganda den Artikel von Alex Feuerherdt: Israel, die Palästinenser und das Wasser. www.lizaswelt.net/2015/04/18/israel-palaestinenser-wasser (letzter Zugriff: 27. 9. 2020).

72 Mbembe: Necropolitics (wie Anm. 24), S. 28 – 30 / S. 81 – 83.

73 Achille Mbembe: On Palestine. Foreword. In: Jon Soske; Sean Jacobs (Hrsg.): Apartheid Israel. The Politics of an Analogy. Chicago 2015. www.scribd.com/read/358295089/Apartheid-Israel-The-Politics-of-an-Analogy (letzter Zugriff: 27. 9. 2020), S. VIII. In der christlichen Tradition sind die Pharisäer, die Mbembe hier keineswegs zufällig bemüht, diejenigen, die sich zwar streng an Gottes Gesetze und damit für Gerechte halten, die aber – indem sie darüber die Nächstenliebe vergessen – in ihrer Kleingeistigkeit Gottes Botschaft verfehlen.

darin Israel ganz explizit in die Nähe der nationalsozialistischen Judenvernichtung.[74]

Nicht nur sei die israelische Politik in Gaza eine Vorschau auf die Zukunft, vielmehr diene »die israelische Besetzung der palästinensischen Gebiete« insgesamt »als Versuchslabor für ein Reihe von Techniken der Kontrolle, Überwachung und Trennung, die inzwischen weltweite Verbreitung finden«, erklärt der Philosoph weiter[75] und liefert damit eine Steilvorlage nicht nur für BDS, sondern auch für jene Teile der Black-Lives-Matter-Bewegung, die in antisemitischer Manier erklären, US-Polizisten würden ihr Repressionshandwerk vom jüdischen Staat gelehrt bekommen.[76] Während Israel solcherart nachgerade zum Feind aller Unterdrückten, Ausgegrenzten und Diskriminierten weltweit erklärt wird, geht Mbembe mit den palästinensischen Selbstmordattentätern nicht so hart ins Gericht; im Gegenteil. In ›Palästina‹, so schreibt er weiter, träfen zwei unvereinbare Logiken aufeinander: »die Logik des Märtyrertums und die Logik des Überlebens.« In der ›Logik des Überlebens‹ erscheine der Andere als der Feind des eigenen Überlebens, weswegen aus dieser Sicht der Horror im Angesicht des Todes zur Genugtuung werde, dass jemand anderes sterben müsse: jeder tote Andere oder tote Feind ließe im Überlebenden das Gefühl von Sicherheit steigen. Im Gegensatz zum israelischen Soldaten im Panzer oder Helikopter – der feige, körperlos und anonym tötet, muss man angesichts der folgen Ausführungen wohl ergänzen –, opfere der Selbstmordattentäter seinen eigenen Leib, wodurch nicht nur »Mord und Selbstmord im selben Akt vollzogen«, sondern auch »Widerstand und Selbstzerstörung zu Synonymen« würden. »Diese Logik scheint derjenigen entgegenzustehen, die in dem Wunsch besteht, dem anderen den Tod aufzubürden, während man sein eigenes Leben bewahrt. ... In der Logik des Martyriums taucht eine neue Semiose des Tötens auf.« Weil der »Körper an und für sich« keinen Sinn und keinen Wert habe, sondern diese aus einem »Prozess der Abstraktion« entstünden, »der auf dem Begehren nach Ewigkeit« basiere, überwinde der Märtyrer seine »eigene Sterblichkeit« und könne gesehen werden als »unter dem Zeichen der Zukunft arbeitend.« Im Märtyrertod, so formuliert Mbembe es affirmativ, breche die Zukunft in die Gegenwart ein und der Körper erreiche seinen »ultimativen Sinn«: er entkomme dem »Zustand der Belagerung und Besetzung«, indem er sich einem »transzendenten Nomos« verschreibe und so »durchs Opfer das ewige Leben realisiert.«

An kaum einer Stelle seines Werks kommt Mbembes christliches Erbe als ehemaliger Dominikanerschüler so ungefiltert zum Tragen wie in diesen Ausführungen zu Selbstopfer und Märtyrertod. Doch bleibt er bei der christlichen Metaphorik vom Menschenopfer Jesu' nicht stehen, sondern geht mit Martin Heidegger und dessen »Sein zum Tode« darüber hinaus, um die »Beziehung zwischen Terror, Freiheit und Opfer« abschließend darzulegen[77] – ähnlich wie er zur Interpretation der christlichen Heils- und Auferstehungslehre angesichts des Ausbleibens der mit der Wiederkunft Christi final gedachten Erlösung nicht das Paulinische Original heranzieht, sondern auf dessen ebenso existenzialontologische wie antisemitische Auslegung durch Alain Badiou zurückgreift.[78] Der Tod des Selbstmordattentäters, sein Opfer, das zugleich ein Selbstopfer sei, gewinne hier den »Charakter einer Transgression. Aber anders als beim Kreuzestod« habe dieser Tod »keine sühnende Dimension.« Doch fern davon, deswegen »reine Vernichtung und Nichtigkeit« zu sein, sei dieses Selbstopfer, das den Feind in Stücke und mit in den Tod reißt, unter den ›nekropolitischen‹

74 Achille Mbembe: Back to Johannesburg after three days at Rhodes University. www.facebook.com/achille.mbembe/posts/10152256868736451 (letzter Zugriff: 27. 9. 2020) In *On Palestine* greift er diesen Gedanken 2015 dann erneut auf, wenn auch nicht ganz so explizit auf den Nationalsozialismus bezogen: »Die Besatzung Palästinas ist der größte moralische Skandal unserer Zeit, eines der am meisten entmenschlichenden Martyrien des gerade begonnenen Jahrhunderts und der größte Akt der Feigheit im letzten halben Jahrhundert.« (Mbembe: On Palestine, wie Anm. 73, S. VIII.)

75 Mbembe: Politik der Feindschaft (wie. Anm. 36), S. 84.

76 Siehe dazu etwa Jewish News Syndicate: Doku widerlegt Gerücht, dass US-Polizisten in Israel lernen, wie man Menschen misshandelt. www.mena-watch.com/film-widerlegt-behauptungen-dass-us-polizisten-ihr-repressionshandwerk-in-israel-lernten (letzter Zugriff: 23. 10. 2020).

77 Mbembe: Necropolitics (wie Anm. 24), S. 36 f. / S. 88 – 90.

78 Mbembe: Postkolonie (wie Anm. 34), S. 235. Zur Mobilisierung der Paulinischen Liebe gegen das Mosaische Gesetz bei Alain Badiou siehe Alex Gruber: Mit Paulus gegen Griechen und Juden. Alain Badious postmoderner Platonismus als Verewigung von Herrschaft. In: sans phrase 1 / 2012.

Bedingungen der spätkolonialen Besetzung – mit ihrer »Produktion von Todeswelten« und ihrer Reduzierung ganzer Bevölkerungen auf den »Status von lebenden Toten« – ein »Kommentar zur Natur der Freiheit selbst«. Aufgrund der Unterwerfung der Palästinenser unter die »Macht des Todes«, sei eine »tiefgreifende Rekonfiguration des Verhältnisses von Widerstand, Opfer und Terror« zu konstatieren, in der die »Grenzen zwischen Widerstand und Selbstmord, Opfer und Erlösung, Märtyrertum und Freiheit verschwimmen.« Dass der Selbstmordattentäter den Tod der fortgesetzten Knechtschaft vorziehe, lasse ihn in ein ekstatisches Verhältnis zur Zukunft treten, in dem diese »Zukunft authentisch vorweggenommen werden kann, aber nicht in der Gegenwart.« Die Gegenwart sei vielmehr nur Teil einer »Vision der noch nicht gekommenen Freiheit. Der Tod in der Gegenwart ist der Vermittler der Erlösung. Fern davon, Begegnung mit einer Begrenzung, Grenze oder Absperrung zu sein, wird er als eine Befreiung von Terror und Knechtschaft erfahren.«[79]

Während aufgrund der Konstruktion einer von Müllbergen übersäten Landschaft des Todes namens Palästina, in der lebendige Leichen namens Palästinenser ihr ›unwertes‹, hoffnungs- und zukunftsloses Dasein fristeten, das Selbstmordattentat für Mbembe also zu einem Akt der Freiheit wird, stellt die israelische Politik für ihn das nachgerade Gegenteil dar: nichts als Negativität und Nichtigkeit. Israel als ›nekropolitischer‹ Akteur sei von einer ›Logik des Überlebens‹ getrieben, das nicht sich selbst opfere, sondern den Anderen, was nicht zuletzt aus seinem »partikularen Narrativ von Geschichte und Identität« erwachse. Dieses israelische »Narrativ ruht auf der Idee auf, dass der Staat ein göttliches Recht zu existieren hat. Gewalt und Souveränität beanspruchen in diesem Fall eine göttliche Grundlage: das Volk selbst wird geschmiedet durch die Anbetung einer Gottheit und die nationale Identität ist als eine Identität gegen den Anderen, gegen andere Gottheiten vorgestellt.«[80] Mag man bei diesen Ausführungen zunächst noch an das Buch Genesis und das Versprechen denken, das Gott dem Volk Israel dort gegeben hat – und das die Zionisten einem beliebten Stereotyp zufolge bei ihrer Staatsgründung gegen die palästinensischen Araber ins Feld geführt hätten –, so mag dies für Mbembe auch eine Rolle spielen,[81] doch letztlich will er auf anderes hinaus. »Infolgedessen«, fährt er nämlich fort, »sind koloniale Gewalt und Besetzung zutiefst durch einen heiligen Terror der Wahrheit und Exklusivität garantiert«, einen »Terror des Heiligen«, dem der »Terror des Holocaust« zugrunde liege.[82]

79 Mbembe: Necropolitics (wie Anm. 24), S. 38 – 40 / S. 90 – 92.

80 Ebd. S. 27 / S. 80.

81 So versucht er sich in *Postkolonie* an einer Analyse des antiken Judentums, seines Monotheismus und seines Bundes mit Gott, in dem er doch nur das alte christliche Ressentiment neu aufwärmt: Das Volk Israel erhalte, »indem es sich die göttliche Erwählung anmaßt, vermeintlich die Aufgabe, den Götzendienst zu bekämpfen, besonders in Bezug auf andere Völker, die zu Heiden erklärt werden.« Der behauptete Bund zwischen den Israeliten und Gott erlaubte den sich solcherart als »Auserwählte« Imaginierenden »eine *narzisstische* Definition« ihrer selbst, die es ihnen »ermöglichte, sich von anderen zu unterscheiden. Die narzisstische Definition macht den biblischen Gott zu einem Stammesgott. ... Von dieser Ausschließlichkeit und Ausschlusslogik zeugen die Gesetze, die Juden und Nichtjuden abgrenzen sollen.« (Mbembe: Postkolonie, wie Anm. 34, S. 222 – 229.) Mbembe folgt hier der klassisch antisemitischen Interpretation der Auserwähltheit: diese sei Zeichen ›narzisstischer‹ Erhebung über andere, das durch Abschottung und den Ausschluss dieser anderen errichtet worden sei. Der rabbinischen Erzählung nach wurde die Erwählung durch Gott jedoch zuerst allen anderen Völkern angeboten, bevor sie allein von Israel gewählt wurde. Die Berufung zum »Knecht« Gottes (Jesaja) ist also wechselseitig – was ja nicht zuletzt in der Idee eines geschlossenen Bundes zum Ausdruck kommt – und geht einher mit der Bereitschaft des Berufenen, den Dienst anzunehmen und unter dem göttlichen »Joch der Tora« (Gershom Sholem) zu leben. Die Vorstellung einer Erwählung durch Gott unterwirft das Judentum nicht nur unter die Gesetze der Tora, sondern macht es auch ›einsam unter den Völkern‹ und zum Opfer von Hass und Missgunst – und erlaubt ihm zugleich, trotz aller Katastrophen an seinem Glauben festzuhalten, indem die erfahrenen Untergänge als Strafe Gottes für die eigenen Verfehlungen bei der Einhaltung des Bundes interpretiert werden. »Er, der Gott der Unterlegenen, wird selbst derart überlegen vorgestellt, dass *er* die Siegermächte in seine Regie genommen und das Unglück durch sie geschickt habe: zur Strafe und Besserung für sein starrsinniges Volk. Je unterlegener das Volk, desto überlegener sein Gott. ... Gedemütigte, ins [babylonische] Exil verschleppte Priester kompensieren ihre Ohnmacht durch die Vorstellung eines allmächtigen Gottes.« (Christoph Türcke: Fundamentalismus – Maskierter Nihilismus. Springe 2003, S. 32. Siehe dazu auch Gershom Sholem: Zum Verständnis der messianischen Idee im Judentum. In: Ders.: Über einige Grundbegriffe des Judentums. Frankfurt am Main 1996.) Realiter ist die Vorstellung vom auserwählten Volk des einen Gottes also kein (proto-)rassistischer Chauvinismus, sondern Reflexion der Verfolgung, die die Juden – nicht zuletzt aufgrund ihres Monotheismus und ihrer Abschaffung des Menschenopfers – bereits in der Antike erleiden mussten, und daraus erwachsende Hoffnung auf Erlösung.

82 Mbembe: Necropolitics (wie Anm. 24), S. 27 / S. 80.

Während Mbembe in *Necropolitics* an dieser Stelle abbricht, führt er in *What is postcolonial thinking?* dann explizit aus, wie er verstanden wissen will, wenn er von der Gefahr spricht, »einen Fetisch aus der Tatsache zu machen, dass man ein Opfer der Weltgeschichte gewesen ist«. Solch ein Fetisch führe nämlich dazu, dass in der Person, die »Opfer eines solchen Unglücks gewesen« ist, der Wunsch geweckt werde, »Blut zu vergießen«, wobei es sich »unglücklicherweise allzu oft nicht um das Blut der Folterknechte« handle, »sondern um das Blut von jemand anderem, ganz egal von wem.« Dieses Blutvergießen sei nötig, um den Fetisch am Leben zu erhalten, der um seiner Funktion willen »endlose Opfergaben benötigt und deswegen frische Opfer, die getötet werden müssen, um den Opfergott zu beschwichtigen.« Zentral für die so errichtete »Opferökonomie« sei der »Wunsch nach Wiedergutmachung«, der den Geist der Rache annehme – Auge um Auge, Zahn um Zahn – in einer Linie mit den alten monotheistischen Religionen.«[83] Der Opferfetisch und die Angst, erneut Opfer zu werden, aus der er gespeist werde, während er diese Angst zugleich am Leben erhalte und verewige, münden »nahezu unvermeidlich in Zerstörungslust – Blutvergießen, das Blut verschafft sich Geltung, in ausdrücklichem Anschluss an das Talionsprinzip des Alten Testaments.« Deswegen sei »das triebhafte Bedürfnis nach Feinden nicht mehr bloß ein soziales Bedürfnis. Es ist gleichsam ein anales ontologisches Bedürfnis.«[84]

Die Frage, die Mbembe schon in seinem Essay Israel, die Juden und wir von 1992 stellte – wie aus den ›Opfern von gestern‹ die ›Verfolger von heute‹ geworden sein können, die den »krankhaften Willen zum Nichts« des Holocaust verinnerlicht und so den »Platz der Mörder« eingenommen hätten[85] –, findet hier eine Antwort. Insofern das »Transzendente« der von Israel instituierten ›Opferreligion‹ – anders als im palästinensischen Märtyrertum – niemals im »eigenen Tode gegründet ist, muss es der Opfertod von jemand anderem sein, durch welches das Heilige sich etabliert.« In der Behauptung, die Israelis würden die Palästinenser ihrem vergöttlichten Allgemeinwesen zum Opfer bringen, unterstellt Mbembe dem jüdischen Staat nicht nur die Wiedereinführung des Menschenopfers, welches das Judentum historisch abgeschafft hatte, sondern liefert auch eine Neuauflage der klassischen Ritualmordlegenden. Wie schon in *Necropolitics* nimmt Mbembe auch hier wieder die Unterscheidung zwischen Südafrika und Israel vor: Während es ersterem mit der Einrichtung einer Versöhnungskommission nach der Überwindung der Apartheid gelungen sei, der Gefahr der Errichtung eines solchen Opferfetischs zu entgehen, habe letzteres – von der Erfahrung der Judenvernichtung getrieben, die es zu seinem nationalen und damit partikularen Narrativ gemacht habe – solch eine Opferreligion, die zugleich auch eine Opferökonomie darstelle, aufgerichtet: »Jene Staaten«, so beschließt Mbembe den Gedanken, »die sich hauptsächlich als Opfersubjekte definieren, erweisen sich allzu oft als von Hass erfüllte Subjekte, das heißt als Subjekte, die niemals aufhören können, den Tod zu mimen, indem sie andere opfern und ihnen all jene Grausamkeiten zufügen, welche sie einst selbst als Sühneopfer zu erleiden hatten.«[86]

83 Achille Mbembe: What is postcolonial thinking? An interview with Achille Mbembe. www.eurozine.com/what-is-postcolonial-thinking/?pdf, S. 9 (letzter Zugriff: 27.9.2020). Das Ziel dieses von einem »primitiven Glauben an die Sühnekraft des Blutvergießens« geprägten »negativen Messianismus« sei es, »einen vergebenden Gott in einen ethnischen und wütenden Gott« zu verwandeln. (Mbembe: Necropolitics (wie Anm. 24), S. 106.) Unschwer erkennt man hier den Nachhall der alten christlichen Unterscheidung in einen (alttestamentarischen) Gott der Rache und einen (neutestamentlichen) Gott der Liebe.

84 Mbembe: Politik der Feindschaft (wie. Anm. 36), S. 92. Darin folgt Mbembe der klassisch antisemitischen Interpretation des Talionssystems, das historisch ja gerade in der Eindämmung und letzten Endes Abschaffung von Blutrache und Sippenhaftung durch Einführung des Äquivalenzprinzips bei Vergeltung und Strafe bestand – also einen zivilisatorischen Fortschritt darstellte.

85 Achille Mbembe: Israël, le juifs et nous. (Faksimile des Artikels.) www.twitter.com/mbeatowe/status/1170122504725245952 (letzter Zugriff: 27.9.2020). Siehe dazu: Thomas Weber: Gestern Opfer, heute Verfolger! Oder? www.rotary.de/gesellschaft/gestern-opfer-heute-verfolger-oder-a-16093.html (letzter Zugriff: 27.9.2020).

86 Mbembe: What is postcolonial thinking? (wie Anm. 83), S. 9. Ganz ähnlich wurde auch in der Diskussion um Omri Boehms diesen Frühling erschienenes Buch *Israel – eine Utopie* argumentiert, in dem der Autor eine Auflösung des Nationalstaats der Juden zugunsten einer binationalen Föderation vom Jordan bis zum Mittelmeer fordert und das in Deutschland begeistert rezipiert wurde. In einer Rezension formulierte etwa Matthias Bertsch vom *Deutschlandfunk*, dass es eine »Gefahr des ständigen Erinnerns« gebe, was sich nicht zuletzt im »grundsätzlichen Webfehler des jüdischen

Vor diesem Hintergrund ist dann auch jene Formulierung aus *Politik der Freundschaft* zu verstehen, die Mbembes Verteidiger zu seinen Gunsten ins Feld führten, wenn sie ihn vor dem Vorwurf verteidigen wollten, er setze das Apartheidregime mit der israelischen Politik gleich. Auch wenn die israelischen Maßnahmen zwar »in mancherlei Hinsicht« an das südafrikanische Regime erinnerten, sagt Mbembe an der in Frage stehenden Stelle, reiche die »Metapher der Apartheid nicht aus, um das israelische Trennungsprojekt zu erfassen«, das »auf einem recht einzigartigen metaphysischen und existenziellen Sockel« ruhe. »Die darunterliegenden apokalyptischen Ressourcen und Katastrophen sind weitaus komplexer und geschichtlich viel tiefer verwurzelt als alles, was den südafrikanischen Calvinismus möglich machte.«[87] Weil die verinnerlichte Verfolgungsgeschichte der Juden katastrophaler gewesen sei als die der von den Briten bekämpften und zum Teil in Lagern internierten Afrikaaner (Buren), die »sich infolge mehr oder weniger tragischer Umstände dort niedergelassen«[88] haben; deswegen seien auch die dem jüdischen Staat unterliegenden »apokalyptischen Ressourcen« ungleich größer und »weitaus tödlicher«[89] als jene des Apartheidregimes, dessen Trennungsphantasien ebenfalls aus einer Vernichtungsangst erwachsen seien. Vielleicht sollen es dann auch diese Umstände sein, wegen derer Südafrika es laut Mbembe geschafft habe, »die Freiheit von den Geschichten von vergossenem Blut und opfernder Gewalt« zu lösen und »eine politische Gemeinschaft neu zu konzipieren«, die nicht auf der Forderung beruhe, bedenkenlos ihre immer wieder neu erfundenen »Feinde im Namen der Freiheit oder des Überlebens zu töten. Hier, so würde ich abschließend zusammenfassen, liegt der Unterschied zwischen Südafrika und Israel«,[90] sei doch Südafrika »das sichtbarste Labor des Afropolitanismus«, in dem »der Übergang vom Rassenstaat zum demokratischen Staat kurz vor der Vollendung«[91] stehe.

Was Mebmbe hier formuliert, ist nicht bloß eine antisemitische Verschwörungstheorie, in der er Israel zur vordersten Front des ›nekropolitischen‹ Kampfes gegen die Überflüssigen wie zum Labor für die Erprobung von Konzentrations- und Vernichtungstechniken für die Unterdrückten dieser Erde konstruiert. Vielmehr baut er die Verfolgungsgeschichte des Judentums bis hin zur Vernichtung in seine Theorie ein und wendet diese gegen die Juden und ihren Staat – und geht damit noch einen Schritt über die Überlegungen einer Judith Butler hinaus. Die BDS-Ikone Butler hypostasiert die Diaspora und das Diasporische zum »Kern der jüdischen Ethik«, um Jüdischsein als »anti-identitäres Projekt zu verstehen« und sich nicht nur gegen Israel wenden, sondern auch das Judentum selbst durch eine »Ethik der Zerstreuung« dekonstruieren zu können.[92] Butler macht also die Verfolgung, Vertreibung und Zerstreuung des Judentums zu dessen Wesen – von dem sie als ›Anti-Essentialistin‹ natürlich nicht sprechen kann, weswegen sie es dann auch sofort weiter ›zerstreuen‹ muss – und wirft dem jüdischen Staat vor, diesen diasporischen Kern zu verraten und gewaltsam in Identität stillzustellen. Während Butler also die hypostasierte und zu einem ethischen Prinzip vergegenständlichte Erinnerung an Vertreibung und Zerstreuung gegen die unter-

Staates« zeige: sein »holocaustbasiertes Nationalstaatsaxiom« nämlich führe »heute zu einer weiteren Nakba« an den Palästinensern. (Israel – eine Utopie. Philosoph Omri Boehm übt Kritik an jüdischem Staat. www.deutschlandfunk.de/israel-eine-utopie-philosoph-omri-boehm-uebt-kritik-an.1310.de.html?dram:article_id=479382, letzter Zugriff: 27.9.2020.)

87 Mbembe: Politik der Feindschaft (wie. Anm. 36), S. 85.

88 Mbembe: Ausgang aus der langen Nacht (wie Anm. 24), S. 282.

89 Mbembe: On Palestine (wie Anm. 73), S. VIII.

90 Achille Mbembe: Faces of Freedom. Jewish and Black Experiences. In: Interventions. Vol. 7(3) / 2004. www.tandfonline.com/doi/abs/10.1080/13698010500268056 (letzter Zugriff: 27.9.2020), S. 298.

91 Mbembe: Ausgang aus der langen Nacht (wie Anm. 24), S. 291, 295.

92 Judith Butler: Am Scheideweg. Judentum und die Kritik am Zionismus. Frankfurt am Main 2013, S. 118, 140, 39. »Vielmehr versuche ich zu verstehen, inwiefern des Exil – oder emphatischer die Diaspora – zur Idee des Jüdischen selbst gehört ... In diesem Sinne heißt Jude ›sein‹ sich von sich selbst zu trennen«. (Ebd. S. 25.) »Zum Projekt dieses Buches gehört die Loslösung von einem jüdisch zentrierten Bezugsrahmen im Nachdenken über das Problem des Zionismus und die Betrachtung des Jüdischseins im Moment seiner Begegnung mit dem Nicht-Jüdischen und der sich daraus ergebenden Zerstreuung des Selbst.« Butlers selbstgestecktes Ziel ist eine anti-identitäre »Loslösung aus den historisch ausgebildeten kommunitaristischen Verankerungen«, da diese die notwendige Bedingung einer »dezidiert nicht-egologischen ethischen Beziehung« sei und die »Grundlage für eine Ethik in der Zerstreuung« lege. (Ebd. S. 39.)

stellten Verbrechen jüdischer Souveränität ins Feld führt, soll es bei Mbembe gerade die Erfahrung von Verfolgung und Vernichtung sein, die aus Israels Politik die größte Katastrophe seit dem Holocaust mache. Der Philosoph relativiert und bedient damit nicht nur den zeitgenössischen gegen Israel gerichteten Antisemitismus, sondern macht zugleich auch den historischen zur Triebfeder seines Ressentiments gegen den jüdischen Staat: vergangene Verfolgung und Vernichtung der Juden wird zur Rechtfertigung heutiger Ranküne und Verdammung herangezogen.

Weil Mbembe die antisemitische Vernichtungsdrohung gegen Israel leugnet und zu einem ontologisch gewordenen Triebbedürfnis nach Feindschaft durch den jüdischen Staat verkehrt, fordert er von diesem letztlich auch, dass er aufhören solle, sich gegen die Vernichtungsdrohung zur Wehr zu setzen – eine Selbstverteidigung, die Mbembe als ›Nekropolitik‹ denunziert. Insofern läuft sein Zugeständnis, dass »Israel das Recht hat, in Frieden zu leben«[93], wenn es nur seine ›Politik der Feindschaft‹ einstelle, darauf hinaus, den jüdischen Souverän zur Selbstaufgabe zu zwingen und ihn seinen Gegnern auszuliefern: Friede könne nur durch das Opfer der Juden erreicht werden. Statt seinem Rat zum Selbstopfer zu folgen, so wirft der Philosoph in Feldherrenpose Israel und den Juden in seiner verquast religiösen Diktion vor, hätten sie das Opferdasein zur Staatsreligion erhoben und wären damit von Opfern zu Tätern geworden, die heute den Palästinensern dasselbe antäten, was ihnen einst von den Nazis angetan wurde. Dass in Deutschland allen Ernstes über mehrere Wochen hinweg darüber diskutiert wurde, ob ein Philosoph, dessen Theorie in solchen Aussagen ihren Fluchtpunkt findet, eventuell antisemitische Ressentiments hegen und bedienen könnte, zeichnet ein deutliches Bild dieses Landes. Und dass die Vertreter dessen, was im weitesten Sinne Postcolonial Studies heißen kann, statt über die Sache lieber über Sprechorte und Diskurmacht redeten, zeichnet ein ebenso deutliches Bild dieser Disziplin.

93 Mbembe: On Palestine (wie Anm. 73), S. VIII.

Niklaas Machunsky

Aleida Assmann: Mythologin des Holocaust

Über die positive Besetzung des negativen Gründungsmythos der Bundesrepublik

In der Debatte um den kamerunischen Philosophen und Dominikaner-Schüler Achille Mbembe trat Aleida Assmann, für manche unerwartet, als Verteidigerin seines Antisemitismus und notorische Israelkritikerin hervor. Dass dies nicht überraschend kam, sondern sich aus ihrem Werk selbst ergibt, soll im Folgenden dargelegt werden.[1]

Assmann ist Professorin für Literaturwissenschaft, kennt sich also schon deshalb von Berufs wegen mit Geschichten, Mythen und Fiktionen aus und weiß, wie man diese konstruiert und auslegt. Dieses Wissen hat Assmann in den Dienst einer großen nationalen wie transnationalen Aufgabe gestellt, nämlich der Etablierung und Deutung eines Gründungsmythos sowohl einer multikulturellen BRD als auch für die erst noch zu gründenden Vereinigten Staaten von Europa. Für ihren Beitrag zur bundesdeutschen Erinnerungskultur wurde sie 2018 zusammen mit ihrem Mann mit dem Friedenspreis des deutschen Buchhandels ausgezeichnet.

Das richtige »Framing«

Als Mitautorin an einem Mythos zum Zwecke der Begründung und Rechtfertigung deutscher Nationalität steht sie in der Tradition von Johann Gottlieb Fichte, Ernst Moritz Arndt und Richard Wagner. Diese hatten es unternommen, durch eine Ästhetisierung der Politik die Massen für einen nationalen Mythos zu begeistern und so zu einer politischen Einheit zusammenzuschweißen. Im Zentrum dieser Politik standen Mythen, die durch Rituale, Symbole, Denkmäler und Feste mit einer eigenen Liturgie versehen wurden.[2] Die 68er-Generation, als deren

1 Zu Achille Mbembe und der Diskussion um sein Werk siehe den Text von Alex Gruber in dieser Ausgabe.

2 Geoge L. Mosse: Die Nationalisierung der Massen. Politische Symbolik und Massenbewegungen von den Befreiungskriegen bis zum Dritten Reich. Frankfurt am Main; Berlin; Wien 1976.

Exponentin Assmann sich darstellt und auch ist, stellt gerne ihre kritische Auseinandersetzung mit der Elterngeneration heraus, doch gerade da, wo sie mit dieser zu brechen meint, führt sie deren Tradition unter veränderten Vorzeichen fort.[3] Die Unverfrorenheit, die millionenfache Ermordung unschuldiger Menschen in sinnstiftender Absicht zum Gründungsmythos zu erklären, die Tat also bei vollem Bewusstsein in das trübe Licht eines neuen, sekundären Mythos zu tauchen, um aus ihm einen nationalen Mehrwert abzupressen, ist ungeheuer. Assmann weiß sogar um diese Ungeheuerlichkeit. Zustimmend zitiert sie Kosellecks Satz: »Es gibt keine Sinnstiftung, die rückwirkend die Totalität der Verbrechen der nationalsozialistischen Deutschen einholen oder einlösen könnte.«[4] Doch genau diese Sinnstiftung betreibt sie aktiv, nur dass sie in der Uneinholbarkeit den entscheidenden Vorteil für Deutschland sieht.[5] Denn da die durch den Holocaust verursachte »Schuldlast bei Weitem alles übersteigt, was emotional getragen und abgegolten werden kann, betrifft sie auch zukünftige Generationen und ist in die Zukunft hinein mitzunehmen.«[6] Die ewige Schuld wird hier zum Fundament des ewigen Deutschlands.

Die Juden nehmen bei ihr, wie bei den anderen Mythenschmieden, eine zentrale Rolle als Antipoden ein. Diese Zentralität ergibt sich bei ihr vor allem aus der Rolle des Holocaust für ihr Unterfangen. Ein besonderes Anliegen ist es ihr, in projektiver Abgrenzung zu den Juden, die Ausschließlichkeit politischer Kollektivität zu überwinden, das heißt sie möchte »den Anderen« einen Platz im Kollektiv einräumen und nationale Exklusivität inklusiv gestalten. Ihr Versuch der Universalisierung folgt hierbei der christlichen Tradition, deren Abgrenzungsbedürfnis und Konkurrenzverhältnis gegenüber den Juden sie ebenfalls übernimmt.

Betrachtet man Assmann als Politikerin, so lässt sich ihre selbst gestellte Aufgabe wie folgt zusammenfassen: Ziel ist es, eine Grundlage für ein politisches Kollektiv zu finden, das sich aus vielen Kollektiven und unterschiedlichen, widerstreitenden

Mosse zitiert zur Charakterisierung dieses Politikstils Mussolini: »Jede Revolution schafft neue Formen, neue Mythen und Riten: da muß man alte Traditionen benutzen und umwandeln. Neue Feste, Gesten und Formen muß man schaffen, damit die selber wieder Tradition werden«. (Ebd. S. 10.)

3 »Obwohl ich 1968 anfing zu studieren und die Welt um mich herum sehr genau beobachtete, habe ich mich dieser Bewegung nicht angeschlossen. Mein politisches Erweckungserlebnis war 1986 der *Historikerstreit*.« Das hört sich zunächst wie eine Distanzierung von den 68ern an. Aber durch die folgende Unterscheidung innerhalb 68er-Generation wird ihre Intention deutlicher, sich nur mit den ›guten‹ 68ern gemein machen zu wollen: »Die Idee, dass der Holocaust eine zentrale Bedeutung für die deutsche Identität hat, steht in allen meinen Büchern. Das Thema hat mich seither nicht mehr losgelassen. Wie übrigens andere Mitglieder der 68er-Generation ebenfalls. Nach meiner Beobachtung hat sich die politisierte 68er-Generation durchaus für die NS-Geschichte, den Judenmord und die Täter interessiert, weshalb sie das kollektive Schweigen brach und ihre Eltern und Lehrer angeklagte. Was bisher jedoch nicht differenziert worden ist: es gab eine frühe und eine spätere Phase der 68er-Bewegung. Für die Geschichte der jüdischen Opfer haben sich die 68er nämlich erst zwanzig Jahre später [!] interessiert, als sie selbst Väter und Mütter waren und die deutsche Schuld nicht mehr externalisierten, sondern *internalisierten*.« (Aleida Assmann: Die allmächtige Waffe der Relativierung. Eine Replik auf Thierry Chervels Essay »Je nach Schmerz«. www.perlentaucher.de/essay/aleida-assmanns-replik-auf-thierrry-chervels-essay-je-nach-schmerz.html (letzter Zugriff: 21. 10. 2020).)

4 Reinhart Koselleck: Formen und Traditionen des negativen Gedächtnisses. In: Volkhard Knigge; Norbert Frei (Hg.): Verbrechen erinnern. Die Auseinandersetzung mit Holocaust und Völkermord. Bonn 2005, S. 23. Zitiert bei Aleida Assmann: Der lange Schatten der Vergangenheit. Erinnerungskultur und Geschichtspolitik. München 2006, S. 14.

5 Siehe zum Beispiel ebd. S. 42. Assmann knüpft an dieser Stelle an die Theorie der Nation von Ernest Renan an. Er scheint ihr wegen seiner vermeintlich »anti-essentialistischen Theorie« des Willens unverfänglicher zu sein als Theorien, die von einem Wesen ausgehen (siehe ebd. S. 43). Dass selbst der NS, als Beispiel für eine Theorie, die auf einem Wesen aufbaut, auf einer solch vermeintlich anti-essentialistischen Theorie des Willens ruht, hat etwa Claus-Ekkehard Bärsch immer wieder betont. »Vor allem herrscht noch immer das Vorurteil, die nationalsozialistische Anschauung von Welt habe wesentlich einen biologisch-sozialdarwinistischen Charakter. Noch nicht einmal die schlichte Überlegung, daß Sozialdarwinisten den Sieg des Stärkeren gleichgültig hinnehmen, aber Hitler es für möglich hielt, daß ›der Jude‹ sogar ›über die Völker der Welt‹ siegt und als Antisemit davon besessen war, den für möglich gehaltenen Sieg mit allen, ja mit allen Mitteln, zu verhindern, führt nicht dazu, das Paradigma vom biologisch-rassistischen Hauptmerkmal der nationalsozialistischen Ideologie zu verabschieden« (Claus-Ekkehard Bärsch: Die Konstruktion der kollektiven Identität der Deutschen gegen die Juden in der politischen Religion des Nationalsozialismus. In: Peter Alter; Claus-Ekkehard Bärsch; Peter Berghoff (Hg.): Die Konstruktion der Nation gegen die Juden. München 1999, S. 191).

6 Aleida Assmann: Das neue Unbehagen an der Erinnerungskultur. Eine Intervention. München 2013, S. 10.

Erinnerungen zusammensetzt.[7] Ihre Lösung sieht vor, die Vielheit unterschiedlicher Herkünfte und divergierender, kollektiver Vergangenheiten in einen gemeinsamen Erinnerungsrahmen zu überführen (»Framing«), in dem auch gegensätzliche Erinnerungen Platz haben und sich trotz der Gegensätze zu einem friedlichen Ganzen fügen.[8]

In der Vergangenheit wurden dem zu verklärenden Kollektiv von den Mythologen positive Eigenschaften, wie zum Beispiel Glaubenszugehörigkeit oder Sprache, als Identifikationsmerkmale zugesprochen. Aus solch positiven (Wesens-) Merkmalen ergibt sich aber notgedrungen ein exklusiver Charakter des Kollektivs. Wer das entscheidende Merkmal nicht teilt, gehört nicht dazu. Einer heterogenen Gruppe ein solches Merkmal als gemeinsamen Bezugspunkt unterzuschieben, gilt unter sich aufgeklärt dünkenden Menschen zurecht als hoffnungslos veraltet. Mit Ernest Renan ist Assmann sich auch darüber im Klaren, dass die Konstruktion einer von allen Mitgliedern eines politischen Kollektivs geteilten mythischen Vergangenheit mit der historischen Forschung in Konflikt gerät, sobald diese dem Mythos widersprechende Tatsachen ans Licht bringt.[9] Woran die Forschung erinnert, müsste der Mythos vergessen machen. Assmann ist deshalb dieser Weg zur Konstruktion einer politischen Einheit versperrt, da sie nicht durch Gewalt die Wissenschaft und die sich anders Erinnernden zum Schweigen bringen will. Aber auch sie kann der Gewalt nicht entsagen, weil ihr Projekt im Bann des Politischen steht, dem es aber auch gar nicht entraten will.

Durch Schuld verbunden

Assmann macht aus der Not eine Tugend. Darin steht sie in der langen Reihe derer, die seit 1968 Deutschland einen moralischen Standortvorteil verschaffen möchten, ja bildet hier so etwas wie einen krönenden Abschluss.

Statt also dem Selbstwertgefühl des Kollektivs zu schmeicheln, statt ihm positive Eigenschaften oder eine glorreiche Vergangenheit anzudichten, baut Assmann auf die Kraft der Schuld. Und ein Ereignis, das ganz Europa betraf und in dem im Kampf vermeintlich jede Seite Schuld auf sich lud, war der Zweite Weltkrieg und in seinem Gefolge die Ermordung der europäischen Juden. Auf die Erinnerung an die verschuldenden Verbrechen will Assmann, nach deutschem Modell, ein vereintes Europa aufbauen. »Heute wird eine geteilte Erinnerung eher als eine angemessene Reaktion auf das traumatische Erbe dieser Gewalt betrachtet als Amnesie. Das Netzwerk aus Todes- und Arbeitslagern, das Europa während der Nazi-Periode wie ein Ausschlag bedeckte; die Schlachtfelder beider Weltkriege, von der Marne bis Stalingrad, und die ausgebombten Städte, von Guernica und Coventry bis Dresden – dies alles sind bereits europäische *lieux de mémoire* [Erinnerungsorte] geworden.«[10] In dieser Landschaft des universellen Leidens ist allerdings auch heute nur Platz für tote Juden, weil das *entré billet* die Schuld sein soll. Die Alternative von Vergessen oder Erinnern entpuppt sich im Rahmen der Begründung einer politischen, und das heißt immer auch auf Gewalt beruhenden, Einheit als trügerisch. Die erinnerten Ereignisse mögen wohl bekannt und gut dokumentiert sein, durch

7 »Es wird mit keinem Wort hinterfragt, wie es denn für Täter und Opfer und für ihre Nachkommen überhaupt möglich sein soll, angesichts eines Menschheitsverbrechens wie dem Holocaust gemeinschaftlich daran zu erinnern.« (Ulrike Jureit; Christian Schneider: Gefühlte Opfer. Illusionen der Vergangenheitsbewältigung. Stuttgart 2010, S. 75). Die Perspektive der Juden interessiert Assmann nur, insofern sie sie für die deutsche oder europäische Perspektive einspannen kann. Schon dadurch ergibt sich, dass die lebenden Juden ausgeschlossen werden.

8 Auf Englisch verwendet Assmann das Wort »framing«, auf Deutsch spricht sie lieber vom »Erinnerungsrahmen«. Inzwischen hat sich aber auch im Deutschen ›Framing‹ als Fachwort eingebürgert.

9 Siehe Aleida Assmann: A community of memory? GHI Bulletin No. 40 (Spring 2007), S. 16. Ernest Renan sieht das Problem darin, dass die historische Forschung den Mythos als einen historischen Irrtum aufklären und damit offenlegen könnte, dass die Nation nicht auf Übereinkunft beruht: »Die historische Forschung zieht in der Tat die gewaltsamen Vorgänge ans Licht, die sich am Ursprung aller politischen Gebilde, selbst jener mit den wohltätigsten Folgen, ereignet haben. Die Vereinigung vollzieht sich immer auf brutale Weise« (Ernest Renan: Was ist eine Nation? In: Michael Jeismann; Henning Ritter (Hg.): Grenzfälle. Über neuen und alten Nationalismus. Leipzig 1993, S. 294 f.).

10 Assmann: A community of memory? (wie Anm. 9), S. 19. Assmann bezieht sich hier auf Tony Judt. Siehe hierzu Philipp Lenhard: Schlußstrich von Links. Tony Judt und die Europäisierung der deutschen Ideologie. www.cafecritique.priv.at/schlusstrich_von_links.html (letzter Zugriff: 21. 10. 2020).

das erinnerungspolitische »Framing«, ihre Mythologisierung, werden sie jedoch der historischen Zeit entrückt. In der mythologischen Zeit verschwimmen die kausalen Beziehungen, verwischen sich die Zusammenhänge und werden für die gegenwärtigen Erfordernisse fungibel. Der erinnerungspolitische Imperativ, einen gemeinsamen Nenner für die politische Einheit zu finden, erzwingt in diesem Falle eine Vergleichgültigung der Schuld. Und es ist kein Zufall, dass diese mythische Verbreiung mit schlafwandlerischer Sicherheit zu einer Einebnung deutscher Schuld führt. Assmann würde einen solchen Vorwurf weit von sich weisen, steht für sie doch die Schuld der Deutschen außer Zweifel. Sie kann auf diese Schuld überhaupt nicht verzichten, gilt sie ihr doch als unerlässliche nationale Ressource. Aber diese Schuld bleibt vollkommen abstrakt, weil innerhalb des europäischen Rahmens alle gleich schuldig sein müssen, wenn Schuld den Status der Bürger, das heißt als Gleiche unter Gleichen, begründen soll.[11] Die Frage, wie es zur Bombardierung von Dresden überhaupt kommen konnte, mag die Historiker interessieren, für den Mythos erübrigt sie sich.[12] Im Rahmen der geteilten Erinnerung kann einmütig Dresden neben Coventry, Stalingrad neben Auschwitz stehen, alles ist auf diese Weise eins, alles schlimm und traurig.[13]

Das Problem eines solchen Geschichtsbildes ist die vollkommene Unfähigkeit zur Unterscheidung. Sind in der Nacht alle Kühe schwarz, so werden bei Assmann alle Orte der unterschiedlichen Verbrechen zu Erinnerungsorten, an denen dem stets gleichen, menschlichen Leiden gedacht wird. Durch ihre Hervorhebung des Leids will sie Gleichheit herstellen. Aber es müsste stattdessen »vielmehr um das Verhältnis der ›Fakten‹, von Tränen, Blut und Tod, zu ihrer ›Wertung‹ gehen, das heißt zu ihrer Vermittlung mit Urteilskraft. Kein vernünftiger Mensch käme auf die Idee, aus dem fraglosen Leid der Dresdner Bevölkerung auf das historische Unrecht des Sir Arthur Harris zu folgern.«[14] Aber um diese Anwendung der Urteilskraft bemüht sie sich nie. Sie steht ihrem Projekt diametral entgegen. Was dem Mythenschmied Paulus die Erbsünde, ist der Mythenschmiedin Assmann der Zweite Weltkrieg im Allgemeinen und der Holocaust im Besonderen. Wichtiger noch als die konkrete Ursache ist für die Protestantin Assmann das durch sie herbeigeführte Resultat: die durch Taten niemals abzugeltende Schuld.[15]

In ihrer Verlegenheit denken die Deutschen wie Faust. Im Anfang war die Tat. Sie haben daher gehandelt, bevor sie ihrer Tat gedenken konnten.[16] Die Nazis wollten durch die Vernichtung der als Gegenrasse imaginierten Juden das Heil Deutschlands und der Welt. In Vernichtungslagern ermordeten sie die Juden, um Homogenität zu schaffen. Dabei waren sich die Theoretiker des Nationalsozialismus der Verlegenheit des Nationalismus und des Rassismus bewusst. Ihnen war klar, dass Rasse und Blut als Identitätsmerkmale des Kollektivs keinen sicheren Halt geben konnten. Umso wichtiger wurde die Mobilisierung gegen den gemeinsamen Feind als der ›der Jude‹ imaginiert wurde. Der Jude im Kollektivsingular wurde zum archimedischen

11 Assmann stützt sich hier insbesondere auf Peter Esterházy, dessen Gedanken hierzu sie wie folgt referiert: »For Esterházy, the road to a common European community of memory winds through the memory of one's own guilt and the acknowledgment of the suffering of others« (Assmann: A community of memory? (wie Anm. 9), S. 21). Die Alternative dazu wäre, die besondere Schuld der Deutschen zu betonen und sie dadurch über die anderen Europäer zu erhöhen. Auch dieser Tonfall ist in Deutschland nicht unbekannt.

12 Siehe zum Beispiel: »War Freuds Vorstellung von der Tötung des Urvaters ein wissenschaftlicher Mythos, so ist der Genozid an den Juden ein rezentes und von historischen Quellen akribisch dokumentiertes Menschheitsverbrechen« (Assmann: Das neue Unbehagen, wie Anm. 6, S. 10). Assmanns Hinweis darauf, dass es den Holocaust doch gegeben hat, ändert nichts daran, dass er als Mythos nicht der gleichen Wirklichkeit angehört wie die historischen Quellen, die ihn dokumentieren.

13 In diesem Zusammenziehen von Vernichtung der Juden und Ostfront gleicht diese Vorstellung der von Andreas Hillgrubers Buch: Zweierlei Untergang. Die Zerschlagung des Deutschen Reiches und das Ende des europäischen Judentums. Berlin 1986. Dieses Buch war ein Anlass für den Historikerstreit. Hieran lässt sich ablesen, dass man Assmanns Identifikation mit den 68ern nicht unkritisch übernehmen sollte.

14 Initiative Sozialistisches Forum: Furchtbare Antisemiten, ehrbare Antizionisten. Über Israel und die linksdeutsche Ideologie. Freiburg 2002, S. 15.

15 Ihr eifernder Einsatz um die Erinnerungskultur mag, in Analogie zu Max Webers Erklärung der protestantischen Arbeitsethik, mit der aus der Prädestinationslehre erwachsenden Erlösungsangst erklärt werden.

16 Siehe Karl Marx: Das Kapital. Erster Band. Marx-Engels-Werke (MEW). Bd. 23. Berlin 1998, S. 101.

Punkt, an dem sich das Volk als politisches Kollektiv neu konstituieren und dergestalt aus dem Sumpf der Dekadenz und des Verfalls herausziehen sollte.[17] Wovon der nationale Mythos als einem vergangenen Zustand berichtete, sollte in der Gegenwart aktiv (wieder-) hergestellt werden. Deshalb ist eine antiessenzielle, »vorgestellte Gemeinschaft« (Benedict Anderson) nicht harmloser als eine vermeintlich essenzielle.

Die Nation ist ein »tägliches Plebiszit« (Ernest Renan) *und* eine Abstammungsgemeinschaft, sie ist eine Antinomie, die sich zu keiner Seite hin auflösen lässt. Die staatliche Souveränität setzt Gleichheit voraus und stellt sie immer wieder neu her. Der Zwang zur Gleichheit entspringt der Vergleichung, die sich aus der nationalen wie internationalen Konkurrenz ergibt. Von der Nation erhoffen die sich so Vergleichenden als Rechtssubjekte auch dann noch Anerkennung, falls sie auf dem Markt nicht mehr bestehen können. Die Nation soll die eigene Existenz verbürgen und beide, die eigene Existenz sowie die eigene Nation, stehen deshalb in Konkurrenz zu der der anderen. Sie soll Zugehörigkeit begründen, doch diese bleibt stets unsicher, weil es Identität nur als herzustellende, nicht als Zustand gibt. Die Deutschen sind dieser Identität im Akt der Vernichtung so nahegekommen wie keine Nation zuvor. So nahe, dass deren Erinnerung noch heute die deutsche Nation begründen soll.

Weil nationale Identität kein Zustand sein kann, steht jeder stets unter Verdacht, nicht dazuzugehören, also kein Gleicher zu sein. Aus diesem Verdacht entsteht, insbesondere in der Krise, das Bedürfnis nach Anerkennung durch den Souverän.[18] Dieser Wunsch nach Anerkennung geht zugleich einher mit einer Identifikation mit dem Souverän. Das höchste Ziel wäre eine durch Verschmelzung erreichte fugendichte Einheit, eine Volksgemeinschaft, in der das Subjekt sich zugleich behaupten und untergehen würde. Doch weil diese zur Identität gesteigerte Gleichheit ein Wunschphantasma ist, wird seine reale Repräsentanz, der Staat, stets als gefährdet wahrgenommen. Die Gefahr droht dabei nicht nur von außen, sondern auch von innen, von denen, die nicht als vollständig gleich wahrgenommen werden oder sich nicht nahtlos einfügen wollen und deshalb Aufmerksamkeit erregen. Carl Schmitt zog schon 1926 die logische Konsequenz aus einer auf Gleichheit und Volkssouveränität beruhenden politischen Einheit für die Ungleichen: »Jede wirkliche Demokratie beruht darauf, daß nicht nur Gleiches gleich, sondern, mit unvermeidlicher Konsequenz, das Nichtgleiche nicht gleich behandelt wird. Zur Demokratie gehört also notwendig erstens Homogenität und zweitens – nötigenfalls – die Ausscheidung oder Vernichtung des Heterogenen. Zur Illustrierung dieses Satzes sei ... an die heutige Türkei mit ihrer radikalen Aussiedlung der Griechen und ihrer rücksichtslosen Türkisierung des Landes« erinnert.[19] Die offizielle Erinnerungskultur Deutschlands ist der konsequente Versuch, aus der Ermordung der europäischen Juden den Sinn zu destillieren, den schon die Nazis aus ihr zogen. In der Erinnerung an die deutsche Tat soll der Judenmord noch heute die Kraft haben, die Deutschen auf einen Nenner zu bringen. Dieser letzte Schritt folgt der immanenten Logik der Nation, denn der Holo-

17 Siehe hierzu Saul Friedländer: Erlösungsantisemitismus. In: Ders.: Das Dritte Reich und die Juden. München 1998, S. 87 ff. Der Kampf gegen die Juden hat für den Antisemiten tatsächlich einen Zweck. Er erhofft sich durch den Sieg die Erlösung von den Juden, das heißt eine heile Volksgemeinschaft. Dieser Zweck kommt auch in der Grußformel »Sieg Heil« zum Ausdruck.

18 Dabei muss der legale, staatliche Souverän nicht unbedingt der sein, von dem sich alle Staatssubjekte Anerkennung erhoffen. Als erweckte Existenzialontologen verlangen gerade die Eigentumsbestien, die mit ihrem Subjektpanzer am vollkommensten verschmolzen sind, Anerkennung vom ›eigentlichen Souverän‹, das heißt dem Gegensouverän. Sie sind deshalb bereit, eine Situation zu schaffen, die das Hervortreten dieses Souveräns erforderlich machen soll. Für die Anhänger des uneigentlichen, legalistischen Souveräns sind wiederum die Souveränisten die größte Gefahr. Es handelt sich hierbei aber nicht bloß um einen Streit zwischen Souveränitätsfetischisten. Während die einen den Ausnahmezustand herbeisehnen, garantiert der legalistische Rechtsstaat noch immer ein »Minimum an Freiheit« (F. Neumann).

19 Carl Schmitt: Die geistesgeschichtliche Lage des heutigen Parlamentarismus. Berlin 1963, S. 13 f. Auch die Türkisierung geht heute, nach Auschwitz, nicht mehr ohne antisemitische Mobilmachung vonstatten. Das heißt nicht, dass Armenier und Griechen in der Türkei heute nicht mehr der Selbst- und Feindbestimmung dienten. Aber nach Auschwitz besetzen die Juden und insbesondere Israel global das Imago des Feindes. Sie werden heute überall auf der Welt als der Feind hinter dem Feind imaginiert. Darin besteht der ›Fortschritt‹ des Antisemitismus nach Auschwitz. Hierzu siehe auch Richard Kempkens: Zeit der Völkerzärtlichkeit. In: Prodomo 14/2010.

caust war kein im Sonderweg der Deutschen begründeter Betriebsunfall.[20] Vielmehr war er die Konsequenz aus dem Versuch, in einer auf der unbewussten Synthesis des Werts beruhenden Gesellschaft Identität herzustellen.[21] Die deutsche Erinnerungskultur ist der Versuch, die Shoah zu bergen, um ihren national-identitären Gehalt für die Gegenwart nicht zu verschwenden. Sie ist der Versuch, die Endlösung unter den Bedingungen des Rechtsstaates zu recyclen. Hierzu soll jeder Bürger rituell die Schuld des Holocaust auf sich nehmen und damit erneuern.

Diese »›positive Besetzung‹ des ›negativen‹ Holocaust-Gedächtnisses« sieht Assmann schon weitestgehend realisiert. »Nach der so erfolgreichen Institutionalisierung dieses negativen Gründungsmythos stellt sich die Frage nach der weiteren Entwicklungsfähigkeit der Erinnerungskultur – ihren neuen Deutungen, ihrer Neujustierung und Pluralisierung in einer Zeit des Umbruchs und der Krise. Wie lässt sich diese staatliche vergangenheitsbezogene Identitätsstiftung mit aktuellen Zukunftsaufgaben und neuen Handlungsorientierungen verbinden?«[22]

Aleida Assmann bemisst hier den Mythos ganz pragmatisch an den Erfordernissen des Tages. Diese Pragmatik erscheint eigentümlich unverfroren. Was sie dazu bewegt, die Deckung der Schuld und der Empathie mit den Opfern zu verlassen und offen vom Nutzen des Holocaust zu sprechen, muss ihr dringend erscheinen. Was drängt sie also dazu, den Gebrauchswert des Holocaust wie eine Maklerin anzupreisen? Indem sie die nationale Nützlichkeit des Holocaust für die Gegenwart herausstellt, erreicht sie zweierlei: Erstens erweist sie die Tragfähigkeit des Holocaust als Gründungsmythos und zweitens hofft sie, ihn als Vermächtnis ihrer Generation an die nächste weiterzugeben. Sie versucht, gegen das beständige Gefühl des Unbehagens an der von ihr propagierten Erinnerungskultur, diesen Mythos zu verstetigen und ihn den nachfolgenden Generationen schmackhaft zu machen. Doch klingt das Angebot, wie Wolfgang Pohrt bemerkte, bei Licht besehen nicht wirklich verlockend: »Wenn eine Nation ihre Identität aus der Erinnerung an den von ihr begangenen Massenmord schöpft, kann das nur heißen, dass sie die Identität eines Massenmörders besitzen will.«[23]

Integration durch Massenmord

War die Kollektivschuldthese nach dem Krieg vor allem das Thema nationaler Agitatoren, um mit ihr jedwede Schuld abzuwehren, bietet sie heute ungeahnte Möglichkeiten. Denn für Deutschland bietet das stolze Schuldbekenntnis laut Assmann einen konstruktiven Beitrag zur Lösung der Probleme einer modernen Einwanderungsgesellschaft. Der Holocaust als Mythos habe nämlich die Macht, nicht-

20 Es ist sogar umgekehrt: Deutschland gibt das Modell der Realisierung des Wesens kapitalistischer Souveränität und der allgemeinen Entwicklung ab. Umso wichtiger sind all die störenden Einflüsse, die die einzelnen Staaten davon abhalten, ungebremst dem Modell Deutschlands zu folgen. Dass selbst Amerika nicht grundsätzlich davor gefeit ist, auf diese Bahn zu geraten, macht Barri Weiss in ihrem Buch über den Antisemitismus deutlich. Darin fragt sie bange, nachdem sie die störenden Einflüsse – »the special nature of America«, »the State of Israel« und »the States are quite different from those in Europe« – genannt hat: »And yet I hear a voice deep inside me asking the questions my fellow Jews ask me where ever I go, the ones asked by Jews of so many other times and places: Could it happen here? Is it happening here?« (Barri Weiss: How To Fight Anti-Semitism. London 2019, S. 22). Weiss reagiert auf die aktuelle Bedrohung mit einer Mythologisierung, die den Antisemitismus, den die kapitalistische Gesellschaft ausbrütet, der historischen Zeit enthebt. Ihr erscheinen alle Antisemiten als Wiedergänger des Amalek (siehe ebd. S. 5). Zu diesem Problem siehe auch Niklaas Machunsky: Der polemische Gehalt des Judentums. Vom Antijudaismus als critical theory zur kritischen Theorie des Antisemitismus. In: sans phrase 8/2016.

21 »Dagegen ist die Geschichtsphilosophie des Zionismus von anderer Statur – auch darin zeigt sich die historische Mission, die ihm zukommt: Die Geschichte konstruiert sich hier nicht als Zu-sich-selbst-Kommen des Wesens, sondern als der historische Zusammenhang der Katastrophe und als Abwehr der Kommenden.« »Das Dilemma des Zionismus als nationaler Befreiungsbewegung der Juden liegt darin, die Juden als ›Volk‹ und als Basis legitimer Staatsgewalt konstituieren zu müssen, genauer: wollen zu müssen, das heiß ein ›Volk‹ zu produzieren, dessen positive Gemeinsamkeiten zu Beginn des 20. Jahrhunderts – außer in Restbeständen religiöser Tradition – in nichts anderem bestand als in der Negativität gemeinsamer vergangener, gegenwärtiger und wahrscheinlich künftiger Verfolgung« (Initiative Sozialistisches Forum: Furchtbare Antisemiten, ehrbare Antizionisten (wie Anm. 14), S. 14, 64). Diese universelle Negativität macht Israel zu einem einzigartigen Staat.

22 Assmann: Das neue Unbehagen (wie Anm. 6), S. 68.

23 Wolfgang Pohrt: FAQ. Berlin 2004, S. 21 f.

deutsche Einwanderer in Deutsche zu verwandeln. Hierzu müsste Immigration lediglich als »Schuld induzierender Vorgang«[24] verstanden werden.

Mit diesem Angebot, den Holocaust als Mittel zur nationalen Taufe einzusetzen, reagierte Assmann auf ein antirassistisches Unbehagen, das die Ethnisierung der deutschen Erinnerungskultur kritisierte. Indem Assmann die Übernahme der Staatsbürgerschaft mit der Übernahme der deutschen Kollektivschuld verbindet, hebelt sie diesen Vorwurf aus. Da aber die neuen Bürger unter Umständen nicht die gleiche Schuld auf sich geladen haben, weil ihre Vorfahren nicht in die Ermordung der Juden involviert waren, stellt sich die Frage, wie sie sich zum Holocaust verhalten sollen, wie sie die Schuld auf sich nehmen sollen, wenn sie nicht Teil ihrer Familiengeschichte ist. Unter der Vorgabe einer Schuldübernahme wäre eine Identifikation mit den Tätern die logische Konsequenz. Wie sonst sollen die Neu-Deutschen sich schuldig bekennen? Doch stattdessen sieht Assmann eine Identifikation mit den Opfern vor. »Diese Erinnerungspädagogik, die mit keinem persönlichen Schuldaffekt mehr verbunden ist, lässt sich gleichermaßen an nachfolgende Generationen deutscher und anderer Herkunft richten. Migranten können ohnehin ihre eigenen Wege zur Holocaust-Erinnerung finden. Sie können zum Beispiel stolz darauf sein, dass die Türkei den aus Deutschland fliehenden Juden Asyl gewährt hat, oder sie könnten sich mit den diskriminierten und ausgegrenzten Juden identifizieren.«[25] Diese Idee hat sich Assmann bei Michael Rothbergs »multidirektionalem« Gedächtnis abgeschaut.[26] Für Rothberg und seine Koautorin Yasmine Yildiz macht die multikulturelle Gesellschaft einen je individuellen Zugang zum Holocaust erforderlich. Jeder Migrant soll sich selbst auf Grund seiner Erfahrung ins Verhältnis zum Holocaust setzen können. Statt einer Integrationshürde, die all jene ausschließt, deren Vorfahren keine Schuld auf sich geladen haben, wird der Holocaust zu einem Standortvorteil Deutschlands.

24 Assmann: Das neue Unbehagen (wie Anm. 6), S. 126.

25 Ebd. S. 129.

26 Siehe zu diesem Bezug auf Michael Rothberg und Yasemin Yildiz: Aleida Assmann; Anja Schwarz: Memory, Migration and Guilt. In: Crossings. Journal of Migration & Culture. 4(1)/2013 und Assmann: Das neue Unbehagen (wie Anm. 6), S. 128, Fn 9.

Menschenliebe und Judenhass

Die Verwandlung der Shoah in den Gründungsmythos Holocaust führt so zu ihrer Entwirklichung zu einem Symbol allgemein-menschlichen Unrechts, das mit jedem Unrecht assoziiert werden kann. Wenn aber jeder seine persönliche Geschichte, auch wenn diese nichts mit dem konkreten Ereignis zu tun hat, auf die Ermordung der europäischen Juden projizieren können soll, dann ist jedes Beharren auf den historischen Tatsachen und jedes Zurückweisen von unangemessenen Vergleichen eine Störung des öffentlichen Friedens.

Auch die mit der Mythologisierung des Holocaust einhergehende Universalisierung führt zu seiner Derealisierung. Die Verwandlung der Juden zu Platzhaltern für all jene, denen Gewalt und Unrecht angetan wurde und wird, schneidet das historische Ereignis der Shoah von ihren konkreten Ursachen ab. Sie wird dem geschichtlichen Kontinuum enthoben und für die gegenwärtigen Bedürfnisse funktionalisiert.[27] Folgerichtig verallgemeinert Assmann auch den Antisemitismus zu einer »gruppenbezogenen Menschenfeindlichkeit« (Wilhelm Heitmeyer). Der spezifische Hass auf die Juden als Juden gilt ihr nur noch als ein variables Signalmuster: »Unter neuen historischen Bedingungen kann ein Signalmuster wieder aufleben, das sich nun von Juden auf andere ethnische und soziale Minderheiten verlagert.«[28] Wer hiernach etwa auf den Antisemitismus von Einwanderern oder Muslimen verweist, stellt für Assmann eine Bedrohung für den Erinnerungskonsens der multikulturellen Gesellschaft dar. Diese Bedrohung ging für Assmann auch von denen aus, die Achille Mbembe Antisemitismus nachwiesen. In einer Sendung des Deutschlandfunks zur Causa Mbembe verkündete sie, dass »die Antisemitismusdebatte Hass geschürt« habe.[29]

27 Im Mythos vom Holocaust ergeht es den Juden wie Jesus im christlichen Mythos, sie werden aus dem historischen Kontext herausgelöst und zu einer mythologischen Figur. Zur Mythologisierung des historischen Jesus siehe Hyam Maccoby: König Jesus. Die Geschichte eines jüdischen Rebellen. Tübingen 1982.

28 Assmann: Das neue Unbehagen (wie Anm. 6), S. 135.

29 Die Welt reparieren, ohne zu relativieren. Aleida Assmann und Susan Neiman zur Causa Mbembe. www.deutschlandfunkkultur.de/aleida-assmann-und-susan-neiman-zur-causa-mbembe-die-welt.974.de.html?dram:article_id=475512, ab Minute 49:00

Assmann erkannte in Mbembe jemanden, der, wie sie, den Wunsch habe, den Holocaust zu einem universellen Ereignis zu machen. Deshalb könne er »uns dabei helfen, den Blick auf den Holocaust und die deutsche Identität zu erweitern. Dafür brauchen wir einen Antisemitismusbegriff, der uns nicht trennt, sondern zusammenführt und stärkt im entschlossenen Kampf gegen Judenhass, Rassismus, Fremdenfeindlichkeit und Islamophobie.«[30] Dieser zusammenführende Antisemitismusbegriff darf aber nur den Judenhass der Rechten thematisieren, denn diese verdrängten die deutsche Schuld und verwenden den Antisemitismus zum Ausschluss aus dem Kollektiv. Diese Antisemiten ist Aleida Assmann jederzeit bereit auszuschließen, nur die linken und ausländischen Antisemiten nicht.

Wie der Antisemitismusbegriff in einem zusammenführenden Sinne verwendet werden kann, dafür geben Assmanns Gewährsleute, Michael Rothberg und Yasemin Yildiz, folgendes Beispiel: »Wir müssen anerkennen, dass sich die Zeiten geändert haben und dass die Singularität des Holocaust zunehmend dazu genutzt wird, nicht-jüdische Minderheiten in Europa zu disziplinieren – insbesondere die als Muslime Angerufenen sind von der Behauptungen betroffen, der Antisemitismus sei vollkommen inkommensurabel mit anderen Formen des Rassismus, aber auch von der Anwendung ›neuer‹ Formen von Antisemitismus auf muslimische Minderheiten.«[31] Hier wird offensichtlich, was mit einem nicht-trennenden Antisemitismusbegriff gemeint ist. Es wird aber auch deutlich, dass diejenigen, die eine Mythologisierung der Shoah und eine Ausweitung des Antisemitismusbegriffs nicht mitmachen, als Bedrohung angesehen werden müssen. Wer zum Beispiel darauf beharrt, dass die in der Shoah Ermordeten nicht als Menschen umgebracht wurden, sondern als Juden, von Tätern, die Antisemiten waren, wird deshalb als Störenfried der inklusiven Erinnerungskultur wahrgenommen. Der Vorwurf, auf einem exklusiven Privileg für Juden zu beharren oder rassistisch zu sein, ist dann nicht mehr weit. Die Erinnerung an das historische Faktum, die Ermordung der europäischen Juden, steht dem Holocaust als Integrationsmythos im Weg, so wie der Antisemitismus als spezifischer Hass auf die Juden der antirassistischen Gesellschaft. Wer an die Shoah erinnert, droht aus der auf der inklusiven Schuld des Holocaust ruhenden Nation exkludiert zu werden. Der Platz der heute in Deutschland lebenden Juden ist nicht nur deshalb prekär, weil sie keine Schuld auf sich geladen haben. Es kann ihnen auch ihr Kampf gegen alle Formen des Antisemitismus als Rassismus ausgelegt werden.

Das häufig vorgebrachte Scheinargument, eine These von der Singularität der Shoah käme einem Verbot gleich, die Shoah mit anderen historischen Ereignissen zu vergleichen, es gehöre aber zur Wissenschaft, Vergleiche anzustellen und Vergleichen bedeute ja schließlich nicht Gleichsetzung, folgt offenbar einer antirassistischen Logik. Das Argument, dass eine festgestellte Einzigartigkeit sinnvollerweise überhaupt erst nach erfolgtem Vergleich behauptet werden kann, scheint dem antirassistischen Geist inkommensurabel.[32]

Imitatio Christi

Die Mythologisierung der in der Shoah Ermordeten zu einem heilsbringenden Gründungsopfer folgt dem christlichen Vorbild. Der Ermordung wird nicht nur ein Sinn beigelegt, dieser soll auch dazu dienen, die auf den Opfern beruhende Einheit zu universalisieren. Das Muster hierfür ist die Ersetzung des jüdischen Bundes mit dem Vater-Gott durch den christlichen Bund durch das Opfer des göttlichen Sohns.

Für Christen ist Jesus um ihrer willen gestorben. Sein Opfer ist ihnen das Unterpfand für das ewige Leben. Die Christen identifizieren sich mit Jesus, fühlen mit dem Mensch gewordenen Gott und auf

(letzter Zugriff: 21.10.2020). Siehe weiterführend dazu wiederum den Artikel von Alex Gruber in diesem Heft.

30 Siehe Aleida Assmann: »Wo viel Licht ist, ist auch viel Schatten«. www.ndr.de/kultur/Aleida-Assmann-Wo-viel-Licht-ist-ist-auch-viel-Schatten,mbembe102.html (letzter Zugriff: 21.10.2020).

31 Michael Rothberg; Yasemin Yildiz: Memory Citizenship. Migrant Archives of Holocaust Remembrance. In: Contemporary Germany 17(4)/2011, S. 38.

32 Siehe dazu Christoph Türcke: Darüber schweigen sie alle. Tabu und Antinomie in der neuen Debatte über das Dritte Reich. In: Ders.: Gewalt und Tabu. Philosophische Grenzgänge. Lüneburg 1992.

diese Weise mit allen Menschen. Jesus am Kreuz stehe für alle leidenden Menschen, durch die ihnen dadurch gebotene Nächstenliebe umschließt die Christenheit virtuell die ganze Menschheit. Diese Liebe mache das Gesetz und den, auf dem Gesetz ruhenden, Bund der Juden mit Gott überflüssig. Die Juden aber entzogen sich, nach christlicher Vorstellung, dieser universellen Menschenliebe und hielten verstockt am Gesetz ihrer Stammesväter fest. Damit galt das Judentum den Christen als archaisches Relikt, das eifersüchtig an seinem exklusiven Bund mit Gott festhält, statt im christlichen Weltreich der Liebe aufzugehen. Diesem christlichen Ressentiment folgt die Assmannsche Erinnerungskultur. Weil sie aber so wenig wie das Christentum eine diesseitige Lösung für die gesellschaftliche Not der Menschen gefunden hat, predigt sie, wie jenes, Mitgefühl. Doch das Hochgefühl der moralischen Überlegenheit über die vermeintlich partikularen Juden reicht ihr nicht, sie neidet den Juden deren Langlebigkeit. Wie es den Juden trotz der Geschichte, das heißt all der widrigen Umstände des Exils und der Verfolgung gelungen ist, sich in der Geschichte zu erhalten, haben sie und ihr Mann in den letzten Jahrzehnten erforscht.[33] Die Juden geben für sie das entscheidende Beispiel einer kollektiven Erinnerungskultur ab. Die Ergebnisse hat insbesondere Aleida Assmann in ihren Beiträgen zur deutschen Erinnerungskultur auf diese übertragen.[34]

Sowenig aber zum Beispiel die christliche Nächstenliebe Leid und Kriege verhindern konnte, sowenig kann dies die empathische Erinnerungskultur. Nicht nur ist der Versuch, auf die realen Verhältnisse, die den Hass auf die Juden und ihren Staat immer wieder neu ausbrüten, mit institutionalisierter Empathie zu reagieren, viel zu wenig; es kann vielmehr an Aleida Assmann gezeigt werden, warum die von ihr vertretene universelle Erinnerungskultur den alten Hass auf die Juden befeuert.

Bei Assmann treten die Juden Europas, die während des Zweiten Weltkriegs ermordet wurden, an die Stelle von Jesus. Ihr Tod soll so wenig sinnlos gewesen sein wie der seine. Aus dem Opfer der Juden möchte Assmann ein friedliches, universelles Europa entspringen sehen, in dem keiner ausgeschlossen wird. Der Geist der Nächstenliebe und des Mitgefühls soll allen Konflikten das Wasser abgraben.

Und tatsächlich wäre die nationalsozialistische Vergangenheit ›aufgearbeitet‹, wenn die Verhältnisse, aus denen die Shoah entsprang, außer Kraft gesetzt würden. Doch wenn der Antisemitismus keine entscheidende Rolle gespielt haben kann, wie erklärt Assmann dann den Holocaust und wie kann Ähnliches

33 Dass diese Untersuchungen von Jan Assmann zum kulturellen und religiösen Gedächtnis, die maßgeblich an Untersuchungen von Sigmund Freud, Yosef Hayim Yerushalmi und Michael Walzer anknüpfen, vom Holocaust und der deutschen Schuld geprägt sind, hat René Bloch wie folgt zusammengefasst: »Bei Assmann finden sich aber auch wiederholt Spuren eines wohl kaum wirklich beabsichtigten, aber letztlich doch apologetischen Diskurses über den Holocaust. Mehrfach projiziert Assmann in seiner Diskussion des Monotheismus Bilder des Zweiten Weltkrieges auf die antike Welt, in der es Totalitarismus, Zwangsarbeit, Konzentrationslager, ja sogar eine ›Vorahnung von Auschwitz‹ gibt. Assmann läuft Gefahr, diese Begriffe zu verharmlosen, indem er sie in die Antike rückprojiziert und teilweise in einen Kontext stellt, in dem die Juden Täter sind.« (René Bloch: Polytheismus und Monotheismus in der Antike. In: René Bloch; Simone Haeberli; Rainer Christoph Schwinges (Hg.): Fremdbilder – Selbstbilder. Imaginationen des Judentums von der Antike bis in die Neuzeit. Basel 2010, S. 22 f.) Diese Rückprojektionen geschehen allerdings nicht nur im Zusammenhang mit der monotheistischen Unterscheidung, sondern auch mit der jüdischen Erinnerungskultur (siehe zum Beispiel Jan Assmann: Religion und kulturelles Gedächtnis. Zehn Studien. München 2000, S. 72).

34 Siehe insbesondere folgende Passage, in der Aleida Assmann am Ende von der unabgeltbaren Schuld auf die Zukunft zu sprechen kommt. Die mythische Schuld ist mit dem Versprechen verbunden, die deutsche Nation könne auf Erden ewig sein: »Wenn wir uns auf dieses Kernargument konzentrieren, trifft Freuds Argumentation auch den Nerv der deutschen Nachkriegsgeschichte: Der Kulturfortschritt wird mit einer Erhöhung des Schuldgefühls bezahlt. Die Reintegration des Landes in den Kreis der zivilisierten Nationen geschah auf der Basis eines negativen Gedächtnisses, das die eigene verbrecherische Vorgeschichte ins kollektive Selbstbild integriert und durch öffentliches Bekennen von Schuld rituell in Gang hält. Die Schuld, um die es inzwischen geht, ist allerdings nicht mehr die fiktive Konstruktion der Tötung eines archaischen Stammvaters durch die Vereinigung der Brüder, sondern der von den Deutschen ausgedachte, durchgeplante und mit transnationaler Kollaboration ausgeführte Mord an den europäischen Juden und anderen zivilen schutzlosen Minderheiten. War Freuds Vorstellung von der Tötung des Urvaters ein wissenschaftlicher Mythos, so ist der Genozid an den Juden ein rezentes und von historischen Quellen akribisch dokumentiertes Menschheitsverbrechen. Da diese Schuldlast bei Weitem alles übersteigt, was emotional getragen und abgegolten werden kann, betrifft sie auch zukünftige Generationen und ist in die Zukunft hinein mitzunehmen« (Assmann: Das neue Unbehagen, wie Anm. 6, S. 9 f.).

heute verhindert werden? »Es war das Scheitern der Empathie, das den Krieg und den Holocaust ermöglichte; in unserem posttraumatischen Zeitalter ist es die Erinnerung, die die Situation verbessern kann. Ein spaltendes Gedächtnis, das die Erinnerung an das Leiden den betroffenen Opfergruppen überlässt, hält die mörderische Konstellation von einst aufrecht. Diese fatale Polarität kann überwunden werden und führt, durch eine empathische Anerkennung der Erinnerung der Opfer, zu einer gemeinsamen Erinnerung.«[35] Würde die Erinnerung der ermordeten Juden von den schuldigen Tätern und ihren Nachfahren durch mitfühlende Anerkennung in ihre kollektive Erinnerung aufgenommen, könnte die mörderische Konstellation überwunden werden. Bekanntlich haben die Täter sich nach dem Zweiten Weltkrieg um diese Anerkennung nicht nur nicht bemüht, sondern ihre eigenen Taten öffentlich beschwiegen. Die Tätergeneration war zu dieser Anerkennung unfähig, doch die Kinder der Täter, die rebellische 68er-Generation, wusste es laut Assmann besser. »Mit ihrem Protest boten die Kinder den Eltern ein Vorbild, wie diese sich damals hätten richtig verhalten sollen.«[36] Doch woher kommt diese erstaunliche Wendung? Was befähigt die Kinder der Täter dazu, sich in die Opfer einzufühlen? Woher kommt dieser vorbildliche Geist der Kinder, wenn nicht von ihren Eltern?

Schuldig und Opfer sein wollen

Nach Aleida Assmann gebührt der 68er-Generation die Ehre, eine veritable Neugründung der Bundesrepublik vollbracht zu haben, indem sie das Fundament für die aktuelle Erinnerungskultur gelegt habe. Die 68er hätten sich nämlich nicht mehr mit den Eltern, sondern stattdessen lieber mit den Opfern der Tätergeneration identifizieren wollen. Erst durch diese Identifizierung mit den Opfern sei auch der Holocaust zum Gründungsmythos der BRD geworden. Aber eine Nation stiftet die Kontinuität zwischen der Vergangenheit, der Gegenwart und der Zukunft, wenn sich die Kinder also nicht mehr mit den vorangegangenen Generationen identifizieren, zerfällt die politische Einheit. Die Tätergeneration wird durch die Rebellion der 68er-Generation zu einer ambivalenten, mythischen Figur, die die Einheit der Nation in Frage stellt.[37] Zwar verdankt das neue, auf dem Gründungsmythos ruhende Deutschland, der Tätergeneration die alles entscheidende Schuld. Aber die Tat, der die heilsbringende Schuld entsprang, ist aus eben diesem Grund eine unmoralische und verurteilenswerte Tat. Und es ist ja nicht nur die Tat selbst, die negativ zu bewerten ist, auch das Verhalten der Tätergeneration nach der Tat, ihr öffentliches Schweigen und die Abwehr der Schuld, erregen Widerspruch.

Dieses komplizierte Verhältnis zu den Täter-Eltern aus der Sicht der 68er stellt Aleida Assmann am Beispiel Nico Hofmanns dar, dem Produzenten des Fernsehfilms *Unsere Mütter, unsere Väter*.[38] Dieser hatte

35 »It was the failure of empathy that made the war and the Holocaust possible; in our postwar traumatic age, it is memory that can ameliorate the situation. A divisive memory that leaves the memory of suffering to the affected victim groups perpetuates the original murderous constellation. This fatal polarity can be overcome and lead to a shared memory through the empathetic recognition of the victim's memories« (Assmann: A community of memory?, wie Anm. 9, S. 21). Mit Bezug auf Israel und Palästina schreibt Assmann analog dazu: »Sobald man sich an eine traumatische Gewaltgeschichte von beiden Seiten erinnert, kann das Trennende überwunden werden und dieses gemeinsame Wissen eine friedlich(er)e Zukunft einleiten«. (Aleida Assmann: Formen des Vergessens. Göttingen 2017, S. 172 f.)

36 Assmann: Das neue Unbehagen (wie Anm. 6), S. 50.

37 Die Tätergeneration hat einen mythischen Charakter, weil ihr zum einen fast gelang, die Deutschen während und durch die Ermordung der Juden zu erlösen und zum anderen hat sie eben dadurch unendlich Schuld auf sich geladen. Dadurch wird die Tätergeneration zu einer ambivalenten Figur. Dies wird zum Beispiel hier deutlich: »Seine [Lübbes] These war nämlich, dass sich in diesem Schweigen wie im Kokon eines Schmetterlings die Verwandlung vom NS-Parteigenossen zum demokratischen Bundesbürger vollzogen habe« (Assmann: Formen des Vergessens (wie Anm. 35), S. 178). Die Tätergeneration nimmt dadurch den Charakter der Figur des ›heiligen Henkers‹ an (siehe hierzu Hyam Maccoby: Der heilige Henker. Die Menschenopfer und das Vermächtnis der Schuld. Stuttgart 1999). An Assmanns Affirmation des »kommunikativen Schweigens« des »neokonservativen« (Habermas) Hermann Lübbe, zeigt sich, dass Assmann nicht auf der Seite der Opfer steht, sondern an der Seite derer, die die Vergangenheit entsorgen wollen. Anders als Lübbe (siehe hierzu Helmut Dubiel; Günther Frankenberg: Die Entsorgung der Vergangenheit. In: Zeit vom 18. 3. 1983) nutzt sie hierzu heute nicht das Vergessen, sondern das Framing der Erinnerung.

38 Über diesen Film schreibt Jan Süselbeck: »Nicht die ›Wahrheit‹ der Geschichte ist hier Thema, wie irreführenderweise immer wieder in den großen Tageszeitungen zu lesen war,

in der FAZ folgendes Gespräch mit seiner Mutter aus der Tätergeneration geschildert: »Als 1979 auch in Deutschland die Serie Holocaust im Fernsehen lief, (hat meine Mutter mir) ernsthaft beim Mittagessen vorgeworfen: ›Du argumentierst ja immer auf der Seite der Juden. Du verstehst das jüdische Volk besser als mich.‹ Ich habe dann gesagt: ›Ich identifiziere mich doch nicht mit deiner BDM-Sache! Wir sprechen hier vom Holocaust. Ich identifiziere mich doch nicht mit den Deutschen, ich identifiziere mich mit den deutschen Juden.‹«[39]

Diese Reaktion ist zunächst einmal eine verständliche Reaktion auf die Zumutung, sich mit Eltern identifizieren zu sollen, die mit den Nazis zumindest sympathisierten und zu Tätern wurden. Was aber sollte der kleine Nico Hofmann machen, da es sich doch um *Unsere Mütter, unsere Väter* handelt? Er gab der Zumutung nach, jedoch mit einem Vorbehalt, der eine Ambivalenz den Eltern gegenüber verursachte. Aleida Assmann erklärt dies so: »Der Sohn identifiziert sich ... mit den deutschen Juden, also mit den Opfern, und distanziert sich von den Deutschen. Das Wort ›identifizieren‹ besagt aber keineswegs, dass er sich deshalb selbst für ein jüdisches Opfer hält. Empathie bedeutet Einfühlung und ermöglicht gefühlsmäßige Verbindung mit einem fremden Menschen, an dessen Schicksal man Anteil nimmt, ohne damit ein klares Bewusstsein der Differenz zwischen dem Ich und dem anderen aufzugeben. Identifikation bedeutet die Übernahme von Werten und Einstellungen mit den Opfern, aber diese Übernahme befreit keineswegs von der eigenen Identität, Familie, Nation und Geschichte.«[40] Die richtigen Werte und Einstellungen übernahmen die 68er von den Opfern durch die Identifikation mit den Opfern. Vielleicht waren diese ja aber überzeugte Zionisten, orthodoxe Juden oder nationale Chauvinisten, vertraten also Anschauungen und Werte, die Assmann gerade nicht stark machen möchte. Um die realen Opfer, um deren Wünsche, Ängste und Vorstellungen, geht es ihr aber auch gar nicht, und kann es ihr vor diesem Hintergrund auch gar nicht gehen, sondern allein darum, dass sie Opfer waren.

Die jüdischen Opfer, derer im Rahmen der deutschen Erinnerungskultur gedacht wird, mögen zwar eine konkrete Adresse gehabt haben, an der man Stolpersteine verlegen kann, aber ihre Individualität hat innerhalb dieses »Framings« bloß ornamentalen Wert. Für den Mythos und die auf ihn aufbauende Erinnerungskultur ist allein wichtig, dass sie Opfer waren. Die vom Mythos für die Juden vorgesehene Rolle, ist die, die ihnen auch schon die Nazis zuteilten: sie haben Opfer zu sein.

Die neue Erinnerungskultur ist Assmann zufolge besonders ethisch, weil sie sich kritisch mit den Staats- und Gesellschaftsverbrechen auseinandersetzt und zwar »gerade aus der Sicht der Opfer.«[41] Die Nachkriegsgeneration habe sich nämlich insbesondere die Sicht der jüdischen Opfer »zu eigen gemacht und sie gegen die Kriegsgeneration ihrer Eltern und den Staat« gewendet.[42] Erstaunlicherweise soll für Assmann nun aber der von der Väter-Generation gegründete deutsche Staat, gegen den die 68er sich in ihrer Identifikation mit den Opfern zurecht gewandt hatten, zugleich auch ein wichtiger Bestandteil der richtigen Lehre aus der Vergangenheit gewesen sein. Die Identifikation mit den Opfern ist für Assmann gleichsam eine Umgehungsstraße um die kontaminierte Tätergeneration, die diesen Staat schuf.

Den Staat, den die Tätergeneration schuf, nimmt sie also trotz des behaupteten Bruchs gerne an. Sie will die Resultate der Judenvernichtung, die Schuld, den Staat, die deutsche Nation – und sie will zugleich mit den Tätern brechen. Assmann steht hier vor einem Dilemma: Sie will die Nation retten, muss sich deshalb zu den Taten der Eltern bekennen, die sie zugleich verurteilen muss. Hatten die Täter gedacht, ihr Opfer bestünde darin, in Hingabe ihres eigenen Lebens die Mühe auf sich zu nehmen, das in den Juden verkörperte absolute Übel für Deutschland zu vernichten, so wird für die Kinder der Täter nach der

sondern eine weitgehende Täter-Opfer-Umkehr zur emotionalen Entlastung von deutscher Schuld.« (Jan Süselbeck: Fünf Freunde. Nico Hofmann hat es wieder getan: Die ZDF-Serie »Unsere Mütter, unsere Väter« setzt neue Maßstäbe in der massenmedialen Verharmlosung deutscher Schuld im Zweiten Weltkrieg. www.literaturkritik.de/public/rezension.php?rez_id=17761&ausgabe=201304, letzter Zugriff: 21. 10. 2020.)

39 Zitiert nach Assmann: Das neue Unbehagen (wie Anm. 6), S. 62.

40 Ebd. S. 63.

41 Ebd. S. 33.

42 Ebd. S. 190.

Niederlage deren Tat zu einem nationalen Problem, das ihnen selbst ein Opfer abverlangt. Um die Nation zu retten, müssen die Kinder die Schuld der Väter auf sich nehmen. »Eine Nation ist also eine große Solidargemeinschaft, getragen von dem Gefühl der Opfer, die man gebracht hat, und der Opfer, die man noch zu bringen gewillt ist.«[43] Die Generation der Kinder nahm den von der Tätergeneration geschaffenen Staat also trotz des behaupteten Bruchs gerne an. Aber erst diese hätte es vermocht, die staatlichen Institutionen mit dem richtigen, ethischen Geist zu füllen, nämlich mit dem der Kinder, wozu allerdings eine Entideologisierung notwendig gewesen sei. Da der Generationenkonflikt mit harten Bandagen ausgefochten worden sei, sei der Wert des Staates zunächst verkannt worden. »Die moralische Überlegenheit diente nicht nur der emotionalen Abgrenzung von der Elterngeneration, sie war auch eine Waffe im Kampf gegen den eigenen Staat, den diese Generation aufgrund der braunen Kontinuität der Eliten nicht als Rechtsstaat, sondern als in seiner Verfassung unverändert faschistisch wahrnahm.«[44] Diese falsche Wahrnehmung erklärt Assmann mit einer Verzerrung, die durch den Kampf bedingt war. Nach dem Sieg über die Alten habe man dann aber vor einem neuen Problem gestanden. Die Sieger wollten konstruktiv werden, mitmachen und Verantwortung übernehmen. Der folgende Gang durch die Institutionen ist für Assmann nur konsequent, denn niemand dürfe sich der »Mitverantwortung an der Gestaltung der politischen Kultur«[45] entziehen. Doch insbesondere die Kritische Theorie habe die damals jungen Leute wie Aleida Assmann vor ein Dilemma gestellt. »Das Dilemma vom Sieg als einer Niederlage geht auf den unter Intellektuellen tief verinnerlichten Denkstil der Kritischen Theorie zurück. Danach gilt der Grundsatz: Die Haltung der Intellektuellen darf gar nicht anders als subversiv sein.«[46] Dies ist eine erstaunliche Bemerkung, da sich zumindest auch das Gegenteil behaupten ließe, wie dies etwa Clemens Albrecht in seinem Versuch der Vereinnahmung der Kritischen Theorie für die Nation gemacht hat. Er zeigt, wie die Vertreter der Kritischen Theorie ganz praktisch beim Aufbau der demokratischen Institutionen mitgeholfen haben.[47]

Tatsächlich wirft aber diese Behandlung der Kritischen Theorie durch Assmann ein Schlaglicht auf ein besonders schwerwiegendes Problem ihres Beitrags zur Erinnerungskultur. Dieses Problem betrifft jene Aspekte der Geschichte der Bundesrepublik, die sie einfach ›vergisst‹. So erwähnt sie die Rolle der *reeducation* für die Auseinandersetzung um die Vergangenheit kaum und die Rolle der Exilanten nur oberflächlich. Dass die 68er-Generation die Werte der Demokratie und der Menschenrechte bei ihren aus dem Exil zurückgekehrten Lehrern gelernt haben könnte, auf diesen Gedanken kommt sie nicht. Auch die Rolle der Alliierten, die den Deutschen die Demokratie verordneten und mit der Besatzung auch sicherstellten, ist ihr keine Erwähnung wert. Ebenfalls unterschlägt sie den linken Antisemitismus, wie er sich in der Geiselnahme von Entebbe oder in dem Theaterstück *Der Müll, die Stadt und der Tod* von Rainer Werner Fassbinder niederschlug.[48]

Dass die Kritische Theorie von Aleida Assmann vor allem als störend empfunden wird, hat seinen Grund. Der Gegensatz zwischen ihrer Indienstnahme des Massenmordes für die deutsche Identität und einem Denken, das die Frage aufwarf, ob sich nach Auschwitz überhaupt noch leben lasse, könnte kaum größer sein.

43 Renan: Was ist eine Nation (wie Anm. 9), S. 310.
44 Assmann: Das neue Unbehagen (wie Anm. 6), S. 52.
45 Ebd. S. 70.
46 Ebd. S. 69.

47 Clemens Albrecht: Die Intellektuelle Gründung der Bundesrepublik. Eine Wirkungsgeschichte der Frankfurter Schule. Frankfurt am Main; New York 1999. Albrecht versucht das Frankfurter Institut für den deutschen Nationalstaat einzuspannen, was insofern richtig ist, als deren Vertreter auf die neugeschaffenen Institutionen einzuwirken versuchten. Ihr Vorhaben war aber nicht nationalistisch, sondern durch den Versuch motiviert, durch einen Beitrag zur Reeducation der Deutschen etwas Ähnliches wie Auschwitz zu verhindern.
48 Zu Entebbe siehe Tobias Ebbrecht-Hartmann: Krieg gegen Israel. Entebbe ist ein zentrales Kapitel deutsch-israelischer Geschichte. In: Jungle World 24/2017. www.jungle.world/artikel/2017/24/krieg-gegen-israel (letzter Zugriff: 21. 10. 2020). Oder Martin Jander: Legenden um Entebbe. Alte Mythen eines angeblich ehrbaren Antizionismus der radikalen deutschen Linken: ein menschenfeindliches Buch. www.hagalil.com/2017/01/legenden-um-entebbe (letzter Zugriff: 21. 10. 2020).

»Hier stehe ich und kann nicht anders!«

Der Kritischen Theorie nimmt Aleida Assmann übel, dass sie auch dann noch kritisch blieb, als sie sich um einen praktischen Beitrag zur Verhinderung einer Wiederholung von Auschwitz bemühte. Israel nimmt sie übel, dass der jüdische Staat sich ganz praktisch darum bemüht, dass seine Einwohner nicht erneut Opfer des Antisemitismus werden. Diesen Antisemitismus kann aber Assmann aus schon genannten Gründen gar nicht wahrnehmen. Ihr erscheint Israel, wie den Christen die Juden, als ein archaisches Relikt. In ihrem Buch über die *Formen des Vergessens* schreibt Assmann über Israels ›Versagen‹, sich gemäß dem deutschen Modell zu verhalten: »Es ist schwer vorherzusagen, ob und wann eine Nation sich dazu entschließt, selbstkritisch zu werden, ihre Haltung des Vergessens zu revidieren und sich des ausgeschlossenen anderen anzunehmen.«[49] Dieser Satz beinhaltet eine ganze Geschichtsphilosophie. Zunächst erinnerten sich Nationen nur partikular und vergäßen, was sich nicht in ihr positives Selbstbild integrieren lässt. Doch dann öffneten sie sich, die Nationen würden selbstkritisch und nähmen durch Mitgefühl auch die Aspekte auf, die sie zuvor dem Vergessen überlassen hätten. Israel weigere sich aber, die Perspektive der Palästinenser hereinzunehmen und deren Erinnerungen in die israelische zu integrieren.

Bei der Beschreibung der israelischen Erinnerungskultur durch Assmann ist aber, wie bei ihrer Rekonstruktion der deutschen Erinnerungskultur, wichtiger, was sie nicht sagt, als das, was sie sagt. So schilt sie die Israelis, der ›Nakba‹ nicht gebührend zu gedenken, aber sie vergisst zu erwähnen, wie es zur ›Nakba‹ überhaupt kam. Sie nennt zwar den Unabhängigkeitskrieg, aber wer ihn begonnen hat, sagt sie nicht. Und auch den anhaltenden palästinensischen Terror übergeht sie geflissentlich. Folgt man Assmann, glich die Situation vor 1948 einem Idyll: »Da viele nachmalige Israelis bereits jahrzehntelang als jüdische ›Palästinenser‹ in diesem Land gelebt hatten, war ihnen durchaus bewusst, dass ihr Land vor der Eroberung durch die israelische Armee auch von arabischen Palästinensern besiedelt gewesen war. Sie waren Nachbarn, mit denen man zusammengelebt hatte, die man gekannt und auf deren Bauernhöfen man als Kind gespielt hatte. Mit der Zäsur des Krieges und der Vertreibung der arabischen Palästinenser aus ihren Häusern, Städten, Dörfern und Bauernhöfen wurde diese frühere Zeit des gemeinsamen Zusammenlebens in Palästina jedoch abrupt vergessen.«[50] Es zeigt sich hier erneut wie schon beim Holocaustmythos: Assmann entwirklicht Gegenwart und Geschichte und transponiert sie in einen Erinnerungsrahmen, in dem sich die Daten und Fakten frei nach den aktuellen Bedürfnissen manipulieren lassen. Die Israelis erscheinen hier ausnahmslos als Täter, die andere vertreiben und vergessen machen wollen. Dies eindeutige Bild wird durch nichts irritiert; kein Wort zum Beispiel über al-Qassam oder al-Husseini in der Vergangenheit und kein Wort über die Absichten der Hamas in der Gegenwart – und dies nicht grundlos: »Weil die europäische Ideologie Auschwitz zwar als gemeinsam begangene Schicksalstat begreift, der Massenmord an den Juden als konkreter Inhalt dieser Tat aber nicht thematisiert wird, kehrt das Bewusstsein dieses Massenmordes dann als nagendes Schuldgefühl zurück, das projektiv gegen Israel gekehrt werden muss, wenn Juden um ihr Überleben kämpfen. Die Israelis haben sich nicht mit dem für sie von den Antisemiten vorgesehenen Schicksal abgefunden, sondern erwehren sich ihrer Feinde. Die überlebenden Juden und ihre Nachfahren dementieren durch ihre bloße Existenz, dass die Vergangenheit abgeschlossen ist; sie verhindern, dass Europa das ihm zugrunde liegende Verbrechen ›entjudet‹ und mit sich selbst ins Reine kommt.«[51]

Der Mythos vom Holocaust, wie ihn Assmann für Deutschland und Europa zuschneidet und rahmt, ist der Versuch, die Erinnerung zu ›entjuden‹ und aus dem Holocaust ein Passepartout für multikulturelle und transnationale Identität zu machen. Ein derart ›entjudeter‹ Holocaust ist eine Deckerinnerung, die nicht über den Judenhass und seine Mechanismen aufklärt, sondern ihn verdrängen hilft und gerade deshalb zur Wiederkehr des Verdrängten beiträgt. Dass Assmann eine deutsche Mythologin und Ide-

49 Assmann: Das neue Unbehagen (wie Anm. 6), S. 168.

50 Ebd. S. 160 f.

51 Lenhard: Schlußstrich von Links (wie Anm. 10).

ologin ist, bekennt sie bei all dem freimütig: »Wer diesen Schritt in die Gedächtnisgeschichte tut, dem bietet sich ein vielfältiges Bild. Er hat die abgesicherte wissenschaftliche Domäne der Wahrheit und Distanz verlassen und sieht die historischen Akteure in einem Beziehungsgefüge von Werten und Aspirationen, symbolischen Praktiken und emotionalen Investitionen. Voraussetzung dafür ist nichts anderes, als dass Menschen sich brauchbare Vergangenheiten zurechtlegen, von belasteten Episoden ihrer Geschichte heimgesucht werden oder sich auf die eine oder andere Weise dem Druck dieser Vergangenheit stellen. Im Medium der Erinnerung setzt man sich der Gegenwart für die Zukunft gemeinsame Ziele. Die Begriffe ›Ideologie‹ und ›Mythos‹ ändern in diesem Licht ihre Bedeutung. Sie stehen plötzlich nicht mehr für ›Verblendung‹ und ›Lüge‹, sondern für symbolische Konstrukte, die Menschen zusammenhalten und mit deren Hilfe diese ihr Leben organisieren.«[52] Ihren Versuch, die von ihr zu Massenpartikeln degradierten Individuen durch Sprachmagie und Liturgie zu einem nationalen Kollektiv zusammenzukleistern, kann man kaum besser beschreiben.[53]

52 Assmann: Das neue Unbehagen (wie Anm. 6), S. 21 f.
53 Zu Massenpartikeln erniedrigt werden die Individuen schon durch die Gesellschaft, aber Assmann sanktioniert dies und schlägt sie noch ein zweites Mal. Mit dem Wunsch, Menschen durch Mythen auf ein gemeinsames Ziel hin zu organisieren und zu mobilisieren, steht sie indes alleine da. Auch Herfried Münkler hat die Mythen für sich und die Nation wiederentdeckt (Herfried Münkler: Die Deutschen und ihre Mythen. Berlin 2009). Und Patrick Eiden-Offe versucht, mit ihrer Hilfe die Arbeiterklasse zur kollektiven Aktion zu animieren. (Patrick Eiden-Offe: Poesie der Klasse. Romantischer Antikapitalismus und die Erfindung des Proletariats. Berlin 2017.)

Marlene Gallner

Die Deutschen als Vernichtungsgewinner

Ein Vortrag und zwei Nachträge über die positive Einverleibung der Shoah[1]

> Wenn Auschwitz eines gezeigt hat, dann, dass man sich weitgehend ungestraft der Juden entledigen darf.

In ihrem letzten Werk *No Home Movie*, das die belgische Filmemacherin Chantal Akerman 2015 kurz vor ihrem Freitod fertigstellte, beleuchtet sie in einem intimen Porträt das enge Verhältnis zu ihrer Mutter Natalia, die aus einer polnisch-jüdischen Familie stammte und aus Polen in das für Juden scheinbar sichere Belgien geflohen war. Von dort aus wurde sie nach dem Einmarsch der Deutschen nach Auschwitz deportiert. Sie überlebte durch Glück, während der Großteil ihrer Familie ermordet wurde. In *No Home Movie* zeigt sich, wie sehr dieses Schicksal den gegenwärtigen Alltag zwischen Mutter und Tochter prägt. Der mehrdeutige Titel spielt nicht zuletzt auf die Schwierigkeit an, für Natalia wie für Chantal, in der Welt nach Auschwitz heimisch zu werden.

Es soll hier nicht en detail um den Film von Akerman gehen, sondern um den Umgang der Deutschen mit ihrer Vergangenheit, wodurch sich aber, wie ich hoffe, der Zusammenhang doch wieder einstellt. Der Film von Akerman ist Anstoß aller weiteren Überlegungen. Er zeigt, wie schwer es für die Opfer der Shoah ist, mit der Vergangenheit, konkret mit der nationalsozialistischen Verfolgung und Vernichtung, abzuschließen. Zwar hat 1945 das Morden geendet, durch den militärischen Sieg der Alliierten über die Deutschen, aber danach war nicht einfach alles wieder gut. Vor allem, weil sich im Nachhinein gezeigt hat, dass sich das antisemitische Vernichtungsprogramm der deutschen Volksgenossen doch gelohnt hat. Die Deutschen gingen in mehrfacher Hinsicht siegreich hervor.

Wenn im Folgenden von den Deutschen die Rede ist, dann sind damit jene gemeint, die zur deutschen

1 Dieser Beitrag ist die überarbeitete Fassung eines Vortrags, der am 19. Januar 2020 im Anschluss an eine Filmvorführung von Chantal Akermans *No Home Movie* in Köln gehalten wurde.

Volksgemeinschaft gehört und von der Vernichtung profitiert haben – auch in den Nachkriegsjahren. Es gibt bis heute, wenn über das Thema gesprochen wird, häufig eine Trennung zwischen den Deutschen und den Juden. Natürlich gab und gibt es damals wie heute Deutsche, die Juden sind. Und es ist eine elende Aufspaltung, wenn die geläuterten Deutschen von »uns Deutschen« oder »wir Deutsche« reden und Juden damit bis heute immer wieder ausschließen – was allzu leicht in der Rede von »jüdischen Mitbürgern« mitschwingt. Ich spreche trotzdem nicht von den Nazis. Weil das ein Ausweg ist, den ganz gemeinen Deutschen, den Otto-Normal-Profiteur der Vernichtung, aus seiner Verantwortung zu nehmen. Es gab nicht ein paar wenige Nazis, die dem übrigen Deutschland ihr Programm aufgezwungen haben. Die überwiegende Mehrheit der Deutschen war überzeugt vom Nationalsozialismus. Die Nazis kamen 1933 nicht aus dem Nichts und sind 1945 auch nicht wieder einfach verschwunden. Die Nazis, das waren die ganz normalen Deutschen. Aber das sollte gemeinhin durch Daniel Jonah Goldhagen bereits bekannt sein.

Der Film von Akerman und ihre Familiengeschichte erinnern mich an Jean Améry. Auch Améry wurde als Jude verfolgt und ist in den 1930er Jahren, wie Akermans Mutter, ins vermeintlich sichere Belgien geflohen. Er wurde 1912 als Hans Mayer in Wien geboren, als einziger Sohn eines jüdischen Vaters und einer katholischen Mutter. Er verstand sich bis zum Jahr 1935, als die Nürnberger Gesetze erlassen wurden, nicht als Jude. Erst die antisemitischen Rassegesetze haben ihn, wie er selbst später sagt, zu einem gemacht. Er konnte seinem Schicksal nicht entrinnen – durch keine eigene Wahl, durch keine Entscheidung, die er traf. 1938 floh er, nach dem Anschluss Österreichs ans Deutsche Reich, mit seiner Frau nach Antwerpen. Im Mai 1940 annektieren die Deutschen die Niederlande und Belgien. Während Amérys ebenfalls als Jüdin verfolgte Frau in Brüssel untertauchen kann, wird er das erste Mal gefangen genommen. Er soll ins Internierungslager de Saint-Cyprien gebracht werden. Auf dem Weg dorthin gelingt Améry die Flucht aus dem fahrenden Zug. Er wird jedoch erneut verhaftet und den deutschen Behörden überstellt. Im Juli 1940 wird er nach Gurs deportiert – übrigens dasselbe Lager, in dem unter anderem auch Hannah Arendt, Dora Benjamin und Charlotte Salomon interniert waren. Ein Jahr danach gelingt Améry abermals die Flucht. Er flieht über Paris zurück nach Belgien und ist wiedervereint mit seiner Frau in Brüssel. Dort schließt er sich dem illegalen Widerstand gegen die Deutschen an und verteilt Flugblätter mit Anti-Nazi-Propaganda. Im Juli 1943 wird er dabei erwischt und festgenommen. Als politischer Gegner kommt er ins Fort Breendonck, wo er gefoltert wird. Seine Erfahrung der Folter reflektiert er später in seinem Aufsatz *Die Tortur*. Als sich herausstellt, dass Améry nicht nur politischer Gegner, sondern auch Jude ist, wird er von Belgien aus nach Auschwitz deportiert – auch hier eine Parallele zur Biographie von Akermans Mutter.

Als die Deutschen im Osten zurückgedrängt werden und die Rote Armee näher rückt, wird das Konzentrationslager Auschwitz im Januar 1945 evakuiert. Für Améry folgt eine Odyssee, zu großen Teilen zu Fuß, auf einem der sogenannten Todesmärsche. Von Auschwitz ins Konzentrationslager Gleiwitz, von dort nach Mittelbau Dora und von dort, Anfang April 1945, schließlich nach Bergen-Belsen. Dort wird er am 15. April 1945 von britischen Soldaten aus der Lagerhaft befreit. Améry beschreibt die Szene wie folgt:

»Ein Jeep fährt ein in die Unterwelt. Ein MP-Sergeant mit roter Mütze, rötlichblondem Bärbeißer-Schnurrbart, läßt sich durch einen Lautsprecher vernehmen: Von diesem Tage an steht das Lager unter dem Schutz der Streitkräfte seiner Britischen Majestät. Ein jeder Schattenmensch fühlte sich direkt angeredet von dieser Majestät. Ein jeder, der noch einen Funken Leben hatte, vergoß oder verdrückte ein paar Dankestränen.«[2]

»642 Tage in deutschen KZ-Lagern«,[3] »... mit fünfundvierzig Kilogramm Lebendgewicht und einem Zebra-Anzug wieder in der Welt ...«.[4]

2 Jean Améry: Örtlichkeiten. Werke Bd. 2. Hrsg. v. Gerhard Scheit. Stuttgart 2002, S. 439.

3 Brief von Jean Améry am 06. 10. 1975, zitiert nach Friedrich Pfäfflin: Jean Améry – Daten zu einer Biographie. In: Stephan Steiner (Hg.): Jean Améry [Hans Maier]. Basel; Frankfurt am Main 1996, S. 271.

4 Jean Améry: Jenseits von Schuld und Sühne. Bewältigungsversuche eines Überwältigten. Werke Bd. 2. Hrsg. v. Gerhard Scheit. Stuttgart 2002, S. 89.

Unter den 25 437 aus Belgien deportierten Juden, von denen 23 000 nach Auschwitz gebracht wurden, ist Améry einer der 615 Überlebenden.

Nach seiner Befreiung kehrt Améry nach Belgien zurück. Bis in die frühen 1960er Jahre verdient er sein Geld vor allem mit Auftragsarbeiten als Journalist, maßgeblich für eine Schweizer Nachrichtenagentur. Weder hat er vor, wieder in Deutschland oder Österreich zu leben, noch dort zu publizieren. Um den Bruch mit der deutschen Kultur zu betonen, ändert er 1955 seinen Namen von Hans Mayer in Jean Améry – Améry als Anagramm von Mayer. Dennoch bleibt er stets ein aufmerksamer Beobachter der (vor allem west-) deutschen Nachkriegsgesellschaft. Erst Anfang der 1960er Jahre, in der Zeit, in der in Jerusalem der Eichmann-Prozess (1961) internationales Aufsehen erregt und in Deutschland – durch den Generalstaatsanwalt Fritz Bauer maßgeblich initiiert – die Frankfurter Auschwitzprozesse (1963 – 1965) tagen, und sich dadurch Teile der deutschen Öffentlichkeit für das Thema Shoah erstmals zu interessieren beginnen, spielt Améry mit dem Gedanken, autobiographische Essays über sein Schicksal als jüdisches Nazi-Opfer zu verfassen. Zuvor war dies auch deshalb nicht möglich, weil Améry es sich finanziell nicht leisten konnte, abseits der Auftragsarbeiten eigene Texte für die Schublade zu produzieren. Erst ab den 1960er Jahren gab es die Chance, ein Publikum für seine Ausführungen zu finden.

1964 lernte Améry Helmut Heißenbüttel kennen. Dieser war damals Redakteur beim Süddeutschen Rundfunk und ermöglichte Améry, zwischen 1964 und 1966 fünf autobiographische Essays als Radiobeiträge zu senden. Aus den Essays wurde der Band *Jenseits von Schuld und Sühne*, sein bis heute bekanntestes Buch. Der zentrale Aufsatz darin widmet sich Amérys eigenem Unvermögen, mit der Vergangenheit abzuschließen und mit den deutschen Tätern seinen Frieden zu machen. Der Titel des Aufsatzes lautet *Ressentiments* – weil Améry Ressentiments besitzt, Groll hegt, gegenüber Deutschland und gegenüber den Deutschen. Auch, oder gerade, in den 1960er Jahren, als die Shoah bereits zwei Dekaden in der Vergangenheit liegt und eine neue Generation heranwächst. Er geht in seinem Essay auf Spurensuche, woher seine Ressentiments kommen und was geschehen müsste, damit sich diese auflösen könnten.

Als Einstieg, gleich zu Beginn des Aufsatzes beschreibt Améry einen Besuch in Deutschland:

»Manchmal fügt es sich, daß ich sommers durch ein blühendes Land reise. Es ist kaum nötig, von der mustergültigen Sauberkeit seiner großen Stadtsiedlungen, von seinen idyllischen Kleinstädten und Dörfern zu sprechen, hinzuweisen auf die Qualität der Waren, die es dort zu kaufen gibt, auf die mit verläßlicher Tüchtigkeit ausgeführte Handwerksarbeit oder die eindrucksvolle Verbindung von weltläufiger Modernität und träumerischem Geschichtsbewußtsein, die sich allenthalben kundtut. All dies ist längst Legende und gereicht der Welt zum Entzücken. ... Mir ist nicht wohl in diesem friedlichen, schönen, von tüchtigen und modernen Menschen bewohnten Lande. Warum, das hat man schon erraten: Ich gehöre jener glücklicherweise langsam aussterbenden Spezies von Menschen an, die man übereinkommensgemäß Naziopfer nennt.«[5]

Gleich zu Beginn trifft Améry hier etwas ganz Entscheidendes. Ein Paradox. Nämlich den wirtschaftlichen Erfolg und den Wohlstand in der Bundesrepublik, obgleich der Krieg verloren wurde. Gerhard Scheit hat die Deutschen deshalb »Kriegsverlierer und Vernichtungsgewinner« genannt.[6] Denn die Deutschen haben 1945 zwar militärisch den Krieg verloren, dennoch hat sich im Nachhinein gezeigt, dass der Nationalsozialismus und der Angriffskrieg den Effekt hatten, längerfristig die Bewältigung der ökonomischen Krise zu befördern. Zum einen wäre ohne den Krieg das Wirtschaftswunder der 1950er nicht möglich gewesen, zum anderen profitieren deutsche Unternehmen bis heute von Enteignung, Zwangsarbeit und menschenunwürdigen Experimenten zur Zeit des Nationalsozialismus. Da muss man nur an den Schuhhersteller *Salamander* denken, der Häftlinge im KZ Sachsenhausen neue Schuhmodelle hat testlaufen lassen. Testlaufen heißt: bis zum Kollabieren, bis zum Erschöpfungstod. Bis heute ist *Salamander* ein erfolgreiches deutsches Schuhgeschäft.

5 Ebd. S. 118 f.

6 Gerhard Scheit: Meister der Krise. Über den Zusammenhang von Vernichtung und Volkwohlstand. Freiburg 2001, S. 84.

Bei den Ausführungen zum ökonomischen Gewinn für die Deutschen darf jedoch nicht in die Falle getappt werden, den Nationalsozialismus in eine Zweck-Mittel-Rationalität aufzulösen. Der Nationalsozialismus ist nicht die Fortsetzung des bürgerlichen Prinzips, sondern deren Gegenteil – wenn auch auf diese bezogen, weil es die bürgerliche Gesellschaft selbst ist, die ihr Gegenteil aus sich selbst hervorbringt.

Der Kern der nationalsozialistischen Ideologie ist der Antisemitismus. Es gibt keinen Grund für die Verfolgung und Vernichtung der Juden, der nicht im Wahn liegt. Hannah Arendt schildert, wie sich die Judenvernichtung allein letztlich überhaupt nicht rentiert hat für die Deutschen. Sie haben nicht nur bereitwillig dafür draufgezahlt, dass die Vernichtungsmaschinerie am Laufen bleibt, sie haben sogar ihren eigenen Tod dafür in Kauf genommen. In ihrem Aufsatz *Die vollendete Sinnlosigkeit* schreibt Arendt 1950 über die Shoah: »Die Nazis schienen überzeugt, daß es wichtiger sei, die Vernichtungsfabriken in Betrieb zu halten als den Krieg zu gewinnen.«[7]

Dennoch, die Deutschen haben, das hat die Geschichte mittlerweile gezeigt, von ihrer Vernichtungspolitik und ihrem Angriffskrieg gen Osten profitiert. Es ist völlig widersinnig, dass die Deutschen sechs Millionen Juden umbringen konnten, und danach besser dastanden als zuvor. Das ist das Fatale: Wenn Auschwitz eines gezeigt hat, dann, dass man sich weitgehend ungestraft der Juden entledigen darf. Améry schreibt von den Deutschen als dem eigentlich siegreichen, von der Zeit schon wieder rehabilitierten Volk.[8] Und ihn bedrängt der gegenwärtige Stolz in Deutschland. Er schreibt vom »Stolz von einst« bei den Deutschen.[9] Auf Seiten der Opfer herrscht »die Ohnmacht von damals. Wehe den Besiegten.«[10] Mit den Besiegten meint Améry die Opfer der Shoah.

Dies bringt mich zu einem weiteren Punkt, in dem die Deutschen siegreich waren. Vor ihrer militärischen Niederlage haben sie es geschafft, die Vernichtung der Juden großteils in die Tat umzusetzen. Sie waren beinahe zur Gänze erfolgreich mit ihrem antisemitischen Verfolgungs- und Vernichtungsprogramm.

Während die Täter und deren Nachkommen guter Dinge und hoffnungsfroh weiterleben konnten (und können), war es den durch Zufall überlebenden Opfern nicht möglich, ihr Leid einfach abzuschütteln. Die Überlebenden mussten selbst fertig werden mit dem Groll, den sie in sich trugen und über den sie mitunter lange schwiegen.[11] Es wirkt, als ob die Opfer damit abermals bestraft wurden. Sie erfuhren die doppelte Strafe, obwohl sie sich nichts zu Schulden haben kommen lassen. Sie erfuhren den doppelten Verlust des Weltvertrauens. Und die Schuldigen, die Täter von einst, die sind zum Großteil freigesprochen oder nie belangt worden. 6656 Personen wurden, alle Prozesse in der Bundesrepublik zwischen 1945 und 2005 zusammengenommen, jemals verurteilt. Davon war wiederum nur ein Bruchteil länger als zwei Jahre in Haft.[12]

Die Strafe haben die Opfer erfahren, die Täter wurden im Nachhinein sogar noch belohnt. So schreibt auch Améry: »*Ich* bin belastet mit der Kollektivschuld, sage ich: nicht sie. Die Welt, die vergibt und vergißt, hat mich verurteilt, nicht jene, die mordeten oder den Mord geschehen ließen.«[13]

In seinem *Ressentiments*-Essay befasst sich Améry ganz zentral mit der Unmoral des Zeitvergehens. Es quält ihn die Tatsache, dass das natürliche Zeitvergehen vermeintlich alle Wunden heilt. Dass durch die zeitliche Distanz die Tat vermeintlich weniger schlimm wird. So, als wachse eben Gras über die Sache. Aber Améry kann dies nicht hinnehmen und verleiht seiner Verzweiflung darüber Ausdruck, in-

7 Hannah Arendt: Nach Auschwitz. Essays & Kommentare. Hrsg. v. Eike Geisel und Klaus Bittermann. Berlin 1989, S. 9.

8 Siehe Améry: Jenseits von Schuld und Sühne (wie Anm. 4), S. 143.

9 Wobei dieser Stolz heute daraus besteht, Gedenkweltmeister zu sein und auch die neue Rechte droht, das langsam zu erkennen. Die Zeit, in der man es mit einfachen Revisionisten zu tun hat, ist vorbei. Niemand Bedeutendes in Deutschland leugnet mehr die Shoah, noch nicht einmal die Politiker von der AfD. Selbst Alexander Gauland leugnet die Shoah nicht, sondern verklärt sie zum »Vogelschiss« auf die deutsche Geschichte.

10 Améry: Jenseits von Schuld und Sühne (wie Anm. 4), S. 147.

11 Über das Schweigen im Hause Federns siehe Diana Rosdolsky (Hg.): Der Briefwechsel zwischen Ernst Federn und seinem Vater Paul aus den Jahren 1945 bis 1947. Gießen 2018.

12 Siehe Mary Fulbrook: Reckonings. Legacies of Nazi Persecution and the Quest for Justice. Oxford 2018, S. 356.

13 Améry: Jenseits von Schuld und Sühne (wie Anm. 4), S. 138.

dem er beschreibt, wie er als Shoah-Opfer ankämpft gegen eine allgemeine, automatische Richtung, in die sich die Gesellschaft bewegt:

»Die Sozietät ist befaßt nur mit ihrer Sicherung und schert sich nicht um das beschädigte Leben: Sie blickt vorwärts, im günstigsten Fall, auf daß dergleichen sich nicht wieder ereigne. Meine Ressentiments aber sind da, damit das Verbrechen Realität werde für den Verbrecher, damit er hineingerissen wird in die Wahrheit seiner Untat.«[14]

Améry kritisiert das Prinzip der Verjährung. Auch in zeitlicher Distanz kann er weder vergessen noch vergeben. So schreibt er:

»In zwei Jahrzehnten Nachdenkens dessen, was mir widerfuhr, glaube ich erkannt zu haben, daß ein durch sozialen Druck bewirktes Vergeben und Vergessen unmoralisch ist. Der faul und wohlfeil Vergebende unterwirft sich dem sozialen und biologischen Zeitgefühl, das man auch das ›natürliche‹ nennt. Natürliches Zeitbewußtsein wurzelt tatsächlich im physiologischen Prozeß der Wundheilung und ging ein in die gesellschaftliche Realitätsvorstellung. Es hat aber gerade aus diesem Grunde nicht nur außer-, sondern *wider*moralischen Charakter. Recht- und Vorrecht des Menschen ist es, daß er sich nicht einverstanden erklärt mit jedem natürlichen Geschehen, also auch nicht mit dem biologischen Zuwachsen der Zeit.«[15]

Ich will noch eine Bemerkung machen zur Kollektivschuld. Denn auch dieser Frage stellt sich Améry in seinem Essay. Und die Frage kommt oft: ›Sind denn wirklich alle Deutschen in die Verantwortung zu nehmen?‹ Améry antwortet darauf:

»Kollektivschuld. Das ist natürlich blanker Unsinn, sofern es impliziert, die Gemeinschaft der Deutschen habe ein gemeinsames Bewußtsein, einen gemeinsamen Willen, eine gemeinsame Handlungsinitiative besessen und sei darin schuldhaft geworden. Es ist aber eine brauchbare Hypothese, wenn man nichts anderes darunter versteht als die objektiv manifeste *Summe* individuellen Schuldverhaltens. Dann wird aus der Schuld jeweils einzelner Deutscher – Tatschuld, Unterlassungsschuld, Redeschuld, Schweigeschuld – die Gesamtschuld eines Volkes. ... Jene, die im Dritten Reich aus dem Dritten Reich ausgebrochen waren, sei es auch nur schweigend, durch einen bösen Blick nach dem SS-Rapportführer Rakas, durch ein mitleidiges Lächeln für uns, durch ein schambezeugendes Niederschlagen der Augen – sie waren nicht zahlreich genug, um in meiner ziffernlosen Statistik den rettenden Ausschlag zu geben.«[16]

Aber was wäre ein richtiger Umgang mit der Vergangenheit? Mit Améry gesprochen gibt es einen richtigen Umgang mit der Vergangenheit in Deutschland nur, wenn die neue Generation junger Deutscher »mit ihren Vätern bricht«.[17] Wenn die jungen Deutschen den ehrlichen Wunsch haben, die Shoah hätte es nicht gegeben. Wenn die jungen Deutschen unversöhnlich sind mit der Vergangenheit. Améry appelliert an die Nachkommen der Täter, und im Grunde an alle Menschen überhaupt, dass sie sich gegen eine positive Einverleibung, gegen eine Nutzbarmachung der Shoah sträuben, die mit der Vergangenheit dann eben doch versöhnt.[18]

Wahre Aufarbeitung der Vergangenheit hieße jedoch nicht nur, dass jeder Einzelne merkt, was für ein Skandal es ist, dass es die Shoah überhaupt gab, sondern sie hieße ganz grundlegend eine andere Einrichtung der Gesellschaft, welche die Voraussetzungen, die zur Judenvernichtung geführt haben, bewusst beseitigt. Es geht Améry, ähnlich wie Walter Benjamin, um eine Gesellschaft, die nicht bloß nach vorn blickt und sich um ihr eigenes Fortkommen schert, während hinter ihr die Katastrophenkette Trümmer auf Trümmer häuft.[19] Darauf läuft Amérys Forderung hinaus.

14 Ebd. S. 131.

15 Ebd. S. 133.

16 Ebd. S. 134f.

17 Dabei muss angemerkt werden, dass es auch einen billigen Bruch mit dem Vater, beziehungsweise mit den Eltern, gibt: Nach West-Berlin ziehen und für die palästinensische Sache kämpfen, zum Beispiel. Die 68er-Generation und die neue Linke, die sich damals herausbildete, brach nur auf den ersten Blick mit ihren Nazieltern. Im Kern trugen sie jedoch traditionsbewusst die antisemitische Ideologie im neuen Gewand weiter. Was früher Jude hieß, wird nun Israel genannt. Wenn früher gesagt wurde, von der Vernichtung der Juden hinge das Glück der Welt ab, so gilt nun, wenn es Israel nicht gäbe, herrsche endlich Frieden.

18 Prominente Vertreterin einer solchen Nutzbarmachung der Shoah ist Aleida Assmann. Siehe hierzu den Beitrag von Niklaas Machunsky in diesem Heft.

19 Walter Benjamin: Über den Begriff der Geschichte. Gesammelte Schriften. Hrsg. v. Rolf Tiedemann und Hermann

Erst, wenn die Gesellschaft so eingerichtet ist, dass sie nicht mehr den Antisemiten – gewissermaßen, man kann die Judenhasser natürlich nicht aus der Verantwortung nehmen – hervorbringt, ist das Damoklesschwert eines erneuten Umschlags in die Barbarei gebannt. Die Gesellschaft bringt den Antisemiten hervor und zugleich bringt er sich selbst hervor. Das eine ist nicht ohne das andere zu sehen. Die Angst vor der eigenen Ersetzbarkeit und Machtlosigkeit, die den Hass auf den Juden nährt, ist real begründet. Das unterscheidet den Antisemiten vom pathologischen Psychotiker. Daher schreiben Theodor W. Adorno und Max Horkheimer auch nicht von der pathologischen, sondern von der pathischen Projektion des Antisemiten. Mit seinem Weltbild und damit einhergehend mit der einfachen Feindbestimmung findet sich der Antisemit in der Wirklichkeit leichter zurecht. Sein Antisemitismus verschafft ihm psychische Entlastung. Unangenehme Widersprüche werden so weggeschoben. Anders als der Psychotiker, der selbst an seiner Krankheit leidet, weil er von der Wirklichkeit abgeschnitten ist, verspürt der Antisemit keinen Leidensdruck – im Gegenteil. Es geht ihm damit besser.[20] Sein Wahn ist realitätsgerecht. Das macht es so schwierig, ihn aus der Welt zu schaffen. Ähnlich ist der Antisemit dem Psychotiker darin, dass er sich nicht einfach mittels historischer Fakten und persönlicher Begegnungen darüber aufklären lässt, dass sein Weltbild ein wahnhaftes ist. Für solche Erfahrungen ist er in der Regel gar nicht mehr empfänglich.

Aber zurück zur positiven Einverleibung. Statt mit den Eltern zu brechen, wurde ihr Erbe angetreten. In neuem, demokratischem Gewand. Es wirkt heute so, als wären die Deutschen froh, dass es die Shoah gegeben hat. Sonst könnte man heute nicht so gut dastehen. Kein anderes Land geht so gut mit seiner Vergangenheit um wie Deutschland. Die Deutschen wurden zu den moralischen Siegern, sie fühlen sich moralisch überlegen – zumindest entsteht dieser Eindruck, wenn man Politikern wie Sigmar Gabriel zuhört, oder Heiko Maas, dem aktuellen deutschen Außenminister, der verlauten ließ, er sei »wegen Auschwitz in die Politik gegangen«. Aber mit dem kategorischen Imperativ nach Auschwitz, der da anklingt, lässt sich keine Politik machen.

Dazu, woher dieser Drang kommt, hat Adorno einige Überlegungen angestellt. Er attestiert den Deutschen eine nicht aufgearbeitete narzisstische Kränkung, auf der das Fortwesen des Nationalsozialismus in der Demokratie maßgeblich beruht. Nach Adorno war der Nationalsozialismus als Massenbewegung deshalb so erfolgreich, weil sich das schwache Ich der Einzelnen mit dem potenten Kollektiv identifizieren konnte. Dadurch erfuhr es die durch gesellschaftliche Entfremdung zuvor verwehrte narzisstische Befriedigung.[21] Gegen die permanente Angst vor der eigenen Austauschbarkeit in der modernen bürgerlichen Gesellschaft versprach der Nationalsozialismus als Alternative die Wärme des Miteinander. Quasi gegen die kalte Moderne die warme, wohlige Volksgemeinschaft. In Anlehnung an die Erkenntnisse aus der Freudschen Psychoanalyse schreibt Adorno: »Die narzißtischen Triebregungen der Einzelnen, denen die verhärtete Welt immer weniger Befriedigung verspricht ... finden Ersatzbefriedigung in der Identifikation mit dem Ganzen.«[22] Heute trifft dies übrigens auf die Umma zu.

Dieser extreme kollektive Narzissmus während des Nationalsozialismus wurde 1945 mit der militärischen Niederlage und der temporären Fremdbestimmung durch die alliierten Siegermächte geschädigt. In anderen Worten: Die Deutschen erfuhren durch ihre Niederlage eine massive narzisstische Kränkung. Den Einzelnen des Kollektivs wurde diese Schädigung, oder Kränkung, in der Regel nicht bewusst. Demzufolge haben sie jene auch nie bewältigt, beziehungsweise aufgearbeitet.[23] »Das ist der sozialpsychologisch zutreffende Sinn der Rede von der unbewältigten Vergangenheit«.[24] Adorno legt also die Vermutung nahe, dass der kollektive

Schweppenhäuser. Bd. I.2. Frankfurt am Main 1991, S. 697 f. Benjamin verfasste seine Geschichtsthesen zwar bereits 1940 und hatte dabei noch nicht die völlig sinnlos Ermordeten vor Augen, dieser Gedanke, den er in der IX. These formuliert, wirkt jedoch im Angesicht der Judenvernichtung noch drastischer.

20 Dafür sind es andere, die an seiner ›Krankheit‹ leiden.

21 Siehe Theodor W. Adorno: Was bedeutet: Aufarbeitung der Vergangenheit. Gesammelte Schriften. Hrsg. v. Rolf Tiedemann. Bd. 10. 2. Frankfurt am Main 1997, S. 562 f.

22 Ebd. S. 563.

23 Siehe ebd.

24 Ebd.

Narzissmus 1945 nicht zerstört worden ist und in der deutschen Nachkriegsgesellschaft weiter besteht. Er »lauert« darauf, repariert zu werden.[25] Vor diesem Hintergrund lässt sich der Stolz auf die deutsche Erinnerungskultur interpretieren. Endlich kann man wieder auf etwas Gemeinsames stolz sein.

Die Deutschen sind heute Sieger auf dem Gebiet der Erinnerungskultur. Das ist der dritte Punkt, in dem sie siegreich waren, neben ihrem Erfolg mit der Judenvernichtung und dem darauffolgenden wirtschaftlichen Erfolg. Kein Land der Welt kann sich mit solch beeindruckenden Shoah-Mahnmalen schmücken wie Deutschland. In Berlin gibt es seit 2005 das *Denkmal für die ermordeten Juden Europas*. Altkanzler Gerhard Schröder, der auf seinem Schreibtisch im Kanzleramt das Foto seines Vaters in Wehrmachtsuniform stehen hatte, nannte es: Ein Denkmal, »zu dem man gerne hingeht«.[26] Der Historiker Eberhard Jäckel sagte beim »Bürgerfest« zum fünften Jahrestag seines Bestehens: »In anderen Ländern beneiden manche die Deutschen um dieses Denkmal. Wir können wieder aufrecht gehen, weil wir aufrichtig waren. Das ist der Sinn des Denkmals, und das feiern wir.« Nicht trotz, sondern gerade wegen der Shoah ist der Deutsche heute als Deutscher stolz.

Auf eine verschrobene Weise wähnen sich die Deutschen heute anderen Nationen überlegen. Verschroben, weil sich, außer dem rechten Rand, niemand offen zum Nationalismus bekennt. Er kommt versteckt daher. Der gute Deutsche ist selbstverständlich nicht nationalistisch. Das hat er aus der Vergangenheit gelernt. Und das wirft er nun anderen desto mehr vor. Das bekommen nicht zuletzt der Staat der Juden, Israel, und etwas anders konnotiert die ehemalige Besatzungsmacht, die USA, immer wieder zu spüren.[27]

Israel wird in den deutschen Medien ständig vorgeworfen, es sei zu militärisch oder zu vorschnell in seiner Gegenwehr. Meist wird Israel als Aggressor dargestellt, wenn die Angriffe aus Gaza anfangen. Nie wieder Krieg, das ist die Lehre, die die Deutschen aus der Geschichte gezogen haben. Dabei herauskommt ein: Nie wieder Krieg den Antisemiten.

Auch den USA wird ständig vorgeworfen, sie seien Kriegstreiber und eine Gefahr für die Welt. In der NZZ stand erst kürzlich ein Artikel, laut dem derzeit nur vier von zehn Deutschen eine positive Meinung von den USA haben. Jüngst hat die gezielte Tötung von Kassem Soulemani den Antiamerikanismus wieder deutlich zum Vorschein gebracht. In der Talkshow von Maybrit Illner beschuldigte der ehemalige deutsche Außenminister Sigmar Gabriel immer wieder die USA, mit ihrem Drohnenangriff auf Soulemani den Nahen Osten unsicher zu machen. Das muss man sich auf der Zunge zergehen lassen. Nicht der Top-Terrorist, der Anführer der Quds-Brigaden, jener Eliteeinheit der Pasdaran, die für exterritoriale Operationen zuständig ist, wird verurteilt, sondern die USA. Was hier noch hinzu kommt, ist, dass Gabriel seine Haltung mit der Kriegserfahrung seiner Eltern begründet hat. Weil diese im Zweiten Weltkrieg erlebt haben, was Krieg bedeutet, wenn man auch selbst angegriffen wird, ist die Lehre daraus: auch Amerika darf nie wieder Krieg führen. Gabriel, der als Nazikind seine Lehren aus der Geschichte gezogen hat, will die USA in ihre Schranken weisen. Der Antiamerikanismus kommt vorrangig nicht von irgendwelchen Altnazis, auch nicht von Neonazis, er sprudelt aus der ganz normalen Mitte der Gesellschaft. Das, was Autoren wie Eike Geisel und Wolfgang Pohrt an der linken Friedensbewegung kritisiert haben, der falsch motivierte Hang zur Friedensstiftung, hat sich als Trend mittlerweile gesamtgesellschaftlich durchgesetzt und

25 Ebd. S. 564.

26 An dieser Stelle ließe sich noch weiter ausholen, warum die Gestaltung des Mahnmals tatsächlich mehr als unglücklich ist, weil es zum Picknicken, Hinpinkeln und Streetart machen, wie es regelmäßig dort geschieht, geradezu einlädt. Mittlerweile wurden Aufseher eingestellt, die permanent Kontrollgänge machen, um solchen Missbrauch zu verhindern. Ein schräges Bild an jenem Mahnmal, das an die Opfer der Shoah erinnern soll.

27 Dass die Deutschen glauben, besser als alle anderen zu wissen, wie man der Opfer der Shoah angemessen gedenkt, zeigte die ARD-Korrespondentin Sabine Müller, die in einem Kommentar für die Tagesschau befand, die Zeremonie in Yad Vashem zum Gedenktag der Auschwitz-Befreiung sei »nicht überzeugend«. Während der deutsche Bundespräsident Frank-Walter Steinmeier alles richtig gemacht habe, hätten Israel und Russland, das Land der Opfer und das Land der Befreier, den Gedenktag »gekapert«. Siehe Sabine Müller: Leider eine vertane Chance. Tagesschaukommentar am 23.01.2020. www.tagesschau.de/kommentar/yad-vashem-gedenken-kommentar-101.html?fbclid=IwAR0xq8eO3vMRLIFiIkF-wD9oegnk0928jMCEYmZGnx-5hXDBwKsqLtV3n5Ts (letzter Zugriff: 10.10.2020).

berührt im Übrigen auch das Gesamtkonzept der Europäischen Union.

Pohrt hatte ein Talent, die Deutschen, die nach dem Krieg plötzlich so friedliebend geworden waren, in aller Ironie bloßzustellen. Denn im Kern geht es ihnen nicht um eine wahrhaft friedliche Welt. Es geht ihnen um sich selbst.

»Was heißt es schon, wenn man heute in Deutschland den Frieden will. Was sollte man sonst wohl wollen, wenn man weder die Macht noch die Mittel besitzt, einen Krieg zu führen. Wie sollte man keinen Frieden wollen, wenn man den Krieg nicht machen kann, sondern bloß erleiden. Warum also wird der selbstverständliche Wunsch so laut, so ostentativ, so aufdringlich propagiert, und warum wird für das nackte Interesse ein haushoher moralischer Überlegenheitsanspruch reklamiert? Weil man den Frieden will?«[28]

Dazu noch ein anderes Beispiel: Ralf Stegner, ehemaliger Finanz- und später Innenminister von Schleswig-Holstein, twitterte kurz nach Soulemanis Tötung: Der »Halbstarke im Weißen Haus« ist ein »Unglück« für die Welt, das sich »im Handeln an [Terroristen] orientier[t]« und mit seiner »völkerrechtswidrigen US Offensive gegen den Iran« dem »Pulverfass im Nahen Osten eine neue Sprengladung verpasst«.[29] Darauf, dass der Iran am 8. Januar ein Flugzeug auf dem Weg von Teheran nach Kiew abgeschossen und damit die 176 Passagiere an Bord umgebracht hat, reagiert Stegner mit der Beschwichtigung, dass es ein »tragischer Irrtum« gewesen sei. Er schlägt sich auf die Seite des Terror-Regimes.

Im Auswärtigen Amt wurde nochmal eins draufgesetzt. Nicht nur wurde dort verständnisvoll und anerkennend getwittert, es sei gut, dass der Iran nach dem Flugzeugabsturz nun Klarheit geschaffen habe, indem er den Abschuss eingestanden hat, es wurde kurz zuvor dazu aufgerufen, dass Israel nun aber wirklich den Ausbau jüdischer Siedlungen im Westjordanland unterbinden müsse, da dies den Frieden im Nahen Osten gefährde.[30] Nicht der Iran, sondern Israel wird beim deutschen Auswärtigen Amt als Aggressor gesehen. Juden scheinen durch ihre bloße Existenz schon eine Gefahr für den Frieden zu sein.

Ganz offensichtlich sind die Lehren, die die Deutschen aus der Vergangenheit gezogen haben, verquere. Um die toten Juden wird getrauert, die lebenden werden, wenn es drauf ankommt, im Stich gelassen. Die Deutschen scheren sich um die toten Juden, weil es sich für sie lohnt. Auffällig ist, dass, wenn über die toten Juden gesprochen wird, in der Regel im gleichen Atemzug betont wird, um wie viel Deutschland durch die Shoah ärmer geworden ist. Wie viele Wissenschaftler, Intellektuelle und Kulturschaffende vertrieben oder ermordet wurden, die Deutschland sonst noch hätten bereichern können. Alle anderen, die kleinen Leute, jene, die nicht relevant sind für das Ansehen Deutschlands, fallen dem Vergessen anheim. Die lebenden Juden bekommen Unterstützung nur dann, wenn es dem Ansehen Deutschlands irgendwie dienlich ist.[31] Ansonsten bleibt es bei Lippenbekenntnissen. Im Falle Israels – jenem Staat, der Zuflucht bietet für Juden und Jüdinnen weltweit, und der sich militärisch gegen Antisemiten zur Wehr setzen kann, ohne auf das Wohlwollen anderer angewiesen zu sein – wird von deutschen Politikern immer wieder betont, dass man verbündet sei, dass sein Existenzrecht Staatsraison sei. Zum Glück ist Israel nicht auf Deutschland angewiesen. Deutschland sind die wirtschaftlichen Beziehungen zum Iran, obgleich sich das ökonomisch kaum auszahlt, wichtiger. Dass das Regime in Teheran sein Atomprogramm ausbaut, von dem Israel maßgeblich bedroht ist, schreckt deutsche Politiker und Unternehmer nicht davon ab, Handelspartner für die Antisemiten und Holocaustleugner in Teheran zu sein. Auch wenn man sich das Abstimmungsverhalten Deutschlands bei den Vereinten Nationen ansieht: Deutschland enthält

28 Wolfgang Pohrt: Wir Deutsche. In: Ders.: Gewalt und Politik. Ausgewählte Reden & Schriften. Hrsg. v. Klaus Bittermann. Berlin 2010, S. 91 f.

29 Tweets vom 4. und 7. Januar. www.twitter.com/Ralf_Stegner/status/1214430930212937728 (letzter Zugriff: 10.10.2020).

30 Siehe Tweet vom 8. Januar. www.twitter.com/auswaertigesamt/status/1214966245038206976 (letzter Zugriff: 10.10.2020).

31 Dass Juden nur dann auf Unterstützung zählen können, wenn sie in die politische Agenda der Unterstützer passen, zeigte sich jüngst auch in der sogenannten israelsolidarischen Linken in Österreich. Siehe hierzu den Beitrag von Alex Gruber und David Hellbrück in diesem Heft.

sich oder stimmt bei Resolutionen gegen Israel. Es ist ein leeres Versprechen, wenn die deutsche ›Verantwortung für die Vergangenheit‹ beteuert wird.

Es wird gemeinhin angenommen, dass Deutschland heute etwas ganz anderes sei als das Dritte Reich. Dabei gibt es Ersteres so, wie es heute ist, nur wegen Letzterem. Diese Kontinuität wird offenkundig übersehen. Sowohl, wenn von einem Schlussstrich die Rede ist, als auch, wenn mantrahaft die deutsche Verantwortung beschworen und Mahnmal um Mahnmal errichtet werden, wo die Erinnerung dann fein dosiert verabreicht werden kann. Beides läuft darauf hinaus, Deutschlands Erfolgsstory zu zeigen.

Die Shoah wird in Deutschland alles andere als verschwiegen. Sie ist Dauerthema im Fernsehprogramm und in der offiziellen Politik. Allerdings wird dabei so viel geschwafelt, dass das Wesentliche aus dem Blick gerät. Typisch deutsch sind heute Kommentare wie jener von Johanna Herzing, die im Deutschlandfunk meinte: »Die Opfer bringen uns nahe, worum es geht, wenn wir heute gedenken: Es geht um Menschenleben, um menschliches Zusammenleben und menschliches Handeln. Es geht um das Wesen des Mensch-Seins, um Menschlichkeit an sich.«[32] Welch große Worte. Hinter so viel abstrakter Menschelei verschwinden die Täter und die Intention der Tat. Was Frau Herzing von sich gibt, heißt alles und damit nichts. Ein Wunder, wie viel man schreiben kann, um ja nichts zu begreifen.

Es gibt gute Gründe, warum Juden sich vor dem Holocaustgedenktag mittlerweile in Acht nehmen müssen. Dieser wird zunehmend zu einem Tag für alle Unterdrückten dieser Erde und streicht damit die Spezifik des Antisemitismus durch. Zum Teil entstehen dadurch solch krude Annahmen, wie jene, dass Muslime die neuen Juden seien. Man kann die jeweiligen Phänomene gar nicht adäquat fassen, wenn man sie in einen Topf wirft. Der projektive Gehalt des Rassismus gegen Muslime und der des Antisemitismus unterscheiden sich erheblich voneinander. Geht es nun ganz abstrakt um »Menschenleben« und »alle Unterdrückten«, wird letztlich bloß der Antisemitismus perpetuiert. Denn unterdrückt sind der gängigen Annahme zufolge heute vor allem die Palästinenser – von den jüdischen Israelis. Für die Entlastung des Gewissens ist es praktisch, wenn man die Opfer von damals als die Täter von heute imaginiert.

Noch ein letztes Beispiel, das symptomatisch ist für den deutschen Umgang mit der Vergangenheit. Und zwar die letzte Aktion des *Zentrums für politische Schönheit*. Schönheit in Deutschland ist, moralische Überlegenheit zu demonstrieren gegenüber den Opfern und deren Nachkommen. Der Fall war so: Das *Zentrum für politische Schönheit* hat eine Säule gegenüber des Bundestagsgebäudes in Berlin aufgestellt, um gegen die CDU und deren vermeintliche Unterstützung der AfD zu protestieren. Die Annahme dahinter war, dass so, wie die Konservativen der Weimarer Republik die Steigbügelhalter der Nazis waren, heute die CDU der Steigbügelhalter eines neuen Faschismus sei. So weit, so falsch.

Um Aufmerksamkeit für ihre Aktion zu erzeugen, buddelten die Aktivisten vom *Zentrum für politische Schönheit* in den Resten deutscher Vernichtungslager in Polen, beziehungsweise in nahegelegenen Massengräbern, menschliche Überreste aus, um damit ihre Säule zu befüllen. Im Judentum ist es ein Tabu, die Totenruhe zu stören.[33] Das wussten die Aktivisten im Vorfeld auch. Sie waren nicht einfach ignorant, sie wollten die Provokation. Und tatsächlich gab es großes Entsetzen über die Enthüllung der Säule, vor allem von Juden in Deutschland und in Israel. Das Entsetzen war so groß, dass die Aktivisten den Inhalt der Säule schließlich entfernten. Sie wussten nur nicht wohin. Das hatten sie sich nicht überlegt. Am Ende nahm sich die orthodoxe Rabbinerkonferenz der menschlichen Überreste an, um sie wieder zu bestatten. Das *Zentrum für Politische Schönheit* hat damit die AfD eindeutig übertrumpft. Die AfD hat, im Gegensatz zum *Zentrum für politische Schönheit*, die Asche der Toten (noch) nicht an ihren Händen.

32 Facebookpost des Deutschlandfunks vom 26. Januar 2020. www.facebook.com/deutschlandfunk/photos/a.348228105208502/2960000334031253 (letzter Zugriff: 10.10.2020).

33 Geschweige denn, einzelne Körperteile vom Rest des Leichnams zu trennen. Den Körper eines Verstorbenen zu misshandeln oder zu verstümmeln, ist verboten (*Nivul Hamet*). Außerdem darf kein Nutzen aus dem Toten gezogen werden (*Hana'at Hamet*).

Die Vergangenheit in Deutschland wurde bewältigt, im schlechtesten Sinn. Erst durch das Schweigen in den unmittelbaren Nachkriegsjahren. Später, als die Personen, die es betrifft, die Täter und die unmittelbaren Profiteure, bereits verstorben waren und niemand mehr unangenehm berührt sein konnte, kamen dann die Gedenkstätten und Denkmäler und die politischen Ansprachen, in denen Deutschland heute so gut dasteht. Aber um eine Konfrontation mit der Vergangenheit, die schmerzhaft wäre, geht es dabei nie. Das, was weh tun könnte, wird ausgespart. So setzt sich kaum jemand damit auseinander, woher sein heute geerbtes Geld stammt. Ein Teil des Erbes kommt in aller Regel aus den Pensionszahlungen für die Zeit in der Wehrmacht. Oder rührt aus dem Eigentum, das aufgrund der niedrigen Immobilienpreise durch die Arisierungen gekauft werden konnte und das nun weitervererbt wird. Die Vorfahren müssen gar keine hochdekorierten Nazi-Offiziere gewesen sein, um im Nachhinein nicht doch von der Vernichtung profitiert zu haben.

Während die Länder in Osteuropa bis heute an den Folgen des Zweiten Weltkriegs, an den Raubzügen der Deutschen und dem Aushungern der Bevölkerung leiden, und Israel, das Land, in dem die Überlebenden der Shoah und alle von Antisemitismus Bedrohten Zuflucht finden können, das Land, das als einziges auf der Welt genau diesen Zweck hat, sich ständig mit der Drohung seiner Auslöschung herumschlagen muss, führt man in Deutschland ein unbekümmertes Leben in Wohlstand. Die Deutschen sind schamlose Profiteure der Vernichtung bis heute.

Ich möchte mit Friedrich Blum schließen, einem Shoah-Überlebenden, um deutlich zu machen, was die deutsche Volksgemeinschaft angerichtet hat:

»Ich komme von einer anderen Welt, einer versunkenen Welt, einer Welt, die es nicht mehr gibt, von der alle Spuren ausgelöscht wurden und die nie wieder auferstehen wird.«[34]

34 Friedrich Blum in einem Brief 1996, zitiert nach der Ankündigung zur Buchpräsentation. www.jmw.at/de/events/buchpraesentation-johann-hagenhofer-gert-dressel-werner-sulzgruber-hg-eine-versunkene-welt (letzter Zugriff: 10. 10. 2020).

Erster Nachtrag

Im Anschluss an den Vortrag kam eine Gruppe von Personen aufgebracht nach vorn zum Rednerpult. Eine gute Handvoll Leute belagerte mich entrüstet und redete ohne Unterbrechung auf mich ein: Der Vortrag sei einseitig gewesen. Denn die Deutschen wurden nicht »wissenschaftlich neutral« dargestellt. Es sei für die Zukunft nicht konstruktiv, nur eine Seite im schlechten Licht dastehen zu lassen. Der Vortrag sei gar kein offenes Gesprächsangebot (der Opfer an die Täter) gewesen. Der ganze Irrsinn, der zuvor im Vortrag dargelegt wurde, zeigte sich in dieser Reaktion noch einmal. Warum um alles in der Welt sollten die Opfer mit den Tätern in ein »offenes« Gespräch treten, bei dem beide Seiten der jeweils anderen Verständnis entgegenbringen?

Zur Shoah kann man sich nicht neutral verhalten. Zumal es gar keinen klassischen Konflikt gab, wie dies in der Forderung nach neutraler Darstellung und Versöhnung zweier Parteien anklingt. Es gab bei der Judenvernichtung nicht zwei verfeindete Gegner, die jeweils ihre Soldaten aufeinander losschickten. Es gab die Opfer, die einfach abgeschlachtet wurden, obwohl sie sich nichts zu Schulden hatten kommen lassen, und es gab die Täter, die Schlächter, die ihre sadistische Lust befriedigten, selbst dann noch, als sie damit ihren eigenen Tod riskierten. Neutralität bei der Betrachtung verharmlost das Verbrechen.

Markant und typisch für die gegenwärtige deutsche Vergangenheitsbewältigung ist, dass die Gruppe aus dem Publikum jenen Teil des Vortrags, in dem es um die Biographie Jean Amérys ging, überaus positiv auffasste. Dieser Teil schien isoliert und harmlos genug, um die Gemüter nicht zu erregen. Er wirkte wohl wie eine abgekapselte Geschichte und schien eine angenehme Unterhaltung zu sein, für die man an einem Sonntagnachmittag gerne ins Kölner Museum Ludwig geht. Aber als der Vortrag einen Bezug zur Gegenwart herstellte und die Leute im zweiten Teil des Vortrags plötzlich mit sich konfrontiert wurden, schlug ihre Abwehr zu. Auf das stolze deutsche ›Wir‹ hinzudeuten, das stets auf Auschwitz verwiesen ist und sich die Shoah mittlerweile ganz schamlos positiv einverleibt, das ging ihnen zu weit. Der Stolz der Deutschen heute als Erinnerungsweltmeister, dem die Juden angeblich so viel zu verdanken hätten, durfte nicht angekratzt werden. Dabei ist es eigentlich genau anders herum. Die Deutschen haben den Juden viel zu verdanken, waren diese doch nicht nur die unmittelbaren Opfer ihrer Peiniger während des Nationalsozialismus, sie mussten auch in einem infam verdrehten religiösen Sinn das Opfer erbringen, das notwendig war für die Auferstehung des geläuterten, gereinigten, besseren Deutschlands.

Einer der aufgebrachten Belagerer hob hervor, dass die Aktion des *Zentrums für Politische Schönheit*, bei der die Aktivisten menschliche Überreste von – vermutlich – jüdischen Naziopfern in Polen ausgegraben hatten, eine tolle Sache gewesen sei. Die Juden, die sich darüber beschwerten, hätten, so seine zynische Behauptung, im Gegensatz zu den Aktivisten keine Ahnung von der Shoah. Denn ein schönes Grab sei das ja nicht, so ein Massengrab. Dass dies dennoch der Ort ist, an dem die Überlebenden und ihre Nachkommen um die Toten trauern, überging er geflissentlich. Nur die Deutschen wissen, wie, wo und zu welchem Zeitpunkt man der Opfer zu gedenken hat. Und zwar dann, wann immer man sie für die eigenen Zwecke gut gebrauchen kann.

Wenig überraschend hat auch die Diffamierung Israels im Erguss der Gruppe nicht gefehlt. Die Nazis seien ja schlimm gewesen, »aber was Israel heute macht ...«. Heute seien die Israelis diejenigen, die andere bedrohten und die eine Gefahr für die Welt darstellten.

Während immer wieder betont wurde, dass der Vortrag kein Gesprächsangebot war, ich aber sehr wohl nun dastand, um der aufgebrachten Handvoll Rede und Antwort zu stehen, wurde deutlich, dass der Vorwurf des Nicht-miteinander-reden-Wollens eine Projektionsleistung war, wie sie im Buche steht. Ich wurde dermaßen zugeschwallt, dass es für meine Antworten oder Gegenfragen keine Möglichkeit gab. Schließlich konnte die Belagerung nur dadurch ein Ende finden, dass die Veranstalter den Saal geschlossen haben.

Zweiter Nachtrag

Dieses Jahr legte die Philosophin und Direktorin des Potsdamer Einstein Forums Susan Neiman ein Buch vor, das den bezeichnenden Titel *Von den Deutschen lernen* trägt. In einem Interview mit der NZZ sagte sie, wohlgemerkt nicht spöttisch, sondern voller Ernst, »Deutschland hat eine Meisterleistung vollbracht«.[35] Das hört man gern in Deutschland und so wurde Neiman in den Feuilletons hochgelobt.

Das Buch ist in weiten Teilen autobiographisch. Neiman, die in den USA aufwuchs und 1982, zunächst auf Zeit, nach Westberlin zog, vergleicht darin den Umgang mit der Shoah in Deutschland und den Umgang mit der Sklaverei in den USA. Um zu recherchieren, reiste sie für ein halbes Jahr nach Mississippi. Das Buch ist gespickt mit aktuellen Ereignissen, an anderen Stellen wirkt es wie ein Geschichtsbuch, aber vor allem macht es den Eindruck einer Handreichung. So lautet der Untertitel *Wie Gesellschaften mit dem Bösen in ihrer Geschichte umgehen können*. Die Kernthese ist, dass Deutschland ein Vorbild sei, dem andere folgen sollten.

Besonders perfide ist, dass Neiman *Von den Deutschen lernen* ausgerechnet ein Zitat von Jean Améry vorangestellt hat.[36] Dessen Unversöhnlichkeit mit dem Nachkriegsdeutschland übergeht sie. An deren Stelle setzt sie Verständnis und Nachsicht. Im Prolog schreibt sie: »Amerikaner, die diese Seiten lesen, werden erfahren, wie quälend schwer es für Deutschland war, die Bürde seiner beschämenden Geschichte auf sich zu nehmen ...«[37]. Ja, laut Neiman hatten die Deutschen ein schweres Los. Was ihnen die ermordeten Juden aufgebürdet hatten, versteht sie als Qual.

Dabei kann sie dieser durchaus etwas Gutes abgewinnen. Und zwar, dass Deutschland nun endlich zu sich selbst finden kann: »... Scham [ist] der erste Schritt zu einem echten, nationalen Selbstbewusstsein«.[38] Es gilt also doch, Dank zu sagen den Juden, die sich dafür geopfert haben.

Neiman beweist, dass man weder in Deutschland aufgewachsen sein noch Nazi-Eltern gehabt haben muss, um sich in die Ideologie des geläuterten

35 Peer Teuwsen: »Deutschland hat eine Meisterleistung vollbracht«, sagt die Philosophin Susan Neiman. NZZ, 07.03.2020. www.nzzas.nzz.ch/kultur/eine-meisterleistung-von-deutschland-ld.1544801 (letzter Zugriff: 10.10.2020).

36 Siehe Susan Neiman: Von den Deutschen lernen. Wie Gesellschaften mit dem Bösen in ihrer Geschichte umgehen können. München 2020, S. 7.

37 Ebd. S. 33.

38 Ebd. S. 34.

Deutschlands einzufügen. Zu ihrer Auseinandersetzung mit der Geschichte der Sklaverei in den USA hat sie ein instrumentelles Verhältnis. Neiman benutzt sie, um in ihrem Buch, wie sie selbst schreibt, den Deutschen ihre »Meisterleistung« aufzeigen zu können: »Indem sie ihre eigenen Versuche der Aufarbeitung durch die Brille der Versäumnisse anderer betrachten, können Deutsche lernen, das, was sie geleistet haben, zu schätzen ...«.[39]

Auch sonst entspricht Neiman dem typischen neudeutschen Tenor. In einem Kommentar in *Die Zeit* verriss sie einen Artikel Maxim Billers über die aktuelle Virulenz des Antisemitismus. Biller beschrieb darin, wie Israel-Bashing zum deutschen Mainstream avancierte, wobei gerade angesichts solch neuer Formen von Antisemitismus Israel heute überlebenswichtiger Zufluchtsort für die Juden der Diaspora ist.[40] Neiman findet, dass Billers Ausführungen »dermaßen haarsträubend [waren], dass sie nach einer Replik schrien«.[41] Sie behauptet in ihrer Antwort, dass Israel wie eine »Kolonialmacht« agiere. Sie meint, dass der »Drang«, Israel-Bashing »als antisemitisch abzuwerten, ... nur ein Mittel [ist], um vernünftige [sic!] Kritik abzubiegen«.[42]

Gemeinsam mit Aleida Assmann war Neiman dieses Jahr an vorderster Front der Verteidigung Achille Mbembes. Es ist keine Überraschung, dass die Direktorin des Einstein Forums etwas für den kamerunischen Philosophen übrighat, imaginiert dieser Israel doch ebenfalls als Kolonialstaat. Mbembe schrieb in seinem Vorwort zu dem Sammelband *Apartheid Israel. The Politics of an Analogy*: »The occupation of Palestine is the biggest moral scandal of our times, one of the most dehumanizing ordeals of the century we have just entered, and the biggest act of cowardice of the last half-century.«[43] Was für eine Verhöhnung aller Opfer der Verbrechen, die sich im letzten halben Jahrhundert wirklich zugetragen haben.[44]

Neiman jedenfalls schließt ihr Buch *Von den Deutschen lernen* mit einem Plädoyer, das auch von Johanna Herzing aus dem Deutschlandfunk stammen könnte. Es ist ein Plädoyer für »das Projekt der Menschlichkeit«.[45] Wer bei einem solchen Projekt gut[46] und wer schlecht[47] wegkommt, ist bereits ausgemachte Sache.

39 Ebd.

40 Biller zeichnet übrigens treffend den Weg der notorischen Kritik an Israel von der 68er-Bewegung in den deutschen Mainstream nach: »Was sollten aber die armen 68er und ihre 78er-Apostel mit diesem schönen, hässlichen, metaphysischen Hassgefühl anfangen, wenn sie nüchtern waren? Juden gab es, Eichmann sei Dank, nach dem Krieg kaum noch in Deutschland, und als guter, formvollendeter Antifaschist durfte man ohnehin nicht gegen sie sein. Zum Glück gab es Israel. ... Was vor dreißig Jahren nur von Linken behauptet wurde – dass Israel ein aggressiver, übermächtiger, quasifaschistischer Staat mit einer Blut-und-Boden-Ideologie von gestern sei –, ist heute pseudoliberaler Mainstream, und je weiter die CDU unter Angela Merkel nach links rutschen wird, desto schneller werden auch die Schwarzen die triebbefreienden Wonnen des Israel-Bashings genießen dürfen.« Maxim Biller: Antisemiten sind mir egal. Die Zeit, 01.10.2014. www.zeit.de/2014/41/juden-deutschland-antisemitismus (letzter Zugriff 10.10.2020).

41 Susan Neiman: Hört auf, Antisemiten zu zählen!. Die Zeit, 16.10.2014. www.zeit.de/2014/43/antisemitismus-israel-judentum (letzter Zugriff 10.10.2020).

42 Ebd.

43 Achille Mbembe: On Palestine. In: Jon Soske und Sean Jacobs (Hg.): Apartheid Israel. The Politics of an Analogy. Chicago 2015, S. VIII.

44 Siehe hierzu den Beitrag von Alex Gruber in diesem Heft.

45 Neiman, Von den Deutschen lernen (wie Anm. 36), S. 551.

46 Die Deutschen.

47 Die Juden.

Joachim Bruhn

Die Logik des Antisemitismus

Die ökonomische / soziologische Reduktion des Wertbegriffs und ihre Folgen

Mein Thema ist die Logik des Antisemitismus,[1] im Zusammenhang einer Kritik der Thesen von Moishe Postone, wie er sie niedergelegt hat in seinem nachgerade klassischen Aufsatz über *Antisemitismus und Nationalsozialismus. Ein theoretischer Versuch*, der zuerst 1978 publiziert worden ist und mittlerweile in vielen, vielen Nachdrucken zirkuliert.[2] Und ich denke, dass in diesem Publikum wohl kaum jemand ist, der diesen Aufsatz nicht gelesen hat, weil dieser Aufsatz ein Fundament und eine Grundlage einer negativ-kritischen Betrachtung ist; er ist grundlegend für die Kritik und Bekämpfung des Antisemitismus. Der Text von Postone genießt auch deswegen zu Recht großes Ansehen, weil er eine Revolutionierung der materialistischen Betrachtung des Antisemitismus darstellt. Und diese Revolutionierung der Betrachtung kommt eigentlich nur noch gleich, oder wird sogar *und* noch überboten durch das, was Ulrich Enderwitz in dem Buch *Antisemitismus Volksstaat* Anfang der 1990er Jahre vorgelegt hat.[3]

Jetzt sind wir schon so auf die Texte von Moishe Postone und Ulrich Enderwitz, ich sage einmal, geeicht, dass wir vielleicht gar nicht mehr merken, wie groß der Fortschritt eigentlich gewesen ist, wie eigentlich vor diesen beiden Essays, und dem Buch, wie zuvor *die* Linke, *die* Kommunisten über die sogenannte ›Judenfrage‹ gehandelt haben. Und ich will nun das nicht der Länge und der Breite nach aufrollen, dazu gibt es ja auch eine umfassende Literatur. Ich möchte nur vielleicht schlaglichtartig zwei Beispiele exemplarisch darstellen.

1931 erschien im Verlag der KPD ein Buch des US-amerikanischen Journalisten Michael Gold mit dem Titel *Juden ohne Geld*. Dieses Buch war eine Reportage, eine essayistische Darstellung des Lebens der jüdischen Massenarmut im New York der

1 Die folgende durch die Redaktion sprachlich geringfügig überarbeitete Transkription, die dankenswerterweise Philipp Thielen anstellte, beruht auf dem gleichnamigen Vortrag, den Joachim Bruhn auf dem Kongress *Antideutsche Wertarbeit* (29. 3. 2002 – 31..3. 2002) am Samstag, den 30. März 2002 in Freiburg i. Br. gehalten hat; den Kongress initiiert hatte die Initiative Sozialistisches Forum (ISF). Alle Fußnoten stammen von der Redaktion; die im Anschluss stattgefundene Diskussion wurde sprachlich eingehender bearbeitet und stellenweise auch gekürzt. Der Ankündigungstext des Vortrags lautete: »Die Überlebsel der radikalen Linken haben seit dem Golfkrieg von 1991 den Antisemitismus als Thema politischer Agitation wie akademischer Beschäftigung entdeckt: Das ist schick, zumindest Common Sense. Wer sich informieren will, was das deutsche Mordkollektiv den Juden wie und wo angetan hat, leidet nicht an einem Mangel einschlägiger Literatur. Wer sich allerdings aufklären möchte, warum es das getan hat, stößt bald darauf, dass außer Moishe Postones Aufsatz über die ›Logik des Antisemitismus‹ nur wenig Substantielles vorhanden ist. Sein Essay bedeutete, vor über zwanzig Jahren, die längst fällige Revolutionierung der materialistischen Antisemitismustheorie. Aber eben nur: der Theorie.

Weil Postones Bemühung im Theoretischen steckenblieb, konnte sich hinfort die linke Kritik des Antisemitismus bestens mit den verschiedensten Spielarten des Antizionismus, der Aversion und des Hasses gegen Israel vertragen. Ein Komplex bildete sich heraus, in dem die Erkenntnis mit ihrer Verdrängung kollaborierte. Denn Postone hatte nicht nur den philosophischen Status der Kritik der politischen Ökonomie als einer Kritik verfehlt, er hatte auch das politische Moment und die staatskritische Implikation dieser Kritik verkannt. Und so wussten die Linken nun ganz genau, was es mit dem Verhältnis von konkret und abstrakt auf sich hatte, warum die Nazis von der ›Brechung der Zinsknechtschaft‹ halluzinierten, warum die Volksgemeinschaft eine verschwörerische Antirasse sich erfinden musste.

Warum jedoch die Nazis von Anfang an ihren Vernichtungswillen so antisemitisch wie antizionistisch programmierten, das blieb sowohl als historischer Tatbestand wie als materialistisches Thema unbekannt. Postones Reduktion des Antisemitismus auf ein binnengesellschaftliches und ökonomisches Phänomen erklärt sich zwanglos aus seiner ökonomischen Reduktion des Wertbegriffs selbst, einer Depotenzierung also des Erkenntnisanspruchs, den der Materialismus mit Marx und Adorno erhebt; einer Depotenzierung, die neuerdings als ›fundamentale Wertkritik‹ selbst schulbildend geworden ist.

Wert jedoch, so wird zu zeigen sein, ist, als Inbegriff negativer Vermittlung einer in sich selbst verkehrten Gesellschaft, allererst keine ökonomische Kategorie, sondern die Kategorie der Konstitution politischer wie ökonomischer Gegenständlichkeit. Die Logik, von der Postone spricht, erweist sich erst dann als hinreichend verstanden, wird sie als Moment der negativen Dialektik des Antisemitismus bestimmt.«

2 Siehe dazu den Sammelband von Moishe Postone: Deutschland, die Linke und der Holocaust. Politische Interventionen. Hrsg. v. der Initiative kritische Geschichtspolitik (Berlin). Freiburg i. Br. 2005.

3 Siehe Ulrich Enderwitz: Antisemitismus und Volksstaat. Zur Pathologie kapitalistischer Krisenbewältigung. Freiburg i. Br. 1998.

1920er Jahre. Dieses Buch wurde 1989 wieder aufgelegt im Berliner Dietz Verlag, und wenn ich einmal den Klappentext kurz vorlesen darf, dann steht da: »Dieses Buch war in der von der deutschen Linken besorgten Übersetzung ein wichtiges Propagandamittel gegen die nazistischen und antisemitischen Lügen. *Juden ohne Geld* hat sich in der Tat einen angesehenen Platz in der kommunistischen Weltliteratur gesichert.« Man glaubte also, indem man von Juden *ohne* Geld sprach, den Mythos widerlegen zu können, dass alle Juden reich sind, auf Ausbeutung erpicht sind, in dieser Ausbeutung erfolgreich sind, und dass sie, dass man diesen faschistischen Mythos damit kontern könne, indem man sozusagen ›wallraffmäßig‹, ganz von unten, aus der Lower East Side berichtet, dass es also da wirklich Menschen gibt, die Juden sind und kein Geld haben, was natürlich in Deutschland 1931 einen ungeheuren Aha-Effekt ausgelöst haben mag.

Ein zweites Produkt aus der kommunistischen Literatur dieser Zeit, das eigentlich ähnlich aufschlussreich und traurig ist, ist ein Buch, das 1930 erschien, der Autor ist Otto Heller, er war Wirtschaftsredakteur der *Roten Fahne*, und sein Buch heißt *Der Untergang des Judentums*. Und in diesem Buch berichtete Otto Heller von der erfolgreichen, bolschewistisch-staatskapitalistischen Lösung der ›Judenfrage‹ durch das Konkurrenzunternehmen zum Zionismus, das man unter Stalin gedachte aufzumachen, indem man ganz hinten am Amur, wo sich Chinesen und Russen gute Nacht sagten, auch schon in den Kriegen, eine eigenständige, jüdische Republik gründete: Birobidschan hieß sie, eine eigenständige Republik, die weiter aus nichts als Sumpfgebiet bestand und malariaverseucht war. Im Ergebnis also wollte sich niemand dort freiwillig ansiedeln, 50 000 Juden wurden nach Birobidschan deportiert, um dort die Stalinsche Judenrepublik wahr werden zu lassen. Im Einzelnen ist das alles in dem Buch *Stalin und die Juden* von Arno Lustiger nachzustudieren.

In diesen beiden kurzen Schlaglichtern drückt sich ein Verhältnis aus, das die Linke zum Antisemitismus unterhielt, dass im Antisemitismus im Wesentlichen eine soziale Vorurteilsstruktur, eine soziale Neidstruktur, ein archaisches Relikt des ständischen Mittelalters sah, oder das, wie es August Bebel einmal ›klassisch‹ formulierte, den Antisemitismus als den »Antisemitismus der dummen Kerle« artikulierte. Ich will das nun nicht der Länge und Breite nacherzählen, denn ich bin sicher, dass die überwiegende Mehrheit von euch natürlich diese Geschichte kennt und nicht zuletzt wegen der Kritik an dieser Geschichte hierher heute gekommen ist. In der Abwehr dieser falschen, dieser ideologischen Vorstellung des Antisemitismus, die alle Fleisch vom Fleische sind, die zur ideologischen Reproduktion des Kapitalverhältnisses gehören und die auch zur Beförderung des Überganges des Kapitalismus zur faschistischen Barbarei gehörten, in der Abwehr dieser Vorstellungen hat nun Moishe Postone einen großartigen, wesentlichen und wichtigen Beitrag geleistet.

Ich möchte jetzt – und ich weiß nicht, ob es gewünscht wird, aber ich glaube auch, dass es gar nicht nötig ist – die Thesen von Postone vielleicht in zwei, drei mir wesentlich erscheinenden Punkten zusammenfassen. Wem etwas fehlt, der kann das dann gerne im Anschluss nachtragen; das hier ist ja auch erst einmal zur einführenden Vergegenwärtigung. Postone sagt, dass sich die antisemitische Ideologie aus dem Verhältnis zwischen dem Abstrakten und dem Konkreten erklären lässt, so wie es im Kapitalverhältnis aus der Verdoppelung der Ware in Tauschwert und Gebrauchswert entsteht. Dem Antisemiten – und das gilt schon seit dem frühen Antisemitismus des 19. Jahrhunderts, etwa in der Form, wie er bei Pierre-Joseph Proudhon vorliegt – gilt das Geld der Zirkulationssphäre als das Böse und das gälte es gegen die gesunde, bodenständige Produktion auszuspielen. Und dieses Ausspielen ist nichts anderes als ein Artikulieren des, durch die doppelte Struktur der Ware erzeugten, geistigen Reflexes, dass also der Antikapitalismus der Nazis der Versuch ist, die konkrete Produktion gegen ihre abstrakte Beschlagnahmung durch das Geld, und insbesondere das Finanzkapital, auszuspielen. Postone untersucht also systematisch diesen Gegensatz und bildet die faschistische Ideologie auf diesen Gegensatz genetisch ab. Zweitens sagt Postone, man muss den Antikapitalismus der Faschisten zumindest insoweit ernst nehmen, als dass dieser Aufstand des Konkreten gegen das Abstrakte sich selbst als eine revolutionäre Bewegung missversteht. Das ist also nicht nur einfach eine ideologische Manipulation, nicht einfach nur ein Trick der Bauernfängerei, sondern das drückt sich selber in der Antinomie der Ware, in ihrem Gegensatz von Gebrauchswert und Tauschwert, als etwas Reales aus. Und indem Postone nun diese Entwicklung des Geldfetischs bis hin zum Kapitalfetisch weiterverfolgt, kommt er zu der wichtigen und bleibenden Bestimmung, dass die Massenvernichtung, der Massenmord an den europäischen Juden ein Mittel zu keinem Zweck war. Es war ein Zweck in sich selber. Die Nazis, die deutschen Nazis, die Nazis als Deutsche – wie immer man sagen möchte – haben diesen ihren Selbstzweck auch tatsächlich realisiert, sie haben zwar den Krieg gegen Europa verloren, aber ihren Vernichtungsfeldzug gegen die europäischen Juden haben sie mit niederschmetternder Gründlichkeit gewonnen. Und abschließend sagt Postone, wenn wir Auschwitz definieren wollen, dann müssen wir Auschwitz als eine Fabrik zur Vernichtung des Wertes darstellen. Das also ganz kurz, in äußerster, fast schon banaler Zusammenfassung, was Postone in diesem kleinen Aufsatz darstellt.

Wie wichtig es ist, gegen die Rationalisierungen der Massenvernichtung vorzugehen, wie ausschlaggebend es ist, gegen diese Sinnstiftung am Massenmord zu argumentieren, das zeigt einem jeder Blick in jede linke Zeitung, jeden Tag aufs Neue. Etwa, wenn man letzte Woche in der Zeitung *der Freitag* einen Artikel dieser drittklassigen Luxemburg-Imitation namens Sahra Wagenknecht liest. Wenn sie dort schreibt – und das meint sie gegen die Antideutschen gerichtet: »Es gab keine genetische und auch keine historische Erbanlage, die die ›deutsche Nation‹ zwanghaft und unausweichlich in den Faschismus und nach Auschwitz trieb. Noch hinter der irrsinnigsten Barbarei standen rationale (und nicht ›nationale‹!) Interessen.«[4] Diese Auflösung in die rationalen Interessen, das ist genau diese Sinnstiftung am Massenmord, mit der sich die Linken – und damit werden sie zu *deutschen* Linken – post festum die Ereignisse zurechtlegen. Insofern Postone dagegen argumentiert, ist seine Kritik im besten Sinne bleibend.

Nun ist eingewandt worden, vor allem von Ulrich Enderwitz, dass Postone sich eines linken Strukturalismus schuldig mache.[5] Und tatsächlich ist es so, dass Postone seinen Aufsatz mit dem Satz beginnt: »Meine Absicht ist nicht die Beantwortung der Frage, warum dem Nazismus und dem modernen Antisemitismus ein historischer Durchbruch in Deutschland gelungen ist. Ein solcher Versuch müßte einer Betrachtung der Besonderheit deutscher Entwicklung Rechnung tragen: darüber ist zur Genüge gearbeitet worden. Dieser Essay will vielmehr untersuchen, was damals durchbrach«.[6] Er unterscheidet also zwischen dem essenziellen Wesentlichen und dem akzidentiellen nur Historischen, und diese Trennung ist ihm als linker Strukturalismus kritisch vorgerechnet worden. Allerdings selbst wiederum aus einer Perspektive, die das Problem der Verdinglichung und der Vergegenständlichung nicht denken kann. Wer sich vielleicht etwas an die Thesen aus *Antisemitismus und Volksstaat* erinnert, dem wird bekannt sein, dass Ulrich Enderwitz psychoanalytische Kategorien als materialistische Kategorien zur Erklärung sozialer Totalität auffasst. Es versteht sich aber, dass die Psychoanalyse den Begriff des Fetischismus nur in einem eher metaphorischen Sinne, nicht in einem Sinne materieller, gesellschaftlicher Vergegenständlichung fassen kann. Das heißt also die Kritik an Postones Trennung zwischen dem ›Warum‹ einerseits (als dem Modus) und dem ›Was‹ (als der Frage nach der Essenz) bleibt selber wiederum defizitär, da die Kategorien des Geldes, des Kapitals, nicht als reale Abstraktionen gefasst werden.

Und das führt uns nun zurück auf die Frage von gestern Abend: »Wie kann man überhaupt reale Abstraktionen derart fassen, dass in ihnen die Frage nach dem historisch Akzidentiellen einerseits und

4 Sahra Wagenknecht: Schockierende Realitätsferne. Der Freitag vom 15. 3. 2020, online abrufbar: www.freitag.de/autoren/der-freitag/schockierende-realitatsferne, letzter Zugriff (hier und im Folgenden): 19. 9. 2020.

5 Ulrich Enderwitz: Linker Strukturalismus. Einige Überlegungen zu Postones Antisemitismus-Thesen. In: Kritik und Krise 6/1993. Hrsg. v. der Initiative Sozialistisches Forum. Freiburg 1993. Online abrufbar: www.ca-ira.net/wp-content/uploads/2018/06/isf-kritikkrise_lp-enderwitz.pdf.

6 Postone: Antisemitismus und Nationalsozialismus (wie Anm. 2), S. 177.

nach dem logisch Essenziellen andererseits aufgehoben ist?«[7]

Wenn man Postones Aufsatz im Einzelnen durchgeht, dann sticht ins Auge, dass er den Wertbegriff durchgängig als ein ökonomisches Phänomen fasst. Und ich möchte nun, auch indem ich die Dinge von gestern Abend aufgreife, kritisieren, dass man das so machen kann und nachweisen, dass man das gerade so nicht machen kann, und dann zeigen, dass man zu einer anderen Definition des faschistischen, historischen Endergebnisses kommen muss.

Das Erste, was bei Postone auffällt, ist, dass er das Politische vom Ökonomischen radikal trennt. Das Politische ist ganz wie in der marxistischen Dogmatik nichts anderes als der ›Überbau‹ des essenziell Ökonomischen und ›Eigentlichen‹. ›Wert‹ ist insofern dasjenige, was sich zuallererst ökonomisch darstellt. ›Wert‹ ist dasjenige – und da unterscheidet sich Moishe Postone ganz und gar nicht von den Genossen der *Wildcat*-Fraktion, die hier gestern dieses Flugblatt vorgelegt haben –, und ich zitiere einmal aus der *Wildcat*-Fassung: »Der Wert ist das bestimmende nur insoweit, wie die Waren als Produkte und Bestandteile des Kapitals getauscht werden; nicht der Tausch führt zum Wert, sondern die kapitalistische Produktion. Der Austausch von Waren ist das Mittel, um den in den Waren enthaltenen Mehrwert zu realisieren. Oder anders ausgedrückt: selbständige Existenz und Objektivität hat der Wert nur in der Kapitalverwertung, nicht in der Ware als solcher.«[8] Das ist das, was wir in dem Text *Das Konzept Materialismus* als die ökonomische, oder sogar ökonomistische Reduktion des Wertbegriffes bezeichnet haben.[9]

Für Marx und den Materialismus ist dagegen ›Wert‹ zuallererst eine Konstitutionskategorie. Und um nun diese Konstitutionskategorie kurz einmal darzulegen, ist es nötig, die Frage zu stellen: »Was meint Marx, wenn er von *Gesellschaft* spricht?« Es ist ja ein linkes Argument, anzuführen, etwas sei ›gesellschaftlich bedingt‹, aber hier ist *Gesellschaft* so gefasst, wie es bei Marx gerade nicht gefasst ist, weil bei Marx wird *Gesellschaft* – ich zitiere mal aus den *Grundrissen* –, so gefasst: »Die Gesellschaft besteht nicht aus Individuen, sondern drückt die Summe der Beziehungen, Verhältnisse aus, worin die Individuen zueinander stehen.«[10] Für Marx und den Materialismus ist also *Gesellschaft* kein leerer Relationsbegriff, sondern der qualitativ bestimmte Bezug des Menschen auf den Menschen, der Modus, in dem sich Einzelnes auf Einzelnes bezieht. *Gesellschaft* ist die Vermittlung eines Zustandes, in dem die Vermittlung an sich selbst ausgeschlossen ist. Das heißt, ein wirkliches, ein reales Paradox. Von einer Realabstraktion zu reden, das macht nur dann Sinn, wenn die Rede auf dieses Realparadox bezogen wird. Es geht nämlich nicht einfach nur um Verdinglichung sozialer Beziehungen, oder um deren versachlichte oder fetischistische Darstellung. (Um mir hier vielleicht eine Anmerkung zu erlauben: Es gibt nicht wenige, die das Verhältnis von ›abstrakt‹ und ›konkret‹ im Marxismus selber wiederum lebensphilosophisch aufladen. Das ist bei Marx absolut nicht der Fall. Es ist nicht so, dass eine Verdinglichung, eine Versachlichung, eine Fetischisierung sich einem Objekt überstülpt, sondern vielmehr geht es um gesellschaftliche Beziehungen einer Qualität, die so beschaffen ist, dass sie sich einzig und allein *als* realabstrakte und *als* verdinglichte sich darstellen *kann*.) Die gesellschaftliche Qualität des Ganzen ist derart, dass die Darstellung der negati-

7 Diese Diskussion kam im Anschluss an die Podiumsdiskussion zwischen Manfred Dahlmann und Michael Heinrich über die »Implikationen der marxschen Kritik der politischen Ökonomie« auf, die Joachim Bruhn moderierte. Alle Beiträge des Kongresses können unter dem folgenden Link nachgehört werden: www.audioarchiv.blogsport.de/2012/12/30/antideutsche-wertarbeit.

8 www.wildcat-www.de/aktuell/flugwert.pdf.

9 Siehe dazu Initiative Sozialistisches Forum: Das Konzept Materialismus. Pamphlete und Traktate. Freiburg i. Br. 2009, online abrufbar: www.ca-ira.net/verlag/leseproben/isf-konzept.materialismus_lp-konzept.materialismus. »Nicht nur, daß der ökonomistischen Reduktion des Begriffs vom Wert zu widersprechen ist, nicht nur, daß Wert als objektive Kategorie der Konstitution von Ökonomie und Politik zu fassen ist, nicht nur, daß daher die marxsche Wertformanalyse als Genesis von Subjektform und Rechtsform in psychologiekritischer wie staatskritischer Perspektive zu lesen ist – vielmehr ist der Nexus von Sein und Bewußtsein als der von Warenform und Denkform zu fassen, das heißt das Denken als ein an sich selbst ideologisches Phänomen, in dessen Kategorien und Begriffen das, was Wert als Synthesis ist, nur erscheinen kann. Das Denken ist Erscheinung eines als das Unwesen zu dechiffrierenden Wesens, das ohne diese seine Erscheinung nicht sein könnte: Es ist die Bestimmung dieses Wesens, zu erscheinen, um zu sein.« (Ebd. S. 251.)

10 Karl Marx: Grundrisse der Kritik der politischen Ökonomie. In: Marx-Engels-Werke, Bd. 42. Berlin-Ost 1974, S. 189.

ven Totalität in der Totalität selbst gefordert ist. Das Ganze der Gesellschaft ist in sich selbst derart verfasst, dass es sich als Ganzes in sich selbst repräsentieren und dinglich darstellen muss, nur dann ist es ein Ganzes dieser sozialen Qualität.

Dieses gesellschaftliche Realparadox ist die logische Urszene des Marxschen Materialismus. Darin besteht die Geschichte der Gattung, zwar als ungeheurer Reichtum, die aber auch eine kolossale Vielfalt an Ausbeutungs- und Herrschaftsformen hervorgebracht hat, die logisch betrachtet allesamt nur Formen der Ausbeutung des Menschen durch den Menschen, wie der Herrschaft des Menschen über den Menschen sind. Die Gegenwart ist darin nur die letzte und höchste Erscheinungsform, im – wie Marx sagt – »ewigen Formwandel der Knechtschaft«.[11] Der Selbstwiderspruch, der sich darin zwischen der Gattung einerseits und ihren Exemplaren andererseits auftut, zeigt erstens – im Sinne von Ulrich Enderwitz – das Unvergleichliche der Menschheit, als der potentiellen Gattung der Individuen, er zeigt zweitens aber auch das Trostlose eben dieser Gattung, die sich in einem Zustand befindet, in dem der Mensch sich selbst widerspricht.

Der Widerspruch zu sich selbst liegt darin, dass Begriff und Sache als ein Antagonismus auseinandertreten, dass der funktionale Mensch in einen Widerspruch zum bloß phänomenalen tritt. Die Ausbeutung des Menschen durch den Menschen ist so die Ausbeutung des bloß als ›phänomenal‹ bestimmten, durch den als ›funktional‹ bestimmten Menschen. Und auch die Herrschaft des Menschen über den Menschen basiert auf dem Widerspruch der Menschen in ihrer sinnlichen Vielfalt und dem Menschen *an und für sich*, der das abstrakte Prinzip ihrer eigenen Einheit repräsentiert. Um das zu illustrieren, was mit der Spaltung zwischen dem phänomenalen und dem funktionalen Menschen gemeint ist, wird nachher noch einiges zu sagen sein über das Verhältnis von Individuum als Leib und Körper und der Form, in der dieses Individuum uns gesellschaftlich gegeben ist, nämlich der Form des juristischen Subjekts.

Sicher ist, dass jeder Rassismus und jeder Antisemitismus, einen Trick finden muss, letztlich eine Strategie finden muss, die phänomenale Menschlichkeit dessen, dem die Feindschaft auf den Tod erklärt worden ist, durch den Rückgang auf ein transzendentales Prinzip zu bestreiten; und im Rückgang auf dieses transzendentale Prinzip ist erstmal alles funktional gleich. Ob ich sage ›Rasse‹, ob ich sage ›Klasse‹, ob ich sage ›Privateigentum‹, ob ich sage ›Arbeit‹: immer wird eine Vielfalt unter eine Einheit gefasst, und der Vielfalt, jedes Lebens nur möglich gemacht, indem es sich als Inkarnation dieser abstrakten Einheit aufspielt.

Eine weitere Illustration: wenn hier die Rede davon ist, dass der Mensch *an und für sich* den konkreten, einzelnen Menschen gegenübertritt, dann meint das einerseits nichts anderes als das, was gestern Abend diskutiert worden ist über die Frage des Verhältnisses des Tieres *an und für sich*, als einem Begriff, zu den konkreten, einzelnen, empirischen Vierfüßlern. Aber in der Geschichte ist nicht zufällig der Staat, in seiner Repräsentation durch den Monarchen, als dieser allgemeine Mensch aufgetreten. Selbst noch Feuerbach sagt in der *Philosophie der Aufklärung*: »Der Monarch als ein konkretes, einzelnes Individuum ist der allgemeine Mensch, er ist die konkret-empirische Darstellung dessen, was überhaupt nur als menschlich zu gelten hat, und damit ist er die Messlatte, an der sich jedes einzelne, konkrete Individuum auszurichten und zu bewähren hat.«[12] Diese Urszene, also der reine Antagonismus des Menschen mit sich selber, so wie er im Gegensatz zwischen Herrschaft und Beherrschtem gegeben ist, diese Urszene, die logisch betrachtet, das reine Problem der Vermittlung des an sich selbst Vermittlungslosen darstellt, hat natürlich, historisch so nie existiert. Sie ist die Quintessenz der Geschichte der Ausbeutungs- und Herrschaftsformen, wie deren Resultat. Sie ist zugleich die gesellschaftliche Mission des Kapitals, wie sein inners-

11 Die ISF zitierte in zahlreichen Texten immer frei nach Marx, in Marxens *Kapital* heißt es jedoch wörtlich: »Der Ausgangspunkt der Entwicklung, die sowohl den Lohnarbeiter wie den Kapitalisten erzeugt, war die Knechtschaft des Arbeiters. Der Fortgang bestand in einem Formwechsel dieser Knechtung, in der Verwandlung der feudalen in kapitalistische Exploitation.« (Karl Marx: Das Kapital. Kritik der politischen Ökonomie. Erster Band. Buch I: Der Produktionsprozeß des Kapitals. In: Marx-Engels-Werke, Bd. 23. Berlin-Ost 1962, S. 743.)

12 Der Beleg für das Zitat kann nicht erbracht werden.

tes Wesen. Die Geschichte der vorkapitalistischen Gesellschaftsformationen mündet darin, diesen Antagonismus im Klassenkampf rein darzustellen; aber eben diese reine Darstellung des Gegensatzes von Herr und Knecht ist, das wusste schon Hegel,[13] eine Darstellung dessen, dass Notwendigkeit und Möglichkeit der Vermittlung himmelweit auseinandertreten.

Dazu ist vielleicht noch einmal interessant, auch für die Illustration dieser These, dass alle Versuche, den Marxismus als eine positive Philosophie der Arbeit zu entwickeln, und nebenbei dann auch das Kapital als eine entfremdete Selbstdarstellung dieser sich verwirklichenden Arbeit, dass alle diese Versuche also letztendlich auf das Modell von Herr und Knecht zurückgreifen und diesen Gegensatz als einen der Vermittlung nicht fähigen darstellen. Jetzt ist aber natürlich das Verhältnis von Herr und Knecht ein Verhältnis personaler Herrschaft; als ein Verhältnis personaler Herrschaft ist es tatsächlich nicht vermittelbar und im Prinzip löst es sich nur durch die einzige Vermittlung, die bleibt, durch den Tod des einen oder des anderen.

Was soll aber nun das synthetische Prinzip einer Gesellschaft sein von nichts als Individuen, die auf die beschriebene Art und Weise aufeinander bezogen sind? Von Individuen, die jene Allgemeinheit, die sie als Gattungsexemplare besitzen, zurückweisen, beziehungsweise zur stummen Allgemeinheit erklären, die sie nichts angeht?

Das einzig Allgemeine, das übergreift, ist die Allgemeinheit und Totalität ihrer Relation aufeinander, eben die bestimmte Qualität ihres wechselseitigen Bezuges. Da an ihren Produkten nicht der Gattungscharakter ihrer Produzenten aufscheint, da es keine Vergesellschaftung nach der kommunistischen Maxime ›Jeder nach seinen Fähigkeiten, jedem nach seinen Bedürfnissen‹ gibt, da sie ihre Synthesis, ihren gesellschaftlichen Einschluss nur im konsequenten Verfolg ihres wechselseitigen Ausschlusses bewirken, ist es gerade diese Qualität, die Allgemeinheit als Negation von Allgemeinheit, die Vergesellschaftung als Negation von Gesellschaftlichkeit, die die spezifische Weise ihrer Gesellschaftlichkeit ausmacht. Es ist die Gesellschaft in ihrer bestimmten Qualität als paradoxes, selbstnegatorisches, ausbeuterisches und herrschaftliches Verhältnis des Menschen zu sich selbst, die sich das Problem ihrer Selbstvermittlung nicht nur auflädt, sondern die – eben, indem sie es sich auflädt – bereits löst.

Was Marx im *Kapital* bemerkt, dass nämlich Widersprüche nicht gelöst werden, sondern sich vielmehr eine Form schaffen, in der sie sich bewegen können,[14] das gilt auch hier. Die gesellschaftliche Totalität, von allen Einzelnen als Einzelnen nachhaltig negiert, stellt sich dar als Totalität im Stande ihrer Negation, eben als *negative Totalität*, deren Erscheinungsform nichts anderes sein kann denn ein Einzelnes unter Einzelnen, das darin zugleich das Allgemeine ist: als der formelle Oberbegriff, wie materielle Inbegriff, alles Einzelnen. Das ist der Versuch, in einem Absatz zusammenzufassen, was der revolutionäre Gehalt der Marxschen Analyse der Wertformen ist. Da das Allgemeine im Stande seiner Negation durch alle Einzelnen nur als Negation existieren kann, kann es nur als ein Einzelnes unter Einzelnem auftreten. Damit ist zugleich der systematische Ort dessen benannt, was hier Verdinglichung heißt, und warum darauf zu bestehen ist, den Fetischcharakter der Ware nicht in einen reinen, quasi-psychoanalytischen Prozess aufzulösen, sondern auf der Dinghaftigkeit eben des Geldes als einer Münze und nicht nur als einer gedachten Recheneinheit zu bestehen.[15] Dieses Einzelne muss einen dinglichen Charakter haben, weil nur so Allgemeinheit im Stande ihrer Negation als Einzelnes unter Einzelnem auftreten kann und so dinggewordene Vermittlung ist.

›Wert‹ nun ist darin kein ökonomischer Sachverhalt, sondern ein polit-ökonomischer. ›Wert‹ ist

13 Siehe dazu Georg Wilhelm Friedrich Hegel: Phänomenologie des Geistes. In: Ders.: Gesammelte Werke, Bd. 9. Hrsg. v. Wolfgang Bonsiepen und Reinhard Heede. Hamburg 1988, S. 112ff.

14 Dieser Satz findet sich lediglich in der Erstauflage des *Kapitals* von 1867: »Die Entwicklung der Waare, die wir eben betrachtet, hebt diese Widersprüche nicht auf, aber schafft die *Form*, worin sie sich bewegen können. Dies ist überhaupt die Methode, wodurch sich wirkliche Widersprüche lösen.« (Karl Marx: Das Kapital. Kritik der politischen Ökonomie. Erster Band. Buch I: Der Produktionsprocess des Kapitals. Hamburg 1867, S. 63.)

15 Die Nachdrücklichkeit in der Aussage greift zurück auf einen Redebeitrag Joachim Bruhns im Anschluss an die Podiumsdiskussion zwischen Manfred Dahlmann und Michael Heinrich, die am Abend zuvor stattgefunden hatte; siehe hierzu Anm. 7.

zunächst kein Begriff für eine Sache, sondern bloß ein Name für ein in sich selbst paradoxes, soziales Verhältnis, und genauer, für *das* Vermittlungsproblem, das aus der bestimmten Qualität von Gesellschaft selbst notwendig erwächst. Also Wert ist ›einfach‹ ein Name für das, was in dem Antagonismus der Herrschaft von Menschen über Menschen, des Ausschlusses von Menschen aus der Gattung durch Menschen, eine Vermittlung schafft. Und genau in dem Sinne hat Marx den Begriff des Wertes von Anfang an gebraucht. Wir werden ja wahrscheinlich morgen von Hans-Georg Backhaus einiges zu hören bekommen,[16] was das, viel genauer und luzider ausdrückt, bedeutet.

Es ist aber interessant, auch für die Geschichte der Rezeption des Wertbegriffes – von der eben auch die viel- und auch zum letzten Mal beschworene *Wildcat*-Fraktion nichts wissen möchte –, dass sie eigentlich auf die Produktionen des frühen Friedrich Engels hereinfallen, der 1842 den Text *Umrisse zu einer Kritik der Nationalökonomie* geschrieben hat.[17] Das die erste, man sagt dann ›marxistische‹, Rezeption und Kritik der englischen Nationalökonomie darstellt. Und dort fasst Engels den ›Wert‹ als eine reine Zirkulationskategorie – nicht als eine Kategorie der Vermittlung der Gesellschaft in sich selber – und da ist es nun interessant, dass Marx schon ein Jahr vor Engels den Begriff des Wertes gebraucht, und zwar in eben dem Sinne, in dem ich eben versuchte, ihn darzustellen. Und zwar in einem seiner Artikel für die *Rheinische Zeitung* zu den *Debatten über das Holzdiebstahlsgesetz* aus dem Jahr 1842, das will ich jetzt nicht der Länge und Breite nach hier nacherzählen, ich möchte nur sagen, dass er dort sagt: »Wert ist nichts anderes als ein logisches Wort. Ein logisches Wort der Vermittlung voneinander vermittlungslos gegenüberstehenden Individuen, die in die Form des Privateigentums gebannt sind.«[18] Und, indem der Wert hier, als logisches Wort bestimmt wird, wird er von Marx zugleich als eine sowohl politische wie auch ökonomische Kategorie bestimmt. Denn: Marx entwickelt den Wertbegriff im Zusammenhang einer Diskussion über die Hegelsche *Rechtsphilosophie*, eine Diskussion darüber, wie Hegel das Problem des Zusammenhangs zwischen der Qualität einer Straftat (Mord, was weiß ich) und dem Strafmaß, das für diese Strafe verhängt wird, lösen möchte. Das ist die erste Wertformanalyse: wie kann sich eine gesellschaftliche Qualität (ein Verbrechen) in der Form einer Quantität von Strafe darstellen (in Geld oder Jahren des Lebens im Gefängnis)? Und zwar so, dass, nach Hegel, der Verbrecher die Strafe wollen *muss*,[19] dass also in dem Strafmaß nichts anderes ausgedrückt wird, als das, was der Verbrecher über sich selbst verhängen würde, wäre er bei klarem Bewusstsein, und kein Verbrecher. Nicht anders kommt die Ware zum Geld. Das Verhältnis von Verbrechen als Tat / Qualität und Strafe als Quantität; eine Quantität, die von der Qualität gewollt werden muss, einer Quantität, in der sich die Qualität sich selbst verhüllend, verdinglichend, darstellt. Eben das ist das Verhältnis von Wert, Ware, Geld, wie es Marx dann 30 Jahre später in der Analyse der Wertformen entwickelt.

Also: Von Anfang an ist ›Wert‹ gefasst als eine sowohl politische wie auch ökonomische Kategorie, und Wert ist gefasst als ein Name für eine merkwürdige, soziale Qualität, die als eben diese Qualität nur sein kann, wenn sie sich in quantitativer Form versachlicht und verdinglicht darstellt, und als Ein-

16 Backhaus machte unter dem Titel *Horkheimer, Adorno und die gesellschaftliche Reflexion der Marxschen Ökonomiekritik* die These stark, dass die kritische Theorie Adornos und Horkheimers auf diejenige Marxens an keiner Stelle verzichtet.

17 Friedrich Engels: Umrisse zu einer Kritik der Nationalökonomie (1844). In: Marx-Engels-Werke, Bd. 1. Berlin-Ost 1976, S. 499 – 524.

18 Joachim Bruhn zitiert hier frei nach Marx; bei letzterem heißt es: »Der Wert ist das bürgerliche Dasein des Eigentums, das logische Wort, in welchem es erst soziale Verständlichkeit und Mitteilbarkeit erreicht.« (Karl Marx: Debatten über das Holzdiebstahlsgesetz. Rheinische Zeitung Nr. 298 vom 25. Oktober 1842. In: Marx-Engels-Werke (wie Anm. 17), S. 114.)

19 Im Selbstkommentar zu Paragraph 100 heißt es dazu in Hegels *Grundlinien*: »Daß die Strafe darin als *sein* eigenes *Recht* enthaltend angesehen wird, darin wird der Verbrecher als Vernünftiges geehrt. – Diese Ehre wird ihm nicht zuteil, wenn aus seiner Tat selbst nicht der Begriff und der Maßstab seiner Strafe genommen wird; – eben so wenig auch, wenn er nur als schädliches Tier betrachtet wird, das unschädlich zu machen sei, oder in den Zwecken der Abschreckung und Besserung. – Ferner in Rücksicht auf die Weise der Existenz der Gerechtigkeit ist ohnehin die Form, welche sie im Staate hat, nämlich als *Strafe*, nicht die einzige Form und der Staat nicht die bedingende Voraussetzung der Gerechtigkeit an sich.« (Georg Wilhelm Friedrich Hegel: Grundlinien der Philosophie des Rechts. In: Ders.: Gesammelte Werke, Bd. 14. Hrsg. v. Klaus Grotsch. Hamburg 2009, S. 93.)

zelnes unter Einzelnes tritt. Also schon bei diesem ersten, historisch ersten, Zusammenhang des Marxschen Gebrauchs des Begriffes von Wert wird deutlich, dass ›Wert‹ nicht nur ökonomisch auf das Verhältnis der Ausbeutung bezogen ist, sondern zugleich, und eben deshalb politisch, auf das der Herrschaft. Hier liegt ja dann auch die grundstürzende Bedeutung der Arbeiten von Johannes Agnoli, der niemals dieses Basis-Überbau-Schema mitgemacht hat, sondern auf der Gleichursprünglichkeit von Ausbeutung und Herrschaft, von Kapital und Staat bestanden hat.

›Wert‹ ist der Name für die Selbstvermittlung des Vermittlungslosen. Und schon deshalb kann der Modus des Denkens, der sich ihm widmet, nur, wie Marx es ja auch tut, als *Kritik* gefasst werden, nicht als *Theorie*.[20] Der Name für ein selbstnegatorisches Ganzes, das als solches nicht erscheinen kann und das daher in Gestalt seiner eigenen Negation erscheint.

Zur Illustration: Marx gibt ja verschiedene Definitionen dessen, was Kapital ist. Eine aus dem *Kapital* heißt etwa, dass »das Kapital nicht eine Sache ist, sondern ein durch Sachen vermitteltes gesellschaftliches Verhältnis zwischen Personen.«[21] Das ist dieser einfache, triviale, glatte Begriff von Gesellschaft als leerer Relationsbegriff. Aber das gesellschaftliche Verhältnis zwischen Personen, das weist zurück auf die Verhältnisse der Herrschaft und Ausbeutung. Die Darstellung des Allgemeinen inmitten des Gesellschaftsverhältnisses, dass das Allgemeine systematisch ausschließt, kann nur heißen, dass der Ausschluss des Allgemeinen zur Form seiner eigenen Darstellung wird; zur Form, in der es als das Abwesende praktisch dargestellt und zum Ort der Vermittlung wird. Das abwesende Allgemeine tritt als die Allgemeinheit der Herrschaft und Ausbeutung auf. Und das einzige Allgemeine, das an den sinnlich so verschiedenen, nützlichen Dingen sich findet, ist das, dass sie Produkte gesellschaftlicher Verhältnisse sind. Produkte, die als ausbeuterisch und herrschaftlich bestimmte Verhältnisse erzeugt wurden. Es ist *diese* Qualität, die ihnen, wie der Tausch offenbart, als ihre gesellschaftliche Allgemeinheit anhaftet.

Es ist also nicht, wie es auch Postone in seinem Aufsatz darstellt, so, dass man von einem ›Doppelcharakter der Ware‹ sprechen könnte. Das ist eine laxe Gang-und-Gäbe-Redeweise, die Marx noch dadurch bestärkt, dass er das Kapitel im Band 1 des *Kapitals* über die Ware mit der Überschrift eröffnet: »Die zwei Faktoren der Ware: Tauschwert und Gebrauchswert«. Das sind aber nicht zwei Faktoren, und nicht zwei Aspekte und nicht zwei Charaktere, das ist etwas anderes. Es ist, dass die gesellschaftliche Qualität, innerhalb derer ein nützliches Ding erzeugt worden ist, dieses nützliche Ding zum Gebrauchswert macht – Gebrauchswert selber ist schon eine Entfremdungskategorie –, und dass die Gesellschaftlichkeit des in diesen Verhältnissen erzeugten Gebrauchswertes ihm in dinglicher Form, in Gestalt des Tauschwertes gegenübertritt. Es ist also nicht so, dass hier von zwei Faktoren die Rede sein kann, sondern es verhält sich so, dass die soziale Qualität – etwas, was keiner sehen, keiner riechen, keiner anfassen kann – in der Spiegelung der Gebrauchswerte aufeinander, ihnen als Geld gegenübertritt. Natürlich meint auch Postone, dass das Geld keine äußere Okkupation des Gebrauchswertes ist – dagegen verwehrt er sich ja gerade –, aber indem er den Wertbegriff gleichwohl bloß ökonomisch fasst, entgeht ihm, dass das Problem darin besteht, die Vergegenständlichung eines sozialen Verhältnisses bestimmter Qualität als Ausbeutung und Herrschaft denken zu können. ›Wert‹ ist aber der Inbegriff einer Gesellschaft, deren ganzes Unwesen darin liegt, dass sie aufgrund des negatorischen Bezugs des Menschen auf den Menschen mit sich selbst in ein Verhältnis der Vermittlung treten muss, um sein zu können. Einer Gesellschaft, deren Identität nur darin bestehen kann, sich in Permanenz mit ihrer eigenen Nichtidentität ins Verhältnis zu setzen. ›Wert‹ so bestimmt, ist der Name der Vermittlung des Unwesens mit sich selbst, als der zwar logisch unmögliche, historisch jedoch wirkliche Selbstbezug der Gesellschaft als ewiger Prozess.

Und da ist vielleicht zur Illustration anzumerken, dass wir, wenn wir vielleicht auch ein bisschen als Parteierkennungsparole vom »automatischen Sub-

20 Bereits der geflissentlich überlesene Untertitel des *Kapitals* spricht von einer *Kritik* der politischen Ökonomie, worauf Joachim Bruhn unermüdlich hinwies.

21 Marx: Das Kapital (wie Anm. 11), S. 793.

jekt« (Marx) reden, doch sehen müssen, dass auch diese Definition bei Marx ihre Geschichte hat und dass Marx in der ersten Auflage des *Kapitals* – wir haben es in der kleinen gelben Broschüre ja zitiert – vom ›automatischen, in sich selbst prozessierenden Subjekt‹ spricht und damit dieses ›Automatische‹ noch einmal fortbestimmt.[22] Denn was da in sich selbst »prozessiert«, das ist die Vermittlung des an sich nicht vermittlungsfähigen als eine ständige, historische Flucht nach vorne, auf der Suche nach einer Vermittlungsmöglichkeit. Das heißt also, der ewige Wunsch des Kapitals zu einer einfachen Reproduktion seiner selbst zu kommen, die nur als permanente erweiterte Reproduktion seiner selbst möglich ist.

›Wert‹ bezeichnet als Kategorie also keine ökonomischen Gegenstände, sondern vielmehr die Konstitution der polit-ökonomischen Gegenständlichkeit selbst. ›Wert‹ als Sache gefasst, ist eben das Unwesen gesellschaftlicher Vermittlung; dessen Wesen es ist, dieses Unwesen nur sein zu können, und wenn es erscheint und dabei zugleich auf eine Weise in Erscheinung tritt, die in ihrer Erscheinungsform das allgemeine Unwesen zum besonderen, dinglichen Wesen verkehrt. Das Allgemeine wird zum Einzelnen unter Einzelnen; darin eben besteht der Sinn des Begriffs von Realabstraktion, oder auch von Realmetaphysik. Wenn nun die bestimmte Qualität von Gesellschaft aus dem Bezug von Einzelnem auf Einzelnes resultiert, so tritt mit dem Wert als dem einer Sache vergegenständlichten Verhältnis ein Einzelnes auf, auf das alles Einzelne als Einzelnes sich beziehen muss, um als Einzelnes überhaupt sein zu können; oder kürzer, mit Max Horkheimer: »Hunger ist kein Grund zur Produktion«.[23] Der totale Selbstbezug alles Einzelnen auf sich selbst durch die Vermittlung eines Einzelnen hindurch, setzt am Wert, als dieser Vereinzelung des Allgemeinen einen antinomischen Charakter, den Marx mit Begriffen des ›Sowohl als auch‹, wie des ›Weder noch‹ kennzeichnet. Die Analyse der im engeren Sinne ökonomischen Wertformen ist die Untersuchung der logischen Erscheinungsform, die der Wert als Vermittlung und Notwendigkeit annimmt: die Form des Geldes.

Die materialistische Lehre vom Geld als der notwendigen Erscheinungsform des Wertes schlägt sich dabei von Anfang an weder auf die Seite einer objektiven Wertbestimmung durch Arbeit, noch auf die einer subjektiven durch Nachfrage. Vielleicht als Anmerkung: jeder, der den Marxismus als eine Lehre von der Arbeit versteht, hat immer auch einen Begriff der substanziellen Bestimmung des Wertes durch Arbeitszeit. Warum das nicht geht, ist eine andere Diskussion, jedenfalls zeigt Marx, dass der Wert das ist, was weder objektiv noch subjektiv zu bestimmen ist: weder durch die tatsächlich aufgewandte Arbeit, noch durch den in der Nachfrage gezahlten Preis. Das kann aber nur in der Antinomie des ›Sowohl als auch‹ oder ›Weder noch‹ gedacht werden. Die subjektive und objektive Wertlehre sind also notwendige, wenn auch einander ausschließende und in diesem sich wechselseitigen Ausschluss notwendige ideologische Bestimmungen der Sache selbst. ›Wert‹ wird also vielmehr als dasjenige bestimmt, dessen innere Konstitution es erzwingt, sich sowohl als das eine, wie auch als das andere darzustellen, weil es weder das eine noch das andere ist.

Diese Marxsche Konstruktion, die den Wert in der Form des Geldes als Erscheinungsweise eben jener Identität von Identität und Nichtidentität kennzeichnet, die sich aus dem antagonistischen Bezug des Menschen auf sich selber ableitet, ist, als Lehre vom falschen Ganzen, zugleich die materialistische Kritik des Erkennens in der einzigen Form, in der Erkenntnis zu haben ist: als Kritik der Ideologie, des – wie Freud sagen würde – ›unbewussten Bewusstseins‹ oder des ›bewusstlosen Unbewusstseins‹. Denn das Verhältnis von Identität und Nichtidentität stellt sich zugleich als Antinomie dar. Kritik der Ideologie ist so bestimmt als Kritik der Antinomien, in die sich die Einzelnen bei dem Versuch verstricken, das sie Vergesellschaftende nach Maßgabe ihres Verstandes als das Produkt ihrer eigenen Aktion sich zurechtzulegen. Das Geldrätsel ist also das Rätsel ihrer eigenen Vergesellschaftung. Ideologie als Denkform und objektive Gedankenform ist in eben dem strikten Sinne das mit aller Notwendigkeit falsche Bewusstsein, insoweit aber nur, wie in ihm alles ganz richtig ist. Das heißt, nach

22 Siehe ebd. S. 169.

23 Ein Beleg für die Aussage kann nicht erbracht werden.

der Maßgabe der Theorie es in Ordnung ist und in sich logisch stimmig: *Es* denkt, wenn das *Ich* denkt, dass es denkt.

›Wert‹ als das bestimmte Verhältnis der negativen Gesellschaft zu sich selbst, das heißt – abermals – als Vermittlung des Nichtvermittelbaren, kann nur in der Steigerung seiner selbst zu Geld und Kapital nicht nur nicht erscheinen, sondern ist vielmehr dadurch Sein und Werden. Eine ›fundamentale Wertkritik‹ kann nicht anders, als den Wert selber zu verdinglichen und nur ökonomisch zu fassen.[24] Als gesellschaftliches Verhältnis kann der Wert nur als ein Verhältnis sein, das die Gesellschaftlichkeit seiner selbst an sich durchstreicht. Es gibt sich daher, ökonomisch betrachtet, die Elementarform der Ware, an der Gebrauchswert und Tauschwert, unmittelbare Dinglichkeit und vermittelte Gesellschaftlichkeit, ökonomisch reduziert und als Doppelcharakter aufscheinen. Es ergibt sich daraus weiterhin, politisch gesehen, die Elementarform des Subjekts, an dem Individualität und Bürgerlichkeit, unmittelbare Leiblichkeit und vermittelte Allgemeinheit, politisch reduziert, anhaften. Es gibt sich schließlich, in der Erkenntnis, die Elementarform des Verstandes, dem Objekt und Erkenntnismethode, unmittelbare Konkretion und logisch vermittelte Geltung, philosophisch reduziert, anhängen. (Ich bitte noch um zwei Minuten Geduld, dann kommen wir ganz kurz auf das eigentliche Thema dieses Vortrages; es wurden schon Hinweise gegeben, die aber versteckt.)

Durch Wert, Ware, Geld, Kapital, in aufsteigender Linie, wird das Problem des Anfangs, die Urszene, gelöst, denn es wird auf die jeweils nächsthöhere Ebene verschoben. Der Unlösbarkeit des Problems negativer Gesellschaft wird ausgewichen, indem es gleichsam radikalisiert wird. Das Ende reproduziert derart nur den Anfang, mit dem Unterschied allerdings, dass jetzt der Wert, der eingangs des Marxschen *Kapitals* nur erscheinen konnte, indem er als das Verhältnis von Waren und Subjekten erschien und daher, wie als Inkarnation, so als Relation, und der sodann, im Geld, als der an sich selbstständig und autark gewordene Warencharakter aller durch eine Gesellschaftlichkeit bestimmte Qualität erzeugten Gebrauchswerte erschien, und daher wie als Substantiation, so als Reflexion, nun, im Kapital, als der eigentlich selbstbezügliche und autonom entwickelte Wertcharakter aller Waren erscheint, und daher, wie als Subjekt, so als Produktion. Die Vermittlungsleistung des Werts, erst in der Ware, von dinglich-statischer Natur, dann im Geld, von reflexiv-verkehrender, tritt nun im Kapital als produktiv-prozessierende hervor. Vermittlung, die im Geld noch als Mitte und als Mittel erschien, zeigt sich nun im Kapital als souveräner Mittelsmann. Die Ausbeutung des Menschen durch den Menschen, wie die Herrschaft des Menschen über den Menschen haben sich darin zum totalitären, abstrakten Gehäuse der Hörigkeit, wie im gleichen Augenblick zur libertären Niemandsherrschaft von Zivilgesellschaft ausgemittelt.

Was Marx in der Wertformanalyse tatsächlich unternimmt – und dass es sich hierbei in Wirklichkeit nicht um eine ökonomische Analyse oder gar Theoriebildung, sondern um eine Kritik handelt, erklärt sich, wenn auf die Definition der Wertgegenständlichkeit (»darin geht kein Atom Naturstoff ein«)[25] geachtet wird – wird klar, wenn die Zentralität des Abschnitts über die Äquivalentform beachtet wird, in dem Marx die drei Verkehrungen dieser Form untersucht.

Und die drei Verkehrungen dieser Form, die hier als ökonomische aufscheint, sind zugleich die drei Verkehrungen, die im Verhältnis von Individuum und Subjekt, im Verhältnis von besonderer, empirischer, einzelner Körperlichkeit und abstrakter Menschlichkeit als solcher, an der der einzelne Körper gemessen wird, aufscheint. Deren erste ist die Darstellung des Tauschwertes als das Gegenteil seiner selbst, als Gebrauchswert; hierin existiert die Materialität des Dings nur *pro forma*, nur noch als Vorwand, nur noch als der stoffliche Träger eines Tauschwertes, der sich nicht nur illustriert und darstellt, der sich vielmehr materialisiert und verkörpert. Die Wertformen sind hier zu einem Punkt vorangeschritten, in dem der Übergang von der Funktionalisierung der Materie zur Materialisierung der

24 Siehe Initiative Sozialistisches Forum: Der Theoretiker ist der Wert. Eine ideologiekritische Skizze der Wert- und Krisentheorie der *Krisis*-Gruppe. Freiburg i. Br. 2000.

25 Marx: Das Kapital (wie Anm. 11), S. 52.

Funktion stattfindet. Nicht, dass die Dinge, die Gebrauchswerte, durch etwas ihnen Äußerliches – die Gesellschaft etwa – funktionalisiert, oder determiniert werden würden, nein, vielmehr ist die Gesellschaft als die Essenz der Gebrauchswerte selbst erkannt worden, die die geformte Materie als Materialisierung ihrer selbst, als das der Materie Innerliche setzt. Der Gebrauchswert wird formal und ›uneigentlich‹. Er wird zur Erscheinungsform des Tauschwerts, wie ein Gewicht nichts ist an sich selbst, nichts ist als Eisen, sondern nur ist als Erscheinungsform von Schwere. Marx hat nun diese Verkehrungsformen in der Wertformanalyse ausbuchstabiert, insoweit er den Wert in seiner ökonomischen Bestimmung fasst. Wenn wir das durchbuchstabieren für die politische Bestimmung dessen, was Wert ist – also: Selbstvermittlung einer falschen Gesellschaft, als zugleich ausbeuterische und herrschaftliche –, dann kommen wir dazu, zu sagen, dass das Verhältnis von Gebrauchswert und Tauschwert als das Verhältnis von Individuum und juristischem Subjekt zu fassen ist.

Und ich denke, dass in diesem Verhältnis von Individuum zu juristischem Subjekt die Dynamik, die Radikalität, der gnadenlose Übergang der bürgerlichen Gesellschaft zum Nazifaschismus tatsächlich schon beschlossen ist. In diesem Subjekt, das nicht nur eine empirische, leibliche Körperlichkeit ist, sondern eine abstrakte, im Individuum präsente Funktion des Allgemeinen. Ich will das jetzt nicht im Einzelnen ausführen, weil das Thema geht in eine etwas andere Richtung, so dass man sagen müsste: wir reden nicht nur über den Zusammenhang von Wertform, Warenform, Denkform, sondern wir reden auch über den Zusammenhang von Wertform, Warenform, Rechtsform und Staatsform. (Das ist bestimmt ein Thema für sich selbst und, wen es interessiert, der muss sich unbedingt das Büchlein *Allgemeine Rechtslehre und Marxismus* von Eugen Paschukanis besorgen, das aus den späten 1920er Jahren ist und das wir auch im ça ira-Verlag im Herbst wieder auflegen werden,[26] was als einer der wenigen Versuche gelten kann, den Zusammenhang von Rechtsform und Ökonomie nicht als ein Verhältnis von Basis und Überbau zu denken, sondern das Recht als die substanziell organisierende Form an der sogenannten Basis.)

Und wenn wir nun versuchen, alles was im Verhältnis von Individuum als Körper, Leib, Bedürfnis einerseits und juristischer Person, als im individuellen Menschen präsenten ›allgemeinen Menschen‹ zu bedenken, dann kommen wir auf die grundlegende und basale Bestimmungen dessen, was Rassismus und Antisemitismus ist und wie der, in dem konkreten, einzelnen Individuum steckende, abstrakt-allgemeine Mensch (das kapitaltaugliche Individuum) – die Gattung, die sowieso schon gespalten ist in Herrscher und Ausgebeutete – sich auf eine verschobene Weise noch einmal spaltet in Untermenschen und Übermenschen: in rassistisch zu Bekämpfende und antisemitisch zu Ermordende, um so eine Identität zu erkämpfen, die in der juristischen Form des Subjekts versprochen und erzwungen ist, obwohl sie in dieser Form in keiner Weise produziert, oder garantiert werden kann. Es ist klar: die juristische Person im Subjekt ist die Unterstellung einer Identität in einem Körper, der selber naturverfallen, launisch, bösartig und schläfrig ist, aber es gibt Leute, die kaufen sich heute einen Porsche, um anzugeben zu wollen, und morgen wollen sie dafür nicht mehr zahlen, doch das geht nicht, denn es wird verlangt, dass die Raten über fünf Jahre bezahlt werden müssen, über fünf Jahre muss sich identisch geblieben werden, weil: Vertrag ist Vertrag und *Pacta sunt servanda*, und über den Pacta thront der Staat, der gewaltförmige Souverän als die Garantiemacht aller Verträge. Es wird also Identität unterstellt, erzwungen, gefordert, durch die juristische Form des Vertrages, die die Form, so wie an deren Oberfläche des Marktes, das Kaufen und Verkaufen, Aneignen und Enteignen sich vollzieht; als die Form, die der Kapitalprozess auf der Oberfläche annimmt. Das Privateigentum als dinglicher Besitz verspricht eine Identität, die die Kapitalakkumulation als ewiger Selbstbezug unmöglich garantieren kann.

Und jetzt – um vielleicht auch zum Ende zu kommen – erklärt sich meines Erachtens das Dynamische am Antisemitismus und das sich immer weiter

26 Siehe Eugen Paschukanis: Allgemeine Rechtslehre und Marxismus. Versuch einer Kritik der juristischen Grundbegriffe. Mit einem Vorwort von Alex Gruber und Tobias Ofenbauer sowie einer biographischen Notiz von Tanja Walloschke. Freiburg i. Br. 2003.

Radikalisierende der Vernichtung dadurch, dass in einer fundamentalen Krise, in einer Zusammenbruchskrise, von der Postone nirgends handelt – die Krise wird in seinem Aufsatz als ein historischer Umstand an die Seite geschoben, in eine Fußnote –, dass in einer historischen Krise kapitalistischer Produktion und Reproduktion, dieses Subjekt versucht, das Geheimnis seiner eigenen Identität als Prozess sich anzueignen: das heißt, sich zu reinstallieren, aber bei dem Versuch sich zu reinstallieren, sich tatsächlich immer weiter hineinreitet, immer weiter sich in die bekannte Geschichte verwickelt. Und deswegen, um zu einem ersten Ergebnis einer Kritik an Postone zu kommen, ist es falsch, wenn Postone schreibt: »Auschwitz war eine Fabrik zur ›Vernichtung des Werts‹, das heißt zur Vernichtung der Personifizierung des Abstrakten.«[27] Das ist hier ja eine der Definitionen und Bestimmungen, die ja weithin bekannt ist, aber wenn man eine Definition überhaupt geben sollte, dann müsste man eher sagen, es war ein Raubmord zur Aneignung des Geheimnisses gelingender Akkumulation in einem Zustand, der die Reinstallation dieses Kapitalprozesses strukturell ausschloss. Daraus erklärt sich auch, warum der Wille zu töten, von dem Daniel Goldhagen spricht,[28] mit dem Zwang zu töten, der von Staats wegen befohlen wurde, wunderbar in eins ging. Die individuellen Subjekte, als Volksgenossen, waren genauso wie die Inkarnation ihrer Totalität, als Führer, in diese Sache involviert und einbezogen.[29] Ich denke, dass man erst, wenn man vom Subjekt spricht in einem ganz einfachen, juristischen Sinne, als eine Identität in einem nichtidentischen Körper, und untersucht, was das im Zusammenhang mit Identität bedeutet – mit Privateigentum als Form von Kapital, das aber Prozess ist und wie sich ein Prozess angeeignet werden kann, aber auch: was ein Widerspruch in sich selber ist –, nur dann dieses Zwanghafte und Mörderische deutlich wird. Und dann wird auch deutlich, warum das ganze faschistische Projekt nicht einfach nur ein klassenübergreifendes Projekt der Volksgemeinschaft gewesen ist, sondern ein klassenübergreifendes, ein die Klassen negativ in sich aufhebendes und hier also die Produktion des Mordkollektivs stattfand.

Noch über einen letzten Satz vielleicht, der an dem Aufsatz von Postone auch negativ auffällt: er behandelt ja den Antisemitismus als ein gesellschaftliches, ökonomisches Problem und indem er den Wert nicht als Einheit des Ökonomischen *und* Politischen fasst, entgeht ihm notwendig, dass der Antisemitismus von Anfang an als gar nichts anderes auftreten konnte als eben zugleich als Antizionismus. Im Antizionismus wurde der ganze Staatscharakter des Antisemitismus ausgearbeitet und entwickelt – ich will das nicht weiter darstellen, ich will nur sagen, historisch ist es eindeutig – und in der ersten großen Rede, in der Hitler seinen Antisemitismus als ›wissenschaftlichen Judenhass‹ darlegt, spricht er keineswegs immer nur in den bekannten ökonomischen Metaphern – die Postone alleine untersucht –, sondern er spricht immer in politischen Metaphern und diese politischen Metaphern entwickelt er am Staatswerdungsprozess der Juden in Palästina.[30] Also es ist immer von Anfang an so, dass der Antisemitismus ein Antizionismus ist und auch sein muss, und Postone hat durch seine Reduktion des Wertbegriffes – und da sind wir nun bei den versprochenen, politischen Folgen der ökonomistischen Reduktion des Wertbegriffes – einer Abspaltung Vorschub geleistet, denn er hat einem Phänomen Vorschub geleistet, dass viele Antisemitismus kritisieren und zugleich meinen, sich frei von der Leber weg als Antizionisten äußern zu dürfen. Und wenn meine Ausführungen einen Beitrag dazu geleistet haben, dass das vielleicht etwas nicht mehr so sehr möglich sein wird, dann wär's schön.

Vielen Dank!

27 Postone: Antisemitismus und Nationalsozialismus (wie Anm. 2), S. 146.

28 Siehe Daniel Goldhagen: Hitlers willige Vollstrecker. Ganz gewöhnliche Deutsche und der Holocaust. München 2000.

29 Siehe dazu Joachim Bruhn: Adolf Hitler, der unmittelbar allgemeine Deutsche. Über die negative Dialektik der Souveränität. In: Pólemos 9/2019.

30 Siehe hierzu Joachim Bruhn: Die Einsamkeit Theodor Herzls. Der Hass auf Israel und die Arbeit der materialistischen Staatskritik. In: sans phrase 16/2020; Joachim Bruhn: »Nichts gelernt und nichts vergessen«. Vortrag, gehalten am 26. Februar 2010 in Hamburg. In: sans phrase 14/2019.

Auszüge aus der im Anschluss stattgefundenen Diskussion

Frage: Ich weiß nicht, ob ich das überhaupt richtig verstanden habe, aber Du hast davon gesprochen, das Privateigentum Identität verspräche. Könntest Du das vielleicht noch einmal ausführen? Danke.

Joachim Bruhn: Ich meine, worum es letztlich geht, ist das Gleiche, was Alfred Sohn-Rethel über die ökonomische Realabstraktion des Geldes sagt und wie es aus dem Verhältnis von Gebrauchswert und Tauschwert erwächst.[31] Die gesellschaftliche Gültigkeit des Individuums, oder die Bedingung der Möglichkeit, dass ein individueller Körper als gesellschaftlich gültig reproduziert, gesetzt und akzeptiert werden kann, ist, als Mindestvoraussetzung sozusagen, dass dieses Individuum als ein juristisches Subjekt dargestellt wird. Und nun ist es so, dass diese Kategorie des juristischen Subjekts, die aus dem römischen Privatrecht kommt und die älteste Kategorie überhaupt ist, von vorne bis hinten durchgearbeitet worden ist, und das Wesen oder den Inhalt des ganzen Bürgerlichen Gesetzbuches (BGB) ausmacht. Das ist das, was unser Alltagsleben als Kaufende und Tauschende und sich Reproduzierende tatsächlich organisiert. Das ist eben nicht Überbau, das ist eben das, wie die Warenhüter verfasst sein müssen, damit sie die Waren hüten können. Und dann ereignet sich in dem Verhältnis von Individuum und Subjekt das gleiche, was sich im Verhältnis von Gebrauchswert und Geld ereignet: es wird eine Identität unterstellt, und die wird nicht nur einfach unterstellt, sondern diese wird von dem Einzelnen, in seiner bestimmten, sozialen Qualität, als sein eigener Ausdruck verlangt. Und nun hat man die lebenslange Aufgabe, und da hilft vielleicht nur noch die Psychoanalyse, als bedürftiger Körper seinem gesellschaftlichen Auftrag und Zwang, ein juristisches Subjekt sein zu müssen, hinterherzurennen. Da hat man also ein Vermittlungsproblem.

Es wird aber versprochen, dass das Vermittlungsproblem in der Form bereits gelöst ist, weil als Subjekt ist man ja mit sich selbst identisch. Zugleich ist aber diese Identität bestenfalls auf der dinglichen Ebene als Privateigentum möglich. Aber das Privateigentum selber ist ja nur eine juristische Form, in der sich der Kapitalprozess mit Notwendigkeit ausdrückt. Also wird eine Identität verlangt, versprochen, gefordert und erzwungen, doch tatsächlich aber ist die Identität nur in einem Prozess der Akkumulation, um der Akkumulation willen zu haben. Also nicht als Eigentum, wie Privateigentum verspricht. Und aus diesem Widerspruch, denke ich, erwächst die Bedingung der Möglichkeit der Spaltung der Gattung in Untermenschen und Übermenschen und so weiter.

Frage: Ich hab mal eine Frage, oder eine Anmerkung, zu dem was Sie vorher zum *Phänomenalen* gesagt haben. Sie sagten, die phänomenale Wirklichkeit des Menschen wird auf ein abstraktes oder transzendentales Prinzip sozusagen abstraktifiziert. Das ist die eine Seite, andererseits passiert ja dann, wenn wir zum Beispiel an den *Stürmer* denken, wiederum das genaue Gegenteil, dass wiederum konkretisiert wird: Man spürt ja wirklich die Körperlichkeit, die bei diesen *Stürmer*-Feindbildern zum Beispiel zu sehen sind. Und dann wird der Jude auf einmal wieder als das alles Böse verkörpernde dargestellt, als Sexualtäter oder weiß der Geier was. Also es passiert da auch wieder eine Umkehrung.

Und das zweite als Anmerkung in Bezug auf die Selbstverwirklichung: Mir ist bei Ihrem Vortrag der Gedanke gekommen, dass die Ausbeutung des Menschen durch den Menschen hindurch, was Sie vorhin auch mit dem funktionalen Menschen angerissen haben, so wie der Staat, mal als das Bild des Monarchen also, mal als Gesamtbild des Menschen existiert, hat sich dieses Paradox dann auch verwirklicht? Das war vielleicht nicht ganz so gut ausgedrückt, weil ich ein bisschen nervös bin.

31 »Die Warenform ist die Realabstraktion, die nirgendwo anders als im Tausch selbst ihren Sitz und Ursprung hat, von wo sie sich durch die ganze Breite und Tiefe der entwickelten Warenproduktion erstreckt, auf die Arbeit und auch auf das Denken. Das Denken wird von der Tauschabstraktion nicht unmittelbar betroffen, sondern erst, wenn ihm ihre Resultate in fertiger Gestalt gegenübertreten, also erst post festum des Werdegangs der Dinge. Dann freilich vermitteln sich ihm die verschiedenen Züge der Abstraktion ohne jedes Merkmal von ihrer Herkunft.« (Alfred Sohn-Rethel: Geistige und körperliche Arbeit. In: Ders.: Schriften IV. Hrsg. v. Carl Freytag, Oliver Schlaudt und Françoise Willmann. Freiburg; Wien 2018, S. 226.)

J. B.: Nö, kein Problem. Ich möchte es noch einmal anders erklären, was es mit dieser Spaltung des Menschen in phänomenale, die zwar nur wie Menschen aussehen, aber gesellschaftlich keine Geltung als Menschen bekommen, und funktionale auf sich hat. Raul Hilberg hat ja gezeigt, dass die wesentlichen Bestimmungen des Antisemitismus von der katholischen Kirche im Spanien der Reconquista ausgearbeitet worden sind.[32] Und dieses Spanien der Reconquista hat zugleich das Problem, dass man in Südamerika auf Lebewesen stößt, die zwar wie Menschen aussehen, aber offenkundig keine Menschen sein können, weil sie keine Vorstellung vom Privateigentum haben. Also sind sie zwar sinnlich und phänomenal Menschen, aber sie können, logisch und funktional betrachtet, unmöglich Menschen sein, weil sie kein Privateigentum haben. Sie sind Menschen, ohne Subjekt zu sein. Und Menschen, die Menschen sind, ohne Subjekt zu sein, werden nicht mehr lange Menschen sein, sondern werden eben als Körper verschlissen werden, werden zu Tode ausgebeutet werden. Und jetzt gibt es eine Diskussion in Spanien aus dieser Zeit, die das Problem eigentlich schon vorwegnimmt. Bartolomé de Las Casas, der einzige katholische Bischof, der Partei für die Indios ergriff, wollte nun eben den Menschheitscharakter der Indios aus ihrer Gotteskindschaft begründen. Und er sagte, dass eben alle Kinder Gottes sind und dadurch gleiche Rechte haben. Doch damit ist er mit gutem Grund nicht durchgedrungen, weil er nicht erkennen konnte, dass die Gotteskindschaft gesellschaftlich nur als bürgerliches Subjekt repräsentiert werden kann, und dass der wirkliche Kultus Gottes immer der Kultus der Ware sein muss. Also man kann das nicht gegeneinander ausspielen und so sieht man eben damals schon eine Form von bornierter und reduzierter Antisemitismuskritik, die man eben heute auch noch beobachten kann; das spielt sich im Grunde alles weiter ab.

Und wenn man jetzt das wie Postone macht und versucht, dies ideologiekritisch zu entziffern und fragt: was steckt hinter der Metaphorik?, dann ist bestimmt, wie Du eben sagtest, das Sexuelle ein ganz wichtiges Thema, wozu ich mich jetzt aber auch nicht allzu sehr äußern möchte. Dennoch hängt das zusammen mit der Spaltung der Gattung in ›Untermenschen‹ und ›Übermenschen‹ und wie der Angriff dieser Abgespaltenen auf das identische Subjekt konstruiert wird. Denn das mit sich identische Subjekt kann ja seine Identität nur dann finden, wenn es angegriffen wird. Es muss ja in laufender, vorauseilender, putativer Notwehr handeln. Und darum ist es so, dass etwa die ›Untermenschen‹, die rassistisch bekämpft werden, das Natürliche, Sexuelle, im Schnitt zu repräsentieren haben, während die anderen, die ›Übermenschen‹, das sind die geheimnisvollen Mächte des Geistes und der Abstraktion, den Zangengriff aufs Bürgerliche organisieren.

Ich will, vielleicht um es nochmals zu illustrieren, ich hab da so ein ... ich hab das Bild nicht dabei ... Aber was eine der Grunderfahrungen war, die dann zu diesem scheinbaren Antikapitalismus der Nazis geführt hat, das war die Inflation von 1928, die größte Inflation, die es jemals in Deutschland gegeben hatte. Und wenn wir uns heute immer wundern, dass in der Öffentlichkeit solche Worte wie »Geldwertstabilität« fallen – also Identität von Wert und Geldausdruck, was für jeden halbwegs gebildeten Materialisten einfach nur lächerlich ist –, dann kommt die Vorstellung auf, dass man einen Wert als Identisches *neben* dem Geld und *gegen* das Geld festhalten könne. Und zwar auf die Weise, wie die Inflation in diesen Schichten aufgenommen worden ist. Und dazu gibt es zum Beispiel auch ein Buch, das 1935 dem »Frankenführer« Julius Streicher gewidmet wurde – und diesem »Frankenführer« widmete man auch ein Bild des verhassten Rudolf Hilferding, des sozialdemokratischen, führenden SPD-Marxisten und Finanzministers, der auch das Buch *Das Finanzkapital* geschrieben hatte – und da wurde auf einem Bild gezeigt, wie Hilferding vor einer Unmasse von Papiergeld steht, mit Billionenausdrücken, und dann heißt es hier: »Des jüdischen Reichsfinanzministers Hilferding semitisches Werk. Die Arier haben nur Papier, die Juden aber das Geld und seinen Wert.« Man will den Wert also als ein notwendig Dingliches – dessen Dinglichkeit man aber zutiefst wegen der Inflation misstraut – und als etwas an sich

32 Möglicherweise handelt es sich hier um eine Verwechslung zwischen Raul Hilberg und Léon Poliakov. Siehe Léon Poliakov: Geschichte des Antisemitismus. Religiöse und soziale Toleranz unter dem Islam. Bd. 3. Worms 1979, S. 108 – 118.

Stabiles haben. Aber wie kann man einen Wert haben, der nach Marx nur im Prozess der beständigen Selbstverwertung des Werts, also nie als Ding, nur als Prozess zu kriegen ist? Und jetzt ist das Geheimnis: was macht es möglich, dass der Wert sich selber verwertet? Und genau dieses Geheimnis will man sich nun aneignen und darum begeht man den Raubmord.

Man begeht nicht, wie Postone sagt, eine ›Vernichtung des Wertes‹, sondern man begeht einen Raubmord, um sich das Geheimnis der Selbstverwertung des Wertes anzueignen. Und für diese Aneignung dieses Geheimnisses – und da hat Postone sicherlich wichtige Hinweise gegeben, das ideologiekritisch aufzuschlüsseln – begeht man von Staats wegen und von jedem einzelnen Mitglied der als Mordkollektiv konstituierten Volksgemeinschaft diese Raserei.

Und deswegen gab es nie absurdere Diskussionen wie diese Goldhagen-Debatte: als bestünde irgendein Widerspruch zwischen dem massenhaften Willen zu töten aller Einzelnen und dem organisierten Befehl, eben genau das zu tun. Nein, das war vielmehr so, wie es bei der Bundeswehr eben auch noch ist, das Prinzip heißt »Auftragstaktik«: man sagt dir, wen du umbringen sollst und du kannst selber entscheiden, wie du es machst. Das ist eine selbstverwaltete, demokratische, moderne Armee wie die Bundeswehr, und genau nach diesem Prinzip ›formeller Befehl‹, ›formelle Erlaubnis‹, materielle Energie und auch dieser perfide Erfindungsreichtum – das kam dann unmittelbar zusammen. Aber der Versuch eben, den Wert als ein Ding, am besten noch im Gold – was ja sowieso der oberste dingliche Fetisch des Geldes ist –, das da reinzubannen, weswegen alle immer von der ›Golddeckung der Währung‹ – keiner weiß, was das eigentlich ist –, aber alle wollen es ja haben, weil sie diesen Fetisch genau vor diesem Prozess, der ständige Gefährdung ist, das Eigentum retten wollen. [...]

J. B.: Ich denke wirklich, dass man darauf beharren muss, dass man juristische Begriffe und Kategorien nicht einfach als Überbau-Begriffe, die Rauch und Schall sind, darstellt, sondern, dass man sie wirklich als organisierende Praktiken der kapitalistischen Produktion und Reproduktion fasst. Und dann haben wir das Problem mit dem Körper noch einmal auf eine andere Weise, weil das ist zwar alles schon ein bisschen liberalisiert, aber es ist im Prinzip immer noch so: es ist kein Wunder, dass es in vielen Gesellschaften strafbar ist, Selbstmord zu begehen, das ahndet zwar keiner wirklich mehr, aber etwa in Belgien gibt es den Paragraphen noch immer. Und das heißt einfach: Niemand hat als Individuum das Recht, über einen Körper zu verfügen, der dem Staat gehört. Und daraus spricht sich was aus, was in dieser Demokratisierung immer verloren geht, denn ›Demokratisierung‹ meint ja immer Zuwachs einer allgemeinen Berechtigung, doch aber ist jeder Zuwachs einer Berechtigung ein Wachstum an einer Verpflichtung. Es gibt keine Berechtigung ohne eine Verpflichtung. Und darum ist das vornehmste Recht des Staatsbürgers, zu wählen und seine vornehmste Pflicht ist es, seinen Körper für den Staat zu geben, wenn er das verlangt. Das sind immer so Sachen, die völlig äquivalent sind: Berechtigung, Verpflichtung, Recht auf Leben und Tod usw. Und wer nun überhaupt zu diesem Kreis von juristischen Subjekten zugelassen werden will, der muss eben bestimmte Voraussetzungen erfüllen. Und wenn man die Voraussetzungen mal systematisch studieren würde, dann würde erstens das Recht der Mündigkeit untersucht werden müssen, dann was für Kriterien es sind, die man normalerweise mit 18 automatisch erfüllt (Wahlrecht und Wehrpflicht), aber auch, was es für Kriterien sind, als ein Körper überhaupt zum Kreis der Subjekte zugelassen zu werden? Und wie sind die Rituale, aus dem Kreis der Subjekte als ein reiner Körper ausgeschlossen zu werden? Das Recht der Entmündigung. Das sind ja alles Praktiken, in denen die Differenz zwischen dem empirisch-sinnlichen Körper und seiner gesellschaftlich-kapitalen Funktion – wie es in der Figur des juristischen Subjekts ausgedrückt wird – manifest wird, wo die Grenze überschritten werden muss, wo sortiert wird. Und der Appell ist eigentlich derjenige, alle kapitalkritischen Definitionen und Kategorien immer zugleich auch unmittelbar im gleichen Akt als politik- und staatskritische Implikationen zu denken, weil das ist das, was in dieser marxistischen Dogmatik immer unterblieben und nie geschehen ist und was auch nie geschehen durfte, weil man wollte ja den Staat erobern, um ihn zu benutzen.

Moderation: So, wie gesagt, die Zeit ist fortgeschritten. Eine Frage, denke ich, können wir noch machen ... Jochen möchte gerne zwei ...

Frage: Ja, dann fange ich an. Ihr habt ja jetzt gesagt, sozusagen in der Analyse festgestellt, dass es da ein Rechtssubjekt, eine Art Gemeinwesen gibt, das unmittelbar die Individuen neben dem bürgerlichen Konkurrenzsubjekt verortet und das sein Identitätsbedürfnis in diesem kollektiven Mord an den Juden da irgendwie befriedigt hat. Meine Frage wäre: Woher kommt dieses Identitätsbedürfnis?

J. B.: Also es ist in demselben Maße Bedürfnis wie es nur reine Zwanghaftigkeit ist. Also der Gebrauchswert, der als Ware produziert worden ist, hat das Bedürfnis und den Zwang, sich selber in der Gestalt von Geld gesellschaftlich gültig zu machen. Und genau so hat das Individuum das Bedürfnis und den Zwang, sich selbst allgemein gültig zu machen in der Form des juristischen Subjekts – das ist eine Homologie. Das ist die wesentlich gleiche logische, die wesentlich gleiche Reflexion ineinander, wie sie die Wertformanalyse an der Ware zeigt. Was ich versucht habe zu machen ist eigentlich nichts anderes als die Wertformanalyse nicht nur allein als eine Analyse des ökonomischen Wertes, sondern, wenn man so will, des *politischen* Wertes zugleich zu verstehen. Und dieser politische Wert hat eben, wenn auch eine ganz andere, so doch fixe Gegenständlichkeit und diese Gegenständlichkeit ist der Staat. Der Staat als der Urheber, Erfinder, Garant usw. der juristischen Person, die er in sich selbst verkörpert. Und jetzt müssen wir mal kucken, das weiß ich nicht genau – vielleicht kann dazu noch Gerhard Scheit was sagen[33] – wie sich diese juristische Personenbestimmung eigentlich im Faschismus dann verändert und modifiziert hat; wie also das Recht der juristischen Person durch das Recht des Volksgenossen und das Kampfrecht gegen den »Gemeinschaftsschädling«, wie das da modifiziert worden ist, also wie dann die Bedingungen, wodurch man zum Kreis der Subjekte zugelassen wurde, nicht nur einfach verschärft werden, sondern auch substanziell modifiziert werden. Und da kommt ja dann das Interessante – oder das furchtbar Grausliche – hinein, weil dann das Sexuelle auf eine ganze andere Weise eine Rolle spielt. Nämlich, dass das, was in dem Versuch als Deutsch bestimmen zu wollen – wo es keine Definition geben kann –, ex negativo zu definieren versucht wird, durch den sexuellen Affront und die Strafbarkeit der sexuellen Verbindung mit Juden. Da wird das Sexuelle dann, von dem eben die Rede war, nochmal aufgenommen als der Versuch, ex negativo eine Identität zu bestimmen, die man als positive unmöglich haben kann. Also es ist ja schon so, dass die Nazis – man glaubt es nicht –, damit ja Erkenntnisprobleme hatten. Sie haben also das Problem mit der funktionalen und phänomenalen Spaltung der Menschheit. Das ist ja nicht nur eine Praxis, die sie an anderen vollziehen, sondern ein Problem, was sie sich auch selber aufladen. Und da gibt es eben diese Diskussionen – naja ›Diskussionen‹, also in der SS-Zeitung *Das Schwarze Korps* – wo man den Begriff des »Weißen Juden« einführt. Also jemand, der zwar nach allen naturalen Bestimmungen mitzumachen befugt ist, dessen Geist aber – man sagt auch oft ›Zionistenknecht‹ oder ähnliches –, aber ›jüdisch‹ denkt und fühlt – was auch immer das sein mag. Wie unterscheiden wir diese Leute also? Das ist ja genau das Problem der Gestapo: wie unterscheiden wir die einen von den anderen? Und das geht letztendlich nur über die Bewährungsprobe, dadurch, dass man diese Leute dann Extremsituationen aussetzt, in denen sie sich beweisen können, und das heißt also, ob sie bereit sind, ihren Körper darzubieten. Das radikalisiert sich. ...

J. B.: Da hinten war noch eine Wortmeldung.

Frage: Ja, ich hab noch zwei Fragen: Die erste ist, ob nicht mit dem Ausdruck der »negativen Aufhebung« praktisch so eine Art Joker verwendet wird und ich würde Dich deshalb bitten, vielleicht noch einmal kurz zusammenzufassen, was du darunter verstehst.

Und das zweite ist, dass Du jetzt in Deinem Vortrag gesagt hast, dass das Kapital logisch unmöglich,

33 Am Abend des 30. März 2002 fand ein Streitgespräch zwischen Ulrich Enderwitz und Gerhard Scheit unter dem Titel *Kann es einen Materialismus geben, der nicht antideutsch ist?* statt; ein Jahr zuvor erschien Gerhard Scheits *Die Meister der Krise. Über den Zusammenhang von Menschenvernichtung und Volkswohlstand* (Freiburg i. Br. 2001).

aber nichtsdestotrotz historisch möglich geworden ist, oder auch in einer anderen Formulierung aus dem Eingangsheft, dass »gerade diese Paradoxie seine Wirklichkeit, oder historische Wirklichkeit gerade erst ermögliche«. Und im Kontrast dazu hast Du in einem älteren Aufsatz, der auch in der *bahamas* veröffentlicht worden ist, geschrieben, dass das Kapital »sowohl logisch als auch historisch unmöglich sei«. Und jetzt möchte ich von Dir wissen, wie Du zu dieser Formulierung in dem ersten Aufsatz gekommen bist und wie Du dazu gekommen bist, diese Formulierung zu revidieren.

J. B.: Also ich fühle mich natürlich sehr geschmeichelt, dass Du hier schon radikale, philologische Kritik treibst. Ich will dem auch nicht ausweichen, aber ich müsste selber nochmal nachgucken [...] ich bin jetzt überfragt. Und das andere mit der »negativen Aufhebung« ist: es mag schon sein, dass das vielleicht ähnlich wie die Rede vom »automatischen Subjekt« so ein bisschen zum Ticket geworden ist und dass man sich bemühen muss, den erkenntniskritischen Gehalt dieser Formulierung immer wieder scharf herauszuarbeiten und sich gegen diese Verdinglichung von Definitionen zu wenden. [...]

Karl Pfeifer

Erinnerungen an Albert Memmi (1920 – 2020)

Vor dreißig Jahren führte ich mit dem Soziologen und Schriftsteller Albert Memmi ein Interview in Paris. Er unterrichtete damals noch an der Sorbonne. Es war nicht einfach, einen Termin bei ihm zu bekommen, doch zu dieser Zeit gab es noch einen Kontakt zwischen ehemaligen Mitgliedern des Haschomer Hazair, die mit der zionistischen Linken sympathisierten. Wir beide waren einmal Mitglieder dieser noch heute existierenden Jugendbewegung.

Ironie der Geschichte, vor dem Schreiben dieses Artikels hörte ich ein Interview eines französischsprachigen Radios mit dem Israeli Claude Sitbon, der mit Memmi befreundet war und erzählte, dass einige Jahre nach Entstehung des Staates Israel ein Professor der Hebräischen Universität Jerusalem – wie ich vermute ein Sozialdemokrat – nach Frankreich kam, um jungen frankophonen Forschern einen Posten anzubieten. Memmi meldete sich, doch als der Professor erfuhr, dass Memmi früher Mitglied des Haschomer Hazair war, verweigerte er ihm die Anstellung. Allerdings wurde später mit der Beteiligung von Minister Schimon Peres an der Universität Beer Schewa ein dreitägiges Symposium dem Werk und der Persönlichkeit Albert Memmis gewidmet.

Memmi war ein ungewöhnlicher Interviewpartner, denn er stellte an mich viele Fragen, auch ganz persönliche. Er besaß im Pariser Viertel Marais, in dem viele Juden wohnen, im dritten oder vierten Stock eine kleine Wohnung. Einen Lift gab es nicht. Das Marais war ein ruhiges Viertel und noch nicht von Touristen überschwemmt.

Wer ist ein Jude?

Das Interview erschien u. a. in der Wiener *Arbeiterzeitung* (AZ) vom 30. Juni 1990. Hier nur ein noch heute aktueller Auszug. Zur viel diskutierten Frage »Wer ist ein Jude?« meinte Memmi: »Der israelische Politiker Ben Gurion hat 150 Persönlichkeiten dazu befragt. Er erhielt derartig widersprüchliche Antworten, dass man zu keiner Schlussfolgerung kommen konnte. Wenn man die Frage stellt, wer ist ein Jude und nach der Religion definiert, grenzt man alle diejenigen aus, die von der Halacha (alle zivil- und religionsgesetzlichen Bestimmungen) nicht als Juden anerkannt werden, denn da wird das Judentum nur durch die Mutter bestimmt beziehungsweise durch den Übertritt. Man grenzt also alle nichtjüdischen Ehepartner aus und alle Kinder aus Mischehen, wenn die Mutter keine Jüdin ist. In Frankreich sind ca. 25 bis 33 Prozent aller Ehen, die Juden schließen, Mischehen. Mit der halachischen Definition schließen wir mehr als ein Drittel dieser Menschen aus der jüdischen Gemeinschaft [aus und] – sozusagen auf der rabbinischen Ebene – setzen wir das Ausgrenzungswerk der Nazi unter umgekehrten Vorzeichen fort.

Diejenigen Menschen, die unserer jüdischen Gemeinschaft angehören wollen und die bereit sind, die Rechte, aber auch die Pflichten auf sich zu nehmen, sind Juden. ‹Wer ist ein Jude‹ ist eine metaphysische Frage. Wichtig ist, was ist ein Jude, und diese Frage wird doch allen Völkern gestellt. Man kann ja auch die Frage stellen, was ist ein Araber? Oder auch: Was ist ein Franzose? Was ist ein Österreicher?«

Im Dezember 2019 gratulierte ich ihm zum 99. Geburtstag und plante vor seinem 100. Geburtstag wieder ein Interview mit ihm zu führen. Dazu wird es nun leider nicht mehr kommen, denn am 22. Mai 2020 starb Albert Memmi in Paris.

Tunesischer Jude mit französischer Bildung

Sein 1953 in Paris erschienenes erstes, autobiographisches Buch *Die Salzsäule* wurde in deutscher Sprache erst 1963 veröffentlicht und die DDR brauchte weitere 15 Jahre, um dieses herausragende Buch nachzudrucken.

Sartre hatte das Manuskript dem Philosophen Merleau-Ponty empfohlen, der Teile des Textes vorab in mehreren Nummern der Zeitschrift *Les Temps Modernes* abdruckte. Die Buchausgabe wurde ein großer Erfolg und zweimal preisgekrönt. Albert Camus schrieb ein Vorwort, um seine Wertschätzung publik zu machen.

In seinem kurzen Vorwort zur ersten französischen Ausgabe der *Salzsäule* sagte Camus, dass »hier das Leben eines Menschen beschrieben wird, dem es unmöglich ist, sich als tunesischer Jude mit französischer Bildung in irgendeiner Form zu definieren: Seine Kultur ist Französisch und in seiner Klasse ist er der einzige Schüler, der Racine so versteht, wie man ihn verstehen muss.« In diesem Buch findet man all die Themen, die Memmi auch später beschäftigten, die Frage der mehrfachen Identität, der Übergang von einer sehr einfachen und armen Welt in die der Kultur, Tunis und Frankreich, Juden und Araber.

Albert Memmi wurde am 15. Dezember 1920 in einem Viertel armer Juden in Tunis geboren. Sein Vater war Schirrmacher, seine schöne, fröhliche Mutter, die sich um 13 Kinder zu kümmern hatte, war Analphabetin.

Das Getto von Tunis, so skizziert Memmi seine Geburtsstadt, »war von Armen bewohnt, die gerade so viel verdienten, um sich Brot, Öl und Oliven für den Tag zu kaufen, einmal in der Woche ein bisschen Fleisch.« Aber eben diese armen Juden, »meditierten Tag für Tag über das Schicksal des Menschen, von dem sie nur das Beste hielten. Sie waren es, die mich gelehrt haben, dass es in jedem menschlichen Wesen, selbst in dem elendsten, etwas Heiliges gibt.«

Memmis Muttersprache war der von Juden gesprochene tunesische arabische Dialekt. Zuerst lernte er in einer religiösen jüdischen Schule und kam als Siebenjähriger in eine Volksschule der *Alliance Israélite*, die bereits seit 1878 in Tunesien Schulen für Juden betrieb, deren Unterrichtssprache natürlich Französisch war. Als Zwölfjähriger gewann er ein Stipendium und die jüdische Gemeinde in Tunis erklärte sich bereit, erst die Kosten für das Gymnasium und dann für die Universität zu bezahlen.

Am Lycée Carnot wurde ihm »erstmals schmerzlich bewusst, was es heißt Jude zu sein.« Nach einer Prügelei mit einem Mitschüler, Sohn italienischer Einwanderer, bemerkte Memmi: »Die noch nicht lange Eingebürgerten und die Nationalgesinnten von nicht ganz eindeutiger Herkunft sind fremdenfeindlicher und rassenbewusster als die anderen.«

Frankreich lieh sich das Gesicht von Vichy

1939 legte Memmi die Reifeprüfung ab und gewann den höchsten Philosophiepreis des Landes. Er inskribierte an der Universität von Algier, aber nach Beginn des Krieges wurde er aus Algerien ausgewiesen und musste nach Tunis zurückkehren. Memmi begeisterte sich für die französische Kultur und die Prinzipien der Französischen Republik. Er vergaß für eine Weile seinen Zionismus und sah die Lösung aller Probleme im Sozialismus. Bald musste er während der Herrschaft der Vichy-Regierung erkennen, dass den meisten Franzosen und Muslimen das Leid der Juden gleichgültig war.

1943 erlebten die Juden Tunesiens sechs schreckliche Monate der deutschen Besatzung. Junge Juden im Alter von 18 bis 28 Jahren kamen als Zwangsarbeiter in Lager. Memmi, der ein ärztliches Attest hatte, meldete sich freiwillig für ein Lager und flüchtete dann von dort wieder. Einzelne Juden wurden in die europäischen Vernichtungslager deportiert und es gab auch willkürliche Hinrichtungen in Tunesien.

Memmis Glaube an den westlichen Humanismus wurde erschüttert, wie er in dem autobiographischen Werk ausführt: »Das Europa, das wir bewunderten, respektierten und liebten, nahm seltsame Gesichter an, sogar das demokratische, brüderliche Frankreich lieh sich das Gesicht von Vichy ... Ich lernte die harte Lektion, dass mein Schicksal [als Jude] nicht notwendigerweise übereinstimmt mit dem Schicksal Europas ... Geschichte wird ohne uns gemacht, Vichy hatte prompt seine Juden ausgefolgt. Sagen Sie mir nicht, dass es auch die Kommunisten und Freimaurer aufgab! Kommunist zu sein, ist eine Wahl, die man frei trifft.« 1962 drückte er diesen Gedanken so aus: »Jude zu sein ... ist keine Wahl, es ist vor allem Schicksal.«

Nach dem Krieg studierte er wieder an der Universität in Algier und beendete sein Studium der Philosophie an der Sorbonne in Paris. Auch dort spürte er, als Nordafrikaner und Jude, dass er nicht ganz dazugehörte.

Die Polizei kam immer zu spät

1949 zog ihn die tunesische Unabhängigkeitsbewegung zurück in sein Heimatland, vom Universalisten wurde er graduell zum tunesischen Nationalisten und zum Mitbegründer des Magazins *Jeune Afrique*, dessen Kulturrubrik er mehrere Jahre redigierte. Doch seine Liebe für sein Heimatland wurde nicht erwidert.

Nach der Unabhängigkeit 1956 wurde sehr bald der Islam offizielle Staatsreligion, das Erziehungssystem arabisiert und man ließ die Juden wissen, dass sie nicht erwünscht waren. Obwohl »wir da waren vor dem Christentum, und lange vor dem Islam« protestierte Memmi, wurden sie nicht als echte Tunesier betrachtet. Im neuen Staat machte eine Serie von antijüdischen Verordnungen den armen Juden die Existenz fast unmöglich. Memmis Hoffnungen auf eine laizistische, multikulturelle Republik gleicher Bürger wurden zerstört. Das hat ihn tief verwundet: »Der Grund, dachten wir, ist fest, doch er wurde uns unter den Füßen weggezogen.« Er brachte es so auf den Punkt: »[Tunesiens Präsident] Burgiba war vielleicht niemals judenfeindlich, aber seine Polizei kam immer zu spät, wenn die Geschäfte der Juden geplündert wurden.«

Memmi und andere jüdische Intellektuelle mussten erkennen, dass sie sich geirrt hatten und die einfachen, zumeist religiösen Juden, die wenig Vertrauen in ihre muslimischen Nachbarn aufbrachten, Recht behalten sollten. Der Fehler der Intellektuellen, argumentierte er, war ihr Beharren darauf, dass sie nur Tunesier seien und ihr Vertrauen, dass ihre muslimischen Mitbürger sie als solche anerkennen werden.

Es kam zu einem Exodus der tunesischen Juden. Die meisten gingen nach Israel, einige nach Frankreich, und noch mehr verließen das Land nach 1967. Albert Memmi wanderte 1956 nach Paris aus, wo er bis an sein Lebensende als Professor an der Sorbonne, Romanschriftsteller und Publizist wirkte.

Die bewältigte Wut

Memmi hat sich als Philosoph mit Hegel und Marx auseinandergesetzt und publizierte eine präzise Analyse des Verhältnisses von Kolonisator und Kolonisiertem in seinem 1957 erschienenen Buch *Der Kolonisator und der Kolonisierte: Zwei Portraits*. Nur durch Beseitigung des Kolonialismus, wenn der Unterdrückte zu sich selbst findet, kann die Entfremdung des Kolonisierten aufgehoben werden, so seine Kernthese. Er will sich selbst verstehen und seinen Platz in der Gesellschaft: »was ich beschrieben habe, ist das Schicksal einer Masse von Menschen in der Welt. Ich entdeckte, dass alle Kolonisierten sich ähneln; ich musste danach feststellen, dass alle Unterdrückten sich in einem gewissen Maße ähnlich sind.« Jean-Paul Sartre schrieb dazu in seinem Vorwort: »Dieses nüchterne und klare Werk gehört zu den ›leidenschaftlichen Geometrien‹: seine ruhige Objektivität ist die des Leidens und der bewältigten Wut.«

1958 veröffentlichte Memmi sein Buch *Das koloniale Problem und die Linke* und er zeigte bereits damals auf, was ein großer und einflussreicher Teil der Linken in Westeuropa und den USA in den darauffolgenden Jahrzehnten praktizierte. Eine bipolare Haltung zu den früher kolonisierten Ländern und zum Nationalismus. Sie lobten die vermeintliche

Revolution arabischer Diktaturen. Dabei hätten sie damit ein Problem haben müssen. Diese Regime waren rabiat nationalistisch und die Linke hatte in den hundert Jahren zuvor eine prinzipiell antinationalistische Position eingenommen.

Plötzlich wurde Israels Existenz überlebensnotwendig. Der jüdische Staat ermöglichte es den Linken, ihre heftige Kritik am Nationalismus auszudrücken. »Allerdings nur im Fall eines kleinen Staates, während sie vor der antiimperialistischen und schrillen nationalistischen Rhetorik der Dritten Welt katzbuckelten. Das erklärt ihre Begeisterung für den kubanischen, vietnamesischen, chinesischen, algerischen und palästinensischen Nationalismus, während sie den Zionismus hassten.«

Memmi rief ein Jahrzehnt vor dem Sechstagekrieg zu einer Neuorientierung auf, zu einer Anerkennung aller nationalen Befreiungsbewegungen inklusive des Zionismus.

Der Rassismus ist wie die Straßenbahn ...

In seinem 1962 erschienenen Buch *Portrait d'un Juif* prägte Memmi das neue Wort *judéité*, das er so definierte: »Die Tatsache Jude zu sein, ein Komplex der soziologischen, psychologischen, biologischen Eigenschaften, die einen Juden ausmachen«. Das könnte in der deutschen Übersetzung Jüdischsein bedeuten, oder man müsste ein neues Wort kreieren, Judäität. Damit können die zahlreichen Juden, die der Tradition und der religiösen Praxis entrückt sind, besser ihren Wunsch – Juden zu bleiben – ausdrücken.

»Bei meinen halb unschuldigen Freunden, den liebenswürdigen Toleranten, habe ich ständig den Wunsch, das zu wiederholen, was die Juden von Algier mit einem bitteren Lächeln sagten: ‹Der Rassismus ist wie die Straßenbahn Saint-Eugène: sie fährt durch die ganze Stadt, durch die schönen und die hässlichen Viertel, sie fährt mehr oder weniger schnell ... aber Endstation ist immer der Friedhof!‹« Rassismus führe am Ende immer zum Mord. »‹Wenn jeder tapfere Franzose einen Juden tötet, werden die Franzosen wieder frei‹, ist der Rat einer antisemitischen Broschüre ... Wenn ich die rituelle Wortwendung höre: ‹Ich bin kein Rassist, aber ...‹ dann weiß ich, dass der Straßenbahn-Rassismus anläuft, dass die Frage begonnen hat und ich nach einer mehr oder weniger langen Zeit meine Haut riskiere.« Memmi zitiert Nahum Goldmann: »Im 19. Jahrhundert hatten wir für das Recht auf Gleichheit zu kämpfen, im 20. Jahrhundert müssen wir für das Recht verschieden zu sein kämpfen«.

In seinem Buch *Juifs et Arabes* (1974) hinterfragt er den Mythos einer idyllischen Koexistenz in den muslimischen Ländern. Er erinnert daran, dass auch wenn die Juden dort nicht dieselbe mörderische Gewalt wie im christlichen Europa erfahren haben, es für Minderheiten in nicht-demokratischen Ländern nur Situationen der Unterwerfung (*dhimmitude*) und meistens auch der Rechtlosigkeit gab und gibt.

Den arabischen und linken Denkern, die postulierten, die »arabischen Juden« sollten aus Israel heimkehren, gab er in diesem Buch eine eindeutige Antwort: »Es ist jetzt zu spät für uns, arabische Juden zu werden. Nicht nur die Heime der Juden in Deutschland und Polen wurden niedergerissen und in alle vier Windrichtungen verstreut, sondern auch unsere Heime. Objektiv gesprochen, gibt es keine jüdischen Gemeinden in irgendeinem arabischen Land und sie werden nicht einen einzigen arabischen Juden [*Juif-Arabe*] finden, der bereit wäre, in sein Geburtsland zurückzukehren.«

Basis für den Frieden?

Nach dem Jom-Kippur-Krieg veröffentlichte Memmi 1975 seine Essays unter dem Titel *Juden und Araber*. Obwohl er eine Koexistenz zwischen den beiden als prinzipiell möglich betrachtet, erklärt er, dass die Juden »eine sehr ernste Rechnung« mit den Arabern offen haben. Das beinhaltete die Behandlung der Juden, als sie noch in arabischen Ländern lebten, die arabische Weigerung, Israel anzuerkennen und das umstrittenste Problem, den arabisch-jüdischen ‹Bevölkerungstransfer‹, den es seit 1948 gab. Trotz dieses ‹Transfers‹ war ein Frieden, für den er die Basis hätte sein können, nicht möglich. Er zeigte auf, dass der Wunsch der »Palästinenser« nach Rückkehr, das heißt dass die Nachkommen derer, die 1948 geflohen waren, nach Israel zurückkehren, illusorisch und friedensfeindlich ist.

Memmi wagte eine Wahrheit zu artikulieren, die bis heute Tabu ist: »Wagen wir es auszusprechen, es hat einen de facto Bevölkerungsaustausch gegeben.« Zwei Bevölkerungsgruppen haben eine *nakba*, eine ethnische Vertreibung erfahren. »Die palästinensische Situation war tragisch«, aber ihr Problem ist weder unlösbar noch eine welthistorische Katastrophe. »Wenn sie es richtig begreifen, ist das Unglück der palästinensischen Araber, dass sie 50 km versetzt wurden ... Wir [orientalische Juden] wurden tausende von Kilometer entfernt, nachdem wir alles verloren hatten.« Er besteht darauf, dass dieser Bevölkerungsaustausch nicht rückgängig gemacht werden kann oder soll, trotz der arabischen Weigerung, die Endgültigkeit des Ersten und die Realität des Zweiten anzuerkennen. »Israel zu zerstören, um die Palästinenser zu entschädigen, wäre, wie mit den Mitteln eines Verbrechens einen Ausgleich zu schaffen.«

Von jüdischen Linken erwartet man ...

Memmi machte sich lustig über assimilierte französische Juden, die bevor sie das Wort ergreifen, betonen »nicht als Juden zu sprechen«, sondern als abstrakte universelle Wesen. Für jüdische Kommunisten war jüdische Identität ein egoistischer Hinterhof, jüdischer Nationalismus reaktionär. Von jüdischen Linken erwartete man, dass sie für andere kämpfen, unbedingten Altruismus, um in und von der sozialistischen Gemeinschaft akzeptiert zu werden. Er bemerkte dazu sarkastisch: »Niemand kann ihn irgendwie verdächtigen, er würde an sich und sein Volk denken. Er kämpft bedingungslos für die ganze Menschheit ... Juden auf der Seite der Linken haben oft dankbar diese Bedingung akzeptiert, trotz ihrer offensichtlichen Torheit ... Gibt es eine dümmere oder künstlichere Politik als jemanden aufzufordern, lediglich gegen solche Ungerechtigkeit zu kämpfen, deren Opfer er nicht ist?«

Memmi argumentierte, dass diese (Selbst-)Verstümmelung Bestandteil der marxistischen Analyse sei und deswegen »das Scheitern der europäischen Linken bezugnehmend auf das jüdische Problem, kein Zufall war.« Er betonte, dass das wesentliche Prinzip einer Lösung des arabisch-israelischen Konflikts die Gegenseitigkeit in der Anerkennung des Existenzrechts ist. »Der ernste Maßstab [für die Beurteilung der Linken] ist, ob sie wirklich eine Vereinbarung wünschen, die der Existenz, der Freiheit und den Interessen beider Seiten gerecht wird«.

Sein 2004 publiziertes Buch *Entkolonialisierung und die Entkolonialisierten* ist hauptsächlich gegen politische und militärische Führer (›kriminelle Idioten‹), ängstliche Intellektuelle und religiöse Fanatiker gerichtet. Er kritisiert die weitverbreitete Fixierung auf »ein archaisches goldene Zeitalter und eine leuchtende Zukunft«. Ein Phänomen, das insbesondere in der muslimischen Welt grassiert, um die machtlose Masse ruhigzustellen.

Die postkolonialen Probleme sind ernüchternd: Hunger, Extreme der Armut und des Reichtums, ständige Kriege, Unterdrückung von Frauen, Verfolgung von Minderheiten, religiöser Fanatismus, reaktionäre Erziehungssysteme und Gewohnheiten, Vermischung von Politik und Religion, unterdrücktes intellektuelles Leben und der Mangel an demokratischen Freiheiten. »Es scheint, die eitrigen Wunden, die diese jungen Nationen schwächen, sind endlos.«

Memmi versteht das Schuldbewusstsein europäischer Linker, welche er als Nordafrikaner nicht teilt, aber er warnt: »Schuld wird giftig, wenn sie zur Blindheit führt«. Er beschreibt diejenigen, »die nicht länger kolonisiert sind«, jedoch »manchmal glauben, es zu sein«.

In diesem Buch kritisierte er arabische Intellektuelle, insbesondere diejenigen, die im Westen leben und die das »sinnlose Phänomen der Selbstmordattentate« ignorieren, selten ein Wort über die Lage der Frauen verlieren, und nichts über die Lage von Minderheiten sagen. Fast niemand wagte es, offen dem Taliban-Regime entgegenzutreten, und keiner wagte, öffentlich Saddam Hussein zu verurteilen. Doch glücklicherweise gibt es ein Thema für tapfere Erklärungen: »Fast alle hatten eine Meinung über Israels Existenzrecht«.

Eine der Tragödien, die er erläutert, ist die Gewalt, welche bei Abwesenheit von zivilen Institutionen an ihre Stelle tritt. Ohne Rechtsstaat wird die Macht durch das Gewehr und die Bombe vermittelt. Er weist darauf hin, dass die ehemals Kolonisierten ein Ende der Gewalt und des Terrors wünschen und er verurteilt den Verrat an diesem Wunsch. »Nach Jahrzehnten der Unabhängigkeit werden in Algerien noch immer Kehlen durchschnitten, wird in Kuba noch immer gefoltert und werden nicht verschleierte Frauen im Iran und in Algerien noch immer verurteilt. Im Irak wurden Massengräber entdeckt, die vor einem Massaker flüchtenden Menschen zählen Hundertausende [seither Millionen], in Schwarzafrika werden ganze ethnische Gruppen massakriert ... In Algerien hat die Armee die Herrschaft des Terrors eingeführt.«

Eine Art von Zombie

Ein Jahrzehnt vor den *Charlie Hebdo*- und Bataclan-Terrorangriffen in Paris analysierte Memmi das Dilemma von muslimischen französischen Staatsbürgern, insbesondere denjenigen, die in Frankreich von nordafrikanischen Eltern geboren wurden. Während die Elterngeneration oft eine Assimilation anstrebte, rebelliert die jüngere Generation dagegen, ohne aber eine nachhaltige Alternative zu formulieren. Und er spricht aus, was tabuisiert ist:

»Der Sohn eines Einwanderers ist eine Art von Zombie. Er ist französischer Staatsbürger, aber fühlt sich kein bisschen Französisch. Er ist nicht ganz Araber, er spricht kaum die [arabische] Sprache ... Er wäre in Verlegenheit, den Koran, den er bei Demonstrationen wie eine Fahne vor sich trägt, zu lesen.«

Die vielen Metamorphosen des Antisemitismus haben Memmi erstaunt, denn dieser gedeiht in der westlichen Welt, im kommunistischen Block und in der Dritten Welt. Es gibt ihn in verschiedenen ökonomischen Systemen, Religionen und Kulturen. »Keine Erklärung dieser Feindschaft ... kann dieses Thema erschöpfen, kann mich beruhigen.«

Im *Portrait eines Juden* verabschiedet er sich von einem allgemeinen Universalismus und entwickelt die Idee von der Notwendigkeit der nationalen Identität. »Wirkliche Gerechtigkeit, wirkliche Toleranz und die universelle Brüderlichkeit verlangen nicht, die Differenz zwischen Menschen zu negieren, sondern deren Anerkennung und vielleicht auch Wertschätzung. Juden hatten insbesondere einen hohen Preis für abstrakten Universalismus zu bezahlen, der ihre besondere Geschichte und besonderen Bedürfnisse unterdrückte. Nun ist die Zeit gekommen, die Wahrheit anzuerkennen, die sowohl existenziell als auch politisch ist: Ich bin überzeugt, dass der Unterschied, die erforderliche Bedingung für jegliche Würde und Befreiung ist ... Zu sein bedeutet, verschieden zu sein.«

Memmi sah Israel als den Mittelpunkt der jüdischen Identität, »nur diese kollektive Autonomie gibt uns endlich den Mut und den Geschmack für Freiheit, die allein die Basis der Würde ist.« Nationale Befreiung geht bei Memmi einher mit der Kritik an gewissen religiösen Traditionen. Sein Konzept der *judeité* bedeutet die Befreiung der jüdischen Kultur von der allesbeherrschenden Religion. Wie so viele andere wünschte er, Israel möge sich zu einem laizistischen Staat entwickeln, in dem die Religion nur den Platz einnimmt wie in Frankreich. In Israel wie auch in den Nachbarstaaten ist es seither im Gegenteil zu einer Erstarkung der reaktionären religiösen Kräfte gekommen.

Er erlebte, wie die europäische Linke nicht mehr auf die Schattenseiten der Dritten Welt achtete bzw. wie behauptet wurde, diese verdiene immer unsere Unterstützung. Das war destruktiv, denn dies »führt zu der Duldung von allen möglichen Exzessen – Terrorismus, Xenophobie und soziale Reaktion«.

Zwischen zwei Mauern

Memmi erinnerte sich, dass »kein Mitglied irgendeiner Minderheit in Frieden und Würde leben könne, wenn es sich um ein überwiegend arabisches Land handelt!« Die Muslime wurden von den Kolonialmächten kolonisiert, aber die Juden darüber hinaus »beherrscht, gedemütigt und bedroht und gelegentlich massakriert.« Und er stellte eine unbequeme Frage: »Und von wem? Ist es nicht Zeit, dass unsere Antwort gehört wird: von muslimischen Arabern ... Müssen wir das Hängen [von Juden] in Bagdad, die Gefängnisse und die Brände in Kairo, das Plündern und die ökonomische Erstickung im Maghreb und am Ende den Exodus akzeptieren? Zionismus war nicht die Ursache dafür, sondern das Resultat solcher Verwüstung.«

Memmi war Zeuge eines Pogroms, den Araber veranstalteten. »Wenn der Pogrom sich niemals auf die Luxusviertel ausdehnte, wo jüdische, mohammedanische und christliche Häuser nebeneinander standen, so schwebte das riesige Getto, das sonst von den Antisemiten in seinem Schmutz und Elend vergessen wurde, in ständiger Todesgefahr; gleichgültig, welche Tür man einschlug, hinter jeder stieß man auf Juden. Da wir niemals die Mittelmeerküste verlassen hatten, fühlten wir uns von der Welt abgeschnitten und allen örtlichen Katastrophen ausgeliefert.«

Er beschreibt seine Zerrissenheit zwischen Franzosen, die Araber aufhetzen und Arabern, die Pogrome begehen: »Im Augenblick stehe ich zwischen zwei Mauern. Wie soll ich mich entscheiden zwischen einem unter abstoßender Heuchelei verborgenen Antisemitismus, der vielleicht zu diesen Massakern aufhetzte, und diesen blutigen Ausbrüchen, die in regelmäßigen Abständen wie ein Aderlass den aufgestauten Hass zur Entladung brachten?« Nach diesem Pogrom durchlebte er den Zweiten Weltkrieg mit deutscher Besatzung, Judenverfolgung und Lager sowie die Erniedrigung, als er nach der Befreiung sich als Freiwilliger meldete und die Anwerber der Freien Französischen Streitmacht ihn ablehnten.

Memmis Erfahrungen des Ausgestoßenseins und der Entwurzelung sowie seine Fähigkeit zur Empathie und Analyse spiegeln sich sowohl in seinen soziologisch-psychologischen Arbeiten als auch in seinen Romanen wieder.

Einer der im 20. Jahrhundert bedeutendsten jüdischen Schriftsteller und Wissenschaftler ist von uns gegangen.

Verwendete Internetquellen

www.hazmanhazeh.org.il/memmi

www.mida.org.il/2020/05/28/כד-הפסקתי-לשקר-לעצמי-לעולם-והחלתי-לה

www.commentarymagazine.com/articles/albert-memmi/does-the-jew-exist

www.ynet.co.il/entertainment/article/Hk9sCkYj8

www.orientxxi.info/lu-vu-entendu/les-verites-a-geometrie-variable-d-albert-memmi-de-l-anticolonialisme-au,4022

www.liberation.fr/debats/2020/05/28/ce-que-nous-devons-a-albert-memmi_1789666

www.marianne.net/debattons/editos/albert-memmi-hommage-un-embleme-du-genie-republicain

www.causeur.fr/albert-memmi-cent-ans-de-liberte-177235

www.cclj.be/actu/politique-societe/regard-lucide-albert-memmi

www.szombat.org/politika/utolso-mohikan-elhunyt-a-zsido-arab-iro-albert-memmi

---

Alex Gruber / David Hellbrück

Der eingebildete Souverän

Eine Polemik gegen die österreichische Linke anlässlich der Reaktionen auf die antisemitische Anschlagsserie in Graz

Am 18. August 2020, kurz vor 23 Uhr, besprühte der vor sechs Jahren nach Österreich geflüchtete 31jährige Syrer Mohamed a. S. die Grazer Synagoge mit den Worten »Unsere Sprache und unser Land sind rote Linien«, das danebengelegene Gemeindehaus beschmierte er mit der Parole »free palestin« (sic). Während letztere Aussage unmissverständlich sein dürfte, mag erstere etwas kryptisch wirken: Vermutlich wollte der syrische Berufspalästinenser damit auf die berühmt-berüchtigte Rede Barack Obamas von der *red line* in Bezug auf die Assadschen Giftgasangriffe anspielen, um so die Demarkationslinie aufzuzeigen, die die israelische ›Besatzungspolitik‹ angeblich schon längst überschritten hätte. Während Obama seiner Ankündigung jedoch keine Taten folgen und Assad damit gewähren ließ, sollte der islamistische[1] Wahlpalästinenser das, was er als rote Linien erst einmal bloß öffentlich verlautbart hatte, in den folgenden Tagen mit seinen beschränkten Möglichkeiten auch durchzusetzen wagen.

1 »Mohamed a. S. radikalisierte sich im Internet, auf den sichergestellten Handys und einem Laptop wurde unter anderem jede Menge islamistisches Videomaterial gesichtet. Sein Bruder hatte sich längst von ihm abgewandt, konnte und wollte mit dem islamistischen Weltbild nicht mit«. (www.krone.at/2217773, letzter Zugriff auf diese wie auf alle Internetquellen in diesem Artikel: 15.9.2020.)

Bereits am 19. August hatte der Täter mit Wiederholungszwang ähnliche Parolen in der Nähe des Grazer Hauptbahnhofs angebracht und ließ es sich auf dem Weg dorthin nicht nehmen, das Schaufenster des schwul-lesbischen Vereins *Rosalila PantherInnen* einzuschlagen, um so gegen Freizügigkeit und verderbte Sexualität im verkommenen Westen zu protestieren. Zwei Tage später, am 21. August, am Shabbat, kurz nach 23 Uhr, warf er ein Fenster der Synagoge mit größeren Zementbrocken ein. Weitere Fenster der Synagoge wurden glücklicherweise nicht zerstört, sondern nur beschädigt. In unmittelbarer Umgebung ließ der Antisemit seiner islamischen Sexualmoral weiteren freien Lauf, warf wieder Steine, diesmal auf ein Bordell und beschimpfte die anwesenden Prostituierten.

Während Elie Rosen, Präsident der Jüdischen Gemeinde Graz, die mehr als eindeutigen antisemitischen Attacken auch direkt als solche bezeichnete, war in der ersten Aussendung der *Austria Presse Agentur* (APA) lediglich von einem »Vandalenakt« die Rede, der ORF sowie die *Kronen Zeitung* übernahmen prompt die Formulierung.[2] Auch in den Pressemeldungen nach dem zweiten Angriff taten sich die österreichischen Medien schwer, den Antisemitismus beim Namen zu nennen, obgleich in einer Aussendung zu lesen war, dass der Täter »einen ausgestreckten Zeigefinger, ein Erkennungszeichen des IS, in die [Überwachungs-] Kamera gezeigt« hatte.[3]

Rosen hingegen war nach den ersten Attacken bereits klar, dass solcherlei Wut nicht aus dem Nichts kommen konnte, sondern im Zusammenhang mit dem Israel ins Visier nehmenden Antisemitismus stehen muss – und er war zu diesem Zeitpunkt einer der Wenigen, die sich diesen Verdacht auch öffentlich zu äußern erlaubten. So hieß es nach dem ersten Angriff vom 19. August in der APA-Presseaussendung: »In einem Pressestatement erklärte der Präsident der jüdischen Gemeinde, Elie Rosen, der Anschlag bestätige ein in den letzten Jahren deutlich wahrnehmbares Ansteigen des Antisemitismus. Dabei komme, wie sich auch gegenständlich zeige, dem israelorientierten Antisemitismus starke Bedeutung zu. Rosen selbst hatte in diesem Zusammenhang in der Vergangenheit immer wieder medienwirksam kritisch gegen die antiisraelische BDS-Bewegung und die Steirische Friedensplattform sowie den Grazer Völkerrechtler Wolfgang Benedek Stellung bezogen.«[4]

Drei Tage nach den ersten Schmierereien war es dann wieder Rosen, der öffentlich erklären musste, was nur allzu offenkundig war: Zwar seien alle abstrakt gegen Antisemitismus, wenn »es aber darum gehe, diesem im Alltag klare Schranken zu setzen und Solidarität zu zeigen, dann sei konsequentes Handeln oft kaum zu erkennen. Dies gelte insbesondere für den israelbezogenen Antisemitismus, der sich überall ein Stelldichein gebe.«[5] Auch war es an Rosen gelegen, der Öffentlichkeit ins Bewusstsein zu rufen, was solch ein Angriff überhaupt bedeutet und welche Zäsur er markiert: Der »Anschlag stelle einen Tiefpunkt in der Geschichte der Grazer Juden nach 1945 dar. Fenster einer Synagoge seien in Graz zuletzt im Zuge des Novemberpogroms 1938 zu Bruch gebracht worden. Eine derartige Tat habe es in Österreich in den letzten Jahrzehnten nicht gegeben.«[6]

Doch war es damit noch längst nicht genug: als Rosen am Samstagnachmittag des 22. August, diesmal am helllichten Tag, in seinem Auto mit einem Freund auf den Parkplatz der Jüdischen Gemeinde einbog, sahen die beiden, wie dort jemand verdächtig am Tor herumschlich. »Aus den Augenwinkeln schien Rosen, der Unbekannte hielte einen Stein in der Hand. Rosen war aufgebracht. Kein Gedanke, dass dies gefährlich sein könne, stieg er aus dem Auto, um ihn zur Rede zu stellen. In Sekundenschnelle zog der Mann einen Prügel auf. ›Ich sah Hass in den Augen, eine unglaubliche Aggression, die mich schnell in den Wagen zurückspringen ließ und alle Türen verriegeln‹, sagt Rosen. Der Unbekannte drosch von außen auf das Auto ein.«[7] Nur mit Glück entkamen Rosen und sein Begleiter dem

2 www.ots.at/presseaussendung/OTS_20200819_OTS0089/grazer-synagoge-ziel-von-propalaestinensischen-vandalenakten; www.steiermark.orf.at/stories/3062972; www.krone.at/2214009.

3 www.ots.at/presseaussendung/OTS_20200822_OTS0029/erneuter-anschlag-auf-grazer-synagoge.

4 Wie Anm. 2.

5 Wie Anm. 3.

6 Wie Anm. 3.

7 www.profil.at/oesterreich/synagogen-anschlag-der-neue-antisemitismus-von-rechts-und-links/401021459.

Täter, der die Tage zuvor schon an der Synagoge und in der näheren Umgebung gewütet hatte und nun endgültig tätlich unter Beweis stellte, dass er sich mit Sachschäden nicht zufriedengeben wollte. Offenkundig war er auf die unmittelbare tätliche Konfrontation vorbereitet, trug er doch ein Stuhlbein bei sich, das er dann als Waffe zur Hand nahm. Letztlich gelang es dem Täter zu fliehen, obgleich der Parkplatz, auf dem der Angriff stattfand, an einer befahrenen Straße liegt.

Im Anschluss richtete die Grazer Polizei die Ermittlungsgruppe *Achava* (hebräisch für Brüderlichkeit) ein, und bot Rosen auch Personenschutz an. Die Grazer Synagoge, das danebengelegene Gemeindehaus sowie der jüdische Friedhof wurden verstärkt von der Polizei beobachtet, wenn auch nicht unter Objektschutz gestellt, was stellenweise Kritik hervorrief und insbesondere wohl auf Seiten der Linken den Verdacht nährte, die Polizei könnte fahrlässig mit dem Fall umgehen.[8] 24 Stunden später konnten zwei Streifenbeamte den Täter mithilfe von Fahndungsfotos aus der Videoüberwachung der jüdischen Gemeinde dingfest machen. Während nach den Angriffen auf die Synagoge überwiegend von einem »Vandalenakt« die Rede war, konnte man sich auch in den meisten der unmittelbar auf den Angriff auf Elie Rosen folgenden Pressemeldungen und Zeitungsberichten wieder nur schwer durchringen, den der Attacke zugrundeliegenden israelbezogenen Antisemitismus beim Namen zu nennen: Wenn von Antisemitismus die Rede war, dann lediglich ganz allgemein und im Text oder in Zitaten versteckt, in die Schlagzeilen schaffte es der Begriff bloß ausnahmsweise[9]: »Tätlicher Angriff auf Präsidenten der Jüdischen Gemeinde in Graz« (APA)[10], »Nach den drei Attacken auf die Synagoge in Graz – zuletzt wurde noch Präsident Elie Rosen tätlich angegriffen« (*Kleine Zeitung*)[11], »Leiter der jüdischen Gemeinde in Graz attackiert!« (*Kronen Zeitung*),[12] »Präsident der jüdischen Gemeinde Graz angegriffen: Suche nach Täter« (*Der Standard*).[13]

Die *Kronen Zeitung* musste gar die Kommentarfunktion »unter ihren Berichten im Netz sperren, weil sich die Volksseele antisemitisch auskotzte.«[14] Ein Redakteur der *Kleinen Zeitung* teilte auf *Twitter* mit: »antisemitisch sind die parolen eher nicht«. Rosen kommentierte diese Aussage später gegenüber dem Nachrichtenmagazin *Profil* so: »Der Herr Redakteur verschließt sich der Tatsache, dass propalästinensische Parolen auf ein jüdisches Gebetshaus geschmiert wurden und nicht auf einen Würstelstand am Hauptplatz, oder meint er, dass der Täter nicht wusste, dass es die Synagoge war? Ich glaube, dieser Vergleich zeigt schon Dinge, die man totschweigen oder tabuisieren möchte.«[15]

Noch am Abend des antisemitischen Angriffs auf Rosen versammelten sich etwa 20 bis 30 Personen, um die Synagoge mit einer Mahnwache zu schützen. Was sich dort einfand, war ein bunter Polit-Karneval, der unter anderem von der *Kronen Zeitung* mit großer Freude begrüßt wurde: »Ein schönes Zeichen der Zivilgesellschaft: Am Samstagabend versammelte sich trotz strömenden Grazer Regens spontan eine Gruppe von ungefähr 20 Menschen vor der Synagoge, um sie zu beschützen. Personen aus allen politischen Richtungen waren dabei: Konser-

8 www.kleinezeitung.at/steiermark/graz/5856651/Synagoge-Graz_Verdaechtigem-werden-sieben-Tathandlungen-zugeordnet.

9 Eine dieser Ausnahmen war die *Wiener Zeitung*, die bereits am 22. August mit einem Zitat von Rosen titelte: »Wir haben es in Graz mit anti-israelischem Antisemitismus zu tun« (www.wienerzeitung.at/nachrichten/chronik/oesterreich/2072248-Wir-haben-es-in-Graz-mit-anti-israelischem-Antisemitismus-zu-tun.html); die *Kronen Zeitung* machte am 24. August mit einem Zitat des ÖVP-Innenministers Karl Nehammer auf, das einem Pressestatement entnommen war: »Täter ist islamisierter Antisemit und homophob« (www.krone.at/2216946). Generell blieb es jedoch bei wenigen Ausnahmen, die allgemeine Tendenz sah anders aus.

10 www.ots.at/presseaussendung/OTS_20200822_OTS0040/taetlicher-angriff-auf-praesidenten-der-juedischen-gemeinde-in-graz.

11 Wie Anm. 8.

12 www.krone.at/2215987.

13 www.derstandard.at/story/2000119525591/praesident-der-juedischen-gemeinde-graz-angegriffen.

14 Wie Anm. 7. Ein Blick in eine noch nicht geschlossene Kommentarspalte der *Steirerkrone* verrät schnell, weshalb man sich dazu veranlasst sah, die Kommentarfunktion zu deaktivieren; beispielsweise schreibt ein Nutzer mit dem Namen ›michl55‹: »Gehns Herr Rosen, teilens dem Netanjahu mit, dass er sich nicht alles unter den Nagel reissen soll, was ihm nicht gehörrt.« ›erdling‹ weiß hingegen zu berichten: »Beide Seiten sind antisemitisch! Nur das IKG beschmiert halt nichts in Österreich« (www.krone.at/2214009).

15 Wie Anm. 7.

vative, Couleurstudenten, die muslimische Jugend, Linke.«[16]

Dem wie auch immer berechtigten grundsätzlichen Misstrauen gegenüber der Grazer Polizei, das vor allem die linken Teilnehmer der Mahnwache antrieb, wurde dann in den Folgetagen auch durch eine Enthüllungsstory weiteres Futter geliefert: Am 23. August – einen Tag nach der Mahnwache – wurde bekannt, dass bereits seit Juli ein Prozess wegen »rechtsextremer Umtriebe« gegen Beamte exakt jener Polizeidienststelle im Gang ist, die 200 Meter von der jüdischen Gemeinde entfernt liegt und der der Schutz der Gemeinde obliegt. Angeklagt sind ein bereits suspendierter Polizist und eine bis dato nicht suspendierte Polizistin, denen vorgeworfen wird, sich in Chatgruppen über die Shoah lustig gemacht und ihrem Schwulenhass freien Lauf gelassen zu haben: »Schwule gehören alle nach Dachau«, »Du bist lustig, Dich vergas' ich als letzten.«[17] Nach Bekanntwerden dieses Falls konzentrierte man sich auf die beiden, um vor allem die These vom Polizeiversagen der vorangegangenen Tage zu untermauern: die Plattform *stoppt die rechten* titelte, es handele sich um die »Polizeiinspektion des schlechten Geschmacks«,[18] der *Standard* hielt es für »besonders brisant«, dass die »betroffenen Beamten ... im selben Gebäude tätig gewesen [sind] wie jene Kollegen, die für den Schutz der nahe gelegenen Synagoge zuständig sind.«[19] Der tatsächlich erschreckende Fall »rechtsextremer Umtriebe« bei der Grazer Polizeidienststelle kam für diejenigen, die nur allzu gerne vom israelbezogenen Antisemitismus schweigen, wie ein gefundenes Fressen, brauchten sie sich nach deren Bekanntwerden doch nicht mehr weiter mit den Motiven des Täters auseinanderzusetzen.[20]

Die für ihren Antizionismus bekannte *Steirische Friedensplattform* hat das Kunststück vollbracht, in ihrer einseitigen »Medieninformation und Stellungnahme« vom 23. August, nach ganzen drei Sätzen merklich abgequälter Solidaritätsbekundung und zwei weiteren abgeschmackten Allgemeinplätzen, den überwiegenden Teil ihrer Stellungnahme dafür zu nutzen, Elie Rosen als verlängerten Arm Israels zu halluzinieren. Viel mehr als um den zum Opfer eines antisemitischen Angriffs gewordenen Präsidenten der Grazer jüdischen Gemeinde sorgt man sich dort um das Wohl der ›Palästinenser‹. Großzügig wie ein imaginierter Souverän, der auf den Namen *Steirische Friedensplattform* hört, erklären die Freunde des Friedens und der unterdrückten Völker, dass alle kulturellen und religiösen Stätten, »aus welchen Motiven auch Immer« (sic), für die »politische Agitation« »ein striktes Tabu zu sein« haben und »jede Missachtung« »strafrechtlich zu ahnden sei«. Und dies gälte, wie es nonchalant aus der Grazer Friedenskaserne tönt, unabhängig davon, »dass wir und Mag. Rosen Israels Siedlungspolitik, die Annexion von Ostjerusalem, die drückende Militärbesatzung der Westbank und die Belagerung von Gaza völlig unterschiedlich bewerten und Mag. Rosen meint, unsere Kritik durch einen künstlich konstruierten Antisemitismusvorwurf zum Schweigen bringen zu können.«[21]

Weiter erklären der Obmann Franz Sölkner und die stellvertretende Obfrau Helga Suleiman, die die Kommandoerklärung für die *Steirische Friedensplattform* unterzeichneten, dass Rosen versucht habe, den »renommierten Grazer Menschen- und Völkerrechtler Univ. Prof. em. Dr. Wolfgang Benedek, die gewaltfreie palästinensische BDS-Basisbewesgung (sic) und die Steirische Friedensplattform mit der Tat in einen vorverurteilenden Zusammenhang zu bringen. Wir nehmen das als Ausfluss seiner proisraelischen politischen Agenda nüchtern zur Kenntnis.«[22] Vom

16 Wie Anm. 12.

17 www.derstandard.at/story/2000119528008/ein-hund-namens-adolf-rechtsextreme-umtriebe-bei-polizei-aufgedeckt.

18 www.stopptdierechten.at/2020/08/23/die-polizeiinspektion-des-schlechten-geschmacks.

19 Wie Anm. 17.

20 Es soll keineswegs der Eindruck erweckt werden, dass die Plattform *stoppt die rechten* den antisemitischen Charakter der Taten von Mohamed a. S. unerwähnt ließ – ganz im Gegenteil: war sie doch eine der wenigen, die explizit die Presseaussendung der Jüdischen Gemeinde Graz zitierte. Auch der Anmelder der Mahnwache, der Bezirksvorsteher von Graz-Gries Tristan Ammerer (Grüne), hob den Antisemitismus ausdrücklich hervor und begründete seinen Aktivismus damit. Doch in den Tagen nach Bekanntwerden der bereits seit Monaten laufenden Ermittlungen gegen die beiden Polizisten der Grazer Polizeidienststelle wurde der Fokus der Berichterstattung in Richtung der rechtsextremen Polizeibeamten verschoben.

21 www.friedensplattform.at/wp-content/uploads/2020/08/Medien-Info-zu-Attacke-auf-Mag.-Rosen_20200823_-2.pdf.

22 Ebd.

Ausfluss anderer und der eigenen Nüchternheit in einem Satz zu sprechen, erinnert nicht zufällig an den Antisemitismusverharmloser Wolfgang Benz, wenn dieser in seinem neuen Sammelband *Streitfall Antisemitismus* nüchterne, wissenschaftliche Analyse zum Thema fördert und zugleich gegen »kleingeistige«, vor »Eifer« und »Impertinenz« strotzende, »nörgelnde Kritiker« vom Leder zieht, die sich mit geradezu fanatischer Leidenschaft dem »Aufspüren, Brandmarken, Verfolgen und Unschädlichmachen von Antisemitismus und Antisemiten« widmeten.[23] Es ist in projektiver Feindbestimmung stets das zum Aggressor gemachte Außen, gegen das man sich zur Wehr zu setzen habe, weil es einen nicht die reine Unschuld sein lässt, als die man sich selbst so gerne inszeniert.

Zuletzt unterstreichen die steirischen Friedenshetzer in ihrer Solidaritätserklärung für die angegriffene Jüdische Gemeinde von Graz die »legitimen palästinensischen Befreiungsbestrebungen«, die sie auf dem Völkerrecht und einem ominösen humanitären Menschenrecht gegründet sehen wollen, und drohen – wie könnte es auch anders sein? – mit Dialog, um im direkten Gespräch »wechselseitige Feindbildphantasien minimieren« zu können. Abgefeimter kann man dem Opfer eines israelhassenden Islamisten wohl kaum – zumindest – eine Mitschuld für den erlittenen Angriff geben, schließlich, so suggerieren die Friedensfreunde von der Antisemitenplattform in ihrer Erklärung abschließend, habe auch Rosen es versäumt, »gegenseitigen Respekt zu generieren und menschliche Brücken für ein zukünftig friedliches Zusammenleben im Raum Graz« zu bauen.

Gegenüber dem *Profil* erklärte Rosen, wie absurd solche Gesprächsangebote sind, die der genannte Völkerrechtsanwalt Benedek schon länger einfordert: »Einer, der Israel nicht mag – der nichts dabei findet, wenn Organisationen, die er unterstützt, auf ihrer Homepage posten, Israelis würden palästinensische Brunnen vergiften! – Das kennen wir doch. Das sind die alten antisemitischen Traditionen: ›Der Jude als Brunnenvergifter‹ – mit dem will ich nicht über Antisemitismus beraten«.[24] Auf den Vorwurf, dass sie antisemitisch tradierte Bilder von Brunnenvergiftern bedienen könnte, reagierte die *Steirische Friedensplattform* entsetzt und verwies in einer Replik auf ein von ihr übersetztes Interview »zum Thema Wasserversorgung« mit dem Hydrologen Clemens Messerschmid. In dem Interview, das unter dem Titel *Dying of Thirst in Gaza* erschien, berichtet Messerschmid, obwohl sichtlich um den Anschein von Wissenschaftlichkeit bemüht, jedoch weniger über Wasserknappheit, sondern verkündet antizionistische Evergreens: »Gaza ist jetzt ein Ghetto, ein Slum, es ist ein Slum, es ist ein Ghetto, das abgeriegelt ist und das auf der Welt ziemlich einzigartig ist.«[25] Nicht umsonst also bringt Rosen in einem Interview über den israelbezogenen Antisemitismus die ganze Absurdität der ›Solidaritätsbekundung‹ der Friedenshetzer auf den Punkt: »Wenn Sie sich die sogenannte Solidaritätserklärung der sogenannten *Steirischen Friedensplattform*, die dem israelbezogenen Antisemitismus den Weg geradezu ebnet, ansehen: Da werden ein paar Sätze möglichst breit formuliert, in denen die Attacken verurteilt werden, und drei Zeilen weiter zieht man zwei Absätze lang über mich her, weil ich Position für Israel beziehe, und wie schrecklich das ist.«[26]

Insgesamt scheint Rosen allerdings in den Augen Vieler nicht so recht ins sorgfältig ausgemalte Bild ›des‹ Juden zu passen, bettelt er weder um Schutz, noch buhlt er um Sympathien oder erklärt – wie es auch eine sogenannte israelsolidarische Linke in Österreich gerne hätte – den Antisemitismus der FPÖ, der Identitären oder der Neonazis zum aktuell größten Problem. Rosen lässt sich nicht, was er wiederholt selbst erklärte, für die politischen Zwecke und psychischen Bedürfnisse der österreichischen Mitbürger instrumentalisieren.[27] Vielmehr erkennt

23 Siehe dazu Philipp Lenhard: Wolfgang Benz: Vorsicht, Antisemitismusvorwurf! www.mena-watch.com/wolfgang-benz-vorsicht-antisemitismusvorwurf.

24 Wie Anm. 7.

25 www.friedensplattform.at/?p=5693. Mehr über den kämpfenden Wasserexperten, der auch ein gern gesehener Interviewpartner bei der ARD ist, findet sich unter: www.mena-watch.com/gebuehrenfinanzierte-daemonisierung-israels.

26 Zit. nach: www.mena-watch.com/der-israelbezogene-antisemitismus-praegt-meinen-alltag.

27 »Unappetitlich ist es für uns auch, wenn Vorfälle wie jene von Graz, dazu benützt werden, um hieraus (auch in Foren) politisches Kleingeld zu schlagen. Wo die eine Seite der anderen Seite quasi beweisen möchte, wo denn nun die besseren Antisemiten

er gerade – und das ganz nüchtern – im israelbezogenen Antisemitismus eine ungleich größere Bedrohung, weil dieser, anstatt tabuisiert zu sein, gesellschaftlichen Konsens erfährt, und Rosen würde sich daher im Kampf gegen die Boykottbewegung BDS auch mehr Unterstützung aus Israel wünschen. Denn »mit den Auswüchsen dieser Bewegung ist man nicht in Israel konfrontiert, sondern in den Gemeinden in der Diaspora. Immer, wenn Israel von diesen Leuten angeschossen wird, sind massiv die jüdischen Gemeinden betroffen, die etwas dagegen tun.«[28] Dabei verschweigt Rosen keineswegs, dass es Antisemitismus auch von rechts gibt, nur ist er damit in seiner alltäglichen Arbeit – bislang jedenfalls – glücklicherweise kaum konfrontiert: »Es wird viel über den rechten Antisemitismus geredet, und natürlich gibt es auch einen ausgeprägten muslimischen Antisemitismus, doch der israelbezogene Antisemitismus wird zwar benannt, aber oft ignoriert. Nach meinem Dafürhalten wird er von Dritten meist abgetan als etwas, das eigentlich kein Antisemitismus ist, sondern eine Kritik an der Regierung Israels. Die positiv Gesinnten zeigen dann zwar noch Verständnis dafür, dass Juden zu dem Thema anderer Meinung sind, aber man mischt sich nicht ein. Das sei eben kontroversiell, meint man, und dabei belässt man es auch schon wieder. Für mich aber in meiner täglichen Arbeit ist das der Antisemitismus, der meinen Alltag am meisten prägt. Ich habe in den letzten Jahren Gott sei Dank keine neo-nazistischen Briefe und Mails bekommen. Wenn ich mir anschaue, worauf sich die Postings oder Massen-Emails beziehen, in denen ich zerrissen werde, dann gehen die primär in diese Richtung. Bis hin zum ›Zionisten-Nazi‹ war da schon alles zu lesen.«[29]

Nach dem ersten Angriff auf die Synagoge und das Gemeindezentrum gab Rosen der *Wiener Zeitung* ein Interview, in dem er seine Einschätzung zum Umfeld, aus dem der Täter gekommen sein mag, deutlich machte: »Die Parolen waren pro-palästinensisch. Es stand ›free palestine‹, falsch geschrieben, aber erkennbar ... Das ist nicht rechtsradikal. Wir haben es in Graz verstärkt mit einem linken und anti-israelischen Antisemitismus zu tun. Das können wir klar feststellen. Es war nicht völkisch.«[30] Obgleich er nach dem Angriff auf seine Person in einem Statement auf *Facebook* erklärte, dass es ihm »gleichgültig ist, von welcher Seite Antisemitismus kommt: von links, von rechts, von oben oder von unten«,[31] machten Linke, die sich gerne auch als israelsolidarisch bezeichnen, im Web Stimmung gegen Rosen und forderten sogar ein, dass er sich öffentlich dafür zu entschuldigen habe, der Öffentlichkeit suggeriert zu haben, ein Linker sei für die Verunstaltung der Synagoge verantwortlich gewesen. Obwohl Rosen so etwas nie behauptet, sondern nur richtigerweise feststellt hatte, dass es in Graz ein Problem mit linkem Antisemitismus gibt, war insbesondere der Aufruhr im Kreis der linken Szenegröße Thomas Schmidinger enorm. Im Eiltempo forderte man hier von Elie Rosen immer neue Entschuldigungen, während man enttäuscht erklärte, dass Rosen bloß ein »türkis eingefärbter religiöser Funktionär« sei (türkis ist die Farbe der Neuen Volkspartei von Bundeskanzler Kurz) – und nicht ein ewig dankbarer Schutzjude der israelsolidarischen Linken, wie man es sich wohl gewünscht hatte. Dass Rosen bei seiner Einschätzung der Gefahren für die jüdische Gemeinde, der er vorsteht, auf die Befindlichkeiten der Linken keine Rücksicht nahm, sondern diese Gefahren offen benannte, das wollen ihm diejenigen nicht verzeihen, denen – Israelsolidarität hin oder her – im Zweifelsfall der Ruf der Linken doch wichtiger ist als die Kritik antisemitischer Gewalt und des Umfelds, dem sie entspringt, in dem sie sich zuträgt und zum Anlass für antisemitische Agitation genommen wird, wie von der *Steirischen Friedensplattform* dann auch prompt vorgeführt.[32]

zu Hause sind. Ein derartiger Missbrauch der Ereignisse bzw. von Opfern des Antisemitismus ist schändlich«. (www.facebook.com/elie.rosen.austria/posts/10216925830153187.)

28 Wie Anm. 26. »In den letzten Jahren gab es uns gegenüber in Graz ersichtlich keinerlei rechtsextreme Vorfälle. Wo unsere Freunde nicht sitzen, wissen wir nach jeder Richtung«. (www.wina-magazin.at/aufklaeren-ueber-das-judentum.)

29 Wie Anm. 26.

30 www.wienerzeitung.at/nachrichten/chronik/oesterreich/2072248-Wir-haben-es-in-Graz-mit-anti-israelischem-Antisemitismus-zu-tun.html.

31 Wie Anm. 27.

32 Im Interview sagte Elie Rosen diesbezüglich: »Das ist eine Verdrängung, so wie die Sozialisation des Täters von Graz, den angeblich niemand kennt. Der hat mit seinem Bruder zusammengelebt, den offenbar auch niemand kennt, und er hat

So bastelte man sich allerorten einen Elie Rosen, der zwar mit dem realen Elie Rosen wenig zu tun hatte, dafür aber umso besser dafür herhalten konnte, die von ihm selbst nüchtern konstatierte Wirklichkeit zu verleugnen. Während die österreichische Presselandschaft den Beelzebub Antisemitismus anfänglich kaum und erst nach dem Angriff auf Rosen überhaupt zu benennen wagte und zugleich vom israelbezogenen Antisemitismus fast gänzlich schwieg, kann eine Linke, die ihre Israelsolidarität bei anderen Gelegenheiten zur Schau trägt, sich keine Juden vorstellen, die nicht auf ihre Großzügigkeit, ihr Mitgefühl und ihre Solidarität angewiesen sein möchten, sondern lieber auf eigens geschaffene Sicherheitsstrukturen vertrauen und dafür – wie Oskar Deutsch, der Präsident der Israelischen Kultusgemeinde Wien, Ende August erklärte – jährlich drei Millionen Euro ausgeben müssen, »Geld, dass wir gerne woanders investieren würden«.[33] Auf einer Pressekonferenz nach der Verhaftung des antisemitischen Täters erklärte Deutsch außerdem: »Nur die enge Zusammenarbeit mit den Sicherheitsbehörden ermögliche jüdisches Leben in Österreich ... Ohne diese Schutzmaßnahmen wäre der Besuch von jüdischen Einrichtungen nicht möglich.«[34] Eine Aussage, die von der ihre Israelsolidarität vor sich hertragenden Linken genauso gekonnt ignoriert wurde wie das Faktum, dass es mit Bundeskanzler Sebastian Kurz[35] und EU- und Verfassungsministerin Karoline Edtstadler[36] zwei ÖVP-Politiker waren, die unmittelbar nach dem ersten Angriff auf die Synagoge bereits von Antisemitismus sprachen und diesen verurteilten, während die grünen Regierungspartner, die Spitzen der Opposition und Bundespräsident Alexander van der Bellen sich erst am Abend des tätlichen Angriffs auf Rosen und damit drei Tage nach der ersten Attacke auf die Synagoge zu Wort meldeten; oder die Nachricht, dass die österreichische Regierung unter dem türkisen Kanzler als Reaktion auf die Grazer Anschläge »die Mittel zur Förderung jüdischen Lebens und der Sicherheit der jüdischen Gemeinde« per Gesetz auf vier Millionen Euro verdreifachte.[37] Ignoriert wurden diese Tatsachen nicht zuletzt deswegen, weil sich angesichts ihrer keine linke Besserwisserpolitik mit den Juden betreiben lässt, die unweigerlich darauf hinausläuft, sie als Schutzbefohlene zu imaginieren, die sich – in einem weiteren Schritt – auch dementsprechend zu verhalten hätten.

Elie Rosen zum Vorwurf zu machen, dass er Politik im Namen von Türkis betreibe, ignoriert geflissentlich, dass seine Absichten – im Gegensatz zu den eigenen – nicht dem politischen Stimmungsgeschäft folgen. Für solche Spielchen ist die Situation der Juden in der Diaspora immer schon zu ernst gewesen. Bereits 2018 erklärte Rosen in einem Interview mit der *Kleinen Zeitung*: »Man reduziert den Antisemitismus hierzulande oftmals nur allzu gern auf den rechtsextremen. Aber ein Gefahrenpotenzial für Europas Juden stellt in starkem Maß der oft als Antizionismus getarnte Antisemitismus der Linken oder der muslimische dar. Die Anschläge auf Synagogen in Frankreich wurden kaum von Rechtsextremen verübt. Wir müssen dementsprechend für unsere Sicherheit jetzt mehr Vorkehrungen treffen als früher.«[38]

Integrationskurse besucht, die anscheinend Einzelstunden waren, die er sich selbst gegeben hat. Manchmal kommt man sich schon ein wenig verarscht vor.« (Wie Anm. 26.)

33 www.krone.at/2216946.

34 www.juedische-allgemeine.de/juedische-welt/syrer-gesteht-attacke-auf-praesidenten-der-juedischen-gemeinde-graz.

35 www.twitter.com/sebastiankurz/status/1296048486564147202.

36 www.twitter.com/k_edtstadler/status/1296053299305684992.

37 www.ots.at/presseaussendung/OTS_20200910_OTS0041/kanzleramtsministerin-edtstadler-unterstuetzung-fuer-juedisches-leben-und-die-sicherheit-der-juedischen-gemeinde-wird-gesetzlich-verankert. Im österreichischen Regierungsprogramm sind folgende Punkte festgelegt, die womöglich mit dafür verantwortlich sein dürften, dass die Fördermittel umgehend erhöht wurden: »Fortsetzung des weltweiten Einsatzes Österreichs im Kampf gegen Antisemitismus und Antizionismus – auch auf europäischer Ebene« sowie: »Österreich hat eine besondere historische Verantwortung und aktuelle Verbindung zum Staat Israel. Wir bekennen uns zum Staat Israel als jüdischem und demokratischem Staat sowie zu dessen Sicherheit. Das Existenzrecht Israels darf nicht in Frage gestellt werden«. (www.issuu.com/falter.at/docs/regierungsprogramm2020-2024.)

38 www.kleinezeitung.at/steiermark/5439908/Juedische-Gemeinde_Elie-Rosen_Man-redet-sich-die-Dinge-schoen.

Caroline Glick

Israel und die chinesisch-iranische Allianz

Als der chinesische Präsident Xi Jinping 2016 Teheran besuchte, haben die meisten Beobachter die Bedeutung dieses Schritts nicht ernst genommen. Die Vorstellung, dass Peking seine Beziehungen zu Amerika, der größten Volkswirtschaft und mächtigsten globalen Supermacht, zugunsten einer Allianz mit dem Iran, dem weltweit größten staatlichen Sponsor des Terrors, ruinieren würde, war offenbar zu grotesk.

Trotz des bizarren Charakters einer solchen Idee wuchs jedoch alsbald die Sorge über die chinesisch-iranischen Beziehungen, denn iranische politische Führer und Militärkommandeure fanden einen Weg, um sich China anzunähern. Jetzt, inmitten der globalen Rezession, die durch Chinas Export des Coronavirus verursacht wurde, ist das Absurde real geworden.

Eckpunkte des chinesisch-iranischen Abkommens

Nachdem wochenlang die Gerüchteküche brodelte, wurde nun bekannt,[1] dass Iran und China die Unterzeichnung eines strategischen Abkommens beschlossen haben. Die *New York Times* berichtete über den Inhalt des abschließenden Entwurfs für dieses Abkommen.[2] China und Iran bezeichnen sich in der Präambel als »zwei alte asiatische Kulturen, zwei Partner in den Bereichen Handel, Wirtschaft, Politik, Kultur und Sicherheit mit einer ähnlichen Perspektive und vielen bilateralen und multilateralen Interessen«, die einander von nun an auch als »strategische Partner betrachten« werden.

Im Wesentlichen wurde in dem Entwurf des Abkommens ausgehandelt, dass Iran China für die nächsten 25 Jahre mit Öl zu Preisen unter denen des Weltmarkts versorgt und im gleichen Zeitraum China 400 Milliarden Dollar in den Iran investiert. China verpflichtet sich darüber hinaus, seine Präsenz im iranischen Banken- und Telekommunikationssektor auszubauen. In weiteren Dutzenden von Infrastrukturprojekten wird China Häfen und Bahnlinien bauen und betreiben. Und es wird den Iran in sein 5G-Internetnetz und sein GPS-System integrieren.

Die Auswirkungen dieses Abkommens zeichnen sich deutlich ab. China hat sich entschieden, die US-Sanktionen zu ignorieren. Peking glaubt eindeutig, dass der wirtschaftliche und diplomatische Preis, den es dafür zahlen wird, geringer sein wird als der Preis, den die USA solchermaßen zu zahlen haben werden, wenn sich ihre Position als ultimativer Schiedsrichter der globalen Märkte verschlechtert.

Für den Iran ist China ein Rettungsanker, der es unter dem Gewicht der US-Wirtschaftssanktionen vor dem kompletten wirtschaftlichen Zusammenbruch bewahrt.

Die chinesisch-iranische Allianz ist auch als ein militärisches Abkommen geplant. Dem Bericht der *Times* zufolge verpflichten sich die beiden Seiten, ihre gemeinsamen Militärübungen zu intensivieren.[3] Seit 2014 haben China und der Iran drei gemeinsame Militärübungen durchgeführt, die letzte fand im Dezember 2019 statt. Auch Russland beteiligte sich. Nach den Marinemanövern erklärte Irans Marinechef Konteradmiral Hossein Khanzadi in den chinesischen Medien, die Übung zeige, »die Ära der amerikanischen Invasionen in der Region ist vorbei«.

Der Entwurf des Abkommens spricht von nachrichtendienstlicher Zusammenarbeit, gemeinsamer Forschung und Entwicklung von Waffensystemen

1 Der Artikel von Caroline Glick stammt vom 17. Juli 2020.

2 »Iran and China have quietly drafted a sweeping economic and security partnership that would clear the way for billions of dollars of Chinese investments in energy and other sectors, undercutting the Trump administration's efforts to isolate the Iranian government because of its nuclear and military ambitions.« (Farnaz Fassihi; Steven Lee Myers: Defying U.S., China and Iran Near Trade and Military Partnership. New York Times vom 11. Juli 2020. www.nytimes.com/2020/07/11/world/asia/china-iran-trade-military-deal.html, letzter Zugriff: 2. 9. 2020.)

3 »The document also describes deepening military cooperation, potentially giving China a foothold in a region that has been a strategic preoccupation of the United States for decades. It calls for joint training and exercises, joint research and weapons development and intelligence sharing – all to fight ›the lopsided battle with terrorism, drug and human trafficking and cross-border crimes.‹« (Ebd.)

und der chinesischen Nutzung iranischer Häfen im Golf von Oman.

Was das Abkommen für die USA bedeutet

Diplomatisch bringt das chinesisch-iranische Abkommen die USA auf Kollisionskurs mit dem UN-Sicherheitsrat. Washingtons Bemühungen, das Waffenembargo der Vereinten Nationen gegen den Iran über sein Ablaufdatum im Oktober hinaus zu verlängern, werden keinen Erfolg haben. Damit bleibt den USA lediglich noch eine Option für diplomatische Bemühungen, den Iran daran zu hindern, fortschrittliche Waffenplattformen zu importieren: die Auslösung der »Snapback-Sanktionen«-Klauseln in der Resolution 2231 des UN-Sicherheitsrates, worin die Bedingungen für die Umsetzung des Atomabkommens von 2015 zwischen dem Iran, den ständigen Mitgliedern des Sicherheitsrats und Deutschland festgelegt wurden.

Die Klauseln über die »Snapback-Sanktionen« ermöglichen es, den Konfliktparteien der verabschiedeten Resolution, die automatische Wiedereinführung aller Sanktionen des Sicherheitsrats gegen den Iran zu erzwingen, welche mit dem Atomabkommen im Jahr 2015 ausgesetzt wurden. Angesichts des massiven Verstoßes des Iran gegen die Beschränkungen des Abkommens für seine Nuklearaktivitäten sind die USA als Vertragspartei der Resolution 2231 befugt, die Klausel zu aktivieren.

China, Iran, Russland und die EU argumentieren hingegen, dass die USA trotz der klaren Sprache der Resolution 2231 nicht mehr das Recht hätten, die Wiedereinführung von Sanktionen auszulösen, weil sie das Atomabkommen 2018 verlassen haben. Wenn die USA die Wiedereinführung der Sanktionen dennoch auslösen,[4] könnte dies zum diplomatischen Ringen innerhalb der UNO und darüber hinaus führen, da die Staaten dadurch gezwungen werden, sich auf eine der beiden Seiten zu stellen. Entweder werden sie mit den USA eine Allianz eingehen und sich damit an den effektiven internationalen Normen und Gesetzen ausrichten, oder sie werden sich mit China und Iran gegen die USA stellen und »internationales Recht« simulieren.[5]

Israels Neuausrichtung nach dem möglichen Abkommen

Für Israel bedeutet der chinesisch-iranische Pakt einen strategischen Wendepunkt. Das Abkommen hat aus israelischer Sicht zwei unmittelbare Auswirkungen. Die erste ist operationell: Irans neue Allianz mit China wird ihm neue Optionen für die Entwicklung von Atomwaffen bieten. China ist schließlich kein Unbekannter in der nuklearen Proliferation; es spielte eine zentrale Rolle im pakistanischen Atomwaffenprogramm. Und was Nordkorea betrifft, so wurde dessen Atomwaffenprogramm durch China zumindest erleichtert, indem es wirksame internationale Maßnahmen verhinderte, um Nordkoreas Wettlauf um die Bombe zu stoppen. Die Möglichkeit, dass China den Iran bald aktiv darin unterstützt, Atomwaffen zu erhalten, macht die fortdauernden und sich ausweitenden ungeklärten Explosionen in iranischen Nuklearkraftanlagen und anderen strategischen Einrichtungen zu einer Angelegenheit von höchster Dringlichkeit. Einige Berichte der iranischen Opposition über das iranisch-chinesische Abkommen behaupten, der Iran habe der dauerhaften Stationierung chinesischer Streitkräfte auf seinem Territorium zugestimmt. Wenn diese Berichte stimmen, bedeutet dies, dass die chinesischen Kräfte zu einem Stolperdraht werden können: denn jeder mögliche Angriff auf die strategischen Einrichtungen des Iran könnten dann einen viel umfassenderen Krieg auslösen, in den China direkt verwickelt wäre und zwar kämpfend im Interesse des iranischen Regimes.

4 Die USA verlangten am 20. August 2020 im UN-Sicherheitsrat die Wiedereinführung der Sanktionen.

5 Im Orginal heißt es bei Glick: »Either they will align themselves with the U. S. and actual international norms and laws or they will stand against the U. S. and with China and Iran and fake ›international law‹.« In Caroline Glicks Darstellung fällt das internationale Recht mit dem Hegemon USA buchstäblich zusammen. Um es auseinanderzuhalten, müsste das gefakte Law darin gesehen werden, dass man glaubt, sich weiterhin auf internationales Recht berufen zu können, um zugleich den Hegemon USA abzuhalftern, der bisher das Gleichgewicht dafür ermöglicht hat, dass es wenigstens einigermaßen Geltung beanspruchen kann; Anmerkung der Übersetzer.

Die zweite unmittelbare Folge des chinesisch-iranischen Pakts für Israel ist, dass das Abkommen von der Regierung abverlangt, ihren Ansatz für die chinesische Beteiligung an der Entwicklung und dem Management von Infrastrukturprojekten und für chinesische Investitionen im israelischen Technologiesektor und dessen Forschung und Entwicklung zu überdenken.

Im Mai 2020 traf US-Außenminister Mike Pompeo zu einem kurzen und unerwarteten Besuch in Jerusalem ein. In öffentlichen Auftritten während seiner Blitzreise warnte Pompeo vor fatalen Folgen für die Beziehungen zwischen den USA und Israel, wenn China sich weiterhin an Infrastruktur- und Technologieprojekten in Israel beteiligen sollte. Pompeo erklärte: »Wir wollen nicht, dass die Kommunistische Partei Chinas Zugang zu israelischer Infrastruktur, israelischen Kommunikationsnetzen hat«, es gehe hier um »jene Art von Dingen, die die israelische Bevölkerung bedrohen und die Zusammenarbeit der USA mit Israel gefährden.«

Zwei Wochen nach Pompeos Besuch hat Israel eine israelische Firma mit dem Bau einer Entsalzungsanlage in Ashdod beauftragt. Die Regierung hatte ursprünglich geplant, die Ausschreibung an eine chinesische Firma zu vergeben. Der Druck der USA nimmt weiter Fahrt auf. So setzen die Amerikaner ihre Bemühungen fort, Israel davon zu überzeugen, den Vertrag, der bereits im Vorjahr mit einem chinesischen Unternehmen zum Bau des neuen Hafens in Haifa und für andere Projekte geschlossen worden ist, wieder zu kündigen oder zumindest einzuschränken.

Infolge der strategischen Hinwendung Chinas zum Iran hat Israel kaum eine andere Wahl, als den Hafenvertrag zusammen mit weiteren Infrastrukturprojekten und akademischen und technologischen Kooperationsabkommen zu kündigen. Dieselben chinesischen Firmen, die in Israel nationale Infrastrukturen einschließlich Eisenbahnlinien hätten bauen sollen, haben sich nun verpflichtet, ganz ähnliche Projekte im Iran umzusetzen. Die Gefahr für Israel durch solche Infrastrukturprojekte liegt auf der Hand.

Bisher betrachtete Israel die Möglichkeit, chinesische Firmen aus großen Bauprojekten und anderen Geschäften herauszuhalten, als bedauerlichen Preis für seine Allianz mit den USA und nicht so sehr als israelisches Interesse. Der chinesisch-iranische Pakt änderte solches Kalkül. Die Aufhebung von Technologie- und Infrastrukturgeschäften mit China als dem neuen Supermacht-Sponsor des Iran ist nun unabhängig von der Position Washingtons ein nationales Interesse Israels.

Als Reaktion auf das Abkommen sollte Israel erwägen, chinesische Firmen durch US-Firmen zu ersetzen, die zumindest durch die Beziehungen zum Iran nicht gefährdet werden. Wenn US-Firmen in der Lage sind, wettbewerbsfähige Angebote zu offerieren oder strategische Partnerschaften mit israelischen Firmen zu entwickeln, um große Infrastrukturprojekte zu angemessenen Preisen zu realisieren, würde dieser Schritt zum wirtschaftlichen und strategischen Nutzen für beide Seiten führen. Zweifellos würden solche Bestrebungen, kostengünstige Alternativen zu chinesischen Auftragnehmern zu entwickeln, Israel nachdrücklich in die Anstrengungen integrieren, die von einem wiedergewählten Trump in der Post-Corona-Ära zu erwarten sind, doch es würde die Abhängigkeit der Lieferketten der USA und ihrer Verbündeten von China verringern.

Längerfristige internationale Auswirkungen

Weltweit wird die Allianz zwischen Iran und China neue strategische Ausrichtungen erzwingen. Es könnte sein, dass Europa sich bei der Wahl zwischen den USA und China spaltet; einige europäische Regierungen könnten sich dafür entscheiden, sich dem Iran und China anzuschließen, andere könnten es hingegen vorziehen, Verbündete der USA zu bleiben.

Angesichts seiner schwachen und strauchelnden Ökonomie, die nun, zumindest kurzfristig, weitgehend in den chinesischen Markt integriert erscheint, wird Russland weiterhin auf chinesischer Seite stehen, während sie aber zugleich den USA zuzwinkern. Die Dinge könnten sich allerdings im Laufe der Zeit noch ändern.

Chinas Entscheidung, eine direkte Konfrontation mit den USA über den Iran einzuleiten, ist nichts anderes als Zocken. Angesichts der wachsenden wirtschaftlichen und technologischen Macht Chinas ist es aber kein allzu verrückter Schachzug. Eine Wette gegen Amerika ist alles andere als eine sichere Wette. Das Endergebnis von Chinas erstem Schachzug mittels Iran wird zum Großteil vom Zustand der amerikanischen und chinesischen Ökonomie in den kommenden Monaten und Jahren bestimmt werden, je nachdem wie sie aus der Coronavirus-Pandemie hervorgehen. Und wie die Dinge derzeit stehen, sind die USA gut aufgestellt, um aus der Pandemie in robusterer wirtschaftlicher Position als China hervorzugehen.

Große und kleine Unternehmen auf der ganzen Welt erwägen oder arbeiten aktiv daran, ihre Produktion weg aus China zu verlagern. Eine der wichtigsten Bemühungen der Trump-Administration besteht heute darin, die Lieferketten der USA und ihrer Verbündeten vor China abzuschirmen, indem so viele Fabriken wie möglich entweder in die USA selbst oder in verbündete Staaten verlegt werden sollen. Sowohl das japanische Unternehmen Sony als auch das südkoreanische Samsung planen Berichten zufolge, ihre Produktionsstandorte von China nach Vietnam zu verlegen.

Die längerfristigen Auswirkungen dieser Maßnahmen auf Chinas Wachstumsaussichten und den globalen Einfluss dürften tiefgreifend sein. Nach derzeitigem Stand ist Chinas einziger Verbündeter in seiner unmittelbaren Nachbarschaft sein Vasallenstaat Nordkorea.

Indien, das sich derzeit in einem Grenzkonflikt mit China befindet, hat bereits Schritte unternommen, um Chinas technologische Expansion im eigenen Land zu begrenzen. Indische Strategen, sowohl innerhalb als auch außerhalb der Regierung, nehmen ihre Abhängigkeit von russischen Militärplattformen angesichts der wachsenden wirtschaftlichen Abhängigkeit Russlands von China genau unter die Lupe. Die USA haben ihr Interesse an der Entwicklung einer strategischen Allianz mit Indien und der Ablösung Russlands als Indiens Hauptlieferant von Luft- und anderen militärischen Plattformen nicht verheimlicht. Israel, das bereits ein wichtiger Waffenlieferant und Verbündeter Indiens ist, könnte eine zuträgliche Rolle bei der Förderung dieses Ziels spielen.

Wie die arabischen Staaten auf Chinas Entscheidung reagieren, dem Iran beizustehen, wird sowohl durch das wirtschaftliche Machtgleichgewicht zwischen China und Amerika als auch durch den Status des iranischen Atomprogramms bestimmt. Wenn der Iran seine nuklearen Fähigkeiten erreicht, werden sich die Araber gezwungen sehen, China als ihr Schutzschild gegen den Iran zu betrachten. Wenn das iranische Atomprogramm jedoch dramatisch geschwächt wird, werden sich die Araber womöglich sicher genug fühlen, Peking den Rücken zu kehren, sich den USA zuzuwenden und ihre Beziehungen zu Israel zu verbessern.[6]

Jahrzehntelang, ungeachtet der Warnungen der USA, betrachtete Israel China als neutrale Macht und als einen hochattraktiven Markt. Im Gegensatz zu den Europäern haben die Chinesen nie versucht, ihre wirtschaftlichen Beziehungen zu Israel zu nutzen, um Israel zu Zugeständnissen an die Palästinenser zu zwingen. Die Chinesen haben nicht mit den extremistischen politischen Randgruppen in Israel zusammengearbeitet, um seine Regierungs- und Militärentscheidungen zu untergraben. Sie schienen nur an ökonomischen Beziehungen um ihrer selbst willen interessiert zu sein.

Nun, da China sich entschieden hat, auf der Seite des iranischen Regimes zu stehen, muss Israel die Implikationen erkennen und entsprechend handeln.

6 Grund für die Annahme könnte das Mitte August geschlossene Abkommen zwischen Israel und den Vereinigten Arabischen Emiraten sein. »Nach der am 13. August erfolgten Ankündigung der beiden Länder, ihre Beziehungen zu normalisieren, fanden eine Reihe von Gesprächen auf hoher Ebene zwischen Jerusalem und Abu Dhabi statt. US-amerikanische und israelische Delegationen werden am Montag gemeinsam in die VAE fliegen, um die Einzelheiten des Abkommens auszuarbeiten. Ein Knackpunkt ist Israels Einspruch gegen den Verkauf fortschrittlicher amerikanischer Waffen an den Golfstaat. Nach Angaben des israelischen Premierministers Benjamin Netanjahu, die von einem hochrangigen US-Regierungsbeamten gegenüber Reuters bestätigt wurden, gehören der Berater und Schwiegersohn des Präsidenten Jared Kushner, der Nationale Sicherheitsberater Robert O'Brien und der Sonderbeauftragte für internationale Verhandlungen Avi Berkowitz zu den US-Politikern, die die israelische Delegation, die vom israelischen Nationalen Sicherheitsberater Meir Ben-Shabbat geleitet wird, begleiten werden. Netanjahu sagte in einer Erklärung, dass es bei den Verhandlungen um Linienflüge, Tourismus, Handel, Finanzen, Gesundheit, Energie und Sicherheit gehen werde.« (www.mena-watch.com/verteidigungsminister-diskutieren-ueber-verstaerkte-sicherheitszusammenarbeit, letzter Zugriff: 2.9.2020.)

Zuerst erschienen am 17.7.2020 in *Israel Hayom*, Übersetzung aus dem Englischen von David Hellbrück und Gerhard Scheit – Anmerkungen und Zwischenüberschriften durch die Übersetzer. Die Redaktion bedankt sich bei Caroline Glick für die Rechte zum Abdruck ihres Artikels.

Michael Heidemann

Weltfrieden made in China

›Der Sozialismus chinesischer Prägung‹ und die antike Herrschaft des Tianxia

> Regarding the prospects of humanity's peace and development, there is both expectation and concern; all sides are awaiting a clear Chinese stance. All under the heaven are one family. As a responsible major country, China must speak out.
>
> Xi Jinping, *Überragender Führer* der Volksrepublik China[1]

I

In seiner Rede beim ›12. Kollektiven Lernen des Politbüros des XVIII. ZK der KP China‹ im Dezember 2013 gab Machthaber Xi Jinping zu verstehen, dass Chinas kontinuierlicher Aufstieg zur Weltmacht in den nächsten Jahren von einer tüchtigen Imagepolitur begleitet werden müsse: »Es ist wichtig, das Image unseres Landes zu modellieren. Gezeichnet werden soll vor allem das Bild eines großen Kulturlandes mit langer Geschichte; eines einheitlichen Vielvölkerstaates, in dem verschiedene Kulturen harmonisch zusammenleben; einer großen Macht in Asien mit gerechter und integrer Politik, relativ entwickelter Wirtschaft, gedeihender Kultur, stabiler Gesellschaft, einer in Eintracht lebenden Bevölkerung und schönen Landschaften; eines großen verantwortungsbewussten Landes, das auf friedliche Entwicklung setzt, die gemeinsame Entwicklung fördert, die internationale Gerechtigkeit und Fairness wahrt und Beiträge zur Menschheit leistet; und nicht zuletzt das Bild eines großen sozialistischen Landes voller Sympathie, Hoffnungen und Vitalität, das sich zunehmend nach außen öffnet.«[2] Es ist nicht zuletzt Xi selbst, der seit seiner Machtübernahme im November 2012 in unzähligen Reden und Vorträgen darum bemüht ist, den ›chinesischen Traum von der großen nationalen Renaissance‹ auszumalen und einem internationalen Publikum als ›Win-Win-Situation‹ für die gesamte Menschheit schmackhaft zu machen.[3] Während das Auftreten seines Vorgängers Hu Jintao eher bieder und technokratisch daherkam, läuft die Propagandamaschinerie unter Xis Regentschaft auf Hochtouren. Xi, der einen Personenkult um sich errichten lässt, wie er zuvor nur unter Mao zelebriert wurde,[4] gibt sich als anpackender, bescheidener und mit dem Volk eng verbundener Führer, der mit aller Entschlossenheit gegen alte Parteiseilschaften und jegli-

1 Zitiert aus Xis Neujahrsansprache 2017/18 (www.youtube.com/watch?v=Aq58qe9a7iU, letzter Zugriff: 25.9.2020). Die inoffizielle, aber in der Staatspropaganda häufig verwendete Bezeichnung ›Überragender Führer‹ bezeichnet Xis Machtfülle als Inhaber der höchsten Staatsämter. Nachdem er im November 2012 zum neuen Generalsekretär der Kommunistischen Partei sowie zum Vorsitzenden der Militärkommission ernannt wurde, bekleidet er seit März 2013 auch das Amt des Staatspräsidenten. Die Amtszeitbegrenzung als Staatspräsident hat er 2018 durch den Volkskongress aufheben lassen und kann deshalb theoretisch bis an sein Lebensende regieren.

2 Xi Jinping: China regieren. Verlag für fremdsprachige Literatur. Peking 2014. S. 198–199.

3 In mittlerweile drei Bänden namens *China regieren* verbreitet die Partei über ihren *Verlag für fremdsprachige Literatur* Xis Einlassungen zum ›Sozialismus chinesischer Prägung‹. Ikonisch prangt auch auf der deutschen Ausgabe der ersten beiden Bände – der dritte befindet sich aktuell noch in der Übersetzung – das weichgezeichnete Konterfei des ›überragenden Führers‹. Eine Seite Transparenzpapier schützt das Porträt im Innenteil. Weitere Fotos zeigen Xi in seiner Jugend, auf Inspektionsreisen in entlegenen Dörfern, anpackend beim Spatenstich für einen Staudamm sowie inmitten anderer Staatschefs bei internationalen Gipfeltreffen. Im September 2020 geriet die Buchhandelskette Thalia in die Kritik, weil sie in Filialen in Berlin, Hamburg und Wien die Propagandaschriften Xis prominent in eigens dafür eingerichteten Bücherregalen bewarb, ohne dabei kenntlich zu machen, dass dies im direkten Auftrag der Auslandstochter des chinesischen Staatsverlags geschah.

4 Das eifrige ›Studium‹ und Auswendiglernen von Reden und Vorträgen des obersten Führers gehört mittlerweile wieder zur Pflichtlektüre aller rund 90 Millionen Parteimitglieder, die zu entsprechenden Seminaren geladen werden. Siehe dazu Friederike Böge: Nach dem Vorbild Maos. Frankfurter Allgemeine Zeitung, 20.8.2020. www.faz.net/aktuell/politik/ausland/vorbild-mao-saeuberungswelle-in-chinas-kommunistischer-partei-16912225.html, letzter Zugriff: 25.9.2020.

che Form von ›Dekadenz‹ vorgeht. Gleich zu Beginn seiner Amtszeit machte er durch eine groß angelegte ›Antikorruptionskampagne‹ von sich reden – das übliche Codewort für politische Säuberungen im Jargon des Parteikommunismus.[5]

Die Zentralisierung der Macht durch Xi und die von ihm betriebene massive Ideologisierung des Alltagslebens der Chinesen ist jedoch weit mehr als eine bloße Stilfrage. Sie stellt eine im Sinne des eigenen Machterhalts durchaus zweckrationale Reaktion der Parteidiktatur auf die ›neue Normalität‹ der chinesischen Wirtschaftsentwicklung dar, die von sich verschärfenden ökonomischen und sozialen Gegensätzen geprägt ist. Die Wachstumsrate des BIP nimmt ab, die Kapitalakkumulation lässt sich nicht länger durch die extensive Vernutzung einer schier unbegrenzt vorhandenen menschlichen Arbeitskraft auf Grundlage einfacher, ungelernter Arbeit gewährleisten. Denn längst haben südostasiatische Staaten wie Indonesien, Vietnam, Kambodscha oder Myanmar in der internationalen Arbeitsteilung die Rolle der Billiglohnländer etwa in der Textilindustrie übernommen. Die chinesische Industrieproduktion ist inzwischen durch komplexere Arbeitsteilung gekennzeichnet, die insbesondere ein höheres Ausbildungsniveau der Arbeitskräfte sowie eine zunehmende Technisierung der Produktionsanlagen erfordert. Nicht mehr die ständige Ausweitung der Produktion ist alleiniges Ziel der KP China seit dem 13. Fünfjahresplan (2016 – 2020), sondern die »Justierung der vorhandenen Produktionskapazitäten und eine qualitativ hochwertige Produktionsausweitung; sowie ein Triebkraftwechsel in der Wirtschaftsentwicklung vom Einsatz von Produktionsfaktoren wie Ressourcen und billigen Arbeitskräften hin zu mehr Innovationen.«[6] Die Mobilisierung der kreativen Potentiale von Arbeitskräften darf jedoch nicht zur Infragestellung des Führungsanspruchs der Partei führen.

In China hat sich in den letzten Jahrzehnten eine breite Mittelschicht entwickelt, deren Bedürfnisse und Interessen sich zunehmend diversifizieren. Eine junge Generation gut ausgebildeter und in Städten lebender Chinesen liebäugelt durchaus mit Liberalisierungen nach westlichem Vorbild. An diesem Punkt setzt Xis Propaganda vom ›chinesischen Traum der großen nationalen Renaissance‹ an, um die Angehörigen der Mittelschicht einerseits zur permanenten Selbstoptimierung und Innovation im Sinne der Nation zu animieren, andererseits aber die Verlockungen bürgerlicher Freiheiten durch die Ideologie eines ›Sozialismus chinesischer Prägung‹ abzuwehren – also eines Wohlstandsmodells, das materielle Besserstellung und freien Warenverkehr mit dem Westen nur bei gleichzeitiger Bereitschaft

5 Die in deutscher Übersetzung insgesamt über tausend Seiten starken Bände *China regieren* und *China regieren II* beinhalten zwar mehrheitlich inhaltsleere Phrasen und mantraartig wiederholte politische Schlagwörter, die die überlegene Eigenart des chinesischen Entwicklungsmodells betonen sollen. Hier und da wird dem Leser jedoch erstaunlich offen mitgeteilt, wie der friedliebende und um das Wohl der Menschheit besorgte Xi sich die ›Heilung‹ von politischen Abweichlern vorstellt. Offenbar dem immer schon arg um Poesie bemühten Stil Maos nacheifernd sinniert Xi vor seinen Parteigenossen etwa: »Wir sind jeden Tag Staub ausgesetzt, weshalb wir regelmäßig ein Bad nehmen sollten. Nehmen Sie etwas Seife zur Hand, schrubben Sie ordentlich mit einem Schwamm und brausen Sie sich dann gut ab. Sie werden sich sauber und wie neugeboren fühlen. In ähnlicher Weise können auch unser Denken und Handeln verstauben, verunreinigt durch politische Mikroben, weshalb wir auch hier ›ein Bad‹ nehmen sollten, um uns von Staub und Schmutz zu befreien, unseren Körper und Geist zu erfrischen, verstopfte Poren zu öffnen und unseren Stoffwechsel anzukurbeln, sodass wir unseren Pflichten aufrichtig nachkommen und unsere persönliche Integrität aufrechterhalten können. Manche ziehen es vor, den Staub in ihrem Denken und Handeln zu überdecken, und sind wasserscheu. In solchen Fällen sollten ihnen unsere Kollegen und unsere Partei unter die Arme greifen.« (Xi Jinping: China regieren, wie Anm. 2, S. 463.) Gerne zitiert Xi aus antiken Schriften – hier ein Gedicht aus der Tang-Dynastie – um zu verdeutlichen, wie mit Kadern zu verfahren ist, die die politische Disziplin nicht einhalten: »Junge unschuldige Kiefern sollten tausend Fuß hoch wachsen, morsche Bambusse dagegen Schlag für Schlag gefällt werden.« (Xi Jinping: China regieren II, Verlag für fremdsprachige Literatur. Peking 2018. S. 192.) Dass sich auch im Ausland niemand vor politischer Verfolgung sicher wähnen solle, macht er durch die Ankündigung deutlich, »das Netz der Korruptionsbekämpfung über den gesamten Globus zu spannen, sodass es für die Flüchtigen weder Versteck noch Entkommen gibt.« (Ebd. S. 199.) Chen Yixing, Generalsekretär der Parteikommission für Politik- und Justizangelegenheiten, schlug am 8. Juli 2020 bei seiner Ankündigung der inzwischen dritten ›Antikorruptionskampagne‹ in Xis Amtszeit einen ähnlichen Ton an. Es gehe nun darum, »die Klinge nach innen zu richten« und »das Gift von den Knochen zu kratzen«. (Siehe Lea Deuber: Xis Weg zum ›Großen Vorsitzenden‹. Süddeutsche Zeitung, 13. 9. 2020. www.sueddeutsche.de/politik/china-xi-kommunistische-partei-1.5030537, letzter Zugriff: 25. 9. 2020.)

6 Jinping: China regieren II (wie Anm. 5), S. 298.

zu strenger Unterwerfung unter die Autorität der Partei und dem Verzicht auf Meinungs-, Presse- und Versammlungsfreiheit gewährt.[7] Zu diesem Zweck beschwört Xi die unbedingte Einheit von Volk und Partei und verkündet den Kommunismus, der jeglicher begrifflicher Substanz beraubt ist, als ein politisches Glaubensbekenntnis, um die Reihen fest zu schließen. Wie unausgemacht der Erfolg dieser Strategie hin zur ›neuen Normalität‹ ist,[8] lässt sich an den heftigen Richtungsstreitigkeiten innerhalb der Partei erkennen, die freilich kaum nach außen dringen, von denen man sich aber bisweilen einen plötzlichen Eindruck verschaffen kann, sobald politische Abweichler und Dissidenten sich zu Wort melden – um selbstredend kurz darauf aus der Partei ausgeschlossen und abgeurteilt zu werden, sofern ihnen nicht die vorherige Flucht in den Westen gelang.[9]

Xis Antwort auf die Diversifizierung der Bedürfnislagen innerhalb einer ökonomisch extrem ungleichen Bevölkerung ist also ein umso aggressiverer Nationalismus nach innen wie nach außen. Kaum eine seiner im Inland gehaltenen Reden kommt ohne Forderung nach bedingungsloser Opferbereitschaft für Volk und Vaterland aus.[10] Zum 70. Jahrestag der Gründung der Volksrepublik nahm er 2019 die bislang größte Militärparade in der Geschichte des Landes ab. Unablässig beschwört er eine angeblich bruchlose fünftausendjährige chinesische Kulturgeschichte, die einzig durch die schmähliche Periode der Kolonisierung im Zuge der Opiumkriege (1840 – 1842, 1856 – 1860) unterbrochen worden sei, um schließlich durch den erfolgreichen antifaschistischen Widerstand gegen die japanische Aggression im Zweiten Weltkrieg und durch die Gründung der Volksrepublik aufs Neue zu erblühen. Konnte sich Maos Politik der nachholenden Entwicklung in Zeiten der Blockkonfrontation und unter Verweis auf die realen globalen Machtverhältnisse durchaus zu Recht auf den Antiimperialismus berufen, ist die chinesische Staatspropaganda im 21. Jahrhundert auf ein neues umfassendes ›Narrativ‹ angewiesen, um die nunmehr

7 Die Stiftung einer möglichst reibungslosen Zirkulation unter Umgehung ihrer spezifisch bürgerlichen Vermittlungsformen hat Gerhard Scheit anhand des totalitären chinesischen Sozialkreditsystems als die aktuell zu meisternde und durch Bundeskanzlerin Merkel anerkannte Herausforderung der Parteidiktatur herausgearbeitet. (Siehe Gerhard Scheit: » ...eine spannende ethische Diskussion, die die Welt noch sehr beschäftigen wird«. Der Aufbau des chinesischen Sozialkreditsystems und die Proteste in Hongkong. In: sans phrase 16/2019, 42 – 47.) Dagegen erkennt der *Gegenstandpunkt* im Sozialkreditsystem nur eine besonders effiziente Variante allgemeinstaatlicher Kontrollwut, wie sie für die Überprüfung der Kreditwürdigkeit im Kapitalismus nun einmal unerlässlich sei. Die innerhalb der chinesischen Bevölkerung tatsächlich breit vorhandene Zustimmung zum Sozialkreditsystem wird von der ehemaligen *Marxistischen Gruppe* zum Anlass genommen, in bekannt zynischer Manier jegliche Differenz zu nivellieren und darin nur einen weiteren Beweis für ihren notorischen Mangel an politischer Urteilskraft zu liefern: »Wie die Partei sehen auch die Bürger lauter unmoralische Charaktere am Werk, sobald sie sich benachteiligt oder schlecht behandelt vorkommen. Das Sozialkredit-Programm kennen sie nur als Bestrafung und Umerziehung der *anderen*. Von ihm versprechen sie sich mehr Rücksichtnahme seitens der Arbeitgeber, bessere Lebensmittel im Supermarkt und eine gerechtere Behandlung durch Amtsträger. Dafür nehmen sie gerne in Kauf, dass auch ihre Lebensführung erfasst und publik gemacht wird. Ihre Freiheit, wie es die politisch korrekten Hüter westlicher Werte von ihnen erwarten und einfordern, sehen sie davon nicht bedroht: Sie haben ja nichts zu verbergen! Dass sie durch die organisierte soziale Kontrolle auf Konformität verpflichtet, für die Nation und ihren Fortschritt in Dienst genommen werden, ist ihnen ohnehin selbstverständlich. Dass die anderen, die sich was auch immer herausnehmen, damit nicht länger durchkommen sollen, finden sie nur gut. Man möchte gar nicht wissen, wie viele der Anständigen im westlichen Freiheitsstall einen universellen Blockwart im Dienst einer derart harmonisierten Gesellschaft ebenso begrüßen würden.« (Das chinesische Sozialkredit-System. Ein landesweiter Pranger für die harmonische sozialistische Marktwirtschaft. In: Gegenstandpunkt. Politische Vierteljahreszeitschrift 1/20. S. 102.)

8 Noch immer herrscht auf dem Land und in den entlegenen Provinzen teilweise bittere Armut. Rund 200 Millionen ländliche Wanderarbeiter verdingen sich für Hungerlöhne in den prosperierenden Städten. Die Uiguren- und die Tibet-Frage bezeugen zudem das Dauerproblem ethnisch begründeter Separationsbestrebungen im chinesischen Vielvölkerstaat, denen die KPCh mit massiver Repression und Internierung in Umerziehungs- und Arbeitslagern begegnet, die offiziell ›berufliche Ausbildungszentren‹ genannt werden.

9 So zuletzt die einflussreiche Juristin Cai Xia, die lange Zeit als Professorin an der zentralen Kaderschmiede der Partei in Peking beschäftigt war. Nachdem im Juni Audiodateien im Internet kursierten, auf denen Cai den obersten Machthaber Xi Jinping als »Mafiaboss« bezeichnete und seinen Sturz forderte, konnte sie sich in die USA absetzen. (Siehe dazu Friederike Böge: Das Seelenleben der Kommunistischen Partei Chinas. Frankfurter Allgemeine Zeitung, 18. 8. 2020. www.faz.net/aktuell/politik/kritik-an-xi-jinping-das-seelenleben-der-kp-in-china-16909331.html, letzter Zugriff: 25. 9. 2020.)

10 Insbesondere die Parteimitglieder haben »Opferbereitschaft für die Sache der Partei und des Volkes als das höchste Lebensziel« zu betrachten. (Jinping: China regieren II, wie Anm. 5, S. 51.)

im asiatischen Raum und auf dem afrikanischen Kontinent betriebene Expansionspolitik auch weiterhin als ein dem Frieden der Völker dienendes antiimperialistisches Win-Win-Projekt zu verkaufen. Die klassische Rechtfertigung noch jeder Gräueltat des Antiimperialismus zur Zeit der Kulturevolution erfolgte mit Verweis auf die Bedrohung durch imperialistische Fremdherrschaft. Mittlerweile nimmt China selbst die Rolle eines ausgreifenden imperialistischen Staates ein, der seine antiwestliche Politik aus der Position der Stärke heraus formuliert.

Stolz behauptet Xi, dass das autoritäre Vorgehen Chinas bei der Bekämpfung der Corona-Pandemie – die nicht zuletzt aufgrund der anfänglichen Vertuschungsstrategie der KPCh zu einer solchen wurde – die Überlegenheit des chinesischen Regierungssystems international unter Beweis gestellt habe. Noch will ihm die Weltöffentlichkeit das nicht so recht glauben, doch die »Resistenzkraft des Rechts« (Horkheimer), wie sie sich im Westen trotz Rechtspopulismus und postmoderner Identitätspolitik nach wie vor erhält, ist prinzipiell jederzeit und spätestens bei der nächsten großen Weltwirtschaftskrise sistierbar. So können die Antiimperialisten im Westen, die sich heutzutage zumeist Antirassisten nennen, den endgültigen Niedergang des US-Hegemons kaum erwarten, an dem sie innenpolitisch in Form von radikalisierten *Black Lives Matter*-Protesten fleißig mitarbeiten. Meinungsumfragen in Deutschland, die insbesondere unter den jüngeren Befragten mittlerweile knapp 50 Prozent Zustimmungswerte für eine Abkehr vom transatlantischen Bündnis und für eine stärkere Orientierung in Richtung China ergeben, sind angesichts der zunehmenden gesellschaftlichen Unfähigkeit, Residuen von Freiheit überhaupt noch als solche zu erkennen, geschweige denn zu verteidigen, ebenso ernst zu nehmen.[11]

Als wüsste Xi genau um die ›Kultursensibilität‹ der identitätspolitisch sozialisierten jungen Generation im Westen, die sich letztlich immer gegen die Freiheitsrechte von Individuen richtet, will er »mit kultureller Überheblichkeit aufräumen, um die kulturelle Koexistenz zu ermöglichen.«[12] Zugleich erklärt er die Erhöhung der »kulturellen Soft Power des Landes« zum Ziel, weshalb der »einzigartige Charme der chinesischen Kultur«[13] herausgestellt werden müsse. Als Vehikel dieser aufdringlich um Zurückhaltung bemühten ›Soft Power‹ fungieren im Ausland insbesondere die über 500 Konfuzius-Institute[14] und eine Vielzahl neu entstandener Medienplattformen.

11 Siehe dazu Dietmar Pieper: Junge Deutsche wandeln sich zu China-Fans. Spiegel Online, 18. 5. 2020. www.spiegel.de/politik/deutschland/deutsche-finden-china-immer-besser-usa-schlechter-umfrage-a-823ff983-5426-42da-ab7f-3f3de985715c, letzter Zugriff: 25. 9. 2020. Für den *Gegenstandpunkt*, zu dessen Gruppenidentität es – wie oben bereits angedeutet – gehört, jegliche Differenz zwischen den kapitalistischen Staaten zugunsten einer schlecht idealistischen, abstrakten Negation des global herrschenden Kapitalverhältnisses zu tilgen, stellt sich das Ringen um Hegemonie zwischen den USA und China als ein rein aus Kapitalbestimmungen abzuleitender Konflikt gleichrangiger imperialistischer Großmächte dar. Was die letzte in Deutschland übrig gebliebene K-Gruppe aus scheinbar (!) autonomer, den Verhältnissen enthobener Warte als schlichten *Ausdruck imperialistischer Konkurrenz schlechthin* zu deduzieren weiß, ist in Wahrheit die Konkurrenz zweier *bestimmter* Staaten, deren Verwertungsprinzip auf Seiten der USA privatkapitalistisch, auf Seiten Chinas staatskapitalistisch bestimmt ist. Bezogen auf den Schutz der bürgerlichen Freiheitsrechte markiert dies einen Unterschied ums Ganze. Die Agitation des *Gegenstandpunkts* gegen die ›amerikanische Weltmacht und ihren kongenialen chinesischen Widerpart‹ wähnt sich in ihrer Indifferenz besonders radikal, zehrt dabei aber exakt von denjenigen Residuen der Freiheit, die ihr der kapitalistische Staat einzig in seiner bürgerlichen Gestalt gewährt – Pressefreiheit, Versammlungsfreiheit und auch Meinungsfreiheit (gleichwohl letztere die begründete Kritik an den Verhältnissen als eine bloße Meinung unter vielen zu neutralisieren weiß). Abgesehen von dieser altbekannt irreflexiven Borniertheit gegenüber den *materiellen* Bedingungen der Möglichkeit von Kritik liefert der *Gegenstandpunkt* indes eine durchaus lehrreiche Darstellung der chinesischen Entwicklung von der ›verlängerten Werkbank‹ des Weltmarkts zur Weltordnungs- und Finanzmacht. Insbesondere der Renminbi in seiner Funktion als Weltkreditgeld und die Bedeutung seiner obersten Agentur, der Asiatischen Infrastruktur-Investmentbank (AIIB), werden in folgendem Text überzeugend herausgearbeitet: Trump macht Ernst – Xi auch! Die amerikanische Weltmacht und ihr kongenialer chinesischer Widerpart. In: Gegenstandpunkt. Politische Vierteljahreszeitschrift 2 / 18. S. 37 – 58. de.gegenstandpunkt.com/artikel/usa-china-trump-macht-ernst-xi-auch, letzter Zugriff: 25. 9. 2020.

12 Jinping: China regieren II (wie Anm. 5), S. 629 – 630.

13 Jinping: China regieren (wie Anm. 2), S. 198.

14 Der Berliner Tagesspiegel zitiert Li Changchun, ehemaliges Mitglied des Politbüros der KPCh, mit den Worten: »Die Institute seien ein ›wichtiger Teil der chinesischen Übersee-Propaganda‹; die Marke ›Konfuzius‹ habe eine natürliche Attraktivität. ›Unter dem Vorwand, Chinesisch zu unterrichten, sieht alles vernünftig und logisch aus.‹« Siehe Hinnerk Feldwisch-Drentrup: Erste deutsche Unis überdenken umstrittene Konfuzius-Institute. Tagesspiegel, 22. 12. 2019. (www.tagesspiegel.de/wissen/eine-art-ideen-waesche-erste-deutsche-unis-

Xi selbst lässt sich nicht nehmen, penetrant belanglose Zitate antiker Dichter und Philosophen in seine Reden einzustreuen, die an Unbestimmtheit kaum zu überbieten sind, aber beim westlichen Publikum das Klischee fernöstlicher Weisheiten von Harmonie und Friedfertigkeit bedienen. Nachholbedarf in Sachen ›Soft Power‹ sieht er insbesondere noch bei der Ideologieproduktion der chinesischen Geisteswissenschaften: »Ein stärkeres Diskurssystem ist auch für Chinas Philosophie und Sozialwissenschaften vonnöten, um deren Rolle zu entfalten. ... Tatsache ist jedoch, dass unsere Stimme in der internationalen Arena noch recht schwach ist. Unsere Akademiker sind entweder nicht daran gewöhnt, sich auf international verständliche Weise zu äußern, oder sie verstehen sich nicht darauf, ihre überzeugenden Argumente an das Publikum zu bringen. Um diesen Mangel zu beheben, müssen wir unsere Fähigkeit bei der Formulierung kennzeichnender Begriffe verbessern sowie neue Konzepte, Kategorien und Ausdrücke, die für die internationale Gemeinschaft leicht verständlich und akzeptierbar sind, schaffen, um die Forschungen und Diskussionen in den internationalen Fachkreisen auf die rechte Bahn zu bringen. Die diesbezüglichen Bemühungen müssen mit der Etablierung systematischer Theorien und Konzepte in jeder Disziplin beginnen.«[15] Auf die ›rechte Bahn‹ gebracht sind die internationalen Fachkreise nach dem Geschmack Xis offenbar dann, wenn sie Chinas »moralische Führungsposition bei der Entwicklung der menschlichen Gesellschaft«[16] anerkennen.

II

> »In the end, it's a matter of positioning Tianxia as a superior promoter of ›dynamic equilibrium‹ in international relations in comparison with the Westphalian system.«
>
> *All under heaven: China's challenge to the Westphalian System. Belt & Road News*[17]

Wenn Xi fordert, dass »wir ... die Vor- und Nachteile unseres traditionellen Rechtssystems intensiv erforschen, die positiven Faktoren aus der chinesischen Rechtskultur ausgraben und weitergeben, daraus Inspirationen schöpfen und uns diese zunutze machen« müssen,[18] dann wirken die Schriften von Zhao Tingyang, der als Philosophieprofessor an der staatlichen Akademie der Sozialwissenschaften in Peking zu den *establishment intellectuals* gehört, wie Auftragsarbeiten der Parteiführung. Seit vielen Jahren publiziert er Aufsätze und Bücher zum antiken Herrschaftsmodell des Tianxia (天下 ›am ehesten zu übersetzen mit ›alles unter dem Himmel‹), auf dessen Grundlage er eine erst noch zu verwirklichende Weltordnung zu begründen versucht, die das westliche Modell der Hegemonie ablösen soll.[19] Die Beziehungen Zhaos zur KPCh lassen sich von außen kaum beurteilen, sicher ist indes, dass sich die Parteipropaganda zumindest in Teilen auf seine Arbeiten bezieht. Die eingangs zitierte Neujahrsansprache Xis belegt jedenfalls, dass auch er vom Tianxia (›all under heaven‹) spricht, um damit seine Vorstellung der internationalen Beziehungen zu skizzieren. Zhaos politische Theorie erfuhr in den letzten Jahren vermehrt internationale Beachtung, vor allem in Frankreich. Anfang 2020 erschien bei Suhrkamp mit *Alles unter dem Himmel* erstmals eine deutsche Übersetzung von ihm,[20] die in vielen deutschen Medien besprochen wurde.[21]

Zhao präsentiert dem Leser eine krude Mischung aus antiimperialistischer Globalisierungs-und Technikkritik, spieltheoretischen Analysen der internationalen Beziehungen sowie ahistorischen Anleihen beim traditionellen chinesischen Daoismus und Konfuzianismus zur Neubegründung einer globa-

ueberdenken-umstrittene-konfuzius-institute/25360796.html, zuletzt abgerufen: 25. 9. 2020.)

15 Jinping: China regieren II (wie Anm. 5), S. 422.

16 Ebd. S. 38.

17 www.beltandroad.news/2019/01/12/all-under-heaven-chinas-challenge-to-the-westphalian-system, letzter Zugriff: 25. 9. 2020.

18 Ebd. S. 138.

19 Bereits in den frühen 2000er Jahren begann im chinesischen akademischen Diskurs die Suche nach einer ›eigenen‹ chinesischen Theorie der Weltpolitik. In diesem Zusammenhang fand der Begriff Tianxia 1996 erstmals prominent Erwähnung in dem einflussreichen Essay *From nationalism to tianxiaism* des liberalen Ökonomen Sheng Hong.

20 Zhao Tingyang: Alles unter dem Himmel. Frankfurt am Main 2020. Nachfolgend sind alle Seitenangaben zu den Zitaten aus dem Buch im Text und in den Anmerkungen dieser Ausgabe entnommen.

21 Zuletzt etwa von Herfried Münkler: Eine neue Weltordnung chinesischer Prägung. Berliner Zeitung, 15. 8. 2020. www.berliner-zeitung.de/kultur-vergnuegen/eine-neue-weltordnung-chinesischer-praegung-li.98141, letzter Zugriff: 25. 9. 2020. Zuvor erschienen Rezensionen unter anderem in *Zeit*, *Faz*, *Spiegel*, *Tagesspiegel*, *Freitag* und *Deutschlandfunk*.

len politischen Ordnung, in der gegen den westlichen Individualismus gewendet »die Koexistenz der Existenz vorangeht« (S. 18). Alle Kulturen und Religionen würden hier harmonisch und ohne »einseitigen Universalismus und Kulturimperialismus« (S. 119) unter dem Schirm einer nicht näher bestimmten »Weltsouveränität« (S. 28) im Frieden miteinander leben. Der Stand der technologischen Entwicklung im Zuge der Globalisierung mache den Niedergang der nationalstaatlichen Ordnung im Allgemeinen und des US-Imperialismus im Besonderen unausweichlich. Stattdessen drohe eine »technologisch basierte Diktatur« (S. 34) der ›globalen Netzwerke‹ aus Finanzkapital, Medien- und IT-Konzernen. Um dies zu verhindern, werde ein inklusives Konzept der globalen Kooperation benötigt, das mit dem westlichen Modell der Hegemonie und des egoistischen Individualismus breche und der kulturellen Vielfalt Rechnung trage. Zhao entfaltet hierzu eine politische Kosmologie nach dem Vorbild des antiken Tianxia-Konzepts der Zhou-Dynastie (1046 – 256 v. Chr.). Als Totalitätsbegriff bezeichnet Tianxia die (erst noch zu realisierende) Einheit von kosmologischer Ordnung des Himmels und politischer Ordnung unter dem Himmel. Das inhärente *telos* des Tianxia ist die vollständige Inklusion der Welt ohne Außen (S. 230). Dem Tianxia liege die permanente Anpassung an veränderte Umweltfaktoren, eine »Ontologie des Werdens« (S. 179) zugrunde, ihr Ideal sei: »Alles Lebende gewähren und fortleben lassen.« (S. 65.)

Das antike Tianxia-Modell verdankt sich nach Darstellung Zhaos einer spezifischen historischen Konstellation, in der der Kleinstaat Zhou über mehrere Jahrhunderte seine überraschend errungene Herrschaft über eine Vielzahl größerer Staaten sichern konnte, indem er das Prinzip der Gewaltherrschaft in das Prinzip der Inklusion und wechselseitigen Abhängigkeit transformierte.[22] Auf diese Weise sei ein politisches System der Toleranz und kulturellen Vielfalt entstanden, von dem alle teilnehmenden Staaten profitierten und das frei von Rassismus und Nationalismus gewesen sei.[23] Den Vorwurf der historischen Rückprojektion vorwegnehmend konstatiert Zhao, dass die Fragestellungen der damaligen Zeit zwar »völlig andere« (S. 227) gewesen seien, dennoch bedürfe es heute einer analogen (!) politischen Schöpfung von Weltsouveränität, die auf das bereits um 1000 v. Chr. entwickelte inklusive Weltbewusstsein des Tianxia zurückgreifen müsse. Das lässt aufhorchen, denn die von Zhao romantisierte Zhou-Dynastie beruhte der Zeit entsprechend auf einem patriarchalen Feudalismus und war vor allem geprägt durch ein strenges Tributsystem zwischen dem zentralen Herrschaftsstaat und den Lehns- und Vasallenstaaten in der Peripherie. Wenn Zhao die damaligen Verhältnisse gänzlich ahistorisch zum Vorbild einer künftigen Weltordnung macht, ist hierin natürlich der übertragene Sinn entscheidend, denn in seinem ›inklusiven‹ Modell spiegeln sich die neu entfachten Großraum-Ambitionen der KPCh und ihr Herrschaftsanspruch auf den gesamten asiatisch-pazifischen Raum.

Die Tradition des westlichen politischen Denkens bietet für Zhao keine Lösungen der aktuellen Konflikte, sondern sei im Gegenteil Ursache derselben. Die Grundidee der modernen westlichen Politik sei das »Aufteilen« (S. 28), ihr Resultat daher Trennung, nicht Inklusion. Die westliche Politik der Spaltung beruhe auf der von Carl Schmitt lediglich auf den Begriff gebrachten Unterscheidung von Freund und Feind und damit der permanenten Produktion eines Außen. Sie sei nicht fähig die »Notwendigkeit einer Weltsouveränität« (ebd.) zu erkennen. Da sie apriorisch von der Annahme des Anderen als eines Äußeren ausgehe, sei sie unfähig, Spannungen und Konflikte zu lösen. Ein spirituelles Weltbewusstsein im Sinne des Tianxia kön-

22 Die Herrschaftsform der Zhou-Dynastie habe »wesentlich auf der Attraktivität des Systems statt auf militärischer Abschreckung beruht – Systemüberlegenheit anstelle militärischer Autorität« (S. 54). Die Kaiser der Zhou-Dynastie beriefen sich entsprechend auf das Mandat des Himmels (Tiānmìng), das der himmlische Kaiser nur den gerechten Herrschern zuerkenne. Das aufklärerische Moment hieran liegt in der Anerkennung eines sittlichen Maßstabs bei der Tradierung von Herrschaft.

23 »Das alte China kannte keinen Monotheismus, daher fehlte den unterschiedlichen Glaubensrichtungen das Verlangen, die anderen zu dominieren, und ermöglichte es ihnen, sich gegenseitig zu tolerieren. Es gab auch weder Nationalismus noch Rassismus, die geistige Wirkmächtigkeit kultureller Differenzen und Missverständnisse war geringer als der Glaube an ›eine Sippe unter dem Himmel‹, ein tolerantes Nebeneinander war daher leicht zu akzeptieren.« (S. 165.)

ne auf diese Weise nicht entstehen. Angefangen mit dem Monotheismus des Christentums reproduziere sich das Freund-Feind-Schema u. a. in den Theorien von Hobbes, Marx und Huntington. Wo die Feindbestimmung fehle, leide der Westen indes am Verlust von Leidenschaft und Motivation. Der Universalismus der kantischen Philosophie biete keine Alternative, da er die Vielfalt der Kulturen, Religionen und Wertvorstellungen verkenne und überhaupt ›unrealistisch‹ sei, da sich menschliches Handeln wesentlich interessen- und nicht wertegeleitet bestimme.[24]

Zhao inszeniert sich dagegen als nüchterner Verfasser einer »unparteiischen, ontologischen Analyse« (S. 10). Die von ihm skizzierte Weltpolitik sei eine »objektive Notwendigkeit, keine Wertvorstellung« (S. 197). Zugleich konstatiert er, dass die natürliche, kosmologische Ordnung des Tianxia bis auf eine kurze Phase während der Zhou-Dynastie noch nicht politisch umgesetzt worden sei. Während in der Antike die materiellen Voraussetzungen gefehlt hätten, sei das Tianxia nun als Antwort auf die Globalisierung umfassend zu realisieren, wofür es jedoch zunächst einer »geistigen Revolution« (S. 196) bedürfe. Zhaos Bestimmung des Tianxia-Konzepts schwankt somit permanent zwischen Sein und Sollen, ohne dass dem Autor dies bewusst wäre bzw. weiter bekümmerte. Er betont, dass die politische Grundordnung im alten China durch die Dreiheit aus Tianxia – Staat – Sippe geprägt sei. Das antike Tianxia-System sei zwar durch die Qin-Dynastie beendet worden, als ein »politisches Gen« (S. 122) lebe es aber bis heute im Selbstverständnis des chinesischen Staates fort. Die moderne westliche Politik beruhe hingegen auf der Dreiheit Individuum – Gemeinschaft – Staat. Das Individuum als Träger von Menschenrechten sei ein westlicher Import. Gleichwohl die Menschenrechte eine »großartige Sache« (S. 26) seien, wie Zhao wohl aus Gründen der akademischen ›Anschlussfähigkeit‹ beteuert, müsse die politische Herrschaft vor allem der »Volksseele« (S. 44) Rechnung tragen, die nicht die Summe der Einzelwillen darstellt, sondern im Sinne einer tradierten und allgemein anerkannten Sittlichkeit zu verstehen ist.[25]

Während das politische Denken im Westen also am Individuum und damit am ›egoistischen Nutzenmaximierer‹ ansetze, bestünde im politischen Denken Chinas der Vorrang der Gemeinschaft vor dem Einzelnen. Wo das westliche Modell Konflikte erzeuge, wirke das chinesische integrativ, ohne dominieren zu wollen. Zhao unterscheidet demnach zwei Grundformen von Naturzustands-Konzeptionen, das *Modell Xunzi* und das *Modell Hobbes*. Das erste beinhaltet: »Mit Hilfe der Attraktion der Vorteile von Kooperation die Außenstehenden zu internalisieren, so dass sich eine Ordnung stabiler Kooperation etablieren kann. Das ist die Logik der Internalisierung.« Das zweite dagegen erfordert: »Der Starke etabliert eine auf Macht gegründete Herrschaft und sorgt dafür, dass sich die Außenstehenden der hegemonialen Ordnung unterwerfen. Das ist die Logik der Unterwerfung des Außen.« (S. 198) Das (chinesische) *Modell Xunzi* sei geprägt durch Kooperation und Koexistenz, das (westliche) *Modell Hobbes* durch Konkurrenz und egoistischen Individualismus.[26] In

24 »In Kants Theorie des Friedens mischen sich idealistische Illusionen mit realistischen Überlegungen. ... Kants Voraussetzung für die Verwirklichung des Friedens ist die Wesensgleichheit der staatlichen Systeme und der Wertvorstellungen. Diese Voraussetzung ist auf Weltebene unmöglich zu erfüllen, die zahlreichen Staaten auf der Welt haben jeweils zu unterschiedliche Kulturen, Wertvorstellungen und politische Systeme.« (S. 190.) Die Peinlichkeit, gegen Kants Vernunftidee die Empirie der unterschiedlichen Kulturen anzuführen, fällt im heutigen akademischen Betrieb freilich kaum noch auf, gilt diese Art der ›Aufklärungskritik‹ doch längst als mehrheitsfähig – und zwar weltweit.

25 »Zur Volksseele gehören zum Beispiel die nicht kodifizierten und dennoch allgemein akzeptierten Gesetze und ethischen Prinzipien, die es in allen Zivilisationen gibt.« (S. 45.)

26 Wie die angeblich chinesische ›Logik der Internalisierung‹, also die Attraktion der Vorteile von Kooperation sich kurzerhand in die angeblich westliche ›Logik der Unterwerfung‹ transformiert, lässt sich am Verhältnis der aktuellen chinesischen Außenpolitik zu asiatischen und afrikanischen Entwicklungsländern studieren: In Hambantota entstand im Zuge der Initiative *One Belt, One Road* (Neue Seidenstraße) vor einigen Jahren Sri Lankas neuer größter Hafen sowie ein internationaler Flughafen. Nachdem sich die wirtschaftlichen Erwartungen der Regierung Sri Lankas in die beiden gigantischen Infrastrukturprojekte nicht erfüllten und sechs Milliarden US-Dollar an Schulden beim chinesischen Investitionsfonds anfielen, übernahm der chinesische Staatskonzern *China Merchants* 70 Prozent der Anteile am Tiefwasserhafen und umfassende Nutzungsrechte des nahegelegenen Industriegebiets – und zwar für die nächsten 99 Jahre. In Europa investiert China vor allem in Griechenland (Hafen von Piräus), Italien, Ungarn und der Tschechischen Republik. Prompt blockierten die ungarische und griechische Regierung gleich mehrfach eine

letzterem besteht für Zhao der moderne Sündenfall, der allererst zur Instabilität von Herrschaft führe. Ganz im Sinne der gegenaufklärerischen Tradition erklärt er die Moderne zur Zerstörerin einer heilen kosmologischen Ordnung: »Die selbstmörderische Bewegung der Menschheit begann mit der Moderne, mit dem Bestreben des Menschen, zum Subjekt der Schöpfung zu werden, mit dem Versuch, Gott zu werden, es begann damit, dass der Mensch die menschliche Gier erneut zum legitimen Recht erklärte.« (S. 214.) Zwar gehöre der Eigennutz zur »unveränderbaren Natur des Menschen« (S. 106), doch im Gegensatz zur modernen Gesellschaft, die ihn als Prinzip der Vergesellschaftung anerkenne, sei er in der vormodernen patriarchalen Ordnung strikt eingehegt gewesen. Für Konfuzius sei die Verwandtenliebe das Prinzip des Tianxia.[27] Es bestünde Isomorphie zwischen der Sippe und dem allumfassenden Tianxia. Alle Menschen sollten demnach als Teil der Familie begriffen, damit aber auch gemäß der Hierarchie der Familie behandelt werden.[28] Die Logik der Familie umfasse Harmonie, Pflichterfüllung, Frieden; die Logik des Individuums hingegen das Entweder – Oder, Macht, den eigenen Vorteil und Kampf (siehe S. 80).

Die Repatriarchalisierung der internationalen Beziehungen unter (unausgesprochener) chinesischer Vorherrschaft wird somit zum erklärten *telos* von Zhaos Geschichtsphilosophie: »Das antike Tianxia-System der Zhou-Dynastie ist ein netzförmiges System der Überwachung und Kontrolle der Vasallen- und Lehnstaaten durch den Staat des Monarchen. Gemäß der evolutionären Logik der Gene dieses Systems unter der Bedingung der Globalisierung wird das neue Tianxia-System möglicherweise das Netzwerk der globalen Systeme durch eine Institution in gemeinsamem Weltbesitz überwachen und regulieren.« (S. 236.) Bislang habe die Weltgeschichte noch gar nicht begonnen, da die Welt im politischen Sinne noch eine »Nicht-Welt« (S. 181) sei, geprägt durch den Egoismus innerhalb der Staatenkonkurrenz. Die UN sei lediglich eine »Verhandlungsplattform des Systems souveräner Staaten, kein Mechanismus zur Weltregulierung und noch weniger ein politisches Weltsystem« (S. 195). So richtig diese Kritik etwa gegenüber dem Menschenrechtsidealismus eines Jürgen Habermas ist, den Zhao als »geradezu naiv« (S. 193) bezeichnet, so inkonsistent erweist sich sein eigener Begriff von Herrschaft. Zhao argumentiert im Grunde klassisch

gemeinsame Erklärung der EU zur Menschenrechtslage in China. (Siehe dazu: Friederike Böge u. a.: Wer anderen eine Brücke baut. Frankfurter Allgemeine Zeitung, 17. 10. 2018. www.faz.net/aktuell/politik/ausland/wie-china-seinen-einfluss-auf-europa-ausweitet-15532515.html, letzter Zugriff: 25. 9. 2020.)

27 Zhao zitiert Konfuzius außerdem zustimmend darin, dass sich die gute Herrschaft auf die menschliche Empfindung und die Volksseele stützen müsse. Konfuzius hätte die moderne Herrschaft *des Gesetzes* (*rule of law*) abgelehnt und sei stattdessen ein Verfechter der Herrschaft *durch das Gesetz* (*rule by law*) gewesen (siehe S. 79).

28 »Der Idealzustand einer inklusiven Welt ist ›eine Sippe innerhalb der vier Meere‹, was bedeutet, das Tianxia gehört allen Menschen gemeinsam und schafft eine Art familiärer Bindung.« (S. 230.) Diese Vorstellung greift direkt zurück auf den Daoismus des Altertums: »Die Erde als das Tragende verkörperte metaphorisch das mütterlich Nährende und selbstlos Gebende. Der Himmel als das Überwölbende verkörperte metaphorisch das väterlich Anleitende und Kontrollierende.« (S. 62.) Insofern Zhao ungebrochen an diese Tradition einer noch ungetrennten Einheit von Sippe, Religion und Staat anknüpft, behalten Hegels Bestimmungen zum Geist der orientalischen Welt Aktualität: »Das Moment der Subjektivität fehlt daher diesem Staatsganzen ebensosehr, als dieses auch andererseits gar nicht auf Gesinnung basiert ist. Denn die Substanz ist unmittelbar ein Subjekt, der Kaiser, dessen Gesetz die Gesinnung ausmacht. … Dieses Verhältnis nun näher und der Vorstellung gemäßer ausgedrückt ist die Familie. Auf dieser sittlichen Verbindung allein beruht der chinesische Staat, und die objektive Familienpietät ist es, welche ihn bezeichnet. Die Chinesen wissen sich als zu ihrer Familie gehörig und zugleich als Söhne des Staates. In der Familie selbst sind sie keine Personen, denn die substantielle Einheit, in welcher sie sich darin befinden, ist die Einheit des Bluts und der Natürlichkeit. Im Staate sind sie es ebensowenig, denn es ist darin das patriarchalische Verhältnis vorherrschend, und die Regierung beruht auf der Ausübung der väterlichen Vorsorge des Kaisers, der alles in Ordnung hält.« (G. W. F. Hegel: Vorlesungen über die Philosophie der Geschichte. Werke in zwanzig Bänden. Hrsg. v. Eva Moldenhauer und Karl Markus Michels. Bd. 12. Frankfurt am Main 1986, S. 153.) Wenn Xi Jinping vor der UN-Generalversammlung die ›Schicksalsgemeinschaft‹ der Menschheit beschwört, dann ist dies explizit gegen den Begriff des Menschenrechts und dessen Adressat, das Individuum, gerichtet. Die Rede von einer ›Schicksalsgemeinschaft‹ betont ein unverfügbares Naturmoment, gerade nicht das Potential vernünftiger Selbstbestimmung. Die natürliche, noch unentwickelte Gestalt des sittlichen Geistes ist nach Hegel die Familie, kein Individuum sucht sie sich aus freien Stücken aus. In Xis Verständnis ist die Weltgemeinschaft ergo eine große Sippschaft mit einem womöglich chinesischen Patriarchen an oberster Stelle. Ansprüche der Individuen finden hierin keinen Platz. Stattdessen gilt eben »all under the heaven are one family« (siehe Motto).

antiimperialistisch, indem er den Antagonismus von Lohnarbeit und Kapital zum Akzidenz der Staatenkonkurrenz und damit die *Erscheinung* der globalen Machtverhältnisse zum *Wesen* der Herrschaft erklärt. Die Einheit der ökonomischen Klasse, die bei Marx und Engels noch kein Vaterland kennt, verschwindet bei ihm hinter der unterdrückten Nation, die sich auf dem Weltmarkt behaupten muss: »In Wahrheit ist die ›ausgebeutete‹ Bevölkerung innerhalb der USA und der europäischen Staaten im Vergleich zur ausgebeuteten Bevölkerung anderer Weltteile Nutznießer der internationalen Ausbeutung. Die Interessen der Bevölkerungen der USA und Europa sind daher nicht identisch mit denen der anderen Völker der Welt. Erstere sind zwar auch Arbeitende, aber sie gehören nicht der gleichen Klasse an. ... Ein Klassenbegriff, der die internationale Ausbeutung nicht berücksichtigt, ist fragwürdig.« (S. 186.)[29]

In seiner Bestimmung der ›Interessenskonflikte‹ zwischen den Staaten und Völkern bleibt Zhao gänzlich abstrakt. Eine polit-ökonomische Analyse der Interessen innerhalb der Weltmarktkonkurrenz findet bei ihm nicht statt, zumal ihm dafür der Totalitätsbegriff des Kapitals fehlt. Stattdessen verklärt er sie zu »existentiellen Interessen« (S. 193), die sich schlicht und einfach widersprächen. Zhaos an der Erscheinungsebene der gesellschaftlichen Verhältnisse gebildeter Herrschaftsbegriff reproduziert sich, wenn er sich dystopisch eine herannahende globale Diktatur von ›Netzwerken‹ aus Finanz-, Medien- und IT-Konzernen ausmalt und damit lediglich auf Veränderungen der *stofflichen* Gestalt kapitalistischer Reichtumsproduktion reagiert, ohne das der *Form* nach Gleichbleibende im Wandel, die Verwertung des Werts, zu bestimmen: »Finanz-, Medien- und andere Systeme sind zwar gegenwärtig noch teilweise auf Staaten beschränkt, aber was ihre praktische Operationsweise und Zukunft betrifft, werden die netzartigen Machtsysteme ihre Macht erweitern, wie Spinnen ihre Netze knüpfen und durch alle Löcher schlüpfen, um allmählich sämtliche Aktions- und Diskursräume unter ihre Kontrolle zu bringen. Sie werden sämtliche Staaten kidnappen und manipulieren (partiell schon jetzt erkennbar) und deren Regierungen zu Agenten des globalen Finanzkapitals oder der technologischen Systeme machen.« (S. 222.)

Wie so häufig in Debatten um den ›Finanzkapitalismus‹ und die ›Digitalkonzerne‹ zeigt auch Zhao völliges Unverständnis für die prinzipielle Abhängigkeit der Einzelkapitale von einem nationalstaatlichen Souverän, die sich spätestens dann geltend macht, wenn es – etwa in Zeiten globaler Krisen – um die Garantie des Eigentums geht. Ganz im Sinne Foucaults und anderer postmoderner Mystiker tritt das unbegriffene Kapitalverhältnis auch bei Zhao als eine diffuse, nicht näher bestimmbare Macht auf, die durch die Subjekte hindurch wirkt: »Das Problem ist nur, dass Macht schlauer ist als Markt und Demokratie, sie packt jede Gelegenheit beim Schopf, die neue Macht verwendet neue Strategien: Sie kommt zunächst den Wünschen der Massen entgegen, im nächsten Schritt formt sie die Wünsche der Massen, schließlich kontrolliert sie die von den Massen benötigten Dienstleistungen [scheinbar ernähren sich die Menschen nur noch von Dienstleistungen, Anm. M. H.], um am Ende mittels marktkonformer und demokratischer Entscheidungen die Macht einer Diktatur zu etablieren. Die Stärke dieser neuen Diktatur liegt in ihrem parasitären Charakter, ein Parasit, der sich im Markt und der Demokratie festsetzt und sich nicht entfernen lässt.« (S. 219.)

Der Versuchung, den Parasiten zu personalisieren, widersteht Zhao allerdings und hält fest: »Es existiert kein handelndes Subjekt, das dafür Verantwortung übernimmt.« (Ebd.) Im Zweifel kann sich seine Leserschaft selbst ausmalen, wer hinter der ›systemischen Gewalt‹ steckt, die Zhao hier

29 Von Maos Drei-Welten-Theorie inspiriert bemängelt Zhao, dass die ›radikalen Denker‹ in den USA und Europa zwar ›kreative Ideen‹ zur Verbesserung der Lage der eigenen Bevölkerung entwickelt hätten, aber keine Antworten auf globale Ausbeutungsstrukturen gäben: »All die kreativen Ideen, beginnend mit der Marx'schen Vorstellung von der Vereinigung der Proletarier aller Länder bis zu den Vorstellungen der radikalen Denker in jüngster Zeit, wie zum Beispiel Pikettys Vorstellung einer weltweiten Einheitssteuer oder die Vorstellung von Hardt und Negri vom Widerstand gegen den Kapitalismus durch Zusammenschluss der ›Menge‹ (multitude) oder einer Bürgerbewegung zur demokratischen Verwaltung der Allmende, d. h. der gemeinsamen Ressourcen, durch kollektive Selbstverwaltung usw., sind nicht in der Lage, das von Mao Zedong aufgeworfene Problem der Ungleichheit zwischen den ›drei Welten‹ zu beantworten.« (S. 186 – 187.) Dieses Zitat macht nebenbei bemerkt die schlecht akademische Art und Weise, wie Zhao herbeizitierte Theoreme im Modus des *namedropping* abfrühstückt, sehr gut deutlich.

raunend thematisiert.[30] Zhaos Wahn einer sich verselbstständigenden Technik, die dem Menschen mehr und mehr entgleite und die ›Selbstregulierungskräfte‹ des Systems überschreite, führt indes bei ihm nicht zur Apologie der Postmoderne, die für ihn gegenüber der nationalstaatlichen Ordnung und der Hegemonie des Imperialismus vielmehr das Schlimmere darstellt: »Das ist das Narrativ der Moderne. Nur Geduld, sie geht ihrem Ende entgegen, aber die noch schrecklichere postmoderne Kultur ist dabei, im Deckmantel der Heuchelei Kriminalität und terroristische Aktionen zu befördern.« (S. 206, siehe auch S. 213) Zhaos Theorie wendet sich also nicht gegen jegliche Form von Gewaltmonopol, sondern erweist sich als kompatibel mit der von Xi Jinping proklamierten ›Soft Power‹ einer vorgeblich um die ›Schicksalsgemeinschaft‹ der Menschheit bemühten zentralen Ordnungsmacht. Für den akademischen Kulturrelativismus und Postmodernismus bietet Zhaos Abrechnung mit der westlichen Welt- und Werteordnung trotz dieses Seitenhiebs dennoch genügend Projektionsfläche. Zhao teilt mit ihm die Kritik am Universalismus, die Verachtung für das Individuum sowie die Begeisterung für kulturelle Vielfalt und Toleranz bei gleichzeitiger Verharmlosung patriarchaler Gewalt in nichtwestlichen Staaten.[31] Das willkürliche Herbeizitieren von Anachronismen aus der menschlichen Vorgeschichte, die in remythologisierender Manier als Vorbild eines ›neuen Denkens‹ und einer ›neuen Politik‹ angepriesen werden, stellt eine weitere Gemeinsamkeit dar. Zugleich mischt sich der Spiritualismus der Volksseele bei Zhao mit Versatzstücken utilitaristischen Nutzenkalküls und der Spieltheorie, was jedoch lediglich unter Beweis stellt, dass die Grenzen zwischen einem analytischen Positivismus und einem postmodernen Irrationalismus fließend sind.

Obwohl oder gerade weil in seinem Buch fast gar nicht vom modernen chinesischen Staat die Rede ist und Zhao sich sehr darum bemüht, den Ver-

30 Siehe dazu auch: »Die Macht ist unaufhörlich auf der Suche nach geeigneten Mitteln und Räumen, um zu wachsen, sie verwendet ständig neue Formen, um sich dem Spiel anzupassen. Netzförmigkeit ist unter den Bedingungen der Globalisierung ihre ideale Existenzform.« (S. 223.) Am Ende seines Buches fantasiert Zhao gar vom »Übermenschen« und der Gefahr des »Weltuntergangs«: »Das menschliche Streben nach Besitz von Technologien zur Unterwerfung der Natur bei gleichzeitigem Festhalten am Naturzustand des Egoismus bedeutet ein ontologisches Ungleichgewicht, das zur Vernichtung der Menschheit führen kann.« (S. 226.)

31 Am Institut für Philosophie der Universität Wien kommt die kaum verhohlene Begeisterung für den chinesischen Gegenhegemon im akademischen Jargon des ›Fruchtbar- und Produktivmachens‹ von ›Ansätzen‹ daher. Der Beschreibung des Seminars »Zur Relevanz der chinesischen Philosophie«, das im aktuellen Wintersemester stattfindet und in dem auch Zhaos Machwerk gelesen wird, lässt sich Folgendes entnehmen: Da China eine »aufstrebende Supermacht« sei, müsse man nun die philosophischen Traditionen »eines so wichtigen Global Players« studieren. Die »Kritik des Eurozentrismus« sei eine »starke Motivation für das Studium der chinesischen Philosophie und kann eine Quelle für Selbstkritik (!) der westlichen Philosophie sein«. In geheuchelter ›Wertneutralität‹ – denn gute Akademiker ›stellen ja nur Fragen‹ – soll nun »die Debatte eröffnet« werden, »ob diese Ideen produktiv für die westlichen sowie globalen philosophischen Probleme sein könnten«. (https://ufind.univie.ac.at/de/course.html?lv=180075&semester=2020W, letzter Zugriff: 25.9.2020.) In einer anderen Seminarbeschreibung (»Kritische Theorie und Chinesische Philosophie im Gespräch«) hatte derselbe Dozent bereits verkündet, dass »Kritische Theorie« sich »vor allem durch ihren pragmatischen Ansatz in Fragen der Globalisierung« auszeichne. »Lösungen sozialer Probleme« ergeben sich demnach nicht aus der »Reflexion idealer Umstände«, sondern aus »komplexen Lernprozessen«. Nur konsequent also, dass unter Preisgabe jeglicher Reflexion und jeglichen Ideals letztlich nur die Anpassung an die stärkere Macht – in diesem Fall Chinas – das Resultat der ›komplexen Lernprozesse‹ sein kann. Eine akademisch derartig auf den Hund gekommene und zur Denkschablone erstarrte »Kritische Theorie« (in notorischer Großschreibung, die die Verdinglichung bereits sprachlich anzeigt) stellt im Gefolge der Honneths, Saars, Loicks usw. mustergültig unter Beweis, wie leicht sich Pragmatismus, analytische Philosophie und postmoderner Kulturrelativismus miteinander vereinbaren lassen. Sie alle eint die Denunziation eines verbindlichen Wahrheitsbegriffs, worunter zwangsläufig auch die politische Urteilskraft Schaden nimmt. Ganz anders urteilte Horkheimer bereits 1966 über den Aufstieg Chinas zur ›Supermacht‹: »In vieler Hinsicht scheint mir, was in China vorgeht, für die Zukunft des Westens bedeutsamer als die Vorgänge in der Sowjetunion, die ihm mehr und mehr sich angleicht. Daß die Periode der Individualität, als heute unvernünftige, gewissermaßen übersprungen wird, daß die Freundschaft zwischen Einzelnen, am Aufgehen im Kollektiv gemessen, als nebensächlich gilt, ferner der in Fleisch und Blut aufgenommene Pragmatismus, das reine Zweckdenken, das in jedem Wort chinesischer Führer sich bekundet, all das steht am Horizont des Westens, wie sehr man sich bemüht, noch davon wegzusehen.« (Max Horkheimer: Die Zukunft der Ehe. Gesammelte Schriften. Hrsg. v. Alfred Schmidt u. Gunzelin Schmid Noerr. Bd. 8. Frankfurt am Main 1985. S. 287.) Anders als beim Wiener Post-Doc erscheint der Pragmatismus hier – zu Recht – als camouflierte Barbarei. (Den Hinweis auf das Wiener Vorlesungsverzeichnis verdanke ich David Hellbrück.)

dacht zu entkräften, China stünde für ihn als die künftige Weltmacht bereits fest,[32] weiß die Parteiführung sich der passenden Versatzstücke seiner Theorie zu bedienen, um damit unter anderem die *Neue Seidenstraße* als Friedensprojekt zum wechselseitigen Vorteil aller zu bewerben.[33] Die von Zhao propagierte Lehre der Zhou-Dynastie, wonach sich eine kluge Herrschaft nicht durch Gewalt, sondern durch die Erzeugung von Abhängigkeiten erhält – eine in dieser Form definitiv nicht auf die Zhou-Dynastie beschränkte ›Einsicht‹ –, deckt sich mit Chinas Politik der verbilligten Kredite und Auslandsinvestitionen, durch die es sich eine enorme Einflusssphäre schafft und entsprechende Tribute, etwa in Form von Zugeständnissen bei Menschenrechtsverletzungen, dafür verlangt. Zhaos notorische Technikfeindschaft lässt sich indes kaum in Übereinstimmung mit dem ungebrochenen Fortschrittsglauben der KPCh bringen, auch seine Einlassungen zu einer drohenden Konzerndiktatur dürften im Politbüro und ZK wohl eher belächelt werden. Vor allem seine Begeisterung für einen konservativen Konfuzianismus, der einem kontemplativen Verhältnis zur Natur gewiss näher steht als einer weiteren Entfesselung der Produktivkräfte, lässt ihn eher als verstockten Traditionalisten erscheinen und weniger als den kommenden Großraumphilosophen der Kommunistischen Partei. Für ganztägige Symposien an der FU Berlin, eine Vielzahl an Feuilleton-Besprechungen und die Gunst westlicher Friedensapostel reicht Zhaos Eklektizismus aus *rational choice*, Vulgärmarxismus / Maoismus, Pragmatismus und traditioneller chinesischer Philosophie allemal. Ob sein Tianxia-Konzept Xi Jinpings Ansprüchen genügt, die internationalen Fachkreise der Sozialwissenschaften auf die ›rechte Bahn zu bringen‹, sei einmal dahingestellt. Zu einer aufklärerischen Kritik der ›Vergangenheit und Zukunft der Weltordnung‹ – so der Untertitel der deutschen Übersetzung seines Buches – trägt Zhao jedenfalls herzlich wenig bei.

32 »Das heutige China ist ein souveräner Staat, kein Tianxia, Argwohn gegenüber dem heutigen China kann keine Zweifel am Tianxia-System begründen.« (S. 235.)

33 Siehe dazu die Adaption des Tianxia-Konzepts durch das 2017 ins Leben gerufene *Belt & Road News Network*, dem für PR zuständigen internationalen Medienverband der *Belt & Road Initiative*: »What irks the Sinophobes is that Tianxia, as explained by Tingyang and adopted by the current Beijing leadership, striving towards a real ›dynamic equilibrium‹ in international relations, poses a serious challenge to American leadership in both hard power and soft power ... In the end, it's a matter of positioning Tianxia as a superior promoter of ›dynamic equilibrium‹ in international relations in comparison with the Westphalian system.« (www.beltandroad.news/2019/01/12/all-under-heaven-chinas-challenge-to-the-westphalian-system, letzter Zugriff: 25. 9. 2020.) Eine Korrektur nahm die Nachrichtenplattform einige Monate später vor, als sie das Tianxia-Modell und das westfälische Modell souveräner Nationalstaaten als durchaus miteinander kompatibel bestimmte, denn offenbar kamen Sorgen auf, Tianixa als eine Weltpolitik verstanden könne als Untergrabung der nationalen Souveränität Chinas interpretiert werden. Stattdessen wird nun herausgestellt, dass das Verbot der Einmischung in nationale Angelegenheiten ein entscheidender und zu bewahrender Fortschritt des westfälischen Staatensystems sei: »... there is something dangerously false embedded in Zhao's thesis which needs to be exposed. The fact is that Tianxia is not only in complete harmony with the principle of Westphalia, but that the decay of western values into the Hobbesian mess of total war and economic manipulation is not due to anything within the Treaty of Westphalia but rather in spite of it.« (www.beltandroad.news/2019/07/21/the-harmony-between-tianxia-westphalia, letzter Zugriff: 25. 9. 2020.) Es zeigt sich: Auf welchen theoretischen Bezugsrahmen die Parteiführung ihre Propaganda gründet, bleibt immer auch eine Frage des Machtkalküls und damit letztlich willkürlich.

Thorsten Fuchshuber

Jargon des Ausnahmezustands: Pandemie und Staatssubjekt Kapital

> Wie wenn der mit dem Reagens befeuchtete Schwamm über eine mit sympathetischer Tinte angefertigte Schrift fährt und die längst vorhandenen Züge in voller Deutlichkeit erscheinen lässt, so bringt das Hereinbrechen einer schweren Seuche der Gesellschaft ihre eigenen Zustände, die sie längst kennt, aber vor denen sie gewaltsam die Augen zu schliessen gewohnt ist, zu grellem Bewusstsein.
>
> Victor Adler, *Cholera und Sozialpolitik*

Im Sommer 1892 muss es in Hamburg ein wenig zugegangen sein wie im Frühjahr 2020 in Bergamo oder in New York. Rasend schnell verbreitete sich die Cholera in der Hansestadt. Schon nach einer Woche waren mehr als 1100 Menschen an der Seuche erkrankt und 455 gestorben; aus Rücksicht auf die Wirtschaft gab man die Zahl der Toten damals jedoch nicht bekannt. Wer es sich leisten konnte, verließ die Stadt. Zwar wurde die Krankheit primär über verunreinigtes Trinkwasser übertragen, doch auch eine Übertragung von Mensch zu Mensch war möglich. Betroffen waren in erster Linie die ärmeren Bevölkerungsteile, deren Wohnsituation es erschwerte, die notwendigen Hygieneregeln zu befolgen.

Um die weitere Ausbreitung der Krankheit einzudämmen, ließ die Reichsregierung den Hamburger Hafen schließlich komplett abriegeln und entsandte den Berliner Bakteriologen Robert Koch in die Stadt. Der verfügte umgehend die Schließung aller Schulen und ließ Veranstaltungen verbieten: »Handel und Verkehr brachen zusammen, die Werften stellten den Betrieb ein. Als die Kapazität der Krankenhäuser erschöpft war, wurden Cholera-Baracken errichtet. Die Toten wurden in eigens eingerichteten Leichenhallen gesammelt und nachts mit Möbelwagen zum Hauptfriedhof Hamburg-Ohlsdorf gefahren. Die Medicinal-Behörde ließ Plakate kleben und Flugblätter mit Verhaltensregeln an die Bevölkerung verteilen. Sanitärkolonnen desinfizierten ... die verseuchten Quartiere.«[1]

Für den österreichischen Sozialdemokraten Victor Adler stand damals außer Frage, dass die in Hamburg zu beobachtende Gesundheitskrise und ihre unmittelbaren hygienischen Bedingungen nur mit Hilfe der staatlichen Gewalt zu bewältigen seien, denn nur dem Staat stehe die Macht zur Verfügung, »die Widerstände, welche städtischer Krämergeiz und kurzsichtige Kirchthurmpolitik bereiten, zu beseitigen«[2]. Wenigstens die Behebung der gröbsten Mängel dürfe man nun erwarten, allen voran die bislang fehlende staatliche Organisation der Gesundheitspflege inklusive eines Seuchengesetzes sowie »einer wirksamen, mit Befugnis der Kontrolle und Exekutive ausgestatteten Reichsgesundheitsbehörde«.[3]

Adler sah wohl, dass die hektische Betriebsamkeit, die nun bei der Reform der öffentlichen Gesundheitspflege an den Tag gelegt wurde, eher aus dem »plötzlichen und erschreckenden Auftreten der Epidemie und dem akuten Verlaufe der Krankheit am Individuum« resultierte als aus ihrer Gefährlichkeit: »Diese Wirkung der Epidemien und insbesondere der Cholera ist keineswegs bedingt durch die Zahl der Opfer, welche sie heischt. Ohne Zweifel verfallen allein der Tuberkulose weit mehr Menschenleben, als die furchtbarste Choleraepidemie vernichtet«, so der in Wien tätige Armenarzt, der ergänzte, dass beide Erkrankungen sowieso hauptsächlich eine »Proletarierkrankheit«[4] seien. Gleichwohl erkannte er in der Situation auch ein Moment, das zu nützen sei, denn mit dem durch die Epidemie ausgelösten Schrecken habe sich bei Staat und Besitzenden »die psychologische Disposition zur Sozialreform« vorübergehend erhöht,[5] was »sie eingreifenderen hygienischen Massnahmen geneigt macht, auch wenn sie einige Kosten verursachen sollten«.[6] Dies habe eine »gar nicht zu unterschätzende sozialpolitische Bedeutung«.[7]

Über die Rolle des Staates und die Perspektiven vor allem der armen Bevölkerungsteile machte sich Adler allerdings für einen Sozialdemokraten erstaunlich wenig Illusionen. Ihm war klar, dass die nun hektisch ausgebaute staatliche Gesundheitsfürsorge den Armen und Proletariern nur deshalb zuteilwurde, weil von ihnen und ihren Wohnquartieren auch eine Gefahr für die Gesundheit der Bourgeoisie ausging, wenn die Cholera sich in den hygienisch unterversorgten und überbevölkerten Vierteln erst einmal ausgebreitet hatte. Zu einer tiefgreifenderen Verbesserung der Lebensverhältnisse der armen Bevölkerungsschichten werde es aber nicht kommen, da zwar »der Staat ohne seinen Klassencharakter irgendwie zu gefährden in der Lage wäre, das ›Recht auf Existenz‹ heute schon zu verwirklichen«[8], jedoch die Gefahr, »welche die noch so dürftige Verwirklichung eines Existenzminimums für die Intensität der kapitalistischen Ausbeutung mit sich führt, wird den Besitzenden noch immer eine grössere und dringendere erscheinen« als jede Bedrohung durch eine Epidemie.[9]

1 Victor Adler: Cholera und Sozialpolitik. In: Victor Adler; Friedrich Engels: Briefwechsel. Hrsg. v. Gerd Callesen u. Wolfgang Maderthaner. Berlin 2011, S. 156–159, 156f.
2 Ebd. S. 158.
3 Ebd. S. 157.
4 Ebd. S. 156.
5 Ebd. S. 158.
6 Ebd. S. 157.
7 Ebd.
8 Ebd. S. 158.
9 Ebd. S. 159.

Dennoch begrüßte der mit Friedrich Engels befreundete Adler damals die staatliche Institutionalisierung der Gesundheitsfürsorge, auch wenn er sie als prekäre, zwiespältige, vor allem jedoch zu spät kommende soziale Errungenschaft ansah. Rund achtzig Jahre später sah sich der selbe Sachverhalt vom französischen Philosophen Michel Foucault als bloßes Machtinstrument desavouiert, in dem sich der Übergang von der feudalen Herrschaft zur bürgerlichen Gesellschaft kristallisiere: Die Willkür des Souveräns, die Tötung der ihm Untergebenen zu bestimmen, werde abgelöst von der »Macht, Leben zu machen«, wie der Philosoph es formulierte.[10] Der Körper werde zum biologischen Schlachtfeld der Politik, die mittels der staatlich institutionalisierten Gesundheitspolitik Zugriff auf die Individuen in ihrer Gesamtheit erlange, ja den menschlichen Körper überhaupt erst definiere – und zwar nach Maßgabe des Souveräns. Zwar scheint in manchen Ausführungen von Foucault noch durch, dass er damit letztlich den Prozess im Auge hatte, den Marx als reelle Subsumtion der Arbeit unter das Kapital bezeichnet hat: die Träger der Ware Arbeitskraft sehen sich demnach in jeder Hinsicht der Transformation in ein Verwertungsmittel des Kapitals unterworfen – auch mit Mitteln staatlicher (Gesundheits-) Politik. Das diesem Transformationsprozess zugrundeliegende Verhältnis von Staat und Kapital wird bei Foucault jedoch nicht thematisiert; stattdessen verschwinden beide im Begriff der Macht beziehungsweise der Biopolitik. So kann Foucault einen modernen Begriff des Souveräns, der über den Monarchen des Absolutismus hinausreicht und das Kapitalverhältnis miteinschließt, gar nicht entwickeln. Dieses Unvermögen teilen viele, die sich in seiner Nachfolge auf ihn beziehen: Gesellschaftskritik wird auf die Kritik der (Bio-) Politik reduziert – wie auch anhand der aktuellen Krise deutlich wird.

War also Victor Adler damals sichtbar bemüht, die Choleraepidemie von 1892 und den Versuch ihrer Eindämmung innerhalb des Verhältnisses von Staat und Kapital zu deuten, findet man bei den Kritikern der staatlichen Maßnahmen zur Bekämpfung der Coronapandemie heute davon in der Regel keine Spur. Stattdessen wird unter Verweis auf Michel Foucault, Carl Schmitt und Giorgio Agamben über den Ausnahmezustand geschrieben, als habe es nie eine Kritik der politischen Ökonomie gegeben.[11] So kommt es dann auch, dass die sozialen Auswirkungen der staatlichen Pandemiebekämpfung in solchen Texten nicht selten nur Randnotizen bilden, obwohl gerade in dieser Hinsicht vieles skandalös war und auch weiterhin ist.[12] Die Aufarbeitung all dessen scheint für die Staatskritiker vom Schlage Agambens kaum von Interesse zu sein. Das liegt indes nicht allein daran, dass dergleichen detailreich und daher mühsam ist, was im Übrigen auch für die Frage gilt, wie umfassend die oft behauptete Präzedenzlosigkeit der Einschränkung oder gar Aufhebung der bürgerlichen Grundrechte im Einzelnen und je nach Land tatsächlich war.[13] Das Desinteresse für die mit der Seuche »in voller Deutlichkeit« hervortretenden sozialen Zustände der Gesellschaft, »die sie längst kennt, aber vor denen sie gewaltsam die Augen zu schliessen gewohnt ist« (Victor Adler), ist durchaus systematisch und konsequent.

10 Michel Foucault: Der Wille zum Wissen. Sexualität und Wahrheit 1. Frankfurt am Main 1983, S. 165.

11 Dabei hat selbst Foucault staatliche Souveränität und ihre Manifestationen zumindest hier und dort noch stärker auf die Ökonomie bezogen, als dies in aktuellen Bezugnahmen auf ihn meist geschieht.

12 Der Lockdown wirkte in vielerlei Hinsicht als massiver Verstärker ohnehin bestehender gesellschaftlicher Missstände: Kinderbetreuung, häusliche Gewalt, Bildung, Wohnungsnot etc. – bei Beginn der Beschränkungen sah sich jeder Haushalt mit den jeweils zur Verfügung stehenden räumlichen, technischen, finanziellen, familiären und sonstigen Ressourcen weitgehend auf sich allein gestellt, auf Gedeih und Verderb. Die Situation von Flüchtlingen und Obdachlosen verkam mehr denn je zur Randnotiz, und zumindest in Ländern wie Spanien und Belgien wurden die Alten in ihren Seniorenresidenzen, aus Furcht vor einer mangelnden Kapazität der Intensivpflegestationen, aber auch mangels elementarer Schutzbekleidung für das Personal, regelrecht geopfert. Gleichzeitig wurden sie dort mit dem Wegfall aller Sozialkontakte, Unterhaltungs- und Therapieprogramm endgültig zu Insassen reduziert, was vielen binnen weniger Wochen jeden Lebenswillen raubte. Die Krankenversorgung jenseits der Corona-Maßnahmen war nur noch sehr prekär gewährleistet, sofern die Betroffenen aus Angst vor Ansteckung nicht ohnehin die körpereigenen Warnsignale lebensbedrohlicher Erkrankungen ignorierten. Und genau wie zu Adlers Zeiten finden sich die Armen überdurchschnittlich unter den Schwerkranken und Toten.

13 Darüber wurde beispielsweise bereits seit Anfang März 2020 kontrovers auf »verfassungsblog.de« diskutiert.

Ein beliebtes Motiv dieser Sorte Staatskritik ist die Hypothese, die autoritäre Mobilmachung gehe in Corona-Zeiten mit der staatlich organisierten Krankmachung der Bevölkerung einher. Wo jede und jeder als potenzieller Überträger des Virus zu betrachten sei, gälten letztlich alle als nicht gesund. Auch das geht auf Foucault und sein »Biopolitik«-Paradigma zurück. Allerdings wissen auch eingefleischte Fans des französischen Meisterdenkers, dass die staatliche Gesundheitsfürsorge nicht erst seit der Pandemie mehr schlecht als recht funktioniert, wobei es nationale Unterschiede gibt.[14] Die vermeintliche »Macht, Leben zu machen« des Souveräns sieht sich daher nicht selten bis auf die Knochen an der Realität blamiert. Um dem mit dieser Schlappe verbundenen Legitimitätsverlust zu entgehen, müsse der Staat das Leben umso energischer zum höchsten Wert erheben, so die an Foucault anknüpfende Staatskritik. Zur Biomacht gesellt sich daher bisweilen die »Biolegitimität«[15].

Das könne man nun auch angesichts der Coronakrise erleben, und zwar als Moralisierung der Politik: Was praktisch nicht gelinge, die Rettung von Leben um jeden Preis, werde derart moralisch überhöht, dass es nicht mehr hinterfragt werden kann. Habe man der Bevölkerung diesen Fetisch einmal erfolgreich untergejubelt, lasse sich auch über die Sinnhaftigkeit einzelner Corona-Maßnahmen nicht mehr streiten. Denn sie sind ja alle dem unbedingten, höchsten Wert des Lebens verpflichtet – und dieser sei als moralischer Imperativ der Debatte entzogen. So betrachtet, betreibt der Staat den ganzen, in Wahrheit wenig wirksamen, gesundheitspolitischen Aufwand also in erster Linie, um sich selbst zu legitimieren. Ähnlich selbstzweckhaft wird mit Foucault auch der im Zuge der Coronakrise ausgerufene Notstand analysiert: als Angriff auf das Recht und als Test, wie sehr – oder eher: wie wenig – die meisten wirklich an ihrer Freiheit und ihren Grundrechten hängen, hat sie erst einmal die Angst um ihr »nacktes biologisches Leben« im Griff.[16]

Krankheit und Kapital

Für Giorgio Agamben wurde mit den staatlichen Anordnungen zur Bekämpfung der aktuellen Pandemie und ihrer Befolgung nicht weniger als »die Schwelle, welche die Menschlichkeit von der Barbarei trennt, überschritten«[17]. Möglich wurde das, so Agamben in Variation seiner Grundthese einer Trennung von ›natürlichem Leben‹ (Zoe) und ›politischem Leben‹ (Bios), »weil wir die Einheit unserer Lebenserfahrung, die immer zugleich körperlich und geistig ist, in eine bloss biologische Einheit einerseits und in ein affektives und kulturelles Leben andererseits aufgespalten haben. Der Philosoph und Theologe Ivan Illich hat gezeigt, welche Verantwortung der modernen Medizin in dieser Spaltung zukommt.«[18]

Agamben propagiert angesichts der von ihm konstatierten Trennung von natürlichem und politischem Leben eine Form der Unmittelbarkeit, die eben nicht das »Eingedenken der Natur im Subjekt« meint, »in dessen Vollzug die verkannte Wahr-

14 »So liefert die Statistik der Toten in der Pandemie auch die Bilanz der Sparmaßnahmen, die von der weltweiten Konkurrenz der Staaten der jeweiligen Gesundheitsversorgung verordnet worden waren, um diese überhaupt noch finanzieren zu können.« (Gerhard Scheit: Pandemie und Weltmarkt. In: sans phrase 16/2020, S. 7.)

15 Siehe Didier Fassin: Biopouvoir ou biolégitimité? Splendeurs et misères de la santé publique. In: Marie-Christine Granjon: Penser avec Michel Foucault. Théorie critique et pratiques politiques. Paris 2005, S. 161–182.

16 Giorgio Agamben: Wir sollten uns weniger sorgen und mehr denken. Neue Zürcher Zeitung, 7. 4. 2020; www.nzz.ch/feuilleton/giorgio-agamben-ueber-das-coronavirus-wie-es-unsere-gesellschaft-veraendert-ld.1547093.

17 Die Verantwortlichen für die Coronamaßnahmen rufen bei ihm, der sich sehr wohl bewusst ist, was er hier zum Jargon gerinnen lässt, die Erinnerung an Adolf Eichmann wach, der »nicht zu wiederholen aufhörte, dass er, was er getan hatte, aufgrund seines Gewissens getan habe«. Giorgio Agamben: Zum Umgang der liberalen Demokratien mit dem Coronavirus: Ich hätte da eine Frage. Neue Zürcher Zeitung, 15. 4. 2020; www.nzz.ch/feuilleton/coronavirus-giorgio-agamben-zum-zusammenbruch-der-demokratie-ld.1551896.

18 Ebd. Die von dem ehemaligen katholischen Priester Ivan Illich formulierte Kritik des Gesundheitswesens orientiert sich auf den ersten Blick viel eher an den Spezifika der Kapitallogik und wirkt daher materialistischer als die existenzialontologischen Betrachtungen des italienischen Philosophen Giorgio Agamben; Illich wurde daher auch im Zuge der Coronakrise hier und da zitiert. Bei näherer Betrachtung liefern jedoch beide eine antimoderne Philosophie der Lebenskunst. Siehe Ivan Illich: Die Nemesis der Medizin. Von den Grenzen des Gesundheitswesens. Reinbek 1977.

heit aller Kultur beschlossen liegt«[19] und in dem die Natürlichkeit der je individuellen Existenz als Voraussetzung ihres ›affektiven und kulturellen Lebens‹ reflektiert ist. Anstatt also die cartesianische Trennung von Körper und Geist als in sich vermittelt aufzuweisen, insofern somatisch-triebhafte Elemente einer jeden individuellen wie kooperativ erwirkten Kulturleistung eingeschrieben sind, zielt er regressiv auf einen Zustand, in dem »das Leben, das man lebt, und das Leben, durch das man lebt, restlos ineinander aufgehen«.[20]

Angesichts dieser Ideologie des »homo sacer« ist es wenig verwunderlich, dass die von der Virusinfektion betroffenen Menschen in Agambens Corona-Texten als auf das Leben orientierte Leidende und Kranke gar nicht vorkommen, sondern nur als »Körper und tote Personen«[21]. Denn nur indem der Philosoph je individuelle Leidensgeschichten ignoriert und vergessen macht, kann er verdrängen, dass der von ihm phantasierte Idealzustand, den er verewigen will, unter der prekären Voraussetzung steht, nicht krank zu sein. »Die Gesundheit, als der identische Zustand, vergisst sich von selbst, da ist gar keine Beschäftigung mit dem Körper; diese Differenz beginnt erst in der Krankheit«, hatte Marx hierzu in den *Heften zur epikureischen, stoischen und skeptischen Philosophie* geschrieben.[22] Totalisiert wird die von ihm bezeichnete Differenz laut Jean Améry in der Folter. In seinem Text über die von ihm in SS-Haft erlittene Tortur schreibt Améry: »Wer nämlich in der Folter vom Schmerz überwältigt wird, erfährt seinen Körper wie nie zuvor. Sein Fleisch realisiert sich total in der Selbstnegation. Teilweise gehört die Tortur zu jenen Lebensmomenten, wie sie in gemilderter Form auch schon dem hilfserwartenden Patienten präsent und bewußt werden, und das populäre Wort, nach welchem es uns gut geht, solange wir unseren Körper nicht spüren, spricht in der Tat eine unbestreitbare Wahrheit aus.«[23] Agamben jedoch will von all dem nichts wissen. Nicht zufällig kommt bei ihm, indem er die Figur des Muselmanns[24] aufgreift, die Marter in den Konzentrations- und Vernichtungslagern auch nicht hinsichtlich der Quälbarkeit des Leibes in den Blick. Was zählt, ist allein das Resultat, und das ist beim Biopolitiker der zerstörte Körper. Der »Muselmann« ist der »wandelnde Leichnam«, der »lebendige Tote«. So wenig solche Umschreibungen jedoch angesichts der »wirklichen Menschen, die so bezeichnet wurden« etwas darüber aussagen, wie sie das ihnen zugefügte Leid erfahren haben und was ihnen tatsächlich widerfahren ist,[25] sowenig ist bei Agamben auch über das Leid der Hilfe erwartenden Covid-19-Erkrankten, ihre Atemnot und Erstickungsangst sowie über jene gesagt, die sich vor einer gefährlichen und neuartigen Krankheit fürchten. Wie der Muselmann firmieren sie bloß als Exemplare

19 Max Horkheimer; Theodor W. Adorno: Dialektik der Aufklärung. Max Horkheimer: Gesammelte Schriften. Hrsg. v. Alfred Schmidt u. Gunzelin Schmid Noerr. Bd. 5. Frankfurt am Main 2003, S. 64.

20 Zitiert aus: Thomas Assheuer: Rette das Feuer des Seins! Zeit Online, 17.6.2020; www.zeit.de/2020/26/giorgio-agambens-studie-der-gebrauch-der-koerper. Siehe in der englischen Ausgabe: Giorgio Agamben: The Use of Bodies. Stanford 2016, S. 227. Im abschließenden Teil seiner »Homo Sacer«-Reihe denkt Agamben darüber nach, wie eine Einheit von »bios« und »zoé« (wieder) hergestellt werden kann, anstatt jenes nur diesem zu unterwerfen. Das Buch, in dem Agamben anzudeuten versucht, was er sich unter Leben idealerweise vorstellt, ist jüngst unter dem Titel *Der Gebrauch der Körper* auch auf Deutsch erschienen und zum Teil auf erstaunlich harsche Kritik gestoßen: Agambens Vision sei »eine Idee, aus der bestenfalls der Radikalismuskitsch älterer Künstler-Avantgarden spricht – und schlechterenfalls das reaktionäre Verlangen nach einer Ästhetisierung der Politik«, urteilte ein Rezensent (Jens Balzer: Pessimismus in geistigen Höhen. Deutschlandfunk, 30.7.2020; www.deutschlandfunkkultur.de/giorgio-agamben-der-gebrauch-der-koerper-pessimismus-in.1270.de.html?dram:article_id=481275). Noch schärfer die *Zeit*: »Das rettende Element ist Platons Wächterrat, jene ›nächtliche Versammlung‹ aus weisen Männern, die aufpasst, dass Politiker nicht gegen ewige Seinswahrheiten verstoßen und tiefe Kenntnis haben vom Leben und vom Sterben. Im Iran nennt man sie Ajatollahs.« (Thomas Assheuer: Rette das Feuer des Seins! Zeit Online, 17.6.2020; www.zeit.de/2020/26/giorgio-agambens-studie-der-gebrauch-der-koerper.)

21 Agamben: Zum Umgang der liberalen Demokratien (wie Anm. 17).

22 Karl Marx: Hefte zur epikureischen, stoischen und skeptischen Philosophie. Marx-Engels-Werke (MEW). Bd. 40. Berlin/DDR 1973, S. 93–139, S. 99.

23 Jean Améry: Die Tortur. Werke. Bd. 2. Hrsg. v. Gerhard Scheit. Stuttgart 2002, S. 74.

24 Lagersprache für jene, die in der Wahrnehmung ihrer Mithäftlinge jeden Lebenswillen verloren und laut Agamben selbst ihre menschlichen Instinkte eingebüßt haben. Siehe Giorgio Agamben: Homo Sacer. Die souveräne Macht und das nackte Leben. Frankfurt am Main 2002, S. 194.

25 Gerhard Scheit: Philosophie der Selbstentwaffnung: Von Emmanuel Lévinas zu Giorgio Agamben: In: sans phrase 12/2018, S. 99.

»nackten Lebens«, weswegen Agamben in den medizinkritischen Abschnitten des »Homo Sacer« auch insbesondere vom Reanimationsraum spricht, wo das Leiden stumm bleiben muss und die metaphysischen Bahnen des Philosophen nicht stört. Wer sich dort finde, sei eigentlich auch nicht mehr am Leben, sondern nur mehr »ein Tod in Bewegung«[26]. Um diesem Schicksal zu entrinnen, empfiehlt Agamben unter Verweis auf »Franziskus, der die Leprakranken umarmte«, die Bereitschaft zum Märtyrertum.[27]

Je nach Beruf sehen sich viele nicht zuletzt an ihrem Arbeitsplatz gezwungen, sich an Franziskus zu orientieren. Das allerdings gilt längst nicht nur für die skandalösen Zustände in der deutschen und amerikanischen Fleischindustrie und auch selbstverständlich nicht erst in Zeiten von Corona, hat sich durch die Pandemie jedoch erneut auf drastische Weise verschärft. Karl Marx hat den Zusammenhang im *Kapital* unter der Überschrift »Ersparnis an den Arbeitsbedingungen auf Kosten der Arbeiter« ausführlich erörtert, darunter auch das »massenhafte Zusammenarbeiten in geschloßnen Räumen und unter Umständen, für die nicht die Gesundheit der Arbeiter, sondern die erleichterte Herstellung des Produkts entscheidend ist – es ist diese massenhafte Konzentration in derselben Werkstatt, die einerseits Quelle des wachsenden Profits für den Kapitalisten, andrerseits aber auch, wenn nicht kompensiert sowohl durch Kürze der Arbeitszeit wie durch besondere Vorsichtsmaßregeln, zugleich Ursache der Verschwendung des Lebens und der Gesundheit der Arbeiter ist.«[28]

Würde Agamben sich für derlei Zusammenhänge interessieren, käme er womöglich darauf, dass die staatlich organisierten Maßnahmen zur Bekämpfung der Pandemie auch dort, wo sie in der Tat mit gravierenden ökonomischen Konsequenzen einhergingen, in erster Linie dazu dienten, die Arbeitskraft zu schützen und zu erhalten, jedoch beileibe nicht um jeden Preis. Vielmehr ging es darum, die Voraussetzungen zur Kapitalverwertung aufrecht zu erhalten, wozu auch die Arbeitskraft zählt – aber eben nur mehr oder weniger prekär, wie während der Pandemie zu beobachten war. Dass sich hinter dem mehr oder weniger neben dem Resultat von Arbeitskämpfen auch der politische Souverän verbirgt, der vom »automatischen Subjekt« (Marx) des Kapitals als dessen andere Seite eben durchaus auch zu unterscheiden ist, bleibt Agamben verborgen, der, statt auch nur oberflächlich auf den Zusammenhang von (Bio-) Politik und Ökonomie einzugehen, lieber abstrakt über den Ausnahmezustand referiert. Denn der Staat sei seiner Sache ja längst überführt und dabei, auf der Angst der Menschen eine neue Despotie zu gründen.[29] Doch wie sich noch zeigen wird, gründet Agambens Freiheitspathos nicht weniger als sein Aufruf zum Märtyrertum auf dem Standpunkt einer von allen Fesseln befreiten Verwertung des Kapitals.

Exkurs über den Leviathan der Angst

Metaphorisch adäquat ausgedrückt ist der durch die Coronapandemie forcierte »neue Despotismus«[30] laut Agamben als »der monströse Leviathan mit seinem gezückten Schwert«.[31] Doch der italienische Philosoph ist längst nicht der einzige, der seine Kritik an der staatlichen Gesundheitspolitik während der Pandemie unter Verweis auf Thomas Hobbes' Staatsphilosophie formuliert.[32] Exemplarisch lässt sich

26 Agamben: Homo Sacer (wie Anm. 24), S. 195.

27 Agamben: Zum Umgang der liberalen Demokratien (wie Anm. 17).

28 Karl Marx: Das Kapital. Dritter Band. Marx-Engels-Werke (MEW). Bd. 25. Berlin/DDR 1978, S. 102.

29 Giorgio Agamben: Der Notstand erlaubt alles, die Ethik hingegen dankt ab. Wohin führt das? Neue Zürcher Zeitung: 5. 5. 2020; www.nzz.ch/feuilleton/giorgio-agamben-der-notstand-erlaubt-alles-die-ethik-dankt-ab-ld.1553878. Dabei wirft Agamben durchaus Fragen auf, die für sich genommen triftig sind und dringend der Klärung bedürfen, wie etwa die mangelhafte Vorbereitung auf eine längst vorhersehbare Pandemie, ob also die Menschen auch »in ihren Häusern isoliert werden, weil man die schwerwiegenden Verantwortlichkeiten bzw. Versäumnisse der verschiedenen Regierungen auf die Bevölkerung abwälzen will«. Die Antwort darauf scheint Agamben allerdings gar nicht zu interessieren, denn die Coronakrise dient ihm in Wahrheit ja nur als Darstellungsmaterial seiner bereits vor Jahren ausformulierten Großtheorie.

30 Agamben: Der Notstand erlaubt alles (wie Anm. 29).

31 Agamben: Wir sollten uns weniger sorgen und mehr denken (wie Anm. 16).

32 Die argumentative Bezugnahme auf den englischen Philosophen und Staatstheoretiker ist dabei sehr unterschiedlich. Siehe etwa David Lay Williams: What would Hobbes say about

das an der Argumentation des Luxemburger Psychoanalytikers und Philosophen Thierry Simonelli zeigen. Auch dieser lässt den Zusammenhang von Politik und Ökonomie in seiner Analyse des von ihm konstatierten coronabedingten Ausnahmezustands außen vor. Stattdessen präsentiert er die Angst als Motor der Herrschaftsgeschichte. Eine der wichtigsten Funktionen des Staates sei es demnach, die diffusen Ängste der Bevölkerung zu kanalisieren: »Das ›Gewaltmonopol‹ des Staates, das sich in der Form des Souveräns darstellt, ist somit auch immer zugleich ein Angstmonopol«, so Simonelli im Luxemburger *Tageblatt*.[33]

Das mag gut klingen. Merkwürdig ist jedoch, dass der Zusammenhang von Angst und Politik ohne jede nähere Bestimmung der je konkreten gesellschaftlichen Verhältnisse auszukommen scheint. Vom englischen Bürgerkrieg des 17. Jahrhunderts über den Nationalsozialismus bis in die Gegenwart lässt sich alles gesellschaftliche Geschehen scheinbar mühelos der Angst als Movens der Herrschaft unterordnen; einer Herrschaft, die sich, wie bei Foucault die Macht, gleichsam als Selbstzweck reproduziert. Damit scheint dann auch über den Staat und staatliches Handeln das meiste bereits gesagt. Eine nähere Betrachtung dessen, weshalb der Staat in einer bestimmten Situation den Ausnahmezustand verhängt, erscheint in solchen Staatskritiken überflüssig, weil ihr Gehalt ohnehin tautologisch ist: Der Staat macht das, weil er der Staat ist – er macht es schlichtweg, weil er es kann. Kein Wunder, dass Carl Schmitt nachgerade zum Hohepriester einer solchen Staatskritik avanciert, hat er diese Tautologie doch in die vielzitierte Formel gegossen, die bedeutungsvoll, dunkel und doch analytisch klingt: »Souverän ist, wer über den Ausnahmezustand entscheidet.«[34] – Wer kann, der kann.

Zieht man aber die konkrete gesellschaftliche Konstellation in Betracht, vor deren Hintergrund die jeweiligen staatstheoretischen Überlegungen der von Simonelli in seiner Kritik des coronabedingten Ausnahmezustands angeführten Thomas Hobbes, Carl Schmitt und Franz Neumann entstanden sind, stellt sich die Sache etwas komplexer dar.

Bei Thomas Hobbes nämlich ist es zwar durchaus so, dass es die Angst vor dem Tod ist, die politische Einheit schafft und den Staat begründen soll, wie von Simonelli prägnant gefasst. Der Grund für die Angst allerdings, von der Hobbes ausging, war keineswegs so unbestimmt, wie der Luxemburger Psychoanalytiker glauben machen will.[35] Vielmehr war es die Furcht vor dem drohenden Bürgerkrieg in England, die Hobbes' staatstheoretische Schriften motivierte, angesichts der Religionskriege in Europa und den ständigen Versuchen der geistlichen Macht, diese auch im weltlichen Bereich auszuüben. Für Hobbes konnte das nur in Aufruhr und Chaos enden, weshalb er auch dafür plädierte, dass der Souverän über das Glaubensbekenntnis seiner Untertanen zu bestimmen habe. Politische Einheit sollte also nicht zuletzt den religiösen Zwist beenden und die Gefahr des Bürgerkriegs reduzieren. Insofern kann der Staat, wie er Hobbes vorschwebt, tatsächlich als Angst- und Gewaltmonopol betrachtet werden, aber im Sinne einer die Angst und Gewalt im Inneren reduzierenden Macht. Was er so verstanden liefert, ist nicht etwa ein Machiavellismus, der auf Angst basiert, vielmehr schreibt er mit seinem 1651 erschienenen *Leviathan* gegen diese an. Bei solchen geschichtsphilosophischen Betrachtungen die grundlegenden gesellschaftlichen Transformationsprozesse auszublenden ist daher problematisch. Hobbes lebte unter merkantilistischen Verhältnissen, zu einer Zeit also, als sich bürgerliche Gesellschaft und kapitalistische Ökonomie erst auszudifferenzieren begannen und

the pandemic? Governments should protect lives – and help the poor. The Washington Post, 18. 5. 2020; www.washingtonpost.com/politics/2020/05/18/what-would-hobbes-say-about-pandemic-governments-should-protect-lives-help-poor; Christian Oliver: Of Leviathan and lockdowns. In: politico, 30. April 2020, www.politico.eu/article/thomas-hobbesof-philosophy-coronavirus-leviathan-and-lockdowns; Bascha Mika: »Widerwille und Trotz werden zunehmen« – Corona als Gefahr für die Demokratie? Interview mit dem Historiker Paul Nolte. Frankfurter Rundschau, 14. 7. 2020, www.fr.de/politik/corona-krise-gefahr-demokratie-interview-historiker-paul-nolte-13631157.html.

33 Thierry Simonelli: Die Politik der Angst. Tageblatt, 24. 4. 2020, www.tageblatt.lu/politik/die-politik-der-angst.

34 Carl Schmitt: Politische Theologie. Vier Kapitel zur Lehre von der Souveränität. Berlin 2004, S. 13.

35 Simonelli schreibt: »Erst aus der Todesangst, aus der *unbestimmten* Angst vor den anderen Menschen und vor der unerkannten und unverstandenen Natur heraus vereinen sich die Scharen und Massen der Individuen unter der Alleinherrschaft eines Souveräns.« (Wie Anm. 33; Hervorhebung nicht i. O.)

noch mit vorbürgerlichen Formen der gesellschaftlichen Organisation und Reproduktion koexistierten. Die politische Einheit zielte bei Hobbes mit der Beendigung von Bürgerkrieg und Angst daher zugleich auf die Schaffung von Bedingungen ab, die dem Handelskapitalismus zur freien Entfaltung verhalfen. Die Zwecksetzung der politischen Vergesellschaftung war bei ihm deutlich erkennbar auch eine ökonomische, der Staat war bereits aufs Kapital verwiesen.

Hobbes ging im Übrigen davon aus, dass es sich bei dem Glaubensbekenntnis, das der Souverän den Bürgern vorschreibe, nur um ein öffentliches handeln könne, da man über das, was in deren Innerem vor sich geht, ohnehin nicht bestimmen kann, weshalb es Privatsache sei. Mit dieser Unterscheidung von öffentlich und privat hat Hobbes eine Grundidee liberalen Staatsdenkens in seiner Theorie aufkeimen lassen, bekanntermaßen sehr zum Missfallen von Carl Schmitt, der sich auch die bei Hobbes bereits angelegte Gleichheit der Menschen nur als Homogenität der Volksgemeinschaft vorstellen konnte.[36] Daher strebte er eine politische Einheit an, der man sich mit Haut und Haar verschreiben muss, weshalb er gegen die bürgerliche, bloß »ökonomisch bestimmte Gesellschaft« polemisierte.[37] In einer solchen Ordnung, deren »berechenbares Funktionieren im Bereich wirtschaftlicher Kategorien vor sich geht, kann unter keinem denkbaren Gesichtspunkt verlangt werden, daß irgendein Mitglied der Gesellschaft im Interesse des ungestörten Funktionierens sein Leben opfere«, so Schmitt.[38] Auf dieses Opfer jedoch will Schmitt hinaus. Verlangt werden kann es, sofern es in Verteidigung »der seinsmäßigen Behauptung der eigenen Existenzform gegenüber einer ebenso seinsmäßigen Verneinung dieser Form« erbracht wird, wie es in der Langversion von Schmitts berühmter Unterscheidung von Freund und Feind als Grundlage alles Politischen heißt.[39] Rationale Zwecke können die »physische Vernichtung menschlichen Lebens« nicht legitimieren,[40] dies könne allein ein nicht rational, sondern existenzial politisch bestimmter Feind. Wenig später wurde Schmitt hier noch deutlicher, indem er zwischen dem Feind und dem »absoluten Feind« unterschied und als letzteren im Einklang mit dem Nationalsozialismus die Juden bestimmte.

Verkörpern Hobbes' Schriften daher eine Theorie der Rationalität der im Werden begriffenen bürgerlichen Gesellschaft, so will Schmitt dieselbe zu Grabe tragen und nimmt die spezifische, in eine Logik der Vernichtung mündende Irrationalität des Nationalsozialismus, wie sie ihn auch vom autoritären Staat des italienischen Faschismus unterscheidet, theoretisch vorweg. Was Schmitt in seinen entsprechenden Schriften bereits in den 1920er Jahren entwirft, ist daher auch weniger eine Theorie des totalen Staates als eine Theorie der totalen Vergesellschaftung, wie sie in der spezifisch deutschen Form des kapitalistischen Krisenmodus, für die der Nationalsozialismus steht, als Volksgemeinschaft zum Tragen kommen wird. Setzt die bürgerliche Gesellschaft die Trennung von ökonomischer Souveränität, die als wertförmig »unerhelltes Allgemeines« (Horkheimer) in fetischisierter Form, nämlich als das automatische Subjekt des Kapitals in Erscheinung tritt, und politischer Souveränität, verkörpert durch die staatlichen Organe,[41] voraus, so wird diese Trennung im Nationalsozialismus negativ aufgehoben. In der bürgerlichen Gesellschaft beinhaltete diese Trennung, dass der Staat als politischer Souverän nötigenfalls Entscheidungen treffen kann – auch per Ausrufung eines Ausnahmezustands –, die nicht allein den Interessen einzelner Kapitalfraktionen zuwiderlaufen, sondern auch der Tendenz des Kapitals, seine eigenen (sozialen, ökologischen etc.) Voraussetzungen zu zerstören.[42] Anders im Na-

36 Siehe Carl Schmitt: Der Leviathan in der Staatslehre des Thomas Hobbes. Sinn und Fehlschlag eines politischen Symbols. Stuttgart 2015, S. 84 ff.

37 Carl Schmitt: Der Begriff des Politischen. Text von 1932 mit einem Vorwort und drei Corollarien. Berlin 2002, S. 48.

38 Ebd. S. 48 f.

39 Ebd. S. 50.

40 Ebd.

41 Siehe hierzu ausführlich: Thorsten Fuchshuber: Rackets. Kritische Theorie der Bandenherrschaft. Freiburg; Wien 2019, S. 450 ff.

42 Natürlich ist dieses Vermögen des Staates nur potenziell vorhanden und von verschiedenen Faktoren abhängig, nicht zuletzt vom politischen Personal; zudem ist es immer mit dem Vorbehalt behaftet, »ob das Handeln im Sinn des Primats der Politik noch auf rationale Gesichtspunkte überhaupt bezogen ist«; siehe dazu ausführlich: Scheit: Pandemie und Weltmarkt (wie Anm. 14), S. 9.

tionalsozialismus: »Aus dem automatischen Subjekt Kapital mit dem Garanten Staat als besonderem Organ ist das einheitliche Staatssubjekt Kapital geworden«, beschrieb der kritische Kommunist Heinz Langerhans bereits 1934 diesen von ihm in Deutschland beobachteten Prozess.[43] Insofern bedeutete die Volksgemeinschaft der Nationalsozialisten die Aufforderung an die Einzelnen, sich vollständig der Kapitallogik zu unterwerfen: Jeder sollte sich selbst in das Kapital einfühlen, dessen krisenbedingte Anforderungen antizipieren und unter vollständigem Verzicht auf individuelle Bedürfnisse entsprechend handeln.[44] Das schließt die Bereitschaft zum Selbstopfer, wie Schmitt es fordert, mit ein.

So erweist sich letztlich gerade die Gesellschaft, die Schmitt anstrebt, als rein »ökonomisch bestimmt«, in genau dem Sinne, dass die wie auch immer äußerst begrenzte Rationalität, welche die Ökonomie als politisch *vermittelt*, aber eben nicht als mit ihr identisch ausweist, einem Primat der Politik weicht, der nichts anderes ist als Identifikation mit der Krise des Kapitals; Primat einer Politik, die, sich schließlich von der Verwertung des Werts im Kapitalverhältnis abkoppelnd, zugleich dessen Tendenz exekutiert, die eigenen Grundlagen zu zerstören.

Genau diese Konstellation nimmt der von Thierry Simonelli angeführte Franz Neumann in seinem 1954 verfassten Text *Angst und Politik* hinsichtlich der psychischen Dispositionen, sich dem Staatssubjekt Kapital zu unterwerfen, ins Visier.[45] Simonelli zieht Neumanns Thesen heran, um eine Antwort darauf nahezulegen, weshalb der überwiegende Teil der Bevölkerung die Einschränkung der Grundrechte im Zuge der Pandemiebekämpfung frag- und klaglos hinnimmt und sich mit dem Staat und den jeweiligen Notverordnungen identifiziert. Demnach führt also letztlich Angst zur Bejahung des Ausnahmezustands. Um zu verstehen, wie es dazu kommt, sei nach Neumann die »Realangst, die im Zusammenhang mit äußeren Gefahren steht, und die neurotische Angst, die aus Schuldgefühlen, Selbstbestrafungsbedürfnissen, inneren Verboten und Ansprüchen heraus entsteht« zu unterscheiden: »Wenn sich dann beide Formen der Angst vermischen, wenn die Realangst sich mit der neurotischen Angst verbindet, wird die Realangst nicht nur um ein Entscheidendes verstärkt, sondern aus der Mischung entstehen zwei neue Formen der Angst: depressive Angst und Verfolgungsangst«[46], gibt Simonelli Neumann in eigenen Worten wider.

Corona und autoritärer Charakter

Depressive Angst und Verfolgungsangst lassen sich in der Tat auch als spezifische Formen der Reaktionsbildung auf die Pandemie und ihre gesellschaftlichen Konsequenzen beobachten. So wurde insbesondere in den ersten Monaten den mit dem Virus Infizierten unterstellt, selbst schuld an der Infektion zu haben, weil sie sich zu hedonistisch, zu egoistisch oder in einer sonstigen Form zu sorglos verhalten hätten. Wer öffentlich von den Folgen einer Covid-19-Erkrankung berichtete, konnte sich in den sozialen Medien auf Beschimpfungen gefasst machen. Das konnte durchaus Angstgefühle im Sinne einer depressiven Selbstbezichtigung auslösen: Die Sorge, in punkto Infektionsschutz nicht alles richtig, sich der Infektion mit dem Virus »schuldig« zu machen, mag insbesondere zu Beginn der Pandemie daher bei manchen die Angst vor der Erkrankung selbst überwogen haben. Auch von Aggressionen gegen jene, die als mutmaßliche Überträger der Infektion ausgemacht wurden, war zu lesen, etwa wenn irgendwo Autokennzeichen von »Auswärtigen« gesichtet wurden; da wurden dann Zettelchen wie »Sie sind hier unerwünscht!« an die Windschutzscheibe geklebt, Autos zerkratzt und Reifen zerstochen.[47]

Wie leicht zu erkennen ist, sind beide Reaktionsweisen Ausdrucksformen des sadomasochistisch

43 Heinz Langerhans: Die nächste Weltkrise, der zweite Weltkrieg und die Weltrevolution. In: Karl Korsch: Krise des Marxismus. Schriften 1928 – 1935. Gesamtausgabe. Hrsg. v. Michael Buckmiller. Bd. 5. Amsterdam 1996, S. 770.

44 Siehe Gerhard Scheit: Die Meister der Krise. Freiburg 2001, S. 59 ff., S. 75.

45 Franz Neumann: Angst und Politik. In: Ders.: Demokratischer und autoritärer Staat. Beiträge zur Soziologie der Politik. Frankfurt am Main 1967, S. 184 – 212.

46 Simonelli: Die Politik der Angst (wie Anm. 33).

47 »Uns wurde gemeldet, dass hier ein fremdes Auto steht«. Die Welt, 26. 3. 2020; www.welt.de/vermischtes/article206806811/Corona-Aufpasser-Uns-wurde-gemeldet-dass-hier-ein-fremdes-Auto-steht.html.

strukturierten autoritären Charakters; wobei die nach außen gerichtete aggressive Variante insbesondere für die »Corona-Aufpasser« gilt. Geht man von einer gesellschaftlichen »Persistenz des autoritären Charakters« aus,[48] nähme es auch wunder, wenn sich dieser im Zuge der Pandemie und der staatlichen Maßnahmen dagegen nicht artikulieren würde, etwa in Form eines in den »Studien zum autoritären Charakter« so bezeichneten »Konventionalismus«. Dieser ist laut Adorno vor allem dann problematisch, wenn er sich bei Personen zeigt, bei denen die Ausbildung einer inneren Autorität, des Gewissens, misslungen ist:[49] »So ist extremer Konventionalismus, gepaart mit der starken Tendenz, die Übertreter der herkömmlichen Normen zu strafen, etwas anderes als konventionelle Wertvorstellungen, die sich mit der Auffassung ›leben und leben lassen‹ verbinden.«[50] Es fällt nicht schwer, diesen Gedanken auf die aktuelle Situation zu übertragen, dass es nämlich eine Sache ist, sich selbst an die verordneten Regeln zu halten, weil man sie sachlich für geboten hält, eine andere aber, beständig und affektgeladen auf der Ausschau nach Personen zu sein, die dies vermeintlich oder tatsächlich nicht im selben Maße tun. Letztgenannte Haltung wurde von Politikern und Medien durch moralisierende Appelle und Berichte teils noch verstärkt, weswegen die Unterstellung naheliegt, in der Pandemie komme die autoritäre Unterwürfigkeit weiter Teile der Gesellschaft zum Tragen, und mit dieser das darin enthaltene antidemokratische Potenzial.[51]

Auf der einen Seite also autoritärer Konformismus, auf der anderen Seite die Revolte gegen eine solche Unterwerfung unter den Staat und seine Institutionen? Bestimmt haben nicht wenige derer, die die Maßnahmen gegen die Corona-Pandemie und ihre gesellschaftlichen Folgen kritisieren, nicht zuletzt ihre eigenen, höchst nachvollziehbaren Interessen im Blick, etwa Selbständige, Kleinunternehmer, Schausteller, sogenannte Kulturschaffende, das Hotel- und Gaststättengewerbe, Alleinerziehende und noch viele andere mehr. Auch die Infragestellung einzelner Grundrechtseinschränkungen, ihres Ausmaßes beziehungsweise ihrer fortdauernden Notwendigkeit ist nicht nur nachvollziehbar, sondern im Zweifelsfall auch dringend geboten. Zieht man jedoch in Betracht, wer sich bei den sogenannten Hygienedemos und sonstigen Protestkundgebungen zusammenfindet, ist es mit dem Hinweis, man möge sich doch bitte genau überlegen, mit wem man gemeinsam auf die Straße geht, nicht mehr getan. Vielmehr ist davon auszugehen, dass sich auch in dieser Rebellion ein autoritärer Konformismus artikuliert.[52]

Um das konformistische Element dieser Rebellion schärfer zu sehen, lohnt zunächst ein Blick auf ähnliche Veranstaltungen in den USA. Viele der dort Versammelten haben sich auf entsprechenden Kundgebungen als willige Arbeitskraftcontainer verhalten, ganz im Sinne des texanischen Vizegouverneurs Dan Patrick, der versichert hatte, als Angehöriger einer sogenannten Risikogruppe sei er bereit zu sterben, um zum Wohl seiner Enkel nicht weiter mit dem Lockdown die Wirtschaft zu belasten.[53] Während aber angesichts der Pandemie viele vor die Wahl gestellt waren, sich womöglich am Arbeitsplatz mit dem Virus zu infizieren oder aber im Falle des Fernbleibens von der Arbeit den Job zu verlieren, wurde bei den Demonstrationen für ein Ende des Lockdowns nicht etwa gegen solche gesellschaftlichen Zumutungen und zerstörerischen Alternativen, sondern objektiv ganz im Sinne des »Staatssubjekts Kapital« protestiert: »Let us work«, und »My body, my choice« waren noch die harmloseren Sprüche, die auf den dortigen Demos zu lesen waren,[54] während man sich in den USA da-

48 Katrin Henkelmann u. a.: Vorrede. In: Dies. u. a. (Hg.): Konformistische Rebellen. Zur Aktualität des autoritären Charakters. Berlin 2020, S. 15.

49 Siehe Theodor W. Adorno: Studien zum autoritären Charakter. Frankfurt am Main 1995, S. 47, 49.

50 Ebd. S. 48.

51 Siehe ebd. S. 50.

52 Das Individuum weiß sich (oder wähnt sich zumindest) konform mit der Autorität, auf die es sich bezieht, mit der es sich identifiziert und der es sich masochistisch unterwirft, während es zugleich seine Wut sadistisch an den als »schuldig« Auserkorenen ausagiert. Der konformistische Rebell ist daher ein Wesenszug des autoritären Charakters.

53 Alex Samuels: Dan Patrick says »there are more important things than living and that's saving this country«. In: The Texas Tribune, 21. April 2020, www.texastribune.org/2020/04/21/texas-dan-patrick-economy-coronavirus.

54 Marcie Bianco: COVID-19 mask mandates in Wisconsin and elsewhere spark ›my body, my choice‹ hypocrisy. In: NBC News,

rüber stritt, ob Schilder mit Slogans wie »Sacrifice the weak, reopen TN [Tennessee]«[55] (auf einer Demo in Nashville, Tennessee) und »Arbeit macht frei«[56] (bei einem Protest in Illinois) möglicherweise auf sarkastische Interventionen von Gegnern der Anti-Lockdown-Proteste zurückzuführen waren. Diese Demonstranten waren offenkundig von einer Angst angetrieben, die für sie sehr viel konkreter war als jene vor dem Virus: »Die Furcht, entlassen zu werden, die Furcht vor der Brotlosigkeit treibt sie, trotz ihrer Schwäche, trotz ihrer Schmerzen in die Fabrik; das Interesse des Fabrikanten leidet es nicht, daß seine Arbeiter krankheitswegen zu Hause bleiben, sie dürfen nicht krank werden, ...sonst müßte er ja seine Maschinen stillsetzen oder seinen allerhöchsten Kopf mit der Einrichtung einer temporären Abänderung plagen; und ehe er das tut, entläßt er seine Leute, wenn sie sich unterfangen, unwohl zu sein«, hatte Friedrich Engels diesen Umstand schon 1845 benannt, der also nicht erst eine Erfindung des sogenannten Neoliberalismus ist.[57] Die Rebellion gegen den staatlich verordneten Lockdown war objektiv daher vor allem eines: eine konformistische Revolte auf dem Standpunkt des Kapitals.

Deutschland wäre allerdings nicht Deutschland, wenn sich die Einfühlung der dortigen Corona-Rebellion ins »Staatssubjekt Kapital« nicht einmal mehr auf ganz spezifische Weise vollzöge. Exemplarisch ist dies auf den sogenannten Hygienedemos und ähnlichen Veranstaltungen zu beobachten, und dies bezeichnenderweise nicht nur bei deren offen antisemitischen Teilen. Auch dort, wo man beteuert, »möglicherweise aufflammenden rassistisch, sexistisch, antisemitisch usw. motivierten Gewaltstimmungen ad hoc« begegnen zu wollen,[58] bleibt kein Zweifel, auf welche Weise sich das deutsche »Staatssubjekt Kapital« konstituiert: »bunt, friedlich, menschenfreundlich« und »als Rückbindung unseres Polit- und Wirtschaftssystems an die Menschen«[59], mit anderen Worten: als Wohlfühl-Volksgemeinschaft zur Befreiung der Arbeit von der Zirkulationssphäre und deren Bütteln im Staat. »Wir erleben den Versuch einer terroristischen Diktatur der am meisten reaktionären, chauvinistischen und imperialistischen Elemente des Finanzkapitals«, heißt es in der Zeitung der »Kommunikationsstelle Demokratischer Widerstand« (KDW)[60]. Der deutsche Gesundheitsminister Jens Spahn wird darin als »Kokainsüchtiger« bezeichnet, der sich kürzlich eine »Millionenvilla in Italien« gekauft habe, weswegen man ihn an anderer Stelle per Fotomontage getreu der eigenen Diktion in Gestalt eines mit einer Impfspritze bewaffneten Schweins präsentiert.[61] So mischt sich die süßliche Verbindlichkeit derer, die sich dort mit zu Herzchen geformten Händen zu »Republik, Gewaltenteilung, Demokratie« bekennen, mit autoritär-aggressivem Gepöbel gegen die verhassten »Funktionseliten« des »Corona-Regimes« und die »perversen Schweine«, die »im Rundfunk dominieren«.[62] Den projektiven Gehalt dieser vermeintlichen Revolte im Namen der echten Demokratie hat Adorno in den *Studien zum autoritären Charakter* bereits anhand bestimmter Milieus, die sich gegen den »New Deal« Roosevelts richteten, dargestellt: Aus der Anklage spreche, »was sie selbst tun möchten, und sie benutzen ihre Anklage als Vorwand, ›die Gauner hinauszuwerfen‹. Sie rufen zur Verteidigung der Demokratie gegen deren ›Mißbrauch‹ auf und möchten, indem sie die ›Mißstände‹ anprangern, letztlich die Demokratie selbst zu Fall bringen.« Das, so Adorno, komme »der Pro-

3.8.2020; www.nbcnews.com/think/opinion/covid-19-mask-mandates-wisconsin-elsewhere-spark-my-body-my-ncna1235535.

55 Dan Evon: Was a ›Sacrifice the Weak‹ Sign Shown at a COVID-19 ›ReOpen Tennessee‹ Rally? In: Snopes, 24.4.2020, www.snopes.com/fact-check/sacrifice-the-weak-sign-real.

56 Doha Madani; Shamar Walters: Auschwitz Museum denounces woman holding Nazi sign at Illinois protest. In: NBC News, 3.5.2020, www.nbcnews.com/news/us-news/auschwitz-museum-denounces-woman-holding-nazi-sign-illinois-protest-n1198961.

57 Friedrich Engels: Die Lage der arbeitenden Klasse in England. Marx-Engels-Werke (MEW). Bd. 2. Berlin/DDR 1972, S. 384.

58 Demokratischer Widerstand 2/24.4.2020. Hrsg. v. Anselm Lenz, Batseba N‹diaye und Hendrik Sodenkamp mit Prof. Giorgio Agamben. www.jimdo-storage.global.ssl.fastly.net/file/4ade8bc1-282e-4b5b-8bc3-61d73b39827b/02_Widerstand_2020_04_24_klaus_doerr.pdf.

59 Demokratischer Widerstand 17/29.8.2020; www.jimdo-storage.global.ssl.fastly.net/file/b6c37306-6503-42ed-92b4-be1e1-03c32f1/17_Widerstand_2020_08_29_nichtohneuns.de.pdf.

60 Demokratischer Widerstand 18/5.9.2020; www.jimdo-storage.global.ssl.fastly.net/file/64c3e2ef-2723-49be-a71d-93cbc31f-6544/18_Widerstand_2020_09_05_nichtohneuns.de.pdf.

61 Wie Anm. 59.

62 Demokratischer Widerstand 12/18.7.2020. www.jimdo-storage.global.ssl.fastly.net/file/fba5f6e2-0695-41ee-b405-91eb-838ecbf7/12_Widerstand_2020_07_18_nichtohneuns.de.pdf.

jektion im Psychischen gleich«[63]. Hinter der Rebellion gegen die Funktionsträger verbirgt sich eine autoritäre Revolte im Namen eines besseren, vor allem aber deutschen Kapitals. »Verstehen Sie nun, warum gerade die Marktradikalen nationale Eigenheiten gerne in Bausch und Bogen verurteilen?«, fragt ein Beitrag in der Zeitung der KDW: »Uns wird von außen eine vollkommen fremde Philosophie der unsolidarischen Profitmaximierung aufgenötigt, über deren Einführung wir weder informiert noch jemals um unsere Zustimmung gefragt wurden.«[64] Die Repräsentanten des Staates gelten als Agenten dieser von außen kommenden Marktradikalen, gegen die ein deutsches, gemeinwohlorientiertes Kapital zu verteidigen sei.

Freiheit oder Tod

Was auch jenseits dieses Milieus viele Kritiker staatlicher Maßnahmen gegen die Pandemie eint, ist die von Giorgio Agamben exemplarisch vorgetragene Argumentation, wonach die Gefahr, die von dem Coronavirus ausgehe, überschätzt beziehungsweise übertrieben werde, vor allem aber einhergehe mit dem Wunsch zu leben, um jeden Preis. Diese Kritik wird mal tendenziell heroisch geführt, wie von Heino Bosselmann auf den Internetseiten der neurechten *Sezession*, der mit Beginn der Pandemie eine »ans Würdelose grenzende Angst« beobachtet haben will und mit dem Heidegger-Schüler Karl Rahner empfiehlt, den Tod schon im Leben einzuüben, »weil es zwar klar ist, daß man auf jeden Fall den biologischen Exitus fertig bringen wird, nicht aber schon eindeutig ist, daß wir den wahrhaft menschlichen Tod zu sterben vermögen, in dem das Unverfügbare die Mitte der bereiten Freiheit wird«[65]. Andere formulieren es eher leise und bedächtig als Beitrag zur Lebenskunst, die zugleich auch eine Kunst zu Sterben sei, so etwa die *Streifzüge*-Autorin Marianne Gronemayer: »Der besiegte Tod lässt das siegreiche Leben zu einer einzigen Todvermeidungsprozedur verkümmern.«[66]

Zwar mag Gronemeyers Hinweis auf eine »Todvermeidungsprozedur« gerade während der Coronapandemie durchaus auch etwas Richtiges treffen. So manche und mancher fortgeschrittenen Alters hat sich wohl angesichts bestimmter Berichte aus den Krankenhäusern beeilt, die Patientenverfügung für den Fall einer Erkrankung an Covid-19 zu erweitern. Fachärzte hatten kritisiert, dass Menschen, die normalerweise nur mehr palliativ behandelt worden wären, als Covid-19-Patienten außerordentlich belastenden intensivmedizinischen Behandlungen unterzogen worden seien: »Das sind sehr falsche Prioritäten und es werden ja auch alle ethischen Prinzipien verletzt, die wir so kennen«, so dazu etwa der Palliativmediziner Matthias Thöns: »Also wir sollen als Ärzte ja mehr nutzen als schaden.«[67] Um eine bloße Anerkennung des Todes als biologischer Grenze und empirischer Notwendigkeit, die nicht von einer Vermehrung, sondern der möglichst weitgehenden Ausschaltung zusätzlichen Leidens begleitet sein soll, geht es Gronemeyer, die hier nur exemplarisch zitiert wird, aber offenbar gerade nicht. »Tod und Leben gehören zusammen wie Tag und Nacht«, schreibt sie nämlich, und macht damit deutlich, dass sie wie schon ihr Lehrer Ivan Illich den Tod ontologisieren will: »Der besiegbare Tod«, das »Credo der Weltverbesserer« ist ihr ein Graus, denn er gilt ihr für die völlige Durchdringung, gar Ersetzung der ersten durch die zweite, gesellschaftliche Natur: »Das vergötzte Leben wird inthronisiert als leidender und allmächtiger Gottesersatz, dem die technische Herstellung des Menschenersatzes durch den Robot auf dem Fuß folgt.«[68]

Neben Adorno war es vor allem Herbert Marcuse, der solchen Manövern, das Unvermeidliche zu ak-

63 Adorno: Studien zum autoritären Charakter (wie Anm. 49), S. 219.

64 Wie Anm. 62.

65 Karl Rahner: Schriften zur Theologie VII, S. 141 f. Zitiert nach: Heino Bosselmann: Den Tod überwinden heißt den Tod annehmen. Sezession, 10.4.2020, www.sezession.de/62462/den-tod-ueberwinden-heisst-den-tod-annehmen.

66 Marianne Gronemayer: Corona. Eine Auseinandersetzung. www.fragmente-wiesbaden.de/vortraege/marianne-gronemeyer-zu-corona.

67 Palliativmediziner zu COVID-19-Behandlungen: »Sehr falsche Prioritäten gesetzt und alle ethischen Prinzipien verletzt« Deutschlandfunk, 11.4.2020; www.deutschlandfunk.de/palliativmediziner-zu-covid-19-behandlungen-sehr-falsche.694.de.html?dram:article_id=474488.

68 Ebd.

zeptieren, so fortschritts- und herrschaftskritisch sie auch verpackt sein mochten, auf die *seinsbegriffliche* Schliche gekommen ist: »Der Zusammenhalt der gesellschaftlichen Ordnung hängt in einem beachtlichen Ausmaß davon ab, wie wirksam sich die Einzelnen dem Tod als einer mehr als bloß natürlichen Notwendigkeit fügen ... Das Leben soll nicht allzu hoch taxiert werden, zumindest nicht als höchstes Gut.«[69] Das Einverständnis mit dem Tod ist demnach konstitutiv für den Fortbestand des Bestehenden, so Marcuses Kritik. Gegen das Argument, die Angst vor dem Tod werde zu herrschaftlichen Zwecken geschürt, man müsse daher im Namen der Freiheit lernen, den Tod zu akzeptieren, anstatt das Leben zu verabsolutieren, bricht er für das Leben wie für die Angst eine Lanze: »angesichts der Tatsache, daß der Tod nicht nur unausweichlich, sondern auch unberechenbar und überall ist und die tabuierte Grenze der menschlichen Freiheit darstellt, ist jede Angst Furcht, Furcht vor einer realen und allgegenwärtigen Gefahr, und damit die rationalste Einstellung und Empfindung.«[70]

Ein Leben ohne Angst könne es daher nicht geben, ohne dass der Tod besiegt sei, was voraussetze, ihn nicht als ontologische, sondern als bloß empirische Notwendigkeit und damit als Mangel und Grenze der Freiheit zu verstehen. Sieg über den Tod bedeute, »daß der konzertierte und systematische Kampf gegen den Tod in all seinen Formen die gesellschaftlich tabuierten Grenzen sprengen würde«.[71]

Ganz explizit widerspricht dies der bei Agamben und Co. vorgenommenen Identifikation des Kampfes gegen die Krankheit mit dem Kampf gegen den Tod. Jener, so Marcuse, »scheint nämlich von einem bestimmten Punkt an nicht mehr seine Fortsetzung in diesem zu finden. Irgendeine tiefverwurzelte psychische Barriere scheint dem Willen Einhalt zu gebieten, noch ehe die technische Barriere erreicht ist. Der Mensch scheint sich vor dem Unausweichlichen zu verbeugen, ohne eigentlich davon überzeugt zu sein, daß es unausweichlich ist. Zur Aufrechterhaltung der Barriere dienen all die gesellschaftlich perpetuierten Werte, die ihre Anleihen beim Tod als Erlösung, ja schöpferischer Kraft machen, bei seiner natürlichen wie auch essentiellen Notwendigkeit. Da heißt es dann: ›Ohne den Tod wäre das Leben kein Leben.‹«[72]

Was Marcuse kritisiert, wird mustergültig unter anderem von dem Philosophen Byung-Chul Han vorgeführt, der von seinem Verlag als »der weltweit meistgelesene deutsche Zeitkritiker«[73] beworben wird: »Das Leben bejahen heißt auch den Tod bejahen«, heißt es bei ihm, und: »Das Leben, das den Tod verneint, verneint sich selbst.«[74] Er schlägt daher vor, »den Tod als einen kontinuierlichen Prozess zu begreifen, in dem man sich, seine Identität bereits zu Lebzeiten nach und nach verliert. Der Tod beginnt dann bereits vor dem Tod.«[75] Auch die von Marcuse angesprochene Identifikation des Kampfes gegen die Krankheit und des Kampfes gegen Tod findet sich bei Han, der sie allerdings auf bezeichnende Weise Adorno unterschiebt. Dieser schreibt in den *Minima Moralia* über den Begriff des Schönen, und kritisiert die damit oftmals verbundene Vergottung der Makellosigkeit als »Kultus des Lebens«, das als völlig unbeschädigt präsentiert werde. Demgegenüber betont Adorno, dass es gerade die durch die Krankheit erfahrene Einschränkung ist, die gegenüber der blinden Selbstbehauptung des Gesunden das Schöne

69 Herbert Marcuse: Ideologie des Todes. Nachgelassene Schriften. Hrsg. v. Peter-Erwin Jansen. Bd. 3. Lüneburg 2002, S. 101–114, 112.

70 Ebd. S. 109.

71 Ebd. S. 110.

72 Ebd.

73 So ein Werbesticker auf Hans jüngster, bei Matthes & Seitz erschienener Publikation. Siehe Byung-Chul Han: Palliativgesellschaft. Schmerz heute. Berlin 2020. In dem schmalen Band hat Han auch ein kurzes Kapitel über die Coronapandemie eingefügt. Darin heißt es unter anderem: »Für das Überleben opfern wir bereitwillig alles, was das Leben lebenswert macht. Angesichts der Pandemie wird auch die radikale Einschränkung von Grundrechten fraglos hingenommen. Widerstandslos fügen wir uns dem Ausnahmezustand, der das Leben auf das nackte Leben reduziert. Unter viralem Ausnahmezustand sperren wir uns freiwillig in der Quarantäne ein. Die Quarantäne ist eine virale Variante des *Lagers*, in dem das nackte Leben herrscht.« Han bewegt sich also weitgehend auf Agambens Spuren und fügt diesem lediglich Abgeschmacktheiten wie diese hinzu: »Das neoliberale Arbeitslager in Zeiten der Pandemie heißt ›Home Office‹. Nur die Ideologie der Gesundheit und die paradoxe Freiheit der Selbstausbeutung unterscheiden es vom Arbeitslager des despotischen Regimes.« (Ebd. S. 24.)

74 Byung-Chul Han: Kapitalismus und Todestrieb. Essays und Gespräche. Berlin 2019, S. 25.

75 Ebd. S. 21.

repräsentiere: »Das Wuchernde des Gesunden ist als solches immer schon zugleich die Krankheit. Ihr Gegengift ist Krankheit als ihrer bewußte, die Einschränkung von Leben selber. Solch heilsame Krankheit ist das Schöne. Es gebietet dem Leben Halt und damit seinem Verfall. Verleugnet man jedoch die Krankheit um des Lebens willen, so geht das hypostasierte Leben vermöge seiner blinden Losgetrenntheit vom anderen Moment gerade in dieses, ins Zerstörende und Böse über, ins Freche und sich Brüstende. Wer das Zerstörende haßt, muß das Leben mithassen: nur das Tote ist das Gleichnis des nicht entstellten Lebens.«[76] Während also Adorno einmal mehr dem beschädigten Leben und insofern auch dem Kranken beiseite steht und in Erinnerung ruft, dass der Kultus des überbordenden, makellosen, unzerstört-uneingeschränkten Lebens nur das Spiegelbild eines bestenfalls romantischen Todeskultus ist, er also mit der Krankheit gegen den Tod argumentiert, liest Han exakt dasselbe Zitat als Affirmation dessen, wogegen Adorno sich stellt und begrüßt den Tod als Repräsentanten des nicht entstellten Lebens. »Das kapitalistische System, das den Tod verdrängt, lässt sich nur durch den Tod beenden«, so Han und bringt das »Sein zum Tode« damit auf den Punkt.

Bündiger lässt sich die Blamage vermeintlicher Gesellschaftskritik nicht zusammenfassen, die sich über die Angst der Menschen hermacht, um ihnen dann mit Lebenskunst, Freiheitspathos und dem Verweis auf ihr ja ohnehin »ans Würdelose grenzendes« beziehungsweise bloß »nacktes« Leben den Tod als Ausweg anzudrehen. Wie Adorno hat Herbert Marcuse derlei Rhetorik samt und sonders als »Ideologie des Todes« desavouiert und deutlich gemacht, dass, wer im Bestehenden das Leben mit dem Tod versöhnen will, ungeachtet seiner Motivation im Bündnis mit den herrschenden Verhältnissen steht. Solange Unfreiheit herrscht, ist der Tod nicht bloß natürliches, unvermeidliches und daher hinzunehmendes Ende, sondern Medium einer an der bloßen Verwertung des Werts geprägten Rationalität: »Der Tod auf der Schlachtbank der Geschichte, der Tod, den die Gesellschaft dem Einzelnen abzwingt, ist nicht bloße Natur. Er ist in der Diktion Hegels auch ›Vernunft‹. Die Kultur schreitet voran durch den Tod auf dem Feld der Ehre, durch den Tod in den Bergwerken und auf den Autobahnen, den Tod als Folge unbesiegter Krankheiten und der Armut und als Produkt des Staates und seiner Organe. Läßt sich der Fortschritt durch die Jahrhunderte unter solchen Bedingungen überhaupt begreifen ohne das wirkungsvolle Einverständnis der Einzelnen, ein instinktives, wenn nicht gar bewußtes Einverständnis, das die erzwungene Unterwerfung noch durch ›freiwilliges‹ Mitmachen komplettiert und untermauert?«[77]

Ausnahmezustand und Krise

Instinktiv, wenn nicht gar bewusst, ist daher auch die Hinwendung der sogenannten Coronarebellen zu der Instanz, die als die mächtigere wahrgenommen wird, weil die Repräsentanten der politischen Souveränität, selbst dort, wo sie wollen, nichts Entscheidendes über jene vermögen, wenn es darum geht, aus der Krise der Verwertung wieder herauszuführen. Es ist eine Rebellion auf dem Standpunkt des Staatssubjekts Kapital, erfüllt von dem in Deutschland einmal mehr zum Wahn sich auswachsenden Glauben, dass das Kapital als krisenfreies möglich sei, sofern man sich nur bedingungslos mit dessen Anforderungen identifiziert: »Après moi le déluge! ist der Wahlruf jedes Kapitalisten und jeder Kapitalistennation«, brachte Marx im *Kapital* diese Haltung polemisch auf den Begriff: Nach mir die Sintflut. Anstatt sich gegen diese fatalistische Logik zu wehren, verschreibt sich die Corona-Rebellion ihr mit Haut und Haar: »Das Kapital ist daher rücksichtslos gegen Gesundheit und Lebensdauer des Arbeiters, wo es nicht durch die Gesellschaft zur Rücksicht gezwungen wird. Der Klage über physische und geistige Verkümmerung, vorzeitigen Tod, Tortur der Überarbeit, antwortet es: Sollte diese Qual uns quälen, da sie unsre Lust (den Profit) vermehrt?«[78]

76 Theodor W. Adorno: Minima Moralia. Reflexionen aus dem beschädigten Leben. Frankfurt am Main 1951, S. 136f.

77 Marcuse: Ideologie des Todes (wie Anm. 69), S. 113f.

78 Karl Marx: Das Kapital. Erster Band. Marx-Engels-Werke (MEW). Bd. 23. Berlin/DDR 1978, S. 285f.

Der Jargon des Ausnahmezustands vollzieht die fatalistische Haltung jener, die sich so unterwerfen, theoretisch nur nach. So tautologisch das Staatsverständnis, das dieser Jargon von Schmitt geerbt hat, so tautologisch letztlich auch sein Begriff vom Kapital, das als unmittelbar selbstidentisches automatisches Subjekt fetischisiert wird, anstatt es als krisenhaft vermittelte Identität, als politische Ökonomie zu kritisieren, in deren Konstellation es Recht und Ausnahmezustand einzubeziehen gilt. Die krisenhaften Momente[79] werden abgespalten; was für Probleme sorgt, wird mit dem staatlichen Handeln identifiziert. Wo der Antisemit die Juden als Repräsentanten der Zirkulation und der abstrakten Momente des Kapitals personifiziert, um so die Krise aus dem Kapital zu exorzieren, kann der Jargon im Ausnahmezustand (oder vielmehr in dem, was er dafür hält) jenseits aller berechtigten Kritik immer nur die durch die Repräsentanten des Staates betriebene Despotisierung der Gesellschaft erblicken.[80] Ein bloß temporärer seuchenpolitischer Notstand wird dann begrifflich ununterscheidbar vom Ausnahmezustand in Folge der Krise des Kapitals. So nimmt es auch kaum Wunder, dass dieser Jargon zwanghaft immer schriller werden muss, ständig sich selbst überbietend, bis hin dazu, einen Lockdown oder auch nur das Maskentragen und vorverlegte Sperrstunden mit den Ausnahmezuständen zu assoziieren, die Carl Schmitt vor Augen hatte. Wenn das Kapital nicht als krisenhaft vermitteltes gesellschaftliches Verhältnis begriffen wird, Kapital und Krise als abstrakte Gegensätze erscheinen, muss folgerichtig auch das Verhältnis von Recht und Ausnahmezustand als rein äußerliches, bloß unvermitteltes erscheinen.[81] Doch ebenso wenig wie es das Kapital ohne Krise geben kann, so wenig Geltung hat ohne den politischen Souverän, der es garantiert, das Recht.

So gilt es, das Handeln des Staates beziehungsweise seiner Funktionsträger nicht zuletzt danach zu beurteilen, ob es noch den Versuch darstellt, die Grundlagen der Wertverwertung zu erhalten, und damit auch die Ware Arbeitskraft und die Gesundheit ihrer Träger.[82] An dieser Konstellation hätte sich jede Kritik an den staatlichen und behördlichen Maßnahmen zu orientieren. Victor Adler hob seinerzeit hervor, dass, sofern man sich auf einen im Sinne der Aufrechterhaltung der Bedingungen zur Kapitalverwertung intervenierenden Staat, seine Organe und Methoden nicht verlassen will, zwischen den Lohnabhängigen und den für sie fatalen Folgen der irrationalen Ratio der schrankenlosen Verwertung des Werts nur der gesellschaftlich organisierte Kampf um bessere und weniger gesundheitsschädliche Lebens- und Arbeitsbedingungen steht. Für diesen Kampf interessiert sich die abstrakte Kritik am Ausnahmezustand aber gerade nicht. Wäre dies der Fall, so wären die in der Tat zentralen Fragen von Angemessenheit und Verhältnismäßigkeit staatlichen Handelns daran zu bestimmen, inwiefern dieses den genannten Kampf und seine Ziele behindert oder, wie prekär auch immer, unterstützt,[83] sowie daran, wer am Ende die Zeche bezahlen soll, wenn die sozialen Zustände der Gesellschaft »zu grellem

79 Darunter eben auch die Vulnerabilität der Arbeitskraft als »Naturstoff« Ebd. S. 229.

80 So schrieb Adorno mit Blick auf die *Studien zum autoritären Charakter*, vielen der Befragten gelten die Politiker und Bürokraten der Roosevelt-Administration als »Usurpatoren« und »Parasiten«: der Ausdruck »Bürokrat« sei »zum Zauberwort, zum Sündenbock geworden ..., dem man blindlings alle möglichen unbefriedigenden Zustände zur Last legt, und der etwa an die antisemitische Vorstellung vom Juden erinnert, die oft genug mit der des Bürokraten verschmilzt.« Adorno: Studien zum autoritären Charakter (wie Anm. 49), S. 230.

81 Zur Dialektik des Rechts, autonom und heteronom zugleich zu sein, siehe Fuchshuber: Rackets (wie Anm. 41), S. 437 ff.

82 Gerhard Scheit hat hier die als Imperativ formulierte Frage, »ob das Handeln im Sinn des Primats der Politik noch auf rationale Gesichtspunkte überhaupt bezogen ist«, entlang der Unterscheidung aufgeworfen zwischen einer Politik, »welche in letzter Instanz den Erfolg auf dem Weltmarkt im Auge hat, und einer, die sich bereits gegen ihn richtet« Siehe Scheit: Pandemie und Weltmarkt (wie Anm. 14), S. 9.

83 Wie trostlos das Resultat oft genug ist, hat Viktor Adler am Hamburger Beispiel vorgeführt, wo es ihm teils genügte, aus dem staatswissenschaftlichen Handwörterbuch zu zitieren, um der selbst dort wortreich dokumentierten »tief begründete[n] Resignation der gesamten Hygiene« Ausdruck zu verleihen (Victor Adler: Cholera und Sozialpolitik, wie Anm. 1, S. 159). Die Einwohner der ärmeren Stadtviertel Madrids, die im September 2020 von der spanischen Regierung im Zuge der Pandemiebekämpfung abgeriegelt worden sind, haben es nicht weniger bündig ausgedrückt: »Ihr habt uns im Stich gelassen und nun sperrt ihr uns ein.« (Europa mit massivem Anstieg der Infektionen konfrontiert. Wiener Zeitung, 23. 9. 2020; www.wienerzeitung.at/nachrichten/politik/europa/2076073-Ueberwachung-auch-durch-Militaer.html.)

Bewußtsein treten« (Adler). Wer aber Freiheit abstrakt gegen die gesundheitlichen Gefahren und die zu ihrer Überwindung ergriffenen Maßnahmen aufwiegt, der redet einer Theodizee des Todes das Wort, eines Todes, der doch nur die Kehrseite und Komplettierung eines gesellschaftlichen Zustandes ist, der zu Lebzeiten alle bei Strafe ihres Untergangs zum Mitmachen zwingt.

So ist der Jargon des Ausnahmezustands bestenfalls libertär; die Freiheit, die er meint, ist die des sozial atomisierten Individuums, das letztlich alles nur unmittelbar auf sich zu beziehen vermag.[84] Wohl deshalb auch kann man sich des Eindrucks nicht erwehren, dass hinter so mancher Kritik nicht die Erfahrung der Coronakrise in ihrer gesellschaftlichen Dimension, sondern als einer ungeheuren narzisstischen Kränkung steht.

84 »Weil diese allem beraubt worden sind, was ihre Individualität in eine wahre Interessengemeinschaft transzendiert, und nichts von ihnen übriggeblieben ist, als ihr bestialisches und abstraktes Eigeninteresse, das in allen Menschen gleich ist, sind sie für die Vereinheitlichung von oben und für die Manipulation so anfällig.« Herbert Marcuse: Feindanalysen. Über die Deutschen. Nachgelassene Schriften. Bd. 5. Springe 2007, S. 103.

Florian Ruttner

Adorno und die sekundären Banausen

Einige Vorbemerkungen

I

Im Rahmen des Europagesprächs 1963 hielt Theodor W. Adorno einen Vortrag mit dem Titel »Laienkunst – organisierte Banausie?«, der im Anschluss wiederabgedruckt wird, da er in seiner ersten publizierten Form[1] nur schwer erhältlich ist und auch nicht in den kürzlich veröffentlichten Band der *Nachgelassenen Schriften*[2], der Adornos Vorträge nach 1949 versammelt, aufgenommen wurde.

Wenn hier dem Text ein paar erläuternde Bemerkungen vorausgeschickt werden, sollte nicht unerwähnt bleiben, dass Adorno selbst einer solchen Textsorte höchst kritisch gegenüberstand. So verweist er am Beispiel der Definitionen zu Beginn der Ethik Spinozas darauf, dass diese zwar für den nicht in die gesamte damalige Problematik vertrauten Leser kaum verständlich seien. Aber auch Handreichungen wären durchaus nicht immer hilfreich: »Historische Einleitungen und Erläuterungen allein, welche die Sache vorweg fernrücken, werden jenen Definitionen im Bewußtsein dessen kaum den rechten Stellenwert verleihen, der nach der ›Ethik‹ greift, ohne daß er in der spezifischen Problematik zu Hause wäre, auf die Spinoza antwortet.«[3] Überhaupt ist es ja eines der Hauptargumente des Vortrags, wie noch zu zeigen sein wird, dass gerade in der mundgerechten Zubereitung des Materials – was für ästhetisches gilt, kann wohl auch für wissenschaftliches angenommen werden – eine Tendenz zur Entmündigung liegt und von der Sache selbst wegführt.

Dieses Problem soll im Folgenden so angegangen werden, dass zwar einerseits der Vortrag kontextualisiert wird, allerdings gleichzeitig versucht wird, die Sache, also die

1 Theodor W. Adorno: Laienkunst – organisierte Banausie? In: Amt für Kultur, Volksbildung und Schulverwaltung der Stadt Wien (Hg.): Europagespräch 1963. Die europäische Großstadt – Licht und Irrlicht. Wien 1964.

2 Theodor W. Adorno: Vorträge 1949 – 1968. Nachgelassene Schriften. Hrsg. v. Michael Schwarz. Abt. V. Bd. 1. Frankfurt am Main 2019.

3 Theodor W. Adorno: Theorie der Halbbildung. Gesammelte Schriften. Hrsg. v. Rolf Tiedemann. Bd. 8. Frankfurt am Main 1997, S. 112.

Kritik an gesellschaftlichen Verhältnissen, nicht aus den Augen zu verlieren. Gerade da Adornos Vorträge immer auch Versuche einer kritischen Intervention darstellten, sind die beiden Ebenen auch nur schwer zu trennen.

II

Den Rahmen des Vortrags bildete das Europagespräch 1963, Veranstaltung einer Diskussionsreihe, die 1958 – 1977 im Zusammenhang mit den Wiener Festwochen organisiert wurde. Im Juni 1963 beschäftigte man sich unter dem Titel »Die europäische Großstadt – Licht und Irrlicht« mit Fragen der Stadtsoziologie, der Entwicklung von Städten und der Städteplanung. Bei der Lektüre der einzelnen Beiträge fällt auf, dass schon damals Themen aufs Tapet kamen, die, wenn auch manchmal noch unter anderen Namen, sich heute wieder großer Aktualität erfreuen: Fragen der Verkehrsberuhigung in Innenstädten, das Problem der Herausbildung von Speckgürteln um Städte, die Entkernung der Städte und Probleme des öffentlichen Nahverkehrs wie der Bürgerbeteiligung. Abseits dieser direkt stadtbezogenen Themen wurde auch angerissen, welche gesellschaftlichen Konsequenzen das Leben in der Stadt hat, wie mit der ›Vermassung‹ umzugehen sei oder wie sich die Kultur ändere. Adornos Vortrag ist wohl eher der zweiten Gruppe zuzuordnen. Er wurde von einem gleichnamigen Referat des britischen Theatermachers Michael Kustow begleitet, der über seine Erfahrungen mit dem *Centre 42*, einem britischen Kunstprojekt, das, von Gewerkschaften unterstützt, proletarischen Schichten Kunsterfahrung und Kunstproduktion ermöglichen wollte.

Die Gespräche waren international groß aufgezogen worden und wurden feierlich vom österreichischen Bundespräsidenten Adolf Schärf und vom Wiener Bürgermeister Franz Jonas eröffnet. Weitere Verbreitung fanden die Diskussionen auch durch eine Zusammenfassung, die im österreichischen Fernsehen übertragen wurde.[4] Adorno scheint nicht bei allen Diskussionen der mehrtägigen Veranstaltung anwesend gewesen zu sein und nahm am 11. Juni auch noch bei einer weiteren Diskussion mit dem Titel »Die geistigen Voraussetzungen einer Literaturstadt« bei der *Österreichischen Gesellschaft für Literatur* teil.[5]

Besonders in Hinblick auf ein zentrales Thema von Adornos Vortrag, die Fortexistenz völkischer Tendenzen in der Nachkriegszeit, ist auch ein Blick auf die Teilnehmer (bis auf die Stadträtin Maria Jacobi, die einleitende und abschließende Worte sprach, waren alle Diskutanten männlich) interessant, gerade wenn man die Funktion der Intervention berücksichtigt, die Adornos Vorträgen zu eigen war.

4 Programm vom 20. 6. 1963. www.retro-media-tv.de/tvp/view_tag.php?tag=1963-06-20 (letzter Zugriff 8. 7. 2020).

5 Programm der Österreichischen Gesellschaft für Literatur Mai/Juni 1963. www.ogl.at/archiv/programme-ab-1961/archive/1963/05-06/ (letzter Zugriff 8. 7. 2020).

Denn neben einer Reihe während des Zweiten Weltkriegs in die Emigration Gezwungener wie Adorno, dem Psychologen Friedrich Hacker, dem Historiker Golo Mann sowie dem Journalisten Robert Jungk oder dem Politikwissenschaftler Eugen Kogon, der mehrere Konzentrationslager überlebt hatte, fanden sich auch mehrere Diskutanten, die während des Nationalsozialismus ihre Karriere in Deutschland erfolgreich weitertrieben. Der Anthropologe Arnold Gehlen etwa, der seine steile akademische Laufbahn nicht zuletzt den antisemitischen Säuberungen der deutschen Universitäten sowie seinem Eintritt in die NSDAP verdankte und an der als deutsches Bollwerk im Osten geplanten Universität Königsberg sowie später in Wien und Prag tätig war.[6] Vom nationalsozialistischen Sicherheitsdienst wurde in einem Bericht bestätigt, dass er »ein wirksamer Faktor zur politischen Aktivierung der Philosophie«[7] sei.

Anwesend war auch der Architekt der Wiener Stadthalle Roland Rainer, der, seit 1938 Mitglied der NSDAP, das Einfamilienhaus gegenüber Mehrparteienhäusern verteidigte, da bei diesen »nach Gobineau die Fülle arischen Wesens konzentriert«[8] sei. Nach 1945 betitelte er ein Buch, ganz dem postnazistischen Jargon der Eigentlichkeit entsprechend »Die Behausungsfrage«[9].

Der damalige Ordinarius für allgemeine und soziale Hygiene an der Universität Hamburg Hans Harmsen schließlich hatte sich schon vor 1933 als Eugeniker hervorgetan. 1933, als Funktionär der Inneren Mission der evangelischen Kirche bewunderte er das »tatkräftige Handeln der neuen Reichsregierung auf dem Gebiet praktischer Bevölkerungspolitik«, welches diese durch das sogenannte ›Gesetz zur Verhütung erbkranken Nachwuchses‹, das Zwangssterilisationen vorsah, gezeigt habe, ja, dieses erfülle ihn mit »Dankbarkeit und Freude«.[10]

Adorno war zumindest im Fall Gehlens dessen Vorgeschichte grundsätzlich bekannt, hatte er doch schon Ende der 1950er Jahre gemeinsam mit Max Horkheimer durch das Schreiben von Gutachten Schritte gesetzt, um Gehlens Berufung auf eine Professur in Heidelberg zu verhindern. »Dieser beispiellose Affront«[11], wie Adorno die Berufung nannte, konnte so verhindert werden. Auch Horkheimer nahm sich – zumindest in Briefen an Leo Löwenthal – kein Blatt vor den Mund. Dort hatte er schon früher Löwenthal gebeten, er solle einen amerikanischen Wissenschaftler, der deutsche Sozio-

6 Gerwin Klinger: Zucht und Leistung – Arnold Gehlens Anthropologie des NS-Führerstaates. ›Ein wirksamer Faktor zur politischen Aktivierung der Philosophie‹. In: Kriterion 11/1997, S. 26 f.

7 Zit. nach ebd. S. 27.

8 Zit. nach: Oliver Rathkolb: Roland Rainer. In: Peter Autengruber; Birgit Nemec u. a.: Umstrittene Wiener Straßennamen. Ein kritisches Lesebuch. Wien; Graz u. a. 2014, S. 17.

9 Roland Rainer: Die Behausungsfrage. Wien 1947.

10 Zit. nach: Andreas Sonneburg: Die Evangelische Kirche, die Innere Mission und ihre Stellung zur Sterilisation/Zwangssterilisierung während der Zeit des Nationalsozialismus. www.diakovere.de/fileadmin/Henriettenstiftung/Dokumente/Zwangssterilisation.pdf (letzter Zugriff 8. 7. 2020).

11 Brief Adornos an Horkheimer, 14. 2. 1957. Zit. nach: Joachim Fischer: Philosophische Anthropologie. Eine Denkrichtung des 20. Jahrhunderts. Freiburg; München 2009, S. 312.

logen suchte, die für ein Stipendium in Frage kämen, vor »Schelsky und seinen Geistesverwandten, darunter Gehlen ... und andere ehemals berühmte Nazis, warnen.«[12]

Aber nicht nur wegen seiner Vergangenheit, sondern auch wegen des Inhalts seiner Philosophie wurde Gehlen kritisiert. In einem mit Adorno abgesprochenen Brief an Wilhelm Kromphardt, der für die Berufung Gehlens zuständig war, urteilte Horkheimer: »Die Bejahung sozialer Gebilde auf Kosten des Menschen läuft schließlich auf die Krieck'sche These hinaus, daß nur das Opfer frei mache, das Opfer um des Opfers willen. ... Die Organisationen nehmen bei Gehlen eine Art archaisch sakrosankte Strenge an.«[13] Ernst Krieck, führender Ideologe der nationalsozialistischen Erziehungswissenschaften, hatte in seinen Schriften die kritiklose Unterordnung des Einzelnen, selbst des Herrschers, unter das völkische Kollektiv und seine Instanzen gefordert: »Macht und Herrschaft sind nicht zuerst Vorrechte und Vergünstigungen, sondern harte Pflicht, hingebender Dienst am Ganzen. Pflicht, Dienst und Opfer sind die Maßstäbe adligen Herrentums, das damit die Kraft der Einung, der Befreiung und Führung des Volkes in sich trägt.«[14]

Adorno war sich also im Klaren darüber, mit wem er es bei diesen Gesprächen in Wien zu tun bekam.

III

Auch deshalb wies Adorno schon im Titel des Vortrags darauf hin, dass das zentrale Thema seiner Ausführungen eine durchaus polemische Auseinandersetzung mit dem Weiterleben kollektivistischer, völkischer Ideologie in Nachkriegsdeutschland (und wohl auch besonders in Österreich) war. Die Kritik der musikalischen Jugendbewegung, die Adorno mit dem Vortrag weitertrieb, war wie zu erwarten keine rein ästhetische, sondern zielte immer auch darauf ab, die gesellschaftliche Funktion dieser Bewegung zu dechiffrieren und damit zu helfen, deren Wirkmächtigkeit zu neutralisieren.

Die musikalische Jugendbewegung, die sich hinter dem Begriff der Laienkunst verbarg, hatte ihre Wurzeln in der allgemeinen Jugendbewegung, die Ende des 19. Jahrhunderts vor dem Hintergrund der sich auflösenden traditionellen Familienstruktur entstanden war. Schon für deren bekannteste Gruppierung, den ›Wandervogel‹[15] war

12 Brief Horkheimers an Löwenthal, 20. 1. 1956. In: Max Horkheimer: Briefwechsel 1949 – 1973. Gesammelte Schriften. Hrsg. v. Gunzelin Schmid Noerr. Bd. 18. Frankfurt am Main 1996, S. 336.

13 Brief Horkheimers an Komphardt, 29. 4. 1958. In: Ebd. S. 419.

14 Ernst Krieck: Nationalpolitische Erziehung. Leipzig 1936, S. 25.

15 Zu den verschiedenen Strömungen innerhalb desselben und zu deren psychologischen Analyse siehe Fritz Jungmann: Autorität und Sexualmoral in der freien bürgerlichen Jugendbewegung. In: Studien über Autorität und Familie. Schriften des Instituts für Sozialforschung. Hrsg. v. Max Horkheimer. Bd. 5. Lüneburg 1987, S. 669 f.

die selbstproduzierte, Volkslieder wiederaufgreifende Musik auf den ›Fahrt‹ genannten Wanderungen von zentraler Bedeutung. Davon zeugen nicht nur Publikationen wie das enorm erfolgreiche Liederbuch *Der Zupfgeigenhansl*[16], das die Wandervögel mit Liedgut versorgte. Umgekehrt rückten auch Gegner der Jugendbewegung deren musikalische Aktivitäten in den Fokus der Kritik. So spottete Erich Weinert in seinem ›Gesang der Latscher‹ über den Wandervogel: »Der Frühling braust, wir zieh'n fürbass / Und zupfen unsere Geigen / Wir hüpfen froh ins nasse Gras / Und tanzen uns're Reigen / Die Klampfe klirrt im Schritt und Tritt / Die Kochgeschirre klirren mit / Der Wald ist voll' Akustik – / Wir sind so schrecklich lustig.«[17]

War die frühe Jugendbewegung noch relativ pluralistisch, vermischten sich in ihr noch radikale und regressive Kritik an gesellschaftlichen Verhältnissen, so setzte sich schließlich der Flügel durch, dem völkisches Gedankengut keineswegs fremd war. Mit dem Nationalsozialismus arrangierte man sich dann, wenn es auch eine gewisse Distanz zu ihm gab, die aber weniger auf inhaltliche Fragen – unter anderem für das völkische Moment hatte man ja Verständnis, die Wiedererweckung des Volkslieds spielte sogar ihre Rolle im ›Volkstumskampf‹ in den deutschsprachigen Gebieten der Tschechoslowakei[18] – als auf organisatorische Vorstellungen zurückzuführen war, da die Gleichschaltung als problematisch angesehen wurde.

Die ideologischen Schnittmengen, auf die die Hitlerjugend bei der Übernahme der Strukturen der Musikjugendbewegung zurückgreifen konnte, waren mannigfaltig: »Da war der antibürgerliche Elan, der gegen traditionelle Musikstätten wie Opernhaus und Konzerthaus rebellierte; da waren die Köpfe der musikalischen Gruppierungen vom ›Wandervogel‹ bis zu den ›Pfadfindern‹; da war Fritz Jöde, dem der Anschluß an die ›neue Zeit‹ und vor allem an die neue Jugend nicht gelang; da war Werner Altendorf, der diesen Übergang ohne Umstände schaffte; da war Walther Hensel, von dem die HJ lernte, ohne ihn gleich zum Mentor auszurufen.«[19]

16 Hans Breuer (Hg.): Der Zupfgeigenhansl, Leipzig 1920. Wie sehr nicht nur die Produktion, sondern auch das Sammeln der Lieder als kollektiver Akt gesehen wurde, zeigt in der vorliegenden Ausgabe der Zusatz zu Breuers Herausgeberschaft »Unter Mitwirkung vieler Wandervögel«.

17 Erich Weinert: Gesang der Latscher. www.lyrics.fandom.com/wiki/Erich_Weinert:Gesang_Der_Latscher (letzter Zugriff 19. 6. 2020).

18 Christian Jaques: Über die Erfindung des Sudetendeutschtums: Johannes Stauda, ein sudetendeutscher Verleger. In: Hans Hennig Hahn (Hg.): Hundert Jahre sudetendeutsche Geschichte. Eine völkische Bewegung in drei Staaten. Frankfurt am Main 2007, S. 194 f. In diesem Dunstkreis wirkte auch der Schriftsteller Hans Watzlik. Karl Kraus zufolge ist »Watzlik ... die Bezeichnung für einen Zustand, der wesentlich mit dem Vorhandensein von Sudeten zusammenhängt«. Karl Kraus: Die Sudeten. In: Fackel 657–667 / 1924, S. 74. Am Beispiel des sudetendeutschen Wandervogels lässt sich auch zeigen, wie durch die Betonung des völkischen Moments jegliches emanzipatorisches Potential der Jugendbewegung erstickt wurde: »Unter dem Druck des Nationalitätenkampfes der deutschen Volksgruppe gegen einen bevölkerungsmäßig doppelt so starken Widerpart wurde im Wandervogel größter Wert auf gute Beziehungen zu Elternhaus und Schule gelegt.« (Erik Nerad: Der Wandervogel in Böhmen. In: Bohemia. Zeitschrift für Geschichte und Kultur der böhmischen Länder. Bd. 22. 2 / 1981, S. 427). Also wurde gerade das, was man beim frühen Wandervogel noch als emanzipatorisches Potential ansehen kann, der Ausbruch aus der engen bürgerlichen Familie und aus traditionellen Institutionen, aufgegeben.

19 Fred K. Prieberg: Musik im NS-Staat. Frankfurt am Main 1982, S. 243.

Dass der Übergang von der Jugendbewegung zur HJ nicht immer bruchlos verlief, lag aber keineswegs immer an einer zögernden Haltung der ersteren. Die HJ ihrerseits hegte eine »Abneigung gegen die Herrschaft von Pädagogen und den Widerstreit der Theorien in der früheren Jugendbewegung.«[20] Umgekehrt plädierten Vertreter der Musikjugendbewegung wie Fritz Jöde dafür, in die Spielscharen der HJ einzutreten, dies sei »die einzige Möglichkeit, unsere Musikarbeit fortzusetzen.«[21] Da bei dieser Arbeit sowohl bei der HJ als auch bei der Musikbewegung das Gemeinschaftserlebnis im Zentrum stand, konnte man schnell eine Übereinkunft finden, wie gerade die Rolle Wolfgang Stummes, eines Schülers Jödes zeigt. Er wurde ab 1935 Leiter der Musikabteilung bei dem Reichsjugendführer Baldur von Schirach und setzte sich dort für die musikalische Laienbildung ein.[22]

Nach dem Zweiten Weltkrieg trat zwar das Wandern und Zelten der Jugendbewegung in den Hintergrund, wohl weil es zu sehr an Militärisches erinnerte, und auch weil es das klassische liberale bürgerliche Elternhaus, aus dem man ausbrechen hätte wollen, so nicht mehr gab, aber gerade der Aspekt des gemeinschaftsstiftenden Musizierens bot sich als Anknüpfungspunkt an, um Sinnstiftung und kollektiven Zusammenhalt in die postnationalsozialistische Gesellschaft hinüberzuretten. Wie wenig dabei die eigene Rolle im Nationalsozialismus reflektiert wurde, zeigt eine Einleitung zu einem Liederbuch aus dem Jahre 1952, in der der Verleger Karl Vötterle meint: »Es ist kein Geheimnis, daß sich viele Führer der Jugend- und auch der Singbewegung (selbst wenn sie dem Nationalsozialismus als Skeptiker oder Gegner gegenüberstanden) bewußt in diese Arbeit hineingestellt haben, weil dies der einzige Weg war, im Dritten Reich die Jugend zu erreichen.«[23] Ein Autor bemerkte zu diesem Zitat ganz richtig: »Man möchte zynisch kommentieren: Wenn auch das Judenblut am Messer spritzt – Hauptsache, es wurde gesungen!«[24] Dass derselbe Autor, Helmut König,[25] dann aber im selben Text seine Kritik relativiert und einen zentralen Proponenten der Musikbewegung, nämlich Jens Rohwer wieder eingemeindet, indem er ihm bescheinigt, »er gehörte zu uns«[26], wohl weil dieser in den 1960er Jahren Sympathien für die Studentenbewegung entwickelte, zeigt, wie attraktiv die Ideologie der Jugendbewegung auch nach 1945 war. Es scheint, dass die blinde Glorifizierung des Kollektivs und der Bewegung, die ja Adorno auch an der Studentenbewegung von 1968 kritisierte (so schrieb er von einem »Opiat der Kollektivität«[27]), hier durchschlug. Dazu passt auch, dass König Adorno vorwirft, dieser

20 Ebd.
21 Ebd. S. 244.
22 Ebd. S. 250.
23 Karl Vötterle: Hausmusik. Kassel 1952, zit. nach: Helmut König: Wer nur den lieben langen Tag ... Gedankenreise um das Lied von Jens Rohwer und seine Verleger. In: Botho Brachmann; Helmut Knüppel u. a. (Hg.): Die Kunst des Vernetzens. Festschrift für Wolfgang Hempl. Berlin 2006, S. 143.
24 Ebd.
25 Es handelt sich hier um den 1930 geborenen Musikherausgeber Helmut König, nicht um den gleichnamigen Politikwissenschaftler.
26 König: Wer nur den lieben langen Tag (wie Anm. 3), S. 153.
27 Theodor W. Adorno: Marginalien zu Theorie und Praxis. Gesammelte Schriften. Bd. 10.2. Frankfurt am Main 1997, S. 779.

schieße mit seiner Kritik an der Musikbewegung »aber weit übers Ziel hinaus, wobei – typisch wohl für jede ideologische Revolution – das Pendel der öffentlichen Reaktion zu weit in die Gegenrichtung schwang.«[28] Adornos Kritik selber wird dabei von König gar nicht im Detail ausgeführt, sondern dieser wird einfach genauso als Vertreter einer Ideologie gesehen wie die Proponenten der Musikbewegung, und es wird behauptet, die Wahrheit liege wohl irgendwo in der Mitte.

Gerade diese Tendenzen zur Fortschreibung frohen Gemeinschaftssinns, hinter denen der Totschlag lauert, hatte Adorno Anfang der 1950er Jahre kritisiert,[29] sowohl in Vorträgen als auch in Thesen, die er dem Darmstädter *Institut für neue Musik und Musikerziehung*, das der Jugendmusikbewegung nahestand, vorlegte. Diese wurden dann ohne Adornos Zustimmung publiziert und lösten eine Diskussion oder wenigstens einen Sturm der Empörung innerhalb der Musikbewegung aus. Darauf wiederum reagierte Adorno in dem Text *Kritik des Musikanten*[30]. Dort ging er auch auf die für den Wiener Vortrag titelgebende Formulierung von der »organisierten Banausie«, die die Singbewegung sei, ein. Wegen dieses Urteils war Adorno besonders von Jens Rohwer angegriffen worden, den ja König, wie schon bemerkt, später zu rehabilitieren versuchen sollte. Dieser Versuch Königs überrascht umso mehr, als das von ihm kritisierte Zitat Vötterles, dass die Zusammenarbeit der Jugendbewegung mit dem Regime der einzige Weg gewesen sei, um singen zu können, von Adorno ebenfalls angeführt und entsprechend eingeordnet wird: Fragen der Kollektivzugehörigkeit seien unwichtig, es gehe »um die Erfahrungen der Millionen, die der Hitler in Gaskammern ermorden oder auf den Schlachtfeldern zugrunde gehen ließ. Das allein, nicht das ›gemeinsame Tun der Jugend‹ entscheidet. Solange die Organe der Jugendmusik Äußerungen solcher Gesinnung unwidersprochen drucken und nicht rücksichtslos dafür sorgen, daß dergleichen Erfasser bei ihnen nichts mehr anzugeben haben«[31], verfielen sie der Kritik, und Adorno bekennt sich sogar zu einer »Boxfreudigkeit«[32] gegen solche Tendenzen.

Wie eng letztlich der Erfolg der Musikbewegung in der Nachkriegszeit, deren Versuche, vermeintlich unschuldige Formen der Kollektivität zu retten und die Verdrängung nationalsozialistischer Verbrechen zusammenhängen, lässt sich auch daran ablesen, dass eben jener Jens Rohwer eines der verbreitetsten Lieder der Jugendmusikbewegung der Nachkriegszeit, *Wer nur den lieben langen Tag* komponierte. Darin wird die »muntere, fürwahr, ... fröhliche Schar«, der sich jeder »fleißige Gesell« anschließen solle, gefeiert, deren Reise »ins Jungbrunnenreich« gehe, und die »leben soll, solang die Welt / Nicht in

28 König: Wer nur den lieben langen Tag (wie Anm. 23), S. 152.

29 Auf die Vorgeschichte der Auseinandersetzung, auf die Adorno in seinem Wiener Vortrag zurückkam, geht dieser auch in dem Vorwort der *Dissonanzen* ein: Theodor W. Adorno: Dissonanzen. Musik in der verwalteten Welt. Gesammelte Schriften. Bd. 14. Frankfurt am Main 1997, S. 10 f.

30 Theodor W. Adorno: Kritik des Musikanten. Gesammelte Schriften. Bd. 14. Frankfurt am Main 1997, S. 67.

31 Ebd. S. 88.

32 Ebd.

Scherben fällt«[33]. Auf den ersten Blick wirkt der Text banal, doch es fällt ein spezielles Licht auf dieses Lied und seinen Nachkriegserfolg, wenn man weiß, dass es im Jahre 1944 in Posen entstand, also im ›Reichsgau Wartheland‹ und zu einer Zeit, als Krieg wie Vernichtung ihren Höhepunkt erreichten. Hier wird gerade das ›gemeinsame Tun der Jugend‹ besungen, während über die Realität der Vernichtung geschwiegen wird. Dass der Erfolg gerade mit dieser Konstellation zu tun haben könnte, sah wiederum König nicht, der das Lied hauptsächlich, wie er schrieb, als »verlogenes Symbol der Adenauer-Ära« empfand und froh war, »als es in den 68er Jahren [sic!] endlich verschwand.«[34] Vor der Konsequenz einer Kritik, die gerade das gemeinschaftsbildende Moment der Musik untersucht, die damit auch auf den postnationalsozialistischen Charakter der Gesellschaft verweisen würde, schreckte König offenbar zurück, während Adorno darauf insistierte.

Adorno verteidigte sein Urteil der Musikbewegung als organisierte Banausie und unterstrich gerade das negative Potential derjenigen Momente, die sich als Überwindung traditioneller Bürgerlichkeit ausgaben: »Aber an der Sache fände ich nichts zurückzunehmen. Die ›Entkunstung der Kunst‹, die ich am Jazz konstatierte, erstreckt sich auch auf die Musikbewegung; etwas Wind- und Lodenjoppiges, auftrumpfend Naturnahes, das sich aus der Verachtung vorgeblich bürgerlicher Formen eine Ehre macht, weil das Glück der Form selber, ohne das es keine Kunst gibt, verkümmerte. ... einer, der sich einen Picasso kauft, den er nicht versteht, aber auf das Fremde daran anspricht, ist mir lieber als ein Ethiker, der, Gift und Galle spuckend über das unverständliche Zeug, sich den Hans Thoma kauft, den er ja versteht.«[35]

Auch aus dieser Bemerkung lässt sich schon ablesen, dass Adorno keineswegs elitär auf einen bildungsbürgerlichen Kanon pochte. Seine Ablehnung der Musikbewegung fußte darauf, dass sie, genauso wie die Kulturindustrie, den Einzelnen die Erfahrung von Glück verunmöglicht. Das bürgerliche Glücksversprechen, das immer nur für das Individuum gelten kann, wird an das Kollektiv verraten, Kunst wird so »entkunstet« und gerät zum bloßen Herrschaftsmittel. Die Autonomie, die Kunst durch ihre Form von den gesellschaftlichen Verhältnissen gewinnt, wird eingezogen, Kunst wird zur puren gesellschaftlichen Funktion.

Da die Gründe für diese Entwicklung der gesellschaftlichen Dynamik entspringen, wehrte sich Adorno in seinem Vortrag auch gegen den Vorwurf des Bildungsdünkels und der Massenverachtung. Alle Regression des Individuums liegt nicht an der Schwäche der Einzelnen, wie auch nicht nur an einer klugen Herrschaftsstrategie, auch wenn Adorno in dem Vortrag öfter auf den manipulativen Charakter der Massenkultur hinweist, sondern resultiert aus einem Zusammenspiel von beiden. Dem gesellschaftlichen Druck kommen

33 Zit. nach König: Wer nur den lieben langen Tag (wie Anm. 23), S. 135.

34 Ebd. S. 152.

35 Adorno: Kritik des Musikanten (wie Anm. 30), S. 85.

individuelle Bedürfnisse entgegen, die allerdings schon durch die gesellschaftliche Konstellation entstellt sind. In seiner Schrift zum Phänomen der Halbbildung, die Adorno auch im Vortrag erwähnt, findet er dafür den Begriff des kollektiven Narzissmus: »Kollektiver Narzißmus läuft darauf hinaus, daß Menschen das bis in ihre individuelle Triebkonstellation hineinreichende Bewußtsein ihrer sozialen Ohnmacht, und zugleich das Gefühl der Schuld, weil sie das nicht sind und tun, was sie dem eigenen Begriff nach sein und tun sollten, dadurch kompensieren, daß sie, real oder bloß in der Imagination, sich zu Gliedern eines Höheren, Umfassenden machen, dem sie die Attribute alles dessen zusprechen, was ihnen selbst fehlt, und von dem sie stellvertretend etwas wie Teilhabe an jenen Qualitäten zurückempfangen.«[36]

Es geht also auch immer um eine Identifikation mit dem Aggressor: Der gesellschaftliche Druck soll mit einer Überidentifikation mit der bestehenden Form der Gesellschaft neutralisiert werden.

IV

Diese starke gesellschaftliche Neigung, das Eigene zu überhöhen, die sich auch in einer ressentimentgeladenen Kritik an gesellschaftlichen Verhältnissen niederschlagen kann, zeichnet Adorno dann anhand der Entwicklung der europäischen Stadt nach. Er stützt sich dabei offen auf die Stadtsoziologie Max Webers[37] und bezieht sich implizit immer wieder auf Überlegungen Max Horkheimers, wie dieser sie in dem Text »Egoismus und Freiheitsbewegung«[38] anstellte. Adorno verdeutlicht dabei, wie sehr die befreienden Momente der Verbürgerlichung in den Städten, die die feudalen Fesseln auflösten, selbst mit Formen der Herrschaft verbunden waren, und wie dadurch die neue herrschaftliche Trennung in Patrizier und Plebejer entstand. Diese Trennung war bei der Entwicklung des Ressentiments bei Letzteren zentral, ein Ressentiment, das sich im Sinne eines kollektiven Narzissmus verstehen lässt. Wie Horkheimer in seiner Schrift an den frühbürgerlichen und bürgerlichen Revolten des Cola di Rienzo in Rom, des Savonarola in Florenz, des Calvin in Genf und schließlich in der Revolution der Jakobiner in Frankreich die regressiven und Herrschaft verschärfenden Momente hervorhebt, so weist auch Adorno darauf hin, dass der Protest gegen die Patrizier immer auch mit »Zügen einer gewissermaßen auftrumpfenden zweiten Barbarei« einherging, »die sich selbst setzt und die womöglich noch sich etwas Besonderes darauf zugute tut, daß sie an der als aristokratisch oder exklusiv betrachteten Herrenkultur nicht teilhat,

36 Adorno: Theorie der Halbbildung (wie Anm. 3), S. 114.

37 Max Weber: Grundriss der Sozialökonomik. III. Abt. Wirtschaft und Gesellschaft. Tübingen 1922, S. 513 f.

38 Max Horkheimer: Egoismus und Freiheitsbewegung. Gesammelte Schriften. Bd. 4. Frankfurt am Main 2009, S. 9 f.

und die sich dann also in sich fest macht.«[39] Dass damit keineswegs die Herrschaft der Patrizier, die erste Barbarei, glorifiziert wird, sollte sich von selbst verstehen.

Diese Nichtteilhabe an der höchstentwickelnden Kultur, dieser »cultural lag«, wie ihn Adorno nennt, wird also besonders giftig dadurch, dass er bewusst in Regie genommen wird. Wobei Adorno auch an mehreren Stellen deutlich macht, dass man diese Manipulation und bewusste Regie keineswegs als eine im platten Sinne absichtsvoll herbeigeführte Priestertrugstheorie auffassen sollte. Ihr kommt seitens der Individuen etwas entgegen, sie befriedigen auf schiefe Weise deren Bedürfnisse, die wiederum durch die Gesellschaftsform beeinflusst werden. Die Funktionäre dieser Organisation stehen zwar nicht bewusst über den Dingen, sie können sich aber immer auf diese Bedürfnisse berufen. Gerade bei der Kollektivbildung ist es kein Zufall, dass sich Adorno auf Sartres Schrift zum Antisemitismus bezieht.[40] Denn der Mechanismus, mit dem die eigene Ichschwäche durch die Teilhabe an einem Kollektiv – und sei es nur die »Weltorganisation der Harmonikaspieler«[41] – übertüncht werden soll, ähnelt dem, der beim Antisemiten zu beobachten ist. Dieser Ichschwäche kommt gerade das Moment der Organisation entgegen.

Adorno führt hier – auch mit Blick auf die Begeisterung für Volkskultur in der Jugendbewegung – das Beispiel von Trachtenvereinen an. Er verweist auf das Paradox, dass hier etwas vorgeblich sowieso Existierendes, da ja Trachten im Wesen der Landbevölkerung tief verankert sein sollen, durch aktive Maßnahmen und Organisation erst gefördert werden soll. Diese Problematik fiel auch nationalsozialistischen Propagandisten der Tracht auf. So meinte ein Funktionär des *Amtes Feierabend* der Kraft-durch-Freude-Organisation: »Eine Trachtengruppe muß den Ehrgeiz haben, möglichst rasch überflüssig zu werden, weil man für eine Pflege dessen, was selbstverständlicher Besitz aller ist, keine Vereine mehr braucht.«[42]

Auch hier zeigt sich, dass es in erster Linie um Gemeinschaftsbildung ging. Ein wie auch immer gearteter Konservativismus, der versucht, bestehende Traditionen festzuhalten, wird durch eine aktive Verlebendigung der Tradition ersetzt, es wird eine Archaik aus zweiter Hand produziert.

In satirischen Schriften wurde schon früh diese Archaik aus zweiter Hand, um die es sich bei Trachten dreht, abgehandelt. Carl Techet, der 1909 unter dem Pseudonym Sepp Schluiferer das Leben in Tirol (von ihm Tarrol genannt) beschrieb, erzählt von einem Gespräch mit einem Theaterintendanten, der sich aufs vorgeblich authentische Bauerntheater spezialisierte. Dieser klagt sein Leid: »Denn wissen Sie, die tarrolischen

39 Theodor W. Adorno: Laienkunst – organisierte Banausie? Im vorliegenden Heft S. 136.
40 Siehe ebd. S. 138.
41 Ebd.
42 Zit. nach: Reinhard Bodner: Ein tragbares Erbe? Trachtenerneuerung vor, in und nach der NS-Zeit. In: Beirat des Förderschwerpunktes Erinnerungskultur (Hg.): Vom Wert des Erinnerns. Wissenschaftliche Projekte der Förderperiode 2014 bis 2018. Innsbruck 2020, S. 122.

Trachten sind am Theater ebenso unbrauchbar wie die tarrolische Sprache. Schauen Sie sich die Weiber am Land an. Was tragen sie? Einen schwarzen runden Hut, ein paar schwarze Schleifen hinten, dazu einen zumeist schmutzigen Unterrock und ein paar vertretene Stiefel, das ist die ganze Volkstracht! So was darf man nicht aufs Theater bringen! Da gehören bunte Farben hin, weiße Strümpfe, gestickte Mieder u. dgl., sonst gefällt es den Berlinern nicht! Darauf verstehe ich mich! Zudem war meine Frau früher als Mamsell in einem Prager Modesalon angestellt.«[43]

Wie wenig harmlos die Folgen auch nur satirischer Kritik an diesen Formen der Gemeinschaftsbildung und das Rühren an Vorstellungen von Authentizität sein kann, musste Techet am eigenen Leibe erfahren. Seine Geschichtensammlung, die auch den verbreiteten Antisemitismus und bigotten Katholizismus in Tirol nicht aussparte, sorgte für einen handfesten Skandal. Als sein Pseudonym aufflog, wurde ihm öffentlich Lynchjustiz angedroht und Techet floh zunächst nach München und wurde dann, da er eigentlich im Schuldienst tätig war, in zivilisiertere Gegenden des Habsburgerreiches versetzt, in diesem Fall nach Mähren.

Knapp dreißig Jahre später wechselte die Archaik aus zweiter in nationalsozialistische Hand. Entsprechende Stellen übernahmen die Reform des Trachtenwesens, wobei das Moment der Gemeinschaftsstiftung ganz offen gegenüber einer angeblichen Tradition hervorgehoben wurde. Auch überwog nicht mehr, wie noch in Techets Satire, die ökonomische Motivation, Berliner Touristen das Geld aus der Tasche zu ziehen, sondern der Archaismus wurde stärker politisiert, der ›Volksgemeinschaft‹ in all ihrer Vielfalt sollte Leben eingehaucht werden. In diesem Sinne berichtete eine Tiroler Zeitung über das Wirken Gertrud Pesendorfers, deren Begeisterung für Trachten ihr zu einer Karriere im Nationalsozialismus verhalft: »Frau Gertrud Pesendorfer hat aus den vorhandenen Trachten für alle Tiroler Landschaften etwas Neues, unserer Zeit durchaus angemessenes geschaffen: Trachten für Männer und Frauen, die unter sorgfältiger Berücksichtigung des überlieferten Trachtengutes, doch den Forderungen unserer, die Leibesübung bejahenden, gesunden Zeiten entsprechen. Es ist also kein Hervorholen bereits abgelegter Museumsstücke, sondern eine Neugestaltung des immer schon vorhanden Gewesenen.«[44]

Die Vorstellung dieser stets aktiv neu zu erschaffenden, aber gleichzeitig immerwährenden Gemeinschaft war, wie oben schon angedeutet, antisemitisch aufgeladen. Der Antisemit sieht im Bild des Juden den Verderber der imaginierten Harmonie von Individuum und Kollektiv: »Der Nationalsozialismus hat dafür Sorge getragen, daß

43 Sepp Schluiferer [Carl Techet]: Fern von Europa. Tirol ohne Maske. Kurze Geschichten aus finsteren Breiten in 34 Bildern. Innsbruck 1999, S. 40.

44 Hermann Fink: Natürliche Neubelebung der Bauerntrachten. In: Wochenblatt der Landesbauernschaft Alpenland 24.9.1938, S. 24. Einsehbar unter: www.arge-ns-zeit.musikland-tirol.at/content/ploner/details-zur-trachtenerneuerung-und--pflege.html (letzter Zugriff 13.7.2020).

Juden keine deutschen Trachten sowohl im Altreich als auch in der befreiten Ostmark mehr tragen dürfen und auch dafür gesorgt, daß Kleidungsstücke, die Trachten ähneln, nicht mehr auf den Markt geworfen und als Bauerntrachten angepriesen werden dürfen. Aber damit nicht genug. Gleich wie sich der Nationalsozialismus für die Ausrottung aller Volkseigenart zersetzenden jüdischen Einflüsse im deutschen Volk einsetzt, sorgt er auch dafür, daß alte, ureigene Sitten, Bräuche und nicht zuletzt Trachten des deutschen Volkes wieder zu Ehren und Geltung kommen und wieder das werden, was sie einst waren, nämlich Ausdruck ihrer völkischen Eigenart und ihres stolzen Gemeinschaftswillens.«[45]

Adornos Hinweis, dass es sich bei seinen Überlegungen nicht nur um »Sorgen eines verrannten Avantgardisten« handelt, sondern dass diese ideologischen Denkformen »eine verteufelt reale Seite haben«,[46] kann also nicht ernst genug genommen werden.

V

Eingedenk der zu Beginn des Textes angeführten Warnung Adornos, gesellschaftliche Probleme nicht durch eine Historisierung beiseitezuschieben, stellt sich die Frage, wie die Formen solch einer Kollektivbildung heute aussehen. Die Musikbewegung in der Form, wie sie Adorno kritisierte, ist heute wohl nicht mehr aktuell. Auch Adorno sah schon, dass ihr in der Gestalt der Kulturindustrie ein mächtiger Konkurrent erwachsen war: »Nur ist es hier [bei der Musikbewegung] mehr die Attraktionskraft auf die, die sich selber in ihrer eigenen Sprache als absinkende Elite fühlen, während es im Bereich der Kulturindustrie wirklich die Attraktionskraft auf die primären Banausen ist, während es sich hier, wenn man so sagen darf, mehr um die Gruppe der sekundären Banausen handeln dürfte.«[47] Die Umbrüche der späten 1960er Jahre sorgten dafür, dass für einige Zeit die sekundären Banausen in den Hintergrund traten.

Heute ist diese Trennung wohl gefallen, ohne dass Elemente dessen, was die Musikbewegung so attraktiv gemacht hatte, ganz ihre Wirkung verloren hätten. Auch wenn Adorno schreibt, dass die von ihm kritisierte Ressentimentmentalität »keineswegs nur hier, wo man sich in gewisser Nähe zu den Alpen befindet«[48] wirksam wäre, findet diese in Österreich doch einen besonders fruchtbaren Boden. Nicht nur im aktuell erfolgreichen Entertainer Andreas Gabalier, dessen Werk noch weiter unten als Beispiel herangezogen wird, sind all die Elemente, die diese Mentalität ausmachen, aufs Unglücklichste vereinigt; seine Version der Archaik aus zweiter Hand beherrscht heute, was jedenfalls die Nähe zu den Alpen betrifft, die Szene der sekundären Banausen. Dass aber ähnliche Mechanismen der Sinnstiftung und Kollektivitätsbildung in derselben

45 Ebd. S. 23.
46 Adorno: Laienkunst (wie Anm. 39), S. 138.
47 Ebd. S. 139.
48 Ebd. S. 138.

Nähe auch linksgestrickt, mit einem Schuss Ethnopluralismus und Weltmusik möglich sind, zeigte schon das Phänomen Hubert von Goisern, der Volkslieder vor rechter Vereinnahmung zu retten vorgab. Das führte – zunächst offenbar unwissentlich, dann aber aus einer Jetzt-erst-recht-Haltung – dazu, Hitlers Lieblingslied *Am Abend spat [sic!]* neu zu interpretieren. In einem Interview darauf angesprochen, wollte sich von Goisern mit dem Hinweis auf höhere Sphären der Musik verteidigen: »Musik ist a priori unpolitisch. Musik ist viel größer, als Politik es je sein kann. Und ein schönes Lied kann ja nichts dafür, wenn es jemandem gefällt, den man nicht mag.«[49] Auf die Problematik, die darin steckt, eine Sphäre des Musischen zu proklamieren, die nichts mit der Gesellschaft zu tun habe, wies allerdings schon Adorno in seinem Vortrag hin: »Diese ... ist der Versuch, die Dekultivierten oder Kulturfremden mit Kultur zu erreichen oder zu beliefern, ohne daß dabei ihr Bewußtsein selber eigentlich verändert würde.«[50] Damit würden sich solche Versuche fast zwangsläufig einem »Kultus der Kollektivität« hingeben und sich gegen die »Autonomie des entfalteten Bewußtseins«[51] wenden.[52]

Es kam dann auch so: Die von den Nationalsozialisten propagierte »Neugestaltung des immer schon vorhanden Gewesenen«, die Modernisierung der Archaik, nahm Goisern im selben Interview stolz für sich in Anspruch und argumentierte auch im Sinne der Gemeinschaftsstiftung: »Ich habe Tradition im Hier und Jetzt verkörpert, und deswegen sind sicher zwanzig Prozent meines Konzertpublikums aus der rechten Ecke gekommen. ... Ich finde das eigentlich toll, dass die nicht in ihren Bierzelten hocken, sondern bei mir ein Alternativprogramm bekommen.«[53] Dieses Alternativprogramm hat mittlerweile offenbar ausgedient, die Hoffnung, die Goisern daran knüpfte, seine Klientel komme »nach dem Konzert anders heraus, als sie zuvor reingegangen sind. Das muss ihnen zu denken geben«,[54] hat sich nicht erfüllt, wohl allerdings Adornos Befürchtung, dass »durch diese Sphäre des Musischen die Neobarbarei nicht etwa geändert, sondern bestätigt und verschleiert wird.«[55]

Der Gedanke, dass die Bedürfnisse, die Goisern noch vor knapp 20 Jahren befriedigte, mittlerweile vom eindeutigeren Gabalier abgedeckt werden, ist allerdings beunruhigend. Gabalier spitzt die beschriebenen Tendenzen noch einmal zu: Die Verbundenheit mit Tradition und Trachten der Musikbewegung, Vermarktung und Offenheit für technische Neuerungen der Kulturindustrie, alles mit dem Ziel der Gemeinschaftsbildung gegen eine unklar vorgestellte Elite, die durch lebensferne Vorschriften diese

49 Andreas Lesti: Was ruft der Berg? Im Gespräch: Hubert von Goisern, FAZ, www.faz.net/aktuell/feuilleton/bilder-und-zeiten-1/im-gespraech-hubert-von-goisern-was-ruft-der-berg-1544236-p3.html (letzter Zugriff 7.9.2020).

50 Adorno: Laienkunst (wie Anm. 39), S. 139.

51 Ebd.

52 Zu Goiserns Version der Gemeinschaftsstiftung und seinen Europavorstellungen siehe auch Gerhard Scheit: Von Waggerl zu Goisern, von der Reichsmark zum Euro. Wozu braucht Europa eine kulturelle Identität? In: Die Versorgerin 86/2007.

53 Lesti: Was ruft der Berg? (wie Anm. 49).

54 Ebd.

55 Adorno: Laienkunst (wie Anm. 39), S. 140.

Gemeinschaft zersetzten. Sowohl primäre als auch sekundäre Banausen können dieser Fusion etwas abgewinnen.

Bei einem Blick in Gabaliers Œuvre sieht man sich unwillkürlich an Adornos Vortrag erinnert. Adorno kritisierte die Selbststilisierung zum Volksmusiker, man brauche nur zu sagen »Ich bin nämlich ein Volksmusiker« und damit aus der »Naivität eine Form der Reflexion zu machen«[56], so ist damit schon das Wesen Gabaliers getroffen, der sich, auch das Kulturindustrielle berücksichtigend, als »Volksrock'n'Roller« präsentiert. Wollte Adorno noch mit dem Hinweis auf die Mitgliedschaft in der Weltorganisation der Harmonikaspieler die Hohlheit solcher Kollektive aufzeigen, wird bei Gabalier die Kollektivbildung mittels Harmonika besungen: »I bin ein Volksrock'n'Roller, a Lederhosenjodler, ahaa / I am a Volksrock'n'Roller, me and my harmonica. / Weil mir das Herz aufgeht, wenn Jung und Oit im Trochtngwandl steht.«[57] Das Ressentiment gegen Bildung wird ebenso besungen: »4 – des wor mei beste Notn / Drum homs es lernen mir verbotn.«[58] Abgesehen von der Frage, wer dem Helden des Lieds das Lernen denn verboten haben soll, und ob bei offenbaren Lerndefiziten nicht eher Nachhilfe angezeigt wäre, ist auch diese Wendung ein Beispiel, Naivität offensiv vor sich herzutragen, oder, um es themengerecht bodenständiger zu formulieren, sich dumm zu stellen, darauf stolz zu sein und damit auch noch Erfolg zu haben. Dabei schwingt immer auch schon eine Selbststilisierung als Opfer mit, dem anonyme Mächte etwas vorschreiben und in seiner natürlichen Entwicklung hemmen. Dazu ist es gar nicht einmal nötig, auf die expliziten politischen Statements Gabaliers einzugehen, die er ja im Zweifelsfall gar nicht so gesagt haben will.

Denn auch bei der Glorifizierung der Tracht als Anker in der Welt, der einen an Bindungen und Werten festhält, greift Gabalier auf alle Ideologeme zurück, die schon während der Trachtenerneuerung im Schwange waren: »Tracht ist Tradition Hoate Orbeit doch der Lohn für die unzähligen Stunden. Is a Mode die entsteht an der die Zeit vorübergeht die für immer besteht ... Werte aus am Laund ham füa die Ewichkeit Bestaund der wird uns imma begleitn wie die guade oide Trocht imma glänzt in ihra Procht jetzt und füa olle Zeitn.«[59] Auch diese Einstellung wurde in Adornos Vortrag schon kritisiert: »Es wird auch hier vorgegaukelt, daß die Heteronomie, das freiwillige Sich-Begeben in sogenannte Bindungen, deren Legitimität dabei unbefragt bleibt, ein Höheres, ein sittlich Überlegeneres wäre.«[60]

Durch diese Mixtur aus moderner Kulturindustrie und traditionsfixierter Musikbewegung werden so Bedürfnisse des Publikums auf mehreren Ebenen befriedigt. Sorgt

56 Ebd. S. 139.
57 Andreas Gabalier: Volksrock'n'Roller. www.songtexte.com/songtext/andreas-gabalier/volksrocknroller-13aa1191.html (letzter Zugriff 13. 7. 2020).
58 Ebd.
59 Andreas Gabalier: Traditional Clothing. www.songtexte.com/songtext/andreas-gabalier/traditional-clothing-235754c3.html (letzter Zugriff 13. 7. 2020).
60 Adorno: Laienkunst (wie Anm. 39), S. 139.

die Kulturindustrie für die eher allgemeine Gemeinschaftsbildung, so schwingt bei den Elementen der Musikbewegung noch ein anderes Bedürfnis mit, das aus einem Fan Gabaliers im Gespräch mit der *New York Times* hervorbrach: »Katja Breg, a 35-year-old drugstore employee in the audience, said that Gabalier represented the Austrian zeitgeist. ›Before, you couldn't say you were proud of being Austrian‹, she said, because of the country's Nazi past. ›He represents the values of the people,‹ she added.«[61]

Die Abwehr der Erinnerung, der Wunsch, sich an das spätestens durch den Nationalsozialismus problematische Kollektiv wieder problemlos anschließen zu können wird so zum Vater zwar keines Gedankens, wohl aber dieser neueren Form der postnationalsozialistischen Gemeinschaftsbildung und des kollektiven Narzissmus. Gabaliers Wirken kann insgesamt als Bestätigung für Adornos Formulierung angesehen werden, »Begriffe wie die des Echten und Gesunden« könnten manchmal »einen sehr teuflischen Aspekt annehmen.«[62]

VI

Der Erfolg von Phänomenen wie Gabalier zeigt, dass der Optimismus, den Adorno, wenn auch etwas widerwillig, am Ende seines Vortrags an den Tag legte, wirklich nur eine höfliche Konvention und nicht sachlich begründet war. Mochte er auch Recht haben, dass gerade in den Ländern des realen Sozialismus sich in der Sphäre der Kunst ein widerständiges Potential bildete, so galt das für die westlichen Länder schon viel weniger. Wohin dort die Reise gehen würde, deutete schon die Diskussion über Adornos und Kustows Vorträge an.

Auch wenn sich Adorno sehr offensiv gegen den Vorwurf des Bildungsdünkels wehrte, sogar gleich zu Beginn eine ›declaration of intention‹ formulierte, sollte hier dann doch genau dieser Vorwurf wiederkehren. Trotz aller Deutlichkeit, mit der Adorno in seinem Vortrag versuchte hatte, zu zeigen, dass es ihm um Inhalte ging und letztlich um das individuelle Glück, finden sich in dieser Diskussion fast klassisch alle Vorwürfe, Missverständnisse und Argumentationsfiguren versammelt, die jeder kennt, der einmal Positionen der kritischen Theorie in Streitgesprächen vertreten hat. Die Diskussion ist auch noch bemerkenswert, da durch sie die Hoffnungen, die Adorno am Ende seines Textes formulierte, dass die Resistenzkraft des Geistes sich besonders im Feld der Kunst erweisen könnte, relativiert. Denn das ist nur möglich, wenn man überhaupt an so etwas wie ästhetischer Urteilskraft festhält. Gerade dagegen wurde aber am Ende

61 Thomas Rogers: Rocking Out in Lederhosen, With a Hint of Populism. In: New York Times 10.10.2019, www.nytimes.com/2019/09/10/arts/andreas-gabalier.html (letzter Zugriff 14.7.2020).

62 Adorno: Laienkunst (wie Anm. 39), S. 139.

der Diskussion argumentiert, und dieser Absage, die sich als Ablehnung einer elitären Haltung missversteht, stand auch später noch eine steile Karriere bevor.

Diese Wendung lag allerdings weniger am zweiten Vortrag, der zusammen mit Adornos diskutiert wurde. Denn Kustow hatte sich gegenüber Teilen der Argumentation Adornos keineswegs spröde gezeigt. Den Ausganspunkt zur Gründung des *Centre 42* beschrieb er als ein Problem, das zeigte, wie die Kulturindustrie oppositionelle Strömungen eingemeinden konnte, und wie sie vermeintlich individuellen Bedürfnissen entgegenkommt. Kustow zieht zur Verdeutlichung dafür eine Stelle aus einem Stück des britischen Autors Arnold Wesker heran, in dem eine Arbeiterin die Verstrickung in die gesellschaftlichen Verhältnisse zur Sprache bringt, indem sie sich in die Rolle von Funktionären der Kulturindustrie versetzt: »Und wer, glaubt ihr, kommt dann dahergelaufen? Drecksänger, Klatschjournalisten, Filmleute, Frauenmagazine, Sonntagsblätter, Bildstreifen-Liebesgeschichten! Für die braucht man sich nicht anzustrengen, die macht sich ganz von alleine. ›Wir wissen, wo das Geld zu holen ist‹, sagen sie, ›wir wissen es, zum Teufel! Die Arbeiter haben es – also geben wir ihnen, was sie wollen. Wenn sie Kitschmusik wollen und Kino-Idole, dann sollen sie sie haben. ... Wenn sie Schund wollen, sollen sie ihn haben! Für sie ist alles gut genug, sie wollen es ja nicht besser.‹ Die ganze verstunkene Geschäftemacherwelt beleidigt uns, und wir kümmern uns einen Dreck darum. ... Wir sind selber daran schuld. Wir möchten Schund – und den kriegen wir! Den kriegen wir!«[63]

Deshalb hätten auch Kustow und seine Mitstreiter versucht, mit dem *Centre 42* gegen diese Situation etwas zu unternehmen und nicht nur unterstützt von Gewerkschaften Arbeitern Zugang zu Kunst zu ermöglichen, sondern sie auch zu eigener Kunstproduktion anzuregen. Kustow beschreibt das Ergebnis durchaus reflektiert als keineswegs ungebrochene Erfolgsgeschichte: »Der Dichter, der den Mut hatte während der Essenspause in einer Werkskantine seine Gedichte vorzulesen, machte einige sehr peinliche Erfahrungen, aber er hatte auch Triumphe zu verzeichnen.«[64] Weiters geht Kustow auch auf die Gefahren ein, die solch einem Projekt immer drohen, und die es zu umschiffen gelte. So sei jeder Paternalismus zu vermeiden, es solle keine bloße Agentur zur Förderung von Amateurkunst werden, vor allem aber gehe es nicht um eine »Kunst der Arbeiterklasse«: Es gehe nicht darum, mehr »Grubenarbeiterstücke für Grubenarbeiter« zu liefern, denn eine »derartige Einstellung führt zu einer falschen Auslegung und zu einer Einschränkung der künstlerischen Funktionen. Sie ersetzt eine Einschränkung durch eine andere, und gerade das ist es, was wir nicht wollen.«[65]

63 Michael Kustow: Laienkunst – organisierte Banausie? In: Amt für Kultur, Volksbildung und Schulverwaltung der Stadt Wien (Hg.): Europagespräch 1963. Die europäische Großstadt – Licht und Irrlicht. Wien 1964, S. 73.

64 Ebd. S. 84.

65 Ebd. S. 85.

Trotz all dieser Einschränkungen und der Zweifel Kustows war die Eingangsfrage Eugen Kogons in der Diskussion an Adorno gerichtet, ob sich hier nicht jetzt eine Möglichkeit zur Praxis finde, ob Adorno nicht die Initiative Kustows »für eine kritische Konfrontation, wie Sie gefordert haben, eine kritische Konfrontation der Menschen von heute mit dem, was richtig ist«[66] halte. Adorno konterte, er könne darüber nichts Konkretes sagen, da er die Kunstwerke, die im Rahmen des Zentrums entstanden seien, nicht kenne. Interessant sei sicherlich, die »dogmatisch geronnene These von dem Bruch zwischen Rezeption und Produktion zu testen«, ob das wirklich geschehen sei, hinge aber genau davon ab, ob die Darbietungen »objektiv von einer solchen Qualität und einer solchen Fortgeschrittenheit« seien, dass sie dieses Ziel erreichen könnten. Hier meldet Adorno auch Bedenken an: »Ich habe leise Zweifel daran, wenn ich höre, daß dabei etwa Jazz, den ich eben doch für reine Unterhaltungsmusik halte ... oder wenn etwa sogenannte Folksingers in einem solchen Programm eine sehr große Rolle gespielt haben. Ich würde denken – ich kann mich aber auch irren –, daß die Dinge mit denen die Menschen in dieser Stadt konfrontiert worden sind, selber doch so weit angepaßt waren, daß das Moment der Konfrontation, das ich mir vorgestellt habe, darin doch eigentlich nicht wirklich realisiert war.«[67]

Adorno versah diese Einwände aber mit Kautelen und wies auch auf die Problematik seiner Position hin: »Ich kann im Grunde hier gar keine andere Antwort geben als die sicher sehr unbefriedigende, daß die Chancen, daß ein solches Experiment gelingt, außerordentlich klein sind, aber daß man es trotzdem versuchen muß.«[68]

Es war dann der Autor (und spätere österreichische Präsidentschaftskandidat der Grünen) Robert Jungk, der in der Diskussion mehr Praxis forderte und die Frage, was man denn tun könne, ins Zentrum stellte. Adorno wandte dagegen ein, dass er gerade in der Einigkeit, die in der Frage herrsche, dass etwas getan werden müsse, schon das Problem liege: »Da sind sich eigentlich alle einig. Und wenn man an dieser Stelle auch nur ein bißchen zögert, dann, vorsichtig gesagt, macht man sich damit sehr unbeliebt. Und ich betrachte es in diesen Dingen als meine Aufgabe, wirklich nicht mehr zu tun, als eine Art von Bremse einzurichten.«[69] Denn der Zwang zur Praxis könne leicht zum Denkverbot werden: »Ich würde allerdings sagen, daß die Gefahr, die indirekt drin ist, eben die ist, den Gedanken dem Primat der Praxis zu unterstellen, also so zu denken, daß das, was man denkt schon von vornherein gleichsam dem Kriterium, was man damit macht, zu unterstellen ist.«[70] Gleichzeitig betonte er aber immer wieder, dass er »das Experiment nicht einschränken will, daß ich damit solche Versuche, über die Herr Kustow

66 Diskussion zu: Laienkunst – organisierte Banausie? In: Amt für Kultur, Volksbildung und Schulverwaltung der Stadt Wien (Hg.): Europagespräch 1963. Die europäische Großstadt – Licht und Irrlicht. Wien 1964, S. 88.

67 Ebd. S. 89.

68 Ebd.

69 Ebd. S. 91.

70 Ebd.

uns berichtet hat, nicht diskreditieren will«[71] und er verweist darauf, dass gerade in der bestimmten Negation Potential liege: »Wenn man nämlich wirklich genau und bestimmt erkannt hat, was an einer Sache unrichtig und schlecht ist, so steckt im allgemeinen darin schon der Kanon dessen, wie man es besser und richtiger zu machen hätte.«[72]

Konkretisiert habe Adorno das in seinem damals erschienenen Buch *Der getreue Korrepetitor*[73], das auch auf seine Weise Praxis sei: »In diesem Buch habe zunächst einmal gewisse Mechanismen des falschen musikalischen Bewußtseins analysiert, also gezeigt, wie es nicht sein soll. Ich habe daran geknüpft eine sehr eingehende Darstellung, wie moderne Musik, und zwar in sehr schwierigen Gebilden, richtig zu hören sei, wobei ich von der Sache selbst nichts nachgelassen habe. Aber ich habe einfach versucht, falsche Erwartungen wegzuräumen und zu zeigen, wie man diese Dinge so hören kann, daß man sie als einen Sinnzusammenhang auffaßt. Ich habe denn im Hauptteil des Buches schließlich da angeknüpft, wo ich glaube, daß eine der entscheidenden Quellen für das Falsche liegt, nämlich bei der herrschenden Praxis der Wiedergabe moderner Musik, die ich allerdings zu 95% für groben Unfug halte.«[74] Dies sei eben auch ein praktisches Verhalten, aber »es unterscheidet sich durch den Gestus, also dadurch, daß es sich nicht die Ärmel in die Höhe krempelt und sagt ›Let's go down to the breakfast‹ und ›Let's get together‹, und wie all diese Slogans heißen, sondern daß es wirklich von den Dingen ausgeht und versucht, durch ihre Behandlung, also vom Objekt her, vorzubereiten oder zu helfen, zu einer adäquaten Beziehung zu ihnen zu kommen.«[75]

Während Kustow diesen Argumenten etwas abgewinnen konnte, und versicherte, es sei dem *Centre 42* nicht darum gegangen, die Ärmel aufzukrempeln, und betonte, dass dessen Intention keinesfalls darin bestand, »daß wir die Intellektuellen hinauswerfen wollen und die ›starken Männer‹ arbeiten sollen«, und es weniger die Frage der Trennung von Theorie und Praxis war, die sie umtrieb als vielmehr das Gefühl, dass »der bisherige Weg unrichtig gewesen ist«,[76] waren Adornos Ausführungen dem Schweizer Soziologen Lucius Burckhardt sauer aufgestoßen. Dieser reproduzierte in seiner Wortmeldung genau wieder das Bild des elitären Adorno, der an abgehobenen ästhetischen Maßstäben festhalte. Er kritisierte einen vorgeblichen Konsens: »Wir sind der Meinung, daß die Anwesenden einen guten Geschmack haben und wissen, was für die Kunst richtig ist, und daß die Abwesenden selbstverständlich einen schlechten Geschmack haben. Ich möchte deshalb etwas an den Fundamenten unserer Diskussion sägen. Nachdem ich gehört habe, daß Herr Prof. Adorno 95 Prozent der modernen Musikübungen in der Seriosität anzweifelt ...« Hier warf Adorno ein, er habe von der Wiedergabe der modernen

71 Ebd. S. 91 f.
72 Ebd. S. 92.
73 Theodor W. Adorno: Der getreue Korrepetitor. Gesammelte Schriften. Bd. 15. Frankfurt am Main 1997.
74 Amt für Kultur: Diskussion zu Laienkunst (wie Anm. 66), S. 96.
75 Ebd. S. 96 f.
76 Ebd. S. 97.

Musik gesprochen, aber Burckhardt ließ sich nicht beirren: »... dann möchte ich meinen, daß Herr Prof. Adorno vielleicht bei mir zu Hause die Einrichtung scheußlich und die Bilder scheußlich findet.«[77] Er plädierte dafür, anzuerkennen, dass sich über alle Klassen hinaus eine »Polystilie«, eine Vielzahl von Stilen etabliert habe, dass es auf keinen Fall darum gehen dürfe, hier einen »›guten Geschmack‹ züchten« zu wollen. Schließlich sei ja alles im Fluss, »Autoformen kommen und gehen, die Pin-up-girls wechseln.« In dieser Dynamik und in diesem Wechsel der Formen sei »nicht eine Volkskunst im Sinne einer Kunst vom Volk, aber immerhin einer Kunst für das Volk, aber für das ganze, und einer Kunst dieses Zeitalters in Anfängen«[78] zu sehen. Dass er damit genau das, was Adorno an der Kulturindustrie kritisierte, affirmativ fasste, zeigt auch sein finaler Vorwurf gegen Adorno: »Deshalb würde ich, um auf Herrn Prof. Adornos Vortag zurückzukommen, nicht diese enorme Skepsis anwenden und nicht schon die Stirn runzeln, wenn Volkssänger oder Jazzmusiker in ein Festival mit einbezogen sind. Ich glaube, daß wir den Mächten der Zeit in gewisser Weise den Lauf lassen müssen, erwarten, was sie mit uns und mit der Kunst vorhaben.«[79] In dieser völligen Aufgabe jeglicher Subjektivität, in dem Sich-Überlassen an höhere, fast schicksalshaft imaginierte Kräfte, die selbst Pläne schmieden und so jeder Gestaltbarkeit künstlerischer oder gesellschaftlicher Verhältnisse die Absage erteilen, nahm Burckhardt schon einige postmoderne Positionen vorweg, die ein paar Jahre später das Feld dominieren sollten. Was Adorno noch als Antiintellektualismus, als »Haß gegen jede Art von Selbstbesinnung«[80] bezeichnete, wird hier als Lösung präsentiert. Und Burckhardt hinterließ einen – nicht ganz zu Unrecht – verwirrten Diskussionsleiter Kogon, der sich außer Stande sah, abschließend »die Fäden zusammenzuführen.«[81]

77 Ebd. S. 97 f.
78 Ebd. S. 98.
79 Ebd. S. 98 f.
80 Adorno: Laienkunst (wie Anm. 39), S. 140.
81 Amt für Kultur: Diskussion zu Laienkunst (wie Anm. 66), S. 99.

Theodor W. Adorno

Laienkunst – organisierte Banausie?

Das Thema des Vortrages ist mir gestellt worden. Es geht zurück auf eine Formulierung aus einem Buch von mir, und zwar aus den *Dissonanzen*, in der »Kritik des Musikanten«.[1] Dort ist einmal davon die Rede, daß die sogenannte Singbewegung, also die organisierte musikalische Jugendbewegung, nichts anderes sei als organisierte Banausie. Es hat sich an diese Formulierung allerhand Polemik angeschlossen. Ich nehme an, daß ich es dieser zu verdanken habe, daß die liebenswürdigen Leiter[2] dieser Gespräche auf diese Formulierung zurückgegriffen haben. Ich möchte nun gerade diese Formulierung zum Anlaß nehmen, gewisse Mißverständnisse in bezug auf meine Position von vornherein abzuwehren, Mißverständnisse, denen ich in den letzten Jahren so regelmäßig begegnete, daß ich glaube, daß ich vielleicht doch auch einige Schuld an ihnen trage. Und es ist vielleicht deshalb nicht ungebührlich, wenn ich Ihnen so etwas wie eine ›declaration of intention‹ gebe. Ich weiß zwar, daß Mißverständnisse im allgemeinen ein Medium des Verständnisses sind, daß sich Verständnis durch Mißverständnisse hindurch konstituiert. Aber in diesem Fall ist es doch ein bißchen gefährlich. Das Mißverständnis wurde übrigens auch gestern abend ein wenig erkennbar, während der Diskussion,[3] nämlich

1 Theodor W. Adorno: Kritik des Musikanten. Gesammelte Schriften. Hrsg. v. Rolf Tiedemann. Bd. 14. Frankfurt am Main 1997. Zur Vorgeschichte auch dieses Textes siehe den begleitenden Aufsatz von Florian Ruttner über »Adorno und die sekundären Banausen« in diesem Heft.

2 Die Planung und Organisation des Europagesprächs 1963 oblag dem Kunstsoziologen Gerhardt Kapner. Die Diskussionen leitet der Politikwissenschaftler Eugen Kogon.

3 In der Diskussion des ersten Tages des Europagesprächs wurden auch die Probleme der Entkernung von Städten und die Diffusion in die Vorstädte erörtert. Adorno wies darauf hin, dass es sich hier um eine »unrichtige« Aufhebung des Unterschieds von Stadt und Land handelt: Dieser sei »zwar abgeschafft in einem gewissen Sinn, aber doch nur so abgeschafft, daß die Städte verfranst, daß das Land entformt« werden. Man müsse »dabei das Verhältnis von Stadt und Land überhaupt grundsätzlich neu anfassen, denn es ist ja heute radikal anders als vorher.« Gegen diese Argumentation wandte der Schweizer Architekturtheoretiker Lucius Burckhardt ein, dass sie die Chancen, die die Stadt biete, unterschlägt. Die Umlandgemeinden »sind nicht nur nicht in der Lage, sie haben auch nicht die geringste Lust, diesen Prozeß irgendwie zu steuern, weil sie ebenfalls an der Partizipation, der Teilnahme an dem großen Spiel interessiert sind.« Auch Adornos Hinweis darauf, dass die Lösung dieser Probleme nicht in einzelnen stadtpolitischen und planerischen Maßnahmen liegen könne, sondern dass die gesamtgesellschaftlich seien, wurde als »pessimistisch« kritisiert. (Diskussion zu Die europäische Großstadt – Licht und Irrlicht. In: Amt für Kultur,

so, als ob die Kritik, die ich an der Massenkultur oder, wie ich es lieber nenne, an der Kulturindustrie übe, dann eine bestimmte Art der Kritik wäre an der sogenannten Massengesellschaft, als ob sich diese gegen sie als solche richtete, als ob ich dabei von einem konservativen und retrospektiven Kulturbegriff dogmatisch ausginge, als ob ich bei dieser Kritik irgendwelche elitäre Motive ins Spiel brächte. Vielleicht ist es gerade hier, wo wir durch die allgemeine Thematik des Urbanismus selbstverständlich mit dem Problem der Massengesellschaft dauernd zu tun haben, ganz gut, wenn ich über grundsätzliche Dinge, die sich auf unser Hauptthema beziehen, ein paar Worte sage, dann versuche, die Überlegungen, die sich auf den engeren Gegenstand der organisierten Banausie beziehen, so kurz als möglich zusammenzufassen.

Zunächst ist also ›Masse‹ im soziologischen Sinn kein quantitativer Begriff, sondern ein qualitativer Begriff, der gekennzeichnet ist durch eine Reihe von Momenten, wie sie phänomenologisch von Gustave Le Bon als *Psychologie der Massen*[4] beschrieben, von Freud[5] psychodynamisch erklärt worden sind. Nichts konnte mir jedenfalls ferner liegen als den berühmten Georgeschen Vers »Schon eure Zahl ist Frevel«[6] wieder aufzuwärmen. Es sind – und das möchte ich mit größtem Nachdruck sagen, um an dieser Stelle auch den Schatten eines Mißverständnisses auszuschließen! – die Phänomene, die man heute als ›Vermassung‹ und ›Massengesellschaft‹ bezeichnet. Ich selber gehe mit diesen Begriffen äußerst sparsam um und glaube, man wird mich selten dabei ertappen, daß ich sie überhaupt verwende. Diese Begriffe können nicht meinen, daß für die Regressions- und Deformierungstendenzen anthropologischer Art, die wir heute beobachten können, die Massen die Schuld tragen, die ihnen gerade elitäre und konservative Theoretiker gerne aufbürden. Die Qualitäten, die man im allgemeinen unter dem Namen der Vermassung beschreibt, sind keine natürlichen Qualitäten, die sich durch das funktionale Zusammenströmen vieler Menschen ergeben, wie es bei Le Bon noch aussieht, sondern sie sind selber ein ›Produziertes‹, das will heißen, soviel wie ein durch die gesellschaftlichen Formen, unter denen wir leben, erst Hervorgebrachtes. Ich habe einmal formuliert, daß das von Nietzsche als Sklavenmoral Bezeichnete in Wirklichkeit Herrenmoral ist.[7] Das heißt: in der Deformation der Instink-

Volksbildung und Schulverwaltung der Stadt Wien (Hg.): Europagespräch 1963, S. 44f).

4 Gustave Le Bon: Psychologie der Massen [1895]. Stuttgart 1982.

5 Sigmund Freud: Massenpsychologie und Ich-Analyse [1921]. Gesammelte Werke. Hrsg. v. Anna Freud u. a. Bd. 13. Frankfurt am Main 1999.

6 Adorno bezieht sich hier auf das Gedicht *Tote Stadt* aus Georges Sammlung *Der siebente Ring* von 1907. Das Gedicht beschreibt, wie sich die lebenslustigen Bewohner des Hafens in Notzeiten an die verarmte und vernachlässigte alte Festung der Stadt wenden, dort aber nur auf Verachtung stoßen: »Doch strenge antwort kommt: ›Hier frommt kein kauf.‹ / Das gut was euch vor allem galt ist schutt. / Nur sieben sind gerettet die einst kamen / Und denen unsere kinder zugelächelt. / Euch all trifft tod. Schon eure zahl ist frevel.« (Stefan George: Der siebente Ring. Berlin 1907, S. 31).

7 Nietzsche selber beschreibt die »Herren-Moral« dadurch, dass durch ihre Vertreter »der Feige, der Ängstliche, der Kleinliche, der an die enge Nützlichkeit Denkende« verachtet werden, während die »Sklaven-Moral ... wesentlich Nützlichkeitsmoral« sei. Friedrich Nietzsche: Jenseits von Gut und Böse. Werke in drei Bänden. Hrsg. v. Karl Schlechta. Bd. 2. München 1954, S. 729f. Auf den Zusammenhang dieser beiden Formen von Moral wie-

te, in den Zügen des Ressentiments, in all den Momenten, die er vor allem in seinen Spätschriften so meisterlich beschrieben hat, reproduziert sich in Wirklichkeit der auf den Massen liegende gesellschaftliche Druck, und es ist oberflächlich ein bloßes Haften am Epiphänomen, wenn man diese Qualitäten den Massen selber, den Sklaven also, zur Last legt, wie er es tut. Nun, dasselbe gilt auch für das sogenannte Bewußtsein oder Unbewußtsein der Massen heute. Es ist eben in breitem Maße die Funktion der Mechanismen, in welche sie eingespannt sind, keineswegs eine primäre Eigenschaft von ihnen selbst. In dieser Tatsache liegt es, daß diese Qualitäten veränderlich sind, daß sie nicht als »Naturqualitäten« hypostasiert werden dürfen, wie auch, daß sie nicht isoliert, also nicht etwa lediglich durch Maßnahmen ideologischer Art korregibel sind, sondern, wenn überhaupt, nur gesamtgesellschaftlich.

Wenn ich also etwas wie eine Grundthese voranstellen soll – sehr gegen meine Gewohnheit –, so würde ich sagen: Was man heute, wie aus Gewohnheit, als Massenkultur bezeichnet, ist keine aus den Massen aufsteigende Kultur,[8] sondern eine monopolistisch, also von oben, von zentralen ideologischen Machtzentren aus manipulierte Kultur, die an gewisse Sedimente des herrschenden bürgerlichen Bewußtseins anknüpft, an gewisse kulturelle Grundkategorien gerade der kommerziellen Kultur, wie sie sich etwa zurückdatieren läßt bis auf den englischen Konsumroman um die Wende des 17. und 18. Jahrhunderts, der in seinen Grundstrukturen eine erstaunliche Ähnlichkeit mit dem latenten Skelett etwa der heute vorherrschenden Filme trägt.[9] Wenn es irgendwo eine Ontologie gibt, dann gibt es hier eine solche negative Ontologie, ein solches System von Invarianten, freilich nicht des wahren, sondern eines sich forterbenden falschen Bewußtseins.

Der Grund des Mißverständnisses, dem ich mich ausgesetzt sehe, ist der: ich habe gewisse Arbeiten geschrieben, die man kulturkritisch nennen kann, und weil gerade ich selber den Begriff der Kulturkritik versucht habe, dialektisch zu reflektieren, so in

sen Horkheimer und Adorno in der ›Dialektik der Aufklärung‹ hin: »Als Einspruch gegen die Zivilisation vertrat die Herrenmoral verkehrt die Unterdrückten: der Haß gegen die verkümmerten Instinkte denunziert objektiv die wahre Natur der Zuchtmeister, die an ihren Opfern nur zum Vorschein kommt.« (Max Horkheimer; Theodor W. Adorno: Dialektik der Aufklärung. In: Max Horkheimer: Gesammelte Schriften. Hrsg. v. Alfred Schmidt u. Gunzelin Schmid Noerr. Bd. 5. Frankfurt am Main 2003, S. 124). Fast wortgleich formulierte Adorno diesen Gedanken kurze Zeit nach dem Vortrag in Wien in seiner Moralphilosophie-Vorlesung in Frankfurt: »Nietzsche hat verkannt, daß die von ihm kritisierte sogenannte Sklavenmoral in Wahrheit immer Herrenmoral, nämlich die von Herrschaft den Unterdrückten aufgezwungene, gewesen ist.« (Theodor W. Adorno: Probleme der Moralphilosophie. Frankfurt am Main 2010, S. 258).

8 Auf die problematischen Implikationen des Begriffs Massenkultur geht Adorno auch an anderer Stelle ein. So berichtet er über den Entstehungsprozess des Kulturindustriekapitels der ›Dialektik der Aufklärung‹: »In unseren Entwürfen war von Massenkultur die Rede. Wir ersetzten den Ausdruck durch ›Kulturindustrie‹, um von vorneherein die Deutung auszuschalten, die den Anwälten der Sache genehm ist: daß es sich um etwas wie spontan aus den Massen selbst aufsteigende Kultur handele, um die gegenwärtige Gestalt von Volkskunst.« (Theodor W. Adorno: Résumé über Kulturindustrie. Gesammelte Schriften. Bd. 10.1. Frankfurt am Main 1997, S. 337.)

9 Siehe dazu Leo Löwenthal: Literatur und Massenkultur. Schriften. Hrsg. v. Helmut Dubiel. Bd. 1. Frankfurt am Main 1990.

der Arbeit »Kulturkritik und Gesellschaft«,[10] die am Anfang der »Prismen« steht. Mich schaudert davor, mich als einen Kulturkritiker bezeichnet zu finden. Das erinnert ja wirklich ein bißchen an den Beruf eines Zuhälters, denn ein Kulturkritiker ist ja dann wirklich ein Mensch, der also von dem lebt, was er ausbeutet und was er zugleich malträtiert. Damit aber möchte ich nichts zu tun haben.

Wenn gefragt wird, ob es – und diese Frage liegt einer Kommunikation dieser Nachmittagssitzung zugrunde – für die breiten Massen möglich ist, am Kulturleben wirklich teilzunehmen, so wird in einer solchen Frage bereits die Kultur, d. h. die traditionelle Kultur, stillschweigend vorausgesetzt. Die Frage um die es dabei geht, wäre also logischerweise überhaupt nur zu beantworten durch Konfrontation des gegenwärtigen Bewußtseinszustandes der Gesellschaft in den okzidentalen Ländern in ihrer Breite mit den traditionellen Kategorien der Kultur, die ja ideologisch den gegenwärtigen Massen gegenüber als unverändert geltend festgehalten werden. Würde man eine solche Konfrontation mit den nun einmal existenten, wie immer auch problematisch gewordenen kulturellen Inhalten nicht vollziehen, so würde man einfach diese Kritik ins Leere hinaus treiben, und ein dialektisches Denken, wie das, für das ich einstehe, kann eben kein anderes Denken sein als das, das den Begriff mit seiner eigenen Realisierung konfrontiert. Mit anderen Worten also, den Kulturbegriff, in dem wir groß geworden sind, mit seiner eigenen Realisierung im Bewußtsein der Massen, wobei es mir nun allerdings scheinen will, als ob diese Kultur mißlungen wäre. Das, und das ganz allein, ist der Grund etwa der Motive, die ich in der »Theorie der Halbbildung«[11] versucht habe zu entwickeln, und nicht etwa die Absicht, gegenüber dem heutigen Zustand nun einfach einen seinen sozialen Bedingungen nach höchst fragwürdig gewordenen Humanismus alten Stils, gegenüber diesen Dingen, die wir heute beobachten müssen, auszuspielen und zu verherrlichen. Daher beschäftige ich mich mit Problemen wie dem, was aus einer Symphonie im Radio wird, oder mit dem, was gewürdigte Musik[12] bedeutet, oder mit

10 Dort geht Adorno auf die »doppelschlächtige Stellung der gesellschaftlichen Theorie zur Kulturkritik« ein: »Das kulturkritische Verfahren steht selber zur permanenten Kritik sowohl in seinen allgemeinen Voraussetzungen, seiner Immanenz in der bestehenden Gesellschaft, wie in den konkreten Urteilen, die es vollzieht. ... Zugleich hat aber die dialektische Theorie, will sie nicht in Ökonomismus verfallen und einer Gesinnung, welche glaubt, die Veränderung der Welt erschöpfe sich in der Steigerung der Produktion, die Verpflichtung, die Kulturkritik in sich aufzunehmen, die wahr ist, indem sie die Unwahrheit zum Bewußtsein ihrer selbst bringt.« (Theodor W. Adorno: Kulturkritik und Gesellschaft. Gesammelte Schriften. Bd. 10.1. Frankfurt am Main 1997, S. 22.)

11 Theodor W. Adorno: Theorie der Halbbildung. Gesammelte Schriften. Bd. 8. Frankfurt am Main 1997.

12 In den handschriftlichen Notizen zum Vortrag verweist Adorno hier auf den Namen (Sigmund) Spaeth, der als ›the tune detective‹ ein erfolgreiches Radioformat betrieb, das klassische Musik gebrauchsfertig als Kulturgut präsentierte. Bezeichnend dafür war auch sein Buch »Great Symphonies«, in dem er mittels unterlegter Textzeilen es seinen Lesern ermöglichte, berühmte Musikstücke wiederzuerkennen, um sich als Kenner zu zeigen. Adorno kritisierte diese »Explosion der Barbarei«, es gehe bei diesem Unterfangen um alles andere als zu verstehen, was wirklich musikalisch in den einzelnen Stücken passiert und musikalische Erfahrungen im emphatischen Sinn zu machen. Die Kritik an Spaeth ist näher ausgeführt in Theodor W. Adorno: Theorie der Halbbildung (wie Anm. 11), S. 113 f.

dem, was Buchgemeinschaften bedeuten, und mit all diesen Phänomenen und nicht etwa im Sinn einer elitären Apologetik, sondern lediglich, um zu zeigen – wenn ich es sehr kraß formulieren würde –, daß die Massen gerade, indem man sie scheinbar an den sogenannten Kulturgütern heute teilnehmen läßt, um die Gehalte eigentlich betrogen werden, um die es dabei geht. Das wäre die Hauptthese.

Der Vorwurf eines reaktionären Bildungstraditionalismus scheint mir dabei selber nur eine Art von ideologischem Trick zu sein. Man sei ein Volksfeind, wenn man zum Beispiel gegen so volkstümliche Institutionen wie das Fernsehen kritische Bedenken anmeldet, während gewisse konservative Mächte – so hat man mir entgegengehalten – darin viel fortschrittlicher seien, daß sie diese Medien bejahen. In Wirklichkeit aber ziehen diese Medien nun trotz ihrer Beliebtheit bei den Massen den Menschen das Fell über die Ohren, indem sie systematisch in ihnen ein falsches Bewußtsein erwecken. Es geht dabei nicht etwa um die Technik der Massenmedien als solchen, denen ich um Gottes willen nicht nun etwa eine vortechnische Kunst bloßer reiner Unmittelbarkeit entgegensetzen möchte, sondern es geht zunächst einfach um den nachweislich falschen ideologischen Inhalt. Zugleich nimmt bei fortschreitender Barbarisierung der Widerstand gegen diese Dinge notwendig ein Moment des Konservativen an. Man könnte fast sagen, daß gerade die fortgeschrittenste, die radikale Kunst heute insofern etwas Konservatives hat, als sie überhaupt den Geist noch ernst nimmt, während innerhalb der total sich zusammenschließenden und funktionalen Gesellschaft der Geist überhaupt nur noch für andere eigentlich eine Ware und schließlich ein Herrschaftsmittel ist. Man kann sagen, daß heute im geistigen Leben zwei Begriffe von Modernität sich abzeichnen, einmal der sachlich-objektive, also die möglichst weit vorangetriebene Stimmigkeit der konstruktiven Momente in den künstlerischen und theoretischen Ausdrucksformen, andererseits aber die Modernität, die so darin liegt, daß man up to date ist, da man mit dem Strom schwimmt, daß man so tut, was der Zeitgeist nun einmal fordert. Ich erinnere mich noch sehr gut an meine erste Londoner Zeit, als eine sehr hübsche Filmschauspielerin, mit der ich mich unterhalten hatte und die mich offenbar hoffnungslos altmodisch in meinen Anschauungen fand, das begründete mit dem Satz »But you are much too modern, my dear« – Sie sind viel zu modern. Das war eigentlich das Moment der Altmodischkeit, die sie an mir getadelt hat. Das heißt, ich war jemand, der eben noch gar nicht begriffen hat, worauf Herr Kustow gestern hingewiesen hat,[13]

13 Michael Kustow (1939 – 2014): Britischer Autor, Film- und Theaterproduzent. Er hielt den an Adornos eigenen anschließenden Vortrag, in dem er unter anderem die Forderung aufstellte, »daß jeder Mensch ein naturgegebenes Recht auf Kunstgenuß hat, und die sollte sich nicht mehr bezahlt machen, als es bei Spitälern und öffentlichen Büchereien der Fall ist. Wir glauben, daß der Kassenerfolg keine genügende Richtschnur für die Kunst unserer Zeit ist.« (Michael Kustow: Laienkunst – organisierte Banausie? In: Amt für Kultur: Europagespräch 1963, wie Anm. 3, S. 80.) Für den Vortag ist allerdings weder ein Vortrag Kustows noch eine Wortmeldung in der Diskussion dokumentiert.

und das galt damals vor allem schon in den angelsächsischen Ländern, daß der Geist eben dem Warencharakter in einem unendlich weiten Maße unterworfen worden ist.

Dieser ganze Problemkomplex hängt mit dem Thema unserer Tagung, nämlich mit dem Problem der Urbanisierung, außerordentlich eng zusammen. Es ist eine Binsenweisheit, an die ich nur deshalb erinnere, damit der Zusammenhang mit dieser Gesamtthematik nicht verlorengeht, daß der Geist städtisch und bis heute im städtischen Sinn bürgerlich gewesen ist. Alle die immer wieder angeführten Formulierungen, daß Geschichte der Kultur und des Geistes Stadtgeschichte sei, wie es bei Spengler heißt,[14] oder die Formulierung von Marx von der Idiotie des Landlebens,[15] weisen ja darauf hin. Dieses Moment hängt nun aufs engste zusammen mit der Idee der Freiheit, die mit der Idee der Stadt von Anfang an verkoppelt gewesen ist. Es gab ja einen alten Rechtsgrundsatz, den Max Weber in dem stadtsoziologischen Kapitel aus »Wirtschaft und Gesellschaft« zitiert, der lautet »Stadtluft macht frei«.[16] Und man kann wohl sagen, daß diese Freiheit sich nicht nur auf die Befreiung von Leibeigenen bezieht, die in die Städte ja aufgenommen wurden, sondern daß es sich auch auf das Geistige bezieht, so wie Max Weber es ausdrücklich definiert in den einschlägigen Kapiteln der Stadtsoziologie. »Die okzidentale Stadt«, heißt es da, »ist ein Ort des Aufstiegs aus der Unfreiheit in die Freiheit.«[17] Was er hier auf die Leibeigenschaft bezogen hat, gilt ganz gewiß auch geistig.

Dem möchte ich nun aber doch als ein dialektisches Gegenmoment etwas hinzufügen, was zwar bei Weber implizit enthalten ist, aber mir doch bei ihm nicht zum vollen theoretischen Bewußtsein erhoben scheint, daß nämlich die Stadt, während sie das Organ von Bildung war, von jeher zugleich ein bildungssoziologisches Problem darstellt. Man führt das sehr häufig, und ich selber habe das auch vielleicht etwas unbesonnen mitgemacht, auf die Entformung, die Entqualifizierung der Gesellschaft durch das nivellierende städtische Marktwesen zurück. Die Frage ist aber, wieweit die in die Stadt Strömenden entformt worden sind, wie weit sie nicht a priori Unfreie gewesen sind oder solche, die an den gepriesenen sozialen Formen gar nicht sosehr teilgenommen haben. Der Unterschied zwischen Konsumenten- und Produzentenstadt, den ich gestern in die

14 »Es ist eine ganz entscheidende und in ihrer vollen Bedeutung nie gewürdigte Tatsache, daß alle großen Kulturen Stadtkulturen sind. ... Weltgeschichte ist die Geschichte des Stadtmenschen.« (Oswald Spengler: Der Untergang des Abendlandes. Umrisse einer Morphologie der Weltgeschichte. Zweiter Band: Welthistorische Perspektiven. München 1922, S. 106.)

15 »Die Bourgeoisie hat das Land der Herrschaft der Stadt unterworfen. Sie hat enorme Städte geschaffen, sie hat die Zahl der städtischen Bevölkerung gegenüber der ländlichen in hohem Grade vermehrt und so einen bedeutenden Teil der Bevölkerung dem Idiotismus des Landlebens entrissen.« (Karl Marx; Friedrich Engels: Manifest der Kommunistischen Partei. Marx-Engels Werke (MEW). Bd. 4. Berlin 1972, S. 466.)

16 »Die Stadtbürgerschaft usurpierte daher – und dies war die eine große, der Sache nach revolutionäre Neuerung der mittelalterlich-okzidentalen gegenüber allen anderen Städten – die Durchbrechung des Herrenrechts. In den mittel- und nordeuropäischen Städten entstand der bekannte Grundsatz: ›Stadtluft macht frei‹ – d. h, nach einer verschieden großen, stets aber relativ kurzen Frist verlor der Herr eines Sklaven oder Hörigen das Recht, ihn als Gewaltunterworfenen in Anspruch zu nehmen.« (Max Weber: Grundriss der Sozialökonomik. III. Abt. Wirtschaft und Gesellschaft. Tübingen 1922, S. 528.)

17 »Die okzidentale Stadt war so schon in der Antike wie in Rußland ein Ort des Aufstiegs aus der Unfreiheit in die Freiheit durch das Mittel geldwirtschaftlichen Erwerbs.« (Ebd.)

Debatte geworfen habe,[18] weist bereits darauf hin. Es ist das ungeheure Verdienst von Weber, daß er jedenfalls implizit die Dialektik von Freiheit und Unfreiheit in der Stadt gesehen hat, obwohl er leider eine Soziologie des modernen Stadtwesens nicht mehr ausgeführt hat. Man kann wohl sagen, daß die Stadt, die der Schauplatz der sich entfaltenden bürgerlichen Freiheit gewesen ist, zugleich von vornherein als eine Herrschaftsform zu begreifen ist. Max Weber drückt das aus, sie sei anstaltsmäßig vergesellschaftet worden,[19] das heißt wesentlich verwaltet. Und die Form der Verwaltung in den Städten hat von früh an eine Tendenz der Verselbständigung gehabt, die in einem ganz bestimmten Sinn das Bewußtsein der Bürger der Städte geprägt hat. Stadteinung, heißt es bei Weber, hatte immer als Voraussetzung die Appropriation der Herrschaftsgewalten.[20] Und die Verschwörung, die zu der Bildung selbständiger Stadtgemeinden geführt hat, war die zunächst einmal von Honoratioren, d. h. ursprünglich von den Grundbesitzern der Stadt, den sogenannten Geschlechtern, für die heute noch die Geschlechtertürme in Städten wie Regensburg zeugen. Das heißt also, es waren nichtgewerbetreibende städtische Grundbesitzer von mehr oder weniger ritterlich-feudalem Lebensstil, und die haben zunächst einmal die Stadtherrschaft monopolisiert.

Nun scheint sich mit einer gewissen Regelmäßigkeit der Vorgang wiederholt zu haben, daß diese patrizische Herrschaft in den Städten abgelöst worden ist von einer Herrschaft der sogenannten Plebs, einer Herrschaft, der Gewerbetreibenden, der eigentlich Produzierenden. Auf die Analogie dieser geschichtlichen Vorgänge innerhalb der Urbanisierung, die zwischen der Antike und dem Mittelalter herrschte, ist immer wieder hingewiesen worden. Die Plebejerstadt ist nun aber ihrerseits von Anbeginn mit diktatorialen Zügen durchsetzt, die teilweise sicherlich die Funktion hatten, die feudalen Mächte in Schach zu halten, die aber zum Teil auch noch damit zusammenhängen, daß dann bestimmte Führer sich verselbständigt haben, wahrscheinlich gerade wegen der relativen Zurückgebliebenheit der unfreien städtischen Massen, die sie kontrolliert haben.[21] Die charakteristische Form dafür ist wohl das Tribunat, und der Popolo als Herrschaftsform hat sich eigentlich bis heute fortgeerbt. Mit anderen Worten, in der Stadt selber hat es immer eine Tendenz zur Tyrannis gegeben. Ich würde nun sagen, daß diese Form des Demos oder der Plebs als Tyrannis, daß die dann sich wieder fortgeerbt

18 Eine entsprechende Wortmeldung ist offenbar nicht dokumentiert.

19 »Zu diesen Unterschieden tritt nun aber als entscheidend hinzu die Qualität der antiken sowohl wie der typischen mittelalterlichen Stadt als eines anstaltsmäßig vergesellschafteten, mit besonderen und charakteristischen Organen ausgestatteten Verbandes von ›Bürgern‹, welche in dieser ihrer Qualität einem nur ihnen zugänglichen gemeinsamen Recht unterstehen, also ständische ›Rechtsgenossen‹ sind.« (Ebd. S. 529.)

20 »Und hier [in Italien] kann man daher auch ... am ehesten den soziologischen Sinn der Stadteinung ermitteln. Ihre allgemeine Voraussetzung war die dem Okzident charakteristische teils feudale, teils präbendale [durch kirchliche Pfründe erwirkte] Appropriation der Herrschaftsgewalten.« (Ebd. S. 536.)

21 Auch hier folgt Adorno der Argumentation Webers: »Der italienische Popolo war nicht nur ein ökonomischer, sondern ein politischer Begriff: eine politische Sondergemeinde innerhalb der Kommune, mit eigenen Beamten, eigenen Finanzen und eigener Militärverfassung: im eigentlichen Wortsinn ein Staat im Staate, der erste ganz bewußt illegitime und revolutionäre politische Verband.« (Ebd. S. 562.)

hat auch in die moderne, manipulierte Massenkultur, die einen deutlich plebejischen Charakter mit dem Charakter einer fast diktatorialen und ausschließlichen Kontrolle des Bewußtseins der ihr Unterworfenen verbunden hat. Man könnte also die Frage aufwerfen, um nochmals auf eine Formulierung von Max Weber zurückzukommen, bei der er sich das allerdings nicht hat träumen lassen, ob auch die heutigen Großstadtmassen im gewissen Sinn Freigelassene sind, so wie die Freigelassenen als Kern der städtischen Bevölkerung in der Antike und im Mittelalter eine so eminente Rolle gespielt haben.[22] Die Stadt ist ein Agglomerat freigesetzter Unfreier. Dabei ist der antipatrizische Protest der Plebejerstadt selber festgehalten worden in den Zügen einer gewissermaßen auftrumpfenden zweiten Barbarei, die sich selbst setzt und die womöglich noch sich etwas Besonderes darauf zugute tut, daß sie an der als aristokratisch oder exklusiv betrachteten Herrenkultur nicht teilhat, und die sich dann also in sich fest macht. Das ist die spezifische Rolle des Nietzscheschen Ressentimentbegriffes[23] in der Formierung des Massenbewußtseins, wie es dann von der gegenwärtigen Kulturindustrie gespiegelt wird.

Diese Dinge gelten heute nicht nur in bürgerlich-kapitalistischen Ländern, sondern sie scheinen, soweit man das beurteilen kann, wenn man nicht selber dort gewesen ist, auch im Osten in einem eminenten Maß sich fortzusetzen, wo ja trotz des angeblichen Verschwindens der bisherigen ökonomischen Produktionsformen gerade das Moment der geistigen Kontrolle und der Unterschied von Freiheit und Unfreiheit der Individuen in einem eminenten Maß sich fortsetzen und wo es dann doch dabei bleibt, daß die Menschen trotz des ökonomischen Wechsels unfrei bleiben und diese Unfreiheit auch in ihrem eigenen Bewußtsein reflektieren.

Der gegenwärtige Zustand insgesamt scheint mir – und das ist wiederum eine Art These – die Resultante zu sein aus den beiden einander entgegengesetzten Tendenzen, nämlich der der Stadt als einer Gemeinschaft von freien und autonomen Menschen und einer Form der Vergesellschaftung, die zugleich die Freiheit, die sie selbst hervorgebracht hat, in all ihren Stadien immer auch wieder unterbindet. Als neues Moment ist dabei nur hinzugetreten – und das ist nun allerdings wesentlich –, daß das Cultural Lag, also der kulturelle Abstand zwischen Formen der Produktion und dem Menschen und darüber hinaus zwischen der wirklichen fortgeschrittenen geistigen Produktion und

22 Wobei Weber aber gerade den Unterschied der Rolle der Freigelassenen in der antiken und mittelalterlichen Stadt betont: Erstere seien nie Vollbürger gewesen und so zum Beispiel von Grundbesitz ausgeschlossen und damit der Grundrente als Einkommensquelle abgeschnitten gewesen, es seien auch ihre Erbschaftsrechte beschränkt gewesen. Anders in der mittelalterlichen Stadt: »Das Mittelalter kennt die Freigelassenen als einen besonderen Stand nur in der vorstädtischen Frühzeit. Innerhalb der Städte wurde die Schicht der Leibeigenen, deren Erbschaft dem Herrn ganz oder teilweise verfiel, durch den Satz: Stadtluft macht frei, und außerdem durch die städtischen Privilegien der Kaiser, welche den Zugriff der Herren auf die Erbschaft von Stadtbürgern verboten, schon in der ersten Zeit der städtischen Entwicklung beschränkt und fiel mit der Zunftherrschaft völlig dahin.« (Ebd. S. 595.)

23 Nietzsche sieht das Ressentiment als unterdrückte, nur vorgestellte Rache: »Der Sklavenaufstand in der Moral beginnt damit, dass das Ressentiment selbst schöpferisch wird und Werthe gebiert: das Ressentiment solcher Wesen, denen die eigentliche Reaktion, die der That versagt ist, die sich nur durch eine imaginäre Rache schadlos halten.« (Friedrich Nietzsche: Zur Genealogie der Moral. Eine Streitschrift. Leipzig 1892, S. 16.)

dem Bewußtsein der sie Rezipierenden nun seinerseits ökonomisch ausgebeutet wird und daß durch diese ökonomische Ausbeutung das Cultural Lag sich womöglich noch vergrößert und ständig anwächst. Das hat selbst auch ökonomische Gründe, nämlich die zunehmenden Verwertungs- und Investitionsprobleme des Kapitals, die es schließlich auch in die geistigen Bereiche gedrängt haben und dazu gezwungen haben, kapitalistische Verwertung, also Verwertung rein über den Markt und über eine rationalisierte und mechanisierte Markttechnik auch in den sogenannten geistigen Bereichen zu suchen. Es gibt so etwas wie eine negative Integrationstendenz der Gesellschaft. Das, was an Geist über den Status quo hinaus will, das, worin es sich nicht reproduziert, das wird der Tendenz nach jedenfalls kassiert. Das Prinzip der Anpassung macht also immer weiter Fortschritte. Und insofern setzt auch in den sogenannten geistigen Bereichen das bürgerliche Prinzip des Äquivalententauschs immer reiner sich durch, auch der Geist wird der Tendenz nach immer mehr zu Ware, zu einem für anderes Seienden, und die extremen und unverständlichen schockierenden Tendenzen der modernen Kunst sind zu einem nicht geringen Maße eine notwendige Reaktionsbildung gerade auf diese Tendenz der immer mehr zur totalen Tauschgesellschaft sich entwickelnden Gesellschaft, die Selbständigkeit des Geistes einzuziehen.

Diese Ausbeutung, das Cultural Lag, die führt nun wirklich zu dem, was ich mit organisierter Banausie bezeichnet habe, und ich darf vielleicht auf den Begriff kurz eingehen. Die Affinität von barbarischer Gewalt und von Organisation ist ja uralt. Zunächst ist daran zu denken, daß das atomisierte Bewußtsein ohnmächtig ist und daß geradezu das zurückgebliebene Bewußtsein der Organisation bedarf, um zu überleben. Nächstliegendes und lächerliches Beispiel, daß etwa die Trachten und das sogenannte Brauchtum – so hat man das im Dritten Reich genannt – heute überhaupt nur dadurch am Leben erhalten, daß Trachtenvereine, Vereine zur Pflege des Brauchtums und ähnliche Dinge gegründet werden, deren Absurdität in ihrem eigenen Namen ihnen an die Stirn geschrieben steht. Dabei hat nun die Organisation gerade des Anheimelnden, der Herzenswärme, also dessen, was den Menschen ein Gefühl von Nähe und Verbundenheit gibt, das ihnen sonst fehlt, für diejenigen, die es ausbeuten, das Moment des Lukrativen in höchstem Maße, d. h. die Entfremdung zwischen den Menschen ist so stark, daß alles, was mit Geschick – und wäre es auch wider alle Wahrheit – dieses Gefühl zuklebt, sich eben sehr gut verkaufen läßt. Es spiegelt sich also gerade in der Verkäuflichkeit dieser Dinge die tatsächliche Not und das tatsächliche Leiden der Menschen in dem gegenwärtigen Zustand. Indem das nun aber so gut sich verkauft, gewinnt diese Ideologie des Herzenswärmers erst recht Gewalt über die Menschen, und die Züge in ihnen, die es verlangen, werden dadurch immer von neuem reproduziert. Es stellt sich eine Art von verhängnisvollem falschem Zirkel her. Schließlich ist die Zugehörigkeit zur Organisation selbst für die individuell entmächtigten einzelnen Individuen ja bereits eine Art von Lustgewinn. Die Menschen pflegen heute immer allgemein glücklich zu sein, wenn sie einer sogenannten Bewegung angehören, wobei es zu diesem Begriff der Bewegung gehört, daß es gerade nicht eine spontan sich regende, sondern eine von Interessenten angekurbelte, manipulierte Bewegung ist. Der ständig geschwächte und geschädigte Narzißmus der einzelnen Menschen wird stellvertretend befriedigt; wenn man zu einer Bewegung gehört, so ist man – wie es bei Sartre heißt – doch wenigsten irgend etwas,[24] wenn auch schließlich nur ein Mitglied der Weltorganisation der Harmonikaspieler.

Die strukturelle Verwandtschaft liegt so auf der Hand, daß ich sie nicht auszuführen brauche. Ich weise darauf nur eigens hin, um den Verdacht zu entkräften, daß es sich hier lediglich so um ideologische Sorgen eines verrannten Avantgardisten handle, während die ideologischen Dinge, die ich hier kritisiere, eine verteufelt reale Seite haben und in jedem Augenblick wieder die verhängnisvollste Realität gewinnen können.

Die Menschen, um die es sich da handelt, könnte man als Menschen bezeichnen, die auf ihr eigenes niedriges Niveau womöglich noch stolz sind, und das Ressentiment, von dessen Funktion ich gesprochen habe, spielt dabei eine große Rolle. Indem die Menschen sich von der eigentlichen geistigen Kultur ausgeschlossen fühlen und aus allen möglichen Gründen, trotz Bildungsinstitutionen, nicht herankommen, bilden sie eine Tendenz dazu aus, gerade, daß sie nicht dazugehören, daß sie nicht daran teilhaben, das als die höhere Form eines Bewußtseins, als die ethischere, die kollektivere oder Gott weiß was in Anspruch zu nehmen, so wie etwa die Radiostationen. Und ich zitiere das gerade, denn ich habe hier von meinem Freund Křenek[25] einen Brief gezeigt bekommen, in dem er sogar als echter Wiener sagt: »... aber diese Opusmusik kann ich nicht vertragen.«[26]

Also diese Art von Ressentimentmentalität spielt eine ungeheure Rolle, und glauben Sie mir, keineswegs nur hier, wo man sich in gewisser Nähe zu den Alpen befindet. Schließlich, die Kulturindustrie fördert diese Banausie, indem sie an das Bewußtsein der Konsumenten sich anschließt. Je mehr das Konsumbewußtsein manipuliert wird, desto mehr wird der Konsument dabei zum Vorwand. Es wird angeknüpft je an schon Gegebenes, an Instinkte, an Regungen, an verfallene Bewußtseinsformen, die aber dadurch, daß sie erfaßt werden, zu etwas ganz anderem werden, etwa so, wie die synthetischen Volkslieder im Stil des *Weißen Rössels* wieder eine ganz neue Qualität haben selbst gegenüber den verkitschten, romantischen Volksliedern aus der ersten Hälfte des

24 Adorno bezieht sich hier auf Sartres Beschreibung des Antisemiten, der diesem eben jene Ichschwäche attestiert: »Sie sind keine Antisemiten, sie sind nichts und ›niemand‹, und weil man doch irgend etwas scheinen muß, so machen sie sich zum Echo, zum Sprachrohr. Sie gehen herum, ohne Böses zu denken, ohne überhaupt zu denken, und verbreiten ein paar eingelernte Phrasen, die ihnen den Zutritt zu gewissen Salons öffnen.« (Jean-Paul Sartre: Betrachtungen zur Judenfrage [1946]. In: Ders.: Drei Essays. Berlin 1961, S. 133.)

25 Ernst Křenek (1900–1991): Komponist und Freund Adornos.

26 Das genaue Zitat konnte nicht ermittelt werden, es dürfte sich aber eher um die Stellungnahme eines Dritten als um eine Křeneks handeln. Denn dieser kritisierte selbst abschätzige Bemerkungen einer ›Opusmusik‹ gegenüber: »Daß Musik veraltet, glauben eigentlich nur die avantgardistischen Snobs, denen nichts esoterisch genug sein kann, und die gewerbsmäßigen Hersteller von Unterhaltungsmusik, denen der bloße Gedanke an ›Opusmusik‹ ein mitleidiges Lächeln entlockt.« (Ernst Křenek: Vom Altern und Veralten der Musik. In: Ders.: Zur Sprache gebracht. Essays über Musik. Berlin 1958, S. 371.)

19. Jahrhunderts. Selbstverständlich gibt es wirkliche Volksmusikalität, gibt es wirkliche Volkssänger, gibt es alle möglichen spontanen künstlerischen Kräfte in den Massen und gerade auch unter denen, die von der offiziellen Kultur ausgeschlossen werden. Aber man braucht nur zu sagen: »Ich bin nämlich ein Volksmusiker«, braucht das nur zu pflegen, man braucht nur aus der Naivität eine Form der Reflexion zu machen, und schon schlägt sie in die Unwahrheit und in ihr eigentliches Gegenteil um. Und Begriffe, wie die des Echten und des Gesunden, können im Zusammenhang dieser Dialektik einen sehr teuflischen Aspekt annehmen.

Nun lassen Sie mich ein paar Worte sagen über den Begriff des Musischen. Der Begriff des Musischen ist ja hervorgegangen aus der Jugendbewegung und hat in der Jugendbewegung vor allem also der Tendenz sich gefügt, eine Art von Integration der durch Arbeitsteilung voneinander entfernten Funktionen vorzunehmen oder, wie man das in der Zeit des Jugendstils – und Jugendstil und Jugendbewegung hängen ja eng zusammen – nannte, die Kunst wieder ins Leben zu bringen. Insofern war es eine Gegenbewegung gegen jene Bewegung der zweiten Barbarei, von der ich Ihnen gesprochen habe, aber eine ohnmächtige Gegenbewegung, insofern auch sie angeknüpft hat an das Bewußtsein derer, die sie zu erfassen gesucht hat, ohne Rücksicht auf die Wahrheit der Sache selber. Also sie hat versucht, ein anderes zu erreichen, ein Entgegengesetztes, indem sie dabei die Prämisse des »für andere«, auf der die Kulturbarbarei von heute beruht, doch mehr oder minder akzeptiert hat. Diese Sphäre des Musischen ist der Versuch, die Dekultivierten oder Kulturfremden mit Kultur zu erreichen oder zu beliefern, ohne daß dabei ihr Bewußtsein selber eigentlich verändert würde. Es liegt dabei vor so etwas wie ein Kultus von Kollektivität an sich, wie er in Ausdrücken wie Gemeinschaftserlebnis sich spiegelt und wie er vor allem dann gegen das Differenzierte und damit schließlich gegen die Autonomie des entfalteten Bewußtseins sich wendet. Es wird auch hier vorgegaukelt, daß die Heteronomie, das freiwillige Sich-Begeben in sogenannte Bindungen, deren Legitimität dabei unbefragt bleibt, ein Höheres, ein sittlich Überlegeneres wäre.

Das alles hat, weil es den Regressionstendenzen entgegenkommt, die durch die Zusammenballung von gesellschaftlicher Macht und gesellschaftlicher Ohnmacht in der gegenwärtigen Gesellschaft vorliegen, eine außergewöhnliche Attraktionskraft, weil sozusagen der Zeitgeist dabei mitspielt. Nur ist es hier mehr die Attraktionskraft auf die, die sich selber in ihrer eigenen Sprache als absinkende Elite fühlen, während es im Bereich der Kulturindustrie wirklich die Attraktionskraft auf die primären Banausen ist, während es sich hier, wenn man so sagen darf, mehr um die Gruppe der sekundären Banausen handeln dürfte.

Bei größtem sozialem Erfolg, der diesen Bewegungen nicht abzusprechen ist, sind sie doch – und ich kann das jetzt nur thesenhaft hinstellen – objektiv mißlungen, das heißt die Gebilde, mit denen sie aufwarten, sind minderwertig. Das ästhetisch Schlechte ist aber immer zugleich auch Index der Unwahrheit der Sache selbst, so wie Sartre in einem seiner Essays sehr schön, und, ich glaube, sehr tief geschrieben hat, daß man für eine Sache wie den Antisemitismus auch bei scheinbar großer Begabung einen ästhetisch guten Roman in Wahrheit gar nicht schreiben könne.[27] Das gilt auch hierfür. Und diese Insuffizienz teilt sich dem Sozialen auch mit, weil nämlich durch diese Sphäre des Musischen die Neobarbarei nicht etwa geändert, sondern bestätigt und verschleiert wird, weil der Geist dieser Bewegungen, dieser retrograden Bewegungen, zu dem objektiven Stand des Geistes einer eminenten Entwicklung nach – und das heißt hier wesentlich seiner technologischen Entwicklung nach – in einen schroffen Widerstand tritt und daher die reaktionären Implikationen der musischen Bewegungen, die wir im Dritten Reich erfahren haben, wobei dabei der Antiintellektualismus, der Haß gegen jede Art von Selbstbesinnung, entscheidend ist. Selbstverständlich hat die Kunst dem unterdrückten Unbewußten zur Sprache zu verhelfen. Aber es ist ein Unterschied, ob sie das so tut, daß sie nun dem Unbewußten und Dumpfen eine Art blinder Herrschaft über den Geist einräumt, oder ob sie dadurch, daß sie gerade das Unbewußte ins Bewußtsein erhebt, der Natur zu ihrem Recht verhilft, anstatt in einer Art von umgekehrter Psychoanalyse womöglich das Bewußte nun auch noch den Zwangsmechanismen des unterdrückten Unbewußten anzugleichen.

Daß all das harmlos sei, davon kann deshalb nicht die Rede sein, weil es sich hier darum handelt, daß eben doch Typen von Menschen geschaffen werden. Und wenn diese Typen nicht geschaffen werden, sondern wenn zugleich die Gesellschaft diese Typen schafft, die dieser organisierten Banausie der verschiedenen Typen zulaufen, so kann man jedenfalls doch sagen, daß diese anthropologischen Tendenzen, Tendenzen von unten, jedenfalls bestätigt und zusammengefaßt werden durch das Moment des Organisatorischen.

Die wenigen Minuten, die ich mir noch nehmen möchte, darf ich vielleicht darauf verwenden, daß ich Ihnen wenigstens ein paar Thesen über das Verhalten zu diesen Tendenzen vortrage. Zunächst – und dabei darf ich noch einmal an die gestrige Diskussion mit Herrn Jungk[28] anknüpfen – glaube ich, muß man mit dem Gedanken der Aktivierung sehr vorsichtig sein, weil die sogenannte Aktivierung eine Tendenz hat, daß Menschen, die ermuntert werden zu einer solchen Aktivierung, nur schlechter und weniger vollkommen Dinge wiederholen, die vor ihnen und anderwärts schon

27 »Niemand könnte auch nur einen Augenblick annehmen, daß man einen guten Roman zum Lobe des Antisemitismus schreiben kann. Denn sobald ich erfahre, daß meine Freiheit unlöslich an die aller anderen Menschen gebunden ist, kann man von mir nicht verlangen, daß ich sie dazu verwende, die Unterdrückung einiger von ihnen zu billigen.« Jean-Paul Sartre: Was ist Literatur? Gesammelte Werke in Einzelausgaben. Schriften zur Literatur. Bd. 3. Hrsg. v. Traugott König. Reinbek bei Hamburg 1986, S. 53.

28 Robert Jungk (1913–1994): Wissenschaftsjournalist und Zukunftsforscher. Die Diskussion, auf die Adorno hier anspielt, konnte nicht gefunden werden. Jungk hielt aber in der Diskussion des Vortrags von Adorno an seiner Sichtweise fest, dass dessen Kritik zu negativ und zu unpraktisch sei, er frage sich, »ob das Experiment nämlich

besser gemacht worden sind und die deshalb eigentlich funktionslos sind, weil sie in besserer Gestalt verfügbar sind. Es ist interessant, daß jemand wie Brecht, dem ja der Gedanke der Aktivierung der Hörer sehr nahe lag und der mit solchen Dingen viel herumgespielt hat, dann im Laufe seiner künstlerischen Entwicklung und vor allem wohl auch seiner Theatererfahrung auf solche Versuche immer mehr verzichtet hat und immer mehr dazu gekommen ist, seine Dinge so gut zu formen, wie er es gemacht hat. Ich glaube, daß man überhaupt mit diesem Begriff der Aktivierung, der ja sich ursprünglich auf die politische Spontaneität bezieht, wenn er aus dem Bereich der politischen Spontaneität herausgenommen wird, etwas vorsichtig sein muß, weil er dort, wo er nicht reale politische Konsequenzen hat, sehr leicht in eine bloße Betriebsamkeit übergeht. Ich würde sagen, von der Erfahrung meines engeren künstlerischen Metiers, der Musik, her, daß etwas gut aufnehmen, also Musik wirklich präzise und mit all ihren Implikationen voller Gegenwart hören, besser ist, als schlecht irgendwie etwas selber fiedeln und dudeln und sich schlecht und recht durch eine der 195 000 Spielmusiken des 17. Jahrhunderts hindurchzuwerken. Es setzt ein wirklich adäquates Verstehen auch ein viel höheres Maß an Arbeit und Anstrengung voraus. Die Betriebsamkeit, die gleichsam manuelle Betriebsamkeit des Machens, des Fiedelns, des Selbertuns, ist wahrscheinlich bereits eine Form der Pseudo-Aktivität, die die eigentliche Aktivierung der Menschen eher verhindert, als daß sie dazu etwas wirklich beitrüge.

Nur das objektiv Richtige tut es auch den objektiven Interessen der Massen an – und das ist künstlerisch und auch theoretisch viel weiter entscheidbar, als es dem Laien erscheint –, während das, was ihnen sich anpaßt und auf sie angeblich Rücksicht nimmt, in Wirklichkeit immer der Wolf als Großmutter ist und wenn sie nicht schon fressen, so doch jedenfalls gängeln will. Und nur wenn man die Menschen bei dem Potential ihrer äußersten Möglichkeit nimmt und diese ernst nimmt, nur dann ist die Möglichkeit eines Umschlags ihres Bewußtseins gegeben, aber nicht, wenn man ihrem gefesselten und verstümmelten Bewußtsein so etwas wie sogenannte kulturelle Pflege angedeihen läßt. Es kann sich auch nicht darum handeln, sogenannte geistige Güter an sie heranzubringen. Die geistigen Güter sind nicht, wie man so sagt, für die Menschen da, sondern sie sind erst in dem Augenblick vielleicht für die Menschen da, wo vergessen wird, daß sie für die Menschen da sind, während jede Rücksicht auf die Rezeption selbst bereits in ihrer eigenen Wahrheit bricht und dabei die Menschen selber um das bringt, worum

nicht viel mehr die zentrale Kategorie unseres Zeitalters ist als die Kritik.« (Diskussion zu Laienkunst – organisierte Banausie? In: Amt für Kultur: Europagespräch 1963, wie Anm 3, S. 91.) Jungk hielt am darauffolgenden Tag darüber hinaus einen Vortrag zu dem Thema ›Renaissance des Bürgersinns‹, in dem er seine Position bestärkte: »Gewiß, es gibt Talente, die nur kritisieren können; auch sie sind wichtig. Es gibt aber auch andere, die entwerfen, schöpferisch sein können. Und diese Schule des Entwerfens, diese Schule des Gegenvorschlages, die Erweckung der gesellschaftlichen Phantasie, das erschiene mir als dritter Schritt in einer staatsbürgerlichen Erziehung des jungen Menschen von allererster und größter Wichtigkeit.« (Robert Jungk: Renaissance des Bürgersinns. In: Amt für Kultur: Europagespräch 1963, wie Anm. 3, S. 151.)

es eigentlich geht. Je rücksichtsloser die Menschen mit der Sache selber konfrontiert werden, desto besser ist es auch für sie. Der Bruch von Produktion und Konsumtion heute ist nicht zu verdecken, sondern er ist bewußt zu machen. Und nur dadurch, daß man ihn bewußt macht und daß man ihn reflektiert, ist er vielleicht zu schließen, aber nicht durch Heftpflästerchen irgendwelcher Art, die notwendig ideologisch sind.

Infolgedessen würde ich pädagogisch – wenn ich einmal ausnahmsweise ein pädagogisches Wort sagen darf – vorschlagen, daß es sehr wichtig ist, in unseren Bildungsstätten, und zwar vor allem in den Volksschulen, die Schüler gegen diese heute sich ausbreitende synthetische Banausenkultur zu immunisieren, indem man ihnen zeigt, daß sie dabei beschwindelt werden, und ebenso auch sie zu immunisieren gegen die reaktionären Gegentendenzen, von denen ich Ihnen wenigstens ein Beispiel, nämlich das des sogenannten Musischen, ich will nicht sagen analysiert, aber ein klein wenig vorgeführt habe. Das einzige, wodurch das geschehen kann, ist durch Kritik der Sache, die sachliche Kritik. Und insofern kommen wir wieder zurück zu dem, was Herr Gehlen[29] gestern angeregt hat. Und ich glaube, das ist kein Zufall, daß Herr Gehlen daraufgekommen ist, daß eigentlich die zentrale Kategorie des Bewußtseins heute, der man nun nicht im Sinne eines Leitbildes, sondern gerade im Sinne des Gegenteils eines Leitbildes, sich zu orientieren hätte, die Kategorie der Kritik ist, wobei wir uns allerdings darüber klar sein müssen, daß alles in der Welt angetan ist, den kritischen Geist verkümmern zu lassen.

Aber da es nun einmal Sitte ist, daß man Vorträge mit einer optimistischen Note schließen soll – mir liegt das sehr wenig, aber ich bin ein höflicher Mensch, und schon gar in Wien möchte ich mich der höflichen Sitte gar nicht entziehen –, so möchte ich doch ohne ein allzu schlechtes Gewissen wenigstens auf etwas hinweisen, was mir all diesen Dingen gegenüber doch ein leises, hoffnungsvolles Potential zu sein scheint, nämlich daß in den totalitären Staaten sich so etwas zeigt wie ein immanenter Widerstand des Geistes, der merkwürdigerweise stärker und merkwürdigerweise weniger leicht einzudämmen ist als der reale politische Widerstand. Ich kann mir vorstellen, daß Sie darüber spotten, wenn ich das sage, und mich an etwas erinnern, was sehr leicht einzusehen ist, daß es nämlich immer noch weniger gefahrlos ist, in einem verdunkelten Haus zu applaudieren, wenn der Marquis Posa nun als seine Forderung der Gedankenfreiheit

29 Arnold Gehlen (1904 – 1976): Philosoph, Anthropologe. Gehlen berührte in seinem Vortrag auch Fragen der Kulturindustrie und der Kritik daran: »Es ist daher zu fragen, ob es wirklich eine stetige Tendenz zu einem Verlust an Intelligenz, Gefühlstiefe und Geschmack in diesen Medien gibt. ... Dieses Problem aber geht über mein Thema hinaus. Es wäre übrigens auch schwierig zu beantworten, weil sehr spezielle Umstände, wie das Versagen der Kritik, mit sehr allgemeinen soziologischen zusammenwirken dürften. Dahinter erscheinen sogar philosophische Fragen, wie etwa die Stelle eines Briefes von Gottfried Benn andeutet (13. 8. 1939), in der es heißt: ›Mir erscheint es manchmal jetzt, daß das Bewußtsein selbst sich herabbildet und in einen Zustand gerät, an dem es ein wesentliches Interesse an sich selbst nicht mehr hat.‹« (Arnold Gehlen: Der Mensch in der westlichen Wohlstandsgesellschaft. In: Amt für Kultur: Europagespräch 1963, wie Anm. 3, S. 194.) Inwieweit aber Gehlen wie auch Benn ihren Beitrag zu dieser Regression des Bewusstseins leisteten, wäre an anderer Stelle zu zeigen.

hinausschmettert,[30] als es sein würde, wenn man eine Bombe auf Herrn Hitler geworfen hätte. Es ist also leichter und ungefährlicher. Aber ich glaube doch, daß man es sich damit zu leicht macht, d. h. die Realpolitik, also das, was praktisch politisch geschieht, wird offensichtlich von den Menschen eher geschluckt, sie haben weniger Widerstand dagegen als gegen die offizielle NS-Malerei oder gegen die Schundliteratur des sozialistischen Realismus. Es gibt offenbar in den Menschen – und das scheint mir nun wirklich das Potential zu sein, an dem man im Ernst anknüpfen kann – etwas wie eine Allergie gegen den verordneten Geist oder, um es schlichter und volkstümlicher zu sagen, eine Allergie gegen den ums Maul geschmierten Brei. Dem Geist ist der Anspruch auf seine eigene Wahrheit immanent. Es gibt nichts Geistiges, dem dieser Anspruch nicht innewohnte, so wie es nicht das einfachste prädikative Urteil gibt, in dem sich nicht der Anspruch auf seine Wahrheit, in dem nicht nur das A-B-Sagen bereits immanent wäre. Und in dem Augenblick, wo der Geist manipuliert wird und wo man ihm anspüren kann, daß diese immanente Verpflichtung, die bereits in der Sprache gesetzt ist, verletzt wird, so widerspricht der Geist sich selbst. Und das ist ein Punkt, über den man mit den Menschen, offenbar selbst im Stand der vollendeten geistigen Kontrolle, im Stand eines Bewußtseins von *1984*[31], nicht so leicht fertig werden kann. Hier, würde ich denken, hängen heute Theorie und Praxis zusammen. Die Verwaltung der Welt scheint ihre Grenzen an der Stelle zu finden, wo der Geist, der der Herrschaft dient und Herrschaft ausübt, doch in Herrschaft nicht rein sich auflösen kann, da er die Gier der Totalitären nicht kennt, große geistige Produkte der Vergangenheit, sogenannte Klassiker nennen sie das wohl, zu schlucken, weil es nämlich, ohne daß es solche Zeugnisse des autonomen Geistes gibt, die als Testimonien für sie in Anspruch genommen würden, bei ihnen schlechterdings nicht geht. Und das führt dann zu so grotesken Dingen, wie daß schließlich auch der Shakespeare und der Goethe sozialistische Realisten sein sollen. Aber gerade die autonomen und wirklich bedeutenden geistigen Dinge haben in sich eine merkwürdige Kraft des Refraktären und lassen eben in dieser Weise sich nicht schlucken. Mit anderen Worten also: Die Ideologie der totalitären Staaten selber und die Ideologie des totalitären Bewußtseins führen auf Widersprüche. Und ich würde allerdings so dialektisch denken, daß ich sagen würde, daß, solange solche Widerstände fortbestehen, solange sie nicht auszurotten sind, daß solange auch die Unterdrückung von Menschen durch Menschen nicht das letzte Wort hat, daß die Menschen doch ausbrechen aus der Welt, die definiert ist durch den Vers von Karl Kraus: »Was hat die Welt aus uns gemacht.«[32]

30 »Gehen Sie Europens Königen voran. / Ein Federzug von dieser Hand, und neu / Erschaffen wird die Erde. Geben Sie / Gedankenfreiheit.« Friedrich Schiller: Don Carlos, Infant von Spanien. Sämtliche Werke. Hrsg. v. Herbert G. Göpfert. Bd. 2. München 1962, S. 125.

31 George Orwell: Nineteen Eighty-Four [1949]. London 2008.

32 Karl Kraus: Flieder. In: Fackel 508 – 513 / 1919, S. 21.

Der Text erschien zuerst 1964 in einem von der Kulturbehörde der Stadt Wien (Amt für Kultur, Volksbildung und Schulverwaltung) herausgegebenen Sammelband der Tagung Europagespräch 1963. Die europäische Großstadt – Licht und Irrlicht, *die im Juni 1963 stattgefunden hatte. Er wurde in den von Rolf Tiedemann herausgegebenen* Gesammelten Schriften *Adornos nicht berücksichtigt, auch innerhalb der* Nachgelassenen Schriften, *die vom Theodor W. Adorno Archiv herausgegeben werden, ist kein Abdruck geplant.*

Die Transkription war für den Tagungsband nach Tonbandaufnahmen des Vortrags von Adorno angefertigt worden. Für den vorliegenden Abdruck in der sans phrase *wurden offensichtliche Hör- und Druckfehler stillschweigend korrigiert, im Übrigen wurde die Orthographie beibehalten. Die erläuternden Fußnoten wurden von Florian Ruttner eingefügt.*

Danken möchten wir denjenigen Institutionen und Personen, die diese Wiederveröffentlichung möglich gemacht haben: dem Theodor W. Adorno Archiv (Frankfurt am Main), dem Walter Benjamin Archiv (Berlin) und ganz besonders der Hamburger Stiftung zur Förderung von Wissenschaft und Kultur sowie Michael Schwarz.

Christoph Hesse

Ein Filmemacher bei der Arbeit: Claude Lanzmann

... man malt, nach Schönbergs Wort, ein Bild, nicht, was es darstellt.
Adorno, *Ästhetische Theorie*

Als der 1985 fertiggestellte Film *Shoah* im folgenden Jahr zum ersten Mal in Deutschland vorgeführt wurde, zuerst bei den Berliner Filmfestspielen und dann in den dritten Programmen des westdeutschen Fernsehens, wurde er als Film noch kaum wahrgenommen. Wer ihn sah, blickte der Geschichte gleichsam direkt ins Auge, wenn nicht geradewegs in einen Abgrund. Die Wirkung war offenbar so überwältigend, dass die Mittel, die sie hervorgerufen hatten, zunächst nicht weiter beachtet wurden. Die Zeugen, die dem Publikum da plötzlich gegenüberstanden, schienen es unmittelbar anzusprechen, wenn auch in einer Sprache, die in der deutschen Fassung erst in eine übersetzt werden musste, die die meisten von ihnen nicht mehr sprechen und auch nicht mehr hören wollten. Vielleicht konnte, wer das zu sehen bekam und ähnliches nie zuvor gesehen oder gehört, allenfalls darüber gelesen hatte, über den Film selbst noch gar nicht sprechen; jedenfalls tat es in Deutschland damals fast niemand, anders als etwa in Frankreich oder den Vereinigten Staaten. Die Debatte, die er in der Bundesrepublik auslöste (in der DDR wurde er nie gezeigt), habe sich, schreibt Gertrud Koch, »in den meisten Fällen ästhetischer Kritik enthalten und ihn als ›erschütterndes Dokument‹ dargestellt. Daß es sich außerdem um ein Kunstwerk handelt, wurde eher nebenbei und fast verschämt konstatiert.«[1]

Wenn Woody Allen in seinem Film *Annie Hall* (1976), in dem er zugleich die Haupt-, obgleich nicht die Titelrolle spielt, das Publikum persönlich anspricht, exponiert er sich selbst als Schöpfer des Films; vielleicht auch deshalb gab man ihm im Deutschen den merkwürdig irreführenden Titel *Der Stadtneurotiker*. In einem Spielfilm mögen solche Auftritte, da sie die Fiktion empfindlich stören, schon als Beweis selbstbewusster Film-

1 Gertrud Koch: Die Einstellung ist die Einstellung. Visuelle Konstruktionen des Judentums. Frankfurt am Main 1992, S. 148.

kunst gelten: Schauen Sie, was Sie hier sehen, ist nicht wirklich, wirklich sind nur der Film und der, der ihn gemacht hat! Auch Claude Lanzmann tritt in seinem Film *Shoah* mehrmals selbst auf, nicht nur als derjenige, der Zeugen befragt, sondern auch als ein Darsteller, der Dokumente vorliest. Ihm allerdings trugen diese Auftritte, noch ungeachtet der Frage, ob es sich bei *Shoah* um einen Dokumentar- oder womöglich um etwas wie einen nichtfiktionalen Spielfilm handelt, vor allem Häme ein: Dass er sich so exponiere, beweise nicht seine Filmkunst, sondern seine Eitelkeit. Doch auch durchaus wohlmeinende Kommentatoren glaubten in Lanzmann nicht so sehr einen Filmemacher als vielmehr einen Forscher zu erkennen, weniger einen Künstler als eine moralische Autorität. Die wahrhaftig epochale Bedeutung des Films *Shoah* bestand zunächst vor allem in dem »erschütternden Dokument«, das einem damit vor Augen stand, nicht so sehr in der Art der Dokumentation, die es geschaffen hatte.

Zumindest die »großen Linien« seiner Arbeit, wie Lanzmann sie im Gespräch mit Jean-Michel Frodon nennt, wurden bald erkannt und ausgiebig erörtert. Auch er selbst gab verschiedentlich Auskunft über das Konzept seines Films: ein Konzept freilich, das aus der viele Jahre dauernden Arbeit an diesem Film erst hervor- und nicht etwa ihm vorausgegangen war.[2] Diskutiert wurde insbesondere die Bedeutung der Zeugenschaft, der dieser Film, wenn nicht eine neue Bedeutung, so doch eine neue Form gegeben hatte. Mögen die Zeugen, das heißt die noch lebenden Zeugen, fraglos die »Hauptdarsteller« dieses Films sein, von dem Lanzmann immer wieder betonte, es sei ein Film über den Tod, nicht über das Überleben, so wäre die Bedeutung der leblosen Gegenstände im Film, einschließlich der Landschaften, dennoch nicht zu unterschätzen. Im Film, schrieb einst Siegfried Kracauer, sei der Mensch, anders als im Drama, »Objekt unter Objekten« und darum »das Kino nicht ausschließlich menschlich. Sein Stoff ist der unendliche Fluß sichtbarer Phänomene«[3]; im Film gebe es nicht nur die Möglichkeit, sondern gar »das Verlangen, Hüte und Stühle zum Rang von Hauptdarstellern zu erheben«.[4] Das dürfte man wohl auch von den Zügen behaupten, die in *Shoah* immer wieder zu sehen sind, aus nächster Nähe noch in der letzten Einstellung des Films.[5] Umgekehrt gilt, was Kracauer über das »Zittern der Blätter«[6] schrieb: dass nämlich in dessen Wiedergabe erst die Filmkamera ihre Bestimmung erfülle, auch für das Zittern der menschlichen Gesichter, die auf der Leinwand buchstäblich überlebensgroß zu sehen sind.

Was man hingegen im Film nicht sehen kann, ist seine Produktion. Wenn schon die im engeren Sinn künstlerische Arbeit im fertigen Produkt weithin verschwindet und sich

2 Siehe zum Beispiel Claude Lanzmann: Der Ort und das Wort. In: Ulrich Baer (Hg.): »Niemand zeugt für den Zeugen«. Erinnerungskultur nach der Shoa. Frankfurt am Main 2000, S. 101 – 118.

3 Siegfried Kracauer: Theorie des Films. Die Errettung der äußeren Wirklichkeit. Frankfurt am Main 1993, S. 139.

4 Ebd. S. 76.

5 Siehe Marcel Ophüls: Closely Watched Trains. In: Stuart Liebman (Hg.): Claude Lanzmann's *Shoah*. Key Essays. New York 2007, S. 77 – 87.

6 Kracauer: Theorie des Films (wie Anm. 3), S. 13.

nur mehr in Spuren zu erkennen gibt, die ihrerseits schwer lesbar sind, so erst recht all die scheinbar banalen Anstrengungen, die solche Arbeit an einem Film erfordert. Wer ein Bild malt, kann das allein in seinem Atelier tun. Wer einen Film dreht, braucht, mit Marx zu reden, Arbeitsteilung, Kooperation, Maschinerie und große Industrie, oder zumindest einige ihrer Produkte, die gerade in diesem Fall nicht immer wohlfeil sind. Den Jean Renoir zugeschriebenen Satz, man müsse bei einem Film immer auch etwas von der Wirklichkeit hereinlassen, darf man schon auf den Produktionsprozess beziehen. Dort allerdings macht sich die Wirklichkeit nicht als willkommene ästhetische Zutat, sondern meist als lästiges Hindernis bemerkbar, das erst einmal überwunden werden muss, um einen sei's realistischen oder phantastischen Film machen zu können.

In dem hier abgedruckten Interview, das zum ersten Mal in deutscher Übersetzung erscheint, spricht Claude Lanzmann nicht so sehr über den Film *Shoah* als vielmehr über die Arbeit an diesem Werk. Der Filmkritiker und -historiker Jean-Michel Frodon, der dieses Interview im Jahr 2006 führte, erklärt, es sei ihm nicht darum gegangen, den schon zahlreich erschienenen Texten über *Shoah* einen weiteren hinzuzufügen; ihn interessierten allein technische Fragen, wobei man Technik im klassischen sowohl wie im modernen Sinne verstehen mag, nämlich als Kunst (τέχνη) und als technische Apparatur. »Dieses Interview«, so Frodon, sei »ganz den technischen und künstlerischen Entscheidungen des Filmemachers gewidmet – [*écriture*], Produktion, Dreharbeiten, Ton / Bild, Montage –, die die Existenz von *Shoah* erst ermöglichten.«[7]

Nachzutragen bliebe, dass Lanzmann dieses Gespräch über die Arbeit des Filmemachers in seinen 2009 erschienenen Memoiren *Le Lièvre de Patagonie* als Monolog fortgesetzt hat.[8] Manches, was er im Interview nur andeutet, beschreibt er dort sehr ausführlich. Nur ein Beispiel: Die hier einmal kurz erwähnte Befragung Heinz Schuberts, vormals Kommandant der »Einsatzgruppen« auf der Krim, schildert Lanzmann dort auf geradezu dramatische Weise.[9] Die Aufnahme des Gesprächs mit Schubert, das Lanzmann in dessen Haus mit ihm führte, während seine Assistentin Corinna Coulmas mit einer kleinen Paluche-Kamera heimlich aus einer Tasche heraus filmte, durfte nach einer sogenannten gütlichen Einigung mit der Hamburger Staatsanwaltschaft im Film nicht verwendet werden. Doch die Aufnahme ist erhalten geblieben und inzwischen in der Claude Lanzmann Shoah Collection des United States Holocaust Memorial Museum online zu sehen.[10] So wie übrigens das gesamte Material, aus dem Lanzmann den Film *Shoah* montiert hat: insgesamt 220 Stunden.

7 Jean-Michel Frodon (Hg.): Le cinéma et la Shoah. Un art à l'épreuve de la tragédie du 20e siècle. Paris 2007, S. 111.
8 Deutsche Ausgabe: Der patagonische Hase. Erinnerungen. Reinbek 2010. Seine Arbeit an dem Film *Shoah* beschreibt Lanzmann dort ab S. 529.
9 Siehe ebd. S. 583 – 589.
10 www.collections.ushmm.org/search/catalog/irn1004055 (letzter Zugriff: 25. 9. 2020.).

Die Arbeit des Filmemachers

Claude Lanzmann im Gespräch mit Jean-Michel Frodon[1]

Wie haben Sie die Dreharbeiten zu Shoah *organisiert? Für welche materielle Ausstattung haben Sie sich entschieden?*

Bei der Wahl der Mittel für diesen Film kam es vor allem auf deren Leichtigkeit an. Zunächst aus finanziellen Gründen. Doch auf gar keinen Fall wollte ich einen solchen Film mit großem Stab drehen, unter Bereitstellung umfangreicher Gerätschaften usw. Der Film wurde mit einer einzigen 16mm-Kamera gedreht. Ein- oder zweimal haben wir versucht, zwei Kameras zu benutzen, um bestimmten Drehbeschränkungen zu begegnen; ich mag das nicht, das funktioniert nicht. Oder aber man bräuchte viel mehr Leute, um die ganze Apparatur in Bewegung zu setzen. Bei einer 16mm-Kamera muss man das Magazin alle elf Minuten wechseln und einen neuen Rohfilm einlegen. Das ist sehr wichtig! Auch beim Ton muss man nachladen und das Nagraband wechseln, doch nie im selben Augenblick.

Sodann hege ich einen gewaltigen Abscheu gegen das, was man Continuity-Einstellungen [*plans de coupe*] nennt: Im Allgemeinen, zumal wenn es sich um ein Interview handelt, macht der Regisseur nach den Dreharbeiten Continuity-Einstellungen etwa von demjenigen, der die Fragen stellt, oder von »stimmungsvollen« Details usw. Der dafür gemeinhin angeführte Grund ist, dass das bei der Montage des Films hilft. Natürlich, vor allem wenn man gezwungen ist, die Arbeit häufig zu unterbrechen, um einen neuen Film in die Kamera oder ein neues Band in den Rekorder einzulegen und so manchmal Ton ohne Bild – und zwar bedeutsamen Ton! – und manchmal Bilder ohne Ton hat, können Continuity-Einstellungen sehr nützlich sein, um die »Lücken« zu füllen. Das heißt ganz konkret, dass man, nachdem man ein Interview beendet hat, noch

1 Dieses Interview ist das Ergebnis mehrerer Gespräche, die der Filmkritiker und -historiker Jean-Michel Frodon mit Claude Lanzmann im Jahr 2006 geführt und zu einem einzigen Interview zusammengefasst hat. Der französische Originaltext erschien unter dem Titel »Le travail du cinéaste. Entretien avec Claude Lanzmann« in dem von Frodon selbst herausgegebenen Band *Le cinéma et la Shoah. Un art à l'épreuve de la tragédie du 20e siècle* (Paris 2007), S. 111 – 125.

weiterdrehen muss. Jeder nimmt seine Position ein, lächelt oder versucht, eine natürliche oder bedrückte Miene aufzusetzen: Der polnische Bauer kratzt sich am Kinn, der einstige Deportierte wirft einen unbestimmten Blick auf den Horizont, der Interviewer macht ein aufmerksames oder intelligentes Gesicht ... Ich habe das gemacht, aber ich hasse es und habe es nie benutzt. In *Shoah* gibt es keine Continuity-Einstellung. In *Ein Lebender geht vorbei* gibt es zwei Continuity-Einstellungen, die ich uneingeschränkt hasse.

Was also tun, wenn die elf Minuten vorüber sind und man einen neuen Film in die Kamera legen muss? Und außerdem muss man den Ort wechseln, nach draußen oder anderswohin gehen, in eine Landschaft zum Beispiel. Man hätte auch zu einer anderen Person übergehen können, doch ich mag es nicht, ein Gesicht direkt hinter das andere zu setzen, das ist nicht das, was der Film verlangt, in dem es schließlich nicht um eine Anmache geht. Ich habe das nur ein- oder zweimal gemacht. Der Film sucht eine Form der Harmonie, er entspringt einer extremen formalen Forderung, bei der eine wesentliche Dimension die Zeit ist. So bestimmt die technische und zugleich ethische Wahl zum großen Teil die allgemeine Konstruktion des Films. Seine symphonische Konstruktion: Wenn ich jemanden verlasse, ist es schwierig, sogleich zu ihm zurückzukehren. Doch es kann sein, dass ich ihn später wiederfinde, wie die Reprise eines musikalischen Themas. Ich bin gezwungen, anderswohin zu gehen *und* zurückzukehren, doch auf unterschiedliche Weise, in einer anderen Tiefe.

Darüber hinaus bin ich vollkommen abgeneigt, einen Ton zu verwenden, der nicht im selben Augenblick wie das Bild aufgezeichnet wurde, denn sobald man das tut, hat man Zweifel an der Beziehung zwischen Bild und Ton. Es gibt eine Moral der Aufnahme, und es gibt eine Moral der Montage. Heute befinden wir uns in der vollkommensten Immoralität, wenn man sieht, wie ein Interview oder eine Diskussion für das Fernsehen inszeniert wird. Die Verwendung der Videokamera bringt an sich schon potentiell große Veränderungen mit sich, doch sobald man vier oder fünf Kameras benutzt, macht man der Zeitlichkeit der Rede den Garaus. Es gibt keine Kontinuität mehr, es gibt Kontiguität, eine durch verschiedene Tricks, darunter die Continuity-Einstellungen, erstellte Serie von ›Erscheinungen‹. Jeder dreht seine Runde ... Auch Spielfilme werden tendenziell nach diesem Modell hergestellt. Da gibt es eine abgrundtiefe Immoralität.

Inwiefern ist das unmoralisch?

Die Vernichtung der Zeit ist unmoralisch! Das ist der Verlust der Beziehung zur Welt in ihrer Wirklichkeit, ihre Aufopferung zugunsten gefälliger spektakulärer Effekte. Ein solches Missgeschick ist mir oft widerfahren: Ich nehme an einer gefilmten Diskussion teil und stelle nach der Montage fest, dass alles geändert wurde. Der Anfang findet sich am Ende, alles ist zerstückelt ... Eine Zusammenkunft von Menschen verwandelt sich in eine Serie von Erscheinungen. Die Zeit ist tot! Die Wirklichkeit ist tot! Das ist das moralische Verbrechen. Das Fernsehen wird zum Herrscher über die Zeit, zum Herrscher über die Wahrheit: Es gibt keine Wahrheit mehr.

Eine der wichtigen Entscheidungen, um einen Platz zu finden in der Beziehung zu dem, was man filmt, zur Zeit, zum wirklichen Raum, zu den Personen im Bild, betrifft die Rahmung des Bildes. Haben Sie in Shoah *die Bilder selbst gewählt?*

Ja. Ich hatte keine vorab festgelegte Regel bei diesen Entscheidungen, aber in jeder Situation, bei jeder Aufnahme habe ich, mit dem Auge im Sucher, über das Bild entschieden. Sodann, je nach der Intensität dessen, was gesagt wird, und der ausgelösten Emotionen, der Gegebenheit des tatsächlich stattfindenden und so nicht vorhersehbaren Dialogs, hatte ich ein System gestischer Codes, eine bestimmte Art, den Kameramann zu berühren, um ihm im Laufe der Aufnahme zu bedeuten, dass der Bildrahmen geändert, die Einstellung erweitert oder im Gegenteil vergrößert werden muss. Ein Kameramann ist per Definition taub und blind, während die Kamera dreht: blind, weil er nur wahrnimmt, was sich in seiner Augenmuschel befindet, und taub, weil er sich von anderen Informationsquellen löst, umso mehr, wenn das Interview in einer Sprache stattfindet, die er nicht kennt, wie dies in *Shoah* oft der Fall war. Jedenfalls nehmen die Kameraleute nicht dieselben Dinge wahr wie ich! Ich hatte also dieses System taktiler Zeichen, insbesondere, um den Zoom zu benutzen – ich hatte nie Angst vor dem Zoom. Ich hatte stets Lust auf eine vollkommene Freiheit in meinen Entscheidungen als Regisseur. Ich habe viele Kamerafahrten gemacht, auch weil dazu eine innere Notwendigkeit bestand, nämlich die Idee, die letzte Reise physisch zu wiederholen. So befindet man sich auf den Eisenbahnschienen nach Auschwitz oder, nach Chełmno, in einem Auto, dem Citroën Break, den ich selbst gefahren bin, durch entsetzliche Schlammlöcher.

Versuchen Sie, unter allen Umständen derselbe zu bleiben und Ihrerseits eine konstante Haltung zu bewahren, gleich, was sich vor der Kamera und vor Ihnen befindet?

Nein, nein, keineswegs. Ich nehme je nach Gesprächspartner unterschiedliche Haltungen bei den Dreharbeiten ein. Dies gilt für verschiedene Kategorien von Personen: Es ist mir unvorstellbar, mich in derselben Weise an jüdische Protagonisten, an Deutsche oder an Polen zu wenden. Doch es gilt von Fall zu Fall auch innerhalb der großen Kategorien. Was die Juden betrifft, so wurde ich mir dessen bewusst in dem Maße, in dem ich Fortschritte machte – nichts von alledem war abgestimmt, ich habe durch die Arbeit nach und nach gelernt – wie ich sie ansprechen, in welche »Haltung« ich mich begeben sollte. Man muss bedenken, dass es einen großen Zeitraum gab, in dem ich die Leute ohne Kamera gesehen habe, selbst ohne Tonbandgerät, ich kam zu ihnen mit leeren Händen und machte mir nachher Notizen. Erst während dieser Arbeit fing ich an zu begreifen, dass ich gemäß den verschiedenen Kategorien von Gesprächspartnern nicht derselbe bleiben könnte. Ich habe viele Leute getroffen, darunter etliche, die in *Shoah* nicht auftauchen. Meine »Haltung« gegenüber den jüdischen Protagonisten bestand darin, über sie und von ihnen so viel wie möglich schon vor den Dreharbeiten zu erfahren, denn ich wusste, an welchem Punkt es schwierig werden würde – und das wurde es, mit allen. Schwierig für mich, sie zu befragen, und umso schwieriger für sie, mir zu antworten. Die Sprache kann von solchen Erfahrungen nicht selbstverständlich berichten.

Erschien es Ihnen geboten, eine Art ›Casting‹ zu veranstalten, um diejenigen auszuwählen, die Sie filmen wollten?

Das ›Casting‹ gebot sich von selbst. Was die jüdischen Protagonisten betrifft, so war das Casting für mich zwingend, ich wollte nur Menschen der ›Sonderkommandos‹, einzig und allein. Diese Entscheidung hatte enorme Konsequenzen und hat sie noch immer: Diese Menschen waren die einzigen direkten Zeugen der Vernichtung ihres Volkes. Weil sie in der letzten Phase dabei waren, an der letzten Station des Vernichtungsprozesses, in den Gaskammern und Krematorien. *Shoah*, das habe ich schon tausendmal gesagt, ist kein Film über das Überleben und insbesondere kein Film über ihr Überleben, ihr persönliches Überleben. Das ist im Übrigen nicht mehr ihr Problem, wenn sie sich im Film äußern, sie sagen niemals ›ich‹, sie erzählen nicht ihre persönliche Geschichte, wie sie entkommen sind. Das war ein stilles Abkommen von tiefgreifender Bedeutung zwischen uns, darüber während der Filmaufnahmen nicht zu sprechen: Es bildete einen Teil der Form des Films, seiner *Gestalt*[2] im eigentlichen Sinne, die unwiderruflich darüber entscheidet, was im Film Platz hat und was keinen Platz hat. Die Überlebenden sagen nicht ›ich‹, sie sagen ›wir‹, sie sind buchstäblich Sprecher der Toten. Dies ist der tiefe Sinn des Films, und aus diesem Grund hatte ich nach Erscheinen des Films solche Probleme mit den Überlebenden. Sie finden sich in *Shoah* nicht wieder: Dieser Film spricht nicht über sie.

Wie haben Sie denn die anderen Protagonisten des Films ausgewählt?

Die Deutschen, die im Film vorkommen (ich habe viele andere getroffen, habe bestimmte Leute gefilmt, die in der letzten Fassung nicht auftauchen), sind diejenigen, von denen ich das bekommen konnte, was ich wollte, indem ich sie betrog, sie bezahlte und sie ohne ihr Wissen filmte. Es gibt viele andere, an die ich nicht herankam oder bei denen es mir nicht gelungen ist, sie zu betrügen; die Dreharbeiten sind gekennzeichnet von

2 Im Original deutsch; Anm. d. Übersetzers.

Niederlagen, insbesondere von der Abwesenheit der Mitglieder der ›Einsatzgruppen‹. Ich hatte versucht, mich einem ihrer Kommandanten zu nähern, Heinz Schubert, Organisator der großen Massaker auf der Krim, zum Tode verurteilt und dann vom amerikanischen Hohen Kommissar in Deutschland, John McCoy, begnadigt; mir wurde von seiner Familie die Fresse eingeschlagen, sie stahlen mir die versteckte Kamera, die ich benutzte. Es ist ein Misserfolg für mich, dass es im Film weder einen der Mörder der Einsatzgruppen gibt, die 1,3 Millionen Menschen ermordet haben, noch eines ihrer Opfer. Eines von ihnen habe ich gefunden, in Tel Aviv, eine großartige Frau namens Riwka Jossilowska, schwer verwundet während einer Massenerschießung in der Ukraine, sie wollte aber vor der Kamera nicht sprechen.

Den Deutschen gegenüber versuchte ich, eine Haltung bar jedes moralischen Urteils einzunehmen, das Gebaren eines Technikers. Mit den Polen war es noch anders, ich fand heraus, dass ich oftmals der erste war, der ihnen Gelegenheit gab, über jene Epoche zu sprechen, sie verlangten nur zu erzählen. Ich habe das schnell gespürt und mir gesagt, dass man ihren Redefluss vor den Dreharbeiten unterbrechen müsse. Ich wollte vorweg nichts hören. Sonst würde ich das Natürliche, die Jungfräulichkeit, die Spontaneität dieses Ausdrucks verlieren.

Ich ging sehr spät nach Polen, ich wollte nicht dorthin gehen, ich verweigerte mich diesem Land gegenüber. Was als schöpferischer Akt gelten mag, gehorcht einer anderen Logik als zum Beispiel der eines Historikers, eines Forschers, der diese Art von Fragen natürlich nicht stellen würde. Für mich gab es in Polen nichts zu sehen, warum also dort filmen? Wo fand sich die Spur dessen, was man schließlich Holocaust nannte? Dort nicht. Im Gewissen derer, die zurückgekehrt sind und anderswo sind, überall auf der Welt. Ich musste gegen mich selbst kämpfen, um mich zu überzeugen, auch dorthin zu gehen. Nachdem ich 1973 mit der Arbeit an *Shoah* begonnen hatte, ging ich erst Ende 1978 zum ersten Mal nach Polen. Fünf Jahre später! Inzwischen war ich in der ganzen Welt herumgereist. Und als ich in Polen ankam, beladen mit all dem im Laufe meiner Lektüren und Nachforschungen angehäuften Wissen, war ich wie eine Bombe bereit zu explodieren. Aber es fehlte mir der Zünder. Ich wusste es noch nicht, doch Polen sollte dieser Zünder werden.

Als ich dort ankam, war meine erste Übersetzerin eine junge, bemerkenswerte Frau ... die einen offenkundig jüdischen Eindruck machte. Ich habe sie nicht behalten und an ihrer Stelle eine Christin genommen. Mit jener wäre es unmöglich gewesen, die polnischen Bauern zu interviewen. In Warschau lieh ich mir ein Auto und fuhr nach Treblinka, wo es außer den symbolisch errichteten Steinen nichts zu sehen gibt. Ich verweilte ziemlich lange an diesem Ort ohne besondere Rührung, ich wartete, doch es geschah nichts. Also stieg ich wieder ins Auto und machte mich daran, in der Umgebung zu drehen. So entdeckte ich die Dörfer in unmittelbarer Nachbarschaft des einstigen Lagers. Ich traf Leute jeden Alters, die 1942 Kinder, Jugendliche oder schon

Erwachsene gewesen waren. Da tauchte eine ungeheure Form der Zeitgenossenschaft auf. Und plötzlich stand ich vor einem Straßenschild mit der Aufschrift »Treblinka«. Das war ein Schock! Es erschien mir unmöglich, dass noch immer ein Dorf existiere, das diesen Namen trägt, und dass Leute im Jahr 1978 Einwohner von Treblinka seien. Es war ein Dorf wie die anderen, ich kam an einem Bahnhof an, da waren Schienen und aneinandergereihte Güterwaggons, keine Gedenkstätte, sondern ein gewöhnlicher Bahnhof mit Verkehr. Und aufs Neue der Schock des Schildes der Eisenbahnstation Treblinka. Dieses Zusammentreffen eines Namens und eines Ortes war entscheidend: Der Name war für mich so sehr mit Grauen erfüllt, dass er nahezu legendär geworden war, keine Wirklichkeit namens »Treblinka« schien mir heute noch existieren zu können. Treblinka war Wirklichkeit, gewiss, und ohne jeden Zweifel möglich, aber eine Wirklichkeit *in illo tempore*. Und ich war dort an einem Ort, der nun, 1978, denselben Namen trug. Der Schock zwischen dem quasi-mythischen Namen und dem banalen, friedlichen, zeitgenössischen Ort hatte beträchtliche Auswirkungen. Alles, was ich in fünf Jahren (und natürlich schon seit längerem) angesammelt hatte, flog gleichsam in die Luft. Ich hatte in einem Zustand echter Halluzination gelebt, daran gewöhnt durch einen gewaltigen Druck. Das war im Winter 1978/79, zu drehen begann ich im folgenden Sommer.

Doch an jenem Tag in Treblinka erzählte mir ein Bauer von einem Typen, der während des Krieges Lokführer gewesen sei und in dem Nachbardorf Malkinia zehn Kilometer von Treblinka entfernt wohne. Ich fuhr sofort hin, um ihn zu sehen, es war spät, fast Mitternacht, als ich bei ihm ankam. Ich weckte sie, ihn und seine Frau, und sie empfingen mich, gaben mir zu essen und waren sehr reizend. Der Mann begann zu sprechen, zu erzählen, und ich dachte: Man muss ihn zum Schweigen bringen, er soll aufhören! Da ist der Film! Noch nicht! Ich verließ ihn um vier Uhr morgens und sagte zu ihm: »Sie werden mich bald wiedersehen.« Wenn ich in *Shoah* einen moralischen Fehler begangen habe, einen einzigen, dann den, dass ich ihn dazu brachte, Dinge noch einmal zu spielen, die er mir in jener Nacht gesagt hatte. Er hatte mir gesagt, dass er die Waggons mit der Lokomotive nicht gezogen, sondern geschoben habe; als ich die Frage im Film stellte, kannte ich die Antwort, ich ließ ihn spielen. Das ist das einzige Mal, der einzige Verstoß gegen die Regeln, die ich mir vorgeschrieben hatte, doch für mich war es so wichtig, dass er es sagt. Wie ich von den Juden vorab so viel wie möglich persönlich erfahren wollte, so wollte ich von den Polen vorab nichts erfahren.

Wussten Sie sogleich, wie Sie ihn zum Beispiel, den Lokomotivführer, filmen wollten, in welcher Einstellung, aus welchem Abstand …?

Ja. Das ist evident, das ist ein einziger Gedanke, der sämtliche Entscheidungen augenblicklich bestimmt. Das ist die Logik der Schöpfung.

Einer filmischen Schöpfung. Wenn Sie sich entschlossen hätten, aus Shoah *ein Buch zu machen, wäre es auch eine Schöpfung geworden, doch eine, die zu anderen Entscheidungen geführt hätte ...*

Ein Buch? Was für eine schwachsinnige Idee! *Shoah* ist kein Buch, sondern ein Film. Er könnte unmöglich ein Buch sein.

Warum?

Weil ... die Gesichter. (*Claude Lanzmann zögert.*) Das ist ein Stoff, der jeder anderen Gattung völlig inkommensurabel wäre. Die Gesichter, die Bäume, die Natur. *Shoah* ist eine Inkarnation.

All diese Regie-Entscheidungen implizieren, dass Sie sich, was die manipulative Immoralität betrifft, die Sie vorhin in Bezug auf das Fernsehen angeprangert haben, einer Neutralität sowohl der Aufnahme als auch der Montage nicht widersetzen, jedoch anderen Entscheidungen, anderen Interventionen Ihrerseits.

Selbstverständlich! Es gibt eine ›Handschrift‹, man braucht eine Handschrift, bestimmte Entscheidungen und keine anderen. Bei den Dreharbeiten und bei der Montage. Es gibt eine Moral der Aufnahme, die das, was sich zwischen den verschiedenen Protagonisten wirklich zuträgt, begleiten muss, und eine Moral der Montage, die dem Fluss der wirklichen Zeit angepasst sein muss, auch wenn man sich natürlich nicht immer in der wirklichen Zeit befindet. *Shoah* ist sicherlich nicht die Aufzeichnung einer präexistenten Wirklichkeit in Bild und Ton. Dergleichen gab es nicht. Die Wirklichkeit musste man erschaffen, von Anfang bis Ende. Dabei ist Inszenierung im Spiel. Sie beginnt mit dem ersten Bild des Films. Simon Srebnik in einem Boot, das ist vollständig inszeniert, er war selbst nie in diesem Boot gewesen, er hatte seit seiner Kindheit keinen Fuß mehr dorthin gesetzt. Aber als ich Srebnik, eines Tages lange zuvor, zuhörte, wie er mir seine Geschichte erzählte, die des Sängerknaben, da wusste ich, dass dies die erste Einstellung von *Shoah* werden würde. Ich wusste es! Lange bevor ich wusste, ob er einwilligen würde, an Ort und Stelle zurückzukehren, ob ich dort würde drehen können usw. Ich wollte, dass es so sei. Und genau so war es. *Shoah* präsentiert sich andererseits wie ein Bericht. Die ersten Worte, die man vernimmt: »Die Handlung beginnt«, sind die eines Erzählers, der eine Geschichte zu erzählen beginnt.

Shoah besteht nicht aus aneinandergereihten Informationen, es ist eine Konstruktion ... dazu gehört der plötzliche Gebrauch des Wortes ›Handlung‹ [*action*], das bereits mehrere Bedeutungen enthält. Untergründig präsent ist auch die Bedeutung, die die Nazis diesem Wort gaben, *Aktion* nannten die Deutschen die Verhaftungen, die Deportationen und die Vernichtung. Und zugleich gibt es die Racine'sche Bedeutung, in sämtlichen Vorworten von Racine spricht man von Handlung im Sinne der Tragödie.

Der Film erscheint wie ein langer Entdeckungsprozess, der entlang einer filmischen Handschrift verläuft. Wahrscheinlich sogar zweier aufeinanderfolgender Handschriften, nämlich der Aufnahme und der Montage. Natürlich müssen diese beiden Handschriften übereinstimmen.

Als ich den dicken polnischen Bauern aus Treblinka frage, ob er sich an die Ankunft des ersten Zuges erinnere, sagt er, dass er sich sehr gut erinnere, doch tatsächlich ist er unfähig, darüber zu sprechen. Er ist sogleich in der Routine der ankommenden Züge. Als ich später die gleiche Frage dem Weichenwärter von Sobibor stelle, erinnert auch er sich sehr gut, doch was er sagt, ist von ganz anderem Tonfall. Da es sich um die gleiche Frage handelt, hätte man sich vorstellen können, dass ich die beiden Sequenzen hintereinander setze, was aber für mich aufgrund der radikalen Verschiedenheit des Tons unmöglich ist. Diese Verschiedenheit verbietet eine Verkopplung der Antworten. Hier erscheint das ganze Problem der Erzählung in *Shoah*. Sache der Erzählung ist es nicht, den Verlauf der Dreharbeiten wiederzugeben und auch nicht einer thematischen Logik zu folgen, Sache der Erzählung ist die Enthüllung der Wahrheit. In *Shoah* enthüllt sich die Wahrheit die ganze Zeit, und die Kunst des Berichts besteht mehr und mehr darin, diese Enthüllung herbeizuführen. In dem von mir genannten Beispiel erscheint der zweite Zeuge, der Weichenwärter, im Film zwei Stunden nach dem ersten. Was besagt, dass die Ankunft des ersten Zuges eine ganz andere Bedeutung hat.

Es gibt keinen ›objektiven Ablauf der Zeit‹, ich weiß nicht einmal, was das bedeuten soll. Es gibt Möglichkeiten, die Einstellungen so anzuordnen, dass sie an der Enthüllung der Wahrheit teilhaben, und andere, die so unwürdig sind, dass sie sie manipulieren. Stets handelt es sich um eine Suche nach Wirksamkeit, und selbstverständlich strebt *Shoah* die größte Wirksamkeit an, doch in der Enthüllung einer Wahrheit, die nicht ›schon da‹ ist, die sogar ›äußerst abwesend‹ ist.

Ich habe den Film einmal mit einer Bohrung verglichen, die immer tiefer vordringt. Der Film ist von einer solchen Erzählstruktur, dass er versinkt wie ein Bohrer. Zu Beginn der zweiten Epoche kann man den Eindruck gewinnen, dass es noch einmal von vorn losgeht. Die Zeugen sind aber nicht dieselben. Was hat man im ersten Teil gelernt? In einem gewissen Sinne hat man alles schon gelernt. Doch durch wessen Stimme, von wessen Standpunkt aus? Die erste Epoche ist so konzipiert, dass sie sich außerhalb der Gaskammern zuträgt, die zweite innerhalb. Was ich gerade gesagt habe, ist schematisch, es gibt sehr zahlreiche feinste Linien, die subtilste Entwicklungen innerhalb dieses Prozesses organisieren.

Haben Sie die Art und Weise, wie der Film organisiert sein sollte, zuvor aufgeschrieben?

Nein. Ich habe nichts geschrieben! Selbstverständlich gab es vor den Dreharbeiten viele historische Recherchen und viel Vorbereitung, um die Aufnahmen materiell zu ermöglichen, doch es gab keine vorherigen Überlegungen hinsichtlich der Konstruktion. Es gab nichts, was einem Drehbuch nahegekommen oder einem solchen auch nur von ferne ähnlich gewesen wäre: Ich brauchte keines. Ich wusste nicht, dass der Film in zwei Epochen geteilt werden würde, ich hatte keine Ahnung, wie lange er schließlich dauern würde. Die Struktur des Films, in seinen Details ebenso wie in seinen großen Linien, wurde mir auferlegt. Nicht von zwei Teilen, sondern von zwei Epochen zu reden, wie bei Alexandre Dumas, das mag einem wie ein Detail vorkommen, doch mir ist das sehr wichtig, und das wurde mir auferlegt. Die gesamte Herstellung des Films, insbesondere die Phase der Dreharbeiten, war ein Abenteuer – dieses Wort bedeutet mir sehr viel. Und jeder Tag brachte ein Schicksal voller Gefahren mit sich.

Haben Sie mit der Montage begonnen, noch während Sie drehten?

Nein. Ich habe mich mit keiner Einstellung befasst, ehe ich die Dreharbeiten beendet hatte. Endlich ... um genau zu sein, als ich dachte, die Dreharbeiten beendet zu haben, und mit der Montage begonnen hatte, ergab sich, dass ich noch weiterdrehen musste – in Polen, da mir Einstellungen fehlten. Das ist mir zweimal passiert. In Treblinka gab es nichts zu drehen, der Kameramann sagte, da sei nichts zu gebrauchen, keine neuen Ansichten zu gewinnen; er hatte unrecht. Darum kehrte ich zurück, mit den Kameraleuten William Lubtchansky und Caroline Champetier, das war eine Art Reise zur freien Jagd auf Bilder, in Polen hielten wir an, sobald mir irgendetwas schön erschien, die verschneiten Wegesränder ... Während der Dreharbeiten ist man von der Logistik der Produktion abhängig, es werden Verabredungen getroffen, Hotelzimmer reserviert usw. Das ist stinklangweilig! Man ist nicht frei. Bei einem Spielfilm, stelle ich mir vor, mag ein solches System funktionieren, hier jedoch keineswegs.

Wie begegnen Sie der ungeheuren Menge beeindruckenden Filmmaterials? Wie gehen Sie an die Montage heran?

Das ist sehr kompliziert, man müsste alles kennen, was einem zur Verfügung steht, Bilder und Töne, das ist unmöglich. Es kam vor, dass ich Verzeichnisse der Einstellungen wiederfand und mir sagte: Das habe ich doch nie gedreht. So begann ich, kleine Dinge zu montieren, kleine Sequenzen von Einstellungen, die allein einen kleinen Film hätten ergeben können. Ich montierte, was Chełmno betraf, was in Grabow geschah usw. Ich wagte mich scheu an diese übermenschliche Menge von Bildern und Tönen. Immer wieder war ich völlig blockiert und wusste nicht, wie ich weitermachen sollte. Genau wie ein Bergsteiger, der einen unbekannten Weg auftut und in eine Felsspalte oder an einen gewaltigen Gebirgsvorsprung gerät. Man muss den Weg finden. Es gibt einen, und es gibt nur einen.

Ich erinnere mich, dass ich mich fünfzehn Tage lang damit aufhielt, eine Sequenz von Auschwitz zu montieren. Plötzlich entdeckt man, dass es eine Stadt namens Auschwitz gibt. Frau Pietyra, eine Bewohnerin dieser Stadt, erzählt von der Vergangenheit, sie sagt, es habe dort vor dem Krieg achtzig Prozent Juden gegeben. Anschließend musste man das Lager betreten, und ich wusste nicht wie. Ich hatte auf dem jüdischen Friedhof von Auschwitz gedreht, von dem sie mir sagte, er sei geschlossen, man »bestatte dort nicht mehr«. Dank diesem Umweg über die alten Toten, diejenigen, die vor dem Krieg eines natürlichen Todes gestorben waren und die auf jenem Friedhof ruhten, war es mir möglich, zum ersten Mal im Film die unheilverkündende Vorhalle des Vernichtungslagers zu betreten.

Haben Sie schon immer gewusst, dass Sie selbst im Bild erscheinen würden?

Zunächst einmal: Von den neun Stunden und dreißig Minuten des Films sind es weniger als vierzig Minuten, in denen ich im Bild zu sehen bin. Und anders als gehässige und dumme Kommentatoren behauptet haben, mag ich es überhaupt nicht, im Bild zu sein. Im Übrigen ist meine Position ganz allgemein, dass ich nicht im Bild erscheinen muss. Ich erscheine im Film nur in jenen Augenblicken, in denen mir nichts anderes übrigblieb. So wenn etwa die Notwendigkeit besteht, dass ich mir selbst Orte zeige, zum Beispiel um die Lage des Bauernhofs von Borowi, den dicken polnischen Bauern im Verhältnis zu den Schienen und zum Bahnhof zu zeigen. Man sieht mich ein wenig in dem polnischen Dorf, weil man verstehen muss, dass meine wirkliche Präsenz erst in Gang bringt, was in diesem Moment geschieht. Und man sieht mich, wie ich die alten Nazis mit der versteckten Paluche-Kamera befrage, weil das unvermeidlich ist, man kann die Einstellung nicht kontrollieren. Man sieht mich sehr wenig, entgegen dem, was ein israelischer Pseudohistoriker geschrieben hat.

Das stimmt. Und dennoch sind Sie in diesem wie übrigens in all Ihren Filmen außerordentlich präsent, anders als es sonst im Film üblich ist, sowohl im sogenannten Dokumentar- als auch im Spielfilm, wo man dazu neigt, die Präsenz des Filmemachers zu tilgen, ihn unsichtbar zu machen.

Das scheint mir normal. Ich möchte gern, dass man sagt, ich sei ein Bewohner von *Shoah*. Das ist die Wahrheit. Es wäre nicht möglich gewesen, einen solchen Film zu machen und so mit filmischen Mitteln die Beziehung zur Shoah herzustellen, die der Film ermöglicht und die heute besteht, ohne ein Bewohner des Films zu sein. Darum habe ich mir gelegentlich gesagt, dass ich ›die Shoah erfunden‹ hätte. Aber mir ist durchaus bewusst, dass das schwer zu verstehen ist.

Sehr häufig sprechen Sie nicht die Sprache des- oder derjenigen, die Sie befragen. Sie haben sich dazu entschieden, im Film die Fragen, die Antworten und die Übersetzungen, und zwar in beide Richtungen, allesamt zu belassen, statt Untertitel zu verwenden oder die Stimme, die übersetzt, über die Originalstimme zu legen: zwei Lösungen, deren man sich im Fernsehen systematisch bedient, in ähnlichen Situationen jedoch oft auch im Film.

Unmöglich!

Technisch ist es recht einfach ...

Mag sein, doch das würde das Wesen der Beziehung entstellen, die sich dort aufbaut, zum Beispiel zwischen meiner Frage auf Französisch an einen Polen, der Übersetzung meiner Frage ins Polnische, der Antwort der Person auf Polnisch und der Übersetzung ihrer Antwort ins Französische. Wie wollte man eine diese vier Etappen mit einer einzigen Kamera überspringen? Das laufende Geschehen schneiden? Das ist doch schauderhaft. Es ist unmöglich ...

Dennoch macht es die überwältigende Mehrheit der Regisseure so, vor allem wenn sie Interviews filmen.

Für mich ist es unzulässig. Als ich den Film *Sobibor* machte, aus Einstellungen, die für *Shoah* gedreht und schließlich nicht verwendet worden waren, habe ich versucht, sie miteinander zu verbinden, gemeinsam mit der Cutterin Sabine Mamou habe ich viele Versuche unternommen, es war schrecklich. Wir konnten diese Einstellungen nicht von Anfang bis Ende zusammenkleben, wir mussten wieder zu filmen beginnen. Was den Sinn des Films verändert hat ...

Die Präsenz der Übersetzerinnen macht auch einen Teil der Polyphonie des Films aus, der seinerseits ein Turm von Babel ist. Und sogleich steht man vor der Wahl der Sprachen. Als ich zum Beispiel mit Simon Srebnik nach Chełmno ging, schien es mir unmöglich, dass wir Deutsch miteinander sprächen, ich entschied, er möge Hebräisch sprechen, und so musste ich auf eine Übersetzerin zurückgreifen. Aber das klappte nicht, alles erstarrte, die Einstellungen waren wie tot. Schade drum, also haben wir Deutsch gesprochen. Ich zog es vor, in der Sprache des Feindes zu sprechen, in der Sprache derer, die die Todfeinde waren – doch es war auch die Sprache vieler Opfer.

Kam es Ihnen während der Dreharbeiten zu Shoah *in den Sinn, Einstellungen allein aus ästhetischen Gründen zu drehen, weil eine Landschaft schön war, weil Ihnen ein Licht gefiel?*

Ja. Dennoch würde ich sagen, dass es keine unmotivierten oder ästhetisierenden Einstellungen in *Shoah* gibt. Aber eine Lokomotive in der Abenddämmerung, mit allen Lichtern erleuchtet, das ist großartig.

Haben Sie sich während der Dreharbeiten einmal gesagt: Ich weiß nicht, wie ich das filmen soll?

Ja, allerdings. So ging es mir in Chełmno. Wie soll man einen Ort filmen, an dem es zwei Perioden der Vernichtung gegeben hat? Beide Male mit Gaswagen, 1942 und 1944. Das ist ein völlig zerstückelter Ort. Da gibt es ein total banales Dorf, eine lange polnische Nationalstraße, eine Kirche, ein Schloss, spärliche Häuser, in sieben Kilometer Entfernung den Wald mit symbolischen Gräben, am Ufer eines Flusses ... Wie soll man all das filmen, wieder zusammenfügen und ein Gefühl dessen vermitteln, was hier vorgegangen ist? Die erste Sequenz, im Wald mit Simon Srebnik, zeigt nichts von Chełmno. Als ich mit der Frau des Nazilehrers (der in Deutschland gefilmt wurde) zurückkam, gingen wir ins Dorf: Dieses Mal kam mir die Idee, eine Fahrt durchs Dorf mit einem Pferdewagen zu filmen, ich war stolz auf meinen Geistesblitz, die Hufe des Pferdes auf dem Asphalt (*Claude Lanzmann imitiert das Geräusch, indem er mit der Hand rhythmisch auf seinen Schreibtisch klopft*), mit dem Hintern des Pferdes, der Bewegung, das war's, so war es möglich, das Dorf zu betreten.

Wie wurde der Ton aufgenommen?

Meistens mit der Angel, und dann auch mit nur einem einzigen Mikro. Ich erinnere mich gut an Bernard Aubouy, stets elegant.

Haben Sie schon vorher um die entscheidende Bedeutung der Stimmen gewusst, ihre gleichsam beschwörende Kraft? Dass man durch sie sehen würde, was verschwunden ist? Die Rolle der Stimmen ist zentral, obwohl ein träges Denken noch immer behauptet, das Kino bestehe aus Bildern.

Es kommt mir vor, als hätte ich vor langer Zeit schon gewusst, dass die Stimmen die Bilder sind. Und dass die Bilder die Stimmen sind. In *Shoah* ist es unmöglich, das, was zum Bild gehört, von dem zu trennen, was zum Ton gehört. Man muss die vielfältigen Übergänge zwischen die Stimmen einfügen, von *on* zu *off* und von *off* zu *on*, zwischen meine Stimme, die der interviewten Personen und der Übersetzerinnen. All dies knüpft sich zu einem komplexen Netz zusammen, nie durch Zufall. Oft hat die Stimme im *off* eine größere Kraft, als wenn sie synchron mit dem Gesicht wäre, von dem sie ausgeht. Dies ergibt eine ganz andere Sache, in gewissen Momenten ist es nicht einmal mehr die Äußerung eines Individuums, es ist die Erde, die spricht.

Die Off-Stimme beschwört, was definitiv außerhalb des Bildes ist, die Vernichtung?

(*Zögerlich*) So könnte man sagen ...

Gibt es Stimmen, die Sie on *hätten verwenden können und die Sie lieber* off *montiert haben?*

Ja. Der Monolog von Simon Srebnik über den Bildern des Waldes von Chełmno ist so stärker, als wenn man ihn auf der Leinwand dasselbe sagen sähe. Gleiches gilt für die Sequenz im Ruhrgebiet, wo ich ein Dokument von Nazibürokraten über Verbesserungen der Gaswagen vorlese.

Haben Sie je zu einer interviewten Person gesagt: »Wir beginnen von vorn«?

Ja, natürlich. So selten wie möglich zwar, doch es gibt Momente, in denen etwas blockiert ist oder in eine Richtung läuft, die zu nichts führt. Aber ich habe nicht mehrere Takes aufgenommen, wie man es beim Spielfilm macht. Man dreht unter der Herrschaft des Augenblicks, es gibt keine Wiederholung und auch keine zweite Chance. Wie sollte man Abraham Bomba bitten, die Gefühle zu wiederholen, die ihn bei der Erinnerung dessen überwältigen, was er in der Gaskammer von Treblinka erlebt hat? Das ist weder Theater noch Schauspielkunst. Die dem Wechsel des Filmmagazins geschuldeten Unterbrechungen gestatten es, zwar nicht zu wiederholen, doch auf andere Weise weiterzumachen, eine Frage neu zu stellen, einen Standpunkt zu ändern.

Würden Sie Shoah *heute auf Video drehen? So verschwänden die Beschränkungen der 16mm-Technik und es entstünde ein sehr verschiedenartiger Film.*

Das ist kein auf Video machbarer Film. Auch heute noch würde ich darauf bestehen, ihn auf Filmmaterial zu drehen, mit einer 16mm-Kamera. Ich würde es ablehnen, auf Video zu drehen, vielleicht könnte ich ihn darum überhaupt nicht machen. Vielleicht ist es heute unmöglich geworden, einen Film wie *Shoah* zu machen. Man bräuchte die Klebepresse der traditionellen Montage und die Disziplin, die dies erfordert. Video hat eine Art des Filmemachens zerstört, hat alles zu Lasten der Zeit verräumlicht. Die »technische Zeit«, die Unterbrechungen und die den technischen Zwängen geschuldeten Wartezeiten, hat wahrnehmbare Auswirkungen, die sich im Film bemerkbar machen. In *Shoah*, scheint mir, spürt man die Kraft der Beschränkungen. Baudelaire sagte: »Wenn die Form zwingend ist, sprudelt die Idee umso stärker hervor.« Die Form in *Shoah* ist extrem zwingend.

Haben Sie, als Sie Shoah *machten, an Bilder des Kinos, an andere Filme gedacht?*

Nein. Natürlich kann man sich, wenn man eine Dampflok filmt, immer an *Die Bestie Mensch* von Jean Renoir erinnern, aber tatsächlich ist die Antwort »nein«, in dem Sinne, dass solche Erinnerungen mir zu nichts nützlich waren und keinen Einfluss hatten auf das, was ich tat. Ich bin kein Cinephiler, selbst wenn ich viele Filme gesehen habe, ich arbeite nicht so, dass ich mich auf schon existierende Bilder bezöge, filmische oder andere.

Aus dem Französischen übersetzt von Christoph Hesse. Mit herzlichem Dank an Dominique Lanzmann und Jean-Michel Frodon für die freundliche Genehmigung zum Abdruck der Übersetzung.

Aljoscha Bijlsma

Sonate, que me veux-tu?[1]

I

Ich bin, was da ist
Ich bin alles, was ist, was war, und was sein wird,
kein sterblicher Mensch hat meinen Schleyer aufgehoben
Er ist einzig von ihm selbst, und diesem Einzigen
sind alle Dinge ihr Dasein schuldig

Friedrich Schiller[2]

Wenn die neuere Geschichte des Geistes – und nicht erst sie – die apologetische Sisyphusarbeit war, das Negative des Allgemeinen wegzudenken,[3] ist die Sonate der Anteil der Musik an diesem Großprojekt. Der Begriff Sonate steht nur im engeren Sinn für die Form eines musikalischen Satzes, in einem umfassenderen Sinne kann er als dasjenige Prinzip bestimmt werden, an dem die Komposition von Instrumentalmusik seit ihrem Ausgang aus dem Generalbasszeitalter (Hugo Riemann)[4] ihren immanenten Maßstab

1 Zum Titel siehe den gegen die neue Instrumentalmusik gerichteten Artikel »Sonate« in Jean-Jaques Rousseaus *Dictionnaire de musique* von 1768, der mit den Sätzen schließt: »Um zu erfahren, was uns jener ganze Sonatenplunder sagen soll, mit dem wir überhäuft werden, müßte man verfahren wie jener plumpe Maler, der unter seine verschiedenen Figuren zu schreiben gezwungen war: das ist ein Baum, das ist ein Mensch, das ist ein Pferd etc. Niemals werde ich den Ausbruch des berühmten Fontenelle vergessen, der, der ewigen Instrumentalstücke überdrüssig, in einer Aufwallung von Ungeduld laut ausrief: ›Sonate, was willst Du mir sagen?‹« (Jean-Jaques Rousseau: Dictionnaire de musique. Hildesheim 1969, S. 452. Auf Deutsch: Ders.: Musik und Sprache. Ausgewählte Schriften. Leipzig 1989, S. 318.)

2 Diese Sprüche waren nach Anton Schindler Beethovens Glaubensbekenntnis und befanden sich in Form einer Abschrift eigener Hand stets an seinem Arbeitsplatz. Er entnahm sie vermutlich Schillers *Die Sendung Moses*. Ein Faksimile findet sich online unter www.beethoven.de/de/media/view/6502420154679296/scan/0 (letzter Zugriff: 15. 9. 2020).

3 Siehe Theodor W. Adorno: Negative Dialektik. In: Ders.: Gesammelte Schriften. Hrsg. v. Rolf Tiedemann. Bd. 6. Frankfurt am Main 2003, S. 321.

4 Riemanns Epochenbezeichnung hat sich durchgehalten. Sie stammt aus seinem 1912 in Leipzig erstmals erschienenen *Handbuch der Musikgeschichte* in zwei Bänden und fünf Teilbänden, deren vierter den Titel *Das Generalbasszeitalter. Die Monodie des 17. Jahrhunderts und die Weltherrschaft der Italiener* trägt. Man ahnt schon, wohin die Reise geht, nämlich in »Die Musik des 18. und 19. Jahrhunderts« zu den »großen deutschen Meistern«.

hat, der vor allem mit Beethoven verbunden ist, da sein Œuvre nicht nur objektiv einen qualitativen Maßstab gesetzt hat, hinter den musikalische Komposition nicht zurück konnte, sondern dieser Maßstab von den maßgeblichen nachfolgenden Komponisten auch als solcher empfunden wurde. Von der Höhe der Musik Beethovens, die – wie aus Beethovens ›Glaubensbekenntnis‹ hervorgeht – sich selbst als Absolutes imaginierte, muss daher eine ästhetische Reflexion der Sonate ausgehen; der vorliegende Beitrag versteht sich als Exposition eines solchen Vorhabens.

Kennzeichnend für die neuere Instrumentalmusik ist ein eigenartiges Verhältnis von Form und Inhalt, wobei das Frappierende, das im Titel anklingt und heute nur durch die Gewohnheit überdeckt ist, in der Abwesenheit unmittelbar greifbarer Inhalte besteht. Diese Abwesenheit – der Verdacht des Irrationalismus – motivierte die Ablehnung der Sonate durch Rousseau und andere Aufklärer, die der Musik eine die Sprache ergänzende Funktion vorbehalten wollten. Die Dominanz der Sprache und ihrer Logik motivierte die erste Generation von Verteidigern der Instrumentalmusik zum Sprachvergleich; dass die Musik der Sprache äquivalente diskursive Strukturen aufweisen sollte, wurde ein in Ästhetik und Kompositionslehre des 18. Jahrhunderts omnipräsenter Topos. Was für die Aufklärung ein Übel war, wurde dann für die Romantik zum zentralen Motiv ihrer Musikbegeisterung; die Abwesenheit sprachanaloger diskursiver Strukturen prädestinierte die Musik zum Objekt romantischer Kunstreligion, wie sie im bürgerlichen Konzert bis heute zelebriert wird, zum Statthalter des Unaussprechlichen schlechthin – und nicht zuletzt die von E. T. A. Hoffmann registrierte Sehnsucht ist es, der eine materiale Ästhetik nachzugehen hat, weil die Frage, worauf diese Sehnsucht eigentlich geht, nie wirklich gestellt wurde.

Die Abwesenheit von greifbaren Inhalten ist nicht bloß ein ästhetisches, sondern ein handfest kompositorisches Problem, an dem die Musikgeschichte sich in zwei Lager spaltete: eines, das die ›absolute‹ Instrumentalmusik verteidigte, und eines, das im Anschluss an Beethovens 9. Sinfonie und an Wagners Musikdrama eine neue, programmatische Art der Instrumentalmusik erfand, das die unmittelbar abwesenden Inhalte durch ein gedrucktes Programm illustrieren ließ.[5] Die Programmmusik hat jedoch mit allen Versuchen inhaltlicher Deutung gemein, dass die Vermittlung zwischen dem außermusikalischen Inhalt und dem musikalisch konkret sich Ereignenden nicht geleistet werden kann; man erfährt daher streng genommen aus den elaboriertesten inhaltlichen Interpretationen so wenig über die Musik wie aus dem Programmheft. Gleiches gilt für die zusammen mit der Kunstreligion anzutreffende Gefühlsästhetik, die mit dem

5 Beide Richtungen sind bei Beethoven vorgezeichnet. Die 6. Sinfonie ist eine Programmsinfonie. In der 9. Sinfonie wird der Inhalt der ersten drei Sätze durch den Ausruf des Solo-Baritons vor dem Einsatz der Hymnen-Melodie erklärt: »O Freunde, nicht diese Töne, sondern laßt uns angenehmere anstimmen, und freudvollere.« Bei Wagner wird der Inhalt durch die Leitmotive vermittelt, die irgendwann im Laufe des Dramas mit einem sichtbaren Gegenstand, einer erfahrbaren Handlung auf der Bühne verknüpft worden sind.

quantitativ bedeutendsten Teil der Hörer, dem emotionalen Typus, korreliert. Die spezifischen musikalischen Qualitäten, auf die es ankommt, werden in beiden Fällen nivelliert.

Die Omnipräsenz gefühlsästhetischer Auffassungen war es, die Eduard Hanslick – der berühmteste Parteigänger der absoluten Musik, der selbst kein Komponist war – bekämpfte, wobei er die Wirkung der Musik auf das Gefühl gar nicht in Abrede stellte. Hanslick merkte nur an, dass man über das ästhetische Prinzip der Musik nichts Entscheidendes sagt, wenn man sie allein durch ihre Wirkung auf das Gefühl charakterisiert; ebenso wenig etwa, als man »das Wesen des Weins ergründete, indem man sich betrinkt!«[6] Die berühmte Losung, die Hanslick für das Verhältnis von Form und Inhalt fand – »Der Inhalt der Musik sind tönend bewegte Formen«[7] – verschiebt das Problem allerdings nur auf den Begriff der Form, was durch Hanslicks illustrative Beispiele, die Arabeske und das Kaleidoskop, sogleich deutlich wird.

Übernimmt man von Hanslick so viel, dass Musik aus tönend bewegten Formen bestehe, aus ihnen komponiert sei, trifft man für die traditionelle Musik allerdings einen Nerv, von dem aus man seine Beschäftigung mit ihr aufnehmen kann. Musik besteht demnach aus kleineren und größeren Formen, die in einem bestimmten Verhältnis zueinander stehen. Als Form begriffen, ist die Sonate Gegenstand der musikalischen Formenlehre. Diese teilt sie zunächst in Gattungen: Sonatensatz, Rondo, dreiteilige Formen usw., sodann in Unterkategorien wie Exposition, Durchführung, Reprise im Sonatensatz beziehungsweise Refrain und Couplet im Rondo. Vergessen wird oft, dass die Formenlehre in ihren besseren Ausprägungen auch durchaus für dasjenige, was sich etwa innerhalb einer Exposition abspielt, Begriffe gebildet hat. So erfährt man bei Erwin Ratz tatsächlich etwas über den inneren Zusammenhang der Musik, etwa über den Unterschied von fester und lockerer gefügten Gebilden.[8] Wenn aber auch die Geschichte von dem Konflikt zweier Themen als Inhalt des Sonatensatzes nurmehr in der Schule und der allgemeinen Musiklehre weiterverbreitet wird, ändert doch die elaboriertere Einteilung der Musik in Schemata nichts daran, dass die Formenlehre (oder heute: *Sonata Theory*[9]) die Musik in Schemata klassifiziert. Mit den Schemata, etwa Thema, Überleitung, Seitensatz und Schlussgruppe, verhält es sich aber ähnlich wie mit den tönend bewegten Formen; noch die feingliedrigste Analyse reicht nicht an den Gehalt der Musik heran, ganz abgesehen davon, dass die Einteilung in Schemata einem ästhetischen Formbegriff nicht gerecht werden kann.

6 Eduard Hanslick: Vom Musikalisch-Schönen. Ein Beitrag zur Revision der Ästhetik der Tonkunst. Reprografischer Nachdruck der Erstauflage Leipzig 1854. Darmstadt 1976, S. 7.

7 So in den späteren Auflagen. In der Erstauflage heißt es noch eindeutiger: »Tönend bewegte Formen sind einzig und allein Inhalt und Gegenstand der Musik.« (Ebd. S. 32.)

8 Siehe Erwin Ratz: Einführung in die musikalische Formenlehre. Über Formprinzipien in den Inventionen und Fugen J. S. Bachs und ihre Bedeutung für die Kompositionstechnik Beethovens. Wien 1973, S. 21.

9 Das Standardwerk dieser Disziplin ist das Buch *Elements of Sonata Theory. Norms, Types, and Deformations in the Late-Eighteenth-Century Sonata* von James Hepokoski und Warren Darcy (Oxford 2011).

Anders als Inhalte, also etwa Tanztypen oder in einem weiteren Sinne ideelle Vorstellungen des Komponisten, die zweifellos in die jeweilige Musik eingegangen sind, sind die Formschemata allerdings ein Allgemeines, dessen Kenntnis zu den unabdingbaren Voraussetzungen jeder Interpretation zählt. Die allgemeinste Aussage bezüglich der Sonate ist, dass sie ein formbildendes Prinzip der Tonalität, die Kadenz, nicht nur auf den einzelnen Satz überträgt (das hatten auch die Suitenformen, deren Satzfolge aber in einer Tonart verblieb), sondern auf die Satzfolge; wenn die einzelne Kadenz als Mikrokosmos vorgestellt wird, bildet die Sonate deren Makrokosmos.[10] Die Kadenz besteht aus drei charakteristischen Klauseln, deren Kombination formelhaft eine Zäsur markiert. Der Tonsatz prägt dabei verschiedene, fein abgestufte Möglichkeiten der Kadenzierung aus, die in einem sprachähnlichen Sinne eine Syntax bilden, in der die Kadenzen so etwas wie die Interpunktion darstellen.[11] Das Prinzip der Kadenz bietet formal mannigfaltigste Möglichkeiten und ist äußerst flexibel zu handhaben, etwa auf engstem Raum oder ›dramatisch‹ ausgedehnt über viele Takte. Die Kadenz ist ihrem Wesen nach affirmativ: alles, was sich in ihr vom Grundakkord oder genauer: der Grundtonart entfernt, wird am Ende, mit dem finalen V-I-Schritt (dem sogenannten Abkadenzieren), wieder in den Ausgang zurückgeholt. Wenn Hegel den Ausgangspunkt der Musik als »kadenzierte Interjektion« bezeichnet hat,[12] blieb bei ihm der Begriff der Kadenz unterbestimmt, da sein Abschnitt über die Harmonie selbstverständlich keine handwerksmäßige Harmonielehre enthält. Die hegelisierende Musiktheorie insbesondere von Moritz Hauptmann hat aus der Kadenz dann *das* allgemeine Prinzip machen wollen; die »Vernünftigkeit der musikalischen Gestaltung« hat nach ihr »zu ihrem Formationsgesetz die Einheit mit dem Gegensatze ihrer selbst und der Aufhebung dieses Gegensatzes: – die unmittelbare Einheit, die durch ein Moment der Entzweiung mit sich zu vermittelter Einheit übergeht.«[13] Dies lässt sich auf die einzelne Kadenz anwenden: Die Tonika als unmittelbare Einheit, Prädominante und Dominante als Moment der Entzweiung, abschließende Tonika als durch die Entzweiung vermittelte Einheit. Der einzelne Satz wäre dann die Projektion dieses Vorgangs auf einer höheren Ebene, und

10 Und impliziert in dieser Konstellation schon eine Sinnhaftigkeit, die Adorno, von dem dieses Bild stammt, für die neue Musik grundsätzlich in Frage stellte. (Siehe Theodor W. Adorno; György Ligeti et al.: Internes Arbeitsgespräch (1966). In: Darmstadt-Dokumente I (Musik-Konzepte Sonderband). München 1999, S. 328.)

11 Der Begriff der Kadenz bezieht sich auch auf sogenannte Grundabsätze, also das Erreichen der Tonika ohne kadenzierenden Bass, sowie auf alle Halb- und Trugschlussbildungen. Die schulmäßige Harmonielehre, wie sie im deutschsprachigen Raum immer noch weit verbreitet ist, gibt von den Möglichkeiten musikalischer Formbildung mittels der Harmonik nur ein sehr verzerrtes Bild. Um eine Vorstellung von dem Anteil der klassischen Harmonik an der Sprachähnlichkeit der Musik zu gewinnen, siehe das Buch *Harmonielehre Wiener Klassik. Theorie - Satztechnik - Werkanalyse* (Musiktheorie historisch. Bd. 1. Stuttgart 2002) von Wolfgang Budday, in dem die Harmonik dieser Musik in der Spannung zwischen Generalbass und omnipräsenter Fungibilität der einzelnen Akkordbildungen sehr schön anhand der Musik darstellt wird.

12 Siehe Georg Wilhelm Friedrich Hegel: Vorlesungen über die Ästhetik III. In: Ders.: Werke in 20 Bänden. Hrsg. v. Karl Markus Michel; Eva Moldenhauer. Bd. 15. Frankfurt am Main 1970, S. 151.

13 Moritz Hauptmann: Die Natur der Harmonik und der Metrik. Zur Theorie der Musik. Leipzig 1853, S. 8 f.

die Satzfolge, bei der die Mittelsätze ja andere Tonarten ausprägen und das Finale somit als auskomponierte Tonika zu begreifen ist, wäre der gleiche Vorgang nochmals, wenn man so will, auf erweiterter Stufenleiter.

Die Kadenz ist in sich dialektisch, der Fehler bestand nur darin, Dialektik zum allgemeinen Prinzip erheben zu wollen, in der das musikalisch Konkrete ausnahmslos aufgehen sollte. Charakteristisch für alle Versuche, die Musik restlos aus der Kadenz abzuleiten, ist die Verdrängung der harmonischen Sequenz, die aus ihrem omnipräsenten Status in der Generalbassmusik zurückgedrängt wird, aber insbesondere in der Sonatendurchführung, aber auch sonst als Prolongations- und Modulationsmittel, weiterhin große Wichtigkeit hat. Diesen Vorbehalt vorausgeschickt, kann die Sonate als Übertragung des Kadenzprinzips auf den ganzen musikalischen Satz, sodann auf den Satzzyklus bezeichnet werden, den eine Symphonie, eine Sonate für diverse Besetzungen oder ein Streichquartett usw. bildet.

Diese Übertragung koinzidiert allerdings mit anderen kompositionstechnischen Entwicklungen, ohne die die neuartige Musik nicht denkbar ist. Die vielleicht wichtigste ist die klare Distinktion zwischen musikalischem Vorder- und Hintergrund, die es erlaubt, einen neuen Typus von Themen auszubilden: kurze, einprägsame melodische Gebilde aus charakteristischen Motiven, die oft aus einfachsten Grundbausteinen der Tonalität, Dreiklangsbrechungen und Sekundschritten, gebildet sind und so dem aufklärerischen Ideal der Natürlichkeit genügen, das sich an der einfachen Melodie orientierte und daher alles Künstliche, etwa den verzopften Kontrapunkt, bekämpfte. Diese einfachen Themen werden zunehmend von Figuren begleitet, die die vertikale harmonische Struktur des Generalbasses in die Horizontale ausklappen und so – etwa mittels der omnipräsenten Albertibässe – harmonische Flächen ausbilden, die gegeneinander kontrastieren und so die als Vordergrund erscheinenden Themen tragen. Der Wechsel dieser harmonischen Flächen wird bewusst gesteuert; mit der neuen Themenbildung geht insgesamt eine Verlangsamung des harmonischen Rhythmus einher, was aber der Harmonik als musikalischer Dimension zu einem neuen Gewicht verhilft. Die Distinktion zwischen Vorder- und Hintergrund, die »Zerstörung der Linearität in der Musik«,[14] ist die Voraussetzung für Kompositionstechniken, die mit den Begriffen thematischer Arbeit und entwickelnder Variation verbunden sind.[15] Ein

14 Charles Rosen: Der klassische Stil. Haydn, Mozart, Beethoven. Übersetzt v. Traute M. Marshall. Kassel; Basel et al. 2017, S. 28.

15 Der Begriff der thematischen Arbeit geht auf Johann Christian Lobe zurück und ist von kaum zu überschätzender Bedeutung sowohl für die bürgerliche als auch die marxistisch geprägte Musiktheorie. Die thematische Arbeit bildet für viele einer formalistischen Musikauffassung zuneigende Hörer geradezu den Inhalt der Musik. Zu vermuten ist, dass das Konzept deshalb so populär werden konnte, weil nur ein recht geringer Grad musikalischer Bildung notwendig ist, um thematische Transformationsprozesse auf der motivischen Ebene wahrzunehmen, also abgelöst von den harmonischen Prozessen. Als Stil der entwickelnden Variation bezeichnet Arnold Schönberg den Wiener Klassizismus. (Siehe Arnold Schönberg: New Music, Outmoded Music, Style and Idea. In: Style and Idea. New York 1950, S. 39.) Schönberg verwahrte sich zurecht gegen die banausische Vorstellung, Komposition bestehe aus thematischer Ar-

weiteres wichtiges Merkmal ist ein neues Bewusstsein für Intensitätsabstufungen der generalbassmäßigen Terrassendynamik gegenüber, das zur Kontrastierung verschiedener Motive, Themen oder auch Formteile dient, aber auch der ausdrucksmäßigen Differenzierung sowie, durch die Differenzierung hindurch, der Bildung von großformal ausbalancierten Symmetrieverhältnissen. Mit der gegenüber den maschinenmäßig starren, unbeweglichen Formen des Generalbasszeitalters[16] neuen Dynamik geht die Entwicklung neuer Instrumente einher – etwa die Ablösung des Cembalos durch das Pianoforte – die eine viel direktere Gestaltung sowohl der melodischen Linien als auch des Verhältnisses von Vorder- und Hintergrund ermöglichen.

II

Selig, wer ohne Sinne
Schwebt, wie ein Geist auf dem Wasser
Selbst sich nur wissend und dichtend,
schafft er die Welt, die er selbst ist.

Clemens Brentano[17]

Diese kompositionstechnischen Errungenschaften terminieren in der Sonatenform, die in der Suite und in der Da-capo-Arie ihre Vorläufer hat. Sie bringt das omnipräsente Äquivalenzprinzip, wie es sich mit der bürgerlichen Gesellschaft gegenüber unmittelbaren Machtverhältnissen des Feudalismus durchsetzt, in der Musik zum Durchbruch. So wie die einzelnen Dinge nurmehr als Waren, das heißt nach dem Gesichtspunkt ihrer Verwertbarkeit produziert werden, gilt das Individuum in ihr nicht seiner Qualität

beit und setzte dieser Vorstellung im Zusammenhang mit seinem Konzept des »musikalischen Gedankens« entgegen, dass alles, »was an motivischer Entwicklung, an Variation, Durchführung, thematischer Arbeit innerhalb eines Stückes geschieht, ... nicht nur unter Teilnahme und Mitwirkung der Harmonie« geschehe, »sondern geradezu in Folge ihrer Funktion.« (Arnold Schönberg: Der musikalische Gedanke. Hrsg. v. Hartmut Krones. In: Ders.: Sämtliche Schriften. Kritische Gesamtausgabe II/6. Wien 2018, S. 100.) Zu den verschiedenen auch ideologischen Aspekten des Begriffs siehe Stefan Keym (Hg.): Motivisch-thematische Arbeit als Inbegriff der Musik? Zur Geschichte und Problematik eines ›deutschen‹ Musikdiskurses. Studien zur Geschichte der Musiktheorie. Bd. 12. Hildesheim 2015.

16 Die neuere Musiktheorie hat die Vorstellung, beim Generalbass handle es sich um eine bloße Abfolge vertikaler Akkorde, weitestgehend destruiert und stattdessen gezeigt, dass die Kunst des Akkompagnements daraus besteht, aus dem bezifferten oder auch unbezifferten Bass kontrapunktische Modelle zu extrapolieren. Demnach ist auch der Generalbass eine Einheit von vertikaler und horizontaler Struktur. Die wesentlichen Modelle dafür hat Robert O. Gjerdingen in seinem Buch *Music in the Galant Style* (Oxford 2007) aufgezeigt. Durch seinen Vergleich einer Abfolge kontrapunktischer Schemata mit der Choreographie eines Eiskunstläufers wird allerdings unmittelbar evident, dass diese Schemata in sich kunstvolle Gebilde sind, die aber nur einen sehr losen inneren Zusammenhang ausbilden. Vom Standpunkt der Sonate erscheinen sie trotz aller kontrapunktischen Künste als starre Gebilde. (Siehe ebd. S. 7.)

17 Clemens Brentano: Nachklang Beethovenscher Musik. Von Theodor W. Adorno kompiliert und als Motto zu einem Kapitel seines projektierten Beethoven-Buchs vorgeschlagen. (Siehe Theodor W. Adorno: Beethoven. Philosophie der Musik. Fragmente und Texte. In: Ders.: Nachgelassene Schriften. Hrsg. v. Rolf Tiedemann. Abt. I, Bd. 1. Frankfurt am Main 1993, S. 31.)

nach, sondern bloß der Quantität der aus ihm herauszupressenden Arbeitskraft oder des von ihm generierten Umsatzes, also der Quantität der von ihm getätigten Käufe und Verkäufe. Auf den Begriff gebracht bedeutet Gesellschaft, die sich durch das Kapital vermittelt, Nivellierung alles Qualitativen und also universelle Fungibilität. In der Musik kommt Fungibilität durch die omnipräsente Periodizität des Tonsatzes zum Ausdruck, was insbesondere an schlechterer Musik studiert werden kann, etwa an der unermesslichen Popularmusik des 19. Jahrhunderts, die es, anders als die Kunstmusik, nicht für nötig erachtet, die omnipräsenten Perioden zu verschleiern. Äquivalenz herrscht aber nicht nur im Verhältnis zwischen den Vorder- und Nachsätzen, sondern die gesamte harmonische Dimension ist auf Ausgleich aus sowie auch der thematische Prozess. Wie solcher Ausgleich sich musikalisch konkret gestaltet, wird am Sonatensatz deutlich, dessen Schema Arnold Schönberg, der so klar wie sonst kaum ein anderer über kompositorische Belange geschrieben hat, folgendermaßen formalisiert:[18]

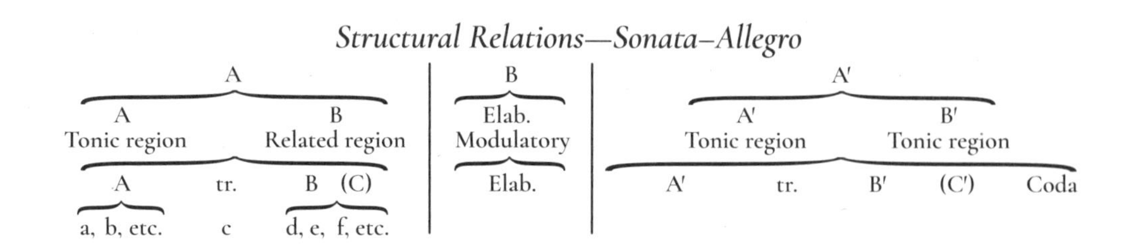

Schönbergs Schema[19] räumt von Vornherein mit vielen Missverständnissen rund um den Sonatensatz auf. Es gliedert den Zeitverlauf in der obersten Zeile in die gängige dreiteilige Form: Exposition (A), Durchführung oder, wie Schönberg sie nennt, Ausarbeitung (elaboration) (B) und Reprise (A'). Die zweite Zeile differenziert diese übergeordneten Formteile nach der harmonischen Entwicklung: Die Exposition besteht harmonisch aus einer tonikalen Region und einer zu dieser Tonika relativen.[20] Die Durchführung ist

18 Die angloamerikanische Musiktheorie gründet sich auf die Werke der beiden Exilanten Heinrich Schenker und Arnold Schönberg. Was die angloamerikanische Theorie von diesen beiden vom Nationalsozialismus verfolgten und vertriebenen Juden direkt übernehmen konnte, fand seinen Weg in deutschsprachiges Territorium erst sehr spät, wenn überhaupt, sodass sich ein neueres deutschsprachiges Standardbuch zum Thema (Thomas Schmidt-Beste: Die Sonate. Geschichte – Formen – Ästhetik. Bärenreiter Studienbücher Musik. Bd. 5, Kassel; Basel et al. 2006) vor allem damit beschäftigt, die Erkenntnisse aus Amerika zu referieren.

19 Das Schema stammt aus Arnold Schönberg: Fundamentals of musical composition. Hrsg. v. Gerald Strang. London; Boston 1967, S. 201.

20 Diese Differenzierung ist so allgemein zu halten. Es gibt zwar die Tendenz von Dur-Sätzen, in die Dominanttonart zu modulieren sowie diejenige von Moll-Sätzen, in die Tonart der III. Stufe zu modulieren. Durch die allgemeine Bezeichnung der Zieltonart als zur Tonika relativ wird aber verhindert, jede Ausnahme von diesen Regeln – etwa Beethovens Tendenz zur III. Stufe in Dur – als Abweichung benennen zu müssen.

modulatorisch angelegt. Die Reprise versetzt den Teil B, der in der Exposition in der zur Tonika relativen Tonart stand, in die Tonika. Die dritte Zeile macht deutlich, dass zwischen den beiden harmonischen Regionen eine Vermittlung, ein Übergang [tr. für »transition«] stattfinden muss, der Teil (C) bezeichnet den letzten Teil der Exposition, der innerhalb der zur Tonika relativen Region oftmals noch neue Thematik ausprägt (die sogenannte Schlussgruppe). Nach der Reprise kann die Ausgangstonart nochmals durch eine Coda bekräftigt werden. Die unterste Zeile schließlich benennt die Themen oder Motive, die von dieser dem thematischen Verlauf stets übergeordneten harmonischen Disposition getragen werden. Die Anzahl dieser Themen und Motive hängt dabei vom konkret Komponierten ab; es gibt Sätze von Haydn, die mit einem einzigen Motiv haushalten, andere von Mozart, die eine überbordende Fülle von Gestalten ausbreiten.[21] Wichtig ist, dass die Chiffren für Themen und Motive nur in der Exposition angeführt werden. Welche nämlich in der Durchführung entwickelt werden, hängt ebenso vom konkret Komponierten ab wie die Frage, ob die Reprise mit a, b, c oder mit d einsetzt; spätestens mit d muss sie aber einsetzen, weil es sich hier um Material handelt, das in der Exposition nicht in der Tonika steht. Die »transition« ist mit einem eigenen Motiv c bedacht, dieses Motiv c muss aber nichts Neues vorstellen, sondern kann aus Motiven von a und b gebildet sein. In der Reprise besteht die Möglichkeit, die Überleitung neu zu gestalten, da sie hier ihre Funktion der harmonischen Überleitung verloren hat, andererseits aber die einzige Region darstellt, die innerhalb der Reprise von der Tonika sich entfernt. Daher wird sie oft auch als »retransition« bezeichnet.[22]

An dem Schema, dessen Qualität sich an seiner zwanglosen Beziehbarkeit auf die musikalischen Sätze erweist, zeigt sich, dass die harmonische Konfiguration, nämlich eine auf die gesamte Form projizierte große Kadenz auszubilden, den Primat gegen die komponierten Einzelgestalten behauptet. Wesentlich ist, dass dasjenige, was abweicht (oben die Ausweichung innerhalb der einfachen Kadenz) in der Reprise in die Grundtonart transponiert wird. Charles Rosen hat für dieses Grundphänomen den Begriff der *large scale dissonance*[23] geprägt: Während die Exposition durch die Opposition der beiden Tonarten geprägt ist, kennzeichnet die Reprise die Beseitigung dieser Polarität. Wie

21 Wenn Adorno, wie in seinem Mahler-Buch, von einem »überlieferten Themendualismus« spricht (Theodor W. Adorno: Mahler. Eine musikalische Physiognomik. In: Ders.: Gesammelte Schriften. Hrsg. v. Rolf Tiedemann. Bd. 13. Frankfurt am Main 2003, S. 154), ist dies für die Musik des 18. Jahrhunderts natürlich falsch. Allerdings kann man kompositionsgeschichtlich beobachten, dass der Themendualismus, von Adolph Bernhard Marx in seiner wirkmächtigen, von Beethovens Werk abgezogenen Kompositionslehre (Leipzig ab 1837) entwickelt, aus dieser Kompositionslehre eines Dilettanten tatsächlich in die Kompositionen einwandert und sich die Theorie so mit der Praxis vermittelt.

22 Es gibt eigentlich nur einen Fall, der durch dieses Schema nicht abgedeckt wird: gelegentlich wird die Reprise in der Tonart der IV. Stufe begonnen; die Überleitung braucht dann theoretisch nicht neu komponiert werden, weil IV – I das Spiegelbild von I – V ist, die Überleitung also in beiden Fällen eine Quinte aufwärts führen muss (in der Wirklichkeit sind auch solche Überleitungen oftmals neu komponiert). Was in dem Schema außerdem fehlt, ist der optionale Formteil der (langsamen) Einleitung, die man mit dem Vermerk ›modulatory‹ noch ergänzen könnte.

23 Siehe Charles Rosen: Sonata Forms. New York; London 1988, S. 229.

in der Kadenz schon das Wiedererreichen der Tonika als vermittelte Einheit die Crux bildete, die sich kompositorisch an den vielen Möglichkeiten von Trugfortschreitungen zeigen lässt, besteht im Problem der Reprise die »Crux der Sonatenform«.[24]

Ein derart gefasster Begriff von Reprise ist zunächst zu scheiden von dem allgemeinen Begriff der Wiederholung. Musik, die auf irgendeine Art und Weise intelligibel sein, also nicht aus bloßen Geräuschen oder Klangklumpen bestehen soll,[25] ist auf Wiederholung angewiesen, weil jede Art von Entwicklung, jede Art von Dynamik auf ein Festes, ein Statisches verwiesen ist, von dem sie sich scheidet. Adorno hat die Musik der freien Atonalität, die für ihn wohl den höchsten in dieser Gesellschaft jemals erreichten Stand des Bewusstseins von Freiheit verkörperte, stets noch als bestimmte Negation dieses Wiederholungszwangs begriffen. Wiederholung ist konstitutiv für Musik als intelligible und verweist so auf einen inneren Widerspruch der Komplexion von Musik, denn je höher diese entwickelt ist, desto empfindlicher wird sie gegen die einfache Wiederholung. Die Gliederung eines einfachen Liedes oder Popsongs in Strophe (beziehungsweise Couplet) und Refrain heißt nichts anderes, als dass es identische oder verschiedene Reprisen gibt. Je nach Niveau der Musik reagiert die Form auf die verschiedenartige Stellung des einzelnen Refrains im Zeitverlauf der Komposition; außerdem wird oft viel Mühe auf die Übergänge hin zu den Reprisen verwendet, die diese dann wie eine Art Pointe erscheinen lassen.[26] Gemeinsam ist den Reprisen im allgemeinsten Sinne das Moment der Rückkehr zu bereits Bekanntem, der Charakter der Bestätigung, während die Exposition entwirft, die Durchführung anknüpft, weiterführt und entwickelt. Es muss noch erwähnt werden, dass auch die übliche Expositionswiederholung nach dem Doppelstrich (also im Schema Teil A) als (erste) Reprise bezeichnet werden kann, ebenso wie die lange gebräuchliche Wiederholung von Durchführung und Reprise (B und A') als zweite Reprise. Diese Form (die heute von den Ausführenden meistens ignoriert wird) ist im Verlauf der Kompositionsgeschichte immer seltener anzutreffen, aber zum Beispiel noch in einem so elaborierten Stück wie dem Kopfsatz von Beethovens zweitem Rasumovski-Quartett anzutreffen (e-Moll, op. 59,2).[27] Außerdem muss noch unterschieden werden zwischen dem Ereignis des Wiedereintritts der Haupttonart, dem Reprisen*eintritt*, der dazu tendiert, inszeniert und groß angekündigt zu werden,

24 Adorno: Mahler (wie Anm. 21), S. 241.

25 Dies soll keineswegs heißen, dass aus Geräuschen oder Klangklumpen keine intelligible Musik komponiert werden könne. Die Frage ist, wie diese in das musikalische Material integriert werden, oder allgemeiner: wie aus ihnen überhaupt »geistfähiges Material« (Eduard Hanslick) gemacht wird.

26 Dafür gibt es großartige Beispiele beim frühen Beethoven, etwa das Finale der Klaviersonate op. 2, Nr. 3 oder jenes der Violinsonate op. 12, Nr. 1.

27 Diese Eigenart bringt allerdings das Problem mit sich, dass die Wiederholung nach der kräftigen Schlusskadenz in der Grundtonart einsetzt und daher oft sehr vermittlungslos, unbegründet klingt, was wohl die Ursache dafür ist, dass viele Interpreten diese Wiederholungen öfter noch als die Expositionswiederholung weglassen. Beethoven reagiert auf das Problem, indem er den Doppelstrich vor der Coda setzt und so eine flüssige Rückleitung in die Wiederholung der Durchführung komponieren kann. Der Kopfsatz von Mozarts Klaviersonate in a-Moll (KV 310) hingegen ist ein Beispiel für eine vermittlungslose Wiederholung.

und der Reprise als Formteil. Da sich die Sonatenform im Sinne eines Schemas recht bald etabliert hatte und der Hörer also mit dem Repriseneintritt rechnen durfte, fanden die Komponisten Mittel und Wege, den Eintritt des mit Notwendigkeit einsetzenden Formteils überraschender zu gestalten: die *fausse reprise* setzt in der richtigen Tonart ein, aber zu früh; die Scheinreprise setzt zu einem möglichen Zeitpunkt ein, aber in der falschen Tonart, bei einer verschleierten Reprise merkt der Hörer gar nicht, wie die Musik in die Reprise hinübergleitet.[28] Die verschiedenartigen Kunstgriffe, die auf Individualität aus sind und originell sein sollen, lassen sich schwerlich unter eine einheitliche Terminologie subsumieren. Dass es sie gibt, zeugt von einem Problembewusstsein der Komponisten, dafür also, dass in ein dynamisch Werdendes mit der Reprise ein bei aller Kunstfertigkeit doch statisch Gleiches hineinragt.[29]

Wenn im Sinne des zitierten Schemas verschiedene melodische Sätze aneinandergereiht werden, die dem Modulationsplan entsprechen, hat man einen Sonatensatz komponiert. Allerdings ist dieser wahrscheinlich von sehr schlechter Qualität, und Haydn, Mozart und Beethoven wären nicht sie selbst, wenn sie sich bloß an dieses Schema gehalten hätten. Melodische Einzelgestalten, die durch ihre Anordnung in der Abfolge der Tonarten in ein sonatenspezifisches Verhältnis gebracht sind, beschreibt etwa die zeitgenössische Kompositionslehre von Heinrich Christoph Koch, dessen *Versuch einer Anleitung zur Composition* 1782–93 in drei Bänden erschien (Rudolstadt und Leipzig), aber zu seiner Zeit schon entschieden eklektizistischen Charakter hatte, was wohl auch daran liegt, dass Koch kein Komponist, sondern Theoretiker war, der sich Kompositionstechnik nur autodidaktisch aneignete. Die Form eines Satzes besteht nach Koch aus der Aneinanderreihung einzelner melodischer Sätze. Diese melodischen Sätze können verschiedene thematische Profile ausprägen, oder auch sehr minimalistisch mit wenigen oder gar nur einem Motiv haushalten; die Hauptsache ist, dass der harmonische Verlauf des musikalischen Satzes in der oben skizzierten Weise abläuft und derjenige Teil der Exposition, der nicht in der Grundtonart steht, in der Reprise in diese Tonart transponiert wird. Das Allgemeine, der Verlauf der Tonarten, hat also hier eine deutliche Präponderanz gegenüber dem Besonderen, welches ich als das konkret Komponierte bezeichnen möchte. Wie weit diese Präponderanz ging, wird aus einer Anekdote deutlich: Beethovens Klaviersonaten op. 31 wurden ursprünglich von dem Züricher Verleger Hans Georg Nägeli gedruckt, der den überraschenden Schluss des ersten Satzes der Klaviersonate in G-Dur (op. 31, Nr. 1) für einen Fehler hielt und daher eigen-

28 Und als Sonderfall die Reprise, die in der ›falschen‹ Tonart beginnt (siehe Anm. 22). Anhand von Beispielen ließe sich diese Liste noch verlängern. Ein erster Versuch einer Systematisierung findet sich, wie so vieles, bei Hugo Leichentritt (Musikalische Formenlehre. Leipzig 1948, S. 155 ff.).

29 Siehe Theodor W. Adorno: Einleitung in die Musiksoziologie. Zwölf theoretische Vorlesungen. In: Ders.: Gesammelte Schriften. Hrsg. v. Rolf Tiedemann. Bd. 14. Frankfurt am Main 2003, S. 417.

mächtig vier Takte ergänzte, die den Charakter der ganzen Komposition in ein viel gefälligeres Licht zu setzen unternahmen. Ferdinand Ries, der dem Komponisten das Werk erstmals aus der neuen Partitur vorspielte, berichtet von einem Wutausbruch Beethovens, als dieser hörend von der Anmaßung des Verlegers Kenntnis nahm.[30] Während Nägeli es als selbstverständlich erachtete, Beethovens – nach dem damaligen Stand musikalischer Syntax – syntaktische ›Fehler‹ zu korrigieren, empfand Beethoven die Selbstverständlichkeit als ausgemachte Frechheit. Die Anekdote zeigt, dass das Besondere, konkret komponierte des einzelnen Werkes gegenüber dem Allgemeinen, hier einer bestimmten Vorstellung von Periodizität des musikalischen Verlaufs, sich geltend macht.

Beethoven war aber nicht nur um eine Individualisierung der syntaktischen Struktur, sondern auch die der anderen musikalischen Dimensionen bemüht und sprach von einem »neuen Weg«, den er mit seinen Kompositionen etwa ab jenen drei Klaviersonaten eingeschlagen habe.[31] Dieser neue Weg bezeichnet nichts Anderes als den Eintritt der Musik in ihre selbstkritische Phase; es ist dieser Eintritt, der die Geschichte der Musik jener der Philosophie so nahe rückt. Dies bedeutet musikalisch, dass die Kategorien und ihr Verhältnis zueinander nicht einfach mehr vorausgesetzt, sondern auf ihren Gehalt, ihren Sinn befragt werden[32] – wenn man so will, eine kopernikanische Wende in der Kompositionsgeschichte.

Wenn Aufklärung der Ausgang der Menschheit aus ihrer selbstverschuldeten Unmöglichkeit gewesen wäre – die reale Geschichte hat gezeigt, dass die Menschheit nicht aus der Unmündigkeit entkommen ist, sondern Unmündigkeit gegenüber dem Allgemeinen eine ganz neue Qualität angenommen hat – hätte diesem Prozess eine Musik entsprochen, die Gegebenes nicht einfach hinnimmt und reproduziert, sondern die durch eine Reflexion auf ihr Formelwesen und ihre Formen zu einer neuen Musik geworden wäre. Beethovens neuer Weg hatte genau diesen Anspruch. Zu zeigen ist nun, dass nicht nur die Aufklärung den harmonischen Ausgleich zwischen Besonderem und Allgemeinem verfehlte, sondern dass die Musik Beethovens an ihren höchsten Erhebungen genau jene Antinomie zwischen Aufklärung und Perpetuierung des Mythos, den Adorno als die »Katastrophe in Permanenz« fasst, reflektiert und reproduziert.[33]

30 Siehe Lewis Lockwood: Beethoven. Seine Musik, sein Leben. Übersetzt v. Sven Hiemke. Kassel; Stuttgart et al. 2009, S 105 f. Die Original-Partitur der Erstausgabe findet sich unter www.beethoven.de/de/media/view/5592828658843648/scan/10 (letzter Zugriff 15. 9. 2020).

31 Die Überlieferung stammt von Beethovens Schüler Carl Czerny, der selbst Klaviervirtuose war. Daher ist die Überlieferung wahrscheinlich tendenziös, und man hat gute Gründe, die Streichquartette op. 18 dem »neuen Weg« zuzurechnen.

32 Aufklärung findet neben der Kompositionsgeschichte natürlich auch in der Musiktheorie statt: Jean-Philippe Rameaus *Traité de l'harmonie* (Paris 1722) kann als Aufklärung im besten Sinne verstanden werden, da er die alten Generalbassschulen, in denen nur gezeigt wurde, wie man etwas macht, durch einen Versuch ersetzt, die Ursachen für dieses Tun zu erklären.

33 Theodor W. Adorno: Wagners Aktualität. In: Ders.: Gesammelte Schriften. Hrsg. v. Rolf Tiedemann. Bd. 16. Frankfurt am Main 2003, S. 561.

III

Da bin ich wieder! Das ist meine Hütte!
Ich stehe wieder auf dem Meinigen!
Friedrich Schiller[34]

Der Formteil der Sonate, der von musikalischen Analysen gemeinhin am wenigsten beachtet wird, ist gerade derjenige, den Beethoven mit der Ausnahmc einiger Spätwerke unangetastet ließ: Die Reprise wird bei ihm kaum jemals in Frage gestellt.[35] Sie bleibt als statisches formales Residuum bestehen, worauf Beethoven reagiert, indem er die Coda zur zweiten Durchführung ausbaut, was aber am statischen Charakter der Reprise nichts ändert, beziehungsweise deren affirmativen Charakter sogar noch übertrumpft. Diesen Sachverhalt kann man nur ignorieren, wenn man den Eintritt der Musik in ihre selbstkritische Phase nicht zur Kenntnis genommen hat. Nimmt man die Selbstkritik aber ernst, muss doch erstaunen, dass die gesamte Instrumentalmusik, soweit sie der harmonischen Tonalität verpflichtet ist, sich immer zum Kreis schließt und fast nirgends ins Offene führt.

Dieser Befund wird von Adorno einer scheinbar widersprüchlichen Kritik unterzogen: Einerseits kritisiert er die Reprise, die »gestisch dekorativ über das musikalisch Geschehende hinausschießt«, als Beethovens erzwungenen »Tribut ans ideologische Wesen, dessen Bann noch die oberste Musik verfällt, die je Freiheit unter der fortdauernden Unfreiheit meinte.«[36] Auch innermusikalisch haftet der Reprise etwas »Enttäuschendes« an,[37] da sie hinter der Spannung, der »inneren Historizität« der Sätze und dem Moment ihres Eintritts, auf den diese oft hinkomponiert sind, zurückbleibt: »während sie in sich die Spannung der Exposition wiederholt, ist ihr Verhältnis zu dieser insgesamt statisch; sie zeigt in sich kaum die Spuren der Entwicklung, auf die sie folgt, nicht einmal als deren Sänftigung.«[38] Andererseits aber bewertet Adorno die Reprise, wie Richard

34 Friedrich Schiller: Wilhelm Tell. 5. Aufzug, 2. Szene. – Auf dem Meinigen stehen, nach Möglichkeit selbst erarbeitet – dies bezeichnet Adorno an einer Stelle als »bürgerlichen Kernspruch«. Dieser Spruch wird von Wilhelm Tell, dem abscheulichen »Urbild einer knorrigen Persönlichkeit« verkündet, also von jemandem, der durch die Beschränktheit seiner Reproduktion und durch die Notwendigkeit, für diese sein Leben lang schuften zu müssen sich auszeichnet, bei gleichzeitiger Affirmation dieses Sachverhalts. (Siehe Theodor W. Adorno: Kants »Kritik der reinen Vernunft« (1959). In: Ders.: Nachgelassene Schriften. Hrsg. v. Rolf Tiedemann. Abt. IV, Bd. 4. Frankfurt am Main 1995, S. 167 sowie Theodor W. Adorno: Freizeit. In: Ders.: Gesammelte Schriften. Hrsg. v. Rolf Tiedemann. Bd. 10.2. Frankfurt am Main 2003, S. 652.)

35 Auf das Spätwerk trifft diese Aussage nicht zu. Insbesondere in den letzten Streichquartetten stellen sich die Fragen der Form und des Verhältnisses zur Tonalität und Kadenz auf andere Weise als in den großen Werken, die dem ›neuen Weg‹ verpflichtet sind.

36 Adorno: Einleitung in die Musiksoziologie (wie Anm. 29), S. 412.

37 Adorno: Wagners Aktualität (wie Anm. 33), S. 561.

38 Theodor W. Adorno: Der getreue Korrepetitor. Anweisungen zum Hören neuer Musik. In: Ders.: Gesammelte Schriften. Hrsg. v. Rolf Tiedemann. Bd. 15. Frankfurt am Main 2003. S. 198. – Es lassen sich viele Beispiele anführen, in denen die Musik auf das Geschehene dadurch reflektiert, dass innerhalb der thematischen Gestalten kleine Variationen angebracht werden, die aber die Entwicklung der Musik nicht nachhaltig beeinflussen. Zu zeigen wäre allerdings, etwa anhand des Trauermarsches der *Eroica*, was möglich ist.

Klein anmerkt, »durchaus zustimmend«[39]: Die Reprise ist, wie es in den Beethoven-Fragmenten heißt, »das zu sich selbst Zurückkehren, die Versöhnung«[40]; »Beethoven hat aus der Reprise die Identität des Nichtidentischen gemacht.«[41] Allerdings vergisst man an solchen Stellen gerne, dass »Positivität« und »Identität« für Adorno durchaus negative Begriffe sind und tut so, als habe man es mit einem Hegelianer und nicht mit dem Autor der *Negativen Dialektik* zu tun.

Im Sinne immanenter Kritik, die die Brüchigkeit kanonischer Gebilde in ihren Wahrheitsgehalt hinein verfolgt, der wiederum ein negativer ist,[42] lässt sich zeigen, dass man das von Adorno-Kritikern gerne so bezeichnete »methodologische Credo«[43] seiner Musikphilosophie gar nicht teilen muss, um die Widersprüche aufzuzeigen, die jene Versöhnung kennzeichnen. Das musikalische Material selbst trieb die Komponisten, allen voran Beethoven, zur Komposition einer Musik, die sich mit der Aneinanderreihung melodischer Sätze nicht mehr begnügte, sondern aus dem Sachverhalt, dass auf dem Papier Identisches – also etwa ein Thema der Exposition, das in der Reprise wiederholt wird – durch den Zeitverlauf ein Nichtidentisches wird, die musikalischen Konsequenzen zog. Dies betrifft den klassischen Stil insgesamt, wurde aber von Beethoven bewusst registriert und radikalisiert.

Das Besondere, die motivisch-thematischen Einzelgestalten, macht sich aber nicht nur gegenüber dem Allgemeinen, dem Formschema geltend, sondern tritt in ein neuartiges Verhältnis zu diesem. Der Tonsatz besteht nicht mehr aus einer Aneinanderreihung von melodischen Sätzen, sondern die einzelnen Elemente des Tonsatzes werden in jeweils werkspezifischer Art so komponiert, dass kein Einzelnes für sich existiert. Es gibt also kein Thema im herkömmlichen Sinne mehr, sondern die Bestandteile werden so entwickelt und derart aufeinander bezogen, dass keines für sich »ist«, sondern die einzelnen Teile, schließlich aber die ganze Komposition als ein Werden begriffen werden müssen, sodass das Einzelne erst durch den Gesamtprozess seinen Sinn, seine Funktion erhält.[44] Dieser Sinn aber lässt sich nicht mit Händen greifen, sondern er verweist zurück auf die musikalische Entwicklung.

39 Richard Klein: Die Gesellschaft im Werk und das Problem der Zeit. Nervenpunkte in Adornos Beethovenkritik. In: Ders. (Hg.): Gesellschaft im Werk. Musikphilosophie nach Adorno. Freiburg; München 2015, S. 44.

40 Adorno: Beethoven (wie Anm. 17), S. 33, Fr. 27.

41 Ebd. S. 40, Fr. 33.

42 Siehe Theodor W. Adorno: Ästhetische Theorie. In: Ders.: Gesammelte Werke. Hrsg. v. Rolf Tiedemann. Bd. 7. Frankfurt am Main 2003, S. 444.

43 Hans-Joachim Hinrichsen: Modellfall der Philosophie der Musik: Beethoven. In: Richard Klein et al. (Hg.): Adorno-Handbuch. Leben – Werk – Wirkung. Berlin 2019, S. 104. – Das »Credo« lautet: »Die zentralen Kategorien der künstlerischen Konstruktion sind übersetzbar in gesellschaftliche«. (Adorno: Einleitung in die Musiksoziologie (wie Anm. 30) S. 411.

44 Die nähere analytische Ausführung solcher Sachverhalte ist der Durchführung dieser Arbeit vorbehalten, man kann sich aber zur Vergegenwärtigung etwa den ersten Satz der *Eroica* anhören: Am Anfang steht (nach den berüchtigten Akkordschlägen, die schon die ganze Gewalt des Orchesters gegenüber der Anfangsgestalt zum Ausdruck bringen, die in der Durchführung dann kulminieren wird) kein Thema, sondern eine Dreiklangsbrechung, die, nachdem sie den Grundton wieder erreicht hat, sekundweise zum cis abgleitet (Takt 7), auf dem die musikalische Bewegung dann durch jene merkwürdigen Synkopen ins Stocken gerät. In der Repri-

Es ist unschwer zu erkennen, dass diese allgemeine Beschreibung sich ebenso gut auf ein klassisches Drama,[45] aber auch auf Hegels Dialektik applizieren ließe; die »Musik Beethovens ist immanent wie die Philosophie Hegels, sich selbst hervorbringend«;[46] mit »nicht geringerer Stringenz wäre an Beethoven die Paradoxie eines tour de force darzustellen: daß aus nichts etwas wird, die ästhetisch-leibhaftige Probe auf die ersten Schritte der Hegelschen Logik.«[47] Beethoven komponierte so, wie Hegel dachte, weshalb man Hegel so lesen muss, wie man alle höher organisierte Musik zu hören hätte, nämlich »mehrdimensional, von vorwärts zugleich und rückwärts«.[48] Übrigens trifft die Kritik der Reprise auch Hegel, da der Leser der *Phänomenologie des Geistes* etwa, so sehr er sich auch im rückwärts lesen üben mag, im Schlusskapitel »Das absolute Wissen« kaum viel anderes zu erblicken hat, »denn eine Art Rekapitulation des vorhergehenden Buches; der Inbegriff jener Bewegung des Geistes, in der er angeblich zu sich selbst kam, ohne daß das Absolute selbst gesagt würde, das freilich, Hegel zufolge, wiederum auch gar nicht als Resultat gesagt werden könnte. Kurz, es ist, musikalisch gesprochen, eine Reprise, mit dem Enttäuschenden, das allen Reprisen eignet.«[49] Wenn Adorno anschließend den Mythos als die Katastrophe in Permanenz begreift, bezieht sich dies auf den Schluss der *Götterdämmerung*, dem auch eine Reprisenstruktur eigen ist. Mit dem Begreifen der Sonatenform als kreisförmige Struktur, die ein in sich Dynamisches immer auf sich selbst bezieht und aus diesem Zirkel – wie Hegels Philosophie, die nach eigener Auskunft ein Kreis (System) aus Kreisen (Systemteilen) darstellt – nicht hinauskommt, wird Musik gesellschaftlich dechiffrierbar, ohne dass es dafür einen Katechismus bräuchte. Der begriffene Anfang ist bei beiden kein »Hinauskommen«; daher mussten Philosophie und Musik kritisch werden, wofür in der Geschichte der Kritik der Philosophie Marx, Adorno und die Kritische Theorie, in jener der Musik Schönberg und seine Schule einstehen.

se wiederholt sich diese Konfiguration zunächst (Takt 398), wird aber alsbald von einer neuen Gestalt jener Dreiklangsbrechung (zunächst in F-Dur, im Horn Takt 408) abgelöst, die, anstatt zum Grundton zurückzukehren und chromatisch abzugleiten, den Quintton repetiert. Nach erneutem Anlauf darf diese neue Gestalt über einem stabilen Es-Orgelpunkt chromatisch aufwärts sequenziert werden (Takt 430 ff.), womit nicht nur ein Richtungswechsel des chromatischen Schritts von abwärts nach aufwärts erreicht ist, sondern ein vollständiger Wechsel des Charakters. Das (vorläufige) Resultat kann als solches nur erscheinen, weil das Material, auf dem es basiert, in der Exposition entsprechend zurechtgestutzt wurde. Eine vergleichbare Anlage eines Satzes kann man in der *Appassionata* finden; eine schöne Analyse dieses Satzes, die die wesentlichen Punkte beinhaltet, auf die hier einzugehen wäre, gibt Charles Rosen in *Sonata Forms* (wie Anm. 23), S. 197 ff.

45 »Die Dialektik eines Dramas bleibt im Grunde, obwohl sie ein zielgerichteter Prozeß ist, unaufgelöst. Mit anderen Worten: Die Struktur eines Dramas ist zugleich und ineins teleologisch und paradox: Die Handlung strebt dem Ende entgegen, hinterläßt aber die Intuition eines Schwebezustands von Ideen, Charakteren und ›Positionen‹, die sich gegenseitig relativieren. Der Schwebezustand realisiert sich durch den dramatischen Prozeß hindurch; und umgekehrt zeigt sich der Sinn der Handlung nicht an deren Ende, sondern in der widerspruchsvollen Gesamtheit der Stadien, die sie durchläuft.« (Carl Dahlhaus: Ludwig van Beethoven und seine Zeit. Laaber 2002, S. 166.)

46 Adorno: Beethoven (wie Anm. 17), S. 33, Fr. 27.

47 Adorno: Ästhetische Theorie (wie Anm. 42), S. 163. Hegels *Logik* beginnt mit dem Sein, nicht mit dem Nichts. Hegel will aber die Identität von Sein und Nichts zeigen, insofern er das Werden aus dem Sein hervorbrechen lässt.

48 Theodor W. Adorno: Drei Studien zu Hegel. In: Ders.: Gesammelte Schriften. Hrsg. v. Rolf Tiedemann. Bd. 5, S. 365.

49 Adorno: Wagners Aktualität (wie Anm. 33), S. 561.

Die geschilderte Entwicklung der Musik verändert auch das Verhältnis von Form und Inhalt. Wenn Hanslicks Definition des musikalischen Inhalts als tönend bewegte Formen für viele Sätze von Haydn und Mozart sinnvoll erscheint, wird sie spätestens mit Beethoven hinfällig. Setzt man Hanslick Adornos Konzept von Form als sedimentiertem Inhalt entgegen: »Die gesellschaftliche Totalität hat in der Gestalt des Problems und der Einheit der künstlerischen Lösungen sich sedimentiert, ist darin verschwunden«[50], wird dieses Konzept historisch erst sinnvoll, wenn von gesellschaftlicher Totalität sinnvoll gesprochen werden kann, die sich im Ästhetischen sedimentieren kann. Der Begriff der Totalität wird, sobald diese gegeben ist, zentral:[51] »Die Beethovensche Musik stellt in der Totalität ihrer Form den gesellschaftlichen Prozeß vor und zwar derart, daß jedes einzelne Moment, mit anderen Worten: jeder individuelle Produktionsvorgang in der Gesellschaft verständlich wird nur aus seiner Funktion in der Reproduktion der Gesellschaft als ganzer.«[52] Dass es *jeder individuelle Produktionsvorgang* sein soll, der ohne Vermittlung durch das Ganze nicht stattfinden würde, ist wörtlich zu nehmen: In einer Welt, in der die Warenproduktion das letzte Wort behalten hat, werden Dinge nämlich nurmehr als Waren produziert, der individuelle Produktionsvorgang richtet sich also danach, ob von dem produzierten Ding die Realisation seines Tauschwertes erwartet werden darf. Im Begriff gesellschaftlicher Totalität steckt damit die ganze Widersprüchlichkeit, von der die bisherige Geschichte gezeichnet ist. Die Menschheit ist gefangen in der Totalität, die sie selbst ins Werk gesetzt hat, und solange sie in dieser Totalität gefangen bleibt, »so hat, nach dem Wort von Kafka, ein Fortschritt noch gar nicht stattgefunden, während doch bloß Totalität, die Idee der Totalität, erlaubt, ihn zu denken.«[53] Denn im Begriff der Menschheit als Totalität liegt, dass schlechterdings nichts ausgeschlossen werde: »Würde sie eine Totalität, die in sich selbst kein begrenzendes Prinzip mehr enthält, so wäre sie zugleich ledig des Zwangs, der alle ihre Glieder einem solchen Prinzip unterwirft. *Sie wäre damit Totalität nicht länger, daß sie endlich Totalität würde.*«[54]

Totalität bezeichnet zweierlei, die Totalität der begrifflichen Bestimmungen, aus denen die idealistische Philosophie die Welt konstruieren möchte beziehungsweise, wie zu zeigen war, der musikalischen Form in einem umfassenden ästhetischen Sinn, andererseits aber ist die Welt selber »objektiv zur Totalität geschürzt«[55] – ein Skandalon,

50 Adorno: Einleitung in die Musiksoziologie (wie Anm. 29), S. 409.

51 Die wahrscheinlich vorsätzliche Verfehlung dieses Begriffs kennzeichnet alle mir bekannten akademischen Arbeiten, die sich näher mit dem Thema beschäftigen. Von der Analogie, die mehr als bloße Analogie ist zwischen der ästhetischen Totalität und der Gesellschaftlichen, wird im besten Fall die ästhetische Seite reflektiert. Die gesellschaftliche Frage wird ausgespart oder mit solchen Leuten wie Jürgen Habermas cachiert.

52 Adorno: Beethoven (wie Anm. 17), S. 34, Fr. 29.

53 Theodor W. Adorno: Zur Lehre von der Geschichte und von der Freiheit (1964/65). In: Ders.: Nachgelassene Schriften. Hrsg. v. Rolf Tiedemann. Abt. IV, Bd. 13. Frankfurt am Main 2001, S. 207. Die Überlegungen, die Adorno in diesen Vorlesungen vorträgt, sind in das zweite Modell der *Negativen Dialektik*, Weltgeist und Naturgeschichte. Exkurs zu Hegel, eingegangen.

54 Adorno: Zur Lehre von der Geschichte und von der Freiheit (wie Anm. 53), S. 207.

55 Adorno: Negative Dialektik (wie Anm. 3), S. 28.

das zu einer Radikalisierung der Kritik treiben müsste und nicht bloß zu Lösungen eines wiederkehrenden Problems der musikwissenschaftlichen Methodendiskussion.[56] Totalität heißt auch, dass das Ganze, um dessen Ausdruck sich die Philosophie (und die Musik) bemühte, objektiv im Einzelnen enthalten ist, während »die Vermittlung von beidem ... selbst inhaltlich« ist, nämlich »durch die gesellschaftliche Totalität.«[57] Um diesen Ausdruck bemüht sich ebenso die avancierte künstlerische Produktion, in der das Besondere ebenso durch Inhaltliches, nämlich durch die zu Formen sedimentierten Inhalte, vermittelt wird. Eben durch diese Vermitteltheit von Besonderem und Totalität, und zwar sowohl in ästhetischer wie gesellschaftlicher Hinsicht, müsste Kritik das ästhetische wie das gesellschaftliche Objekt treffen, und da dieses nicht ist ohne die Subjekte, die es konstituieren, fiele diese Kritik auch auf das Subjekt zurück.

IV

> »Die Musik schließt dem Menschen ein unbekanntes Reich auf, eine Welt, die nichts gemein hat mit der äußern Sinnenwelt, die ihn umgibt, und in der er alle *bestimmten* Gefühle zurückläßt, um sich einer unaussprechlichen Sehnsucht hinzugeben.«
>
> E. T. A. Hoffmann[58]

»Musik verstehen ist nichts anderes als der Vollzug der Wechselwirkung von beidem: musikalisch sein und Philosophie der Musik konvergieren«[59] – das heißt nichts anderes, als dass die Musiker oder Hörer, die einfach begriffslos dem Gefälle der Musik folgen, zwar ihre Bewegung nachvollziehen, sie aber nicht verstehen, weil eine zweite Reflexion (im Sinne Adornos *Ästhetischer Theorie*), ja allein die Frage nach dem Sinn, der *raison d'être* ausbleibt. Diese Frage wäre dahingehend zu konkretisieren, was der Inhalt jener unaussprechlichen Sehnsucht ist, von der E. T. A. Hoffmann spricht. Wenn sich aber ein musikalischer Mensch nicht, wie die allermeisten Musiker, vor der Einsicht verschließt, dass Musik durch ihre innere Zusammensetzung eine Versöhntheit postuliert, der der Weltlauf spottet, kann ästhetische Erfahrung zu ähnlichen Schlüssen führen wie die philosophische Reflexion: »Nur wenn es anders hätte werden können; wenn die Totalität, gesellschaftlich notwendiger Schein als Hypostasis des aus Einzelmenschen herausgepreßten Allgemeinen, im Anspruch ihrer Absolutheit gebrochen wird, wahrt sich das kritische gesellschaftliche Bewußtsein die Freiheit des Gedankens, einmal könne es anders sein.«[60] Solches Bewusstsein ist und war schon lange eine Rarität es verbreitet

56 Bettina Schergaut: »... und alle Musik besteht aus bloßen Tönen«. Zu Theodor W. Adornos Suche nach dem ›Mehr‹ der Werke. In: Tobias Bleek; Camilla Bork (Hg.): Musikalische Analyse und kulturgeschichtliche Kontextualisierung. Stuttgart 2010, S. 16.

57 Adorno: Negative Dialektik (wie Anm. 3), S. 57.

58 E. T. A. Hoffmann: Fantasiestücke in Callots Manier. Bd. III: Kreisleriana. 4. Beethovens Instrumental-Musik.

59 Adorno: Mahler (wie Anm. 21), S. 291.

60 Adorno: Negative Dialektik (wie Anm. 3), S. 317.

sich stattdessen, nachdem die historische Katastrophe wie spurlos an der Menschheit vorübergezogen ist, eine allgemeine Gleichgültigkeit gegen das weitere Geschick der Gattung – ein Zustand, den übrigens die omnipräsente elektronisch erzeugte Beat-Musik in ihren unterschiedlichsten Spielarten sehr präzise zum Ausdruck bringt: ständige Reprise des Immergleichen, nicht der Schein einer Entwicklung, dadurch mit verbundenen Augen in den ewig sich perpetuierenden Mythos gebannt. Die »Last der historischen Nezessität«, die die Musikanten ebenso wenig nicht einmal mehr spüren wie die Philosophen, könnte aber nur in die Richtung eines möglichen anderen Zustands, in dem gesellschaftliche Synthesis ohne Gewalt möglich wird, bewegt werden, wenn jene Nezessität »als der zur Wirklichkeit gewordene Schein erkannt ist, die geschichtliche Determination als metaphysisch zufällig.«[61]

Angesichts des Zustands der Musik und ihrer Institutionen mag der Anspruch vermessen erscheinen, die Produktion und Reproduktion von sowie die Reflexion über Musik könne zu solcher Erkenntnis beitragen. Er ist genauso vermessen wie der Gedanke, angesichts der absehbaren erneuten Katastrophe den Gedanken an jenes »Andere« bei aller notwendigen Katastrophenabwehr nicht vollends preiszugeben. Wenn die hier entwickelte Homologie von ästhetischer und gesellschaftlicher Totalität zutrifft, erlaubt die ästhetische Reflexion nämlich einen präzisen Blick auf jenen Scheincharakter der Notwendigkeit.

Das Ende der Sonatenexposition hat einen eigentümlichen Doppelcharakter: Es schließt in der Erwartung einer kommenden Entwicklung; man weiß und fühlt, dass die Musik in dem erreichten Zustand nicht verharren kann. In diesem Sinne seien hier nur noch einige Motive benannt, die in einer Durchführung der hier dargelegten Thematik entwickelt werden müssen.

Adorno hat an verschiedenen Stellen den Gedanken exponiert, die Musik sei im Sinne einer materialen Formenlehre zu interpretieren. Der Terminus mag unglücklich gewählt sein, weil einer solchen Lehre die Dynamik des Gegenstandes entgleiten würde, sobald sie eben zur Lehre sich verfestigte. An der Idee ist aber festzuhalten. Oberste Priorität hat die Beobachtung, dass die große Musik – wie gelungene Kunst überhaupt – nicht in dem Immanenzzusammenhang aufgeht, den sie konstruiert, sondern dass sie diesen Immanenzzusammenhang an gewissen Stellen aus ihrer eigenen Dynamik heraus transzendiert. Der wichtigste Charakter, die wichtigste Formkategorie, die am Gegenstand zu entwickeln ist, ist die der Erfüllung, die als ein musikalischer Zustand beschrieben werden kann, in dem die »Frage aller Musik«: »wie kann ein Ganzes sein, ohne daß dem Einzelnen Gewalt angetan wird«,[62] für einen Augenblick beantwortet erscheint, bevor der Spieler oder Hörer sich wieder daran erinnert, dass es nur Musik war, in der ein solcher Zustand aufblitzte. Der Charakter der Erfüllung wird von Ador-

61 Ebd.

62 Adorno: Beethoven (wie Anm. 17), S. 62, Fr. 87.

no an der Symphonik Gustav Mahlers entwickelt, in der Adorno ihn als Idee in der gesamten symphonischen Struktur am Werk sieht.[63] Materiale Ästhetik, »welche die autonomen, zumal die formalen Kategorien der Kunst gesellschaftlich und inhaltlich zum Sprechen bringt«,[64] muss die Bedingungen solcher Zustände ergründen und sich auf alle Dimensionen musikalischer Produktion, also Komposition, Reproduktion (»Interpretation«[65] und musikalische Analyse[66]) und Rezeption konzentrieren, wobei entscheidend ist, dass der Rezipient nicht im Sinne eines passiven Adressaten konsumiert, sondern im Sinne strukturellen Hörens Reproduzent des Werkes ist.

63 Adorno: Mahler (wie Anm. 21) S. 191.
64 Adorno: Ästhetische Theorie (wie Anm. 42), S. 421, dort in der Anm.
65 Die Bezeichnung des Ausführenden als Interpreten spricht diesem gegenüber der Objektivation des Werkes einen falschen Stellenwert zu, weshalb Adorno den Begriff der musikalischen Reproduktion präferierte. Seine Fragmente zum Thema, die in dem Band *Zu einer Theorie der musikalischen Reproduktion* (In: Theodor W. Adorno: Nachgelassene Schriften. Hrsg. v. Henri Lonitz. Abt. I, Bd. 2. Frankfurt am Main 2005) versammelt sind, lassen erkennen, dass auch die Reproduktion als Anwalt des Besonderen gegenüber dem Allgemeinen auftreten müsste: »Zum Klingen zu bringen ist Musik nur, wenn sie *thematisch* gespielt, in ihrer Konstruktion artikuliert, in ihrer Entwicklung verdeutlicht wird.« (Ebd. S. 195) Adorno wollte dieses Buch zusammen mit Rudolf Kolisch, dem Primarius des Kolisch-Quartetts verfassen, das für die Aufführungspraxis der Wiener Schule und einer an dieser Musik geschulten Reproduktion der klassischen Quartettliteratur äußerst wichtig war. Berthold Türcke, ein Schüler von Kolisch, der diese Tradition noch heute weiterführt, ist ein ausgedehntes Interview mit Kolisch zu verdanken, das den Anteil von diesem an dem projektierten Buch erahnen lässt. (Siehe Rudolf Kolisch: Zur Theorie der Aufführung. Ein Gespräch mit Berthold Türcke. In: Musik Konzepte 29 / 30. München 1983.)
66 Adorno hielt im Jahr seines Todes, am 24. Februar 1969, einen Vortrag über das *Problem der musikalischen Analyse*, aus dem hervorgeht, dass neben der Interpretation auch die Analyse als Anwalt des Besonderen, desjenigen also, was »unterhalb der Formschemata« sich abspielt, auftreten solle. Zum Schluss dieses Vortrags kommt Adorno zum letzten Mal und deutlicher als im Mahler-Buch auf die materiale Formenlehre zu sprechen, die er hier als »die konkrete Bestimmung von Kategorien wie Setzung, Fortsetzung, Kontrast, Auflösung, Reihung, Entwicklung, Wiederkehr, modifizierte Wiederkehr – und wie solche Kategorien sonst heißen mögen« bestimmt. (Theodor W. Adorno: Zum Problem der musikalischen Analyse. In: Frankfurter Adorno Blätter. Hrsg. v. Rolf Tiedemann. Bd. VII. München 2001, S. 75, 88 f.)

Renate Göllner / Gerhard Scheit

Die Verwirrungen des Zöglings Törleß bei Robert Musil und deren Ende bei Jean Améry

Oder: Versuch über die Frage, wie man mitzulaufen beginnt

Jedes Kunstwerk ist eine abgedungene Untat.

Theodor W. Adorno, *Minima moralia*

Musils Literatur stand in bestimmter Hinsicht sein ganzes Leben lang in einem Spannungsverhältnis von Kooperation und Konkurrenz, von Wertschätzung und starker Rivalität zur Psychoanalyse. Er selbst sprach von der »finster drohende[n] und lockende[n] Nachbarmacht«.[1] In seinen Notizen hielt er dasselbe Zitat aus Sophokles' *König Ödipus* fest, das Sigmund Freud schon in der *Traumdeutung* als »Schlüssel der Tragödie« begriff und woraus er die Theorie des Ödipus-Komplexes entwickeln konnte – die Worte der Königin Iokaste, Mutter des Ödipus: »Denn viele Menschen sahen auch in Träumen schon / Sich zugesellt der Mutter: Doch wer alles dies / Für nichtig achtet, trägt die Last des Lebens leicht.«[2] Musil zitiert die Stelle signifikanterweise nur mit dem ersten Satz: »Denn viele Menschen sahen auch in Träumen schon / Sich zugesellt der Mutter ...« und fügt in Hinblick auf Sophokles hinzu: »Ein Vorfahre Freuds«.[3] Wollte Freud offenkundig zugleich mit dem Inzestmotiv auch dessen vermeintlich glückliche Verdrängung zum Thema machen, so kam es Musil auf das Motiv selbst an. Es beschäftigte ihn von den 1906 erschienenen *Verwirrungen des Zöglings Törleß* bis zum Geschwister-Verhältnis im unvollendet gebliebenen *Mann ohne Eigenschaften*. Rückblickend schrieb er zwar später im Schweizer Exil über die 30 Jahre zurückliegende Arbeit am *Törleß*, darin werde »das Unbegreifliche, Ahnungsvolle, nur ungefähr Vorstellbare, wo es auftritt überall begreiflich zu machen gesucht, genetisch psychologisch.«[4] So verstanden hätte der Inhalt dieses Buchs auch als eine psychoanalytische Fallgeschichte erzählt werden können,

1 Robert Musil: Transkriptionen & Faksimiles / Nachlassmappen (VI / 2 / 21). Klagenfurter Ausgabe 2009. Zit. nach: Oliver Pfohlmann: Robert Musil. Reinbek 2012, S. 62.

2 Robert Musil: Notizen. Gesammelte Werke. Hrsg. v. Adolf Frisé. Bd. 5. Hamburg 1978, S. 955 ff.

3 Robert Musil: Aphorismen. Gesammelte Werke. Bd. 7. Hamburg 1978, S. 842.

4 Oliver Pfohlmann: Eine finster drohende Nachbarmacht? Untersuchungen zu psychoanalytischen Literaturdeutungen am Beispiel Robert Musil. München 2003, S. 336.

aber dann wäre es keine Literatur. Zu fragen ist hier unter anderem, was es davon unterscheidet. Tatsächlich bildet das Verhältnis zur Mutter im *Törleß* auch nur den Hintergrund, vor dem sich etwas anderes umso deutlicher abzeichnet.

I

Mit 22 Jahren, bereits Ingenieur und in seinem Beruf unzufrieden, begann Musil 1902 am *Törleß* zu schreiben: [Ich] »drückte mich von meiner Arbeit, trieb philosophische Studien in meiner Arbeitszeit und am späten Nachmittag, wenn ich mich nicht mehr aufnahmefähig fühlte, langweilte ich mich. So geschah es, daß ich etwas zu schreiben begann, und der Stoff, der gleichsam fertig da lag, war eben der der *Verwirrungen des Zöglings Törleß*«.[5] Der Stoff, der fertig da lag, waren die eigenen Erfahrungen im Internat einer Kadettenschule. Musil war mit 12 Jahren von seinen Eltern in eine Militär-Oberrealschule in Mährisch-Weißkirchen gesteckt worden. Für die Eltern war er offenbar ein überaus schwieriges Kind, das in ständigem Streit mit der nervösen, reizbaren Mutter lag. Als »schwer erziehbar« beschrieb er sich selbst, allerdings anders als im üblichen Sinn: »Ich ließ mich nicht erziehen u. schon gar nicht mit Gewalt.«[6] Bereits nach einem halben Jahr mussten ihn die Eltern wieder aus dem Militärkonvikt nehmen.

Weit weg von der bürgerlichen Atmosphäre des Elternhauses, versetzt in die Ödnis der K. u. K. Provinz, wird auch der Protagonist des Romans von Langeweile erfasst. Die Eintönigkeit des Schulalltags, das Hindämmern während der Schulstunden unterbrochen lediglich vom schrillen Ton des Glockenzeichens, das den Abend und die schier endlos lange Nacht ankündigte, erzeugte jedoch eine hilflose Wut in ihm, wieder einen Tag sinnlos vergeudet zu haben. Eine Hilflosigkeit, die verhinderte, seinem Intellekt und seinen Gefühlen Geltung zu verschaffen.

Es war charakteristisch für Törleß, dass ihm die Grobheiten, die Faustkämpfe und die ständige Bereitschaft zu Streitigkeiten, die seine Kameraden an den Tag legten, zunächst heftig abstießen. Die frühreifen Männlichkeitsrituale der pubertierenden Knaben widerten ihn an. Lieber zog er sich zurück, verfiel in eine ihm selbst unerklärliche Stimmung, die von Verzweiflung und Leere zeugte. Doch war dieser Zustand nicht so einfach durchzuhalten, denn es kam der Augenblick, als er sich mehr aus Langeweile denn aus Sympathie zumindest peripher seinen Mitzöglingen Reiting und Beineberg anschloss. Und es wird als eine rätselhafte Neugier an der Wildheit und Grobheit gezeigt, die ihn plötzlich magisch anzogen. Er konnte »täglich« sehen, »was es bedeute, in einem Staate – denn jede Klasse ist in einem solchen Institute ein kleiner Staat für

5 Pfohlmann: Robert Musil (wie Anm. 1), S. 44.

6 Zit. nach Karl Corino: Robert Musil. Eine Biographie. Hamburg 2003, S. 98.

sich – die erste Rolle innezuhaben. Deswegen hatte er aber auch einen gewissen scheuen Respekt vor seinen beiden Freunden. Die Anwandlungen, die er manchmal hatte, es ihnen gleichzutun, blieben in dilettantischen Versuchen stecken. Dadurch geriet er, der ohnehin jünger war, in das Verhältnis eines Schülers oder Gehilfen zu ihnen. Er genoss ihren Schutz, sie aber hörten gerne seinen Rat.«[7] Und da Törleß' Geist unter seinen Kameraden »der beweglichste« war, hatte er hier bald die Rolle eines »geheimen Generalstabschefs« inne.

Der Besuch bei der Prostituierten Božena im nahen Badehaus war bei den Zöglingen keine Seltenheit, gehörte gleichsam zum Betrieb. Törleß unternahm sie gemeinsam mit Beineberg und Reiting. Für ihn war diese Erfahrung völlig neu und beängstigend: Musil stellt diese Szene als eine Art Kipp-Bild dar, das Törleß in Gegenwart Boženas tief verstört und erschreckt: Wie in einem Albtraum taucht immer wieder das Bild seiner Mutter vor ihm auf, drängt sich mit aller Wucht zwischen ihn und Božena, ohne dass es gelingt, sie loszuwerden. Es ist, als ob sie ihn an seinen ersten erotischen Erfahrungen hindern wolle. Der Groll über sie aber wird auf die Prostituierte projiziert. »Was ist es, das es ermöglicht, dass diese Božena ihre niedrige Existenz, an die meiner Mutter heranrücken kann? ... Warum berührt sie nicht mit der Stirn die Erde, wenn sie schon von ihr sprechen muss? ... Denn wie ist es doch? Dieses Weib ist für mich ein Knäuel aller geschlechtlichen Begehrlichkeiten; und meine Mutter ein Geschöpf, das bisher in wolkenloser Entfernung, klar und ohne Tiefen, wie ein Gestirn jenseits alles Begehrens durch mein Leben wandelte ...«.

Die nicht mehr junge, äußerlich wenig anziehende Božena erscheint als Gegenpol zu Törleß' Mutter: Hier die geschlechtliche Begierde in Gestalt der Prostituierten, da die unantastbare, sittliche Reinheit seiner Mutter, gleich einem Engel, ein Wesen fernab von Sinnlichkeit. Doch diese, wie in einem Traum anmutende Bedrängnis wird rasch von einem anderen Gedanken abgelöst: »Wie er alles hinter sich ließ und das Bild seiner Eltern verriet. Und nun musste er sehen, dass er damit nicht einmal etwas fürchterlich Einsames, sondern nur etwas ganz Gewöhnliches tat. Er schämte sich. Aber auch die anderen Gedanken waren wieder da. Sie tuen es auch! Sie verraten dich! Du hast geheime Mitspieler! Vielleicht ist es bei ihnen irgendwie anders, aber das muss bei ihnen das Gleiche sein: eine geheime fürchterliche Freude. Etwas in dem man sich mit all seiner Angst vor dem Gleichmaß der Tage ertränken kann ... Vielleicht wissen sie sogar mehr ...?! ... Etwas ganz Ungewöhnliches? Denn sie sind am Tage so beruhigt; ... Und dieses Lachen seiner Mutter? ... als ob sie mit ruhigen Schritten ginge, alle Türen zu schließen.« Wüssten seine Eltern von seinen sexuellen Erfahrungen, so wäre das Bild, das sie sich von ihm einst gemacht hatten, zerstört, was er als Verrat interpretiert. Törleß muss damit umgekehrt

7 Diese und folgende Zitate ohne Seitenangabe aus Robert Musil: Die Verwirrungen des Zöglings Törleß. Gesammelte Werke. Hamburg 1978. Die zahlreichen Stellen mit Auslassungspunkten am Ende oder in der Satzmitte stammen ausnahmslos vom Autor selbst und gehören zur Eigenart seiner Prosa.

aber auch erstaunt zur Kenntnis nehmen, dass sein eigenes Bild von der Mutter dadurch zerstört wird: Auch sie erscheint ihm nun keineswegs so »schuldlos« und rein, wie er sie imaginierte, vielmehr ein sexuelles Wesen, mit Triebbedürfnissen ausgestattet, wie sie bei ihm längst zu Tage treten. Indem hier die Eltern ins Spiel gebracht werden, ist auch der Vater präsent und in dem Knaben erneuert sich die Erfahrung, dass dem eigenen Besitzanspruch an die Mutter Grenzen gesetzt sind.

Indessen hat die Erfahrung mit Božena Törleß seinen Freunden emotional keinen Schritt nähergebracht. Sein Verhalten bleibt weiterhin distanziert und skeptisch. Er kapselt sich ab als einer, der bloß Zerstreuung von dem für ihn ewig gleich scheinenden Internatsalltag sucht. Doch die Teilnahmslosigkeit ist offenbar nur Schein, denn als ein Gelddiebstahl eines Zöglings entdeckt wird, ist Törleß der erste, der von Reiting in einer geheimen Kammer am Dachboden des Anstaltsgebäudes eingeweiht wird. So wird er zum »geheimen Generalstabschef«, zum Mitwisser, der sich jedoch als ungleich reflektierter beschrieben findet als die anderen. Und dabei wird deutlich, dass eben die Militäranstalt, wo im Unterschied zu einer anderen Schule die Zöglinge unmittelbar dazu ausgebildet werden, für den obersten Kriegsherrn, den König und Kaiser, in den Kampf zu ziehen, um für ihn zu töten und zu sterben, nach dem Modell des Staats auch in einer durchaus vermittelten Form funktioniert, wie sie im Grunde jede Schule kennzeichnet. Denn geschildert werden von Musil kaum der Drill und die Drangsalierungen, denen die Schüler durch Lehrer und Anstaltspersonal ausgesetzt sind, vielmehr die autoritären, despotischen Strukturen, wie sie sich gerade innerhalb des Klassenverbands, gewissermaßen unabhängig vom Anstaltspersonal, von unten her ausprägen und durchsetzen, wie also die Herrschaft sich wie von allein in den Beziehungen zwischen den Klassenkameraden reproduziert. Nicht zufällig ist die Frage des gestohlenen Geldes der Ausgangspunkt für die Bildung einer Art ›Kernracket‹ von Beineberg, Reiting und Törleß innerhalb des Klassenrackets, dieser Prozess selbst wird jedoch im Unterschied zu den Bindungen des Klassenverbands in seinen libidinösen Besetzungen offengelegt.

Damit erscheint der *Törleß* als Gegenentwurf zu *Frühlings Erwachen* von Frank Wedekind, einem Drama über die sexuellen Erfahrungen Jugendlicher, indem Gesellschaft und Trieb einander gegenüberstehen wie Unterdrücker und Opfer, ein Verhältnis, das in der Reihe der zahlreichen Schülerromane ausgespart bleibt, die als Anklage gegen die autoritäre, spartanische und rohe Erziehung in den Anstalten geschrieben wurden.[8] Im Gegensatz zu solchen Darstellungen treten bei Musil die Lehrer, die ihre Schüler drangsalieren, ebenso wie das Internatsregime weitgehend in den Hintergrund. Er habe keinen naturalistischen Roman geschrieben,[9] so Musil selber, es geht darin weniger um die Beschreibung realer äußerer Verhältnisse, so erschütternd sie auch seien, als

8 Siehe etwa Herrmann Hesses Roman *Unterm Rad* (1906), Conrad Ferdinand Meyer: *Das Leiden eines Knaben* (1883), Rainer Maria Rilke: *Die Turnstunde* (1902) oder der von Friedrich Torberg später verfasste Roman *Schüler Gerber* (1930).

9 Pfohlmann: Robert Musil (wie Anm. 1), S. 19.

vielmehr um eine Untersuchung psychischer Befindlichkeit adoleszenter Knaben der zerfallenden Donaumonarchie – um Sadismus, Gewalt und Lust an Quälerei.

Denn Törleß' Gefühlsleben wird tief gespalten durch seine Mitwisserschaft an den Aktionen, die gegen den Mitschüler Basini, den Reiting als Dieb ausfindig gemacht hat, ausgeheckt werden. Scheinbar unfähig zur Entscheidung gerät er an einen Punkt, von dem er nicht mehr zurückkann, weil er sich schon viel zu weit in die Taten der anderen verstrickt hat. »Manchmal kam ihm aber doch zum Bewusstsein, was er durch diese innerliche Abhängigkeit einbüßte. Er fühlte, dass ihm alles, was er tat, nur ein Spiel war. Nur etwas, das ihm half, über diese Zeit der Larvenexistenz im Institute hinwegzukommen. Ohne Bezug auf sein eigentliches Wesen, das erst dahinter, in noch unbestimmter zeitlicher Entfernung kommen werde.« Er fühlte sich »gewissermaßen zwischen zwei Welten zerrissen: einer soliden, bürgerlichen, in der doch alles geregelt und vernünftig zuging, wie er es von Zuhause her gewohnt war, und einer abenteuerlichen, voll Dunkelheit, Geheimnis und Blut ungeahnter Überraschungen. Die eine schien dann die andere auszuschließen.«

Basini »war schwächlich gebaut, hatte weiche, träge Bewegungen und weibische Gesichtszüge. Sein Verstand war gering, im Fechten und Turnen war er einer der letzten, doch war ihm eine angenehme Art koketter Liebenswürdigkeit eigen.« Reiting erzählt, wie er darum bettelte, nicht verraten zu werden und dafür bereit war alles zu tun, was man von ihm verlangen würde. Während Törleß zunächst dafür plädiert hatte, Basini als Dieb einfach bei der Schulleitung anzuzeigen, damit er von der Anstalt entfernt werden kann, um seine Zugehörigkeit zu jener soliden bürgerlichen Welt zu demonstrieren, haben Beineberg und Reiting ganz anderes im Sinn und verstehen Basinis Bitten so, dass er sich förmlich zum Sklaven angeboten habe. Eben dabei fühlt Törleß selber den Einfluss, den die andere Welt voll Dunkelheit, Geheimnis und Blut auf ihn ausübt: »Von Zeit zu Zeit war ihm ein Frösteln bis in die Fingerspitzen gelaufen, und in seinem Kopfe stießen die Gedanken wild und ungeordnet in die Höhe wie Blasen in siedendem Wasser. Man sagt, dass es so dem ergehe, der zum ersten Mal das Weib sehe, welches bestimmt ist, ihn in eine vernichtende Leidenschaft zu verwickeln.«

Beineberg und Reiting inszenieren in der geheimen abgelegenen Kammer eine Art Prozess – ein eigener Herrschaftsbereich wird errichtet, in dem sämtliche Gesetze, also auch jene der Militäranstalt, außer Kraft gesetzt sind: ein Ort für den Ausnahmezustand, für den das Delikt nur den Anlass bietet. Anders als in Kafkas wenige Jahre später geschriebenem Roman, in dem bekanntlich die Gerichte der geheimen Behörde ebenfalls auf den Dachböden angesiedelt sind, geht bei diesem Prozess das Verfahren sofort in die Bestrafung über, die Bestrafung selbst ist nur Vorwand, den Delinquenten zu quälen um des Quälens willen, dieses Quälen aber befriedigt eindeutig sexuelle Bedürfnisse. Wenn Basini sich nur bereit erkläre, den sexuellen Forderungen seiner Peiniger zu genügen, würde der von ihm begangene Diebstahl verschwiegen.

Beineberg jedoch schreibt der sexuellen Lust, die man sich dadurch verschaffen möchte, genau den gegenteiligen Sinn zu – nämlich die Begierden abzutöten: »Solche Menschen wie Basini, sagte ich dir schon früher, bedeuten nichts – eine leere, zufällige Form. Die wahren Menschen sind nur die, welche in sich selbst eindringen können, kosmische Menschen, welche imstande sind, sich bis zu ihrem Zusammenhang mit dem großen Weltprozeß zu versenken. Diese verrichten Wunder, weil sie die gesamte Kraft der Welt zu gebrauchen verstehen ... Ich habe von schauerlichen Bußopfern erleuchteter Mönche gelesen, und die Mittel der indischen Heiligen sind ja auch dir nicht ganz unbekannt ... Alle grausamen Dinge, die dabei geschehen, haben nur den Zweck, die elenden nach außen gerichteten Begierden abzutöten ... Denn wem es ganz gelingt, seine Seele zu schauen, für den löst sich sein körperliches Leben, das nur ein zufälliges ist.« Die angestrebte Verleugnung des Triebes und der leiblichen Bedürfnisse ist nur die andere Seite der offen ausgelebten sadistischen Lust. Auch für Reiting habe es einen besonderen Wert, einen Menschen ganz in seiner Hand zu haben und sich darin üben zu können, ihn wie ein Werkzeug zu behandeln, erklärt Beineberg dem »kleinen Törleß«: »Er will herrschen und würde dir es gerade so machen wie Basini, wenn die Gelegenheit zufällig dich träfe.« Reiting würde Basini opfern und nichts als Interesse dabei empfinden, es würde ihm nicht nahegehen. Beineberg selbst aber nimmt für sich in Anspruch, wie Törleß diese gewisse Empfindung zu haben, dass Basini schließlich und endlich doch auch ein Mensch sei: »Auch in mir wird etwas durch eine begangene Grausamkeit verletzt. Aber gerade darum handelt es sich! Förmlich um ein Opfer! Gerade dass es mir schwerfällt, Basini zu quälen ..., ist gut. Es erfordert ein Opfer. Es wird reinigend wirken. Ich bin mir schuldig, täglich an ihm zu lernen, dass das bloße Menschsein gar nichts bedeutet, – eine bloße äffende, äußerliche Ähnlichkeit.«

Es sind gespenstische, schauerliche Szenen, die Törleß als Zuschauer anzusehen sich gezwungen sieht – und dennoch keineswegs gezwungen ist. Der schmächtige Knabe wird von den zwei Zöglingen zunächst verhört, mit Faustschlägen im Gesicht traktiert, danach zieht man ihm die Kleider vom Leib, peitscht ihn mit einem Seil aus, um schlussendlich über ihn herzufallen und zu vergewaltigen. Seine flehentlichen Bitten um Gnade, seine Klagerufe scheinen die sexuelle Lust nur weiter zu steigern. Törleß »hörte das Wimmern und die halblauten Klagerufe Basinis, der unausgesetzt um Schonung flehte; schließlich vernahm er nur noch ein Stöhnen, wie ein unterdrücktes Geheul, und dazwischen halblaute Schimpfworte und die heißen leidenschaftlichen Atemstöße Beinebergs.« Der sadistische Exzess bleibt kein Einzelfall, er wiederholt sich, wird gleichsam zu einer rituellen Handlung, die an Basini vollzogen wird. Zunehmend schwieriger wird es für Törleß, sich dem Treiben zu entziehen, er ist als Voyeur Teil des Kollektivs, auch wenn er während einer diese Szenen »leise und fast freundlich« zu Basini meint, »Sag doch, ich bin ein Dieb.«

Törleß selbst wird zunächst, wenn er Verhör und Bestrafung beobachtet, trotz all der Ekelgefühle und der Scham, die ihn anschließend heimsuchen, als gänzlich frei von

Empathie beschrieben, als jemand, der unfähig ist zum Handeln, gleichsam paralysiert zusieht, der die Geschehnisse nicht auf moralische Weise begreifen kann, sondern sie noch wie einen Zustand der ›reinen Vernunft‹ empfindet. So, als ob ihn ein Vorfall interessiere, den er in seinem Kopf konstruiert hat, aber noch nicht zur Gänze erfassen kann, und den er, obwohl er darüber nachdenkt, nicht richtig zuordnen kann, der ihm eher belanglos erscheint. Lediglich als der zerschundene Basini ihn verzweifelt um Hilfe bittet, rät er ihm, sich dem Direktor zu stellen, um seinen Diebstahl einzugestehen. Indessen ist es nur eine Frage der Zeit, bis auch Törleß voyeuristische Lust an der Folterung entwickelt und dazu übergeht, Basini wenigstens zu drohen, auch hier gerät wieder die Mutter in den Blick: »Ich könnte dich bellen lassen, wie Beineberg es getan hat, den Staub auffressen lassen, wie ein Schwein, ich könnte dich Bewegungen machen lassen – du weißt schon – oh meine liebe Mut... [sic!]«

Diese Drohung spricht er allerdings unter vier Augen aus. Denn Basini hatte sich Törleß genähert und hat ihn dadurch dem Kollektiv gleichsam entfremdet. Eines Nachts schlüpfte er zu ihm unter seine Decke und Törleß vermochte nicht, die Liebkosungen abzuwehren und ihnen zu widerstehen. Was seine Sinneslust auslöste, ist nur anfänglich eine Art Zärtlichkeit, gewiss nicht Liebe, eher Leidenschaft nach dem schlanken weißen knabenhaften Körper, »als wäre er von allem Geschlechtlichen noch fernen Formen eines ganz jungen Mädchens gegenübergestanden«. Dieses Gegenbild zur kollektiv sadistischen Aktion in der Kammer bleibt aber nicht für sich stehen, sondern wird ebenfalls von Schuldgefühlen eingeholt und Törleß wird Basini dafür verantwortlich machen. Zwar wiederholen sich noch einige Male diese Begegnungen mit ihm, sie scheinen aber nichts an den ›Bestrafungsaktionen‹ in der Dachbodenkammer zu ändern.

In dieser Phase des ›Prozesses‹ fügt der Erzähler eine Passage ein, die einen Ausblick auf die spätere Entwicklung von Törleß gibt. Es ist, als ob er damit noch einmal eine Balance herzustellen versucht zwischen jenen beiden Welten. »Törleß wurde später, nachdem er die Ereignisse seiner Jugend überwunden hatte, ein junger Mann von sehr feinem und empfindsamem Geiste.« Der spätere Törleß sollte nicht leugnen, »dass es sich hier um eine Erniedrigung handle. Warum auch nicht? Sie verging. Aber etwas von ihr blieb von der Seele für immer zurück, jene kleine Menge Giftes, die nötig ist, um der Seele die allzu sichere und beruhigte Gesundheit zu nehmen und ihr dafür eine feinere, zugeschärfte, verstehende zu geben.« Er bereute »auch nie in seinem späteren Leben das damals Geschehene«, betrachtete es »als etwas Unumgängliches, das ein Mensch von reichem und beweglichem Innenleben Augenblicke habe, um die andere nicht wissen dürfen, und Erinnerungen, die er in geheimen Fächern verwahrt. Und er verlangte von ihm nur, dass er nachträglich sich ihrer mit Feinheit zu bedienen verstehe.« Die Vermeidung des rückbezüglichen »sich« im letzten Hauptsatz erscheint wie eine Abwehr der ersten Person Einzahl, in der zu schreiben hier dem Autor offenbar zu nahe liegt.

Doch es ist bezeichnend, dass es sich hier nicht um das Ende des Werks handelt. Alles, was danach geschieht, sprengt diese Perspektive und zerstört die Balance. Beineberg und Reitling geben Törleß zu verstehen, dass »es auf die bisherige Weise mit Basini nicht mehr weitergeht. Er hat sich mit dem Gehorsam, den er uns schuldet, abgefunden und leidet nicht mehr darunter; er ist von einer frechen Vertraulichkeit wie ein Bedienter. Es ist also an der Zeit, mit ihm einen Schritt weiter zu gehen.« Reiting phantasiert einerseits neue weitergehende Einfälle, Basini zu quälen, etwa dass man ihn »die unsaubersten Sachen apportieren lassen« werde oder ihn zu Božena mitnehmen könne, um ihn dort die Briefe seiner Mutter vorlesen zu lassen »und Božena möchte schon den nötigen Spaß dazu liefern«, andererseits erwägt er bereits, die ganze Klasse auf ihn zu hetzen: »Das wäre das Gescheiteste. Wenn von so vielen jeder nur ein wenig beisteuert, so genügt es, um ihn in Stücke zu zerreißen. Überhaupt habe ich diese Massenbewegungen gern. Keiner will besonderes dazutun, und doch gehen die Wellen immer höher, bis sie über allen Köpfen zusammenschlagen. Ihr werdet sehen, keiner wird sich rühren, und es wird doch einen Riesensturm geben. So etwas in Scene zu setzen, ist für mich ein außerordentliches Vergnügen.«

Beineberg hat zugleich Anderes, sozusagen Höheres im Sinn: Nicht zuletzt, um sich als Führer durchzusetzen, entwickelt er mit dem, was er Seele nennt, eine Heideggers *Sein zum Tode* antizipierende Philosophie, womit er die Steigerung bei der Folter Basinis einleiten möchte: Er spricht von einem »unergründlichen Ozean« oder von der »Seele«, zu der man den Kontakt verloren habe: »Vor Tausenden von Jahren haben schon Völker, die tausende Meilen voneinander entfernt wohnten, darum gewusst. Wie man sich einmal damit befasst, kann man diese Dinge gar nicht leugnen.« Man habe eine »so lächerliche Furcht vor dem unwiderruflichen Sterben, ... dem unermesslichen Abgrund, in den wir hineinfallen«. Wenn aber Törleß versucht, in die andere Welt zu flüchten, die Balance wiederherzustellen, die von seinen Eltern repräsentiert wird, und zugleich Beineberg auf das Inszenierte seiner Philosophie hinzuweisen (»du redest dich jetzt ein wenig in diesen Glauben hinein. Du hast dazu eigens die Lampe auslöschen müssen«), antwortet der jungendbewegte Philosoph: »Bei solchen Sachen denkst du an deine Eltern! Wer sagt dir, daß sie uns hier überhaupt zu folgen vermögen? Wir sind jung, eine Generation später, vielleicht sind uns Dinge vorbehalten, die sie nie in ihrem Leben geahnt haben. Ich wenigstens spüre es so.«

Als Beineberg und Reiting von den »geheimen Zusammenkünften« von Basini und Törleß erfahren, ist das für sie der Auslöser, Basini nun tatsächlich der ganzen Klasse auszuliefern, nicht zuletzt um das, was geschehen sollte, auch Törleß vor Augen zu führen: Ein »dunkles, heißes, von finsteren Gelüsten schwangeres Schweigen« liegt »über der Klasse«, Musil beschreibt sie von Anfang an, ohne dass einzelne Individuen – außer Beineberg und Reiting – mit Namen genannt werden: als bloße Masse, die blind den Gesetzen der Massenpsychologie folgt: Sie versammelt sich um Basini in der Garderobe, die Türen werden verschlossen und Posten aufgestellt, Reiting beginnt, aus den Briefen zu lesen, die Basini von seiner Mutter erhalten hat: »›Mein gutes Kind...‹ Allgemeines Gebrülle. ... Plötzlich stößt einer Basini. Ein anderer, auf den er dabei fällt, stößt ihn halb im Scherze, halb in Entrüstung zurück ... Und plötzlich fliegt Basini, nackt, mit vor Angst aufgerissenem Munde, wie ein wirbelnder Ball, unter Lachen, Jubelrufen, Zugreifen aller im Saale umher, – von einer Seite zur anderen, – stößt sich Wunden an den scharfen Ecken der Bänke, fällt in die Knie, die er sich blutig reißt, – und stürzt endlich blutig, verstaubt, mit tierisch verglasten Augen zusammen, während augenblicklich Schweigen eintritt und alles vordrängt, um ihn am Boden liegen zu sehen. Törleß schauderte: Er hatte die Macht der fürchterlichen Drohung vor sich gesehen.« Musil lässt keinen Zweifel, dass diese Massen selbst nur eine weitere Stufe in der Eskalation der Gewalt darstellen, die Folterung soll zugleich in der Nacht in der Dachbodenkammer fortgesetzt werden: Man plant, Basini an ein Bett zu binden und ihn mit Florettklingen auszupeitschen.

Noch ehe Basini der Klasse ausgeliefert worden war, hatte er sich bereits hilfesuchend an Törleß gewandt. »Du musst mir helfen! Nur du kannst es tun! Ich halte es nicht mehr länger aus, wie sie mich quälen. Alles Frühere habe ich ertragen, ... jetzt aber werden sie mich noch totschlagen!« Obwohl Törleß jeder weiteren Annäherung ausgewichen war, hatte er Basini auf einem Zettel, den er ihm zusteckte, mitgeteilt, dass seine Quäler ihn als nächstes der Klasse ausliefern werden und »Fürchterliches« bevorstehe, und ihm noch einmal nachdrücklich geraten, sich selbst bei dem Direktor anzuzeigen.

Unmittelbar nach dem Angriff in der Klasse ergreift Basini nun endlich diese einzige Möglichkeit, die sich ihm noch bietet, stellt sich der Schulleitung und wird in der Folge der Anstalt verwiesen. Törleß aber ergreift die Flucht. Man findet ihn tothungrig und erschöpft einen Tag später in der nächsten Stadt. Von der Untersuchungskommission im Beisein des Direktors aufgefordert, seinen verwirrten Seelenzustand zu beschreiben, versucht er, die zwei Welten, zwischen denen er lebt, im Sinne einer unaufhebbaren Antinomie auf sein eigenes Ich zurückzuführen. Anders als in dem Ausblick, den der Autor auf das spätere Leben des jungen Törleß gegeben hatte: »Nein, ich irrte mich nicht, wenn ich von einem zweiten, geheimen Leben sprach! Ich – ich meine es nicht wörtlich – nicht diese Dinge leben, nicht Basini hat zwei Gesichter – aber in mir war ein zweites, das dies alles nicht mit den Augen des Verstandes ansah. So wie ich fühle, dass ein Gedanke in mir Leben bekommt, so fühle ich auch, dass etwas in mir beim Anblicke der Dinge lebt, wenn die Gedanken schweigen. Es ist etwas Dunkles in mir unter allen Gedanken, das ich mit den Gedanken nicht ausmessen kann, ein Leben, das sich nicht in Worten ausdrückt und das doch mein Leben ist ... Dieses schweigende Leben hat mich bedrückt, umdrängt das anzustarren, trieb es mich immer. Ich litt unter der Angst, dass unser ganzes Leben so sei und ich nur hie und da stückweise davon erfahre, ... oh, ich hatte furchtbare Angst, ... ich war von Sinnen. Jetzt ist das vorüber. Ich weiß, dass ich mich doch geirrt habe. Ich fürchte nicht mehr. Ich weiß die Dinge sind die Dinge und werden es wohl immer bleiben; und ich werde sie wohl immer bald so, bald so ansehen. Bald mit den Augen des Verstandes, bald mit den anderen ... und ich werde nicht mehr versuchen, dies miteinander zu vergleichen.« Wenig später wird er von seiner Mutter aus dem Konvikt abgeholt und nach Hause gebracht.

Das Verhältnis der beiden Welten, der soliden, bürgerlichen, in der doch alles geregelt und vernünftig zuging, und einer abenteuerlichen, voll Dunkelheit, Geheimnis und Blut, erscheint nun nicht mehr, wie es der Erzähler einige Seiten davor noch darstellen wollte: als Möglichkeit, eine feinere, zugeschärfte, verstehende Seele zu entwickeln, die sich der Erfahrung der Erniedrigung mit Raffinement zu bedienen verstünde, sondern als unlösbare Antinomie, an der die Einheit der Seele jederzeit zu Grunde zu gehen droht.

II

Die Verwirrungen, die Musil zur Sprache bringt, gehören zur Dialektik der Aufklärung: Sie entstehen notwendig daraus, dass die Sphären von Sadismus und Moral, de Sade'scher Lust und kategorischem Imperativ engzuführen sind. Wenn Freud den Vorgang der Introjektion der väterlichen Autorität im Zuge des Ödipuskomplexes beschreibt, so kann er nicht umhin, das Über-Ich selbst in seinem Verhältnis zum Ich als sadistisch zu charakterisieren, unter dessen Einfluss das Ich wiederum masochistisch geworden sei, »d. h. ein Stück des in ihm vorhandenen Triebes zur inneren Destruktion zu einer erotischen Bindung an das Über-Ich verwendet«.[10] Die Beziehung zu den Eltern, als den ersten Objekten der libidinösen Regungen des Es, wird in der Überwindung des Ödipus-Komplexes notwendig desexualisiert. Durch die Ablenkung von den direkten Sexualzielen werden ihre Macht, ihre Strenge, Neigung zur Beaufsichtigung und Bestrafung möglicherweise noch gesteigert. »Das Über-Ich, das in ihm wirksame Gewissen, kann nun hart, grausam, unerbittlich gegen das von ihm behütete Ich werden. Der kategorische Imperativ Kants ist so der direkte Erbe des Ödipuskomplexes.«[11] Dem Bestreben der Psychoanalyse, die sadistische Komponente zu integrieren, entspricht die kantische Moralphilosophie, deren sadistische Komponente Freud durchschaut. Vermutlich hatte Freud dabei kaum Zweifel gehegt, dass die Arbeit des Analytikers selbst von dieser Komponente nicht frei ist. Der Kantische Imperativ, dessen sadistische Komponente insofern zum Ausdruck kommt, als das Verhältnis zum inneren Gesetz masochistisch als Pflichtbewusstsein auftritt, ist aber nicht nur wie ein religiöses Gebot der direkte Erbe des Ödipuskomplexes, sondern zugleich die Voraussetzung, eben jener Komponente als eines bestimmten Mittel-Zweck-Verhältnisses von Subjekt und

10 Sigmund Freud: Das Unbehagen in der Kultur. In: Ders.: Gesammelte Werke, Bd. 14. Hrsg. v. Anna Freud u. a. Frankfurt am Main 1999, S. 496.

11 Sigmund Freud: Jenseits des Lustprinzips. In: Ders.: Gesammelte Werke, Bd. 13. Hrsg. v. Anna Freud u. a. Frankfurt am Main 1999, S. 380.

Objekt des Triebs sich überhaupt erst bewusst zu werden. Das heißt: Freud konnte im Grunde die sadistische Komponente am kategorischen Imperativ nur unter dessen Voraussetzung durchschauen, und in dieser Hinsicht würde er praktisch lauten: den Anderen niemals nur als Mittel zum Zweck eigener Lust, sondern immer auch als Zweck zu betrachten, der einen selber als Mittel in Anspruch nehmen kann.

Wenn die Helden und Heldinnen de Sades zur reinsten Verkörperung jener sadistischen Komponenten des Sexuallebens werden können, so müsste hier auch eine Unterscheidung zu den von Freud als Massenpsychologie bestimmten Vorgängen libidinöser Besetzungen unternommen werden: Jene Figuren okkupieren bei de Sade die Position des Ichideals wie bei der Führerfigur, aber ohne, dass die anderen Individuen, die ihnen ausgeliefert sind, zu einer Masse werden, die sich in ihrem Ich miteinander identifizieren; also ohne dass die Okkupation zu einem massenpsychologisch bestimmbaren Führer-Gefolgschafts-Verhältnis wird. Sie bleibt eindeutig sexuell im Sinn einer genital oder polymorph-pervers bestimmten Orientierung auf unmittelbare Befriedigung, muss aber eben darum im sexuellen Akt auf die Zerstörung der Individuen aus sein, die in massenpsychologischer Konstellation dem Führer bloß als Gefolgschaft dienen. In diesem Sinn hat Simone de Beauvoir in den Verbrechen, die de Sade als »individuelle Auflehnung« darstellte, das Abstrakte erkannt, das sich im Verhältnis zum Animalischen, zum Trieb selbst niederschlägt: Nie erscheine »in seinen Romanen die Wollust als Selbstvergessenheit, Ohnmacht, Hingabe.« Bei de Sades Held werde »die männliche Aggressivität nicht durch die im Geschlechtsakt übliche Umwandlung des Leibes in reine Fleischlichkeit gemildert; nicht für einen Augenblick verliert er sich in seiner Animalität: sein Denken bleibt so klar, sein Verstand so rege, daß selbst philosophische Gespräche seine Lust nicht stören, sondern eine Erregung noch steigern können. Man versteht, daß in einem derart kalten, angespannten, sich gegen jedes Mitgerissenwerden anstemmenden Körper Begierde und Lust in einer Art von wütender Krise zum Ausbruch kommen ...«[12] Diese Krise zielt auf reine Vernichtung – nicht anders als der Mechanismus der Guillotine.

Der Sadismus, der in den Bestrafungsaktionen in der Dachkammer dargestellt wird, ist zwar noch nicht im Sinne der Massenpsychologie ›desexualisiert‹ in dem Sinn, dass die unmittelbare sexuelle, genitale oder polymorph-perverse Befriedigung den libidinösen Beziehungen eines Führer-Gefolgschafts-Verhältnisses geopfert würde, aber eben diesem Verhältnis doch schon näher gerückt: Die inhaltliche Ausrichtung des sexuellen Sadismus auf die massenpsychologische Identifikation schlägt sich in Form der Darstellung nieder, die Musil gewählt hat. Sie steht im Kontrast zur Formlosigkeit der Romane de Sades und deren Zweckmäßigkeit: nämlich als Pornographie konsumierbar zu sein. Nicht anders als Leopold Sacher-Masochs literarischer Produktion, welcher der

12 Simone de Beauvoir: Soll man de Sade verbrennen? Drei Essays zur Moral des Existentialismus. Deutsch von Alfred Zeller. Reinbek 1983, S. 28 f.

Masochismus den Namen verdankt, hätten sie auch als Beispiele für eine Frühform der Kulturindustrie im entsprechenden Kapitel der *Dialektik der Aufklärung* dienen können.

Dazu verhalten sich die *Verwirrungen des Zöglings Törleß* wie die Prüglerszene in Kafkas *Prozeß* oder – noch aufschlussreicher – Kafkas Text *In der Strafkolonie*, in der der Sadismus wie der Masochismus an einer Folter- und Hinrichtungsmaschine dargestellt wird. Die Verwirrung des Offiziers, der bei Kafka die Maschine bedient, führt allerdings dazu, dass er sich schließlich selbst von ihr zu Tode foltern lässt – also im Namen der Maschine als ein von Sexualität vollständig verselbständigter Trieb – mit Freud müsste man sagen als purer Todestrieb –, die Rollen von Beineberg und Basini in sich vereint, jene Rollen, die Freud in den *Drei Abhandlungen zur Sexualtheorie* noch als Einheit des Eros dargestellt hatte: »Wer Lust daran empfindet, anderen Schmerz in sexueller Relation zu erzeugen, der ist auch befähigt, den Schmerz als Lust zu genießen, der ihm aus der sexuellen Beziehung erwachsen kann. Ein Sadist ist immer auch gleichzeitig ein Masochist, wenngleich die aktive oder die passive Seite der Perversion bei ihm stärker ausgebildet sein und seine vorwiegend sexuelle Betätigung darstellen kann.«[13]

Während bei de Sade die Distanz zu den folternden und mordenden Damen und Herren aufgehoben ist, um zur vollständigen Identifikation im Masturbieren einzuladen, schiebt sich aber bei Kafka ein ›neutraler‹ Berichterstatter ins Bild, als gelte es, die Distanz durch Sprache als eigene Figur zu verkörpern, um die Reflexion an keinem Punkt der Darstellung sadistischer und masochistischer Praxis preiszugeben. Bei Musil tritt der Erzähler nicht als Figur auf, aber die Genauigkeit, mit welcher er die Vorgänge im Inneren der Titelfigur wiedergibt und durch die hindurch erst die im Inneren der anderen Figuren sichtbar werden, machen deutlich, dass es sich kaum mehr um die traditionelle Erzählweise des allwissenden Erzählers, sondern um etwas wie die Form einer rückblickenden Selbstanalyse handelt, die sich allerdings von der Freudschen dadurch unterscheidet, dass es keine begriffliche Auflösung der Verwirrungen gibt.

Wie bei Kafka ist keine unmittelbare Identifikation möglich, das beständige Reflektieren über die Bewusstseinszustände des Protagonisten verhindert ebenso, Lust an der Folter zu empfinden, wie Einfühlung in ihr Opfer. Aber anders als bei Kafka versucht der Erzähler das Geschehen aus der Perspektive der späteren Jahre darzustellen, um eine Einheit jenseits bloß moralischer oder psychoanalytischer Urteilsbildung zu finden, scheitert jedoch dabei in charakteristischer Weise immer wieder.[14] Aus Naivität sei Törleß in seine Vergehen hineingeraten. »Nicht aus Perversität, sondern infolge einer augenblicklich ziellosen, geistigen Situation.« Ebenso versucht der Erzähler die homosexuellen Neigungen von Törleß zu rationalisieren und gerät dabei selbst ins

13 Sigmund Freud: Drei Abhandlungen zu Sexualtheorie. In: Ders.: Gesammelte Werke, Bd. 5. Hrsg. v. Anna Freud u. a. Frankfurt am Main 1991, S. 58 f.

14 Siehe Renate Göllner: Masochismus und Befreiung. Georges-Arthur Goldschmidt. In: Göllner: Freiheit und Trieb. An den Grenzen der Psychoanalyse. Freiburg; Wien, S. 165 ff.

Schwanken: »Aber man darf auch wirklich nicht glauben, dass Basini in Törleß ein richtiges und – wenn auch noch so flüchtig und verwirrt – wirkliches Begehren erregte. Es war allerdings etwas wie Leidenschaft in Törleß erwacht, aber Liebe war ganz gewiss nur ein zufälliger, beiläufiger Name dafür, und der Mensch Basini nicht mehr als ein stellvertretendes und vorläufiges Ziel dieses Verlangens. Denn wenn sich Törleß auch mit ihm gemein machte, sein Begehren sättigte sich niemals an ihm, sondern wuchs zu einem neuen, ziellosen Hunger über Basini hinaus.«

Hier wird die Form selbst inhaltlich gedeutet: die zeitliche Distanz des Erzählers zum Erzählten wird als Urteil des Erwachsenen über die Naivität des Knaben oder als in vergangener Zeit noch ziellose geistige Situation reflektiert. Zugleich eröffnet diese Distanz längerfristig doch auch eine andere Sicht auf das, was als Perversität bezeichnet wird. Ganz im Sinne Freuds, der überzeugt war, dass die Grenzscheide zwischen Normalem und Pathologischem niemals ganz scharf gezogen werden kann, schrieb Musil 1911 über das »Unbeständige und Kranke in der Kunst«, dass hier ein »Kampf aufzunehmen« sei und knüpft damit an den Ausblick an, den er im *Törleß* über das spätere Leben des Titelhelden gibt: Er formuliert das allgemeine Urteil, dass »man – in dieser Zeit, die sich mit Dekadence und Gesundheit so viel ängstigt – die Grenze zwischen seelischer Moral viel zu grob geometrisch sucht, wie eine Linie, die zu bestimmen und zu respektieren sei ... In Wahrheit gibt es keine Perversität oder Unmoral, die nicht eine korrelate Gesundheit und Moral hätte. Das setzt voraus, daß zu allen Bestandteilen, aus denen sie sich aufbaut, analog auch [solche] in der gesunden und zusammenlebenstüchtigen Seele sich finden ... Dies ist der Schlüssel zu der Kombinatorik, welche das Verständnis und die künstlerische Liebe auch des Unmoralischen und Perversen möglich macht.«[15]

Damit hängt auch die einzige Stelle im *Törleß* zusammen, die eine Aufhellung im düsteren Alltag des Internats bedeutet: Es ist die Bekanntschaft mit dem jungen Fürsten H., der schon bald nach Beginn von Törleß' Aufenthalt ebenfalls in das Konvikt eingetreten war, aber es bald wieder verließ. Während sich Törleß zu ihm hingezogen fühlte, von seinen Bewegungen und seiner Individualität fasziniert war, empfanden ihn die anderen affektiert und – ähnlich wie Basini – weibisch und lachten ihn aus. In dem »kleinen Törleß« aber bahnte er »jene Art von Menschenkenntnis an, die es lehrt, einen anderen nach dem Fall der Stimme, nach der Art wie er etwas in die Hand nimmt, ja selbst nach dem Timbre seines Schweigens und dem Ausdruck der körperlichen Haltung, wie er sich in den Raum fügt«, wahrzunehmen. Törleß genoss seine Gesellschaft, er fühlte sich in seiner Gegenwart gelöst und erlebte diese Zeit wie »eine Idylle«. Hatte er, der aus einer bürgerlich freidenkenden Familie stammte, anfänglich sogar Gefallen an der Religiosität des Freundes gefunden, so kam der Augenblick, in dem er sich mit ihm über die Frage des Glaubens zerstritt: »Wie von Törleß unabhängig schlug nun der

15 Robert Musil: Das Unanständige und Kranke in der Kunst [1911]. In: Ders.: Gesammelte Werke, Bd. 8. Hamburg 1978. S. 981 f.

Verstand in ihm auf den zarten Prinzen los. Er überschüttete ihn mit dem Spotte des Vernünftigen, zerstörte barbarisch das filigrane Gebäude, in dem dessen Seele heimisch war, und sie gingen im Zorne auseinander.«

Zugleich war es mehr als eine bloße »Idylle«: eine »Art Sehnsucht« danach, »war wohl für immer in ihm zurückgeblieben, aber er schien in einen anderen Strom geraten zu sein, der ihn immer weiter davon entfernte.« Im Grunde gestaltete Musil das Dunkle in seinen späteren Arbeiten immer auch von dieser Sehnsucht aus, Sehnsucht nach einer Einheit von Trieben und Vernunft, nicht durch Gewalt und Zwang hergestellt. In Musils Stück *Die Schwärmer*[16] sagt eine der Figuren: »Jeder Mensch kommt auf die Welt mit Kräften für die unerhörtesten Erlebnisse... Die Gesetze binden ihn nicht. Aber dann läßt ihn das Leben immer zwischen zwei Möglichkeiten wählen, und immer fühlt er: eine ist nicht darunter, immer eine, die unerfundene dritte Möglichkeit. Und man tut alles was man will, und hat nie getan, was man gewollt hat. Schließlich wird man talentlos.«[17]

III

Ende der 1930er Jahre notierte Musil über die Figuren des Beineberg und Reiting aus seinem *Törleß*, sie seien »die heutigen Diktatoren in nucleo«, und sprach von der »Wichtigkeit« des ein Viertel Jahrhundert davor geschriebenen Werks für die nunmehrige »Politik«. *Der Törleß* sei die »Vorgeschichte der Diktaturen des 20. Jahrhunderts«.[18]

Es ist, als hätte Jean Améry an diese Bemerkungen Musils unmittelbar anknüpfen wollen, als er sich entschloss, die Geschichte des jungen Törleß gleichsam fortzusetzen. Anlass dafür war, dass sich der Schriftsteller Peter Härtling Anfang der 1970er Jahre an verschiedene Schriftsteller mit dem etwas gesucht erscheinenden Vorschlag wandte, das Leben einer für sie bedeutsamen literarischen Gestalt weiterzuerzählen. Die Frage, so Härtling in seinem Vorwort, lautete, was aus Dorfrichter Adam nach dem Prozess, was aus Odysseus nach seiner Heimkehr oder aus Leporello nach dem Untergang Don Giovannis geworden sei. Lässt sich ihre Existenz weiterdenken? Ist nicht die Wahl der Figur für den, der sie fortzusetzen trachtet, kennzeichnend?[19] Die letzte dieser Fragen ist rein rhetorisch, und doch ist die Wahl im Fall Amérys besonders überraschend. In seinem berühmten Essay über die Tortur aus *Jenseits von Schuld und Sühne* hatte er darüber geschrieben, was ihm in der Festung Breendonk von der SS angetan wurde und was Folter im Nationalsozialismus bedeutete. Dabei spielte der Begriff des Sadismus

16 Robert Musil: Die Schwärmer. In: Ders.: Gesammelte Werke, Bd. 6. Hamburg 1978, S. 317.

17 Ebd. S. 317.

18 Robert Musil: Transkriptionen & Faksimiles / Nachlass: Mappen. H. 33 / 11 u. H. 33 / 59. Klagenfurter Ausgabe 2009. Zit. nach: Pfohlmann: Robert Musil (wie Anm. 1), S. 21.

19 Peter Härtling: Leporello fällt aus der Rolle. Das Leben von Figuren der Weltliteratur weiterzählt. Frankfurt am Main 1971, S. 7.

eine entscheidende Rolle: Améry ging es jedoch nicht um die sexuelle Dimension des Sadismus, nicht um dessen Zusammenhang mit der genitalen und polymorph-perversen Sexualität, sondern um das, was aus der Erbschaft des Ödipus unter nationalsozialistischer Herrschaft geworden war: die Ersetzung des kategorischen Imperativs durch die Volksgemeinschaft, in deren Namen gefoltert wurde. Es ging ihm, mit Freud gesprochen, um die massenpsychologische Bestimmung des Täters, der foltert, und um die Situation des Opfers, das unter diesen Bedingungen gefoltert wird. Es ging ihm um die Folter vor dem Hintergrund von Auschwitz.

In dem *Gespräch über Leben und Ende des Herbert Törleß*[20] kommt darum sofort die Frage des Antisemitismus ins Spiel. In der Welt des Konvikts, wie Musil sie darstellt, gibt es keine Juden und die Haltung ihnen gegenüber kommt auch sonst bei keiner der Figuren zur Sprache. Bei den Berichten jedoch, die Améry über Törleß in dessen letzten Lebensjahren erfindet, wird von den Dialogpartnern darüber spekuliert, dass »seine Judenfeindschaft, über die er sich selbst manchmal mit Unmut äußerte, im Zusammenhang stand mit dem Basini-Erlebnis«, wobei im selben Moment betont wird, dass Basini selbst »alles andere als ein Jude« war, sondern adeliger Herkunft. So hätte ihn Törleß gleichsam zum »paradigmatischen«, zum »metaphysischen Juden« gemacht. Es sei darüber von ihm »stets nur in zugleich dunklen und spöttischen Andeutungen« etwas zu hören gewesen, »scheu und nicht ohne eine gewisse Tücke« habe er einmal gesagt: »Basini hat mich verführt, wie Mephisto den Faust, wie der Jude den Deutschen; das konnte nicht gut ausgehen – und dann lachte er, als sei diese Absurdität ein schlechter Witz ...« In der Zeit des Nationalsozialismus diente Törleß in Amérys Fortschreibung der Geschichte dem Regime als Journalist, der »eine Menge von übrigens recht mittelmäßigen kulturpolitischen Artikeln« verfasste. »Er stand nach 1945 in jeder Hinsicht kompromittiert da.« Améry schildert sein Verhältnis zur nationalsozialistischen Bewegung als handelte es sich bei Törleß um die habsburgische Version von Ernst Jünger, der sich vielfach auch mit Verachtung von ihr abwandte und doch auf ihrer Seite stand. Anders als Jünger erscheint dieser Amérysche Törleß jedoch gebrochener, beinahe verzweifelt: Er ist – geradezu in Anlehnung an Karl Kraus, den Améry aber nicht mochte – davon überzeugt, dass »spätestens seit 1914 die Menschheit Narren- und Totentanz in einem treibe, und daß er, Törleß, da doch alle Karten gezinkt waren, auch gleichweg schon auf die miserablste, offenkundig falscheste setzen konnte, und zwar als jener Anstaltseleve, der das Folterspiel mit Basini ertrug. Zugleich war er aber auch der schlechte Folterschüler, der aus der Schule floh ... zu spät floh.« In diesem Zusammenhang spielt Améry auch auf die Stelle bei Musil an über »jene kleine Menge Giftes«, die zurückblieb und die nötig sei, »um der Seele die allzu sichere und beruhigte

20 Dieses und die folgenden Zitate ohne Seitenangaben aus: Jean Améry: Gespräch über Leben und Ende des Herbert Törleß. Herbert Törleß aus Robert Musil *Die Verwirrungen des Zöglings Törleß*. (1971). In: Jean Améry Werke. Aufsätze zur Politik und Zeitgeschichte. Bd. 7. Hrsg. v. Stephan Steiner, Stuttgart 2005, S. 59 – 76.

Gesundheit zu nehmen«. Was seine Gebrochenheit und Verzweiflung betrifft, verbittet Törleß sich noch in den letzten Lebensjahren jedes Mitgefühl und distanzierte sich von »dem trivialen Schuld-Sühne-Schema ... Er zuckte unmutig die Achseln. Dummes Zeug. Ich habe Basini nicht umgebracht und habe nicht persönlich die Juden vergast.«

Die Form, die Améry gewählt hat, um das Leben von Törleß weiterzuerzählen, ist ebenfalls als Rückblick angelegt, doch ist sie nicht episch wie bei Musils Erzähler, sondern dialogisch: Zwei Personen unterhalten sich nach dem Tod von Törleß, spekulieren über seine Motive und fragen sich, wie denn sein Handeln durch all die Jahre vom Aufenthalt im Konvikt bis zur Existenz als schwerkranker einsamer Mann in einer Junggesellenwohnung beurteilt sein möchte. Sie selbst kannten Törleß im Konvikt zu flüchtig, wussten damals nichts von den Taten in der Dachkammer, und waren offenkundig auch nicht an dem Angriff auf Basini in der Klasse beteiligt, sie erfuhren davon erst, nachdem die Sache aufgeflogen war. Der eine der beiden hatte dann nach 1945 näheren Kontakt zu Törleß und er spricht sogar wie von Freundschaft – ausgelöst davon, dass Törleß nach »einem diskreten Beichtiger« suchte. Und offenbar ist der späte Freund, der hier über ihn berichtet, durchaus bereit gewesen, ihm eine Art Absolution zu erteilen, denn er empfand ihn trotz oder wegen seiner dunklen Seite als anziehend, sogar liebenswürdig. »Gerade um seines Außenseitertums und seiner Verletzlichkeit wegen. Und er war der Verschwender und Verlierer einer vielleicht genialen Begabung. Die hat er – weil er sich bestrafen wollte? weil er sich besudelt fühlte? – der Welt verborgen.« So gesteht der späte Freund ein, er habe »großes Mitleid« mit Törleß gehabt und dies auch ihm gegenüber geäußert: »Das Gift«, das in ihm seit jener frühen Zeit im Konvikt geblieben sei, »hast du ja ausgeschieden ... in diesem Nachkriegsjahr, und wäre ich gläubig, würde ich sogar meinen, du habest gesühnt: durch das allgemeine Elend unseres Volkes, durch deine persönlich so schwere ökonomische Lage, nicht zuletzt durch deine Erkrankung.« Aber wie stets wies Törleß Mitleid und Absolution sofort wieder zurück. Der anderen der beiden über sein Leben sprechenden Personen, die auch in diesen späten Jahren keinen näheren Kontakt zu Törleß gesucht hatte, erscheint diese Abwehr wie seine Mitwirkung am »apokalyptischen Rhythmus« des Nationalsozialismus als Akt der »Selbstzerstörung und, vielleicht, der Selbstbestrafung«. Es ist eine im Sartreschen Geist formulierte Schlussfolgerung daraus, wie er sich angesichts dessen, was man Basini antat, verhalten hatte: »Er hat die scheinbar unerschütterliche Ordnung, in der wir leben, nicht nur als Unordnung erkannt, sondern hat, indem er die sadistischen Veranstaltungen nicht unverzüglich der Schulleitung anzeigte, zur Zersetzung noch der letzten humanen Ordnungsreste seinen Teil getan ... Törleß ging als bloßer Voyeur und Komplize entschieden weiter als irgendeiner von uns anderen. Er hat sich, wenn ich nochmals harte und große Töne anschlagen darf, schon als Knabe *konstituiert*. Er nahm die Rolle eines Zerstörers der bürgerlichen Ordnung auf sich. Er erreichte sehr frühe einen Punkt, von dem aus es kein Zurück mehr gab.« Aufgefordert, doch ein wenig freundlicher an Törleß zurückzudenken, wird dieses Urteil wieder abgemildert: »Es fällt mir nicht so schwer, wie du vielleicht glaubst. Er war kein guter Kamerad, aber er war ein Kamerad. Man läßt Kameraden nicht im Stiche, so hieß es doch bei uns auf der Anstalt ... Aber meine liebende Erinnerung gehört dennoch nicht ihm, sondern Basini. Basini, den ich nie wieder im Leben gesehen habe, von dem ich nichts weiß.« Da könne er ihm aushelfen, antwortet der Andere: »Basini fiel als Volkssturmmann 1944 unter einem feindlichen Fliegerangriff.«

Damit endet der Dialog. Gerade dieses Ende lässt den ganzen Dialog wie ein Gespräch zweier Wiener Hofräte bei einem Kuraufenthalt in Bad Ischl erscheinen. Insofern könnte man sagen, dass das Gespräch – genau betrachtet – keine »Weitererzählung« des Törleß ist, vielmehr eine Art Dialog über die postnazistischen Verhältnisse in Österreich. Denn Améry gesteht den hier über Törleß Räsonierenden keineswegs die moralische Autorität zu, mit welcher er selbst über Auschwitz und die Folter geschrieben hatte. Über ihre Zeit im Nationalsozialismus erfährt man nichts, außer dass sie für sich selber in Anspruch nehmen, der Bewegung und dem Staat um einiges ferner als Törleß gestanden zu haben, was aber durchaus als Fortführung des Anstaltsmottos verstanden werden könnte: Man lässt Volksgenossen nicht im Stich. Sie entlarven sich darin selbst, wenn sie ihre Auffassungen von den Juden kundtun: Er sei, gesteht der eine, der antisemitischen Bemerkung, die Törleß einmal mit »böse verzerrtem Blick« gemacht habe, ausgewichen, »weil mir der Antisemitismus nicht lag, wiewohl ich stets zugegeben habe, daß unter den Israeliten sich unerfreuliche Elemente ...«. Hier wird er vom anderen mit der Bemerkung unterbrochen: »Törleß war Österreicher bis in seinen undeutlichen Antisemitismus hinein«, und gesteht seinerseits, er sei so wenig frei gewesen von antisemitischen Affekten »wie irgendwer aus unseren Kreisen.«

Warum Améry zu dieser Form der Darstellung griff, erschließt sich daraus, dass er – was auf den ersten Blick irritierend wirkt – den Dialog über das Leben von Törleß nach dem Aufenthalt im Konvikt mit nicht wenigen Motiven und Charakteren aus dem späteren Leben und Werk von Musil selbst anreichert. So wird etwa auf Musils Ablehnung und spöttische Haltung gegenüber Werfel und Wildgans Bezug genommen; in Anlehnung an eine Romanfigur aus dem *Mann ohne Eigenschaften* findet sich der »Nazi-Freund« Hans Sepp erwähnt, mit dem der spätere Törleß befreundet gewesen sei; ebenso taucht Walter Rathenau auf, den Musil gekannt hatte und von dem einige Züge in die Gestalt des Dr. Arnheim in seinen großen Roman eingegangen waren; und es werden dessen berühmte Wendungen »Mondstrahlen bei Tage« und »taghelle Mystik« Törleß zugeschrieben: All das geschieht, um sich ein Urteil über die späteren Anschauungen von Törleß zu bilden, als sollte in ihm scheinbar der Autor des *Mann ohne Eigenschaften* mit der Figur Ulrichs aus demselben Roman synthetisiert werden. Dabei schätzte doch Améry Robert Musil außerordentlich. Nicht nur weil dieser einst in den 1930er Jahren sein Romanmanuskript *Die Schiffbrüchigen*[21] gelesen und ihm Talent bescheinigt hatte, und auch nicht allein deshalb, weil er sich dem Nationalsozialismus gegenüber schließlich doch ganz anders als der spätere Törleß, wie Améry ihn darstellte, verhalten hatte. Gerade auch die Romanform, die Musil im *Mann ohne Eigenschaften* entwickelt hatte, war für Améry in der Zeit, in der er diesen Dialog über Törleß schrieb, ungemein wichtig geworden und fand in dem »Romanessay« *Lefeu* (1974) Niederschlag.

Eine Episode, die über die Beziehung von Amérys Törleß zu Walter Rathenau, dem dieser einst begegnet war, macht besonders deutlich, wie wenig das Urteilsvermögen der beiden den Dialog führenden Personen hinreicht, das Geschehene zu fassen. Der eine von ihnen berichtet, welche »unheimliche Bemerkung« Törleß nach der Begegnung mit Rathenau gemacht habe: »Es schien mir in diesem Augenblick nichts leichter, als ein Verbrechen an ihm zu begehen. Ich sah die dunkle breite Fläche des Halses und der Schultern vor mir. Namentlich der Hals reizte mich. Meine Hand suchte in den Taschen der rechten Körperseite nach dem Federmesser ...« Indem er seine beiden ›Hofräte‹ mit Anleihen aus dem *Mann ohne Eigenschaften* über das spätere Leben von Törleß sprechen lässt, demonstriert Améry gerade an Musils Figuren selber, was geschieht, wenn die Reflexion ausfällt, derentwillen Musil sie geschaffen hat. Denn was wäre die Moral anderes als die Ordnung eines Militärkonvikts, wenn sie sich nicht weigerte, Kunstwerke nach moralischen Kriterien zu beurteilen, wenn sie also nicht wahrhaben wollte, dass sie abgedungene Untaten sind.

21 Jean Améry: Die Schiffbrüchigen. Jean Améry Werke. Bd. 1. Hrsg. v. Irene Heidelberger-Leonard. Stuttgart 2007.

David Hellbrück

Versuch, Georges-Arthur Goldschmidts *Vom Nachexil* zu verstehen

Diß ist auch die höchste Poësie, in der auch das unpoëtische, weil es zu rechter Zeit und am rechten Orte im Ganzen des Kunstwerks gesagt ist, poëtisch wird.

Friedrich Hölderlin, *Frankfurter Aphorismen*

Ich kam aus dem terrorisierten Deutschland, das fühlten wir Kinder. Deutschland war ein Land, wo man sich immer umdrehte, um zu wissen, ob nicht jemand hinter einem her war, wo sogar die Landschaft Schiss hatte.

Georges-Arthur Goldschmidt, Zitat aus der Fernsehdokumentation *Stille Retter*

Über Georges-Arthur Goldschmidt zu schreiben, fällt schwer. Der 92jährige Schriftsteller, der heute in Paris lebt, setzte mit seinem Schreiben öfters an. Goldschmidt scheut nicht davor zurück, seine eigene Geschichte immer wieder aufs Neue zu erzählen, die wiederzugeben nie gelingen kann: Mit elf Jahren schickten seine Eltern ihn und seinen Bruder vom Hamburger Hauptbahnhof gen Florenz; das war im Frühjahr 1938. Ein Jahr später flohen sie bereits weiter, waren sie in Italien doch nicht mehr sicher und landeten zuerst im französischen Savoyen. In der Nähe von Annecy tauchte Georges-Arthur Goldschmidt in einem katholischen Internat unter. In den letzten beiden Kriegsjahren war er in Folge der deutschen Besatzungsmacht alsdann auch dort von seinen Verfolgern bedroht und sah sich gezwungen, bei französischen Bergbauern Zuflucht zu nehmen, wo er die Verfolgung überstand. Dass er als Jude – der nach eigenen Angaben von seinem Judesein nur wenig verstand, hatte er doch mit der großen jüdischen Tradition nichts zu tun und wuchs in einer zum Protestantismus konvertierten Familie auf – von der Vernichtung ständig bedroht war, war etwas, das sich nicht begreifen ließ.

Die Themen der Bücher mögen aufgrund der schieren Unbegreiflichkeit einander ähneln, sich womöglich beinahe schon gleichen, dennoch bleibt jedes Buch unverwechselbar. Vieles von dem, was Goldschmidt in dem auch autobiographischen Text *Vom Nachexil* (Wallstein, 2020) zur Sprache bringt, ist bereits in seinen vorherigen Büchern schon thematisch geworden:[1] Die Sprache, die weit mehr als bloßer Informationsträger ist,[2] die zentrale Stellung der Psychoanalyse für sein Denken, die Shoah, als das bloße *Dahinmorden*, der Antisemitismus, die immer implizit anwesende Kritik an Heidegger, welche durch den bloßen Gedanken an den Leib schon immer *auch* ausgedrückt wird, die Frage der Schuld und der Scham und sein damit verbundenes Verhältnis zu Kafka und letztlich auch das Denken Sartres, um an dieser Stelle nur die zentralen Motive zu nennen. Mit jedem Prosastück, das wie eine Serpentine einen Berg erschließen will, ihn aber nie ganz wird erfassen können, beginnt Goldschmidt stets aufs Neue. Er holt aus, er atmet, setzt an, repetiert, bricht aber auch notwendig irgendwo, irgendwann und irgendwie wieder ab. Insbesondere in dem neuen, nur achtundachtzig Seiten umfassenden Text ist jeder Satz Zeuge des ständigen Neuanfangs.

Dass dieses Buch nach eigener Aussage sein letztes sein soll,[3] bleibt erst einmal unverständlich. Man versteht aber doch, wieso es für den Autor schwer werden könnte, nach dieser einzigen Hommage an Frankreich und insbesondere an Paris, nochmals neu anzusetzen: zu sehr scheint er hier die Bedingung seines Schreibens zu konzentrieren, als dass dahinter noch eine Bedingung der Bedingung sichtbar gemacht werden könnte. – Sein nächstes Buch würde sich zum bisherigen Werk wohl so konstellieren müssen.

Schon der erste Satz dieses Buches ist gleichsam als Motto hingestellt und steht unweigerlich, wenn erst einmal ausgesprochen, in der Spannung zum bisherigen Werk: »Wer einmal ins Exil getrieben wurde, kommt lebenslang nicht mehr davon ab.« Was auf diesen ersten Satz folgt, ist zum einen ein stillschweigendes Beweisstück dieses Satzes sowie zugleich die Antwort darauf, wie Goldschmidts bisherige Arbeiten überhaupt haben entstehen können. Dieser Satz könnte aber zugleich – mit einer Anspielung auf Kant – als eine Art transzendentales Motto verstanden werden, dergestalt dass jeder darauf folgende Satz ihn begleiten können muss, womit der Satz vielleicht als das Zentrum von Goldschmidts Denken betrachtet werden darf. Anfänglich mag diese scheinbar einfache Behauptung noch ganz abstrakt und unbestimmt in den Ohren klingen. Man muss ihn

1 Siehe dazu den Aufsatz Renate Göllners: *Masochismus und Befreiung: Georges-Arthur Goldschmidt*. Zuerst erschienen in sans phrase 8/2016, dann in Freiheit und Trieb. An den Grenzen der Psychoanalyse. Freiburg; Wien 2019. S. 155 ff.

2 Der in Wien lebende Dramatiker Amir Gudarzi hat in seinem Stück *Geleemann. Die Zukunft zwischen meinen Fingern*, das erst kürzlich Premiere in Wien feierte, insbesondere Goldschmidts Reflexionen auf die Sprache aufgegriffen und diese eindrucksvoll auf die Bühne gebracht. Gudarzi lässt seinen Geleemann sagen: »Die ganze deutsche Sprache ist auf dem Wechsel von Hebung und Senkung des Brustkorbs aufgebaut, auf An- und Abstieg. Hin und Her im Raum. Im Deutschen geht alles vom Körper aus, kehrt zu ihm zurück, geht durch ihn hindurch: Der Leib, der das Leben selber ist, hat denselben Ursprung wie das Leben, wie es leibt und lebt. Der Leib ist etwas anders als Körper. Der Körper ist der organische Körper, aber der Leib ist dagegen der Körper, der ich bin, mein Leib und Leben. Das hat auch einmal ein Autor gesagt. Aber das wollt ihr nicht verstehen. Manchmal habe ich in Österreich auch einige Leute getroffen, die mir zeigen wollten, dass sie sich für mich interessieren. Ich war mit ihnen unterwegs und durfte sie auch anfassen, aber nie sind wir uns nah gekommen. Da ist die Rede von einer anderen Art Nähe. Jetzt rede ich über ein Gefühl der Nähe, das nicht mit Körperkontakt zu tun hat. Ich habe diese Nähe gesucht. Aber nie gefunden.«

3 So Goldschmidt am 4. März 2020 in einem kurzen TV-Interview mit 3sat, www.3sat.de/kultur/kulturzeit/georges-arthur-goldschmidt-100.html (letzter Zugriff: 27. 7. 2020).

schon mehrmals laut vor sich hinsagen, damit er vom Bewusstsein nicht gleich wieder abgewehrt wird. »Wer einmal ins Exil getrieben wurde, kommt lebenslang nicht mehr davon ab.« Er kommt so unabweisbar wie einfach daher.

Das was dann auf diesen Satz folgt, ist, gerade weil Goldschmidt das Repetieren nicht scheut, eine bildhafte Ausgestaltung dieses einen Satzes. Bilder allerdings, die ohne ihn überhaupt nicht verständlich zu machen wären; doch umgekehrt wäre auch dieser erste Satz ohne die gezeichneten Bilder gar nicht zu verstehen. Sozusagen in einem *postscriptum*, das sich streng abgehoben vom restlichen Satzbild auf einer ungeraden, der letzten Seite wiederfindet – der übrige Text steht sich ohne größere Absatzsprünge ›aneinandergeklebt‹ im ›Fluss‹ –, findet dieser erste Satz seinen letzten Ausdruck. Im Bild der brennenden Notre-Dame de Paris wird dieser den Anfang und das Ende zusammenbindende Gedanke derart ausgemalt, dass Goldschmidt – so scheint es jedenfalls – selbst wieder davor zurückschreckt, sich als Betrachter in dem von ihm selbst erschaffenen Bild erkennen zu können: »Als diese Schrift schon in den Händen des Verlegers war, geschah das Ungeheure, das alles unter einem neuen, schärferen Licht erscheinen läßt: Am 16. April 2019 steht Notre-Dame de Paris in Flammen. Ende des 11. Jahrhunderts erbaut, zeugt diese Kathedrale von neunhundert Jahren europäischer Geschichte. Der Schock war körperlich dem ähnlich, der bei der Kriegserklärung von 1939 empfunden wurde. Ein kleiner exilierter deutscher evangelischer Junge jüdischer Herkunft wußte schon, daß alles auf dem Spiel stand, und sollten die Hitler-Horden siegen, wäre es vielleicht um Notre-Dame geschehen.« Auffällig ist hier, dem Traumbild nicht unähnlich, dass der Schock nicht von dem Georges-Arthur-Goldschmidt-Ich erlitten wird, wozu der Künstler ja ohne weiteres die Möglichkeit gehabt hätte, wenn er denn nicht geschrieben hätte, dass der Schock *empfunden wurde*. Dennoch aber, und das scheint das Traumbild zu stören, ist das Bild der brennenden Notre-Dame de Paris ganz real, kann gar nicht vergessen gemacht werden, weil es exakt datiert wird. Somit wird die brennende Kirche aller Traumwelt sogleich wieder entzogen und das Ungeheure konnte nicht bloß geträumt worden sein. Die Spannung von Traumwelt und Realität kennzeichnet die gesamte, nicht einmal eine Seite umfassende, Passage, darf aber zugleich auch für die Schrift im Ganzen gelten. Der Ich-Erzähler tritt hier ganz offenkundig in den Hintergrund: beinahe so, als könne Goldschmidt diesmal sein Erstaunen über den Gang der Geschichte und seine eigene Präsenz nur dadurch zur Sprache bringen, dass er sich zugleich wieder als Ich-Erzähler aus der Erzählung selbst herausnimmt und dagegen den jungen Goldschmidt auftreten lässt. Das nur, um letztlich zu beschreiben, wie fatal es gewesen wäre, wenn das Denkmögliche eingetreten wäre und diese »beiden herrlichen Glockentürme« schon früher abgebrannt wären. Denn all seine Hoffnung an die europäische Geschichte, und alles was er sonst noch mit diesen beiden Glockentürmen verbindet, wäre verloren gewesen – die Nazi-Horden und ihre Nachfahren hätten gesiegt.[4] Es hätte ihn selbst so nicht geben können. Und deswegen konfrontiert sich der 92jährige Goldschmidt mit dem 11jährigen, dem 80 Jahre jüngeren Selbst. Im somatisch erfahrenen Schock begegnen sie sich. Was die beiden allerdings trennt und Nähe erst zulässt, ist das Französische, das dem älteren Goldschmidt seine Erfahrung hat möglich werden lassen, reflektiert er doch hier zugleich auch, wie er überhaupt hat überleben und damit auch das Schreiben aufnehmen sowie bewältigen können.[5] »Sie [die Notre-Dame] ist nämlich das Herz Frankreichs, sie hat alle Ereignisse der legendären Vergangenheit des Landes begleitet, von dem heiliggesprochenen König Ludwig IX. bis zur Befreiung 1944 von der Nazi-Okkupation. Notre-Dame verkörpert auf den ersten Blick das Wesen Frankreichs. Wir alle, die manchmal in größter Gefahr die Okkupation über uns ergehen lassen mußten, haben zu keinem Augenblick Notre-Dame aus den Augen verloren, es genügte ein einziger Blick auf die beiden herrlichen Glockentürme, um wieder Hoffnung zu schöpfen, um zu wissen, daß nicht alles untergegangen war, daß die Figur der Zivilisation, die sie für uns alle war, noch dastand, um in die Zukunft zu weisen.« Das sind die letzten Sätze. Dass Goldschmidt hier gerade die Zeitspanne von König Ludwig IX. (1214 – 1270) bis zur Befreiung Frankreichs im Jahr 1944 von der Naziokkupation als die legendäre Vergangenheit des jetzt laizistischen Landes bezeichnet, dürfte alles andere als Zufall sein, ist mit der Errichtung des gotisch gestalteten Gotteshauses der ökonomische und kulturelle Aufstieg Paris' so sehr verbunden wie mit dem Namen König Ludwig IX. – Unter ihm wurde, um nur ein Beispiel herauszugreifen, die Universität Sorbonne errichtet und diese hat wiederum für das Aufklärungsdenken so gewichtige Vertreter der nach-aristotelischen Philosophie wie Roger Bacon erst möglich werden lassen. Ebenso wie unter der Herrschaft Ludwig IX. der Hass auf die Juden mehr als ohnehin immer schon grassierte,[6] ist auch das Bild des Frankreichs aus dem Jahr 1944 ›gestört‹, fand der Antisemitismus auch dort seine begeisterten Anhänger, was die Zeitspanne von

4 Bei Walter Benjamin heißt es in dem Aphorismus *Zu nahe*, einem seiner *Denkbilder*: »Im Traum am linken Seine-Ufer vor Notre Dame. Da stand ich, aber da war nichts, was Notre Dame glich. Ein Backsteinbau ragte nur mit den letzten Staffeln seines Massivs über eine hohe Verschalung von Holz. Ich aber stand, überwältigt, doch eben vor Notre Dame. Und was mich überwältigte war Sehnsucht. Sehnsucht nach eben dem Paris, in dem ich hier im Traume mich fand. Woher also diese Sehnsucht? Und woher dieser ihr ganz entstellter, unkenntlicher Gegenstand? – Das macht: im Traume war ich ihm zu nah gekommen. Die unerhörte Sehnsucht, welche hier, im Herzen des Ersehnten mich befallen hatte, war nicht, die aus der Ferne zum Bilde drängt. Es war die selige, die schon die Schwelle des Bildes und Besitzes überschritten hat und nur noch von der Kraft des Namens weiß, aus welchem das Geliebte lebt, sich wandelt, altert, sich verjüngt und, bildlos, Zuflucht aller Bilder ist.« Beinahe wirkt es so, als würde Goldschmidt Benjamin hier aufgreifend, und nur eingedenk der realen Bedrohung, das Bild der Notre Dame erstmals glasklar zeichnen können.

5 Ohne den Verwandtschaftsgrad mit Benjamin hier zu sehr betonen zu wollen, ist an dieser Stelle vielleicht auf ein anderes *Denkbild* von Benjamin aufmerksam zu machen, das mit *San Gimignano* überschrieben ist: »Worte zu dem zu finden, was man vor Augen hat – wie schwer kann das sein. Wenn sie dann aber kommen, stoßen sie mit kleinen Hämmern gegen das Wirkliche, bis sie das Bild aus ihm wie aus einer kupfernen Platte getrieben haben. ›Abends versammeln sich die Frauen am Brunnen vorm Stadttor, um in großen Krügen Wasser zu holen‹ – erst als ich diese Worte gefunden hatte, trat aus dem allzublendenden Erlebten mit harten Beulen und mit tiefen Schatten das Bild.«

6 Frei nach der einzig mir bekannten, durchaus sarkastischen, aber dennoch gelungenen Arbeitsdefinition des Antisemitismus, die auf meinen Freund Rainer Bakonyi zurückgeht: »Antisemitismus ist immer dann, wenn der Hass auf die Juden das übliche Maß überschreitet.«

Ludwig IX. bis zur Befreiung Frankreichs durch die Alliierten im Jahr 1944 nochmals unter anderem Licht erscheinen lässt.

Das Bild der Notre-Dame de Paris lässt noch einmal alles, wie Goldschmidt schreibt, »unter einem neuen, schärferen Licht erscheinen«. Doch dieses Bild wird auf den Seiten zuvor schon vorbereitet und vorgezeichnet, indem Goldschmidt dort bereits das Augenblickliche ins Zentrum rückt, das selbst nur bilderhaft ausgedrückt werden kann. Alles was gewesen war und das, was aufs Exil folgt, bleibt durch die Konzentration auf den Augenblick als Schockmoment verbunden und macht die Erfahrung des Exils erst aus. Dadurch gibt es keine in Vergessenheit zu geraten drohende Vergangenheit mehr, da alles Künftige für den Exilanten mit dem einstigen Augenblick verschwistert bleibt. Die Fixierung auf das Augenblickliche (und damit die Reflexivität darauf) hebt das Exiliertwerden tatsächlich erst ins Bewusstsein, sodass der letzten Momentaufnahme des Abschiednehmens unermessliche Bedeutung für den Einzelnen zukommt, was begrifflich nur schwer einzuholen ist. »Es galt jede Einzelheit der Heimat aufzunehmen, das kleinste Detail zu registrieren. Es galt, die Heimat in einigen Momenten so scharf zu photografieren, daß deren Grundzüge als Raster des Empfindens in einem bleiben konnten. Es ist erstaunlich, was das Gehirn bei solcher Gelegenheit alles leisten kann; es arbeitet derart perfekt, daß nach achtzig Jahren alles noch an Ort und Stelle ist, so sehr, daß unter jedem Wahrnehmungsbild der Gegenwart ein anderes, ein Phantombild aus der Vergangenheit hochkommt, nicht aus einer beliebigen Vergangenheit, sondern aus einer verbotenen Vergangenheit, aus der man ausgeschlossen wurde.« Vor dem Hintergrund dieser Passage lässt sich vielleicht erahnen, was für ein Schock es gewesen sein muss, als Goldschmidt die Notre-Dame de Paris in Flammen sah, drohte doch das von ihm gezeichnete und ihn ständig begleitende Bild durch den Brand zerstört zu werden. Die »Sehbilder« dienten schon dem Zehnjährigen, seit dem Moment als er ahnte, dass »man ihn ins Exil schickt«, als Proviant, »weil sie unwiederbringlich sind. Man lernt ein anderes Sehen, man zielt mit dem Blick genau auf das, was man anschaut, man lernt es sich genau an: die Schönningstedter Mühle, die Billebrücke, den Saum des Vorwerkbusches«. Doch die »Bilder aus der Vergangenheit« sind mehr als bloß äußerliche Vorstellungen, sie affizieren alle Sinne im Innersten, »ihre Materialität, ihre Farben, Gerüche, Geräusche oder Formen begleiten merkwürdigerweise immer die aktuelle Wahrnehmung als deren Grundraster, um so mehr, als fast immer Doppelsprachigkeit das Exil begleitet.«

Nach Goldschmidt erhält sich für den Exilanten die Erfahrung des Abschiednehmens gerade in der Sprache: die ›alte‹ Sprache wird zwar irgendwie hinter sich gelassen, ist aber auch in einem selbst, wirkt weiter, denn man wird nicht etwa zur Zwei- oder Mehrsprachigkeit verpflichtet, es wird einem vielmehr die Bürde der Doppelsprachigkeit auferlegt: »Der Doppelsprachige schleppt aber immer die eine Sprache unter der anderen mit, ob er will oder nicht.« Die einst erlernte Muttersprache erinnert den Exilanten fortan daran, dass er ins Exil gezwungen wurde, dass er nie ganz emigrieren wird können, sondern er – wenn es glücklich läuft – ins *Nach*exil sich hinüberretten könnte. Allein in der Sprache gewinnt Goldschmidt, der im Alter von 40 etwa, zu schreiben begonnen hat, die Möglichkeit, es zu versuchen, das Unbegreifliche sich immer wieder neu begreiflich zu machen.

Das *Nach* in *Vom Nachexil* ist daher auch keineswegs bloß als zeitliche Bestimmung zu verstehen, sondern als etwas, das es auf der Erfahrung, und damit auf der Reflexion, gründet, vertrieben worden zu sein. Insofern würde eine Schizophrenie, so Goldschmidt, für den Exilanten noch einen Luxus darstellen, den er »sich nicht erlauben kann, er hat schon zu viel zu tun, denn vom ersten Augenblick des Exils beginnt eine lebenslange Arbeit, zugleich, vor allem, wenn er noch ein kleiner Junge ist, muß man alles, was man verläßt, für immer fixieren und auf Nimmerwiedersehen und sich dem absoluten Neuen stellen.«

»Ins Exil nimmt man die Heimwehsprache mit, keiner aber durfte davon wissen, sie war eine Kriegs-, eine Verbotssprache geworden, eine Sprache, die einem mit dem Tod drohte.« Die Sprache der ›Heimat‹ wird »die zur Todessprache gewordene Muttersprache, die man noch 1944 auf den Straßenschildern vor den Pariser Denkmälern in Frakturschrift sehen konnte und die den Knaben Arthur derart beschämte, daß er sich jedesmal aufs Klo flüchtete.« Durch Bilder, die Lettern der Fraktur, wird der junge Goldschmidt, der jetzt in Paris gestrandet ist, von seiner ›Heimat‹ eingeholt. Sie erfüllen den Knaben mit Scham und lassen ihn gewahr werden, dass er zum einen in den Augen seiner Verfolger nicht hätte sein dürfen, aber zum anderen auch im Exil nicht sicher ist, könnten ihn die Franzosen doch für einen Deutschen halten. »Ich war schuld an meiner Unschuld, an diesem Tatbestand einer Schuld ohne Schuldhaftigkeit«, heißt es in Goldschmidts *Die Faust im Mund*, in dem es auch um die Schuldhaftigkeit durch das Erschrecken über die eigene Unschuld geht. All das spielt sich freilich in Goldschmidt selbst ab, drückt sich aber sogleich in dem real Allgemeinen der Scham aus. Ganz offenkundig wirkt Goldschmidt deplatziert, wurde er doch von den Deutschen und ihren Helfershelfern zur Vernichtung bestimmt. Es ist gerade diese immer nur von einem Einzelnen empfundene, aber sich dennoch als real Allgemeines geltend machende Scham, die ihn dazu zwingt, sich in der Toilette zu verstecken – einer der Orte, auf dem man sich ständig mit der eigenen Kreatürlichkeit, der man schlicht nicht entsagen kann, wenn man denn nicht bloßer Geist sein möchte, konfrontiert sieht; wo man sich selbst also als animalisch Schmutziges erfahren kann. Eine womöglich ähnliche Schuld mag der Knabe Goldschmidt gespürt haben. Und deswegen lässt sich vielleicht die erfahrene Scham für den jungen Goldschmidt auch nur auf dem Klo für einen Moment lang erdulden und womöglich gar irgendwie bewältigen, weil ihm dort potentiell bewusst werden kann, als Fremder unter Fremden zu gelten.

Später aber kann Goldschmidt die einstige Scham selbst zur Sprache bringen, flüchtet nicht mehr aufs Klo, denn er weiß nun: »Die Sprache wurde einem verboten. Man trachtete nach des Knaben Leben, er war nur noch ›lebensunwürdiges Lebensmaterial‹ oder so etwas ähnliches.« Wobei Goldschmidt sprachlich auch hier noch das Unsagbare, das Ungeheuerliche in größter Konzentration erfasst: »oder so etwas ähnliches.« Wieder rückt der 92jährige Goldschmidt seinem früheren Ich sehr nahe. Sein Misstrauen gegenüber der ›alten‹ Sprache und, damit verbunden, auch der sich bemerkbarmachenden Schuld, in Frankreich nicht dazuzugehören, erwächst erst durch die ›neue‹ Sprache. Nur so kann er sich mit sich selbst ins Verhältnis setzen. Durch das Französische und später auch im Schreiben (er wird nur im Französischen seine Texte verfassen) kommt er sich selbst noch einmal nah, seinem ungleich viel jüngeren Ich. Gerade die Reflexionen auf die Sprache selbst sind es dann, in denen er dem jungen Knaben begegnet. »In ›der Sprache‹ wurde aufs natürlichste, wie es mit der Sprache so ist, ganz sachlich das Ungeheuerste überhaupt formuliert. Die Wörter sind doch vom Hinmorden immer bedroht, die schönsten und vertrautesten können so leicht Instrumente der Hinrichtung des Abtötens werden. Die verstockten Kriminellen des IS scheinen heute sogar die Sprache überwunden zu haben, ihre Bestialität braucht nicht einmal Sprache. Töten geht auch ohne, sogar besser.« Während er im international zusammengewürfelten *Daesh* – den er vollkommen zu recht nur mit seinen mörderischen Initialen auftreten lässt, womit er sprachlich bereits auf die geistige Verwandtschaft des NS abheben mag und zugleich an die Gewalt der stummen Mörderbande erinnert –, die völlige Abwesenheit von Sprache als Abwesenheit eines irgendeinen menschlichen Antlitzes erkennt, kann er in der Propagandasprache der Nationalsozialisten noch eine Zurichtung der Sprache überhaupt erkennen, ein Bemühen – wie die Nazis es selbst ausgedrückt hätten – um die *Anständigkeit* ihres Mordens: »Die Nazis haben die Sprache noch gebraucht, um sie von Grund auf unkenntlich zu machen, es galt alles Persönliche, nicht politisch Verwertbare endgültig auszumerzen, es ging darum, die Sprache mit dem Massenmorden in Einklang zu bringen, ohne je das Dahinmorden zu benennen. Die Nazis haben die deutsche Sprache für immer korrumpiert, geschändet. Der NS hat das ›Poetische‹, den seelischen Klang, den inneren Elan, den ›romantischen‹ Pep der Sprache für immer unmöglich gemacht.«

Dagegen fand Goldschmidt durchaus »erlösende Wörter, die aber wurden meistens in der Sprache des Aufnahmelandes gefunden.« »Die französische Sprache«, so lässt Goldschmidt sein früheres Ich sprechen, »das fühlte er heraus, war auch die Geschichte Frankreichs, und die Geschichte war das Wesen dieses Landes, das eine war das andere, so eng verwoben, daß man sie kaum voneinander lösen konnte, und dabei war die Sprache für jeden zugänglich, nicht nur an eine Heimat, die man ihm ja abgesprochen hatte, und doch kam sie ihm wieder unerwartet in den Sinn, mit derselben Landschaft und dem unendlich ausgebreiteten Horizont, zu dem in Gedanken immer neue Reisen hinführten.« Der junge »Arthur liebte diese strenge Sprache, bei der man immer nach dem Faden suchen mußte, der alles zusammenhielt, und die so würdevoll die Vergangenheit an die Gegenwart band.« Gerade diese Erfahrung, die Goldschmidt mit dem Französischen machen konnte (bis er selber schrieb, war es noch ein langer Weg), wurde ihm im Deutschen durch seine Verfolger verwehrt. Je mehr er sich der – wie er es bezeichnet – egalitären Sprache und damit auch Frankreich zuwandte, desto ferner wurde das Heimweh, »und doch war es immer irgendwo dabei, und es war dann, als stürze man in sich selber ein, und er heulte dann verzweifelt auf. Er hatte nicht einmal mehr den Teddybären, den jemand weggenommen hatte und bei dem er sich sonst hatte ausweinen können. Er durfte es nicht mehr an sich heranlassen, und nun, wenn es ihm kam, hatte er die Bilder aus dem Land, das ihn aufgenommen hatte, die ein wenig ablenkten, er fand sie in den Schulbüchern zur Geschichte Frankreichs, in den Gemälden und Stichen der Histoire de France, die seine Mitschüler mitbrachten und welche die Entwicklung dieses so alten, festen Landes darstellten, von Karl dem Großen und der heiligen Genoveva, die Paris vor den Barbaren beschützte, von dem heiligen König Ludwig, der das Recht unter einer Eiche sprach, von Jeanne d'Arc, die Frankreich von den Engländern befreite und von ihnen dann verbrannt wurde. Heinrich IV., Richelieu oder Napoleon wurden vertraute Gestalten.« – »Diese Bilderwelt spielt immer eine wesentliche Rolle im Aufbau einer Persönlichkeit.«

Doch das von ihm wahrgenommene Frankreich war nicht bloß irgendwie ein kulturell bedeutendes Land, das scheinbar ungebrochen auf seine Vergangenheit blicken konnte und von dem er durch die Internatszeit erfahren hatte: Denn »vor allem wußte er, daß das Land die Verfolgten aller Welt aufnahm.« Über die Bilder aus der Heimat legten sich diese neu gefundenen Bilder, »Bilder aus dem Land, das ihn aufgenommen hatte, die ein wenig ablenkten«, aber die die alten nie ganz zu überdecken vermochten; zu groß war die Erfahrung des Schocks, von dem er wusste, dass er ihn jederzeit wieder ereilen kann. Die Flucht in die Geschichte bot für den jungen Goldschmidt zwar einen notwendigen, aber keinen hinreichenden Grund, um fortan denken zu können, dass er der ›Heimat‹ entfliehen konnte. Denn durch den Krieg, durch die deutsche Okkupation und die Kollaboration mancher Franzosen verfinsterte sich sogleich alles wieder. »Als kleiner Deutscher hatte er irgendwie fast instinktiv erraten, daß die Kollaboration das Land, das ihn aufgenommen hatte, sozusagen mit einer Schicht der Dunkelheit und der Erstarrung überdeckte. Die krächzenden heiseren Stimmen, die da in Radio Paris zwischen 1940 und 1944 voll Haß und Eifer ihre Reden hielten, unterschied er sofort. Sie waren voll Häme und machten aus dem Nazismus das Heil Europas. Er wußte zu gut, was Nazismus eigentlich war, ihm fehlten aber die Worte, es selber zu formulieren, er ruderte in seiner Stummheit so vor sich hin; ohne eine so einfache Evidenz, daß der Nazismus nichts anderes als Mord war, aussprechen zu können.« In der neu erworbenen Sprache konnte er sich erst dann ganz sicher fühlen, wenn er auch von den ›dunklen‹ Momenten der französischen Geschichte erfuhr: »Er fühlte sich in der Sprache noch sicherer, nachdem er durch irgendwelche Anspielungen von der Dreyfus-Affäre gehört hatte, sie war in einem Geschichtsbuch, das einer der Sommerschüler für die Ferienkurse mitgebracht hatte, nachzulesen. Als er las, ahnte er auf einmal und war dessen sicher: Der des Landesverrats angeklagte französische Offizier war unschuldig, völlig unschuldig; nur weil er Jude war, hatte man ihn verurteilt, es hatten sich aber Franzosen erhoben, ihn zu verteidigen, und da las er zum ersten Mal von großen Namen, von Schriftstellern und Politikern wie Émile Zola oder Jaurès, auch von einem anderen Offizier namens Piquard, der, von Dreyfus' Unschuld überzeugt, ihn schließlich freibekommen konnte, nach zwei Jahren Verbannung auf der Teufelsinsel in Guyana.« Erst spät »wurde die Sprache, in welcher und durch welche auch die Rettung erfolgte, nun sogar die Sprache der seelischen Befreiung, die Sprache, durch welche man erfuhr, daß also die Sünde so sündig gar nicht war. Es war alles so anders im Deutschen, das fiel ihm damals auf, im Deutschen gab es wenig ›Erotisches‹ und Politisches anscheinend schon gar nicht; jedenfalls ist es immer verschwiegen und fast unbekannt geblieben, niemals in der sogenannten ›schönen Literatur‹ aufgenommen worden.« Allein über die Entdeckung und Annäherung an Franz Kafkas Kunst findet Goldschmidt den Weg – wie er es beschreibt – zurück zur deutschen Sprache, fühlt sich auch hier sicher. Doch weit gefehlt, dass die Sprache bloß erlernt werden kann, ist sie für Goldschmidt zu fest mit der Geschichte eines Landes verbunden, als dass man sie bloß durch Sprachkurse beispielsweise sich aneignen könnte. »Man ist im anderen Land nicht nur heimisch, sondern man gehört dazu. Man ist Bürger des Aufnahmelandes. Die Sprache wurde nicht erlernt, sie war auf einmal da, und man gehört zum anderen Land genauso wie die anderen Staatsbürger, nur daß man stets von der doppelten Herkunft weiß.«

In Frankreich, so schreibt der ältere Goldschmidt rückblickend, »hat [man] sich keinem Glauben zu fügen, es wird keine religiöse oder gar politische Untertänigkeit vom Staat verlangt; Steuern zu bezahlen und sich anständig zu benehmen sind die Grundregeln der französischen République laïque.« – Und der ältere Goldschmidt fügt, was auch für den mit ihm vertrauten Leser vielleicht ungewohnt scheinen mag, daran an: »Leider wird der neutrale Staat immer mehr von den neuen Exilierten, vor allem von den Emigranten, abgelehnt.« Geradezu unerlässlich ist es, dass der Autor es hier nicht versäumt, den Scheinwerfer auf das gegenwärtige Frankreich zu richten – ein Frankreich, das ihm als zum Jude Gestempelten Schutz bot und das er durch die Nachfolger der Nazis bedroht sieht. Das geschieht immer wieder, nicht nur an dieser Stelle. So erinnert Goldschmidt auch an den islamischen Terroranschlag auf die Redaktionsräume von Charlie Hebdo und den koscheren Supermarkt in Paris. Wobei er den Anschlag selbst nicht beim Namen nennen muss, schwebt ihm das Bild noch viel zu deutlich vor Augen, weshalb er den islamischen Terror lediglich in einer Asterisk-Bemerkung mit den folgenden Worten andeutet: »Es ist wieder da! (7. Januar 2018.)«. Das Licht auf das gegenwärtige Frankreich zu richten, wirkt alles andere als bemüht, weil er hier die Gefahr des islamischen Antisemitismus für die in Frankreich lebenden

Juden erkennt. Diese Schrift ist auch aus diesen Gründen mehr als nur Epilog, weil Goldschmidt nochmals die Möglichkeit seines Denkens und Schreibens ins Bewusstsein hebt und so zugleich, indem er die Frage aufwirft, ob das Exil nicht verloren gehen kann, wenn die Bedrohung denn nicht aufhört beziehungsweise wieder, wenngleich auch in anderer Gestalt, aufflammt.

Für Goldschmidt stellt sich das Exil als die Erfahrung dar, in der er – sofern es tatsächlichen Schutz bietet, welchen ihm Italien nur temporär geboten hat – augenblicklich wieder zu atmen beginnt, wo er eine »körperliche Erleichterung« empfindet,[7] »ein Gefühl des Davonfliegens, eine Freude am Existieren, wie er sie noch nie empfunden hatte, und trotz allem, was seitdem geschehen ist, haben ihn diese Gefühle nie verlassen.« Für Goldschmidt ist das Exil demnach alles andere als ein Sehnsuchtsort, sondern kann als solches nur dann bestehen, wenn es ihn physisch, man möchte fast sagen fleischlich, nicht bedroht, da er weiß, dass die »Diktatur zermürbt und die Körper [verbraucht], die nicht mehr richtig in sich selbst sitzen«. »Die Diktatur hatte alles durchdrungen, alles verdreht, alles ausgehöhlt.« Doch Goldschmidt weiß auch, dass der Nationalsozialismus, vor dem er sich mit viel Glück davonstehlen konnte, weit mehr als die bloße antisemitische Herrschaft der oberen Zehntausend war; »er war nichts anderes als Dahinmorden.« In diesen scheinbar einfachen Worten lässt Goldschmidt beinahe die ganze historische Zunft blass aussehen, wenn sie auf die Frage, was der Nationalsozialismus im Kern nach war, meist keine befriedigende Antwort geben kann.

Im Nachexil bringt die antisemitische Dauerbedrohung auf den Begriff, das scheinbar Allzueinfache aussprechend: das Wort ›Jude‹ erinnert schon ans Menschsein und damit auch ans Gebot »Du sollst nicht töten«. Und das macht daher »das einfache, lustige Dahinmorden unmöglich«. »Deshalb will man den Juden töten, da er doch schon an sich auf das Tötungsverbot hinweist. Jeder, der auf die eine oder andere Weise von seiner Judenheit erfuhr, hat damit auch von seiner Verurteilung erfahren. Früher oder später erfährt er irgendwie, daß es ihn nicht geben darf, daß man ihn am liebsten doch beseitigen möchte, er ist nur ›ein Deutscher auf Widerruf‹, wie Hans Mayer sich nannte, er existiert überhaupt auf Widerruf, seine Existenz ist ihm nie gesichert, nie als solche garantiert, wie es jeden anderen Menschen gibt.«

Weil für Goldschmidt das Nachexil so eng mit seiner eigenen Flucht, mit seiner Literatur, seinem Denken, seiner Geschichte, seiner Ankunft in Frankreich und auch den (inzwischen in Flammen aufgegangenen) Türmen der Notre-Dame de Paris verbunden bleibt, lässt sich der Begriff selbst nicht umstandslos verallgemeinern, was aber

7 Merkwürdigerweise spricht Goldschmidt hier selbst vom Körper. In *Als Freud das Meer sah* unterscheidet Goldschmidt messerscharf zwischen Leib und Körper: »Der Leib ist das Lebendige selbst, das Leben, *wie es leibt und lebt*; der Leib (*le corps*) ist etwas ganz anderes als der Körper (*le corps*), der dem lateinischen *corpus* entsprungen ist, der organische Körper und auch der Lehrkörper, *le corps de métier*, die Körperschaft. *Der Leib*«, an den auch hier erinnert werden müsste, »dagegen der Körper, der ich bin, mein Leib und Leben.«

insbesondere von seinen deutschen Rezensenten geflissentlich ignoriert wird. Denn *Vom Nachexil* ist Goldschmidts Geschichte, seine Biographie, seine Reflexion darüber, wie er überhaupt hat schreiben können. Goldschmidts (hoffentlich doch nicht) letztes Buch markiert so nochmals einen logischen Neuanfang, weil er hier auf die Bedingung der Möglichkeit seines Schreibens überhaupt reflektiert, wenngleich es chronologisch das Werk abschließen soll. Insbesondere an den immer wieder hereinbrechenden Stellen, in denen Goldschmidt wohlbedacht vom ›Man‹ oder ›Er‹ ins ›Ich‹ wechselt, scheint er gerade qua der literarischen Form, eine Darstellung gefunden zu haben, welche allein seine Literatur hat möglich werden und damit ihn selbst hat bleiben lassen.

Wenn das deutsche Feuilleton, in diesem Fall Andreas Platthaus für die *Frankfurter Allgemeine Zeitung* vom 30. Mai 2020, im Zuge der Veröffentlichung von *Vom Nachexil* davon spricht, dass Goldschmidts »Lieblingsthema« (so beliebig wohl wie die Frage nach der Lieblingsfarbe, dem -essen und der -fernsehsendung) der »Heimatverlust« sei, er eine »Doppelheimat« besitzen würde und letztlich auch noch die »deutsche Sprache«, »die Goldschmidt in Paris studierte und später dann lehrte«, es gewesen sei, die ihm einen »Schlüssel zum Verständnis« dessen lieferte, »was ihm widerfahren ist, angetan wurde«, dann ist das kaum etwas anderes als der gegen Goldschmidt unternommene Versuch einer Heimholung: fand er doch nur über den Zionisten Kafka[8] wieder einen Weg zur deutschen Sprache. Goldschmidt schrieb und schreibt (womöglich weiterhin) unbeirrbar auf Französisch; lediglich die deutschen Übersetzungen seiner Bücher sieht er vor Veröffentlichung durch – und das sehr sorgfältig.

8 Siehe dazu David Hellbrück: Josef K. in antisemitischer Gesellschaft. Über Franz Kafkas Process. In sans phrase 13/2018.

Klaus Heinrich

Martin Heidegger: Vom Ereignis

Erste Vorlesung,
gehalten am 26. April 1990

Ich begrüße Sie herzlich zum neuen Semester, das recht kurz sein wird, so daß ich auch nicht sagen kann, ob ich mit dem, was ich mir da vorgenommen habe, durchkommen werde. Das muß aber wenigstens unter einem gewissen Aspekt geschehen, denn im Wintersemester lese ich nicht, nehme auch keine Abschlüsse an, weil ich das für dieses Semester zu beantragende Forschungssemester gerne für die Herausgabe von Büchern ausnutzen möchte. [ ]

Zu den aktuellen völkischen Ereignissen will ich heute nichts sagen, weil ich nachher noch andere völkische Ereignisse zu rezitieren habe. Das wird sonst zu viel ›Volk‹.[1]

Das Thema, das Sie dem Vorlesungsverzeichnis entnehmen konnten, ist der Untertitel, nicht der öffentliche Titel, des geplanten Buches, das von Friedrich-Wilhelm von Herrmann im vergangenen Jahr, dem Jahr von Heideggers hundertstem Geburtstag, aus dem Nachlaß herausgegeben worden ist. Es ist ein durchgesehenes, sozusagen von letzter Hand betreutes Konvolut von erheblichem Umfang. Es ist in den Jahren 1936–38 geschrieben worden. Heidegger hat es nicht mehr zur Herausgabe zu Lebzeiten bestimmt gehabt, und dies von Anfang an. Es ist also mehr ein Buch zur Selbstverständigung gewesen, nimmt für ihn auch den Rang von Konfessionen ein. Es ist umfangreich, mehr als fünfhundert Seiten, aber extrem leicht lesbar, weil, wenn Sie einmal den Denkfiguren auf den Sprung gekommen sind, Sie sehen werden, daß es sich immer um ›dasselbe‹

1 Der vorliegende Text ist die nach einer Tonbandaufnahme rekonstruierte erste von 12 Vorlesungen, die Klaus Heinrich im Sommersemester 1990 unter dem Titel »Martin Heidegger: Vom Ereignis« an der Freien Universität in Berlin gehalten hatte. Die gesamte Vorlesung wird im kommenden Jahr, herausgegeben von Wolfgang Albrecht, bei *ça ira* erscheinen. Die Vorbemerkung soll dem Leser einen ersten Eindruck davon geben, dass und wie Klaus Heinrich seinen Vorlesungen stets politische, meist hochschulpolitische Mitteilungen voranstellte, in diesem Fall in Gestalt einer Andeutung: dass die Wiedervereinigung des deutschen Volkes 1989 ff. mit dem Begriff des Volkes bei Heidegger etwas zu tun haben könnte. Ansonsten bezeugen die hochschulpolitischen Vorbemerkungen Heinrichs meist seinen Abwehrkampf gegen das, was er die Enterotisierung der Universität nennt.

handelt, das da immer wieder anders umschrieben wird; aber schon Heidegger würde sich dagegen wehren: es sind immer neue ›Winke‹, denen er folgt.

Ich bin jetzt in Verlegenheit, was ich Ihnen als Stoffunterlage anbieten soll. Dieses Buch ist unverhältnismäßig teuer, im Rahmen einer ebenfalls unverhältnismäßig teuren Gesamtausgabe stellt es den 65. Band dar. Es ist in der »Dritten Abteilung: Unveröffentlichte Abhandlungen« das bis jetzt bedeutendste Stück. Es ist marktschreierisch angepriesen worden als das zweite oder zum Teil sogar als das eigentliche Hauptwerk Heideggers. Ich weiß jetzt nicht, wie weit Sie durch philosophische Lektüre vorgebildet sind, wie weit Sie Heidegger kennen, wie weit Sie gar Heidegger-Philologen sind. Wahrscheinlich wird das Spektrum von dem überhaupt erst Kennenlernen-Wollen bis zum Heidegger-Philologen reichen. Ich muß mich also darauf beschränken, Zusammenhänge vor-, beziehungsweise nachzuzeichnen, einzelne Sätze, Satzgebilde, Absätze so durchzubuchstabieren, wie der Autor das von allen Worten in diesem Buch will, und Ihnen Literatur zur Einführung in Heidegger zu empfehlen – nicht Sekundärliteratur zur Einführung in Heidegger, jede Stunde, die Sie mit Sekundärliteratur zubringen, geht Ihnen ab von der Kenntnis der Originalschriften. Ich würde sagen, die glücklichste Einleitung ist die als Separatum noch immer erhältliche kleine Schrift *Was ist Metaphysik?*[2]. Das war 1929, zwei Jahre nach dem Erscheinen des veröffentlichten Hauptwerks, der sogenannten ersten Hälfte von »Sein und Zeit«, die Freiburger Antrittsvorlesung. Sie atmet den Geist der Zeit nicht so sehr nach als vielmehr vor. Sie ist ergänzt in dieser kleinen Separatausgabe um ein ›Nachwort‹ von 1943 und eine ›Einleitung‹ von 1949.[3] Also auf dem Tiefpunkt des Durchhaltekrieges eine erste Selbstkommentierung, und nach Kriegsende eine zweite Selbstkommentierung. Das ist eigentlich eine gute Einführung in ihn. Dann kann ich zu dem Thema hier, wenn Sie, was ich verstehen kann, sich scheuen, 98 Mark für das Buch *Vom Ereignis* auszugeben, Ihnen wiederum ein Separatum empfehlen, in dem die entscheidende Denkbewegung später ebenso enthalten ist wie in diesem großen Buch. Das heißt *Zur Sache des Denkens*, und darin ist – Sie sehen, daß es Hauptwerk-Stellvertretungscharakter hat, so dünn es ist – abgedruckt, sozusagen als Einlösung des Versprechens, nach *Sein und Zeit* nun auch noch in Umkehrung »Zeit und Sein« zu präsentieren, ein Vortrag dieses Titels. Also »Zur Sache des Denkens«, 1969 erschienen, enthält dieses *Zeit und Sein* von 1962.[4] Dann natürlich – und jetzt egal, was es kostet, da kommen Sie nicht drum herum, wenn Sie sich überhaupt mit Heidegger beschäftigen wollen – das Werk, mit dem er sein Jahrhundert fasziniert hat, nämlich »Sein und Zeit«.[5] Und viele, viele andere Stücke, die ich zitieren werde, werde ich Ihnen dann nennen,

2 Martin Heidegger: Was ist Metaphysik? 14. Auflage Frankfurt am Main 1992; aufgenommen in: Ders.: Wegmarken. 3. A. Hrsg. v. Friedrich-Wilhelm von Herrmann. Frankfurt am Main 1996, S. 103 – 122.

3 Martin Heidegger: Nachwort zu »Was ist Metaphysik?« (1943) und Einleitung zu »Was ist Metaphysik?« (1949). In: Ders.: Wegmarken (wie Anm. 2), S. 303 – 312; 365 – 383.

4 Martin Heidegger: Zeit und Sein. In: Ders.: Zur Sache des Denkens. Tübingen 1988.

5 Martin Heidegger: Sein und Zeit. 8. unveränd. Auflage. Tübingen 1957.

vor allen Dingen solche, die sich direkt hier auf diese »Beiträge zur Philosophie« beziehen, denn das ist der Haupttitel des Buches, das ich angezeigt habe. Ich bin durch diesen geschilderten Umstand, daß ich nicht weiß, wer von Ihnen nun schon in Heidegger drin ist und etwas zusätzlich erfahren will und wer überhaupt hier erst Bekanntschaft schließen will, noch auf etwas anderes angewiesen, was früher so selbstverständlich war, daß man es nicht zu nennen brauchte, jetzt muß ich es jeweils nennen: Fragen Sie bitte direkt hinein, wenn etwas nicht verständlich ist, wenn ich eine Voraussetzung übersprungen habe, wenn Ihnen eine Schlußfolgerung oder Interpretation nicht einleuchtet.

Ich muß sagen, warum ich dieses Buch für eine nun doch Einführungsvorlesung gewählt habe. Der äußere Anlaß: daß es zu dem hundertsten Geburtstag erschienen ist, demonstriert schon, daß die Herausgeber sich von ihm eine gewisse aktuelle Wirkung versprachen. Und tatsächlich ist es nicht nur die gegenwärtige, auf Heidegger fußende französische, vornehmlich französische, Ereignisphilosophie, sondern es ist auch jener Trend, von dem ich in einer anderen Vorlesung über die Abschaffung der Subjektivität vor mehreren Semestern schon gesprochen hatte, jener Trend, die Realität in Ereignisketten zu zerlegen, mit Ereignissen zu faszinieren, um vorzubereiten auf jeweils *das* Ereignis, das es immer noch nicht ist, das, wenn es denn wäre und wirklich alle übertrumpfte, identisch wäre mit einer letalen Katastrophe.[6] Also: seit den ersten Atombombenwürfen hat die Ereignisphilosophie diesen apokalyptischen Touch bekommen und nicht wieder verloren, die Katastrophe selber zu etwas zu machen, was Erlösungscharakter hat – so jedenfalls das Faszinosum in diesem großgeschriebenen Begriff »EREIGNIS«[7], auf das die kleinen Ereignisse samt und sonders anspielen. Die Katastrophe wird auf diese Weise, mit dem Wort von Günther Anders es zu sagen, ›verbiedert‹.[8] Ereignis ist dann ein Nickname für Katastrophe. Das ist ein erster äußerer Anlaß. Und im Augenblick sind es ja nicht so sehr die Großereignisse, die inszeniert werden von dafür von den Kommunen bestellten Regisseuren, im Augenblick haben sich viel mehr in Regisseure verwandelt, sind die Inszenierungen viel nähergerückt. Aber wie gesagt, ich will nicht von den aktuellen völkischen Ereignissen reden.

Wenn Sie das Heideggersche Buch aufschlagen, wenn Sie nur reingucken, wenn Sie nur die erste Seite lesen, beginnt sich für Sie bereits der Titel zu drehen. Das heißt, Sie kriegen bereits in der Einführung, auf der ersten Seite, also in der knappsten Vorbemerkung, die es hat, noch vor dem ersten Absatz, wenn Sie so wollen, das Ganze, die Figur des Ganzen mit. Wenn Sie hörten: ›Vom Ereignis‹, würden Sie höchstwahrscheinlich

6 Siehe Klaus Heinrich: Konstruktionen der Subjektlosigkeit I (Sommersemester 1986) und II (Wintersemester 1986/87); Begriff und Funktion des Symbols in der Geschichte (Sommersemester 1988), besonders die letzte Sitzung vom 7.7.1988. Unveröffentlichte Transkriptionen von Audioaufzeichnungen der Vorlesungen.

7 Martin Heidegger: Beiträge zur Philosophie (Vom Ereignis). Hrsg. v. Friedrich-Wilhelm von Herrmann. Gesamtausgabe. Band 65. Frankfurt am Main 1989.

8 Siehe Günther Anders: Die Antiquiertheit des Menschen. Über die Seele im Zeitalter der zweiten industriellen Revolution. München 1956, S. 116–128 (§ 7–9).

diesen Titel so interpretieren, daß Ereignis in dem Titel die Sache ist, die verhandelt wird, und das ›vom‹, wenn Sie es denn ins Lateinische zurückübersetzen wollten, die Funktion des ›de‹ hat, also *de stultitia* oder *de ira*, oder wie immer (das sind geläufige Titel), und so auch hier: »Vom Ereignis«. Etwas kommt schon dazu, was im Deutschen eine gewisse Spannung erzeugt, nicht: ›Von dem Ereignis‹ – Sie fragen: welchem? –, sondern: »Vom Ereignis«. Diese Zusammenziehung von Präposition und Artikel macht das einzelne nicht mehr zum einzelnen separaten, sondern zum einzelnen, einzigen, also singulär: »Vom Ereignis«. Das heißt, wenn man es denn im Deutschen wiedergeben sollte: vom Ereignis schlechthin und nicht von dem Ereignis, von dem man erst nachfragen muß, um welches es sich handelt. Sie sehen gleich, wir werden sehr, sehr viel auf Sprache eingehen müssen, es geht nicht anders. Gerade wenn Sie den Offenbarungsanspruch von Sprache, den Heidegger uns vorsetzt, nicht mitmachen wollen, müssen Sie sich bis in die sprachlichen Zellen hinein, auf die er sich gründet, sozusagen in den Umkreis der Stärke dessen stellen, mit dem Sie sich auseinandersetzen.

Heidegger formuliert am Schluß dieser Einleitungsseite: »Nicht mehr handelt es sich darum, ›über‹ etwas zu handeln und ein Gegenständliches darzustellen, sondern dem Er-eignis übereignet zu werden, was einem Wesenswandel des Menschen aus dem ›vernünftigen Tier‹ (*animal rationale*) in das Da-sein gleichkommt.« – Absage an die hergebrachte Form von Rationalität, Absage an die animalische Basis, Seite, materielle Existenz, wie immer Sie es nennen wollen, des Menschen. – »Die gemäße Überschrift lautet daher Vom Ereignis. Und das sagt nicht, daß davon und darüber berichtet werde« – also nicht: *de eventu*, wenn Sie es etwa übersetzen wollten –, »sondern will heißen:« – nicht: soll heißen, sondern: »will heißen«; er ist es schon nicht mehr, der hier verfügt – »Vom Ereignis« – also: vom Ereignis her – »er-eignet ein denkerisch-sagendes Zugehören zum Seyn und in das Wort »des« – »des« in Gänsepfötchen gesetzt, denn was soll hier ein Artikel? – »Seyns.«[9] Also ohne jetzt die Schreibweise zu wiederholen: »Vom Ereignis ereignet ein denkerisch-sagendes Zugehören zum Seyn und in das Wort ›des Seyns‹.« Nicht er ist jetzt mehr der Wortmächtige, sondern dieses Sein, und dieses Sein ist nicht etwas, worüber geredet wird, sondern etwas, was sich zueignet, und das »Vom« hat die Bedeutung ›von her‹, ›vom Ereignis aus‹. Plötzlich verstehen Sie, warum Heidegger im allerersten Satz einen merkwürdigen Unterschied macht, schon in der Überschrift: »Der öffentliche Titel: Beiträge zur Philosophie und die wesentliche Überschrift: Vom Ereignis. Der öffentliche Titel muß jetzt notwendig blaß und gewöhnlich und nichtssagend lauten und den Anschein erwecken, daß es sich um ›wissenschaftliche‹ ›Beiträge‹ zum ›Fortschritt‹ der Philosophie handle. Die Philosophie kann öffentlich nicht anders angemeldet werden, da alle wesentlichen Titel durch die Vernutzung aller Grundworte und die Zerstörung des echten Bezugs zum Wort unmöglich geworden sind.«[10] Sie

9 Heidegger: Beiträge zur Philosophie (wie Anm. 7), S. 3.
10 Ebd.

werden schon ein kleines Unbehagen haben, wenn Sie den ›echten Bezug zum Wort‹ hier hören. Heidegger hat mit Schuld an dieser Inflation des Echtheitsbegriffs: ›echter Bezug zum Wort‹; wiederum ist es das Wort schlechthin, es sind nicht einzelne Worte. Und dann wird über die Sprache generell der Stab gebrochen: »Vernutzung«. Hier soll also vorbereitet werden ein ›echter Bezug zum Wort‹, der ›wesentliche Titel‹ soll zum Sprechen kommen – aber ›Sprechen‹ ist jetzt auch das nicht-angemessene Wort, soll zum ›Sagen‹ kommen. Die ›Sage‹ ist eines der Wörter, die er aufzuladen versucht. Da sehen Sie ja, daß beides drin ist: einmal das Sagen, aber nun als etwas, was auf einen zukommt, was von weither kommt, was nicht bloß das so Hin- und Hersagen ist (also das Spiel auch mit diesem Wort ›Sage‹ als einer alten Überlieferung, die erst wieder nachbuchstabiert werden müßte); ein ›öffentlicher Titel‹, weil die Masse sowieso nicht versteht: »Beiträge zur Philosophie«, und ein Geheimtitel, ein esoterischer Titel, ein Mysterientitel, ein nur für Eingeweihte verständlicher Titel: »Vom Ereignis«. Und flugs wird diese Behauptung eingelöst – denn wirklich nur für Eingeweihte ist diese Figur bestimmt –, wenn Sie denn hören: vom Ereignis, darin zu hören: vom Ereignis her und nicht: über Ereignis oder Ereignisse. ›Vom Ereignis‹ ... (Punkt, Punkt, Punkt): alles, was nun kommt, eigentlich zuletzt nicht selbstgemacht, sondern achtend worauf? – nun, eben auf das Ereignis. Sie haben hier in dieser Umfunktionierung des ›Vom‹ das erste Mal die Praktizierung der, für die er so berühmt geworden ist als fundamentale Umkehr anzeigend: ›Kehre‹.

Ich überlege, was ich Ihnen zur sprachlichen Einführung in diese Zeit nennen kann. Es sollte möglichst den Charakter eines Antidoton, also eines Gegengiftes, einer Gegengabe haben, und ich empfehle Ihnen darum, falls Sie es nicht besitzen, es sich tatsächlich zu kaufen, von Victor Klemperer »LTI«.[11] LTI heißt Lingua Tertii Imperii, also »Die Sprache des Dritten Reiches«. Klemperer, der, in der Sprache des Dritten Reiches, mit einer ›arischen‹ Frau verheiratet war, wurde darum zunächst nur seines Postens entsetzt und konnte Bücher und Schreibmaschine in seinem Haus behalten; dann, aus seinem Haus getrieben und in das, in der Sprache des Dritten Reiches, Dresdener Judenhaus umgesetzt, durfte er noch die Schreibmaschine behalten. Dann wurde ihm die Schreibmaschine weggenommen, nun konnte er nur noch mit der Hand schreiben. Die Durchsuchungen fanden meist mehrmals in der Woche statt, die immer wieder gleichen, mit Ganovennamen sich selber bezeichnenden, Untersucher schlugen ihn. Am heftigsten ist er mit Rosenbergs ›Mythus‹[12] geschlagen worden, weil ein solches Buch nicht in eine nicht-arische Hand gehört – die Frau hatte es in der Bücherei ausgeliehen. Und das Buch wäre nicht auf uns gekommen, ebenso wenig wie die frühen

11 Victor Klemperer: LTI: Notizbuch eines Philologen. Leipzig 1975.

12 Alfred Rosenberg: Der Mythus des 20. Jahrhunderts. Eine Wertung der seelisch-geistigen Gestaltenkämpfe unserer Zeit. München 1938.

Tagebücher, die jetzt (nach den Manuskripten herausgegeben bis Ende des Ersten Weltkriegs) erschienen sind,[13] wenn nicht die Frau Stück für Stück die beschriebenen Blätter weggebracht hätte zu einer Freundin, die sie aufbewahrt hat. Also, Klemperer (ich habe die Vita noch nicht zu Ende erzählt) war dann kurz vor dem Ende, Mitte Februar, zum Doch-noch-Abtransport ins Vernichtungslager bestimmt. Aber der Transport fand nicht statt, weil Dresden einen Tag vorher dem Erdboden gleichgemacht wurde, auch das Judenhaus. Klemperer entkam, seine Frau entkam, sie tauchten unter, eine Odyssee, die am Ende von LTI auch noch beschrieben ist. Und LTI konnte bereits Weihnachten 1946 in Dresden erscheinen. Das hier ist ein Nachdruck. (Ich habe meine alte Ausgabe einmal verschenkt, sowas soll man nie tun.) Das empfehle ich Ihnen als, sozusagen, Begleitbuch und zugleich als Antidoton.

Was soll ich Ihnen zur Heidegger-Biographie empfehlen? Zwei Bücher, die jetzt in aller Munde sind und aus denen Sie viel entnehmen können; aber viel ist auch noch zurückgehalten und ist im Augenblick nicht einsehbar. Das ist Hugo Ott: *Martin Heidegger. Unterwegs zu seiner Biographie.* Das ist ein Titel mit einer kleinen ironischen Verbeugung: »Unterwegs zu seiner Biographie«[14] – er kann sie noch nicht abliefern. Wer weiß, ob je alle Dokumente reden werden. Und so ähnlich ist es ja bei ihm in den in unseren Zusammenhang gehörenden Aufzeichnungen (mehrere Vorträge), die er unter dem Titel *Unterwegs zur Sprache* veröffentlicht hat, in denen der Tenor der ist, daß nicht wir sprechen, sondern die Sprache spricht, und daß unser wesentliches Sprechen Ent-Sprechung ist, also ein der sprechenden Sprache Ent-Sprechen. Das ist die zentrale These in diesem *Unterwegs zur Sprache*. Ganz dort angelangt sind wir noch nicht. Also Ott: *Unterwegs zu seiner Biographie.*

Aber das Pathos ist älter. Und ich will Ihnen die Stelle, wo das Unterwegs-Pathos bei Heidegger das erste Mal prononciert erscheint, gleich vorlesen, denn sie widerlegt die Legende von dem Schnitt zwischen Frühwerk und Spätwerk, die insbesondere genährt worden ist von seinem, durch die Entwicklung, die er genommen hat, tief verstörten Schüler Löwith. Übrigens sehr lesenswert Löwiths Autobiographie *Mein Leben in Deutschland vor und nach 1933*[15]. Er schildert dort, wie er den Parteigenossen Heidegger 1936 in Rom trifft. Zum einen Vortrag kann er hingehen, zum anderen kann er nicht hingehen. Der eine Vortrag findet sozusagen auf italienischem Gelände statt, der andere findet statt in der Bibliotheca Hertziana. Und diese Stiftung einer jüdischen Mäzenin war inzwischen mit dem Schild »Juden raus« versehen, also dort konnte Löwith seinen Lehrer nicht hören. Stattdessen machte er dann einen Ausflug mit ihm, über den er in dieser biographischen Skizze berichtet.

13 Victor Klemperer: Curriculum Vitae. Erinnerungen 1881–1918 (in zwei Bänden).

14 Hugo Ott: Martin Heidegger. Unterwegs zu seiner Biographie. Frankfurt; New York 1988.

15 Karl Löwith: Mein Leben in Deutschland vor und nach 1933. Ein Bericht. Stuttgart 1986.

Ich will Ihnen vorlesen diese Stelle, wo das erste Mal das Unterwegs-Pathos erscheint, das ist am Ende von *Sein und Zeit*. *Sein und Zeit* ist ja bekanntlich mißverstanden worden – und Heidegger hat gegen dieses Mißverständnis nichts getan, zumal ja ein Stück Richtigkeit in ihm doch drinsteckt – als ein Buch der zu allem entschlossenen, auf sich gestellten, dem Nichts gegenüber ihre Sache vertretenden Existenz. Tatsächlich ist ›Entschlossenheit‹ eine der zentralen Vokabeln in *Sein und Zeit*. Aber ich füge gleich hinzu: was später von Heidegger zur Rechtfertigung gegen diese Art der existenzphilosophischen Zuweisung vorgebracht werden wird, trifft durchaus im Kern zu. ›Entschlossen‹ heißt, tatsächlich aufgeschlossen zu sein, nicht mehr zugeschlossen sein für – nun zunächst formal bestimmt – die Seinsfrage. Alle stellen die Seinsfrage in dieser Zeit, nur Heidegger hat die zureichende Antwort. Die zureichende Antwort nämlich ist die Ausarbeitung der Seinsfrage, um es einmal zugespitzt zu sagen. Da Sie vielen derartigen Zuspitzungen bei ihm noch begegnen werden, werde ich mir ab und an auch solche erlauben, um die Sache nicht zu lang zu machen. Also: Ausarbeitung der Seinsfrage als Antwort auf die Seinsfrage, das schon das erste Mal die Fundamentalbedeutung der Philosophie. Und nun am Ende von *Sein und Zeit* formuliert Heidegger: »Es gilt, einen Weg zur Aufhellung der ontologischen Fundamentalfrage zu suchen und zu gehen.«[16] ›Denkwege‹ – das wird die Metaphorik sein, die er niemals wieder verläßt –, das können Wege sein, die irgendwo abbrechen im Holz, also ›Holzwege‹; es können Wege sein, auf denen es möglich ist, das ›Gebirg‹ wahrzunehmen, weil man in einer ›Lichtung‹ steht und dadurch einen freieren Blick hat. Und das ›Gebirg‹ ist dann nicht nur eine Versammlung der Berge, sondern es ist dann auch das, was einen ganz und gar birgt, eben dies ›Gebirg‹. Wenn das ›Gebirg‹ eine Metapher für Sein ist, dann müssen auch die Zerklüftungen des Gebirgs: Einschnitte, Täler und dergleichen – ›Zerklüftung‹ ist dann eines der Hauptworte in dem Buch vom Ereignis –, eine fundamentale Rolle spielen. Und das tun sie auch. Diese ›Zerklüftungen‹ sind dann eigentlich das, was die traditionelle Philosophie als Kategorien und Seinsattribute bezeichnet hatte. Aber sie sind noch mehr, sie sind – sage ich jetzt einmal ganz vorweg, später werde ich es Ihnen deutlicher zeigen – der Nachklang des von ihm, nach seiner theologischen Zeit, begrüßten und ganz spezifisch wiederbelebten Polytheismus. Also diese Wiederbelebungsmode, die wir heute in der Philosophie noch haben, ist ebenfalls älteren Datums und geht auf ihn zurück. ›Gehen‹, Denkwege einschlagen, überhaupt sich denkend so körperlich wie nur möglich zu gerieren, das ist zum Teil noch Expressionismus-Vorgabe der Jahrzehnte davor: also man ringt wie ein Athlet mit Problemen, man schlägt immer wieder neue Denkwege ein, man zeigt auf etwas direkt mit dem Finger drauf (*apodeiknunai*, ›aufzeigen‹, dieses schreckliche Wort, das noch heute flottiert), lauter solche Direktheitsanspielungen, um zu sagen: Wie einfach und direkt, wie ungebrochen an sich ist Philosophie, wenn man

16 Heidegger: Sein und Zeit (wie Anm. 5), S. 437.

sie aus den Komplikationen einer vergegenständlichten Tradition löst. Heidegger, als ihm endlich seine Gönner die Berufung nach Berlin erwirkt hatten, schrieb einen damals spektakulären Brief an die *Zeitung der Alemannen*: »Warum bleiben wir in der Provinz?« – eben um nicht der Zersetzung der Städte anheimzufallen.[17] Zersetzung und Stadt, dagegen Klarheit, ›Lichtung‹ auf dem Weg zur Hütte in Todtnauberg, die er zeitlebens als sein eigentliches Domizil empfunden hatte. Sein Vater war Mesner in Meßkirch. Er selbst war zum katholischen Priester bestimmt, hielt aber die Exerzitien, die damit verknüpft sind, körperlich nicht aus, schwenkte zur katholischen Theologie über, verließ diese mit starkem protestantischen Pathos, und etablierte sich schließlich in einer dieses alles übertrumpfenden Form von ›Ontotheologie‹ – das ist sein eigener Begriff.

Ich lese hier weiter an dieser Stelle. Also: »Es gilt, einen Weg zur Aufhellung der ontologischen Fundamentalfrage zu suchen und zu *gehen*. Ob er der *einzige* oder überhaupt der *rechte* ist, das kann erst nach dem Gang entschieden werden. Der Streit bezüglich der Interpretation des Seins kann nicht geschlichtet werden, *weil er noch nicht einmal entfacht ist*. Und am Ende läßt er sich nicht ›vom Zaun brechen‹« – Er schreibt nicht: vom Zaum brechen, wie in der Rittersprache, sondern »vom Zaun brechen«. Ich habe das immer für Laubenkolonistendeutsch gehalten, aber es steht hier tatsächlich so –, »sondern das Entfachen des Streites bedarf schon einer Zurüstung. Hierzu allein ist die vorliegende Untersuchung *unterwegs*. Wo steht sie?«[18] Wenn Sie genau aufgepaßt haben, dann sehen Sie, wie das Ziel, das in dem ersten Satz noch vergleichsweise nah war: Interpretationen der Seinsfrage – nun gut, das kann man diskutieren, man kann auch eine vernünftige Antwort darauf finden –, auf vertrackte Weise in diesen paar Sätzen immer weiter wegrutscht; dafür: Die Seinsfrage ist noch nicht einmal entfacht. Also die Interpretationen im Rahmen der Seinsfrage bewegen sich noch in einem, ja, was nun: Abhub oder Vorhub dieser Frage? Sie ist eigentlich noch nicht »entfacht«. Damit sie entfacht werden kann, bedarf es einer »Zurüstung«. Die »Zurüstung« ist selber auch noch nicht das Stellen der Seinsfrage, und »Sein und Zeit« (»Erste Hälfte«) ist unterwegs auf diese Zurüstung hin. Das nenne ich das Wegrutschen, also plötzlich eine unendliche Entfernung: unterwegs zur Zurüstung für die Entfachung einer Frage, von der man nicht weiß, wer sie wie und auf welche Weise stellen wird. Man kann aber auch anders argumentieren, man kann sagen: hier ist bereits die autonome Verfügung über die Seinsfrage, sie zu stellen, sie zu beantworten, durchkreuzt. Das würde der Seinsfrage nicht mehr gerecht. Also unterwegs zur Zurüstung für die Entfachung eines Streites, ohne daß gesagt wird, wer ihn entfacht, was für ein Streit es eigentlich ist – das alles rückt am Ende von *Sein und Zeit* (erste Hälfte) bereits in ein Vorbereitungsbuch, in den Status eines Vorbereitungsbuches zurück, das man dem eigentlichen Mysten eigentlich

17 Martin Heidegger: Schöpferische Landschaft: Warum bleiben wir in der Provinz? Gesamtausgabe. Band 13. Frankfurt am Main 1983, S. 9 – 13.

18 Heidegger: Sein und Zeit (wie Anm. 16).

gar nicht mehr in die Hand geben kann. Er weiß am Ende schon, daß er weiter ist. Aber dieses Pathos wird bleiben, wird das ganze Werk über, das ganze Spätwerk über bleiben. Es ist so, als näherten Sie sich ununterbrochen einem heiligen Berg, aber jedes Mal am Morgen, wenn Sie aufwachen, ist er wieder so weit entfernt wie am Tag davor; eines Tages merken Sie, daß Sie da nie hinkommen werden, aber Sie haben sich jetzt so an dieses Wandern gewöhnt, daß Sie das auch nicht mehr lassen können. Also: unterwegs zur Zurüstung auf die Ausarbeitung der Seinsfrage.

Allerdings passiert nun etwas sehr Merkwürdiges: der Berg beginnt selber sich zu nähern, der Berg beginnt zu winken, es dreht sich, wenn ich in dieser Metapher, in diesem Gleichnis bleiben soll, alles um. Hat Heidegger das 1927 schon so bemerkt, oder hat er es gar so gedacht? Wir lassen das jetzt zunächst auf sich beruhen. Selbstverständlich: entsubjektivierend ist die Phänomenologie von Anfang an, die menschlichen ›Daseinscharaktere‹, so Husserl, müssen ausgeschaltet werden in phänomenologischer Reduktion, wenn man wirklich das Wesen schauen will. Das heißt, diese Wesensschau ist schon eine entexistentialisierte, es ist nicht die Existenz, die da schaut, sondern eine gereinigte Existenz. Und auch wenn die Existenz selber erschaut wird, so wie in Sein und Zeit, ist das eigentlich eine Form von Essentialismusstrukturen, es ist das »Sich-vorweg-sein-im-schon-sein-in ... – als Sein-bei ...«[19], was als Sorgecharakter mit dieser Formel, dieser halb Meditationsformel, halb technischen Gebrauchsanweisung wiedergegeben wird. Sie können sich das immer wieder ins Gedächtnis rufen. Und Heidegger wehrt die Befremdlichkeit ab, indem er sagt: So war es ja immer schon, Aristoteles hat ja derartige Kunstwörter schon gemacht. Das stimmt, aber Aristoteles hatte sie noch nicht gemacht mit diesem, wir können ruhig sagen: bürokratischen Appeal. Ein Theologe, dem zu gleicher Zeit Formulierungen gelingen – wir werden es noch näher sehen –, die wir eigentlich nur einer völlig ausgebildeten Bürokratie zutrauen würden. Und merkwürdigerweise: je »einfacher« und »sagender« (Heideggers Worte) sein Denken wird, desto mehr nimmt auch dieser bürokratische Zug in der Sprache überhand. Ursprünglich war es (das heißt in der Zeit, in der *Sein und Zeit* geschrieben wird) noch das Wesen, also das Wesen des Seins etwa, nach dem ich frage, oder das Wesen des Daseins. Und dieser Begriff Wesen schillerte damals noch zwischen dem Substantiv: das Wesen des Wesens, und dem Verbalsubstantiv: Ich wese, du west, er west (was ist diese besondere Form, in der Dasein oder Sein west?), so daß er in einem Vortrag, der schon seit 1930 gehalten wird, nämlich *Vom Wesen der Wahrheit*, später zusammenfassend sagen kann: Die Antwort der Frage nach dem »Wesen der Wahrheit ist die Wahrheit des Wesens«,[20] das, was wahr west, beantwortet die Phrase, Frage (Phrase ist auch nicht so schlecht) nach dem Wesen der Wahrheit. Also: das Wesen der Wahrheit die Wahrheit des Wesens.

19 Ebd. S. 196.

20 Martin Heidegger: Vom Wesen der Wahrheit. In: Ders.: Wegmarken (wie Anm. 2), S. 201.

Anfänglich war das alles noch in diesem Zwielicht gehalten, das ja einen gewissen Reiz der Umdeutbarkeit, des Mehrdeutigen, also auch der Überdeterminiertheit hat, die ja unsere Realität nun einmal ist; später wird das schwerfällig betitelt werden. Damit niemand das Wesen mehr substantivisch liest, wird es bürokratisiert zur »Wesung«.

Im Kapitel über den »Sprung«, einem der Großkapitel des Buches, ist dann »Wesung«, ausführlich verhandelt, das eigentliche Wirken des Seins. Es ist nicht mehr nur dies, daß das Sein west, sondern es ist dies, daß es die Potenz des Wesens hat, daß es Potentialität und Aktualität ist, und daß es einen Titel führt, den andere nicht führen können, nämlich »Wesung«.[21] Ich habe ein erstes Mal jetzt dieses Wort genannt, weil ich vielleicht noch in dieser Stunde auf einen Mechanismus eingehen werde, den der Übertrumpfung und Überbietung, für den ein mit diesem Begriff versehenes Textstück und seine Übertrumpfungen, Überbietungen ich Ihnen vorführen möchte. Also noch einmal zurück: das ›Unterwegs‹, das nie ankäme, und die Heilserfahrung: es findet doch eine Näherung statt – allerdings eine von der anderen Seite –, und dann die Einsicht: die andere Seite nähert und entfernt sich, sie ist eigentlich dafür verantwortlich, daß ich einmal der Wahrheit näher, einmal ihr entfernter bin. Aber das gilt dann für die Menschengattung im Ganzen, in ihrer Geschichte: Einmal ist sie vom Sein verlassen, dann vergißt sie es, dann wieder nähert sich das Sein. Aber nähert es sich der ganzen Gattung? (wir müssen sehr große Bedenken anmelden); die Wenigen oder gar die Einzigen, die als »Zukünftige« bezeichnet werden, die dafür das – jetzt sage ich es einmal schnodderig – ›Organ‹ haben. Das ist eine Berlinische Ausdrucksweise, gar keine schlechte Ausdrucksweise, zu sagen, daß es auch ein geistiges Sinnesorgan gibt, also: auch es kann erkranken, auch es kann geheilt werden, auch mit ihm können wir Erfahrungen machen.

Ich hatte Ihnen den Ott empfohlen, wenn Sie etwas kennenlernen wollen, und das andere Buch, das dazu gehört, von Klaus Laermann glänzend aus dem Französischen und Spanischen übersetzt, ist von Victor Farías: *Heidegger und der Nationalsozialismus*; 1987 ist es erschienen, 1989 die deutsche Ausgabe.[22] Hugo Ott ist 1988 erschienen. Ich muß Ihnen ein drittes Buch nennen, das Sie im Handel nicht kaufen können, das aber die wichtigsten Zeugnisse – also auch Ott und Farías schöpfen für diese Jahre ganz und gar hieraus – aus der Zeit des sogenannten Umbruchs enthält, der Zeit der sogenannten Machtergreifung, 1933, der Zeit der damals auch so genannten großen Wende, also des Triumphes der ›Bewegung‹: Guido Schneeberger, *Nachlese zu Heidegger*.[23] Ich habe das Buch seinerzeit erworben, indem ich den Preis in Briefmarken an die Adresse von Schneeberger in Bern geschickt habe; es ist im Selbstverlag erschienen. Schneeberger lebt noch, ich gebe Ihnen die Adresse. Also: Bern, Schweiz, Hochfeldstraße 88. (Er will

21 Heidegger: Beiträge zur Philosophie (wie Anm. 7), erstmals S. 3 f.

22 Victor Farías: Heidegger und der Nationalsozialismus. Frankfurt am Main 1989.

23 Guido Schneeberger: Nachlese zu Heidegger. Dokumente zu seinem Leben und Denken. Bern 1962.

übrigens eine weitere Nachlese herausbringen, habe ich inzwischen gehört.)[24] Ich habe hieraus schon das letzte Mal zitiert, in der Vorlesung im vorigen Semester. Es ist 1962 erschienen. So, jetzt habe ich Ihnen dreierlei Biographisches genannt, ein Antidoton, den Klemperer, und habe Ihnen ein paar Worte schon sozusagen als Vorgeschmack vorgeführt.

Vielleicht sollte ich Ihnen als Nächstes jetzt das Groß-Inhaltsverzeichnis dieses immerhin nicht weniger als 281 Paragraphen (aber viele sind nur ein paar Sätze lang) umfassenden Buches nennen. Und wenn Sie fragen: Was steht nun unterschiedlich darin? Es steht, jeweils unter Hinzunahme weiterer Worte und weiterer mystischer und Kultfiguren, immer wieder die gleiche, ich will mal sagen: Botschaft darin. Der erste Teil heißt »Vorblick«, ein Vorblick aufs Ganze. Der zweite Teil, der nun der erste eigentliche Ausarbeitungsteil ist, wie er es sich vorstellt, heißt »Der Anklang«. Der »Anklang« aber ist gerade einer in Seinsvergessenheit und Seinsverlassenheit, und trotzdem klingt auch in ihr etwas an. Der nächste Teil heißt »Das Zuspiel«. Da spielt das Sein selber schon einem etwas zu, was nicht mehr in Seinsverlassenheit aufgeht. Der nächste Teil heißt »Der Sprung«. Wenn Sie das Ganze gelesen haben, bemerken Sie, daß der »Sprung« nicht nur das Springen ist, sondern daß der Sprung auch der Riß, die Differenz ist, also wie in einer Tasse ein Sprung durch die Tasse geht, ist er auch in dieser Weise ein Sprung. Den Namen dafür werden wir noch buchstabieren müssen. Das hieß in *Sein und Zeit* einmal »ontisch-ontologische Differenz«, und das wird in dem Buch *Vom Ereignis* dann viele Namen führen. Mit dem nächsten Titel treten wir, wenn Sie so wollen, in ursprungsmythische Bereiche ein, er heißt »Die Gründung«; mit dem nächsten Titel in seherische Bereiche: »Die Zu-Künftigen«; mit dem dann wieder nächsten Titel in apokalyptische Bereiche: »Der Letzte Gott«; und endlich kommt etwas, was offensichtlich auch diesem letzten Gott noch nach- oder vor- oder untergelagert ist und wovon die ganze Zeit schon die Rede war, was aber noch einmal einen eigenen Titel bekommt: »Das Seyn«, mit ›y‹ geschrieben. Also: »Vorblick«, »Der Anklang«, »Das Zuspiel«, »Der Sprung«, »Die Gründung«, »Die Zu-Künftigen«, »Der letzte Gott«, »Das Seyn«. Das sind, wenn man so will, Evangelientitel. Das sind Titel, die man in einer Sektenschrift erwarten würde, es sind Titel, die samt und sonders das deutlich machen, wovon ich vorhin bei dem einen kurzen Textbeispiel sprach: daß es alles immer auf dem Weg ist, auf dem Weg ist, auf dem Weg ist ..., nie ankommen von sich aus, allenfalls zugewinkt kriegen von der anderen Seite. Sie sehen, neben vielem anderen wirkt hier in dem späten Heidegger auch noch die Diskussion des lutherischen Gnadenbegriffes nach – also das, worüber man nie selbst etwas vermag, das, was immer nur von der anderen Seite kommen kann; und trotzdem darf man in seinem Glauben nicht nachlassen. *Sola fide*, allein durch den

24 Guido Schneeberger ist 2002 gestorben. Eine weitere Nachlese hat er nicht herausgebracht.

Glauben ist es möglich, sich dem zu nähern, dem man sich nicht nähern kann, sondern der sich einem nähern muß. Und eigentlich ist er es auch, der die *fides* stiftet. Welch komplizierte Verhältnisse? Andererseits: welch simple Verhältnisse, wenn man sich überlegt, daß sie so tatsächlich zu allen Kulten gehören, dieses Tauziehen um Autonomie und Gnade auf der anderen Seite. Das ist auch schon in einem kleinen Mysterienkult irgendeines Stammes, das ist in den großen antiken Mysterien so schon vorgebildet, aber es hat noch nicht diese fundamentale, soll ich jetzt sagen: Gewalt, oder soll ich jetzt sagen: Gewaltfreiheit, die es dann im christlichen Bekenntnis gewinnt. Und zwischen diesen beiden: der Gewalt und der Gewaltfreiheit eines solchen Verhältnisses, schwankt darum auch die Heideggersche Interpretation. Also trotz allem, was Sie noch kennenlernen werden, was da an Versatzstücken von überall her hereinkommt: Mythologisches, Kultisches, Schamanistisches, Mysterienartiges jeder Couleur, Apokalyptisches, Mystisch-Apokalyptisches vor allen Dingen und nicht nur Mystisch-Meditatives, sollte man nicht vergessen, wie sehr viel von den christlichen Grundfiguren hier in den ihm nur als Verstrickung erscheinenden christlichen – ich sage es jetzt mal so mißverständlich – Diesseitsbestimmungen drinsteckt; also der Sarkozentrismus – daß es sich um das Fleisch selber handelt – des Christentums in der Menschwerdung: Warum ist Gott Mensch geworden? Warum ist er hier (Johannes-Evangelium) ›in sein Eigenes gekommen‹ (*eis ta idia*, ›in das Eigene‹[25])? Das ist die antignostische Formel. Das ist das, was auf – sage ich jetzt zugleich, um ein für allemal diese Bestimmung gemacht zu haben – eine raffinierte Weise bei Heidegger wieder ausgeschaltet wird. Heidegger wird in gewisser Weise zum perfekten Gnostiker. Das Seiende insgesamt wird zum Opfer gebracht für das Sein; kein Opfer zur Abschaffung der Opfer, sondern Totalopferung. Ich will nicht vorgreifen, ich bin ja noch in den Vorbemerkungen.

Ich hatte Ihnen gesagt: Übertrumpfung, Überbietung. Etwas, was in den gelehrten Interpretationen des Heideggerschen Spätwerkes eine viel zu geringe Rolle spielt, ist das, wofür er sich eingesetzt hatte, wohinein er sich eingesetzt hatte, um es heideggerisierend zu sagen: in der Vorbereitung von 1933 und dann 1933/34, so lange jedenfalls, mit aller Gewalt, wie er meinte, der geistige Führer der Bewegung werden zu können. Und als dann vornehmlich das ›Amt Rosenberg‹, also der Parteiphilosoph Rosenberg, erfolgreich sich dagegen verwandte und Kollegen von Heidegger mit dafür einsetzte, respektive diese als Konkurrenten sich auch gegen ihn wandten, weil sie selbst ähnliche Attitüden hatten – so kurz und formal erzählt –, mußte die Bewegung einer größeren Bewegung weichen, die Ereignisse einem größeren Ereignis Platz machen.[26] Das will ich

25 Johannes 1,14.

26 Das Amt Rosenberg wurde 1934 mit und für Alfred Rosenberg eingerichtet, als er zum »Beauftragten des Führers für die Überwachung der gesamten geistigen und weltanschaulichen Schulung und Erziehung der NSDAP« ernannt wurde; ab 1934 erhielt es die Kurzbezeichnung »Reichsüberwachungsamt« oder einfach »Amt Rosenberg«.

Ihnen zunächst kurz vorführen. Zur Vorbereitung dazu war ja schon die Vorlesung im letzten Semester gedacht und geeignet.[27] Ich hatte Ihnen da ja einen spezifischen Übertrumpfungsvorgang vorgeführt, nämlich die Auseinandersetzung zwischen Heidegger und Jünger.

Zu einer Zeit, in der Heidegger sich in Vorträgen und Aufsätzen für den nationalsozialistischen Arbeitsdienst stark macht, propagiert Jünger den ›Arbeiter‹ als die tellurische Figur des Arbeiters. Während Heidegger den Aufbau der nationalen Arbeit: Staat der Arbeit, Volk der Arbeit, unter dem Stichwort eines völkischen Dienstes propagiert, hat Jünger längst die Vision entworfen von einem durch Arbeit totalisierten, total denaturierten Planeten. Ob, aus großer Entfernung betrachtet, das dann Bienenwaben sind, also ob es insektoid ist, oder ob es Maulwurfshügel sind, die den Planeten überziehen, das ist dann egal; ob es sich um Metzelei, also Kriegsarbeit, oder das, was man später Aufbauarbeit genannt hat, handelt, oder worum auch immer, es ist gleich: totale, ziellose Arbeit als Selbstzweck, den denaturierten Planeten in so etwas wie ein Arbeitshaus verwandeln.[28] Also, Arbeitshaus war die alte Ausdrucksweise für Zuchthaus. Heidegger hilflos abgeschlagen gegenüber dieser Totalmobilmachung; dann aber Heidegger ihn überholend, nämlich: das ist das »arbeitende Tier«. Das können Sie in den Notizen zur »Überwindung der Metaphysik« nachlesen, die in dem Buch »Vorträge und Aufsätze« abgedruckt sind. Das ist das »arbeitende Tier«, das »dem Taumel seiner Gemächte« überlassen ist (wobei in »Gemächte« Machenschaften ökonomischer und sexueller Art zugleich im Wortklang präsent sind), »damit es sich selbst zerreiße und in das nichtige Nichts vernichte.«[29] Etwas Neues wird dann dahinter erscheinen: das sind dann die »Zukünftigen«, das ist dann das »Zuspiel des Seins«, das ist etwas, was den bisherigen Ereignissen, von denen Jünger sprach (und von denen die nationalsozialistische Bewegung spricht, der Heidegger schmollend und enttäuscht und mit dem Gestus: Euch werde ich es schon zeigen, ich habe euch besser verstanden als ihr selbst, und ich bringe die Bewegung weiter als ihr sie glaubtet konkret bringen zu können), gegenübertritt, nämlich: das Ereignis, an Stelle jener Ereignisse: das Ereignis. Jene Ereignisse operierten auch schon mit diesem Vokabular.

Ich rezitiere Ihnen jetzt dieses Stückchen völkischer Reminiszenz. Das ist aus einem Buch, das – außerordentlich spannend geschrieben, außerordentlich erfolgreich werbend, journalistisch glänzend gemacht, ein schreckliches Buch – 1934 erscheint. Auch in diesem Buch steht in altdeutschen Lettern (denken Sie an das Seyn mit ›y‹): »Gegen

27 WS 1989/90, Begriff und Funktion des Symbols in der Geschichte IV: Kult und Symbol – Symbol und Arbeit.

28 Siehe Ernst Jünger: Der Arbeiter. Herrschaft und Gestalt (1932). Stuttgart 1982.

29 Martin Heidegger: Überwindung der Metaphysik. In: Vorträge und Aufsätze. Pfullingen 1954, S. 73.

die Herausgabe dieser Schrift bestehen seitens der NSDAP keine Bedenken. Der Vorsitzende der parteiamtlichen Prüfungskommission zum Schutze des NS-Schrifttums. München, 25. Januar 1935.« Der Verfasser ist Dr. Joseph Goebbels. Das Buch heißt *Vom Kaiserhof zur Reichskanzlei. Eine historische Darstellung in Tagebuchblättern (Vom 1. Januar 1932 bis zum 1. Mai 1933)*. Auf der zweiten Seite hinter dem Schmutztitel (das nennt man so bei einem Buch) steht in Riesenlettern: »Dieses Buch widme ich dem Führer. Berlin, am 30. Januar 1934.«[30] Ich lese Ihnen ein paar Sätze, die auf die Übertrumpfung und Überbietung Bezug nehmen, vor. Ich sage gleich, warum ich diese beiden Vokabeln Übertrumpfung und Überbietung immer nebeneinander gebrauche. Übertrumpfen ist ein Wort aus der kultischen Sphäre. *Thriambos*, triumphus (Griechisch-Lateinisch) ist eine Art von Kultgeschrei, dann der Kult, den es begleitet; sicher nicht nur der dionysische Kult; daraus also Triumph, daraus macht der Volksmund ›umpf‹. Übertrumpfung heißt also: mit Kultgeschrei einen anderen übertönen, den wirkungsvolleren Kult durchsetzen. Überbietung kommt aus der Kauf- und Verkaufssphäre, man bietet bei Versteigerungen, damit man den Zuschlag erhält. Hier wird literarisch geboten, und der Zuschlag, den man erhalten will, sind Seelen. Also Übertrumpfung und Überbietung, um den äußeren und den inneren Vorgang der Sache wiederzugeben. Ich zitiere: »Es ist in der Tat die größte geistige und politische Umwälzung aller Jahrhunderte« (*revolutio*, Umwälzung, Kehre, Wende, diese Worte waren damals Allgemeingebrauch), »die sich durch uns und mit uns vollzogen hat.« (Wer etwas mehr Heideggertexte kennt, erschrickt über die Nähe: das ›sich durch uns und mit uns vollziehen‹.) »Es wurde uns dabei nichts geschenkt. Im Gegenteil: wir haben alles, was wir heute besitzen und unser Eigen nennen, bitter erkämpft und dafür Opfer gebracht an Gut und Blut in einem Maße« – das erste Mal: *Opfer*; sie würden uns oft begleiten in diesem Buch, wenn wir es über uns brächten, es zu lesen –, »das sie auf ewig mit den großen historischen Werten verknüpfen wird, die sie als Ergebnisse zeitigten. Auch hier hat sich wieder wie bei allen geschichtlichen Prozessen, seien es nun Kriege oder Revolutionen, die Wahrheit des Dichterwortes bestätigt, daß nur der das Leben gewinnt, der es auch einzusetzen bereit und entschlossen ist.«[31] (Eine Seite später heißt es, daß es ein »Opfergang« sei, »den unsere Bewegung nach dem Gesetz, nach dem sie angetreten ist, gehen mußte«.[32] Es wertet sie auf, ein Opfergang zu sein: Blutopfer, Blutfahnen gehören zu ihrem Ritual.) Jetzt der Absatz mit den Ereignissen; da ist eine gewisse Steigerung drin. »Es ist Sinn und Zweck dieses Buches, in Tagebuchblättern« (er spricht jetzt zunächst wie ein Historiker) »einen Abriß der historischen Ereignisse zu geben«. (Wenn Sie Klemperer – der ja keine Zeitung lesen durfte, kriegen konnte – lesen, »LTI«, werden Sie die Bemerkung finden, die er in einem Kapitel mit vielen Fetzchen belegt, wie alles, je weiter der Krieg

30 Joseph Goebbels: Vom Kaiserhof zur Reichskanzlei. Eine historische Darstellung in Tagebuchblättern (Vom 1. Januar 1932 bis zum 1. Mai 1933). München 1934, S. 5.

31 Ebd. S. 10.

32 Ebd. S. 11.

fortschreitet, zu historischen Ereignissen wird: jede kleinste Aktion ein historisches Ereignis.[33] Aber das geht früh schon los. Ich habe bei Schneeberger einmal eine Stelle herausgesucht, in der die Corpsstudenten die Wiedereinführung der scharfen Mensur als ein großes historisches Ereignis feierten.[34]) »Es ist Sinn und Zweck dieses Buches, in Tagebuchblättern einen Abriß der historischen Ereignisse zu geben, die sich in Deutschland im Verlauf des Jahres 1932 und des Anfanges des Jahres 1933 abgespielt haben. Der Verfasser ist sich darüber klar, daß es nicht in seiner Macht, aber auch nicht in seinem Willen liegt, eine objektiv enthaltsame Historie dieser für Deutschland so entscheidenden Zeit zu geben. Er stand und steht mitten in den Ereignissen.«[35] (›Mitten in den Ereignissen stehen‹, das ist hier schon sozusagen kategorial gebraucht. Das wird noch in den ganz späten Goebbels-Tagebüchern, den Tagebüchern von 1945, sozusagen die Authentizität, so etwas aufzuschreiben für die Nachwelt: Hier habt ihr einen Blutzeugen, der mitten in den Ereignissen stand, verbürgen.) »Er war berufen, an ihnen tätig und aktiv mitzuwirken. Es lag weder in seinem Temperament noch in seinem Entschluß, sie aus der Stille einer Studierstube zu beobachten und ihnen eine über der persönlichen Gebundenheit stehende Bedeutung zu geben. Er hat sie von allem Anfang an bewußt bejaht, mit seinen schwachen Kräften mitgeholfen, daß sie Wirklichkeit wurden. Wer also Geschichte in gewöhnlichem Sinne zu finden hofft, der wird hier vergebens suchen.« – Nun sind die Vokabeln schon aufgeladen. – »Was hier niedergelegt ist, das wurde geschrieben im Drange und Tempo der Tage und manchmal der Nächte. Es ist noch durchbebt von den heißen Erregungen, die die Ereignisse selbst mit sich brachten«. (Die Ereignisse selbst bringen heiße Erregungen mit sich. Also, Sie könnten hier schon eine kleine Ereignisphilosophie aus dem Slang dieses sehr geschickten journalistischen Artikels ziehen, der als Einführung vorweggestellt ist: »noch durchbebt von den heißen Erregungen«. ›Durchbebt‹, wie glücklich ist dieses Wort gewählt: Erdbebenatmosphäre, sozusagen die kosmische Dimension darin; der Vorhang im Tempel zerreißt in dem Moment, in dem der Kreuzestod stattfindet.) »... durchbebt von den heißen Erregungen, die die Ereignisse selbst mit sich brachten, und die jeden mitrissen, der an ihnen tätigen Anteil nahm. Sie sind vom Augenblick gefärbt« – diese Erregungen, oder hat er hier unscharf formuliert, meint er die Tagebuchblätter? – »und auf das stärkste beeindruckt. In den sorgenerfüllten Stunden, da sie niedergelegt wurden, dachte der Verfasser an alles andere als daran, daß sie in so absehbarer Zeit schon einen Beitrag abgeben würden zur Erkenntnis der Zeit, die hinter uns liegt, und die« – Aber das ist

33 Siehe Victor Klemperer, LTI (wie Anm. 11), S. 51 zur immensen Aufladung des Wortes ›historisch‹.

34 Schneeberger: Nachlese zu Heidegger (wie Anm. 23), S. 28: »Mit Stolz und Genugtuung haben wir jungen Waffenstudenten die Aufhebung des Mensurverbotes aufgenommen. In dem Bewußtsein, daß für das aktive Waffenstudententum in dieser Aufhebung ein *historisches Ereignis* von großer Tragweite liegt, haben die Bestimmungsmensur fechtenden Korporationen Freiburgs zur Feier der ersten freien unverfemten Mensur einen gemeinsamen öffentlichen Pauktag steigen lassen.«

35 Siehe Joseph Goebbels: Vom Kaiserhof zur Reichskanzlei (wie Anm. 30), S. 10.

alles erst Vorbereitung, das ist alles erst ein langes, langes Unterwegs. Plötzlich stoßen Sie hier auf die gleichen Denk- und Schreibfiguren. – »im besten Sinne des Wortes Ouvertüre ist zum anbrechenden Jahrhundert und aus ihm schon alle Themen, alle Motive und alle historischen Eingänge im Kern enthält.«[36]

Ich zitiere noch ein paar Sätze, ohne lange zu kommentieren, aus diesen und den nächsten Seiten. Da kam der von mir schon benannte ›Opfergang der Bewegung‹ – der Bewegung: da haben wir in ihr schon das Übertrumpfen. Sie wissen ja, wie viele Bewegungen es in diesem Jahrhundert gab und gibt: die psychoanalytische Bewegung, die vegetarische Bewegung, die sozialistische Bewegung. Aber es gab keine nationalsozialistische Bewegung, es gab an Stelle jener Bewegungen: die Bewegung. Wenn jemand gesagt hätte: die nationalsozialistische Bewegung, nach 1933, wäre er dafür angezeigt worden wegen dieses distanzierenden Ausdrucks. Wie kommt jemand dazu, die Bewegung abschiebend mit einem Beiwort zu versehen? Die ›nationalsozialistische‹ Bewegung zu sagen, war später so, wie zu sagen: Herr Hitler; ja? Also: die Bewegung und nichts sonst. Ich habe es oft gesagt: wenn immer in einer Bewegung, zum Beispiel in der Studentenbewegung in den sechziger Jahren, plötzlich jemand sagte: die Bewegung, oder: sonst fällt jemand aus der Bewegung heraus, habe ich jedes Mal einen Stich gekriegt und gesagt: das kann ich nicht hören, also sagen Sie meinethalben zehnmal Studentenbewegung, aber wenn ich ›die Bewegung‹ höre, dann bin ich wieder bei der Bewegung. Da ist das erste Mal das Übertrumpfen. Alle Bewegungen sind übertrumpft – sie sind nicht mehr Bewegung – durch *die Bewegung*; alle Ereignisse werden übertrumpft – sie sind nicht mehr Ereignisse – nachher durch *das Ereignis*. Ich zitiere noch einmal: »Wer sie«, nämlich diese Blätter, »gerecht und unvoreingenommen liest, muß zu dem Ergebnis kommen, daß, wenn einer ein Anrecht auf die Macht hat, dann wir, daß keinem anderen sie zustand und das, was sich vollzog, nur nach dem unabänderlichen Gesetz einer höheren geschichtlichen Entwicklung sich abspielte.«[37] »Gesetz einer höheren geschichtlichen Entwicklung«, einer höheren geschichtlichen Entwicklung. Von Seinsgeschichte ist hier nicht die Rede, aber die Anrechte werden vergeben nach dem ›Gesetz einer höheren geschichtlichen Entwicklung‹. Ich zitiere jetzt, überspringend, von Seite 12: »Über alledem stand Gottes Hand. Sie hat den Führer und seine Bewegung sichtbarlich geleitet. Nur die Glaubensarmen sagen, daß das Glück uns verfolgt hätte. In Wirklichkeit hat sich am Führer und an der Partei Moltkes Wort bewahrheitet, daß auf die Dauer eben nur der Tüchtige Glück hat. Was über zehn Jahre lang in der Stille vorbereitet wurde und organisch wuchs« – dazu muß man sich die Geschichte der Kräche vergegenwärtigen, die diese Gruppe damals hatte –, »das brach am 30. Januar 1933 und in der Folgezeit wie in einer Springflut über ganz Deutschland herein.« – Und jetzt kommt die Apotheose des Ereignisbegriffs. – »Es gab niemanden

36 Ebd. S. 10.

37 Ebd. S. 11.

im Lande und in der Welt, der sich dem gewaltigen, klingenden Rhythmus dieser Ereignisse hätte entziehen können.« – ›Ein gewaltiger, klingender Rhythmus dieser Ereignisse‹. – »Und aus der Glut und Begeisterung, mit der sich die Millionenmassen des Volkes Hitler und seiner Idee hingaben, meinte man den Schrei herauszuhören, der schon einmal zur Zeit der Kreuzzüge Deutschland erbeben ließ:« – Jetzt kommt der Schrei, Triumph, das Kultwort – »Gott will es!«‹[38] – Ein ganz kleines Stück personale Apotheose. Aber Sie können das Personale hier impersonalisieren, wenn Sie wollen; und es ist dann impersonalisiert worden in vielen Spielarten. – »Auch dazu dient vielleicht dieses Buch, noch einmal vor aller Welt zu erhärten, wie instinktklar und fast traumwandlerisch sicher der Führer seinen Weg ging und die Bewegung durch alle Fährnisse und Bedrohungen hindurch unbeirrt und zäh den Weg zur Macht führte. Er allein hat sich niemals getäuscht. Er hat immer recht behalten. Er hat sich von der Gunst oder Ungunst des Augenblicks niemals blenden oder versuchen lassen. Er erfüllte wie ein Diener Gottes das Gesetz, das ihm aufgegeben war und wurde so im höchsten und besten Sinne seiner geschichtlichen Mission gerecht.«[39]

Ich will Ihnen jetzt nicht wieder aus Schneeberger vorlesen, was ich im vorigen Semester vorgelesen hatte, wie eine dem Führerwillen sehr ähnliche Apotheose, in einer Ansprache vor den Notarbeits-Eingesetzten der Stadt Freiburg, Heidegger seinerzeit formuliert hatte. Schlußzitate: »Über uns allen aber stehen wie ein weisender Stern« – auch dieser wird bemüht – »der Führer und seine Idee! Wir fühlen uns voll von gläubiger Verantwortung« – Wem gegenüber? – »der Geschichte gegenüber.« – Und nun wird die Bandenmentalität aus dem Sack gelassen. – »Wir haben uns einmal in Not und Unglück die Hand gereicht, und nun sind wir für immer eine treue Verschwörerschaft der großen Idee.«[40] Nachdem *die* Geschichte bemüht worden ist, nachdem die Verantwortung vor ihr sozusagen als eine Art von permanentem historischen Gottesdienst reklamiert worden ist als das eigentlich Verbindende, kommt dann noch als quasi Gruppenbestimmung hinzu: Bande, Verschwörerbande. Ich habe immer wieder darauf aufmerksam gemacht, wie es die eigene Bandenstruktur ist, die überall Bande suchen läßt. Also so wurden Verschwörerbanden und Banden ständig dingfest gemacht als Projektionen der eigenen psychischen Bandenstruktur; und so sehr hat sie nachgelebt, daß nachher, wie Sie wissen, die Baader-Meinhof-Gruppe niemals als Gruppe oder sonst etwas bezeichnet werden durfte, sondern immer als Bande – das war wirklich feste Sprachregelung – bezeichnet werden mußte. Da ist also immer noch Bandenprojektion: nur Bande nennt Bande ›Bande‹, können Sie sich gleich als Merkwort bei der Gelegenheit einprägen.

Also ich habe Ihnen hier zitiert ein Stück völkischer Geschichte, um das einzuleiten, was ich mit Übertrumpfung und Überbietung meine. Das, was Heidegger in der Zeit

38 Ebd. S. 12 f.
39 Ebd. S. 14.
40 Ebd.

schreibt, ist ganz und gar in dem Tenor. Ich versage mir jetzt, da noch einmal zu zitieren. Ich will ihn hier nicht politisch, sozusagen biographisch – das ist längst geschehen – an eine bestimmte Leine legen, niemand hat es jemals bezweifeln können. Ich will etwas ganz anderes, ich will zeigen, wie die Begriffe, die er gebraucht, nicht das ganz Andere sind zu dem, womit er zentral paktiert hatte, sondern daß sie dasselbe sind, nun nur gelöst aus den vordergründigen, den sozusagen realen Opferstrukturen, die da beschworen werden und verallgemeinert in die große, in die ontisch-ontologische Opferstruktur; daß sie auch insofern das gleiche sind, als sie mit dem gleichen Vokabular, aber das Vokabular sozusagen erhöhend zur Einzigkeit, auskommen. Es sind nicht diese Ereignisse, sondern es ist das, was sie übertrumpft: das Ereignis.

Ich will Ihnen die Übertrumpfung an einem sehr simplen Beispiel vorweg vorführen, das ich später noch einmal aufgreifen werde. Der Heidegger von 1929, der die Freiburger Antrittsvorlesung hält, in der von Dienst und befeuernder Schärfe und vielen, vielen Vokabeln jener Zeit, aus den Kasernen und vor allen Dingen aus den Volkskasernen der SA, plötzlich kategorialisierend die Rede ist, also dieser Heidegger veröffentlicht im gleichen Jahr ein lange vorbereitetes Buch, das eingehen sollte in den zweiten Teil von *Sein und Zeit* – aber er hatte sich da schon entschlossen, ihn so nicht mehr erscheinen zu lassen –: *Kant und das Problem der Metaphysik*, ebenfalls 1929. Dort heißt es: »Die so, d. h. fundamentalontologisch verstandene ›Angst‹« – Angst ist die Grundbefindlichkeit, vor dem Nichts zu stehen, sage ich hinein – »nimmt der ›Sorge‹« – der Sorgestruktur des Daseins – »von Grund aus die Harmlosigkeit einer kategorialen Struktur.« – Sorge ist keine Kategorie, in der man über das Sein redet. – »Sie gibt ihr die dem Grundexistenzial« – das ist Heideggers Wort für etwas, was nicht Kategorie ist, sondern Existenzverfaßtheit ausdrückt – »notwendig eigene Schärfe und bestimmt so die Endlichkeit im Dasein nicht als vorhandene Eigenschaft, sondern als das ständige, obzwar meist verborgene Erzittern alles Existierenden.«[41] Das ist ja ganz hübsch ausgedrückt. Es trifft ja: »das ständige, obschon meist verborgene Erzittern alles Existierenden«. Nicht wahr: das geht vom Vogel an der Tränke bis zu Ihnen, wenn Sie – ich sage es mal abstrakt – einen Gang machen. Das »ständige, obzwar meist verborgene Erzittern alles Existierenden«, das nimmt er hier noch in Anspruch dafür, daß eine bestimmte Verfaßtheit der Existenz, die er ›Sorge‹ nennt, nicht bloß als verdinglichende Bestimmung angesehen werden darf. Sie ist ein Existenzial, weil sie ein nicht-verdinglichbares, nicht zu verdinglichendes Erzittern alles Existierenden mittransportiert.

In dem Buch *Vom Ereignis* gibt es keine Stelle, an der die Existenz erzittert. Wohl erzittert jetzt etwas anderes, und Sie werden sagen, damit ist die Überbietung geglückt. Aber zu Ihrer großen Verblüffung wird die Überbietung noch ein Stück weiter gehen.

41 Martin Heidegger: Kant und das Problem der Metaphysik. Fünfte, vermehrte Auflage. Frankfurt am Main 1991, S. 238.

Wieder ist hier von ›Stimmung‹ und ›Grundstimmung‹ die Rede. Jetzt ist Angst etwas eher Beiläufiges, es ist in gewisser Weise vordergründig geworden für ihn. Ganz andere Vokabeln kommen jetzt herein. Ich will sie noch nicht benennen, wir werden mit ihnen noch zu tun kriegen. Aber es gibt dann einen zusammenfassenden, quasi definitorischen Satz, der steht auf Seite 21 im Paragraph 6 unter dem Stichwort »Die Grundstimmung«. »Die Stimmung ist die Versprühung der Erzitterung des Seyns als Ereignis im Da-sein.«[42] »Die Stimmung«, diese Grundstimmung (jetzt sehen Sie, was ich mit bürokratisch meine), diese Titulierung »ist die Versprühung der Erzitterung«. Also was ist da gesagt? Versprühung ist ein spirituelles Wort, ein Geistübermittlungswort, Geist wird versprüht. Noch der Volksmund redet von einem sprühenden Geist und sagt: Jemand sprühte, oder Geist wird versprüht; die Stimmung also ist jetzt eine Versprühung, aber von der anderen Seite her, nämlich von der Seite des Seins. Und das, was da versprüht wird, ist Folge dessen, daß dieses Sein selbst jetzt das übernommen hat, um überhaupt Lebendigkeit zu postieren, was vorher die zitternde Existenz war – jetzt ist es »die Erzitterung des Seyns«. Diese Erzitterung des Seins teilt sich in Form von Versprühung mit in der Stimmung. Wem denn? – dem Dasein. Und das ist das »Ereignis im Dasein« – wie immer das nun näher zu fassen ist; und wir werden es näher fassen, denn es ist sehr spannend, wenn man es inhaltlich auflöst und nicht mehr nur als Worte nimmt.

Ich lese Ihnen zum Abschluß noch einmal die Überbietung dieser Position in seinem Buch vor. Das ist dann im Paragraphen 123, der wieder mal »Das Seyn« – mit ›y‹ – heißt: »Wagen wir das unmittelbare Wort:« – Wir sind sehr gespannt, was jetzt gewagt werden soll; und wenn Sie es nicht schon gehört haben, werden Sie auch sehr verblüfft sein. – »Das Seyn« – das eben noch die Erzitterung war, die sich versprühte, dieses Sein ist jetzt selbst Produkt der Erzitterung von etwas anderem geworden. Nicht einmal mehr das Sein ist es jetzt, was erzittert, es ist nicht mehr die Existenz, die ständig erzitternde, sondern jetzt ist das »Seyn ... die Erzitterung des Götterns«. ›Göttern‹ ist das – Ich göttere, du götterst, als das Verbum –, was die Götter machen. Und was machen sie? Die Götter sind plötzlich, wenn Sie so wollen, zu Ontologen geworden, nämlich: Was ist das ›Göttern‹? (Klammerdefinition): »Das Seyn ist die Erzitterung des Götterns (des Vorklangs der Götterentscheidung über ihren Gott).«[43] Das ist also ihr Zittern, in einer Art von Wahlkampf oder Wahlgang, wenn Sie so wollen. Also: »Das Seyn ist die Erzitterung des Götterns (des Vorklangs der Götterentscheidung über ihren Gott)«. Dieser Gott ist dann der »letzte Gott«. Aber dieser letzte Gott ist dann eigentlich nur noch ein Agent dieses Seyns mit ›y‹, das im allerletzten Teil noch ein paar Mal auftaucht: »Aufklang der Erde, Widerklang der Welt. *Streit,* die ursprüngliche Bergung der Zerklüftung, weil der innigste *Riß*. Die *offene Stelle*. *Sprache*, ob *gesprochen oder geschwiegen*, die erste und wei-

42 Heidegger: Beiträge zur Philosophie (wie Anm. 7), S. 21.

43 Ebd. S. 239.

teste Vermenschung des Seienden. So scheint es.« – Alles falsch gedacht. – »Aber *sie* gerade« – diese Sprache – »die ursprünglichste Entmenschung des Menschen als *vorhandenes Lebewesen* und ›Subjekt‹ und alles Bisherigen. Und damit Gründung des Da-seins und der Möglichkeit der Entmenschung des Seienden.«[44] Das ist natürlich dann ganz und gar und definitiv gegen den christlichen Kult und das christliche Zentraldogma gesagt. Das bewegt sich auf der gleichen Linie wie der *Brief über den Humanismus*, mit dem er einem alten französischen antisemitischen Nazi, dem Jean Beaufret nämlich, 1947, sozusagen die Bruderhand über die Grenze hinweg reichte (das ist im *Brief über den Humanismus*), daß das Humane eben nicht mehr die ›Menschenduselei‹[45] ist – Stichwort für das Ganze: vom Ereignis. Also Übertrumpfung, Überbietung hier auch der Humantradition, sei es als animalische, sei es als spirituale, die ganz andere Sphäre, und wie nahe, wie wahnwitzig nahe dem, wovon ich vorhin Ihnen ein Stück rezitiert hatte.

Ich werde in der nächsten Stunde auf die politischen Vergleiche verzichten – dann müßte man sie ununterbrochen machen. Ich werde Sie ein Stück weit in die Sprachtopographie des Ereignisses einführen und werde ein Stück weit Sie aufmerksam machen auf den wenig erquicklichen Gebrauchswert, den das für aktuelle Denkfiguren besitzt, die keineswegs nur philosophisch überhöhte oder übertrumpfende Denkfiguren sind.

44 Ebd. S. 510.

45 Siehe Martin Heidegger: Brief über den Humanismus. In: Wegmarken (wie Anm. 2), S. 319, 344 f., 349, 353, 356 f. und passim.

Kaveh Nassirin

Von Heideggers ausgesetzten Kindern

Ein Exkurs durch den »Fall Heidegger« anlässlich einer Biographie von Thomas Rohkrämer

Gemäß einer bekannten These der Chaostheorie könnte der Flügelschlag eines Schmetterlings einen Tornado auslösen. Die Geschichte des Nationalsozialismus dagegen, so versichert uns der Historiker Thomas Rohkrämer schon in der Einleitung seines Buches *Martin Heidegger – eine politische Biographie*,[1] wäre »im Ganzen ohne ihn nicht viel anders verlaufen«:[2] ohne Heidegger also, den NS-Universitätsrektor, den euphorischen Hitler-Verehrer, den berühmten Redner der Führertreue in der Leipziger Alberthalle, in der die deutschen Professoren öffentlich ihren Geist unterordneten, wäre »im Ganzen« alles so verlaufen, wie es nun mit ihm verlaufen ist. Eingedenk des Umstands, dass ja doch ein Philosoph und nicht etwa ein nationalsozialistischer Politiker biographiert wird, klingt der einleitende Rekurs auf eine realpolitische Wirkung schon etwas deplatziert. Die elastische Bemerkung, »im Ganzen nicht viel«, kann aber als ein etwas vage geratenes antithetisches Leitmotiv zu den kritisch-aufklärerischen Studien der Historiker Hugo Ott und Richard Wolin gelten, denn seit ihnen stellten sich dem Thema ›Heidegger und der Nationalsozialismus‹ vornehmlich Philosophen. Es werfen dennoch schon da, Seite 2, Zweifel ihre Schatten voraus: Waren die vom Rektor willig durchgeführten Entlassungen jüdischer Kollegen auf der Grundlage des »Gesetzes zur Wiederherstellung des Berufsbeamtentums«, gleich nach seinem Amtsantritt im Mai 1933, so wirkungsarm? Oder die Verkündung der Führerverfassung für Universitäten im Herbst 1933, die Heideggers Anliegen eines totalitären, eines platonisch-nationalsozialistischen Staates enthielt?[3] Oder das erwähnte, auch durch Heideggers Rede konstituierte »Bekenntnis der deutschen Professoren zu Adolf Hitler« 1933? Schlug der braune Schmetterling da nicht gar zu heftig mit den Flügeln?

1 Thomas Rohkrämer: Martin Heidegger – eine politische Biographie. Paderborn 2020.

2 Rohkrämer: Heidegger (wie Anm. 1), S. 2.

3 Die vom badischen Kultusminister Wacker am 1. Oktober 1933 in Kraft gesetzte einstweilige Universitätsverfassung (Punkt 1: »Der Rektor ist der Führer der Hochschule«), geht auf Heideggers per Rundscheiben vom 3. Juli 1933 angeordnetes Führer-Rektor-Modell zurück. Das Modell wurde eine Woche später von Bayern, dann von den 13 preußischen Hochschulen übernommen (Erlass vom 28. Oktober 1933, Bildungsminister Rust). (Siehe Bernd Martin: Heidegger und die Reform der deutschen Universität 1933. In: Gottfried Schramm; Bernd Martin (Hg.): Martin Heidegger: ein Philosoph und die Politik. Freiburg 1986, S. 19 – 194.)

In der seit dem Mai 1933 andauernden Debatte um das Verhältnis zwischen dem Philosophen und dem Nazi Heidegger, in der etwa Sartre mit Blick auf Heideggers Vergehen während der NS-Zeit äußerte, dass doch auch Rousseaus Grausamkeit, die eigenen Kinder ausgesetzt zu haben, dessen *Gesellschaftsvertrag* nicht schmälere,[4] und Hannah Arendt nach dem Wiedersehen mit ihrem einstigen Lehrer und Geliebten in einem Freiburger Hotel 1950 alle Kritik an ihm für immer aufgab, bewegte sich das Pendel von Heideggers Entlastungsstrategie – nach kurzer NS-Euphorie früh geläutert – mit mäßigem Schwung zur anderen Seite und erreichte da schließlich den Punkt, an dem eine kleine Gruppe von Forschern forderte, Heideggers Gesamtausgabe zu den Büchern von Hitler und Goebbels zu stellen.[5] Zwischen diesen beiden gleichermaßen unhaltbaren Extremen wird der Linienverlauf zu finden sein, der das tatsächliche Verhältnis zeichnet, das die Duplizität des Denkers und des braunen Agitators verbindet. Und da stimmt es hoffnungsvoll, wenn versprochen wird, statt ihm »von allgemeinen Prinzipien oder der Gegenwart her den Prozess zu machen«, ein »komplexeres Bild« aus »historischer Perspektive« zu liefern und den Philosophen vor dem »zeitgeschichtlichen Hintergrund« zu betrachten.[6]

Doch bei fortschreitender Lektüre schon der Einleitung türmt sich Fragwürdiges, sodass eine gewisse Spannung entsteht, wie und ob der Biograph da jemals wieder herausfindet. Nach der Abkehr vom Katholizismus und nach dem, was Rohkrämer als »völkische Äußerungen« (Plural) in *Sein und Zeit* begreift (welche?), wird eine Synopsis des Übergangs vom Seinsphilosophen zum Nationalsozialisten serviert, festhalten bitte: »Nun geht es Heidegger darum, seinen philosophischen Beitrag zu leisten, Deutschland bei dem Weg in eine andere und bessere völkische Zukunft geistig zu begleiten bzw. zu führen (Kap. 3).«[7] Doch als Heidegger vom Nationalsozialismus »in mancher Hinsicht enttäuscht« worden war, sah er »nicht länger einen direkten politischen Weg zu einer anderen und besseren Zukunft.«[8] Wenn hier wohl auch die Selbstsicht eingenommen wird, in der Heideggers »philosophischer Beitrag« den Umbruch in Deutschland begleitete, so ist die erste Botschaft der »historischen Perspektive«, die uns dadurch vermittelt werden soll, doch die, dass der Nationalsozialist Heidegger für das andere, das völkische Werden nur das Beste wollte.

Zunächst möchte man dem Biographen zu seinen Gunsten nur Ungenauigkeit in der Wortwahl bescheinigen, wenngleich diese auch eine solche des Gedankenganges zeigt. Es fällt dann aber doch schnell auf, dass hier ein unverstellter Bewunderer der heideggerschen Werke nach persönlichem Gutdünken sowohl Daten wie Deutungen

4 Jean-Paul Sartre: Zum Existenzialismus – eine Klarstellung. In: Ders.: Der Existenzialismus ist ein Humanismus und andere philosophische Essays 1943 – 1948. Philosophische Schriften I. Frankfurt am Main 1994, S. 114.

5 Siehe Emmanuel Faye: Die Einführung des Nationalsozialismus in die Philosophie. Berlin 2005.

6 Rohkrämer: Heidegger (wie Anm. 1), S. 1.

7 Ebd. S. 21.

8 Ebd. S. 21 f.

zu Leben und Schaffen des Biographierten heraussucht und das Gros dabei weglässt: die ersten Lebensjahre im kleinbürgerlichen Meßkirch fehlen ebenso wie die frühe schulische und die frühe philosophische Prägung, etwa durch den Neukantianer Heinrich Rickert, dessen Nachfolger 1916 Heideggers Mentor Husserl wurde. Der Weg vom Neukantianismus zur Phänomenologie ist, so ließe sich argumentieren, ein rein philosophischer Topos, der nicht in eine politische Biographie gehört, doch schon angesichts der antisemitischen Verfemung des Neukantianismus im Gutachten zu Hönigswald hält das Argument wenig stand.[9] Und auch Heideggers frühere antisemitische Bemerkungen, 1916 im Brief an seine spätere Frau Elfride (»alles ist überschwemmt von Juden u. Schiebern«)[10] und das Wort der »Verjudung« im Brief von 1929 an den Verwaltungsjuristen Victor Schwoerer,[11] die dubiosen Sprachbilder der Entwurzelung und der Bodenlosigkeit im Brief an die Eltern von 1922 und der Rekurs auf den »Charakter meines Volksstammes« in der Rede zum Hochzeitstag des Bruders 1925,[12] aber auch die »Kampfgemeinschaft« mit Karl Jaspers, um nur einige Daten zur politischen Entwicklung Heideggers zu nennen, sind in dieser Biographie nicht zu finden. Stattdessen wird der Weg bis zu *Sein und Zeit* weithin auf eine hausgemachte Deutung der Entfernung vom Katholizismus reduziert. Auf dieser Wanderung fort vom Kreuze, so scheint es hier, verdichtete sich in dem Denker ganz eigenständig, was 1911 doch schon Emil Lask gedacht hatte, dessen Werke Heidegger verschlang und der in der Tradition von Windelbands Neukantianismus und dessen Doktorvater Hermann Lotze das Sein und das Seiende trennte: »Auf dem Seinsgebiet ist alles seiend, der kategoriale Seinsgehalt selbst dagegen ein Geltendes ... Es ist somit zwischen dem Seienden oder dem Seinsmaterial, dem Sein des Seienden oder der Seinskategorie und dem Seinsgebiet zu unterscheiden.«[13] Wie die seinsphilosophischen Reflexionen des im Ersten Weltkrieg getöteten Soldaten Lask, wird das frühe Werk von Ortega y Gasset – dem Schüler von

9 Rohkrämer verzichtet in seiner kurzen Erwähnung des Falles »Hönigswalt« (!), ebd. S. 107, ganz darauf, die antisemitischen Stereotype des ewig wandernden, listig täuschenden Juden und der jüdischen Weltverschwörung zu benennen und in den Kontext ähnlicher Äußerungen von Heidegger zu setzen; auch dass Hönigswalds akademische Karriere damit für immer beendet wurde, da er auch im US-amerikanischen Exil keine Anstellung mehr fand und verarmt starb, lässt Rohkrämer großzügig weg. – Heidegger beschreibt in seinem Gutachten vom 16. April 1933 den von Hermann Cohen gegründeten Neukantianismus als eine Philosophie, die den »Blick ablenkt vom Menschen in seiner geschichtlichen Verwurzelung und in seiner volkhaften Überlieferung seiner Herkunft aus Blut und Boden«, zugunsten einer »indifferenten allgemeinen Weltkultur«, die »nun gerade Hönigswald ... mit einem besonders gefährlichen Scharfsinn und einer leerlaufenden Dialektik verficht«, was vorsätzlich in die Irre führe. Siehe Kaveh Nassirin: Die Bodenlosigkeit und das Uneigentliche bei Heidegger. Zitat Nr. 11b: Gutachten zu Richard Hönigswald. In: FORVM. Online abrufbar: www.forvm.contextxxi.org/die-bodenlosigkeit-und-das (letzter Zugriff: 25.9.2020).

10 »Mein liebes Seelchen!« Briefe Martin Heideggers an seine Frau Elfride 1915 – 1970. Hrsg. v. Gertrud Heidegger. München 2005, S. 112.

11 Ulrich Sieg: Die Verjudung des deutschen Geistes. Ein unbekannter Brief Heideggers. In: Die Zeit vom 22. Dezember 1989; www.zeit.de/1989/52/die-verjudung-des-deutschen-geistes (letzter Zugriff: 25.9.2020).

12 Nassirin: Die Bodenlosigkeit und das Uneigentliche bei Heidegger (wie Anm. 9), Zitat 1 (Rede Hochzeitstag) und 2 (Brief an die Eltern) nebst Abhandlungen.

13 Emil Lask: Die Logik der Philosophie und die Kategorienlehre. Tübingen 1911, S. 46 f.; zitiert nach Manfred Brelage: Studien zur Transzendentalphilosophie. 1965 Berlin, S. 43.

Cohen und Natorp, den Gründern des Neukantianismus – und dessen Zirkunzialismus (»Ich bin ich und meine Lebensumstände«)[14] ausgespart, der Heideggers Konzept der Geworfenheit vorwegnimmt, wie überhaupt der Hintergrund des Neukantianismus als einer der Quellen von *Sein und Zeit*. Dilthey wird nur einmal genannt, und selbst die Phänomenologie von Husserl findet keinerlei Erwähnung.

In der Zeit, die auf *Sein und Zeit* folgte, sei dann eine »intellektuelle Redlichkeit«[15] zu sehen, »die zu immer neuem Durchdenken aller Konsequenzen führte«. Diese »Redlichkeit« und »wohl auch der Anspruch, über den Tageserfolg hinaus als einer der ganz Großen in die Geistesgeschichte einzugehen und eine Änderung der Existenz herbeizuführen, brachten ihn zu der Einsicht, dass sich der Sinn von Sein nicht vom Dasein her erschließen lässt.«

Es lassen sich Heidegger sicher auch lobenswerte Eigenschaften nachsagen, aber dass der geschickte, auch schlitzohrige[16] und oft auch dreist zu nennende Eklektiker der Erkenntnisse anderer, der, wann immer es geboten schien, das »Blau vom Himmel« herunter log (Hannah Arendt),[17] eine solche »intellektuelle Redlichkeit« besessen habe, die zu erklären geeignet sei, warum der Shooting-Star der Philosophie die in *Sein und Zeit* ja nur angekündigte »Fundamentalontologie« gerade in der Phase *ad acta* legte, als er zum Nazi wurde, ist einer der unerwarteten Schläge, die der Magengrube jener versetzt werden, die in dem Moment offenherzig erwarten, den linear sicher nicht möglichen Wechsel von SZ zum NS durch luzide Analysen einsehen zu lernen. Dagegen ist eine Perspektive zu setzen, die Euphemisten einer bisher unbekannten heideggerschen Redlichkeit zu Denken gegeben sei: Als Künder der Philosophie eines vorlaufenden Seinsverständnisses, die gar nicht verfasst werden konnte, mithin als Seher und Sager des Luftschlosses einer »Fundamentalontologie«, ließ Heidegger in dem Maß, in dem er zum NS-Volksgedanken fand, die heißen Kartoffeln des »Jemeinigen«, des »eigensten Selbstseinkönnens«, der »Entschlossenheit des Selbst« nun eben fallen und gab sich, trunken vor Enthusiasmus für Hitler, wie schon bald die meisten Deutschen, dem Ruf nach einer Volksgemeinschaft unter dessen Führung hin. Was sollte daran also redlich sein?

Es wäre dagegen erfreulich gewesen, hätte der Historiker die heideggerschen *termini technici* der Geschichte und Geschichtlichkeit aus Sicht der Geschichtswissenschaft

14 José Ortega y Gasset: Meditaciones del Quijote. Madrid 1914, S. 77: »Yo soy yo y mi circunstancia, y si no la salvo a ella no me salvo yo«, die Formel des Zirkunzialismus.

15 Rohkrämer: Heidegger (wie Anm. 1), S. 70.

16 Gerhard Ritter 1946 an Karl Jaspers: »Heidegger ist kein starker Charakter. Vielleicht ist er nicht unbedingt aufrichtig, jedenfalls irgendwie ›hintersinnig‹ im Sinn der Schwarzwälder ›Schlitzohren‹«. (Zitiert nach Klaus Schwabe; Rolf Reichardt (Hg.): Gerhard Ritter: Ein politischer Historiker in seinen Briefen. Oldenburg; München 1996, S. 409; Ernst Tugendhat im Gespräch mit Ulrike Herrmann: »Die Zeit des Philosophierens ist vorbei«. In: taz vom 28. Juli 2007: »Ich glaube, dass er etwas Verlogenes hatte. Menschlich-politisch allemal, aber auch im Philosophischen.«

17 Hannah Arendt in einem Brief an Karl Jaspers vom 29. September 1949: Wenn jemand nach Todtnauberg käme, um ihm Vorhaltungen zu machen, dann würde Heidegger »lügen, das Blau vom Himmel, und sich darauf verlassen, daß man ihn nicht ins Gesicht einen Lügner nennen wird«. Hannah Arendt in einem Brief an Blücher vom 8. Februar 1950: »er, der doch notorisch immer und überall lügt, wo er nur kann«.

einer Exegese unterworfen und sich dem Problem gestellt, wie das in solipsistischer Entschlossenheit zu erreichende »Sichentwerfen«, dort gegen die »entscheidungslähmende Verlorenheit in das ›Man‹« gesetzt, nun in der diltheyschen »Generation« – dem durch Zeitgenossenschaft bestimmten Miteinander – »die Macht des Geschickes« freisetzen kann.[18] Diese am Ende von *Sein und Zeit*, im § 74, eher undeutlich-verbrämt in den Raum gestellte Problematik des Konflikts zwischen der Individuation und dem kollektivierten »Subjekt Dasein« ist eines der umstrittensten Sujets der Forschung und erhält bei Rohkrämer nun eine interpretatorische Ausprägung, die in *Sein und Zeit* insgesamt eine »Spannung« sieht, und zwar eine solche »zwischen der Betonung des Einzelnen, der sich gegen die Masse für das Selbstsein entscheidet, und der Betonung von Mitsein in Geschichte und Volk«.[19] Diese »Spannung« lässt sich nun allenfalls in einigen Bemerkungen des § 74 erkennen – denn im »Mitsein« gründet das »alltägliche Selbstsein«, eben das »Man«,[20] und das »Geschehen des Daseins im Mitsein mit Anderen« ist »Geschick«, vom »Schicksal« unterschieden. Von dem Geschick ist außerhalb des § 74 kaum die Rede, und die Fragestellung des Zusammenhangs des gesamten Problems der Anderen und der Geschichtlichkeit wird von Heidegger mit dem Verweis auf Dilthey und Yorck dann ja jener »Fundamentalontologie« zugewiesen, die er nie verfasst hat.[21] Das »Volk« wird in *Sein und Zeit* ohnehin nur ein Mal notdürftig erwähnt.[22] Den entscheidenden Sprung von dort in den Abgrund des Nationalsozialismus fasst Rohkrämer aber in einer Formel zusammen, die auf jener These gründet und dann doch ein wenig zureichendes Verständnis ebenso von *Sein und Zeit* wie vom *Fall Heidegger* offenbart: »Diese Spannung löste Heidegger in seinem politischen Engagement für den Nationalsozialismus in Richtung Kollektiv auf.«[23] In einem durch die Kürze bedingten Gleichnis entspricht das etwa einem Gedankengang, in dem die buddhistische Abkehr vom Anhaften (»Upadana«) in einem nationalistischen Massenwahn »aufgelöst« würde. Die Predigt des Selbstseinkönnens, die *Sein und Zeit* neben anderem ist und die der »Beantwortung der Frage nach dem Sinn von Sein überhaupt«[24] gilt – gegen die »Herrschaft der Anderen«, gegen die »Diktatur« des »Man« gesetzt, in der es sich verliert[25] –, wirft gerade die Frage auf, wie es überhaupt möglich war, von der mehr oder weniger implizit deontologischen Zurückweisung der »Verlorenheit in das Man« nach dem Scheitern dieses Ansatzes auf den Anspruch einer geistigen Führerschaft im Nationalsozialismus zu geraten, und wenn Heideggers persönliche Entschlossenheit dazu herangezogen wird, so ist damit jedoch die erwähnte Duplizität

18 Martin Heidegger: Sein und Zeit. In: Ders: Gesamtausgabe, Bd. 2. Hrsg. v. Friedrich-Wilhelm von Herrmann. Frankfurt am Main 1977, S. 384.
19 Rohkrämer: Heidegger (wie Anm. 1), S. 94.
20 Heidegger: Sein und Zeit (wie Anm. 18), S. 114.
21 Siehe ebd. § 77, insbesondere den letzten Satz auf S. 404.
22 Ebd. § 74, S. 384.
23 Rohkrämer: Heidegger (wie Anm. 1), S. 94 f.
24 Heidegger: Sein und Zeit (wie Anm. 18), S. 372.
25 Ebd. S. 126.

des Werkes und des politischen Akteurs vorausgesetzt. Von einer »Spannung« zwischen dem »Einzelnen« und dem »Volk«, von der *Sein und Zeit* geprägt gewesen sein soll, auf eine Auflösung derselben im Nationalsozialismus zu schließen, ist schlichtweg exegetischer Nonsens.[26]

Und wer so vorgeht, muss allerlei nivellieren: Innerhalb der Theorie einer um 1930 erfolgten persönlichen Entschlossenheit Heideggers zum Nationalsozialismus ebnet das notwendig auch die »persönliche« und »kollektive Eigentlichkeit« ein, die Rohkrämer folglich konsequent gemeinsam nennt,[27] sodass sich die behauptete »Spannung« aus Selbstsein und Volk in *Sein und Zeit* bald in einen Gleichklang von individueller und kollektiver Sinnfindung, der Heidegger und das spätere NS-Kollektiv bestimmt, »auflösen« kann. Wie der stille Überstieg vom unvollendeten Hauptwerk der frühen Jahre zur Vollendung durch den werdenden Nationalsozialisten vollzogen wird, muss angesichts der sonst auch hier verteidigten Dichotomie des einen und des anderen erstaunen. Der Wandel von der »persönlichen Eigentlichkeit«, dem entschlossenen Selbstsein, das im Nationalsozialismus nunmehr als ein Nichts galt, zum »Sein des Volkes« geschah dann in der Abkehr von der »engen Gemeinschaft« seiner katholischen Kindheit und in der »Chance zu einem Vorwärts in eine wohlgeordnete nationale Zukunft«[28] – ach, was hatten brave Nazis nicht so alles gehofft! – und spätestens an dieser Stelle möchte man auch dem Biographen wünschen, was er Heidegger so wohlmeinend nachsagt: die Größe zur Selbstkritik angesichts des Scheiterns seines ersten Entwurfs.

Als der Philosoph Heidegger den Gedanken, den noch darzulegen er der Welt versprochen hatte, plötzlich aber gegen Reflexionen über Kunstwerke und Flüsse tauschte, war er angesichts der ontologischen Tautologie,[29] die er kunstvoll aufgebaut hatte, die ein Fortschreiten aber nicht mehr zuließ; angesichts auch des Begriffs der Endlichkeit des Daseins, der in den Schriften zu Kant in den Vordergrund trat und ein zu erschließendes vorlaufendes Seinsverständnis ebenso bestimmt hätte wie die Jeweiligkeit und Vereinzeltheit es bestimmten; und angesichts auch der Frage nach der epistemologischen Möglichkeit solchen ursprünglichen Seinsverständnisses, die bald zur »Erkenntnis der

26 Es zeigt sich bei Rohkrämer selbst, wie wenig fundiert und durchdacht diese Behauptung ist, wenn es dann (Rohkrämer: Heidegger, wie Anm. 1, S. 69) mit Alfred Denker, Unterwegs in *Sein und Zeit* (ebd. S. 92) andererseits heißt, *Sein und Zeit* sei vielmehr eine »Sackgasse« gewesen; auf S. 236 kam es nach *Sein und Zeit* nicht mehr zur Auflösung einer Spannung darin, sondern »zu einer Verschiebung von Heideggers Einstellung« – wie auf dem Jahrmarkt wird alles angeboten.

27 Ebd. S. 4: »Er entwarf die Vision einer höheren individuellen und kollektiven Eigentlichkeit«; ebd. S. 72: »hin zu einer Politik der persönlichen und kollektiven Eigentlichkeit«; ebd. S. 79: »sondern eine neue individuelle und kollektive Sinnfindung«.

28 Ebd. S. 78: »Es war vermutlich zumindest zum Teil die Erinnerung an seine Kindheit in einer engen Gemeinschaft, in der alles durch die Religion Sinn, Bedeutung und Ordnung gewann, die für ihn hinter dieser Vision einer glaubensmäßig geeinten Gemeinschaft stand, aber er sah Anfang der 30er keinen Weg zurück zu einem katholischen Zeitalter, wohl aber die Chance zu einem Vorwärts in eine wohlgeordnete nationale Zukunft, die durch einen völkischen Glauben geprägt sein sollte.«

29 Siehe Brelage: Studien zur Transzendentalphilosophie (wie Anm. 13), S. 39: »Wir haben hier den Punkt erreicht, an dem Heidegger von Rudolf Zocher der Vorwurf gemacht wurde, daß er Ontologie durch Ontologie zu begründen versuche.«

Erkenntnis« selbst zurückführt,[30] angesichts all dieser Problematiken war er vom seinsphilosophischen *agens* zum *patiens* abgebogen, während der politische Aktivist sich aber im selben Zeitraum anschickte, das Gegenteil zu tun und sein Dasein als Dulder und Zuschauer der politischen Verhältnisse durch die Vision tätiger Führerschaft zu ersetzen. Die Dynamik in der Duplizität des Denkers und des politischen Akteurs ist also vielmehr jene, die synchron von der »Tat zur Gelassenheit«[31] und von der »Gelassenheit zur Tat« führte, weitaus komplexer, als es uns die philosophisch-historische Chimäre der »Auflösung« einer »Spannung« in *Sein und Zeit* verklärt.[32]

Das Scheitern der sicher auch in karrieristischem Überschwang angekündigten »Fundamentalontologie« – die, da sie in Negationen und offenen Fragenclustern steckenblieb, das weite Feld eröffnete, das philosophisch ein unendliches Urteil heißt – als »Redlichkeit«, auch als »Selbstkritik« von Heidegger zu werten, ist nur einer der vielen Euphemismen, die hier nahelegen, dass der philosophisch geneigte Historiker dem sequentiellen Heureka der Enträtselnden heideggerscher Gedankenschleifen verfiel, das, wie der offene Fragencluster, zu dem sie führen, einen großen Anteil an der globalen Begeisterung haben dürfte, die ein nüchterner Denker wie Benedetto Croce in prosaischere Worte fasste: »Ich wundere mich nicht über den Erfolg, den sein Philosophieren eine Zeitlang haben wird: das Leere und Allgemeine hat immer Erfolg.«[33]

Spätestens aber mit dem *agens* der öffentlichen politischen Betätigung, der sich Heidegger gleich nach der NS-Machtübernahme hingab, müsste die Stunde jenes Historikers schlagen, der uns die »fatale Attraktion des Nationalsozialismus«[34] erhellte, was jetzt am Beispiel dieses Falles zu erwarten ist, da der Seinsphilosoph doch zu jenen gehörte, die den »visionären Versprechungen der neuen Machthaber«[35] seine Stimme,

30 Ebd. S. 42.

31 Siehe die gleichnamige Publikation von Daniel Morat: Von der Tat zur Gelassenheit. Konservatives Denken bei Martin Heidegger, Ernst Jünger und Friedrich Georg Jünger 1920–1960. Göttingen 2007.

32 Die oft antagonistische Duplizität aus Werk und Aktivist wird bei Rohkrämer stets vermischt, zum Beispiel: »Es kam zu der aktivistischen nationalsozialistischen Phase, in der Heidegger Entschlossenheit, Heroik und Kampf ganz in den Vordergrund rückte. [Aber nicht im philosophischen Werk, K. N.] Es scheint deshalb nicht richtig, von einer kontinuierlichen Kehre zu sprechen [»Kehre« nennt Heidegger erst im *Humanismusbrief* seine einmalige Abkehr von *Sein und Zeit* in *Zeit und Sein* im einst geplanten dritten Abschnitt des Werks], sondern auch von einem Oszillieren abhängig von der jeweiligen geschichtlichen Situation. In einer Phase der Hoffnung [*nota bene*: Heideggers NS-Engagement ist hier die »Phase der Hoffnung«] stand das aktivistische Moment im Vordergrund. Erst als diese Hoffnung auf einen unmittelbaren Neuanfang durch die nationalsozialistische Bewegung zerstoben war, vollzog sich eine definitive Kehre zur Betonung des Seins gegenüber menschlichen Aktivitäten.« (Rohkrämer: Heidegger, wie Anm. 1, S. 142.) – Der Übergang zum »Hineinstehen in das Sein« begann schon 1930 mit *Vom Wesen der Wahrheit,* nicht erst 1935. Die erste Fassung von *Der Ursprung des Kunstwerks* wurde 1931/32 verfasst, worin das Kunstwerk bereits »ins Offene hinaussteht«, das »Werk stellt die Erde her, stellt sie als das Sichverschließende ins Offene« und: »Das Volk ist immer schon in sein Da geworfen (Hölderlin der Dichter)«. Rohkrämer bespricht diesen Text zur Erörterung des Aktiven und Passiven aber so, als wäre er erst 1935/36 entstanden (siehe Rohkrämer: Heidegger, wie Anm. 1, S. 112), was bezüglich der biographischen Ereignisse zwischen 1932 und 1935 aber ein entscheidender Unterschied ist und dadurch zu irrtümlichen Schlüssen führt.

33 Brief an Karl Vossler vom 9. September 1933, zitiert nach Rüdiger Safranski: Ein Meister aus Deutschland. Frankfurt am Main 2001, S. 292.

34 Siehe Thomas Rohkrämer: Die fatale Attraktion des Nationalsozialismus: Über die Popularität eines Unrechtsregimes. Paderborn 2019.

seinen Glauben und sein Pathos gab. Wie schon im Sammelband *Reading Heidegger's Black Notebooks* kommt es gerade an dieser Stelle aber zu einem wissenschaftlichen Sündenfall: Die Konkurrenz der vielen Entwürfe zu einer offiziellen NS-Ideologie und NS-Philosophie, an der Heidegger sich bald beteiligte, die Tatsache auch, dass dort Mystizismus, Militarismus, »stählerne Romantik« und politische Strömungen des linken und des rechten Spektrums in nationalistischer Euphorie zusammenfanden, werden ein »Glaubensraum« genannt – ein Begriff, für den auf Ernst Bloch als Gewährsmann verwiesen wird. Bei Bloch heißt es, in der einzigen Erwähnung des Wortes: »‚Drittes Reich‹ hieß so schließlich das Buch eines ›Dostojewskij-Deutschen‹, namens Moeller van den Bruck, und dieses nun ist den Nationalsozialisten – in wildem Absturz der Reaktion – ihr Grundbuch geworden, der Betrugsraum, auch der Glaubensraum ihrer Träume. Jetzt spüren die Totschläger, anders als Ibsens Gebildete und Adelsmenschen im Theater, den Fanatismus des Worts: dazu also hat die Phrase Blut getrunken und lebt.«[36] Rohkrämer dagegen meint, der blochsche »Glaubensraum« – und schon einmal nicht der »Betrugsraum« (warum nicht?) – sei »eine Art Kaleidoskop, in dem Elemente in weiter Variation angeordnet und hervorgehoben werden können«.[37] Während Bloch von dem Buch »Drittes Reich« und den »Totschlägern« spricht, deren Phrase »Blut getrunken« hat, nimmt Rohkrämer die Paraphrasierung dieses Buches als »Glaubensraum«, um den *Horismos*[38] des Begriffs vom Nationalsozialisten aufzulösen und folgert: »Unter diesen Umständen ist es nicht sinnvoll, Ähnlichkeiten und Unterschiede zwischen Heidegger und dem Nationalsozialismus zu bestimmen.«[39] Ähnlichkeiten? Es gab lediglich »Ähnlichkeiten« zwischen Heidegger und dem Nationalsozialismus? Und diese zu bestimmen ist nicht sinnvoll? *Hells bells, Margaret*, das muss man erstmal bringen.

Denn selbst der Antisemitismus, da er kein »Alleinstellungsmerkmal« des Nationalsozialismus gewesen sei, komme da als Kriterium nicht infrage. Leicht hätte Rohkrämer dafür in der Umkehr auf den NS-Glauben an die »arische Rasse« oder »Arier« (tatsächlich ein iranisch-indischer Hirtenstamm) als »Alleinstellungsmerkmal« kommen können, da Deutsche in der nationalsozialistischen Rassengesetzgebung nur dadurch als solche gelten konnten, wenn sie nicht jüdisch waren, sodass »das Jüdische«

35 Ebd. – Synopsis des Verlags Ferdinand Schöningh.

36 Rohkrämer gibt in Anm. 47 zu Kap. 3 (Rohkrämer: Heidegger, wie Anm. 1, S. 249) Blochs Werk *Das Prinzip Hoffnung* als Quelle an, dort die S. 64 und 178; tatsächlich erwähnt Bloch den Begriff in *Erbschaft dieser Zeit* (Frankfurt am Main 1985, S. 64).

37 Thomas Rohkrämer: Heidegger and National Socialism: great hopes, despair, and resilience. In: Ingo Farin; Jeff Malpas (Hg.): Reading Heidegger's Black Notebooks 1931 – 1941. 2016 Cambridge, S. 242: »an ideological space with enough common elements to speak of a worldview with a common structure and orientation, but with many different individual variants. Because the views of individuals changed over time and according to circumstances, the best image might even be that of a kaleidoscope in which elements could be arranged and emphasized in a wide variety of ways«.

38 Horismo: »Umfang der Bedeutung« (von *horizō* oder οριζω, »ich begrenze«). Aristoteles: Metaphysik. Hrsg. v. Horst Steidl. Hamburg 1989. Buch III, VII, Kapitel 12 und Buch VIII, Kapitel 6; Heidegger spricht davon in Grundbegriffe der aristotelischen Philosophie. In: Ders.: Gesamtausgabe, Bd. 18. Hrsg. v. Mark Michalski, Frankfurt am Main 2002, S. 19 u. 40.

39 Rohkrämer: Heidegger (wie Anm. 1), S. 86.

gebraucht wurde, um ein Gegenteil bestimmen zu können. Heidegger dazu: »Jüdische Studierende obiger Anordnung sind Studierende nicht-arischer Abstammung im Sinne des § 3 der 1. Verordnung zur Durchführung des Gesetzes zur Wiederherstellung des Berufsbeamtentums vom 11. April 1933. Das Verbot der Gewährung von Vergünstigungen findet also auch auf solche Studierende nichtarischer Abstammung Anwendung, die aus Ehen stammen, bei denen ein Elternteil und zwei Großeltern arischer Abstammung sind und deren Väter im Weltkriege an der Front für das Deutsche Reich und seine Verbündeten gekämpft haben. Von dem Verbot ausgenommen sind nur solche Studierende nicht-arischer Abstammung, die selbst Frontkämpfer gewesen sind oder deren Väter im Weltkriege auf deutscher Seite gefallen sind. Der Rektor.«[40]

Schon das Rassegesetz von 1933, bei dessen Umsetzung der gerade ernannte Rektor Heidegger bereitwillig half, reduzierte das »Kaleidoskop des Nationalsozialismus« reichlich auf die Brauntöne. Man darf also gespannt sein, wie die putschartige Übernahme der Freiburger Universität durch den Nationalsozialisten Heidegger nun von dem Historiker, der eben diesen aktiven Nazi ja gewissermaßen als *patiens* der Zeitläufte insgesamt begreifen will, gefasst wird: Der Sturz des Freiburger Bürgermeisters Karl Bender am 9. April 1933 infolge der Ereignisse um die Verhaftung des SPD-Landtagsabgeordneten Daniel Nußbaum, die Übernahme der Stadt durch den NSDAP-Mann Franz Kerber und die entsprechenden Ereignisse an der Freiburger Universität, die dazu führten, dass der erst am 15. April angetretene Rektor von Möllendorff sein Amt zugunsten des NSDAP-freundlichen Heidegger gleich wieder aufgeben musste, welcher die vom NS-Gauleiter Robert Wagner am 6. April verkündeten »Judenerlasse« am 28., noch vor der Amtseinführung, weiterleitete: »Ich bitte, für eine restlose und klare Durchführung des Erlasses vom 6. 4. 1933 ... Sorge zu tragen«.[41] In dieser politischen Biographie, in der ein »komplexeres Bild« aus »historischer Perspektive« geliefert und der Philosoph vor dem »zeitgeschichtlichen Hintergrund« betrachtet werden soll, werden die dramatischen Ereignisse im April 1933 so dargestellt: »Wie der Historiker Hugo Ott rekonstruiert hat, gab es einen Kader nationalsozialistischer Professoren, die in Verbindung mit dem Karlsruher Ministerium und Berliner Stellen darauf hin arbeiteten, Heidegger zum Rektor zu machen.«

Das war's. Kein Bender, kein Kerber, kein Nußbaum, kein »Gauleiter« Wagner, keine Proteste von NS-Studenten gegen von Möllendorff, überhaupt kein von Möllendorff, keine »Judenerlasse«, kein Heidegger-Dekret dazu, dann auch kein GWB – »Gesetz zur Wiederherstellung des Berufsbeamtentums«: Der Prospekt, den politischen Heidegger aus den Zeitläuften zu bestimmen, wird hier zum Etikett ohne Verweisungsgehalt.

Als die von Wagner eigenmächtig herausgegebenen »Judenerlasse« aufgrund des Prioritätsstreits mit dem GWB wieder aufgehoben wurden, nahm Heidegger dieses erste

40 Freiburger Studentenzeitung, Nr. 1 vom 3. November 1933, S. 6; zitiert nach Guido Schneeberger: Nachlese zu Heidegger. Bern 1962, S. 137.

41 Martin Heidegger: Eintreten für bedrohte Kollegen (28. April 1933). In: Ders.: Gesamtausgabe, Bd. 16, S. 85.

deutschlandweite antisemitische Gesetz zur Grundlage, um flugs jüdische Professoren zu entlassen: Alfred Loewy, bei dem Heidegger von 1911 bis 1913 Mathematik studiert hatte, wurde von ihm am 1. Dezember 1933 aufgrund der jüdischen Herkunft zwangspensioniert, woraufhin Loewy aus allen akademischen Zirkeln verbannt wurde und 1935 vereinsamt starb. Im Fall des Historikers Gustav Wolf lehnte Heidegger den Versuch des Staatsrats Paul Schmitthenner ab, die Entlassung aufgrund »hervorragender Bewährung« zu verhindern. Heidegger: »bei Dr. Wolf davon zu reden dass er sich während seiner Tätigkeit als Beamter in hervorragender Weise bewährt« habe, sei unmöglich.[42] Der jüdische Chemiker Paul Noether wurde ebenfalls 1933 von Heidegger entlassen und nahm sich am 6. April 1934 das Leben. Auch den jüdischen Rechtshistoriker Otto Lenel warf der NS-Rektor gemäß dem ersten antisemitischen Gesetz hinaus. Lenel nahm sich am 7. Februar 1935 das Leben. Doch Heideggers ausgesetzte Kinder sind dem Historiker nicht einmal ein Wort wert.

Zwei Wochen, nachdem das »Gesetz zur Verhütung erbkranken Nachwuchses« am 14. Juli 1933 erlassen worden war, später die Grundlage für die nationalsozialistischen Morde an Behinderten, hielt Heidegger im Institut der pathologischen Anatomie der Universität eine Rede, in der er das Gesetz begrüßte: »Was gesund und krank ist, dafür gibt sich ein Volk und ein Zeitalter je nach der inneren Größe und Weite seines Daseins selbst das Gesetz. Das deutsche Volk ist jetzt dabei, sein eigenes Wesen wieder zu finden und sich würdig zu machen seines großen Schicksals. Adolf Hitler, unser großer Führer und Kanzler, hat durch die nationalsozialistische Revolution einen neuen Staat geschaffen, durch den das Volk sich wieder eine Dauer und Stetigkeit seiner Geschichte sichern soll. ... Jedes Volk hat die erste Gewähr seiner Echtheit und Größe in seinem Blut, seinem Boden und seinem leiblichen Wachstum. Wenn es dieses Gutes verlustig geht oder auch nur weitgehend geschwächt wird, bleibt jede staatspolitische Anstrengung, alles wirtschaftliche und technische Können, alles geistige Wirken auf die Dauer nutz- und ziellos.«[43]

Der Redner war seit 1930 bis zu dessen Tod 1967 mit dem NS-»Rassenhygieniker« Eugen Fischer befreundet, auf dessen Einfluss der Historiker Richard Wolin und der Germanist Victor Farias es zurückführen, dass Heidegger als Rektor, ohne dass ihm das vorgeschrieben wurde, einen Fragebogen zur rassischen Abstammung an alle Professoren verteilen ließ, die so ihre »Rassereinheit« beeiden mussten.[44]

Rohkrämer, der Professor der Geschichtswissenschaft, verschweigt in dieser politischen Biographie alle derartigen von einer Generation von Forschern zusammengetrage-

42 Siehe Bernd Grün: Der Rektor als Führer? Die Universität Freiburg i. Br. von 1933 bis 1945. Freiburg; München 2010, S. 211.

43 Heidegger: Aus der Tischrede bei der Feier des fünfzigjährigen Bestehens des Instituts für pathologische Anatomie an der Universität Freiburg (Anfang August 1933), wie Anm. 41, S. 151 f.

44 Richard Wolin: French Heidegger Wars. In: Ders. (Hg.): The Heidegger Controversy – A Critical Reader. Cambridge 1998, S. 283. Fischer war von 1935 bis 1940 auch »Oberrichter am Erbgesundheitsgericht in Berlin« und entschied dort über Zwangssterilisationen.

nen Fakten und ersetzt sie durch Kommentare wie den Folgenden: »Die brutale Politik der Nationalsozialisten gegen politische und ideologische Gegner, gegen Menschen mit Behinderungen und ›Asoziale‹, gegen Juden und ›Zigeuner‹, gegen Zeugen Jehovas und Schwule stieß nicht nur bei Heidegger auf keine Proteste, sondern auch nicht in der Masse der Bevölkerung.«[45] Auf das bei Rohkrämer oft wiederkehrende Argument der »Masse der Bevölkerung« wird noch zurückgekommen. Indes zeigt Heideggers behauptete Passivität in diesen Angelegenheiten, gegen welche Heidegger – wie andere – nur nicht protestiert habe, während er tatsächlich an der exekutiven Umsetzung der »brutalen Politik gegen politische und ideologische Gegner«, darunter diverse Juden, mitwirkte, eine graduelle Versetzung des Faktischen, die in dieser Biographie so strukturbestimmend ist, dass sie eine Art neuen Kanon revisionistischer Darstellungen einleiten könnte. Und was heißt hier dann auch »Asoziale« und »Zigeuner«? Ohne jede Notwendigkeit wird einfach die *Lingua Tertii Imperii* verwendet, als wären die Begriffe der sozial Ausgegrenzten und der Sinti und Roma unbekannt. Rohkrämer schreibt: »Es ist nicht bedeutungslos, dass Heidegger seinen Antisemitismus auch während der NS-Zeit nicht explizit in Reden und Publikationen zum Ausdruck brachte, aber er sah durchaus eine Notwendigkeit, die deutsche Kultur von feindlichen Einflüssen zu reinigen.«[46] Einmal am Rand gesagt, dass Rohkrämer die in der Vorlesung vom WS 1933/34 gegebene Warnung vor dem »Feind«, der sich »in der innersten Wurzel des Daseins eines Volkes festgesetzt haben« kann,[47] die in der Forschung nahezu einhellig als öffentliche antisemitische Hetze gewertet wird, nicht auf Juden in Deutschland, sondern in grotesker Weise auf den von Heidegger denunzierten Kollegen Staudinger bezieht,[48] muss hier erst nach der Perspektive der »feindlichen Einflüsse, von der die deutsche Kultur zu reinigen« sei, gefragt werden. Wer die Distanz zwischen der Sicht des Biographierten und des Biographen so verwischt, sollte nicht über einen Nazi schreiben. Denn der Biograph klebt Heidegger derartig an den Lippen, dass nicht immer ganz deutlich wird, was erlebte Rede, was empathisches Hineindenken, was Heideggers und was Rohkrämers Meinung ist.[49]

Statt den historischen Hintergrund zu eröffnen, aus dem sich der Nationalsozialist Heidegger begreifen ließe, enthüllen Exkursionen ins Philosophische einen ungehemmt staunenden Entdecker längst benannter und kartographierter Welten, der uns von diesen im Ton der Sage berichtet: Heidegger schildere »eine Welt der Geborgenheit,

45 Rohkrämer: Heidegger (wie Anm. 1), S. 111.
46 Ebd. S. 88.
47 Ebd. S. 89; Martin Heidegger: Vom Wesen der Wahrheit. In: Ders.: Gesamtausgabe, Bd. 36/37. Hrsg. v. Hartmut Tietjen. Frankfurt am Main 2001, S. 91.
48 Rohkrämer: Heidegger (wie Anm. 1), S. 109 f.
49 Siehe zum Beispiel auch Rohkrämer: Heidegger (wie Anm. 1), S. 122: die »grandiosen Reichsparteitage in Nürnberg«; Rohkrämer klebt Heidegger auch an den Lippen, wenn er dessen seit 1933 kritisierte Verzerrung des platonischen Wortes »alle großen (Dinge) sind gefährdet« zur Sturm-Metapher in der Rektoratsrede unterschreibt: »Die Rektoratsrede schließlich endet mit den Worten von Platon: ›Alles Große steht im Sturm‹«. (Siehe Platon: Politeia, S. 497d, 9. Weder »steht«, noch »Sturm«: τα… μεγαλα παταεπισφαλη.) Für die Dokumentation der Kritik daran siehe Bernd Martin: Einführung: Alles Große ist auch gefährdet – der Fall Heidegger(s). In: Ders. (Hg.): Martin Heidegger und das Dritte Reich. Ein Kompendium. Darmstadt 1989, S. 3.

mit Bezug zu Himmel und Erde, zu Mitmenschen und Göttlichem. Die Geburt ist nicht länger Geworfenheit, der Tod nicht länger nur mein Tod, sondern all dies ist in das Geviert eingebettet und damit sinnhaft: naturverbunden, sozial und mit Bezug zum Göttlichen. Es ist das Gefühl von Geborgenheit und Heimat, das Heidegger hier in poetischer Sprache evoziert.« So etwa der Krug, der »schenkt den Sterblichen den Trank des Wassers, das aus dem Dunkel der Erde kommt. Der Trank kann auch Wein sein, der durch Erde und Sonne hervorgebracht wurde. Er wird getrunken im Kreise der Menschen, aber auch ausgeschenkt ›zur Weihe‹ bei der ›Feier des Festes ins Hohe‹ d. h. ins Göttliche.«[50]

Derartig spricht der andächtige Tonfall der philosophischen Entdeckungsreise hier die impliziten Bände, die etwa die transzendentalphilosophische Kunst des Denkens schon in der Wortwahl, schon in der Möglichkeit der Setzung ausschließt. »Das Kunstwerk«, so erläutert Rohkrämer Heideggers revolutionär-reaktionäre Zuflucht während der NS-Zeit in ein nur passiv erlebbares »Entbergen« des Seins, »bringt eine Wahrheit zum Vorschein oder stiftet eine Wahrheit, und es ist diese Wahrheit, die für Heidegger entscheidend ist.« Als das »Seiende«, das durch die Kunst »in die Unverborgenheit seines Seins« heraustrete, beschreibt Heidegger dazu in den *Holzwegen* Vincent van Goghs gemalte Schuhe, die er irrtümlicherweise für die Schuhe einer Bäuerin hält,[51] eine gemäß Rohkrämer »einfühlsame und suggestive Beschreibung«, die jener sich entbergenden »Erkenntnis von Wahrheit und Eigentlichkeit« durch das Kunstwerk diene:[52]

»In der derbgediegenen Schwere des Schuhzeugs ist aufgestaut die Zähigkeit des langsamen Ganges durch die weithin gestreckten und immer gleichen Furchen des Ackers, über dem ein rauer Wind steht. Auf dem Leder liegt das Feuchte und Satte des Bodens. Unter den Sohlen schiebt sich hin die Einsamkeit des Feldweges durch den sinkenden Abend. In dem Schuhzeug schwingt der verschwiegene Zuruf der Erde, ihr stilles Verschenken des reifenden Korns und ihr unerklärtes Sichversagen in der öden Brache des winterlichen Feldes. ... Zur Erde gehört dieses Zeug und in der Welt der Bäuerin ist es behütet.«[53]

50 Rohkrämer: Heidegger (wie Anm. 1), S. 216; Zitat Heidegger: Martin Heidegger: Das Ding (1950). In: Ders.: Gesamtausgabe, Bd. 7. Hrsg. v. Friedrich-Wilhelm von Herrmann. Frankfurt am Main 2000, S. 174.

51 Zu der von dem Kunsthistoriker Meyer Shapiro 1968 initiierten und von Jacques Derrida 1978 fortgeführten Debatte um Heideggers irrtümliche Deutung des Gemäldes *Ein paar alte Schuhe* siehe Jacob-Baart de la Faille: The Works of Vincent van Gogh [1939]. New York 1970, Nr. 255; als »Bauernschuhe« siehe Dietrich Schubert: Van Goghs Sinnbild »Ein Paar alte Schuhe« von 1885; oder: ein *Holzweg Heideggers* in: Tobias Frese; Annette Hoffmann (Hg.): Habitus: Norm und Transgression in Bild und Text. Berlin 2011, S. 330 – 354, hier S. 335 – 340, www.archiv.ub.uni-heidelberg.de/artdok/2231/1/Schubert_Van_Goghs_Sinnbild_Ein_Paar_alte_Schuhe_von_1885_2011.pdf (letzter Zugriff: 25. 9. 2020); Hilde Zaloscer: Ist intellektuelle Probität eine philosophische Kategorie? Betrachtungen zum Heidegger-Vortrag in der Österreichischen Gesellschaft für Literatur. In: FORVM. Nr. 496 – 498, Juni 1995, S. 47, www.forvm.contextxxi.org/ist-intellektuelle-probitat-eine.html (letzter Zugriff: 25. 9. 2020).

52 Rohkrämer: Heidegger (wie Anm. 1), S. 114 f.

53 Martin Heidegger: Der Ursprung des Kunstwerkes (1935/36). In: Ders.: Gesamtausgabe, Bd. 5. Hrsg. v. Friedrich-Wilhelm von Herrmann. Frankfurt am Main 1977, S. 19.

Von van Goghs gemalten Schuhen zum klaglosen Bangen, zum »verschwiegenen Zuruf der Erde« unter der Sohle, zur Welt der Bäuerin, in der die Schuhe behütet sind, mitsamt dem feuchten Leder: In »künstlerischer Form des denkerischen Ausdrucks, die appellativen Charakter hat«, in »poetischer Form« gar werde hier »eine Stimmung erweckt« und ein »Gleichklang mit dem Lesenden erzeugt«, so der Historiker.[54] Wie sehr es da der fachfremde Bewunderer sein mag, den die Wortfindungen eines Bodenmetaphorikers bannen, kann angesichts des Umstandes offenbleiben, dass Jünger jener Verbrämung, welche das unwissenschaftliche Denken beschwört, in dem »Wahrheit« auf so wundersame Weise dem Kunstwerk entspringt wie Pegasus einst der Medusa, allenthalten auch von Philosophentürmen fallen. Gleichwohl möchte daran erinnert werden, dass gerade bei mystischen Visionen, durch die ja einst auch schon im fleckichten Marmor der Büsten und stehender Helden die Heilige Familie auszumachen war, ein tieferer Blick in die Werke jenes Professors aus Königsberg vor derlei Geisterseherei feit.

Bemerkenswert ist jedoch schon, wie noch jede epigonale Dürftigkeit Heideggers dem Biographen als eine schöpferisch originäre Größe vorkommt, während die sich vollziehende Blut-und-Bodenmetaphorik – etwa in der Radiorede *Schöpferische Landschaft: Warum bleiben wir in der Provinz* von 1933, in der es nun schon die »alemannisch-schwäbische Bodenständigkeit« ist, auch die »Bergwirklichkeit« (!), die in den Philosophen hineinwirkt – aber im Meer der Meinung der Masse entsteht: »Man kann leicht über Heideggers pathos-triffende (sic!) Radiorede spotten, darf dabei jedoch nicht übersehen, wie sehr sie der weit verbreiteten Heimatideologie entsprach, die sich auch mit der nationalsozialistischen ›Blut-und-Boden-Rhetorik‹ verband.«[55] Wie es da so kommen mag, dass dem eremitischen Hüttenphilosophen, dem sich das Sein doch direkt vom Berge her, vom sprechenden Feldweg unter seinen Sohlen und vom unerklärten Sichversagen des Öden erschließt, auch der gemeine Mief der NS-Stammtische zur Wahrheit wurde, ist eine Aufgabenstellung, die zu bedenken Rohkrämer erst noch vor sich hat. Und warum sollte es dann auch den Spott mäßigen, dass der Redner im Radio aus einem volkstümlichen Blubo-Geschwätz schöpfte? Was ändert es? Selbst eine bescheidene philosophische Exegese ist an diesem Punkt nachgerade dazu genötigt, das sich entbergende Sein eben dort zu entdecken, wo der Humus der heideggerschen Variante des Nationalsozialismus zu finden ist: in einem provinziellen Chauvinismus und einer Mystik des Heimatbodens, die schon in den Texten der 1920er Jahre so volks-stämmisch geprägt ist,[56] wie es der antisemitische Württembergische Bauern- und Weingärtnerbund war, dem Heidegger, bevor er die NSDAP wählte, seine Stimme gab. Dass aber die Boden- und, spätestens seit der Rektoratsrede, die Blut- und Bodenmystik gerade die

54 Rohkrämer: Heidegger (wie Anm. 1), S. 114.

55 Ebd. S. 102.

56 Siehe dazu Nassirin: Die Bodenlosigkeit und das Uneigentliche bei Heidegger (wie Anm. 9).

primäre der »Emanationen«[57] des »sich entbergenden Seins« ist, wird in dieser Biographie, die das zur »Agrarromantik« verharmlost, zugunsten von unbedarft-schwärmerischen Andachten verkannt.

Es ist *passim* zu verfolgen, dass die angekündigte analytische Konzeption des gesamten Buches, Heidegger als Kind seiner Zeit zu zeigen, was dort in keinem Moment solide unternommen wird, tatsächlich nur der *passepartout* zu einer äußerst zweifelhaften Entlastung ist. Beständig beschwört der Biograph, wie wenig Heidegger mit seinen plumpen politischen Überzeugungen und mit seinem NS-Engagement allein war.[58] Ja, während der nationalsozialistischen Zeit waren selbst Völkermörder »nicht allein«. Was hilft uns dieses Mantra einer Ethik der Masse?[59] Nach allen Verklärungsstrategien im »Fall Heidegger« erscheint hier die »fatale Attraktion des Nationalsozialismus« als ein Paradigma für den Mechanismus, der wundersam dafür sorgt, dass sich Heidegger als Nazi verlässlich in der entlastenden Gesellschaft des Gewöhnlichen befand, und doch als Philosoph stets allein auf weiter Flur war. Dabei ist die Exposition immer weit von den Ebenen entfernt, wenigstens noch auf das dann nötige Urteil eines *dikranos* zu geraten und den Denker als einen solchen darzustellen.[60] Die Implikation des unausgesprochenen Plädoyers dieser Biographie – das Vergehen eines Volkes oder eines Kollektivs erklärt das Handeln des Einzelnen darin zu dessen Gunsten – ist eine Art der Relativierung des Urteils über den Nationalsozialisten Heidegger, der aus der

57 Siehe Günther Anders' Brief an Karl Löwith vom 13. April 1952. In: sans phrase 13/2018, S. 125.

58 »Heidegger stand nicht allein mit dem Misstrauen gegen die moderne Großstadt mit Moden und Massenkultur, Freude an Unterhaltung, einer offeneren Sexualität und einer Vielzahl an politischen Überzeugungen, die sich auch auf der Straße kompromisslos bekämpften« (Rohkrämer: Heidegger, wie Anm. 1, S. 40); »wie der Großteil der Deutschen« (ebd. S. 76); »Heidegger stand mit seiner Haltung zum NS-Regime nicht allein« (ebd. S. 83); »Heideggers Engagement war somit kein Einzelfall« (ebd. S. 84); »Doch die Verhandlung, die nun eingeleitet wurde, war keineswegs ein Einzelfall. Dass ein berühmter Akademiker, der sich in prominenter Position enthusiastisch in der Universitätspolitik für den Nationalsozialismus eingesetzt hatte, bis zum Ende Parteimitglied gewesen war und seine Vorlesungen mit dem Hitlergruß begonnen hatte, in den Fokus der Denazifizierungspolitik kam, war nicht ungewöhnlich« (ebd. S. 164). Die wiederholte Beteuerung, das könne »selbstverständlich keine Entschuldigung« sein, lässt offen, was es stattdessen sein soll und warum also beständig erwähnt wird, wie wenig allein er damit war, und erscheint wie ein Lippenbekenntnis, das immerzu implizit Behauptete vorsichtshalber gleich wieder explizit zu bestreiten.

59 In der Rezension, die der Historiker Daniel Morat auf der Historiker-Plattform H-Soz-Kult publizierte, wird argumentiert, dass Rohkrämer Heideggers Selbstdarstellung als Solitär »nicht auf den Leim« gehe; dass diese »Distinktionsstrategie« aber die Entlastungsstrategie des (einstigen) Nationalsozialisten Heidegger gewesen sei und nicht die Selbstdarstellung des »Schwarzwälder Heraklit«, ist wenigstens äußerst diskussionsbedürftig; Morats Ansicht, dass Rohkrämer zeige, in welchem Maß Heidegger als Denker auch zum Mainstream gehört habe, erschließt sich bestenfalls aus bereits bekannten Verweisen. Rohkrämers revisionistischer Ansatz liegt vielmehr darin, Heidegger als einen teils außergewöhnlichen Denker darzustellen, dessen gewöhnliche Anteile eine bloße Akzeptanz des Nationalsozialismus ermöglicht hätten. Dass Rohkrämers Kollege Morat, dessen Werk *Von der Tat zur Gelassenheit* ganz zu Recht zum Standard der Heidegger-Forschung gehört, diesen »strukturellen Opportunismus« hier als eine valide Hermeneutik für Heideggers euphorischen Nationalsozialismus wertet, frappiert nicht wenig und ist als Urteil einer unabhängigen Rezension kaum einzusehen.

60 Siehe Parmenides: DK 28 B 6,5: δικρανοι – die »Doppelköpfe« sind bei Parmenides jene mit dem »irrenden Verstand«, die haltlos »dahin treiben« und »nicht zu urteilen verstehen, denen Sein und Nicht-Sein als dasselbe und auch wieder nicht dasselbe gilt und für die ... alles in sein Gegenteil umschlägt«. (Übersetzung von Jaap Mansfeld.)

Masse des Gewöhnlichen heraus erklärt werden soll, tatsächlich also mit einem Rekurs auf jenes »Man«, das einst dem Selbstseinkönnen entgegenstand: »Das Man ist überall dabei, doch so, daß es sich auch schon immer davongeschlichen hat, wo das Dasein auf Entscheidung drängt. Weil das Man jedoch alles Urteilen und Entscheiden vorgibt, nimmt es dem jeweiligen Dasein die Verantwortlichkeit ab. Das Man kann es sich gleichsam leisten, daß ›man‹ sich ständig auf es beruft. Es kann am leichtesten alles verantworten, weil keiner es ist, der für etwas einzustehen braucht. Das Man ,war‹ es immer, und doch kann gesagt werden, ›keiner‹ ist es gewesen.«[61] Es ist dieses »Man«,[62] das Heidegger in Rohkrämers Biographie stets zu Hilfe eilt, wobei die Leuchtfeuer des nationalsozialistischen Engagements, die darin keine Erklärung finden – es war nicht das »Man«, das in der Alberthalle am 11. November 1933 eine der neun Reden hielt, die das »Bekenntnis der deutschen Professoren zu Adolf Hitler« konstituierten, und es war nicht das »Man«, das eine Rede zur Bücherverbrennung hielt, etc. etc. – in der Dunkelheit des Verschweigens verschwinden.[63]

Nun ließe sich die Verteidigungsstrategie, die hier vorgelegt wurde, auf den Stapel der einschlägigen Publikationen der »Weißwäscher« legen, wenn sie nicht ungewollt und dadurch unverstellt eine Kodivision innerhalb der Heidegger-Rezeption darstellen würde, in der noch der hingebungsvollste Anhänger davon getrieben ist, eine solche im eigenen Denken nicht hinnehmbare *conjunctio* aufzulösen. Es ist so ein unverdächtiges Exempel für eine angesichts einer Affinität mit seinem philosophischen Gedanken offenbar notwendige Verharmlosung von Heideggers Nazismus, welcher, wie Rousseaus ausgesetzte Kinder den »Gesellschaftsvertrag« in seinem Wert nicht schmälern, für tatsächlich bemerkenswert viele der Schriften in Klammern gesetzt werden kann. Je deutlicher sich das heideggersche Denken aber einem sich mitteilenden Sein nähert, desto lauter sind es die »alemannisch-schwäbische« Landschaft, der »alemannisch-schwä-

61 Heidegger: Sein und Zeit (wie Anm. 18), S. 127.

62 Exemplarisch: »Auch in seiner Reaktion auf all dies war er leider ein Denker seiner Zeit: ein Großteil der Deutschen sah zumindest ein ›jüdisches Problem‹ oder begegneten (sic!) dem zunehmend radikaler werdenden Antisemitismus mit Gleichgültigkeit oder passiver Zustimmung.« (Rohkrämer: Heidegger, wie Anm. 1, S. 111.)

63 Die dort genannten Gründe für Heideggers Entscheidung münden in einem kaum akzeptablen Resümee: »Da er die konkreten menschlichen Leiden, die aus der von Anfang an gewalttätigen Politik der Bewegung resultierten, aus überhöhter philosophischer Warte ignorierte und nur die Chancen für eine große Zeitenwende sah, war seine Entscheidung für Hitler nur folgerichtig«. (Ebd. S. 75.) – Die »konkreten menschlichen Leiden« wurden von Heidegger nicht ignoriert, sondern gefördert, siehe unter anderem die Fälle Loewy, Wolf, Noether, Lenel und seine Rede zur »Erbgesundheit«. Die Aussage steht auch den gerade zitierten dortigen Feststellungen entgegen, dass die Unmenschlichkeit »der Nationalsozialisten« für Heidegger kein Problem gewesen sei. Die »menschlichen Leiden« ließen Heidegger tatsächlich selbst nach Auschwitz noch gleichgültig genug. In der Argumentation scheint Heideggers eigene Verteidigungsstrategie durch: *als guter Mensch von Hitler leider anfänglich geblendet.* Auch der stete Rekurs auf die von Daniel Morats differenzierender Studie *Von der Tat zur Gelassenheit* hergenommenen und dort ohnehin ganz überwiegend die Jünger-Brüder betreffenden und hier zudem einebnend verwendeten Konzeptionen des »Heroischen Realismus« und der »Konservativen Revolution« gehören als solche zu den inzwischen allzu oft debattierten Standards der Heidegger-Verteidiger, die dessen Nationalsozialismus dadurch weniger herleiten, als umdeuten wollen, ein ziemlich alter und verschlissener Hut.

bische« Feldweg, die sprechen, und vom sich entbergenden Heimatboden ist der Weg zu einer dann auch offen ausgesprochenen Gemeinschaft des Blutes nicht mehr weit, und da sind die Formeln der Art, dass das so erschlossene »Seyn« die Vereinbarkeit mit dem real existierenden Nationalsozialismus nur nicht ausgeschlossen hätte, Augenwischerei. Heidegger stellte sich in dem Maß als Schwarzwälder Heraklit dar, in dem die Emanationen die rheinische, die donauursprüngliche, hölderlinsche, völkisch-deutsche, die notwendig nicht-jüdische Wahrheit des Seins freisetzten, wodurch sein ontologischer Gesellschaftsvertrag selbst zweifelhaft ist.

Weil er das missachtet, gerät dem Biographen auch in Bekenntnissen gegen den Strich von der Art *Obacht, ich gehöre nicht zu jenen, die argumentieren wie ich*[64] allerlei so sehr in die Richtung einer intentional verstellten Sicht, dass sie mehr über diese als über Heidegger verraten – etwa, wenn es heißt, dass das »brutale antisemitische Vorgehen der Nationalsozialisten für ihn kein Problem darstellte«,[65] womit er zunächst einmal Heidegger und »die Nationalsozialisten« voneinander trennt und dafür beständig Bekräftigung findet: »Für Heidegger war das unmenschliche Vorgehen der Nationalsozialisten kein Problem«, bis es schließlich nur noch eine »Nähe« ist, die zwischen dem Biographierten und den Nationalsozialisten bestand.[66] Wird dergleichen in einem Rausch des guten Willens jedoch nicht als die ungewollte Enthüllung der tatsächlichen Sicht des Biographen, sondern als eine bloße Schwäche der Präzision gewertet – wobei da die Spatzen doch fragen könnten, warum Rohkrämer denn wiederholt, was sie von den Dächern pfeifen –, wird aber in den vielen Fällen, in denen leicht zu recherchierende Fakten nicht, wie hier sonst, verschwiegen, sondern verzerrt werden, die Grenze des Zumutbaren überschritten.[67] Es ist nicht mehr hinnehmbar, wenn trotz der allgemein verfügbaren Dokumentation zu dem Fall in einer politischen Biographie zu dieser Frage einzig mit-

64 Auch bei diesem Unternehmen verwischt er das Faktische oft, zum Beispiel: »noch 1942 Mitglied eines Ausschusses für Rechtsphilosophie« (Rohkrämer: Heidegger, wie Anm. 1, S. 129); der Ausschuss wurde 1938 aufgelöst, anderweitige Deutungen konnten widerlegt werden; siehe die Debatte unter anderem zwischen François Rastier, Sidonie Kellerer und mir in *Libération*, *Le Monde*, *Frankfurter Allgemeine Zeitung* und FORVM, *Philosophie im Kontext*, 2017; www.forvm.contextxxi.org/-philosophie-im-kontext-.html (letzter Zugriff: 25.9.2020); siehe zu Quellen und Verlauf des Disputs auch auf Wikipedia: »Debatte über Martin Heidegger und Fake News«.

65 Rohkrämer: Heidegger, wie Anm. 1, S. 110.

66 Ebd. S. 111; siehe auch S. 62: »Rektor für die Nationalsozialisten«; S. 120; S. 131; S. 134; S. 136; »ein Antisemitismus, der klare Parallelen mit dem der Nationalsozialisten aufweist« (ebd. S. 158); »Nähe ... zum Nationalsozialismus« (!) (ebd. S. 166).

67 Rohkrämers Buch erweist sich teils als eine Art Potpourri bisheriger Verklärungen: »Nach einer langen Phase der Naivität sah er schließlich das Offensichtliche: dass es dem Nationalsozialismus nicht um einen tiefen geistigen Aufbruch ging, sondern um eine Ideologisierung der Bevölkerung oder, wenn dies nicht erreichbar war, um eine Entpolitisierung durch eskapistische Unterhaltung« (ebd. S. 134); »Auch wenn jeder Antisemitismus selbstredend völlig inakzeptabel ist, ist es für die historische Bestimmung auch wichtig zu beachten, dass diese philosophischen antisemitischen Aussagen ... sich auf den kurzen Zeitraum von 1938 bis zu den frühen 1940ern beschränken« (ebd. S. 159) – tatsächlich ist Heideggers gesamte Heimatbodenmetaphorik und damit der Quell seiner Philosophie der Seinserschließung (*Feldweg*, *Holzwege*), wie erwähnt, zunächst antiurbanistisch-volksstämmisch und, spätestens seit dem Brief an Victor Schwoerer 1929, explizit antisemitisch konnotiert. Siehe dazu Nassirin: Die Bodenlosigkeit und das Uneigentliche bei Heidegger (wie Anm. 9).

geteilt wird, dass »offenbleiben« müsse, wie viel »Heidegger schon vor 1945 von der Judenvernichtung wusste.«[68] Was hindert den Historiker nur zu sagen, nebst anderen Hinweisen,[69] dass der Philosoph Paul Jurevics seinen Kollegen 1944 in Todtnauberg von dem Völkermord an Juden im Osten unterrichtet hat?[70] Was auch hindert daran, die 1942 geäußerte »Selbstvernichtung« des »Jüdischen« zu erörtern?[71]

Und schließlich stößt gegen Ende die kaum erträgliche Wiederkehr der Verklärung auf, wie geneigt der Biograph, der doch anfänglich die Formel verwendet, in der das große Ungewicht leicht für gedankenlose Zustimmung sorgt, dass die Geschichte des Nationalsozialismus ohne Heidegger »im Ganzen« nicht viel anders verlaufen wäre, nun aber schon dafür hält, dass Gleiches für die ökologische Bewegung der 70er Jahre in Deutschland anders gewichtet gehört, da Heidegger »mit seiner Betonung einer nicht rein instrumentellen Beziehung zur Natur ... zweifellos ein Zukunftsthema angesprochen und wohl auch einen Beitrag zur Stärkung einer solchen Haltung«[72] geliefert habe. Bezüglich der zahlreichen hitlerverherrlichenden Reden, die Heidegger öffentlich gehalten hat, bezüglich auch des Einsatzes für eine Führerverfassung an den Universitäten, wollte dem Biographen ein solcher Gedanke partout nicht einfallen, und der alte, schon dreist zu nennende Versuch, den bis zum Lebensende nur wenig geläuterten Nationalsozialisten Heidegger klammheimlich zu einem der geistigen Gründerväter der Partei der Grünen erklären zu wollen,[73] ist nur ein später Aufguss dessen, was sich die Heidegger-Jünger in der Folge von Beaufret und Fédier schon seit Jahrzehnten zusammenbrauen und muss hier nicht aufs Neue widerlegt werden.

68 Rohkrämer: Heidegger (wie Anm. 1), S. 110.

69 Heideggers Sohn Hermann, Soldat an der Ostfront, hatte nach eigener Aussage gleich nach dem Beginn der Massenerschießungen von jüdischen Kindern, Frauen und Männern im August 1941 davon Kenntnis bekommen, habe seinem Vater davon aber nichts berichtet. Doch Heideggers oben angeführte äußerst dubiose Freundschaft zu Eugen Fischer, der als einer der maßgeblichen NS-»Rassenhygieniker« von 1927 bis 1942, als er nach Freiburg umzog, das Institut in Berlin leitete, das einen »aktiven Beitrag zu Selektion und Mord« leistete, wie es in der dortigen Gedenktafel heißt, und an dem im Jahr darauf immerhin Josef Mengele beschäftigt wurde, welcher es bald als Labor für seine Menschenversuche in Auschwitz benutzte, erschwert es doch sehr zu glauben, dass Heidegger von der Judenvernichtung nicht schon früh erfahren habe, wie schon Richard Wolin anmerkte: »It would certainly be unfair to judge Heidegger by the company he kept, no matter how sinister. Yet the Heidegger-Fischer episode is of interest insofar as it suggests that, because of his ties with Fischer, the philosopher may well have been aware of the Nazi preparations for genocide (as well as other crimes) at a relatively early date – something his supporters have always denied«. (Richard Wolin: French Heidegger Wars. In: Ders. (Hg.): The Heidegger Controversy: A Critical Reader. Cambridge 1992, S. 283.) Noch um 1960 schickte Heidegger Buch und Widmung und herzliche Weihnachtsgrüße an Fischer (siehe Victor Farías: Heidegger und der Nationalsozialismus. Frankfurt am Main 1989, S. 79), da waren die Menschenversuche schon lange bekannt.

70 Paul Jurevics: Meine Begegnung mit Heidegger und seiner Philosophie. In: Alfred Denker; Holger Zaborowski (Hg.): Heidegger und der Nationalsozialismus I. Dokumente. Heidegger-Jahrbuch, Nr. 4. München 2009, S. 265.

71 Die »Judenschaft« ist »das Prinzip der Zerstörung. ... Wenn erst das wesenhaft ›Jüdische‹ im metaphysischen Sinne gegen das Jüdische kämpft, ist der Höhepunkt der Selbstvernichtung in der Geschichte erreicht.« (Martin Heidegger: Anmerkungen I. In: Ders.: Bd. 97. Hrsg. v. Peter Twarny. Frankfurt am Main 2015, S. 20.)

72 Rohkrämer: Heidegger (wie Anm. 1), S. 228.

73 Siehe ebd. S. 226 f.

Gerhard Scheit

Planetarisches Verbrechertum

Über den Antisemitismus in Heideggers Seinslogik

Vernunft ist ohne den Zweck der Selbsterhaltung nicht zu bestimmen. Reduziert sie sich jedoch darauf, ist es auch um die Selbsterhaltung geschehen. Vernunft droht in Gegenvernunft, Vernichtung und Selbstvernichtung umzuschlagen, weil sie der Utopie entsagt, dass eine Versöhnung mit der Natur und ein Verband freier Menschen möglich sind. Wer auf diese Weise – also beharrlich ausgerichtet auf Versöhnung – das Resultat der *Dialektik der Aufklärung* zusammenzufassen sucht, hat sich stets aufs Neue zu vergegenwärtigen, was Adorno und Horkheimer den von ihnen so genannten »dunklen Schriftstellern« verdanken. Je weniger die Utopie bei Kant noch wahrgenommen werden kann, desto wichtiger erscheint, um sie zu retten, ihre Negation bei Machiavelli, Hobbes und Mandeville.[1] Noch Sade und Nietzsche wird zu Gute gehalten, dass sie in ihren Gestalten und Gedanken sich dem »Ungeheuer der Herrschaft« nicht bloß gleichmachen, sondern deren Widerspruch ausdrücken: »Als Grauen sucht Imagination dem Grauen standzuhalten.«[2]

Das gilt offenbar nicht für Heidegger. Er kommt in der *Dialektik der Aufklärung* merkwürdigerweise nicht vor.[3] Es mag zunächst seine Nähe zum Nationalsozialismus gewesen

1 Max Horkheimer; Theodor W. Adorno: Dialektik der Aufklärung. Hrsg. v. Alfred Schmidt u. Gunzelin Schmid Noerr. Bd. 5. Frankfurt am Main 1987, S. 113. Auch de Maistre wäre mit gewissen Einschränkungen hier zu nennen. Siehe dazu Michael Heidemann: »... damit der Mensch lernt, dass er nur ein Instrument ist ...« Elemente der Gegenaufklärung in der Souveränitätslehre Joseph de Maistres. In: sans phrase 16/2020.

2 Horkheimer/Adorno: Dialektik der Aufklärung (wie Anm. 1), S. 137.

3 Noch in Horkheimers großem Aufsatz zum »Rationalismusstreit in der gegenwärtigen Philosophie« von 1936 spielte *Sein und Zeit* eine gewisse Rolle, und es wird nicht ganz deutlich, wie weit er hier der Rationalismuskritik Heideggers zu folgen bereit ist. Er stimmt ihm darin zu, dass man »bestimmte Inhalte« im Zuge der Modernisierung der Lebensformen »in das Refugium des Irrationalen abschiebt«. Diese aber »gruppieren sich vor allem um den Begriff des Opfers« (Max Horkheimer: Zum Rationalismusstreit in der gegenwärtigen Philosophie. Gesammelte Schriften. Bd. 3. Frankfurt am Main 1988, S. 180 f.) Und er zitiert ebenfalls zustimmend den Satz aus *Sein und Zeit*: »Der Irrationalismus – als das Gegenspiel des Rationalismus – redet nur schielend von dem, wogegen dieser blind ist.« (Ebd. S. 219.) Fünf Jahre davor hatte Horkheimer in einer Diskussion noch bemerkt, dass bei Heidegger »ein starkes materialistisches Element« zu finden sei, »indem er die ganze Ratio, überhaupt alles Denken, durch die Sorge um den Tod bedingt sein läßt« (Max Horkheimer: [Wissenschaft und Krise. Differenz zwischen Idealismus und Materialismus. Diskussionen über Themen zu einer Vorlesung Max Horkheimers 1931/1932.] Gesammelte Schriften. Bd. 12. Frankfurt am Main 1985, S. 378.)

sein, die es unmöglich erscheinen ließ, ihn zu den dunklen Schriftstellern zu zählen: Sie wies ihn als einen des Grauens aus, das sich selber feiert, in dem es also kein Standhalten, sondern nur Vorantreiben und Aufhetzen gibt, weder hell noch dunkel tönend.[4] Auch in den *Minima Moralia* Adornos fehlt sein Name, wenn es hier heißt: »Nicht die letzte der Aufgaben, vor welche Denken sich gestellt sieht, ist es, alle reaktionären Argumente gegen die abendländische Kultur in den Dienst der fortschreitenden Aufklärung zu stellen.«[5] Die Frage ist, ob das Denken diese Aufgabe angesichts Heideggers und des Nationalsozialismus überhaupt noch zu bewältigen vermag.[6]

Aber möglicherweise gestanden Adorno und Horkheimer den »reaktionären Argumenten« des deutschen Existentialontologen damals auch noch zu, dass sie immerhin imstande wären, im Dritten Reich in Ungnade zu fallen in dem Sinn, in dem es Adorno wenig später Strawinskys *Sacre du printemps* konzedierte: Das Stück »wäre im Dritten Reich der ungezählten Menschenopfer nicht aufführbar gewesen, und wer immer es wagte, die Barbarei der Praxis unmittelbar in der Ideologie einzubekennen, fiel in Ungnade. Die deutsche Barbarei – so mag es Nietzsche vorgeschwebt haben – hätte ohne Lüge mit dieser vielleicht die Barbarei selber ausgerottet.«[7]

4 Nicht von ungefähr hasste Heidegger die Musik Wagners, liebte stattdessen die von Orff (siehe hierzu Hannah Arendt; Martin Heidegger: Briefe 1925 bis 1975 und andere Zeugnisse. Hrsg. v. Ursula Ludz. Frankfurt am Main 2002, S. 123, 125, 294). Und seine Verehrung für Hölderlin war ein interessiertes Missverständnis, über das Adorno bereits das Nötige gesagt hat (Theodor W. Adorno: Parataxis. Gesammelte Schriften. Bd. 11. Frankfurt am Main 1997).

5 Theodor W. Adorno: Minima Moralia. Reflexionen aus dem beschädigten Leben. Gesammelte Schriften. Hrsg. v. Rolf Tiedemann. Bd. 4. Frankfurt am Main 1997, S. 218. Ähnlich ergeht es bei Adorno auch manchen anderen der für die nationalsozialistische Bewegung mehr oder weniger Engagierten: In der englischen Erstfassung des Textes über Spengler werden neben dem Autor des *Untergangs des Abendlands*, der sich hier Machiavelli oder Nietzsche nahegerückt findet, etwa auch noch Klages, Moeller van den Bruck, Jünger und Steding genannt – »among those theoreticians of extreme reaction whose criticism of liberalism proved superior in many respects to that which came from the left wing« (Studies in Philosophy and Social Science 9/1941, S. 318. In der späteren deutschen Fassung fehlen diese Namen: »Spengler zählt zu jenen Theoretikern der extremen Reaktion, deren Kritik des Liberalismus der progressiven sich in vielen Stücken überlegen zeigte. Es lohnte die Mühe zu untersuchen, warum.« (Spengler nach dem Untergang. Gesammelte Schriften. Bd. 10.1. Frankfurt am Main 1997, S. 63.)

6 Jürgen Habermas sollte darin kein Problem mehr sehen: Anlässlich des Erscheinens von Heideggers Vorlesungen *Einführung in die Metaphysik* von 1935, worin »der planmäßige Mord an Millionen Menschen, um den wir heute alle wissen, als schicksalhafte Irre seinsgeschichtlich verständlich« gemacht werde, kommt er 1953 zu dem Ergebnis: »Es scheint an der Zeit zu sein, mit Heidegger gegen Heidegger zu denken.« (Jürgen Habermas: Zur Veröffentlichung von Vorlesungen aus dem Jahr 1935. In: Ders.: Philosophisch-politische Profile. Frankfurt am Main 1984, S. 72.) Wie wenig Habermas gegen Heidegger weiterhin dachte, zeigt sein Aufsatz über den »deutschen Idealismus der jüdischen Philosophen« von 1963, der diese Philosophen nur dort ernst zu nehmen sich bereitfindet, wo sie der »eigenen Tradition« der Kabbala folgten, ein »Rückgang auf die Griechen, wo er von Juden versucht wurde«, habe hingegen »immer etwas Kraftloses gehabt«. (Jürgen Habermas: Der deutsche Idealismus der jüdischen Philosophen. In: Ebd. S. 54.)

7 Theodor W. Adorno: Philosophie der neuen Musik. Gesammelte Schriften. Bd. 12. Frankfurt am Main 1997, S. 137. Vielleicht war es so gewesen, dass Horkheimer und Adorno auf Grund dieser Unsicherheit der Kritik der Existentialontologie vorerst auswichen. Mit der Verspätung von drei Jahrzehnten, in denen sich allerdings die internationale Wirkung Heideggers entfaltet hatte, wurde sie nachgeholt – im *Jargon der Eigentlichkeit* und in der *Negativen Dialektik*. Dabei hatte Adornos Gutachten zu Dolf Sternbergers Dissertation über Heidegger bereits 1932 vieles von diesen späten Einsichten vorwegnehmen können, insofern hier die von Sternberger exponierte Kritik an der Sinngebung des Todes in aller Deutlichkeit gewürdigt worden war (siehe Theodor W. Adorno; Max Horkheimer: Briefwechsel. Bd. 1. Hrsg. v. Christoph Gödde u. Henri Lonitz. Frankfurt am Main

Es gibt Passagen in Adornos und Horkheimers Buch, wo das Zurückzucken vor der Schlussfolgerung unmittelbar spürbar ist, den Nationalsozialismus in irgendeiner Weise als Befreiung aus der Dialektik der Aufklärung und nicht als deren äußerste Konsequenz zu verstehen – und zwar unabhängig von der Frage, welche Rolle Philosophie hier gespielt habe. »Die deutschen Neuheiden und Verwalter der Kriegsstimmung wollen die Lust wieder freigeben. Da sie aber im Arbeitsdruck der Jahrtausende sich hassen gelernt hatte, bleibt sie in der totalitären Emanzipation durch Selbstverachtung gemein und verstümmelt. Sie bleibt der Selbsterhaltung verhaftet, zu der sie die inzwischen abgesetzte Vernunft vordem erzogen hat.«[8] So fragwürdig es war, im Nationalsozialismus die bloße Fortsetzung der Dialektik der Aufklärung zu sehen, so verfehlt erwies sich die Auffassung, dass er der Selbsterhaltung verhaftet blieb. Sie wird dadurch nicht wahrer, dass die »von Vernunft identisch festgehaltene Selbsterhaltung, der vergegenständlichte Trieb des individuellen Bürgers« als »destruktive Naturgewalt« erkannt wird, »die von der Selbstzerstörung gar nicht mehr zu trennen war«,[9] kann sich doch der in Ware und Kapital vergegenständlichte Trieb, wenn er durch die Krise gehemmt wird, niemals ohne das Engagement des individuellen Staatsbürgers beziehungsweise Volksgenossen in Selbstzerstörung wie in Vernichtung um ihrer selbst willen umsetzen. Das Kapital

2003, S. 546 – 551). In Adornos wenig später entstandener Arbeit über Husserl wird hingegen diesem entscheidenden Punkt, der Heideggers Bruch mit Husserls Philosophie markiert, nur wenig Bedeutung beigemessen. Die Stelle, an der davon die Rede ist, lässt ihn eher verschwimmen: »In Husserls Lieblingserwägungen über die universale Pest, bei der die Menschheit aussterbe, ohne daß dem phänomenologischen Residuum, dem reinen Ich, die mindeste Gefahr drohe, darf man vielleicht selbst Vorformen jenes zugleich menschenfeindlichen und konsequenzlosen Nihilismus des früheren Heidegger vermuten, der sich über das Sein zum Tode und das nichtende Nichts erging.« (Theodor W. Adorno: Zur Metakritik der Erkenntnistheorie. Gesammelte Schriften. Bd. 5. Frankfurt am Main 1997, S. 193; Günther Anders' Husserl-Kritik war hier aus gutem Grund vorsichtiger, siehe Günther Anders: Bild der gegenwärtigen deutschen Philosophie und ihrer Vorgeschichte [1933]. In: Ders.: Über Heidegger. Hrsg. v. Gerhard Oberschlick. München 2001, S. 23 f.) Adorno übergeht, dass Husserl (etwa in der fünften *Cartesianischen Mediation*) für das reine Ich noch immer wenigstens ein einziges empirisches voraussetzt – der »Weltsinn des Für-jedermann-Erfahrbar, der auch dem natürlich verstandenen Ich anhaftet«, sei nicht verloren, »wenn eine universale Pest mich allein übriggelassen hätte« (Edmund Husserl: Cartesianische Meditationen [1931]. Hamburg 2012, S. 93). So gesehen kann seine Phänomenologie als verzweifelte Suche nach einem Rückweg zur Transzendentalphilosophie gelten – ein Weg, auf dem allerdings die Synthesis vergessen wird, die Vermittlungen dunkel bleiben (siehe Adorno: Zur Metakritik der Erkenntniskritik, S. 45, 167), wofür schließlich als hilflose Antwort auf »Sein zum Tode« der Begriff »Lebenswelt« steht (Edmund Husserl: Die Krisis der europäischen Wissenschaften und die transzendentale Phänomenologie [1936]. Hamburg 2012, S. 111–145). In Frankreich fanden sich ähnliche Missverständnisse, die den Übergang von Husserl zu Heidegger als bloße Kontinuität erscheinen lassen. So übersetzte Sartre im Hinblick auf Husserls Auffassung von transzendentalem Ego und Alter Ego den existentialontologischen Begriff des Daseins als menschliches Dasein konsequent falsch und konnte dadurch Heidegger als humanistischen Denker lesen (wogegen dieser sich zurecht wehrte). Derrida hat das richtiggestellt, indem er allerdings selber mit fliegenden Fahnen zu Heidegger als antihumanistischem Denker überlief: Im Grunde kritisiert er an Husserls Philosophie nichts anderes, als dass sie es ablehnt, die Schlüsse zu ziehen, die das Sein zum Tode bereithält: »Mein Tod ist für die Äußerung (prononcé) des *Ich* eine strukturale Notwendigkeit. ... Die Autonomie des Be-deutens ... findet in der Schrift und der Beziehung zum Tod ihre Norm.« (Jacques Derrida: Die Stimme und das Phänomen. Ein Essay über das Problem des Zeichens in der Philosophie Husserls. Frankfurt am Main 1979, S. 155 f.).

8 Horkheimer/Adorno: Dialektik der Aufklärung (wie Anm. 1), S. 54 f.

9 Ebd. S. 113.

nicht als Versuchsanordnung gemäß naturwissenschaftlichen Denkens, sondern als die Krise der Gesellschaft betrachtet, enthält das Vernichtungspotential immer nur abstrakt.

Etwas davon spricht Horkheimer bereits in einem Brief an Adorno vom August 1941 an, eine der wenigen Aussagen zu Heidegger aus dieser Zeit. Hier geht es eigentlich darum, auch in Hegel einen jener dunklen, wenn nicht sogar den dunklen Schriftsteller zu erkennen: Es sei – so heißt es mit Bezug auf eine Stelle der *Phänomenologie des Geistes*[10] – »das Verschwindende«, das bei dem Philosophen des deutschen Idealismus als wesentlich betrachtet werde. In der Identität von Sein und Nichts sei, »kennzeichnend genug«, das Nichts das zweite und bleibe über das Sein schließlich Sieger – »im Gegensatz zu Heidegger, bei dem der Ton auf dem *Sein* des Nichts« liege. Gerade in der Hellhörigkeit für diese Betonung nimmt Horkheimer, fast nebenher möchte man meinen, die Komplizenschaft mit der nationalsozialistischen Vernichtung wahr: das Bedürfnis, jenes abstrakte Vernichtungspotential in die konkrete Tat umzusetzen. Und solcher Betonung des Seins des Nichts möchte er den wahren Pessimismus und die wahre Negativität der Hegelschen Philosophie gegenübergestellt sehen: »Hegels Versicherung, daß die ›bestimmten Gedanken‹ positive und notwendige Momente des ganzen [sic!] sind, ist hinterhältig. Sein ganzes Werk dient dazu, den Sinn dieser Positivität und Notwendigkeit als den der Negativität und des Verschwindens zu bestimmen. Seine Theorie ist ungleich viel pessimistischer als die Schopenhauers.«[11]

In seiner Frankfurter Antrittsvorlesung von 1925 hatte Horkheimer diese Theorie hingegen nicht nur »die großartigste Metaphysik« genannt, die wir uns einzubilden vermögen, er war auch noch davon überzeugt, dass es bei Hegel schlechthin keine philosophische Frage gebe, »die nicht ihre positive Beantwortung fände: freilich nicht in einem einzigen bündigen Satz, denn jeder Satz ist nur ein Teil des Systems und die Wahrheit ist das Ganze, sondern in der begrifflichen Konstruktion der gesamten Kultur als der überall von der Vernunft durchherrschten Domäne des selbstbewußten Geistes«.[12] Hätte Hans-Jürgen Krahl den Brief gekannt, mit dem Horkheimer im amerikanischen Exil diese Deutung revidierte, er hätte vielleicht den Abgrund deutlicher gesehen, der in seiner eigenen Erkenntnis liegt, dass Hegel »der metaphysische Denker des Kapitals« sei, der erste Denker, »der auf dem Standpunkt der Logik des Kapitals steht; seine Philosophie ist die idealistisch und metaphysisch verkleidete Form der Produktion«.[13] Doch der Brief muss philosophisch genauer datiert werden: Er wurde vor dem Kriegseintritt der USA geschrieben, zu einer Zeit, als kaum Aussicht bestand, dass dem Vernichtungskrieg des Nationalsozialismus überhaupt noch entgegengetreten werden würde oder könnte. So

10 G. W. F. Hegel: Phänomenologie des Geistes. Werke in zwanzig Bänden. Hrsg. v. Eva Moldenhauer und Karl Markus Michels. Bd. 3. Frankfurt am Main 1983, S. 46.

11 Brief an Adorno, 28.8.1941; Theodor W. Adorno; Max Horkheimer: Briefwechsel. Bd. 2. Hrsg. v. Christoph Gödde u. Henri Lonitz. Frankfurt am Main 2004, S. 216.

12 Max Horkheimer: Kant und Hegel [1925]. Gesammelte Schriften. Bd. 11. Frankfurt am Main 1987, S. 117.

13 Hans-Jürgen Krahl: Konstitution und Klassenkampf. Frankfurt am Main 1971, S. 376.

sah sich Horkheimer genötigt, der idealistischen Philosophie nicht weniger zu entziehen als ihren »Existentialgrund« – womit einmal der junge Marx die von Hegel »gesetzte Illusion« bezeichnet hatte, die Illusion einer »Einheit des politischen Staates mit sich selbst«.[14] Diesen Grund nicht mehr vorausgesetzt stimmt der Satz von Horkheimer: »Philosophie bei Hegel weiß immer nur von der Nichtigkeit.«[15]

Adorno wollte sich mit ihm trotzdem nicht zufriedengeben – und darin ist die Spannung zu spüren, in der die *Dialektik der Aufklärung* geschrieben wurde: »Gerade wenn das Endliche in seiner Endlichkeit, jener Nichtigkeit, auf die Sie alles Gewicht legen, ganz ernst genommen wird, zwingt es dazu, sich selber zu übersteigen. Es ist aber diese Transzendenz, die mir nur als theologisch faßbar scheint ...« So beantwortet Adorno zugleich die Frage, die er als das gemeinsame »philosophische Anliegen« begreift: »ob das Hegelsche Motiv vom sich selbst Transzendieren alles Bestimmten vermöge seiner Bestimmung auch gilt – nämlich aus den Gegenständen gilt und nicht aus der vorgeblichen Unendlichkeit der Kategorien –, wenn endgültig die Gegenstände nicht länger als Produkte des Geistes sondern als leibhafte gedacht werden müssen.«[16]

Es war das die Frage, die auch an alle dunklen Schriftsteller zu richten war. Doch Heidegger konnte sie gar nicht gestellt werden: Existentialontologisch ist es unmöglich, das Verschwindende als wesentlich aufzufassen. Einer Seinslogik, die sich der Hegelschen Begriffslogik entledigt,[17] ist das Subjekt-Objekt-Verhältnis nicht einmal mehr als intermittierendes denkbar, es muss selbst immer schon verschwunden sein, da es doch vom Verschwinden als Prozess noch zu sprechen erlaubt. »Aus den Gegenständen«, die doch nur durch dieses Verhältnis als solche bestimmbar sind, »gilt« nichts mehr, weder als Produkte des Geistes noch als leibhafte.

14 Karl Marx: Zur Kritik der Hegelschen Rechtsphilosophie [1843]. Karl Marx; Friedrich Engels: Werke. Berlin 1956 ff. MEW Bd. 1, S. 298. Diese Kritik gilt zwar konkret dem Hegelschen Staatsrecht, aber als Kenner der gesamten Hegelschen Philosophie und zudem vom Westen des Rheinlands herstammend wusste Marx nur allzu gut, dass bereits der ganze »bacchantische Taumel« der Begriffe in der *Phänomenologie*, »an dem kein Glied nicht trunken« sei (Hegel: Phänomenologie des Geistes, wie Anm. 10, S. 46) auf diesem Existentialgrund basierte, den damals Napoleon neu gelegt hatte.

15 Brief an Adorno, 28.8.1941 (wie Anm. 11), S. 215.

16 Brief an Horkheimer, 4.9.1941; Adorno/Horkheimer: Briefwechsel Bd. 2 (wie Anm. 11), S. 223.

17 Genau in diesem Sinn sagt Heidegger im Hegel-Seminar von 1934/35: »Dialektik an sich ist eine Fürchterlichkeit des Denkens. Mit Hegel kann man *alles*. Der Unterschied zwischen Hegel und den ›Hegelianern‹ ist der, daß Hegel *irgendwo steht*. Die Hegelianer wenden lediglich die Methode an, so Marx. Sein Werk ist in dieser Art überzeugend durchdacht. Es liegt in seinem System für den gewöhnlichen Mann das Faszinierende, es hat die geistige Kraft, die begriffliche Sicherheit und Tiefe aus Hegels Philosophie. Wenn man das überwinden will, darf man nicht in allgemeinen Redensarten über den Staat reden wollen.« (Martin Heidegger: Hegel ›Rechtsphilosophie‹ [Mitschrift Wilhelm Hallwachs]. Seminare Hegel – Schelling. Gesamtausgabe. Bd. 86. Hrsg. v. Peter Trawny. Frankfurt am Main 2011, S. 565.) Die Bemerkung kann auch als Hinweis darauf gelten, dass Heidegger mehr als die meisten Marxisten von der Marxschen Kritik der politischen Ökonomie begriffen hat – was die Sache allerdings umso schlimmer macht und dennoch indirekt erklären mag, warum es nicht nur Hannah Arendt und Herbert Marcuse, Karl Löwith und Leo Strauss, sondern selbst einem Schriftsteller wie Paul Celan lohnend schien, sich mit dieser Sache so intensiv zu beschäftigen (Celan erwartete sich von der Auseinandersetzung mit Heidegger tatsächlich mehr als vom Jargon der »patentierten Antinazis wie Böll und Andersch«; siehe Paul Celan: Brief an Ingeborg Bachmann, 10.8.1959. In: Herzzeit. Ingeborg Bachmann; Paul Celan. Der Briefwechsel. Hrsg. v. Bertrand Badiou u. a. Frankfurt am Main 2008, S. 118).

Der sich nicht verwertende Wert

Im Hinblick auf Heideggers Kant-Kritik hatte Ernst Cassirer bei der berühmten Davoser Disputation von 1929 noch bestürzt und ganz undialektisch gefragt: »Will Heidegger auf diese ganze Objektivität, auf diese Form der Absolutheit, die Kant im Ethischen, Theoretischen und in der Kritik der Urteilskraft vertreten hat, verzichten? Will er sich ganz zurückziehen auf das endliche Wesen, oder, wenn nicht, wo ist für ihn der Durchbruch zu dieser Sphäre?«[18] Heidegger sucht tatsächlich den Durchbruch, aber nicht zu einer »Sphäre«, er spricht vom Sein zum Tode, als der »inneren Möglichkeit dieses endlichen Wesens, sich zum Seienden im Ganzen zu verhalten«, frei zu werden eben nicht »für die gestaltenden Bilder des Bewußtseins und für das Reich der Form, sondern frei zu werden für die Endlichkeit des Daseins«. Darum wendet sich Heidegger so offensiv dagegen, dass in der Philosophie »die Zeit immer dem Subjekt zugesprochen wird«.[19] Das Reich der Form ist das Reich Kants, das dem Kapital – wie Marx und Sohn-Rethel es begriffen haben – insofern entspricht, als unter dessen Bedingungen dem Ich jedweder Gegenstand immer nur als Ding an sich erscheinen kann, das es zwar affiziert, aber ihm ein anderes Verhältnis als das durch die Verwertung des Werts vorgegebene verwehrt. Dieses vorgegebene nötigt das Ich zugleich, zwischen Mensch und Ding, möglichem Warenbesitzer und möglicher Ware zu unterscheiden; seine Beziehung zu jenem anders als zu dieser zu gestalten, nötigt ihm also nicht nur politisch gesprochen das Gesetz auf, sondern moralisch ausgedrückt den Imperativ, der kategorisch nur insofern sein kann, als er außerhalb von Zeit und Raum situiert sein muss, wenn Zeit und Raum Formbestimmungen des Subjekts sind, Formen seiner ›Anschauung‹. Woher sollte der Imperativ sonst seine Autorität nehmen, mit welcher er an die Stelle eines Gottes sich zu setzen berufen wird – eines Gottes, der als Schöpfer der Welt und Inbegriff der Existenz nur deshalb gelten kann, weil er außerhalb von Zeit und Raum existiert als unkörperliches und ewiges Wesen?

Die Kantische Kritik beinhaltet allerdings einen Vorbehalt gegenüber dem Kapitalverhältnis, der nicht in den Imperativen, sondern in deren theoretischer Voraussetzung aufgefunden werden kann, insofern das Transzendentalsubjekt – jenes ›Ich denke‹, das alle meine Vorstellungen muss begleiten können – als rein formelle Identität eben ausschließlich im empirischen Ich, im Bewusstsein des Einzelnen verankert zu begreifen ist.[20] Als solches widerspricht es von vornherein der Hypostasierung, auf die Marx in der

18 Davoser Disputation zwischen Ernst Cassirer und Martin Heidegger. In: Martin Heidegger: Kant und das Problem der Metaphysik. Gesamtausgabe. Bd. 3. Frankfurt am Main 2010, S. 278.

19 Ebd. S. 289 u. 283.

20 Es kann allerdings nur im Sinne einer negativen Anthropologie von einer Denkform gesprochen werden. Demnach ist Gesellschaft eben dadurch bestimmt, dass Selbsterhaltung der Individuen als selbstverständliche Einheit nicht zugrunde gelegt werden kann, während Transzendentalsubjekt zunächst nichts anderes bedeutet als die Negation all dessen, was als Substanz oder Sein oder eine andere, wodurch auch immer bezeichnete Einheit in Religion und Ideologie (Gott, Materie, Schicksal, Zufall, Struktur etc.) sich der Trennung von Subjekt und Objekt vorangestellt findet. Das Transzendentale, das nichts enthält, nur reine Identität sein kann, ist so gesehen schiere Aufforderung, eine Einheit erst zu finden, in der sich die Individuen reproduzieren können.

Kritik der politischen Ökonomie stoßen sollte und die darin besteht, die gesellschaftlich durchschnittliche Arbeitszeit, die jeweils zur Produktion einer Ware notwendig ist, als Substanz jenseits der »Verstandesbegriffe« anzuerkennen, das heißt: als »automatisches Subjekt« oder »Selbstverwertung des Werts«, deren Diktat sich die Individuen auch ›automatisch‹ zu unterwerfen haben. Dabei suchte jedoch Kant – wie insbesondere die *Metaphysik der Sitten* demonstriert – die Bedingungen der Selbstverwertung des Werts gerade zu bewahren: Vertragsverhältnis und Gleichheit der Vertragspartner beziehungsweise Warentausch.[21]

Heidegger weiß also genau, wo er – um den Jargon seiner Holzwegontologie zu verwenden – die Axt ansetzen muss, wenn er seinen Kampf gegen Aufklärung und Selbsterhaltung damit eröffnet, dass in deren philosophischem Horizont die Zeit letztlich dem Subjekt zugesprochen wird. Frei zu werden für die Endlichkeit des Daseins, so lautet hingegen der Zeitbegriff des Seins zum Tode, mit dem er die Vermittlungen in der ›Versuchsanordnung‹ der bürgerlichen Gesellschaft zerschlagen möchte. Demnach geht es hier mitnichten um das traditionelle *Memento mori* oder Montaignes »Que philosopher c'est apprendre à mourir«, wie es eine wohlwollende, aufs Individuum abonnierte Deutung von *Sein und Zeit* nahelegen möchte. Mit dem Junktim von Sein und Zeit macht Heidegger aus der »Endlichkeit« des Daseins unmittelbar das »Verstehen des Seins« und löst den »höchsten Gegensatz« auf, den die Hegelsche Rechtsphilosophie noch im objektiven – nicht absoluten – Geist festzuhalten vermag als dessen »absoluten Endzweck, der *Souveränität* des Staates«: »*A bwesenheit* des eigenen Geistes *und* intensivste und umfassende augenblickliche *Gegenwart* des Geistes und Entschlossenheit«.[22] Das war

21 In diesem Tausch findet nach Sohn-Rethels Einsicht mit dem Geld als rein formeller Identität – das allgemeine Äquivalent, das alle meine Tauschakte muss begleiten können – die Realabstraktion statt. In welcher Weise diese Realabstraktion aber als ursächliche Wurzel der Denkabstraktion zu begreifen wäre, vermag Sohn-Rethel nicht deutlich zu machen, er begnügt sich hier im Grunde mit der Feststellung einer Analogie, die auch in der Metapher von der baren Münze des Apriori steckt. Allerdings tritt gerade in der Analogie der Widerspruch hervor, sobald es um den Tausch der Ware Arbeitskraft geht: Das transzendentale Subjekt, eben als Begriff für die Denkabstraktion, die der absolut inhaltslosen Identität der Realabstraktion im Geld entspricht, lässt nur darin seinem Gegenstand Substanz oder Reales zukommen, wenn er als Substrat allen Wechsels immer dasselbe bleibt, das heißt, wenn das Bewusstsein durch alle Änderungen von Eigenschaften und Zuständen hindurch eine einzige Kontinuität um ihrer selbst willen erkennt, für die gilt: *hiatus non datur*. Der Tausch aber entlarvt sich durch dieses Transzendentalsubjekt seinerseits als jene rein formelle Identität, sobald Arbeitskraft getauscht wird, denn in diesem Fall ist der Tausch selbst der *hiatus*, den Kant im Substrat nicht gelten lassen will: der *hiatus* zwischen den lebendigen konkreten Privatarbeiten und der toten abstrakten Arbeit – wo konkret die Krise entspringt und weshalb abstrakt das Kapital selbst die Krise ist. So gesehen ist die Annahme, dass die Realabstraktion im Warentausch das Transzendentalsubjekt im Denken hervorgebracht hätte, zu kurz gegriffen: Der Warentausch ist nichts als die notwendige Bedingung der Möglichkeit, es zu entdecken; die hinreichende liegt allein darin, einer Verselbständigung zu widersprechen, für die gleichfalls der Warentausch notwendige, jedoch nicht hinreichende Bedingung ist: der Verselbständigung des inneren Sinns der Zeit im Individuum zum äußeren Zwang der Gesellschaft, die den Verstandesbegriff der Substanz als Gottheit und die regulative Idee der Totalität als Wirklichkeit erscheinen lässt. Kants drei Kritiken bilden den abstraktesten Ausdruck des Widerstands gegen solche Hypostasierung, und Hegels Philosophie wird ihn mit triumphierendem Gestus schließlich aufgeben.

22 G. W. F. Hegel: Grundlinien der Philosophie des Rechts. Werke. Bd. 7. Frankfurt am Main 1970, S. 496. Die Hervorhebung des ersten »und« im Zitat stammt von mir, G. S.

eben die Methode der Rechtsphilosophie, die Zeit nicht mehr dem Subjekt zuzuschlagen, und darin sah Heidegger die »Tiefe« des Hegelschen Denkens. Die »Abwesenheit des eigenen Geistes« (bei Kant hieß das noch »selbstverschuldete Unmündigkeit«) dient im § 328 der Rechtsphilosophie konkret zur Bestimmung der Tapferkeit im Krieg – nicht zuletzt die Krisensituation im Verhältnis von Souveränität und Weltmarkt. Kein Wunder, dass es gerade diese Abwesenheit ist, die bei Heidegger ontologisiert wird, um das Sein zum Tode an die Stelle von Subjekt und Objekt, von Form und Inhalt zu setzen, in denen der Geist, der eigene wie der Weltgeist, sich einmal bewegt hat – eine Dialektik, die der Existentialontologe als »Fürchterlichkeit des Denkens« bezeichnet.[23] So zeigt sich, worauf die Rede von Dasein und Sein hinauswill: Sie dementiert, dass Einheit immer nur als Einheit von Getrenntem aufzufassen ist und insofern der Vermittlung bedarf (weshalb Hegel noch die Abwesenheit des eigenen Geistes im Opfer für den Staat als Tapferkeit beschönigen muss). Das alles fällt für Heidegger unter die »ewigen und notwendigen Wahrheiten«, die es »für die Menschen« gar nicht geben könne. Richtet sich dieser skeptizistische Einspruch vor allem aber gegen Kant, so heißt es materialistisch gegen Marx gewandt und ganz im Sinn einer ewigen Wahrheit: Worauf es ankäme, sei vielmehr »die ursprüngliche Einheit und die immanente Struktur der Bezogenheit des Menschen, der gewissermaßen in einem Leib gefesselt ist und in der Gefesseltheit in den Leib in einer eigenen Gebundenheit mit dem Seienden steht« – aber der Leib ist nur das Mittel zum Zweck, dem Menschen »die Nichtigkeit seines Daseins offenbar zu machen« und ihn »zurückzuwerfen in die Härte seines Schicksals«.[24] Im Unterschied zu Hegel ist hier ein Prozess nur vorgetäuscht: Dasein ist sozusagen Prozess ohne Vermittlung. Von diesem Dasein sprach Heidegger, solange es ihm nötig schien, jene Nichtigkeit zu propagieren – also bis zum Vernichtungskrieg. Die davor schon angelegte »Kehre« zum Postnazismus zeigte an, dass es künftig nicht mehr nötig sein werde – es genügten hinfort Sein und Seiendes als allgegenwärtiges Begriffspaar, um das Denken der Antinomie und des Widerspruchs zu verhindern. Zusammen mit dem Dasein verschwand die Krise: Das war das Wirtschaftswunder in der Philosophie des Postnazismus. Und so schrieb ihm ein deutscher Philosophieprofessor am Vorabend dieses Wunders: »Sie sind ein ganz anderer als alle Welt meint: kein Philosophieprofessor, vielleicht auch kein Philosoph, weil das alles zu wenig ist, sondern Weiser und Verkünder, Stimme und Werkzeug des Seins.«[25]

23 Siehe Anm. 17.

24 Davoser Disputation (wie Anm. 18), S. 277 u. 290 f.

25 Max Müller: Brief an Martin Heidegger, 19.9.1947. In: Martin Heidegger: Briefe an Max Müller und andere Dokumente. Hrsg. v. Holger Zaborowski u. Anton Bösl. Freiburg; München 2003, S. 11. Es gibt mittlerweile eine Reihe von Untersuchungen, die nachzuweisen oder umgekehrt zu entkräften suchen, dass die Wurzeln des Naziengagements und des Antisemitismus wie der mangelnden Auseinandersetzung mit der NS-Vergangenheit bereits in der Grundkonzeption von *Sein und Zeit* liegen, in den hier entworfenen Begriffen selbst, vor allem Gemeinschaft, Schicksal etc. (siehe hierzu aktuell die Beiträge in dem Band: Sein und Zeit neu verhandelt. Untersuchungen zu Heideggers Hauptwerk. Hrsg. v. Marion Heinz u. Tobias Bender. Hamburg 2019). Allerdings bleibt es bei einer Art philosophischer Antifa-Recherche beziehungsweise deren prompte Widerlegung als Heidegger-Apologie, solange die Frage nicht gestellt wird, wodurch eine solche

Diese Kehre setzte aber zunächst die totale Seinsvergessenheit voraus, sodass die Verschreibung an die Macht keine Grenzen mehr kennte. Immer exaltierter sich gebärdend schrieb Heidegger in den *Schwarzen Heften* von einer »unbedingten Machsamkeit«, einer »machinalen Oekonomie« und »riesenhaften Machtmaschine«, worin sich im totalen Krieg die Macht enthülle in ihrer »unbedingten Ermächtigung als die reine, ihrer selbst nicht mächtige und sich niemals kennende Seinsvergessenheit des Seienden. Solche Seinsverlassenheit aber ist nur die leere Stelle in der Geschichte des Seins, der tote Punkt, der Augenblick, in dem das nichtige, wahrheitslose Nichts als das Alles und das Höchste erscheint. Der seynsgeschichtliche Vorgang der unbedingten Ermächtigung der Machsamkeit zum Sein des seinsverlassenen Seienden wird vergeblich durch die törichten Entrüstungen der Moralprediger und Christen aufzuhalten versucht; denn Moral und Christentum selbst, nicht erst ihre sehr nachhängenden Anhänger, sind in diesen Vorgang schon eingeschmolzen.«[26] Die »Verzwingung in die Besinnungslosigkeit« werde eben »nicht gemacht von einzelnen Machthabern und Händlern, sondern diese selbst sind kraft *ihres* Wesens die zuerst Verzwungenen, denen keine Freiheit bleibt. Daher sind auch alle ›moralischen‹ ›Diffamierungen‹ ein kindisches ... Gebahren und demzufolge selbst nur als ein ›Kriegsmittel‹ brauchbar.«[27]

Der deutsche Existentialontologe sieht gleichermaßen in den Nationalsozialisten, auf deren Seite er sich gestellt hat, und in den Juden, die er hasst, die Konsequenz davon, dass die Zeit dem Subjekt zugerechnet wird. Nur dass die Juden von den Nationalsozialisten vernichtet werden müssen, damit diese Konsequenz auch wirklich gezogen wird. Denn sie verkörpern die »Rechenhaftigkeit«, die für ihn nur ein anderer Begriff dafür ist, die Zeit dem Subjekt zuzuordnen, während jene, die sie vernichten, zwar im Bann der Seinsvergessenheit verbleiben, aber durch Vernichtung und Selbstvernichtung auch das »Subjektum« zerstören und damit die Zeit als Sein zum Tode praktisch umdeuten.

Kontinuität überhaupt möglich ist, und damit auch, worin die Anziehungskraft der Existentialontologie lag und liegt. Einsichten dieser Art erschließen sich nur auf der Grundlage der Kritik der politischen Ökonomie – allerdings nun nicht in dem Sinn, dass hier eine ökonomische Basis für jene ideologische Entwicklung zu finden wäre. Im Gegenteil: die Grundlage, Heideggers Topos vom Sein zum Tode zu kritisieren, besteht in dem Wissen, wo gerade die Grenzen dessen liegen, was Kritik der politischen Ökonomie begrifflich vermag: nämlich immer nur die Vorgeschichte darzustellen; also dass – wie Horkheimer schrieb – »der gleiche und gerechte Tausch ... sich selbst ad absurdum geführt« hat und dass »die totalitäre Ordnung« dieses »Absurdum« sei (Max Horkheimer: Die Juden und Europa. Gesammelte Schriften. Bd. 4. Frankfurt am Main 1988, S. 309). Der Wert, der sich nicht mehr verwertet, führt den sich selbst verwertenden Wert ad absurdum. Alles Weitere kann Kritik nur aufdecken, indem sie Heideggers Seinsbegriff als die einzig mögliche ideologische Einheit von Vernichtungswahn und Wirtschaftswunder begreift (siehe hierzu Gerhard Scheit: Meister der Krise. Über den Zusammenhang von Vernichtung und Volkswohlstand. Freiburg 2001).

26 Martin Heidegger: Überlegungen XII – XV (Schwarze Hefte 1939 – 1941). Gesamtausgabe. Bd. 96. Hrsg. v. Peter Trawny. Frankfurt am Main 2014, S. 186.

27 Ebd. S. 146.

Das »Weltjudentum« oder die Substanz des Werts

So kann für Heidegger auch die Frage nach der Rolle des »*Weltjudentums*« keine »rassische« sein, sie sei vielmehr »die metaphysische Frage nach der Art von Menschentümlichkeit«, die »*schlechthin ungebunden* die Entwurzelung alles Seienden aus dem Sein als weltgeschichtliche ›Aufgabe‹ übernehmen« konnte.[28] Heidegger war kein Rassist, wenigstens nicht im landläufigen Sinn, eher ein Philosemit im grauenhaftesten. Darum prägt sich in seinem Denken die pathische Projektion des Antisemitismus in reinster Gestalt aus – konsequenter als bei Rosenberg oder Hitler, deren Auffassungen von den Rassenlehren des 19. Jahrhunderts gefärbt sind, einem naturwissenschaftlich argumentierenden Biologismus. Für Heidegger ist »alles Rassedenken« insofern obsolet, als es »neuzeitlich« ist und sich damit in der »Bahn der Auffassung des Menschen als Subjektum« bewegt. Unter »Rasse« sei zwar durchaus eine notwendige Bedingung des »geschichtlichen Daseins«, der »Geworfenheit«, zu verstehen, im »Rassedenken« werde sie jedoch zur einzigen und hinreichenden verfälscht, also »zum Unbedingten aufgesteigert«.[29] Als Poststrukturalist *avant la lettre* verfolgt Heidegger die Subjektphilosophie solange, bis er der ganzen Leib-Seele-Geist-Anthropologie habhaft wird: Im »Rassedenken« werde »der Subjektivismus der Neuzeit durch Einbeziehung der Leiblichkeit in das Subjektum ... vollendet«.[30] Freilich verschweigt er hier, dass diese Neuzeit, denkt man an Heraklit, bereits mit den Vorsokratikern begonnen hatte. Diese Verdrängung leisten explizit seine Vorlesungen zu Parmenides und Heraklit aus den letzten Jahren des Nationalsozialismus.

Wenn Heidegger darum schreibt, die »Juden ›leben‹ bei ihrer betont rechnerischen Begabung am längsten schon nach dem Rasseprinzip«, meint er nichts anderes als das Prinzip der Selbsterhaltung: die Weigerung, den eigenen Leib zu opfern. Paradoxerweise setzen sich die Juden in Heideggers Auffassung gerade deshalb am heftigsten gegen die »uneingeschränkte Anwendung« des Rasseprinzips »zur Wehr«. Er benötigt zwar das rassistische Argument, das jene rechnerische Begabung als angeborene Eigenschaft eines bestimmten Volks unterstellt, aber er setzt das Verb »leben« unter Anführungszeichen, um zu signalisieren, dass sie, um sich als Rasse zu erhalten, gar nicht leben, sondern nur rechnen, und dadurch vollziehen sie die »vollständige Entrassung der Völker«.

Die als Gegenrasse personifizierte Rechenhaftigkeit – bei Hitler heißt sie die »geldliche Beherrschung der gesamten Wirtschaft«[31] – ist nichts anderes als die antisemitische

28 Ebd. S. 243.

29 Martin Heidegger: Überlegungen II – VI. (Schwarze Hefte 1939 – 1941). Gesamtausgabe. Bd. 94. Hrsg. v. Peter Trawny. Frankfurt am Main 2014, S. 94.

30 Heidegger: Überlegungen XII – XV (wie Anm. 26), S. 69 f.

31 [Adolf Hitler:] Hitler, Mein Kampf. Eine kritische Edition. Hrsg. v. Christian Hartmann u. a. München; Berlin 2016, S. 817.

Wahnvorstellung dessen, was Marx als die Substanz des Werts begriffen hatte: abstrakte Arbeit, die als gesellschaftlich notwendige Arbeitszeit zu messen, als gemeinsamer Nenner der Gesellschaft sich behauptet. Als solche zwingt sie zur Rationalisierung im doppelten Wortsinn – in dem der Ökonomie wie der Psychologie –, um den unauflösbaren Gegensatz aufzulösen »von Privatarbeit, die sich zugleich als unmittelbar gesellschaftliche Arbeit darstellen muß, von besondrer konkreter Arbeit, die zugleich nur als abstrakt allgemeine Arbeit gilt, von Personifizierung der Sache und Versachlichung der Personen«.[32] Dies aber kann nur unter der Voraussetzung der Souveränität geschehen, nur dann erscheint abstrakte Arbeit als Substanz. Das Gewaltmonopol des Staats schafft die Einheit, in der sich jener Gegensatz bewegt, so wie durch ihn allein die Rechtsformen für die Personifizierung der Sache und die Versachlichung der Personen existieren. An die historische Tatsache, dass die Juden nach der Zerstörung des Zweiten Tempels in verschiedenen Reichen beziehungsweise Staaten lebten, dass damit bei ihnen die Religion, die mit diesem Tempel ihr Zentrum verlor, die alleinige Einheit bildete, die aber nicht die Funktion der Souveränität in Bezug auf jenen Gegensatz einnehmen konnte, heftet sich der moderne Antisemitismus – Heidegger spricht von der »eigentümlichen Vorbestimmung der Judenschaft für das planetarische Verbrechertum«.[33] Auf sie wird eben der Gegensatz von Personifizierung der Sache und Versachlichung der Personen projiziert; sie werden an die Stelle jener Substanz des Werts gerückt, die erst unter der Voraussetzung der Souveränität als solche fungiert, so wie umgekehrt diese Souveränität erst unter der Voraussetzung des Weltmarkts möglich ist.[34] Es sind dessen vermeintliche Garanten und Nutznießer, die in Heideggers *Geschichte des Seyns* planetarisches Verbrechertum, in Hitlers *Testament* »internationale Geld- und Finanzverschwörer« heißen.[35] Darum richtet sich der Hass der Antisemiten immer auch auf die Souveränität selbst: nicht nur weil sie die Juden vor ihnen schützen könnte, was sie ohnehin selten tut, sondern vor allem, weil unter ihr die Substanz des Werts noch als Substanz gilt, die Einheit im Gegensatz noch bewahrt bleiben soll. Diese Einheit, deren Philosoph Hegel ist, wollen sie sprengen, aus dem einen einzigen Grund: die Juden zu vernichten. Das ist ihr Antikapitalismus. Desto heftiger wenden sie sich dagegen, dass es einen eigenen Staat der Juden geben kann: Dessen bloße Existenz muss die Geschäftsgrundlage ihres Wahns in Frage stellen.

32 Karl Marx: Das Kapital. Erster Band [1873]. Karl Marx; Friedrich Engels: Werke. Berlin 1956 ff. (MEW) Bd. 23, S. 128.

33 Dieser Satz aus dem Manuskript von *Geschichte des Seyns* wurde, wie Peter Trawny berichtet, bei der Publikation im Rahmen der Gesamtausgabe (Bd. 69) einfach gestrichen (Peter Trawny: Heidegger und der Mythos der jüdischen Weltverschwörung. Frankfurt am Main 2015, S. 53).

34 Siehe hierzu Gerhard Scheit: Wertgesetz, Weltmarkt und Judenhass. In: sans phrase 14/2019 sowie Ders.: Warum die Hobbessche Lehre objektiv nicht absurd geworden ist. In: sans phrase 15/2020.

35 Hitlers »Politisches Testament«, 29. 4. 1945. Kriegstagebuch des Oberkommandos der Wehrmacht. Hrsg. v. Percy Ernst Schramm. Bd. 4. Frankfurt am Main 1965, S. 1666 – 1669; zit. n. Brendan Simms: Hitler. Eine globale Biographie. München 2019, S. 838.

Die »höchste Entscheidung« der Deutschen

> The Nazi regime was the only regime of which I know which was based on no principle other than the negation of Jews.
> Leo Strauss, *Why We Remain Jews*

Die Juden, so Moishe Postone, wurden »nicht bloß als *Repräsentanten* des Kapitals angesehen (in diesem Fall wären die antisemitischen Angriffe wesentlich klassenspezifischer gewesen), sie wurden vielmehr zu *Personifikationen* der unfaßbaren, zerstörerischen, unendlich mächtigen, internationalen Herrschaft des Kapitals. Bestimmte Formen antikapitalistischer Unzufriedenheit richteten sich gegen die in Erscheinung tretende abstrakte Dimension des Kapitals in Gestalt des Juden, und zwar nicht etwa, weil die Juden bewußt mit der Wertdimension identifiziert worden waren, sondern vielmehr deshalb, weil durch den Gegensatz seiner konkreten und abstrakten Dimensionen der Kapitalismus selbst so erscheinen konnte. Deshalb geriet die ›antikapitalistische‹ Revolte zur Revolte gegen die Juden.«[36]

Das Problem von Postones Darlegung liegt in den Formulierungen, dass Kapitalismus »so erscheinen konnte«, wie der Antisemit ihn wahrnehmen und ausagieren möchte; dass darum die antikapitalistische Revolte zur antisemitischen »geriet«. Darin wird nicht nur verkannt, dass die abstrakte Dimension des Kapitals allein durch den Staat hindurch wirklich werden kann, es der Staat ist, der die abstrakte Arbeit zur Substanz werden lässt und die Einheit des Gegensatzes von Privatarbeiten und gesellschaftlicher Arbeit herstellt (wie Ulrich Enderwitz in seiner Kritik anzudeuten wusste[37]), sondern ebenso (was nun wieder Enderwitz vor allem ausblenden wollte[38]), dass es ein Subjekt braucht, das sich selber durchstreicht und sich eben darin gegen den Staat als Einheit wendet. Postone berührt jedoch diese Frage, wenn er auf die Unterschiede zwischen Europa und den USA zu sprechen kommt: »In Europa war ... die Vorstellung von der Nation als einem rein politischen Wesen, abstrahiert aus der Substantialität der bürgerlichen Gesellschaft, nie vollständig verwirklicht. Die Nation war nicht nur eine politische Entität, sie war auch konkret, durch eine gemeinsame Sprache, Geschichte, Traditionen und Religion bestimmt. In diesem Sinne erfüllten die Juden nach ihrer politischen Emanzipation als einzige Gruppe in Europa die Bestimmung von Staatsbürgerschaft als rein politischer Abstraktion.« Darum sei die »Realität der Abstraktheit, die nicht nur die Wertdimension in ihrer Unmittelbarkeit kennzeichnet, sondern auch mittelbar den bürgerlichen Staat und das Recht, ... genau mit den Juden identifiziert« worden.[39] Aber der Antisemitismus

36 Moishe Postone: Antisemitismus und Nationalsozialismus [1982]. In: Antisemitismus und Gesellschaft. Hrsg. v. Michael Werz. Frankfurt 1995, S. 37.

37 Siehe Ulrich Enderwitz: Linker Strukturalismus. Einige Überlegungen zu Postones Antisemitismus-Thesen. In: Kritik & Krise 6/1993, S. 46.

38 Siehe Ulrich Enderwitz: Antisemitismus und Volksstaat. Zur Pathologie kapitalistischer Krisenbewältigung. 2. Aufl. Freiburg 1998, S. III.

39 Postone: Antisemitismus und Nationalsozialismus (wie Anm. 36), S. 39.

richtete sich bekanntlich nicht nur gegen die assimilierten Juden. Ob assimiliert oder nicht, die Juden »erfüllten« diese ideologische Bestimmung von Staatsbürgerschaft als rein politischer Abstraktion vor dem Hintergrund, dass sie keinen eigenen Staat hatten. An dessen Stelle beginnen die Antisemiten, sobald sie irgendeine diffuse Vorstellung vom Weltmarkt haben, eine Weltverschwörung der Weisen von Zion zu protokollieren; eine Zirkulation als planetarisches Verbrechertum, das nicht nur keiner Souveränität bedarf, sondern sich unmittelbar gegen die Souveränität der Staaten richtet.[40]

Antisemitismus erscheint hier in Gestalt wahnhafter Personifizierung der abstrakten Seite des Kapitals, insofern die Antisemiten zunächst die »Verinternationalisierung der Wirtschaft« (Hitler) als teuflische Abschaffung der Souveränität an die Wand malen, um selber daran zu gehen, die Souveränität, die doch nach Marx nur die andere Seite des Weltmarkts ist und sein kann,[41] in die Ordnung autark gewordener Großräume umzuwandeln – also tatsächlich zusammen mit dem Weltmarkt zu zerstören.[42] Diese scheinbar angestrebte Großraumordnung ist jedoch ihrerseits nur ein Schritt auf dem Weg, die Juden überall hin zu verfolgen, wie sich zeigt, wenn sie realiter an die Stelle des Weltmarkts gesetzt wird: der Wahn der Autarkie schlägt um in den der Welteroberung. In Heideggers Seinslogik, die dem Wert, der sich nicht mehr verwertet, umso mehr

40 Im Weltmarkt – Hitler spricht im gleichen Sinn von der »Verwirtschaftung des deutschen Volkes« und der »Verinternationalisierung der deutschen Wirtschaft« (Hitler: Mein Kampf, wie Anm. 31, S. 623, 629) – vollendet sich für den antisemitischen Wahn die Mission »des Juden«. Dessen »geldliche Beherrschung der gesamten Wirtschaft« sei »schon soweit fortgeschritten«, dass er ohne »den Besitz aller ›staatsbürgerlichen‹ Rechte das ganze ungeheure Gebäude nicht mehr länger zu stützen vermag, auf alle Fälle kann keine weitere Steigerung seines Einflusses mehr stattfinden. Beides aber wünscht er, denn je höher er klimmt, um so lockender steigt aus dem Schleier der Vergangenheit sein altes, ihm einst verheißenes Ziel heraus, und mit fiebernder Gier sieht er den Traum der Weltherrschaft ... wieder in faßbare Nähe treten.« (Ebd. S. 817.)

41 Siehe hierzu die in Anm. 30 genannten Aufsätze.

42 Insofern hat Hannah Arendt völlig recht, die »Staatsfeindlichkeit« der antisemitischen Bewegungen hervorzuheben, siehe Hannah Arendt: Elemente und Ursprünge totaler Herrschaft [1951]. München; Zürich 1986, S. 83, 369 – 390. Ihr einstiger Lehrer hatte inzwischen im Seminar über Hegels Rechtsphilosophie (vom Wintersemester 1934/35) den Staatsbegriff dieser Staatsfeindlichkeit im Sinne des Nationalsozialismus erläutert: »Wir sehen schon, die Frage nach dem Staat ist an sich unklar und verworren. Fragen wir nach *unserem* Staat, wo ist er denn? ... Heute weiß noch Niemand, wer der Staat ist. Ein Staat wird, d. h. wir glauben daran, daß er wird, der ein Staat dieses Volkes ist, so daß jeder in seiner Weise *wirklich* weiß, was der Staat ist ... Was aber heißt hier *Sein* (der Staat *ist*)? Uns fehlen vollkommen die Begriffe, alles ist wirr.« (Heidegger: Hegel ›Rechtsphilosophie‹, Mitschrift Hallwachs, wie Anm. 17, S. 566) Mit diesem gut gezielten Gestammel soll begründet werden, dass Hegel, der doch rechtens in seiner Eigenschaft als Staatsphilosoph mit seinem »objektiven Geist« ganz und gar als metaphysischer Denker des Weltmarkts – also nach Heidegger des planetarischen Verbrechertums – zu gelten hätte, irgendwie schon als Denker des nationalsozialistischen Behemoth gefeiert werden könnte. Leviathan sei zum »*Schoßhund* ... einer nur blinden Volksverherrlichung« umgefälscht worden, diese Blindheit bestehe in der »*Übereinkunft aller zum Schutz der Einzelnen (und wer sind diese vor-dem?)*«. Die Heideggersche Verherrlichung hingegen sieht den Staat als eine »vorgegebene Macht – in die geschichtliches Dasein sich geworfen sieht«. Heidegger: Hegel ›Rechtsphilosophie‹ [Manuskript], wie Anm. 17, S. 139.) Dem entsprechend entwirft Heidegger die Abschaffung der Gewaltenteilung in der »*Vereinigung der Gewalten in dem Dasein des Führers*« und propagiert zugleich eine neue ›Teilung‹, die augenscheinlich nur Rackets hervorzubringen geeignet sein soll: »im Sinne einer Gliederung ... wobei auch die Glieder in neuem Wesen entspringen« (ebd. S. 73). Mit Hitler also habe Hegel »erst angefangen zu leben« (ebd. S. 85), so antwortet der Seinslogiker auf Carl Schmitts Aussage, am 30. Januar 1933 sei »Hegel gestorben« (womit dieser politische Pathologe und zugleich Mittäter von 1933 *contre cœur* immerhin die Wahrheit über das Verhältnis des Nationalsozialismus zu Hegel ausgesprochen hat).

Sinn abgewinnt, je weniger sie einen Begriff von ihm zulässt, erscheint demgegenüber jener Schritt, der dem Nationalsozialismus in seiner Anfangsphase so wichtig war und etwa Carl Schmitt ausgiebig beschäftigt hat (als weitere Absetzbewegung von Hobbes und sogar von seiner eigenen *Politischen Theologie*)[43], eigentlich immer schon übersprungen, der Wahn des Großraums immer schon in den totalen umgeschlagen. Das »Sichbreitmachen einer sonst leeren Rationalität und Rechenhaftigkeit«, das sie wie jeder ordinäre Antisemit mit dem Judentum identifiziert, wofür ihr aber »die Metaphysik des Abendlandes, zumal in ihrer neuzeitlichen Entfaltung«, als »Ansatzstelle« gilt, zwinge nämlich von vornherein zur »höchsten Entscheidung«, zu der »zwischen dem Vorrang des Seienden und der Gründung der Wahrheit des Seyns«. Der Feind, lehrte er schon im Sommersemester 1933, »braucht nicht der äußere zu sein, und der äußere ist nicht einmal der gefährlichere«. Es komme zunächst darauf an, einen bestimmten Feind zu haben – welchen genau, das hält er anders als Schmitt meist nur in den *Schwarzen Heften* fest – und ihm gegenüber »die ständige Bereitschaft zu pflegen und zu steigern und den Angriff auf weite Sicht mit dem Ziel der völligen Vernichtung anzusetzen«.[44]

Bis diese Entscheidung jedoch fallen kann, sieht Heidegger die Deutschen und ihre Hilfsvölker vor die Aufgabe gestellt, die »Menschentümlichkeit« des absoluten Feindes gleichsam zu überbieten. Auf diese Weise artikuliert er seine Vorstellung von Rüstungskonjunktur und innenpolitischem Terror der 1930er Jahre: Der Vorrang

43 Der neue Ordnungsbegriff eines »neuen Völkerrechts«, so Schmitt noch 1939, beruhe »auf einer volkhaften, von einem Volk getragenen Großraumordnung ... In ihm haben wir den Kern einer neuen völkerrechtlichen Denkweise, die vom Volksbegriff ausgeht und die im Staatsbegriff enthaltenen Ordnungselemente durchaus bestehen läßt, die aber zugleich den heutigen Raumvorstellungen und den wirklichen politischen Lebenskräften gerecht zu werden vermag; die ›planetarisch‹, das heißt erdraumhaft sein kann, ohne die Völker und die Staaten zu vernichten und ohne, wie das imperialistische Völkerrecht der westlichen Demokratien, aus der unvermeidlichen Überwindung des alten Staatsbegriffs in ein universalistisch-imperialistisches Weltrecht zu steuern. ... Aus einer schwachen und ohnmächtigen ist eine starke und unangreifbare Mitte Europas geworden, die imstande ist, ihrer großen politischen Idee, der Achtung jedes Volkes als einer durch Art und Ursprung, Blut und Boden bestimmten Lebenswirklichkeit, eine Ausstrahlung in den mittel- und osteuropäischen Raum hinein zu verschaffen und Einmischungen raumfremder und unvölkischer Mächte zurückzuweisen.« (Carl Schmitt: Der Reichsbegriff im Völkerrecht [1939]. In: Ders.: Positionen und Begriffe im Kampf mit Weimar – Genf – Versailles 1923 – 1939. 3. Aufl. Berlin 1994, S. 354.) Allerdings erklärte auch er bereits parallel dazu, dass es für diese konkrete Ordnung im Inneren allein richtig und sinnvoll sei, wenn »eine vorherbestehende, unabänderliche, echte und totale Feindschaft zu dem Gottesurteil eines totalen Krieges führt« (Carl Schmitt: Totaler Feind, totaler Krieg, totaler Staat [1937]. In: Ders.: Frieden oder Pazifismus? Berlin 2005, S. 485).

44 Martin Heidegger: Sein und Wahrheit. Gesamtausgabe. Bd. 36/37. Hrsg. v. Hartmut Tietjen. Frankfurt am Main 2001, S. 90 f. So nörgelte Heidegger dann 1934/35 an Schmitts *Begriff des Politischen* ein bisschen herum, insofern das Freund-Feind-Verhältnis, mit dem Schmitt hier das Politische bestimmt, nur eine »Wesensfolge« der »Selbstbehauptung« sein könne, und diese verlange eine bestimmte Auffassung des »Seins des Volkes« (Heidegger: Hegel ›Rechtsphilosophie‹ [Mitschrift Hallwachs], wie Anm. 17, S. 609). Schmitt lag es denkbar fern, hier zu widersprechen, er ergänzte vielmehr von sich aus das Freund-Feind-Verhältnis durch die Ausrichtung alles Politischen in Deutschland und dessen Großraum auf die Vernichtung des einen, des »totalen« oder »absoluten« Feinds (siehe Anm. 34), die er spätestens seit der Neuausgabe des *Begriffs des Politischen* im Jahr 1933 ohnehin schon immer mitdachte – oder wie man in Anlehnung an den Schmitt-Bewunderer Alexander Kluge auch sagen kann: mitempfand (im Gespräch mit Ferdinand von Schirach über die Corona-Krise im Frühjahr 2020 nennt ihn Kluge einen »der intelligentesten, einfühlsamsten, empfindlichsten« Dezisionisten; Ferdinand von Schirach; Alexander Kluge: Trotzdem. München 2020, S. 66).

des Seienden wäre die »unbedingte Subjektivität« als Macht, und bis die höchste Entscheidung reif geworden ist, gehorche alles dieser »losgebundenen Machenschaft des Seienden«. Der »totale Krieg« zwinge die Politik, je »realer« sie bereits sei, umso unausweichlicher in die Form einer bloßen »Vollstreckerschaft der Forderungen und Bedrängnisse des seinsverlassenen Seienden«, das sich einzig nur durch Abrichtung und Einrichtung »auf unbedingte Planbarkeit rechenhaft die Vormacht der ständigen Übermachtung der reinen Machtentfaltung« sichert. Darin werden alle zu Knechten des Seins, »zu Sklaven der Geschichte des Seyns«: eben das ist der Triumph des Willens. Und soweit der Nationalsozialismus als bloßes Werkzeug gilt, kann auch er noch irgendwie »metaphysisch« dem Judentum zugerechnet werden, das sich der Herrschaft des Seyns zuliebe selbst zu vernichten hätte: Das »wesenhaft ›Jüdische‹ im metaphysischen Sinne« kämpft dann »gegen das Jüdische«. Denn die »Judenschaft« sei »das Prinzip der Zerstörung«, und »gesetzt, daß das ›Jüdische‹ überall die Herrschaft vollständig an sich gerissen hat« und »auch die Bekämpfung des ›Jüdischen‹ und sie zuvörderst in die Botmäßigkeit zu ihm gelangt«, so wäre »der Höhepunkt der Selbstvernichtung in der Geschichte erreicht«.[45] ›Metaphysisch‹, das heißt ohne auf die Staatsfrage Bezug zu nehmen, findet sich hier noch der Wahn der Antizionisten ›begründet‹, der die Juden in ihrem Staat mit den Nationalsozialisten identifiziert.

So wird kraft der Seinsverlassenheit des Seienden die »Seiendheit als Machenschaft unbedingt«, lässt daher auch keine Bedingung zu, durch die noch Handlungen einzuschränken, auf bestimmte, voneinander unterschiedene Ziele auszurichten wären. Heidegger redet vom Wagnis einer »Entscheidung zwischen der Vormacht des Seienden und der Herrschaft des Seyns«, die es aber, folgt man seinen Beteuerungen, gar nicht geben kann, da doch letztlich die Herrschaft des Seyns, wie verborgen und vergessen auch immer, ja gerade dadurch, die Vormacht des Seienden begründet. Das Sein dulde keine Beherrschung, es ist »unbezüglich – weil Er-eignung in den Abgrund«.[46]

Die »tiefste Erniedrigung des Menschen«

Niemand hat wie Heidegger die Selbstzerstörung des Denkens bis zur letzten Konsequenz durchgeführt. Darin lieferte er das philosophische Pendant zu Hitlers Politik. Es beginnt aber damit, das Subjekt-Objekt-Verhältnis nicht mehr zu denken beziehungsweise denken zu wollen. Der Existentialontologe der deutschen Ideologie ersetzt es durch das von Seiendem und Sein – das allerdings Verhältnis gar nicht mehr genannt werden kann; durch eine »ontologische Differenz«, die Hohn ist auf wirkliche

45 Martin Heidegger: Anmerkungen I – V (Schwarze Hefte 1942 – 1948). Gesamtausgabe. Bd. 97. Hrsg. v. Peter Trawny. Frankfurt am Main 2015, S. 20.)

46 Heidegger: Überlegungen XII – XV (wie Anm. 26), S. 46 f. u. 142. Siehe hierzu Gerhard Scheit: Kritik des politischen Engagements. Freiburg 2016, S. 275 – 279.

Differenzen: Sein ist nicht mehr nur der unverhohlene Ausdruck dafür, dass die Einheit schlechthin immer schon vorauszusetzen wäre,[47] sondern dass von Einheit selbst gar nicht mehr gesprochen werden mag, weil in ihr nichts Getrenntes zu dulden ist – eben dafür dient der komplementäre Ausdruck des Seienden. »Im Haß gegen die Vermittlung muß ihr Seinsbegriff noch das Seiende ontologisieren«[48] – etwa so wie der Unstaat des Nationalsozialismus die Arbeitskraft im Kapitalverhältnis auffasst: als wäre sie verstaatlicht. Solche Ontologisierung ist Vorlauf der Vernichtung: Das Sein der Hegelschen Logik und das Kantische Transzendentalsubjekt fallen im »Philosophem von der reinen Identität als dem Tod« zusammen.[49] Wie kann ein Ganzes sein, das jedem Einzelnen nicht nur tödliche Gewalt jederzeit antun kann, vielmehr diese Gewalt selber ist – so lautet das politische Programm der deutschen Existentialontologie und letztlich jedes Antisemiten.[50] Zu diesem Zweck soll die Einheit des Staats aufgebrochen werden, bei der stets noch sichtbar bleibt, dass sie, wieviel Gewalt sie auch dem Einzelnen antut, den Gegensatz und die Trennung von Einzelnem und Ganzen, von Privatarbeiten und abstrakter Arbeit nie wird aufheben können. So gewiss das Heideggersche Sein für den Wert steht, der sich nicht mehr verwertet, so gewiss, dass es nicht genügt, den Antisemitismus als Personifizierung der abstrakten Seite des Kapitals zu definieren, denn diese Seite kann nur dann personifiziert werden, wenn es ein Subjekt gibt, das sich eben dadurch von jedem Objekt befreit: Flucht vor seiner eigenen Freiheit, auf der es sich selbst abschafft. »Bleibt kein Ausweg, so wird dem Vernichtungsdrang vollends gleichgültig, worin er nie ganz fest unterschied: ob er gegen andere sich richtet oder gegens eigene Subjekt.«[51]

So kommt Heideggers Selbstzerstörung des Denkens am Höhepunkt des Zweiten Weltkriegs ganz zu sich: Wie der Seinsphilosoph der Massen, der im Führerbunker sitzt, begeistert er sich daran, »daß für den Menschen jetzt auf der Erde überhaupt kein Ausweg mehr bleibt, d. h. die Selbstgewißheit des Subjektums hat sich jetzt unbedingt in ihrem eigensten Unwesen gefangen und eingeschlossen, die Rück-beziehung im Sinne der absoluten Reflexion ist endgültig geworden.« Es bleibt allein ein Weg, den der Philosoph als »Welt-Imperialismus« anpreist, in ihm vollziehe sich die »höchste Vollendung« der

47 Mit dem Nichts zusammen steht es dergestalt am Anfang der Hegelschen Logik, wie um die Kritik erst einmal auszuräumen, dass es »kein reales Prädikat« sei; kein »Begriff von irgend etwas, was zu dem Begriffe eines Dinges hinzukommen könne; dass es »bloß die Position eines Dinges, oder gewisser Bestimmungen an sich selbst« sei; im »logischen Gebrauche ... lediglich die Kopula eines Urteils« (Immanuel Kant: Kritik der reinen Vernunft. Hrsg. v. Jens Timmermann. Hamburg 1998, S. 673).

48 Adorno: Zur Metakritik der Erkenntnistheorie (wie Anm. 5), S. 43.

49 Theodor W. Adorno: Negative Dialektik. Gesammelte Schriften. Bd. 6. Frankfurt am Main 1997, S. 355.

50 Günther Anders hat über die »ontologischen Wortspiele« Heideggers geschrieben, es entziehe sich seinem Verständnis, wie es möglich sei, »die ›ontologische Differenz‹ aufrecht zu erhalten, und *doch* als Seiendes vom Sein ereignet zu sein, also doch auch zu *sein*« (Günther Anders: Frömmigkeitsphilosophie [ab 1950]. In: Ders.: Über Heidegger. Hrsg. v. Gerhard Oberschlick. München 2001, S. 329). Die Verständnislosigkeit ist nur zu berechtigt. Was philosophisch als unmöglich zu gelten hat, ist realiter nur in einem Sinn möglich: Das Sein des Nichts ereignet sich in der Vernichtung des Seienden.

51 Adorno: Minima Moralia (wie Anm. 4), S. 118.

Subjektivität wie der Technik: »Deren letzter Akt wird sein, daß sich die Erde selbst in die Luft sprengt und das jetzige Menschentum verschwindet. Was kein Unglück ist, sondern die erste Reinigung des Seins von seiner tiefsten Verunstaltung durch die Vormacht des Seienden.«[52] Diese Bemerkung stammt wohl schon aus dem Jahr 1941. Die Notiz hingegen, dass durch eine planetarisch eingerichtete und fortgesetzt gesteigerte Furcht vor Kriegen, Verlusten, Machteinbußen und wirtschaftlichen Niederlagen (durch die Furcht vor dem Seienden) »die Angst um das Seyn niedergehalten und umgefälscht« werde, muss sogar vor dem 1. September 1939 geschrieben worden sein: Sie bringt Heideggers Angst zum Ausdruck, dass der Vernichtungskrieg doch noch ausbleiben könnte: Das ist die einzige Verzweiflung, zu der dieser Philosoph fähig ist: »Warum aber versagt das Seyn an dieser äußersten Grenze ...? Warum läßt es das Seiende von einer Ausflucht in die andere rasen? Ist dies die Verweigerung des Untergangs gegenüber dem Menschen und damit die tiefste Erniedrigung des Menschen in die Befriedigung seiner gröbsten Bedürfnisse?«[53]

Wenn Günther Anders 1946 über die vornehmsten Bedürfnisse von Heideggers Ontologie schrieb, das »Dasein hat keinen Hunger. Es hat keinen Leib. ... Aber es hat ›Sinn‹«,[54] so lässt sich resümieren, dass dieser Sinn als das Absolute in der deutschen Seinslogik der Tötungs- und Todesbereitschaft gegeben worden ist. Dem zuwider zu handeln, heißt zunächst, jene tiefste Erniedrigung des Menschen zu bejahen – wahrhaftig Minima Moralia: »Zart wäre einzig das Gröbste: daß keiner mehr hungern soll.«[55] Adorno verzichtet hier bemerkenswerterweise auf die Formulierung eines Imperativs, es bleibt – übereinstimmend mit dem Diktum »Das Ganze ist das Unwahre«[56] – beim Existentialurteil. Der kategorische Imperativ sollte auf der Grundlage dieses Urteils dem Anderen vorbehalten werden: dass sich, was Heidegger die höchste Entscheidung nennt, nicht wiederholt.

52 Heidegger: Überlegungen XII – XV (wie Anm. 26), S. 238.

53 Ebd. S. 53.

54 Günther Anders: Nihilismus und Existenz [1946]. In: Ders.: Über Heidegger. Hrsg. v. Gerhard Oberschlick. München 2001, S. 64.

55 Adorno: Minima Moralia (wie Anm. 4), S. 178.

56 Ebd. S. 55.

Manfred Dahlmann

Seinslogik und Kapital

Kritik der existentialontologischen Fundierung der Marxschen Kritik der politischen Ökonomie – am Beispiel von Frank Engsters *Das Geld als Maß, Mittel und Methode*

Teil 3: Die Zeit im Geld[1]

Um es der zentralen Bedeutung wegen zu wiederholen: Wenn Heidegger vom Sein und Engster vom Geld sprechen, erscheint es intuitiv so, als redeten sie über Gegenstände außerhalb unseres Bewusstseins. Das aber geht am Selbstverständnis aller Existenzialontologen vorbei. Vom Sein reden diese wie Hegel vom Geist: also als einer allen Phänomenen gleichermaßen immanenten, sie zugleich umfassenden, überindividuellen und ideellen (All-) Einheit, die zwar gegenständliche Form (in vielfältigster Weise) annimmt und der Reflexion zum Gegenstand werden, von ihr aber nicht überschritten werden kann, was Engster treffend als das »Unverfügbare« charakterisiert. Das Sein (als in jedem einzelnen Bewusstsein anwesendes All-Allgemeines) als etwas Unverfügbares zu begreifen, fällt so schwer nicht, aber das Geld? Macht die Verfügbarkeit über Geld nicht geradezu dessen ›Wesen‹ aus? Wenn man aber zeigt, dass Engster vor allem am Marxschen Geldbegriff eine sei-

1 [Bei diesem Text handelt es sich um den dritten Teil eines Vortragsmanuskripts, das Manfred Dahlmann (M. D.) drei Jahre vor seinem Tod für ein Seminar der ISF Freiburg im Februar 2015 verfasst hatte; der erste Teil (*Seinslogik und Kapital*) erschien in Heft 15/2019 der sans phrase, der zweite Teil (*Die Stellung der Seinslogik zum Rationalismus*) im darauffolgenden Heft 16/2020. Das Seminar diente der Selbstverständigung der ISF entlang der Kritik an einer heideggerisierenden Postmoderne, die mit Frank Engsters fast 800 Seiten starker Dissertation *Das Geld als Maß, Mittel und Methode. Das Rechnen mit der Identität der Zeit* (Berlin 2014) elaboriert und teilweise sehr subtil in die sogenannte Neue Marxlektüre Einzug gehalten hatte. Für den Abdruck des Manuskripts wurden Hinweise, die M. D. offenkundig zur Orientierung beim Vortrag dienten (z. B. »Stellen bei Engster« oder »Siehe weiter unten«), weggelassen. Er selbst wollte das gesamte Manuskript für eine Publikation überarbeiten. Daher hatte er in der erhaltenen Textdatei zentrale Begriffe, offenkundig für die Erstellung eines Glossars, farblich hervorgehoben; sie sind hier kursiv gesetzt. Im Übrigen finden sich Einfügungen der Redaktion in eckigen Klammern; die von M. D. verwendeten eckigen Klammern sind wiederum durch runde ersetzt worden. Der Charakter des Textes als Manuskript für den mündlichen Vortrag und für streitige Auseinandersetzungen wurde nicht verändert, ein paar wenige Schreib- und Bezugsfehler wurden stillschweigend korrigiert. Es ist geplant, alle drei Teile des Manuskripts im Rahmen der Gesammelten Schriften von M. D. als Band 4 im ça ira-Verlag zu publizieren. Dieser Band mit einem ausführlichen Vor- und Nachwort der Herausgeber Alex Gruber und Christian Thalmaier wird voraussichtlich im Herbst 2021 erscheinen.]

ner Verschiebungen in den Begriffen vorgenommen hat, wird deutlich, was ihm erlaubt, von der Unverfügbarkeit des Geldes zu sprechen: In seinem Geldbegriff komprimiert sich – schaut man genauer hin – all das, was Ökonomen als Markt (und dessen Gesetze) bezeichnen.[2] Und über diesen Markt verfügt ja tatsächlich keiner[3] – darauf wird zurückzukommen sein. Außerdem impliziert der Geldbegriff bei Engster ja auch schon den Kapitalbegriff – erinnert sei an die ›Funktion‹ des Geldes als ›Geld als solches‹ (aus dem dritten Kapitel des *Kapitals*), was Engster ja umstandslos in den Ausdruck Kapitalgeld übersetzt. Jedenfalls holt er in all dem das Diktum von Marx ein, dass mit dem Kapital, – wenn auch im Kapitalgeld (als Einheit mit all seinen Negationen, all seinem, aus sich entäußerten Anderen, all dem, was es *nicht* selbst, nicht an und für sich allein, ist) repräsentiert –, sich ein rein gesellschaftliches Verhältnis als »automatisches Subjekt« (dessen Substanz, so viel vorab, der Marxschen Begrifflichkeit adäquat, für Engster die abstrakte Arbeit ist)[4] in den Köpfen (überindividuell) konstituiert hat.

Engsters Maßbegriff

Marx setzt, folgt man Engster, das Geld dem Hegelschen Geist analog. Wie dieser das absolute Wissen als Selbstbewusstsein aller *Bewusstseine* reflexiv repräsentiert und sich in den Erscheinungen, ihnen ihr Maß[5] zuteilend, vergegenständlicht, so ist das Geld der Geist[6] aller Waren und, darin enthalten, der *Bewusstseine* der Warenbesitzer. Es verschafft den Waren (und deren Eigentümern) sowohl das Bewusstsein ihrer selbst (gibt ihnen Einheit *und* Identität) als auch die Maßeinheit, woraus folgt: Das Geld ist das Selbstbewusstsein der Waren (und es hat damit eben auch – so wie bei Hegel der

2 [Der Notiz in einer Fußnote ist zu entnehmen, dass M. D. hier unter Hinweis auf Felix Martins *Geld, die wahre Geschichte. Über den blinden Fleck des Kapitalismus* (München 2014) in einem Exkurs zeigen wollte, dass und wie sich Engsters spekulative Geldtheorie am Ende als eine »hegelisch überhöhte nominalistische Geldtheorie« erweist. Am Ende seiner Geld-Geschichte lässt Felix Martin einen fiktiven Gesprächspartner sagen, dass es bei der notwendigen »Reform« (!) des Geldes auf »alle« Marktteilnehmer ankomme; der Markt wird hier gleichsam als ein universelles Diskursfeld betrachtet: »Wenn du willst, dass etwas richtig gemacht wird – musst du es selbst machen.« (Ebd. S. 364.) Dem würde Engster allerdings widersprechen, weil er in seiner ungebrochenen Identifikation mit der durch das Geld gegebenen zweiten Natur den Umschlag des Begriffsrealismus in Nominalismus nicht zu denken vermag. Nachdem er sich ohne erkennbare Hemmung dafür entschieden hatte, sein hegelmarxistisches System wie ein aus Begriffen geknüpftes Netz über die angeblich vom Substanz-Subjekt Geld konstituierte Empirie zu werfen, muss er die Kränkung verdrängen, dass er mit einem solchen Netz nichts Wirkliches mehr einfangen kann. Hier zeigt sich das unglückliche Bewusstsein des Nominalisten, der aber vom Unglück ein für allemal nichts mehr wissen will.]

3 Auch wenn alle Welt so tut, als könne die Politik, würde sie nur anders betrieben, genau dies leisten.

4 So wie bei Hegel im Geist das Subjekt zugleich Substanz ist. (Also eingelöst ist, was den Rationalisten von Spinoza bis Kant bloßes Postulat geblieben war.) Bei Heidegger und Schmitt ›funktioniert‹ die Bestimmung dieser Einheit von Subjekt und Substanz methodisch anders, aber deren Verfahren läuft im Resultat auf dasselbe hinaus.

5 Der Begriff, der die Kantischen Kategorien a priori zusammenfasst?

6 Und also nicht: der Fetisch!

Geist – ein Bewusstsein seiner selbst).[7] Dieses (Geld-) Bewusstsein entäußert sich, dank der Warenproduktion. gegenständlich in den Waren, um diesen die ihnen adäquate Maßeinheit, ihren ›Wert‹, zuzuteilen.[8] Oder anders: Im Geld reflektiert sich die Gesellschaft als eine sich zu einer (All-) Einheit (dem Geld) – durch die Warenproduktion hindurch – synthetisierte.

So wenig Engster die Notwendigkeit leugnet, dass Kapitalakkumulation nur stattfinden kann, wenn die Waren auf den Märkten[9], auf dem von ihm so genannten Schein der Oberfläche der Zirkulation also, ihren Wert als Geld »realisieren«,[10] in seiner Ausgrenzung des in dieser Realisation sich konstituierenden Rationalismus unterschlägt Engster (auch dies kann ihm kaum unbewusst unterlaufen sein), dass es gerade eine der bedeutendsten, und vor allem: für die Produktivität des Kapitals entscheidenden Entdeckungen eben dieses Rationalismus ist, Maßeinheiten normativ-nominal, also abgelöst von deren realen Inhalten definieren zu können.[11] Heute ist es zum Beispiel in den Wissenschaften Usus, alle Maßeinheiten (besonders die grundlegenden: die für Raum und Masse) aus der Maßeinheit für Zeit abzuleiten[12] – egal für welche Realität man eine Maßeinheit dann daraus

7 Siehe zum Beispiel Engster: Geld als Maß, Mittel und Methode (wie Anm. 1), S. 758: »Es scheint darum, als werde durch die ausgeschlossene Geldware das Verhältnis aller anderen Waren wie durch eine bewusstlose Reflexion gebrochen und objektiv erfahrbar und als erfahre das Geld dadurch auch die eigene quantitative Bestimmung, den eigenen Wert.« [In der Einladung zu einer Podiumsdiskussion der ISF am 6. 2. 2020 steigerte Engster die These von der Reflexivität des Geldes zu wahnhafter Klarheit: »Unmittelbarer noch, das Geld identifiziert sich mit der derselben Zeit, die es auf quantitative Weise wie eine zweite Natur mit sich bringt.« (www.ca-ira.net/verein/jourfixe, letzter Zugriff: 6. 9. 2020.)]

8 In der Warenproduktion transformiert sich Geld in Wert, was bei Engster heißt: das Geld entäußert sich in die Produktion unmittelbar in der Weise, dass es sich als Geld nicht nur einfach, sondern als Mehr-Geld (das G' bei Marx) wieder rückverwandelt, sobald die produzierten Waren ihren Wert wiederum als Geld realisiert haben (vulgo: auf den Märkten verkauft worden sind.) Engster gibt dabei die Marxsche Darstellung der Produktionssphäre meist durchaus zutreffend wieder. Und richtig ist auch, dass er die Warenproduktion und die Ausbildung von Profit und Produktivität nicht empiristisch versteht, also nicht, wie etwa der Arbeiterbewegungsmarxismus, glaubt, sie in den Betrieben konkret ermitteln zu können. Falsch hingegen ist, dass er das Überempirische (den ›metaphysischen Raum‹, wie ich das nennen würde), in dem die relative Mehrwertproduktion sich vollzieht, den Bestimmungen des Geldes einordnet, statt die ›metaphysische‹ Begrifflichkeit von Marx hier ›lediglich‹ als Lösung des rationalistischen Dilemmas zu begreifen (mittels der originär Kantischen Frage nach der Bedingung der Möglichkeit also), von der beobachtbaren Oberfläche her nicht erklären zu können, wie es überhaupt zu Produktivität und Profit (letztlich: zum relativen Mehrwert) kommen kann. (Siehe hierzu meinen Beitrag *Die Subjekte der politischen Ökonomie* in sans phrase 5/2014, S. 17–40.) Verwiesen sei auch auf die oben ausgeführte ›Vermutung‹, dass Engster der Produktionssphäre einen Status verleiht, der Heideggers Begriff vom Da-Sein analog ist.

9 Diesen Begriff scheut Engster wie der Teufel das Weihwasser: denn er muss vermeiden, dass man erkennt, dass es ihm, wenn er vom Geld spricht, immer im Grunde eigentlich ›nur‹ um den Markt und vor allem das geht, was die Ökonomen seine Gesetze nennen.

10 Nur verweisen kann ich hier auf das Kapitel bei Engster zum Futur II, in dem er sich deutlich als Anhänger der Postmoderne ›outet‹: Engster: Geld als Maß, Mittel und Methode (wie Anm. 1), S. 671f.

11 Hegel bezeichnet diese nominale Identität als Tautologie, die in seiner Wissenschaft der Logik keiner weiteren Beachtung wert sei. (Siehe G. W. F. Hegel: Wissenschaft der Logik I [1812]. Werke in 20 Bänden. Hrsg. v. Karl Markus Michel und Eva Moldenhauer. Bd. 5. Frankfurt am Main 1976, S. 28, 85, 102.) Dagegen spricht die Tatsache, dass ohne die rein nominal und tautologisch formulierten Definitionen von Maßeinheiten die Menschheit nie zur Erkenntnis von Naturgesetzen gekommen wäre. Dies zu berücksichtigen hätte seiner Naturphilosophie jedenfalls sehr gutgetan.

12 Historisch: die Definition eines Tages, heute Atomuhr, also unmittelbar objektiv, nicht wie bei Heidegger als reine Gegenwärtigkeit. All das schließt einander nicht aus.

im Besonderen ableitet.[13] Dass auch Marx diesem rationalistisch-nominalen Verfahren, Maßeinheiten zu bilden, – vom Prinzip her – gefolgt sein könnte, als er den Begriff der abstrakten Arbeit einführte, ihm also die Hegelsche Logik des Maßes – als Synthese von Qualität und Quantität[14] – für die Bestimmung dieses Begriffs reichlich ›schnuppe‹ war, kommt Engster gar nicht erst in den Sinn (was er mit allen anderen Marxologen gemeinsam hat); zumindest wird dies an keiner Stelle bei ihm auch nur als Möglichkeit erörtert.[15]

Zunächst in nicht bezweifelbarer Übereinstimmung mit Marx (ob dialektisch oder rational hergeleitet, spielt keine Rolle, die beiden Verfahren bilden hier keinen Gegensatz)[16] stellt Engster in Bezug auf den Wertbegriff fest, dass dieser der Quantität, in der die Qualität (bei Marx: der Gebrauchswert) der Waren gemessen wird, die Maßeinheit liefere, und dabei – weil der Wert, in »Geldware« transformiert, aus der Warenzirkulation »ausgeschlossen« worden ist – ein eigenständiges Sein annimmt.[17] Engster befindet sich, siehe oben, bis hier in voller Übereinstimmung mit dem, was Marx bis zum Fetischkapitel ausführt.[18] Nicht bestritten werden kann also, dass das Geld (wie der Raum die Maßeinheit für die Länge einer Strecke, aber in einer anderen, an Qualität ausgerichteten Weise) den Waren ihre Maßeinheit (in welcher Währung ausgedrückt auch immer)[19] liefert. Doch, nachdem die Maßeinheit ›Geld‹ hergeleitet ist, stellt Marx ja erst noch[20] die Frage (eine Frage, die ein Naturwissenschaftler sich gar nicht zu stellen braucht): Wie kommt es denn nun dazu, dass dieser Kopf Salat genau 1,24 Euro kostet? Das Problem aller Ökonomen, im Unterschied zu sonstiger Wissenschaft, ist es ja gerade, dass ihnen mit der Maß*einheit* nicht automatisch auch die Mittel bereitgestellt sind, die Größe des Maßes qua einfacher

13 Engsters Grundthese, dass eine jede Einheit aus sich heraus (dank ihrer Identität) auch als Maßeinheit fungiert (und dann auch noch die Maßhöhe an diese Ausgangseinheit gebunden bleibe, und also nicht eine rein formale, bloß algebraische Operation darstellt) hat zwar durchaus eine historische Berechtigung: denn früher (bis heute im ›gesunden Menschenverstand‹ anhaltend) wiesen Maßeinheiten eine möglichst enge Beziehung auf die zu messende Sache auf – was zu einem Chaos der verschiedensten, nur äußerst schwer ineinander überführbaren Maßeinheiten führte. Aber eine derartige historische Betrachtung lehnt er ja radikal ab.

14 Hegel: Wissenschaft der Logik I (wie Anm. 11), S. 387: »Im Maße sind, abstrakt ausgedrückt, Qualität und Quantität vereinigt.«

15 Engster könnte hier erwidern, dass Marx Hegels Logik so sehr verinnerlicht hatte, dass er sie bei der Bestimmung des Begriffs der abstrakten Arbeit intuitiv anwendete. Mag sein. Nur sticht dieser Einwand dann nicht, wenn der Nachweis gelingt, dass man, um diesen Begriff zu verstehen, mehr als einige Grundsätze positivistischer Logik gar nicht zu bemühen braucht (siehe hierzu meinen Beitrag *Die Mechanismen der Preisbildung* in sans phrase 4/2014, S. 125 – 159); keinesfalls braucht man, wie Engster, mehrere hundert hochkomplexe Buchseiten, um in diesem Begriff die Logik des Hegelschen Maßes zu entdecken.

16 Natürlich widerspricht die Marxsche Bestimmung des Werts den gängigen Herleitungen der ökonomischen Klassiker und erst recht der Marx selbst nachfolgenden Ökonomen, etwa der Grenznutzentheoretiker. In den Umformungen des ersten Kapitels des *Kapitals* wird wohl kaum dialektisch argumentiert, sondern offensichtlich strikt formallogisch.

17 Das ist zwar Hegel pur, aber ließe sich leicht so umformulieren, dass kein Rationalist und Hegelgegner dem widersprechen könnte.

18 Das allerdings geht natürlich jedem Rationalisten zu weit, hat aber nichts mit der Werteinheitsbestimmung zu tun.

19 Im für Engsters Begriff des Geldes ja zentralen 3. Kapitel des *Kapitals* bezeichnet Marx diese Einheit als »Weltgeld«.

20 Dieses ›erst noch‹ muss Engster wieder unterschlagen, weil er, um aus Marx einen Existentialontologen machen zu können, behaupten muss, dieser hätte schon zuvor den Bezug der Maßhöhe auf die Zeit längst – in der Produktion, heideggerisch: im Da-Sein – hergestellt.

algebraischer Operation (im Vergleich etwa zu einem Urmeter oder einer Atomuhr) zu ermitteln, sondern ihm auch die Maß*höhe* immer zugleich vorgegeben ist (eben 1,24 für einen Kopf Salat, in der Geld*einheit* Euro gemessen).

Engster zieht aus diesem Sachverhalt messerscharf den Schluss, dass auch die Maß*höhe* vom (dem Geld zugrundeliegenden) Wert in derselben Weise wie die Maß*einheit* vorgegeben wird.[21] Oder anders: der Begriff der abstrakten Arbeit wurde von Marx, folgt man Engster, nicht deshalb eingeführt, weil in der Ökonomie Maßeinheit und Maßhöhe objektiv grundverschiedenen Quellen entstammen,[22] sondern – und das Ziel, dies nachzuweisen, verfolgt das gesamte Buch von Engster – Marx lege in diesem Begriff ›lediglich‹ das Geld, das er zuvor, im ersten Abschnitt, als zeitlos gefasst hatte, nun – mit der Einführung des Begriffs der abstrakten Arbeit – in der Zeit aus.

Sein, Geld und Zeit

Bevor nachgezeichnet werden kann, wie Engster dies begründet, muss über das oben Angeführte hinaus auf den Grund eingegangen werden, warum er (in höchst augenfälliger Übereinstimmung mit Heidegger) so viel Wert darauf legt, aus dem Geld die Zeit zunächst herauszuhalten, und darin Marx zu folgen; warum er dann aber, im Verlauf seiner Arbeit, zum Beginn der Wertformanalyse zurückkehrt und behauptet, schon von deren Beginn an sei die Zeit bei Marx im Geldbegriff involviert gewesen.[23] Neben einer Reihe weiterer dürfte der wichtigste Grund zweifellos der sein, unter allen Umständen den Eindruck zu vermeiden, er argumentiere transzendentallogisch oder geschicht-

21 Dass er sich hier der Marxschen Fragestellung [nach dem Grund der Differenz zwischen Werten und Preisen, die später in der marxologischen Diskussion als sogenanntes Transformationsproblem wiederkehrte] entzieht (sie als solche infrage stellt), unterschlägt er natürlich wiederum. Und ebenfalls (dies aber wohl ungewollt), dass er hier im Grunde die Behauptung der Ökonomen bestätigt, dass die Preise, im Unterschied zu den Maßgrößen der Naturwissenschaften, nicht aufgrund einer Messung zustande kommen, sondern sich aus dem Gemessenen selbst ergeben. Nur dass Engster statt von Preisen von Werten spricht. Philosophisch-logisch geht es beim Verhältnis von Preis und Wert um das Verhältnis von Zufall und Notwendigkeit. Marxisten, wie auch Engster [Engster: Geld als Maß, Mittel und Methode (wie Anm. 1), S. 611–633. Auf S. 622 kommt Engster mit einer einfachen Zwischenüberschrift ganz zu sich: »Das Geld als Ereignis der Differenz«], gehen davon aus, dass den Preisen auf den Märkten zwar eine gewisse Kontingenz nicht abzusprechen ist, es sich aber, im Ganzen gesehen, bei ihnen um Größen handelt, die sich mit Notwendigkeit (objektiv) in der Produktion (der in ihr ausgebeuteten Arbeitszeit entsprechend) herausbilden. (Deswegen wird die Oberfläche als Schein betrachtet.) Die Marxsche Argumentation, (siehe meine Artikel zur Kritik der politischen Ökonomie in der sans phrase, in diesem Zusammenhang vor allem in Heft 3/2013 und 4/2014 zum Geld als Gegenstand der Wissenschaft und zu den *Mechanismen der Preisbildung*), gewinnt ihre Überzeugungskraft aber, weil der Wirklichkeit viel adäquater, aus der Umkehrung dieser Beziehung zwischen Zufall und Notwendigkeit: Die Preise mögen sich auf der Basis reiner Kontingenz, absolut zufällig, rein subjektiv bestimmt, bilden. Erst wenn man diese Preisbildungsmechanismen mit der Produktion konfrontiert, dann stellt man fest, dass dieser reine Zufall sich als reine Notwendigkeit erweist. Der Zufall geht der Notwendigkeit logisch voraus: und deswegen kann die ›Oberfläche‹ unmöglich auch nur im Ansatz als Schein gekennzeichnet werden; ohne sie keine Notwendigkeit!

22 Wie gesagt, anders als in den Naturwissenschaften.

23 Engster nennt diese anfängliche Implikation »das Währen der Zeit im Geld.« (Engster: Geld als Maß, Mittel und Methode, wie Anm. 1, S. 656.)

lich, das heißt die Gegenwärtigkeit überschreitend – wie jeder Rationalist, ob er will oder nicht, zu argumentieren gezwungen ist.[24] Auf diese seinslogische Weise kann nämlich dem universalen Anspruch des Rationalismus radikal der Boden entzogen und er auf eine ›bloße‹, der kapitalistischen Warenproduktion entspringende Ideologie reduziert werden, die nur einen einzigen Zweck verfolgt: mit einem möglichst geringen Einsatz von Mitteln dafür zu sorgen, dass die produzierten Waren möglichst schnell im Konsum verschwinden, um so sicherzustellen, dass die zirkulierende, sich ja nicht wie Konsumwaren verbrauchende »Geldware« ständig vermehrt.

Von seinem Anspruch her ist der Rationalismus jedenfalls in weitaus umfassenderem als bloß ökonomischem Sinne universal: Ihm geht es schließlich darum, die gesellschaftlichen Beziehungen insgesamt je *vernünftigen* Zweck-Mittel-Relationen zu unterwerfen. Zu seinem größten Problem wird – und nicht zuletzt dies bildet den Grund seines Scheiterns (das der Existentialontologie Tür und Tor geöffnet hat) –, dass er nicht anzugeben weiß, und von seinem Selbstverständnis her gar nicht angeben wollen darf, um welche Zwecke es bei einem vernunftgemäßen Einsatz der vorhandenen Mittel denn jeweils gehen soll – sobald die Sphäre der einzelbetrieblich erfolgenden Warenproduktion verlassen wird.[25] Besonders im Politischen erfordert die Feststellung der zu verfolgenden Zwecke, da sie über die individuell gesetzten hinaus erst noch verallgemeinert werden müssen: Zeit, und zwar eine, wie man sagen könnte: politisch beanspruchte, also eine, die im Sinne Engsters, Geld und Ware transzendiert. Etwas das Geld Transzendierendes aber lässt Engster, so wenig wie den Rationalismus, nicht gelten.

Aber nicht nur das, noch ›schlimmer‹: Dem (politischen oder sonstigen) gesellschaftlichen Sein wollen Rationalismus und Liberalismus im Wege der Ermittlung eines Allgemeinwillens (wie immer benannt: Gemeinwohl, Konsens, Volkswille) auch seine Bestimmtheit erst noch zuteilen. Das ist für Existentialontologen wie Heidegger und Schmitt eine unerträgliche, absurde Veranstaltung. Denn würde das Sein (bei Schmitt: der Souverän) nicht den Zweck alles Seienden aus sich heraus setzen, dann wäre der Begriff sinnlos, so sinnlos wie der Versuch, dem Geld, wie Engster es als *das* Unverfügbare fasst, politisch-subjektive Zwecke vorgeben zu wollen. Woraus folgt, und das ist Sinn der zum Zweck der Darstellung zunächst vorgenommenen seinslogischen Verkürzung des Seins um die Zeit: Das Sein (das Geld) agiert (»legt«, so Engster) seine Bestimmungen – wie alle Logik – immer zeitlos aus, es ist Voraussetzung und Resultat alles Seienden (aller Warenproduktion) zugleich. Was heißt: alle (geschichtlich-transzendentallogische) Zeit erfordernden, über Negationen voranschreitenden Vermittlungen, so sehr sie empirisch auch nur so stattfinden über-

24 Es sei dran erinnert, dass er, in logischer Hinsicht, nicht voraussetzungslos korrekte Urteile fällen, und, in geschichtlicher Hinsicht, die Zeit strikt von der Logik (dem Sein) trennen muss.

25 Hier ist der Zweck eindeutig: möglichst viel Geld einnehmen und möglichst wenig Geld – oder ›Leistung‹ – für die Erreichung dieses Ziels ausgeben.

haupt *können*, sind im Sein (im Geld) unmittelbar zwar nicht aufzufinden, müssen aber, vom Rückbezug des Seienden aufs Sein her gesehen, (denn dass etwas, und dazu noch etwas so zentrales wie die Zeit, existiert, ohne im Seinsgrund zumindest »abwesend-anwesend«[26] zu sein, ist Existentialontologen unvorstellbar), als dann doch im Sein angelegt begriffen werden; sind dort also nicht ›nicht‹, kein Nichts, aber aus der Perspektive des Seins gesehen zunächst, im ersten Schritt des Seins ins Seiende, schlichtweg unerheblich.[27]

Denn das Sein ist unmittelbar im Seienden wie dieses (solange keine Seinsvergessenheit konstatiert, und also nicht schon von daher die Zeit berücksichtigt werden muss) im Sein, und diese ontologische Differenz reflektiert sich im Da-Sein. So, als zeitlos gefasst, zeigt sich, dass das Sein im Jenseits aller Differenzierungen, Negationen, Vermittlungen operiert (genauer: Gegenständlichkeit produziert, her-stellt), also auch und gerade im Jenseits von Gut und Böse.[28] Und von hier aus kann das Sein der Deutschen unmöglich böse handeln: es verletzt niemanden, es tötet und mordet keinen. Um sich zu entfalten, vernichtet es lediglich all die, die sich seinem Sein entgegenstellen, damit es im Seienden sich allein der Sorge um sein Sein und schließlich dem Sein zum Tode ungestört hingeben kann – und in ihm ist es, von aller Zeitlichkeit und Reflexion entbunden und somit ›erlöst‹, allein bei sich selbst.[29]

So wie der absolute Feind[30] dem Sein im Außen empirisch gegenübertritt: als das es negierende – liberalistisch in der Zirkulation verankerte, die Macht zur Zeit global ausübende – Prinzip, so auch die ›verkehrte‹, weil den Tod aufschiebende »vulgäre«[31] Zeit. Das Geld selbst ist somit zwar so feind- wie zeitlos, doch das Vorhandensein von Feind- und Zeitbestimmungen im Seienden verweist für Engster (auch wenn der sich zugegebenermaßen um Feindbestimmungen an keiner Stelle kümmert)[32] – so viel Negation und Vermitteltheit existiert für ihn im Geld dann doch – auf eine

26 Zum Beispiel: Engster: Geld als Maß, Mittel und Methode (wie Anm. 1), S. 86, 348 f.

27 Würde das Sein nicht als zunächst von der Zeit ›frei‹ dargestellt, könnte die alte philosophische Frage nach dem Primat im Verhältnis von Sein und Werden nicht als gelöst behauptet werden.

28 [Hier notierte M. D. Stichworte für einen Exkurs: »Hierhin gehört noch ein Verweis auf den existentialontologischen Antihumanismus, der einen Humanismus denunziert, der das Defizit des Rationalismus heilen will (siehe Descartes und Spinoza), keine moralisch vertretbare Ethik entwickeln zu können. Verweis auf den Antihumanismus von Rosi Braidotti (Posthumanismus. Leben jenseits des Menschen. Frankfurt am Main 2014), Bezug auf Nietzsche«.]

29 Die (empirischen) Subjekte folgen vor allem dem Prinzip der Verdrängung der Negation geradezu idealtypisch: das fängt bei der Werbung an (hier ist die Ausschaltung des Bezugs auf eine nur im Ansatz negative Konnotation das Prinzip), erfasst die Kulturindustrie und den Kunstbetrieb, geht über die kritiklose Loyalität gegenüber den Unternehmen, die einen beschäftigen, bis hin zur Loyalität gegenüber der Religion und dem Staat und endet schließlich besonders abscheulich in der fraglosen Akzeptanz der Propaganda der Hamas.

30 Das ist nicht der, den Schmitt als den vom Politischen bestimmten meint, sondern der Feind des Politischen, der Einheit also des (im Wartestand befindlichen) Gegensouveräns: sprich: der Liberalismus – und das diesen zu verantworten habende Judentum, heute zuallererst im Staat Israel repräsentiert.

31 Siehe Engster: Geld als Maß, Mittel und Methode (wie Anm. 1), S. 654 (Fn. 7), 700 f., 713.

32 Implizit ist aber erst recht diese Feindbestimmung im Sein angesprochen: als »anwesend-abwesend« – in exakt derselben Weise wie die Zeit. [An dieser Stelle notierte M. D., dass er den Gedanken der »Feindbestimmung im Sein« noch näher ausführen wolle.]

Existenzweise im Geld (er nennt diese Weise: abstrakte). Und zumindest so lange die Zeit noch[33] von der (rationalistisch bestimmten) Sorge um das je individuelle Da-Sein, in der Ökonomie vor allem, bestimmt ist und der Tod des Liberalismus (seine Endkrise) sich in eine Zukunft verschiebt, muss mit der Zeit »gerechnet« (siehe den Untertitel von Engsters Werk) werden, was heißt: muss sie ins Geld und dessen Zeitlosigkeit (als zeitlose oder »abstrakte Zeit«, die Engster seiner Fassung des Begriffs der abstrakten Arbeit nicht nur analog, sondern als ihr von Grund auf funktional äquivalent definiert) eingeschoben werden.

Für die Existentialontologie bedeutet dieser nachträgliche Einschub der Zeit in das Sein: Dessen Einheit bestimmt sich nicht aus den besonderen Erfahrungen, die Individuen in der Zeit machen, wenn sie sich mit der Realität auseinandersetzen, erst recht nicht aus deren allgemeinen Erfahrungen mit der gegebenen Gesellschaft oder aus ihren Erinnerungen daran,[34] sondern umgekehrt: Es ist das Sein, das ihre Erfahrungen, ihre Realität, ihre Wahrnehmungen und also ihren Verstand ›setzt‹. (Oder der Liberalismus, das Judentum, der alles zersetzende Rationalismus, solange das Denken sich dem Sein noch nicht universell fügt.) Und für das Geld, ein anderer Schluss ist kaum möglich, gilt bei Engster genau dasselbe.

Dem Rationalismus kann man vieles vorwerfen: Vor allem, dass er gegen seinen eigenen Anspruch das Ganze nicht erfassen kann, in dem er agiert und dem er – so lange der Liberalismus sich nicht erledigt hat zumindest – die Form gibt.[35] Und da er sich die Zwecke von einzelnen Subjekten vorgeben lässt (was, vom Prinzip her, ja als eine seiner positiven Seiten gelten sollte), kann er diese Zwecke nicht entlang einer vernunftgemäßen (oder ansonsten für ihn maßgeblichen, im übertragenen Sinne) Hierarchie differenzieren (es ist ihm grundsätzlich gleichwertig, ob jemand ökonomisch den Zweck verfolgt, sich eine Jacht leisten zu können oder sich seinen Lebensunterhalt zu verdienen). Kurz, er ist unfähig, die Motive, libidinösen Objektbesetzungen und Ängste zu erfassen, die die Individuen zu ihren Handlungen bewegen (kann nicht erfassen, dass sie in reiner Unmittelbarkeit, das heißt ohne vernünftig reflektiertes Telos erfolgen). Aber das kann ihn, umgekehrt, auch – befände er sich nicht auf derart verlottertem Niveau wie heutzutage – davor bewahren, diese vermittlungs- und geschichtslos einer Abstraktion wie dem Sein, der Macht, dem Geld, dem Liberalismus usw. zuzuschlagen.[36]

33 Das utopische Moment in dieser Ausdrucksweise ist zugegeben polemisch erschlossen, die Blöße, es auch zu explizieren, gibt sich Engster natürlich nicht. Aber sein Kritikbegriff, auf den hier zur Erinnerung wieder hingewiesen werden soll, lässt einem kaum eine andere Wahl.

34 Eventuell auch aus den Erinnerungen an die von ihnen im Namen des deutschen Volkes begangenen Verbrechen.

35 Dieses Vorgeben der Form geht heute mittlerweile so weit, dass keine Regierung, keine Bewegung, so autoritär sie auch agieren, und also auch Existentialontologen nicht, darauf verzichten, ihre Entscheidungen rational zu rechtfertigen, wenn auch natürlich nur im Sinne etwa des psychoanalytischen Rationalisierungsbegriffs.

36 Verweis auf Adornos *Jargon der Eigentlichkeit*. Eine Kritik an der Existentialontologie, die, wie die Positivismuskritik, von heute aus gesehen, sehr viel schärfer hätte formuliert werden müssen. Wofür man Adorno nicht verantwortlich machen kann: denn diese Kritik müssen wir leisten!

Des Weiteren stellt er, in seinem Bezug auf den logischen und empirischen Positivismus zwar nur, aber immerhin, den Anspruch an alle Argumente, weder im Widerspruch zu empirischen Tatsachen stehen zu dürfen, noch, zeitlich, heute dies und morgen das Gegenteil davon als wahr zu behaupten. Und, auch wenn dies selbst von eingefleischten Rationalisten nur höchst selten praktiziert wird, besteht zumindest der Anspruch, die für eine Handlung maßgeblichen[37] Argumente im Nachhinein (also wiederum: zeitlich) einer Überprüfung zu unterziehen. Das heißt: zur Vernunft kann der Rationalismus zwar nicht vordringen, aber er schließt eine Erfassung der geschichtlichen Grundlagen der gegenwärtigen Gesellschaft so wenig von vornherein aus wie eine Beurteilung ihrer moralischen Qualität.[38]

Arbeit und Zeit

Wir kommen nun zu der zentralen Verschiebung in Engsters Marx-Interpretation, die abschließend und hinreichend belegt, wie sehr diese Heideggers Seinslogik verpflichtet ist: Die Einbindung der Zeit in den Geldbegriff. Ohne sich auf Marx zu berufen, sondern schlicht auf Evidenz, stellt er fest, dass das Geld als Tauschmittel, während es zirkuliert (also von der einen in eine andere Hand übergeht), zeitlich auftritt.[39] Zirkuliert es nicht, dann ist es Wertaufbewahrungsmittel, Schatzgeld, das Engster, wie gezeigt, so gut wie gar nicht interessiert.[40] In der Weise also, wie er die Zeit in das Geld einbaut, setzt das Geld nicht nur immer schon aus sich alle

37 Im umgangssprachlichen Sinne verstanden, nicht im Sinne Engsters als das Maß abgebend.

38 [Hier sollte nach dem Konzept von M. D. ein längerer Exkurs folgen. Er notierte die folgenden Stichworte: »Verweis auf den Kategorischen Imperativ! ... Hierhin noch Ausführungen zu Nietzsches / Foucaults Machtbegriff und dessen Bezug auf Heidegger: Alle drei betonen (mit Engster) die produktive Kraft (der Macht oder des Seins) (Verweis auf Dynamik), erstere unterscheiden sich von Heidegger darin, dass sie Zeit und Sein im Machtbegriff in eins setzen. Engster differenziert das alles sehr geschickt aus und vereinheitlicht es zugleich: im Geld.«]

39 Bei Marx taucht der empirische Zeitbegriff erst im dritten Kapitel (»Das Geld oder die Warenzirkulation«) auf: aber darauf bezieht Engster sich bezeichnenderweise nicht, denn Zeit ist hier wie anderswo von Marx physikalisch und nirgendwo seinslogisch gefasst. Dass Engster auf das Geld in seiner Funktion als Tauschmittel zurückgreift, um seinen Schritt, die Zeit ins Geld zu verschieben, zu begründen, ist logisch natürlich geschickt. Nur wenn man näher hinsieht, zeigt sich die Willkür dieser Wahl: Dass Geld, in welcher Funktion auch immer, überhaupt zirkulieren kann, und also zeitlich erscheint, ist nämlich allein seiner gegenständlich-physikalischen Form geschuldet, und bestehe diese nur aus einer (in einer Währung!) ausgedrückten Zahl auf einem Konto. Und so hätte er jeden x-beliebigen anderen Gegenstand nehmen können, der ja ausnahmslos in derselben Weise wie das sinnlich-dingliche Geld (als als Tauschmittel verwendetes Wertaufbewahrungsmittel!) zeitlich existiert, und dessen Ortsveränderung in der Zeit – also dessen Bewegung – in die übersinnliche Geldidentität verschieben können, hätte also, siehe unten genauso vorgehen können, wie Heidegger, wenn der die Zeit einführt. Zirkuliert es nicht, unterbricht es diese seine Zeitlichkeit, und »bewahrt«, wie den Wert, so auch seine Zeitlichkeit in sich auf. (Beides Fähigkeiten, die äußerst erklärungsbedürftig sind, so rätselhaft sind, wie der Fetischcharakter des Geldes, und selbstredend auf ihn zurückgehen. Weiteres Beispiel: die Bedeutung eines Textes).

40 Aber auch als Wertaufbewahrungsmittel »währt« es und auch hier wird der Bezug des Geldes auf die Zeit hergestellt (siehe auch Anm. 23).

Gegenständlichkeit (und das ist alles Seiende, egal ob es sich originär um Waren handelt oder nicht), für die es darum maßgeblich ist, sondern setzt diese Gegenstände zugleich in ein Verhältnis zur Zeit. Dieser Rückgriff auf das Geld als Tauschmittel bietet philologisch den Vorteil, dass die dem ersten Abschnitt des *Kapitals* über *Ware und Geld* folgenden Marxschen Bestimmungen auf diese Weise gar nicht immer erst – quasi nachträglich – in ihr Verhältnis zur Zeit gesetzt zu werden brauchen: So auch und gerade das Kapital nicht, insoweit es ja das aufbewahrte Tauschmittel, über Kredite – also in einer zeitlichen Zirkulation wenn auch auf ›höherer‹ Ebene als der ›normale‹ Warentausch –, in den Unternehmen zu einem Bestandteil des Werts macht, und so auch – und das erst recht, und jetzt wird es abenteuerlich – nicht in der Arbeit: dank des Geldausdrucks, den diese Arbeit annimmt (als Lohn, als variables Kapital) ist ihr die Zeit von vornherein immanent.[41]

Die für die *Krisis*-Gruppe charakteristische Fetischisierung der abstrakten Arbeit[42] findet hier nachträglich so etwas wie eine zusätzliche Rechtfertigung: Die Zeit, auf deren Basis Marx die Maß*zahl* in seiner Bestimmung der abstrakten Arbeit (durchschnittlich gesellschaftlich notwendige[43] Arbeits*zeit*) zurückführt, ist für Engster aus dem Geld schon immer »herausgesetzt«, wenn auch, das (aber auch nur das) gesteht er zu, nicht unmittelbar.[44] Doch statt nun von den Märkten zu sprechen, den dort wirkenden Preisbildungsmechanismen, insbesondere den Konkurrenzverhältnissen, kehrt bei ihm das Geld, sobald es (von diesen Mechanismen nur zufällig – auf der Oberflächenebene, als Abweichung der Preise vom Wert – beeinflusst)[45] den Wert einer Ware »realisiert« hat,[46] ›danach‹ – mit genau der Maßzahl versehen, die vom Geld in der Warenproduktion ›zuvor‹ entäußert worden ist, zuzüglich des realisierten Mehrwerts – zu sich selbst zurück.[47] Am schlimmsten ergeht es dabei den konkret die Arbeit

41 [M. D. notierte in der Fußnote: »Ausdifferenzierung der Arbeit: Arbeit sans phrase, konkrete Arbeit, abstrakte Arbeit: Arbeitskraft, ›Verausgabung von menschlichem Hirn, Muskel, Nerv, Hand usw.‹ (MEW 23, S. 58.).«]

42 Siehe Initiative Sozialistisches Forum: Der Theoretiker ist der Wert. Freiburg 2000, S. 32 – 39.

43 Bezeichnend, wie Engster diesen Begriff von Notwendigkeit interpretiert: nicht als notwendige Zeit für die Produktion einer Ware, sondern als die Zeit, die notwendig ist, die Reproduktionsmittel des Arbeiters zu produzieren. Aber auf solche Fehler kommt es hier nicht an. (Ausführen!)

44 Wie es dann etwa der Fall wäre, wenn die Produktionskosten unmittelbar mit dem Warenerlös identisch wären: Dennoch behandelt Engster diese Nichtübereinstimmung nicht vor dem Hintergrund, dass Preisbildung und Wertermittlung zwei komplett verschiedene Verfahren der Messung darstellen (siehe meine Artikel in der sans phrase, wie Anm. 21), sondern unterstellt durchgängig, dass die Preise eine bloße, sich auf der Oberfläche einstellende Abweichung von den ›wahren‹ Werten darstellen würden. Darin bleibt er dem traditionellen Marxismus verhaftet.

45 [Hierzu Stichworte von M. D. in einer Fußnote: »Verweis auf Postone: wie er die Dynamik unabhängig von der Konkurrenz ermitteln will und dabei den Zeitbegriff zwar anders, aber ebenso strukturalistisch einführt: wobei es ihm nicht gelingt, seinen Begriff des Antisemitismus in diesen Strukturalismus mit einzubeziehen.«]

46 Zu den Bedingungen und Voraussetzungen dieser Realisation, die Marx in den Folgebänden des ersten noch einholen wollte, und also auch nicht zum dort auf den Märkten sich konstituierenden Rationalismus, weiß Engster, wie mehrfach betont, wenig bis nichts zu sagen.

47 In dieser Hinsicht ist die Oberflächen-Wirklichkeit also urplötzlich auch für Engster genau die als die sie erscheint: Wenn ein Kopf Salat 1,24 Euro kostet, entstammt nicht nur die Einheit Euro, sondern auch die Maßzahl 1,24 ein- und derselben Einheit: dem Geld. (Ob die 1,24 Euro ›nur‹ einen Preis oder auch den Wert repräsentieren, spielt auf einmal keine Rolle mehr.)

leistenden, lebendigen Subjekten. Die konkrete Arbeit, und mit ihr die Lebenszeit des Arbeitersubjekts,[48] wird zu nichts als einer völlig unbestimmt bleibenden »Gallerte«,[49] die, wie jede andere Ware, ihr Maß (Maßeinheit *und* Maßhöhe) allein aus dem sich aus sich selbst heraussetzenden, und zugleich reflexiv zu sich selbst kommenden Geld bezieht. Das heißt, auf den Punkt gebracht: Die abstrakte Arbeit leitet sich aus der vom Geld ›herausgesetzten‹ abstrakten Zeit[50] ab (also nicht aus der konkret von einzelnen Subjekten verausgabten Arbeitszeit), abstrakte Zeit und abstrakte Arbeit sind, siehe oben, funktional äquivalent; die Identität, die die Einheit Geld ja *zugleich* ist,[51] überträgt – sobald sich das Geld ins Seiende (die Waren), also in die Warenproduktion wie -zirkulation hinein entäußert – sich auf die Zeit, und so ist diese Identität der Zeit (als Einheit und Maßzahl zugleich, alle Waren zusammengenommen) in jedem Moment der Warenexistenz (der Produktion wie des Tausches) mitgesetzt.[52] Überall wo mit der Zeit gerechnet (siehe wiederum den Untertitel von Engsters Werk), sie also gemessen wird, ist das Geld *unmittelbar* in *seinem* Sein zeitlich ins Seiende »herausgesetzt«.[53]

Das Problem: in der Praxis misst keiner diese Zeit, die im Preisausdruck der abstrakten Arbeit steckt, tatsächlich.[54] Engster setzt einfach die Identität des Geldes mit der Identität der Zeit gleich (wie Heidegger Sein und Zeit); nur so kann er behaupten, das Rechnen mit Geld sei ein- und dasselbe wie das Rechnen mit der Zeit. Das Verfahren, in dem er Geld und (Arbeits-) Zeit identisch setzt, ist die Abstraktion: Das ist für jeden Theoretiker eine absolut faszinierende Vorstellung, ist Abstraktion doch das Geschäft, das er von Berufs wegen betreibt.[55] Hier rächt sich die Wortwahl, mit der Marx das von ihm Ermittelte – das er für die (einzige) Entdeckung ansah, die er der klassischen politischen Ökonomie hinzugefügt habe – adjektivisch belegt hat.[56] Denn dem gängigen Verstande ist Abstraktion immer eine intellektuelle Leistung, eine, die den logischen Zusammenhang zwischen Allgemeinem und Besonderem erschließt.[57] Marx meinte aber

48 Um Arbeitszeit als individuell verausgabte und an die Unternehmen abgetretene Lebenszeit als das begreifen zu können, was sie ist, nämlich als rechtlich sanktionierte Körperverletzung (siehe *Freiheit und Souveränität*, meine *Kritik der Existenzphilosophie Jean-Paul Sartres*. Freiburg 2013, S. 398), benötigt man den kategorischen Imperativ in der Fassung von Adorno; also etwas, für dessen Notwendigkeit der (Super-) Strukturalist Engster nicht das geringste Verständnis aufzubringen vermag.

49 Karl Marx: Das Kapital [1867]. Marx-Engels-Werke (MEW). Bd. 23. Berlin 2006, S. 52, 59, 65, 72, 77, 81.

50 (Verweis auf Trennung von toter und lebendiger Arbeit.)

51 Siehe zum Verhältnis von Einheit und Identität den ersten Teil meiner Artikelserie in der *sans phrase* (wie Anm. 1).

52 So zentral die Produktionssphäre für Engster auch ist: in ihr findet im Grunde nichts weiter statt als die Aufteilung der (immer schon gegebenen) einheitlichen Gesamt-Zeit auf die einzelnen Waren.

53 Und das nicht nur bei der Bestimmung des Warenwerts, sondern eben auch etwa in den Verfahren und Resultaten der Naturwissenschaften. Ausführen!

54 Empirisch gemessen wird diese Zeit nur auf der Ebene der persönlichen Beziehung des Arbeitssubjekts zu seinem Unternehmen. Gesellschaftlich verschwindet diese Zeit dann in den Preisen, die dessen Arbeitskraft kostet.

55 (Hierzu: Trennung zwischen geistiger und körperlicher Arbeit bei Alfred Sohn-Rethel.)

56 Sohn-Rethel hat immer wieder auf diese Missverständlichkeit hingewiesen.

57 Und so bleibt es Theoretikern wie Engster überlassen, zu ermitteln, wie es das Geld vermocht hat und es zunächst dem Markt in die Schuhe schiebt (um auf den Theoretiker zu warten, der dann den ›wahren‹ Wert ermittelt), den Salatpreis auf die Höhe von tatsächlich exakt 1,24 Euro / Kopf festzusetzen. Engster jedenfalls wird sich um eine Antwort auf diese Frage, so steht zu vermuten, herumdrücken, denn ansonsten müsste

etwas anderes mit dem Begriff der abstrakten Arbeit: nämlich einen Abstraktionsprozess im Sinne eines Absehens nicht von Besonderheiten, sondern eine Abstraktion, die dasjenige, von dem Abgesehen wird, vollständig außen vor lässt.[58] Dieses ›Außenvorlassen‹ vollzieht sich aber eben nicht, wie Engster unter allen Umständen nachweisen will, im Geld, sondern real-empirisch an nichts anderem als an der konkreten Arbeit – nämlich in den Warenproduktionsstätten, also den Unternehmen – und zwar ohne ein Hinzutreten bewusster Verstandestätigkeit (sie ist unnötig, wäre nur hinderlich). Insofern hat Engster ja Recht: es findet tatsächlich eine gesellschaftlich-reale, überindividuelle Abstraktion an (oder auch von) der Arbeit statt. Nur ist der Ort, in dem dies stattfindet, nicht das Geld – das ist offenkundig Unsinn, denn, was immer man unter Abstraktion versteht, Geld kann eines auf gar keinen Fall: nämlich abstrahieren –, sondern der Einzelbetrieb, in dem die Verwandlung (»Transsubstantiation«) von konkret verausgabter Zeit in einen Geldausdruck real, das heißt von lebendigen Subjekten, vorgenommen wird. Es wäre erst noch die Aufgabe der Kritik, so wirft Sohn-Rethel Marx ja vor, zu klären, wie es dem Verstand gelingt, derartig unbewusste Abstraktionsleistungen (besonders die von Zeit in Zeitlosigkeit, aber auch andere, philosophische Basiskategorien betreffend) zu erbringen,[59] von denen er nicht unmittelbar von sich aus weiß, wie er diese zustande bringt – für dieses Wissen benötigt er eine das Empirisch-Reale transzendierende Theorie.[60] Wie immer diese Klärung erfolgt, eines ist klar: das Geld selbst kann zwar unmöglich abstrahieren, aber es kann so dargestellt werden, als könne es das, sobald Theoretiker wie Engster sich in das Geld hineinversetzen, um diesen Abstraktionsprozess (an dessen Stelle) dann zu ›übernehmen‹.[61] Und dieser Theoretiker misst dann den ›wahren‹, von Arbeitszeit bestimmten Wert – eine Messung, die ansonsten nirgendwo wirklich praktiziert wird.[62]

er sich – wie seine Kollegen von der wissenschaftlichen Zunft – auf die Marktkräfte und -gesetze berufen: Angebot und Nachfrage, Grenznutzenermittlung, Konkurrenzmechanismen. Und damit implizit zugeben müssen, dass sein Zusammenpacken all dieser Mechanismen in der einzigen Kategorie des Geldes auf einer Abstraktion beruhte, und zwar auf einer leeren, also sehr schlechten.

58 Ganz im Sinne dessen, wie die Naturwissenschaften in ihren Modellen von den »Störfaktoren« (Lukács) zunächst absehen, um irgendwann im Resultat feststellen zu müssen, dass diese ›Abstraktion‹ die Validität ihrer Modelle aufzusprengen droht. (Beispiel heute: die Klimamodelle.)

59 Das Geld ist, so weit kann man Engster noch folgen, der materielle Träger dieser Abstraktionsleistung. (Siehe Warenform-Denkform) Aber genau dagegen richtet sich seine Kritik an Alfred Sohn-Rethel: Er will, auf Teufel komm raus, diese geistige Arbeit (siehe oben auch die Arbeit am Begriff) in das Geld hinein verschieben!

60 Aus der Notwendigkeit, dieses Zustandekommen zu klären, ergibt sich für Sohn-Rethel die Notwendigkeit einer separaten Erkenntnistheorie, die von der neuen Marx-Lektüre abgelehnt wird (mit der Ausnahme von Helmut Reichelt, der dies zumindest als problematisch ansieht). Engster kann als typisch für die Folgen dieser Ablehnung angesehen werden: Zwar ist ihm Reflexion ein zentraler Begriff, aber er verspürt an keiner Stelle auch nur das geringste Bedürfnis den Leser darüber zu informieren, mit welchem Anspruch auf Geltung er auf seinen Gegenstand so reflektiert, wie er das macht.

61 [Notiz von M. D.: »Zitat! Frage des Standpunktes: Postone, Arbeit«.]

62 Darauf, dass Statistiker, wenn sie die von ihnen so genannte Arbeitsproduktivität messen, natürlich auch auf die geleistete Arbeitszeit zurückgreifen, kann Engster sich nicht herausreden: Diese Messung der Statistiker spielt bei ihm auch implizit keine Rolle.

Die Arbeitersubjekte treten Lebenszeit an die Unternehmen ab, die in der Folge dieses Abtretens über die Arbeitskraft verfügen können. Daraus ergibt sich alles weitere. Diese abgetretene Zeit ist natürlich subjektiv bestimmt, wird aber objektiv gemessen: in physikalischer Zeit, meist festgehalten in einem Vertrag. Die Messung dieser Zeit, und das ist das alles Entscheidende: setzt – wie alle physikalischen Messungen – den Satz der Identität (im obigen, transzendentallogischen, also kantschen Sinne) voraus. Diese Identität ergibt sich aus keiner Einheit im Sinne Hegels oder Engsters. Die Herkunft dieses Satzes der Identität, seine Verallgemeinerung in alle gesellschaftlichen Beziehungen hinein, geht auf einen geschichtlichen Prozess zurück, der der schließlichen Installation kapitalistischer Produktionsverhältnisse vorausgesetzt werden muss, ihn transzendiert: ohne dessen Genesis, die erst die Entdeckung naturwissenschaftlicher Gesetze möglich gemacht hat, hätte es nie einen Kapitalismus (nie eine vom Kapital ausgehende produktive Kraft)[63] gegeben.[64] Die ahistorische Betrachtungsweise Engsters führt schließlich dazu, dass er das Geld (und mit ihm dann auch das Kapital) als tautologisch vorgegeben setzen muss: das Geld hat für ihn die Identität, die es aus sich heraussetzt, zugleich zur Voraussetzung seiner Existenz.[65]

Auch Sohn-Rethel ermittelt den Satz der Identität bezogen auf das Geld, aber vollkommen anders als Engster. Die reine, von aller verstandesmäßig-sinnlichen Erfahrung abgelöste Identität, die dieses Axiom aller Deduktionslogik anspricht, ist für Sohn-Rethel im Geld angelegt, seit es aus reiner Nominalität herausgetreten und zum Münzgeld geworden ist (also im Beginn des 6. Jahrhunderts v. Chr.), aber eben auch: bevor es zur Entstehung des Kapitals gekommen ist.[66] Damit vermeidet er eine tautologi-

63 Darin, dass diese Produktivität nicht von der Arbeit ausgeht, hat Engster natürlich Recht. Ausführen! Wertübertragung!

64 Auf diese konkret geschichtlichen Ereignisse kann hier nicht zurückgegriffen werden. Es sei nur noch einmal daran erinnert, dass der erste Abschnitt im *Kapital* diese historisch gegebenen Voraussetzungen einholt, die gegeben sein müssen, damit es zur Kapitalakkumulation überhaupt kommen kann.

65 Engster wiederholt hier nur auf abstrakterer Ebene die Tautologie, die den Ökonomen unterläuft, wenn man sie nach dem ›Wert des Geldes‹ fragt: 100 Euro sind ihnen etwas anderes als ein anderer Ausdruck desselben (etwa 120 Dollar) nicht wert.

66 Die These Sohn-Rethels lautet, in aller Kürze: Jeder Tauschakt findet nur statt, sofern der Verstand der Tauschenden den Wert der getauschten Waren äquivalent setzt. Diese Äquivalenzbedingung vollzieht sich im Verstand (tatsächlich) zeitlos, dem Bewusstsein präsent bleibt allein der Tauschakt, der sich natürlich in der Zeit vollzieht. Den ersten Philosophen, so Sohn-Rethel, gelingt aber die Reflexion auf das zeitlos Äquivalente in den Tauschakten, sie können so ihre zentralen Kategorien als zeitlos geltende entwickeln. Dies gelingt ihnen deshalb, weil das in jedem Tausch identisch Gehaltene zur gleichen Zeit im Münzgeld sich als Ding empirisch vergegenständlichte (siehe Martin: Geld, die wahre Geschichte, wie Anm. 2), ein geschichtliches Ereignis, dessen Tragweite Engster [wegen seiner Beschränkung auf die vermeintlich reine Logik des Geldes] natürlich entgehen muss. Kurz: Die ›Bedingung der Möglichkeit‹ (Kant) eines Rechnens mit der Identität der Zeit ergibt sich nicht daraus, dass der Begriff des Geldes selbst schon eine Allgemeinheit auf ein Identisches reduziert – das geschieht in jedem Allgemeinbegriff, im Grunde in jedem Begriff, (Verweis auf Begriffslogik). Sondern sie ergibt sich ganz spezifisch aus einzelnen Akten von besonderen, individuierten Akteuren – in deren Köpfen. (Auf keinen Fall, so viel hier gegen Hegel, in irgendeinem allgemeinen, überindividuellen Geist! Wie sich die Verallgemeinerung dieses Allgemeinen dann vollzieht ist eine historische Frage.) Verbreitung, Verallgemeinerung, Kette der Zirkulation als Voraussetzung. Engster unterschlägt bei Marx auch diese, für die Kapitalentstehung wichtigen historischen Voraussetzungen.

sche Herleitung des Verhältnisses von Logik und Geschichte. Dass es ihm dennoch nicht gelingt anzugeben, wie dann das im Geld Angelegte zur Basis aller Messungen in bürgerlich-kapitalistischen Gesellschaften werden konnte, stimmt,[67] da hat Engster zweifellos Recht; es ist der »blinde Fleck« bei Sohn-Rethel. Engsters Lösung dieses Dilemmas der Adäquanz von Logik und historischer Darstellung ist aber nicht nur unzureichend, weil tautologisch,[68] sondern logisch grundfalsch hergeleitet – und politisch brandgefährlich.

Was die Logik betrifft: Marx findet den physikalischen Zeitbegriff gesellschaftlich vor, dessen Herleitung interessiert ihn nicht – sie war nicht sein Thema (weder im *Kapital* noch sonst wo), so wenig wie der Gesetzesbegriff der Naturwissenschaften oder (wenn auch lediglich im *Kapital* nicht) die Verhältnisse von Staat und Recht, Moral und Ästhetik zum Kapital, so sehr sie, wie wir heute wissen, durchaus ihren Platz in diesem Werk hätten finden müssen. Das mag man bedauern, aber daraus, wie man es Engster unterstellen muss, zu schließen, dass Marx auch diesen Dimensionen des Wirklichen (als warenförmig Seiendem, das heißt: als Momente von Totalität) mit der Bestimmung des Geldes als Kapitalgeld deren Maß gegeben habe, aus dem sich alle Momente des Wirklichen per Maßeinheit und Maßzahl in einem »heraussetzen« ließen, ist schlichtweg absurd, auch angesichts der nicht zu bestreitenden Tatsache, dass natürlich alles Empirisch-Reale Warenform annehmen und damit auch in Geld gemessen werden kann.[69] (Das Spezifische, das etwa die Ökonomie vom Politischen unterscheidet, von mir aus auch das Wesen des Staats des Kapitals, wird so zwangsläufig verfehlt.)[70] So wie Engster, Marx korrigierend (von mir aus auch: erweiternd), die Zeit, und mit ihr dann auch den Begriff

67 Bei ihm bleibt völlig unklar, warum nicht schon die ersten Philosophen das Transzendentalsubjekt entdeckt haben, und dies erst Kant möglich war.

68 Wie er sogar zugibt, z. B.: Engster: Geld als Maß, Mittel und Methode (wie Anm. 1), S. 427, 431 f., 463.

69 [Siehe Dahlmann: Die Subjekte der politischen Ökonomie (wie Anm. 8), S. 17, Fn. 2.]

70 Dabei ergibt sich ja aus der bloßen Erscheinung des Geldes in der Form einer Währung (etymologisch steckt ja auch darin wieder das »Währen«, also die Zeit; aber diese Heidegger abgeschaute Spielerei mit den Signifikanten sollte man lassen, wo sie noch nicht einmal eine Sache zu illustrieren vermögen) unmittelbar, dass ein Staat existiert, der die ›Stabilität‹ des Geldes – von dessen ihm transzendenten Außen also ausgehend! – garantiert. (Siehe auch oben, Anm. 23.) Und als Tauschmittel, dessen Zirkulation »unterbrochen« ist, also als Wertaufbewahrungsmittel existiert, hat es immer auch einen *Eigentümer*, was heißt, das Geld ist in diesem ›Zustand‹ *keine* rein gesellschaftliche Kategorie mehr, sondern begründet zugleich das Gegenteil von Gesellschaftlichkeit, nämlich die Privatheit, als Voraussetzung dafür, dass es diese, im Tausch, wieder synthetisiert (Verweis auf Einheit der Trennung von Citoyen und Bourgeois): Wenn Engster diesen Eigentumsbegriff auch, wie den Staat, nicht als eine Basiskategorie bürgerlich-kapitalistischer Vergesellschaftung behandelt, kann er sich auf Marx zwar insoweit berufen, als der ihn im ersten Band des *Kapitals* auch nicht zu einem zentralen Gegenstand macht. Was aber von den Umständen her gesehen, unter denen Marx das *Kapital* verfasst hat, nur heißen kann, dass Marx sich hier auf die Ökonomie konzentriert und deren – zweifellos über das Geld vermittelte Verbindungen etwa zu Staat und Recht – späteren Untersuchungen (oder denen seiner Genossen) vorbehalten hat. Schon für die Ökonomie muss, wie ich hier darlege, bestritten werden, dass das Geld auch nur im Entferntesten die Subjektrolle innehat, die Engster ihm unterstellt. (Wenn es um das Allgemeinsubjekt unserer Gesellschaft geht, dann gibt es nur einen Begriff, der dafür in Frage kommt: den des Kapitals, allerdings erst im Resultat der Erfassung aller Sphären und Dimensionen der gesellschaftlichen Totalität und als Fetisch; jedenfalls nicht als Ausgangskategorie einer *prima philosophia*.) Das gilt für Staat und Recht erst recht. Beide Sphären sind selbstredend von der Ökonomie abhängig, sie gehen darin aber ebenso zweifellos nicht vollständig auf. Ausführen!

der abstrakten Arbeit als solchen,[71] in das Geld verschiebt, unterscheidet er sich zwar thematisch von Heidegger (denn der hat mit dem Geld nichts zu schaffen, wo er über Sein und Zeit schwadroniert), geht aber logisch genauso (von mir aus: analog) vor. Und was seine Berufung auf Hegels Seinslogik betrifft, kann über das hier Angeführte hinaus nur festgestellt werden, dass für den Fall, dass Engsters Hegelinterpretation zutreffen sollte, er Hegels Vernunftbegriff durch den Maßbegriff ersetzt hat.[72] Was immer man an Hegels Begriff von Vernunft auszusetzen haben mag: Ohne ihn fällt sein gesamtes philosophisches System in sich zusammen, das heißt eine Auseinandersetzung mit ihm erübrigt sich.

Marx hatte jedenfalls für eine innere Bindung des Geldes an die Zeit nicht die geringste Veranlassung. All die Gründe, die Heidegger hat, um die Zeit[73] ins Sein zu verschieben, waren Marx vollkommen fremd.[74] Denn er ist kein erklärter Feind des Rationalismus, polemisiert allerdings gegen seine Defizite; er greift auf hegelsche Begriffslogik (und andere Logiken als explizit positivistische, etwa die kantsche[75] und auch theologische) erst dann und nur dort zurück, wo der Rationalismus versagt. Die Rätselhaftigkeiten kapitalistischer Ökonomie, deren Antinomien, und erst recht die der Philosophie, verpackt er nicht in eine alle Rätsel angeblich lösende All-Einheit, wie die des Seins, in die dann umstandslos alles verschoben und als gelöst behauptet werden kann, was sich rationaler Erklärung widersetzt. Er überlässt die Lösung dieser Rätsel im Gegenteil der Praxis der Kritik – deren Vernunft über den Rationalismus zwar hinausgehen muss, ihm aber keinesfalls widersprechen kann.[76] Und so sehr es ihm natürlich auch um eine Kritik des Geldes geht[77] und so eng (ineinander ›verkeilt‹)

71 Denn wie gesagt: Engster versteht unter abstrakter Arbeit allein die Reduktion auf die Zeit, die während der Produktion zur Realisierung des Werts aufgewendet wird. Dass hier empirische Subjekte tatsächlich (sei es körperliche, sei es geistige) Arbeit verrichtet haben müssen, damit es zur Bildung von Wert überhaupt kommt, der *dann* zeitlich gemessen werden kann, dass überhaupt nur die Arbeit, nie und nimmer jedenfalls die Zeit, wertbildend sein kann, das muss Engster mit dieser Verschiebung der Zeit ins Geld unterschlagen.

72 Engster verkündet dieses Programm einer Ersetzung des Begriffs der Vernunft durch den des Maßes selbst so: »Die vorliegende Arbeit soll eine solche Verschiebung durchführen, und zwar zwischen Hegels Absolutem und Marx' Kapital. Für diese Verschiebung wurde der Begriff der *Analogie* gewählt, ...« (Engster: Geld als Maß, Mittel und Methode (wie Anm. 1), S. 24.) [Das Absolute als das Vernünftige realisiert sich aber bei Hegel nicht nur in der Logik, sondern auch in der Natur- und Geistphilosophie und durch die Weltgeschichte hindurch, so wie die kritische Theorie Marx' auch die Kritik der Religion, des Staates und des Standes der Geschichte einschließt. Engster müsste sich daher fragen, warum er sich nicht um eine Analogie der *Enzyklopädie* Hegels zur Kritischen Theorie von Marx bis Adorno bemüht hat und stattdessen alle Gegenstände der Realphilosophie verdrängt.]

73 Oder nach seiner ›Kehre‹, im Zuge der der Niederlage des Deutsch-Seins: das Werden, womit er der Zeit im Sein einen geschichtlichen Bezug zu einer eventuell doch noch möglichen deutschen Zukunft hinzufügt.

74 Er konnte weder den Positivismus, noch den Strukturalismus, noch die Existentialontologie kennen; auch wenn er diese (typisch deutschen) Verirrungen des Denkens durchaus an manchen Stellen antizipiert haben mag.

75 Und gerade dafür, den Rückgriff von Marx auf Kant, ist das 3. Kapitel des *Kapitals* ein Beispiel: Marx stellt hier nichts anderes dar als die Bedingung der Möglichkeit, dass Geld sich in Kapital überhaupt verwandeln kann!

76 Und das kann man ihm unterstellen, auch wenn er das nicht ausführt.

77 Womöglich gar auch um dessen Abschaffung als zentraler Maßeinheit für Reichtum und, dies vor allem, gleichzeitig mit der Abschaffung des Staates, von dem bei Engster gar keine Rede ist, so wenig wie überhaupt von der politischen Dimension der Ökonomie. [An diese Stelle wollte M. D. einen Exkurs auf die Gegenstände der kritischen Theorie anschließen, die neben dem Staat bei Engster ebenfalls unthematisch bleiben: »Doppelstaat des NS ..., Psychoanalyse, Ästhetik, Moral.«]

die Beziehung von Geld und Zeit bei ihm auch gefasst ist:[78] es bleibt eine Beziehung zwischen etwas voneinander in jeder Hinsicht Verschiedenem, von etwas also, dass nur nominal, nur in einer leeren, also schlechten Abstraktion in eine Einheit (von mir aus: nur in einer bloß »spekulativen«, also gerade nicht »ideellen« Identität) gefasst werden kann.

Man kann Marx durchaus vorhalten, übersehen zu haben, dass der physikalische Zeitbegriff, wie er ihn (und nur ihn verwendet er in seiner Bestimmung der abstrakten Arbeit) durchgängig verwendet, seine Genesis den geistigen Grundlagen zu verdanken hat, die Voraussetzung dafür waren, dass die Reproduktion von Kapital historisch überhaupt erst möglich wurde. Man sollte also auf Sohn-Rethels ›Korrektur‹ der Marxschen Wertformanalyse verweisen.[79] So wenig wie im Geld (oder Wert) auch nur ein Gramm Naturstoff zu finden ist, so wenig kann man mit noch so ausgefeilter gedanklicher Akrobatik im Geld selbst (im »Geld als solchem«) irgendeinen zeitlichen Bezug entdecken.[80] Wo Engster auf das Geld in seiner Funktion als Tauschmittel verweist (das als solches ja tatsächlich der Zeit bedarf), stellt er sich praktisch selbst ein Bein: Selbstredend findet die Übergabe dieses Tauschmittels in der Zeit statt, aber nur so, wie jeder x-beliebige Akt einen zeitlichen (objektiven oder subjektiven, wie Tauschwert und Gebrauchswert) Bezug aufweist. In dem Akt allerdings, wie er sich in den Köpfen der Tauschenden darstellt, wird von der Zeit (gedanklich, ohne bewussten Akt also) abstrahiert: Im einzelnen Tauschakt (und nur in diesem real) fallen Zeit und Zeitlosigkeit tatsächlich auseinander: ohne aber je (wie Engster wahrheitswidrig behauptet) in irgendeinem ominösen Sein oder sonst wo wieder zusammenzufallen.[81]

Mehrere (rein) formale (Seins-) Logiken kann es nebeneinander zwar nicht geben: aus dem Begriff der jede Logik konstituierenden Notwendigkeit folgt, Einheit als bruchlose Totalität begreifen zu müssen, die alles von ihr Erfasste analytisch in sich enthält. Es gibt dennoch, von der Praxis her gesehen, zwei nicht bruchlos ineinander aufgehende

78 Siehe zum Beispiel die bekannte Formulierung über die »Echtzeit des Kapitals« (Joachim Bruhn) im 2. Band des *Kapitals*: »Die Expansion und Kontraktion der Umlaufszeit wirkt daher als negative Schranke auf die Kontraktion oder Expansion der Produktionszeit oder des Umfangs, worin ein Kapital von gegebener Größe als produktives Kapital fungiert. Je mehr die Zirkulationsmetamorphosen des Kapitals nur ideell sind, d. h. je mehr die Umlaufszeit = 0 wird oder sich Null nähert, um so mehr fungiert das Kapital, um so größer wird seine Produktivität und Selbstverwertung. Arbeitet ein Kapitalist z. B. auf Bestellung, so daß er bei Lieferung des Produkts Zahlung erhält, und erfolgt die Zahlung in seinen eignen Produktionsmitteln, so nähert sich die Zirkulationszeit Null.« (Karl Marx: Das Kapital II [1885]. Der Zirkulationsprozess des Kapitals. Berlin 2006 (MEW 24), S. 128 f.) [Siehe zur ›Verkeilung‹ von Geld – in seiner von Engster so genannten »Funktion« als Kapital – und Zeit auch den 7. Teil der Artikelserie Manfred Dahlmanns zur Kritik der politischen Ökonomie in sans phrase 7/2015: *Kapital, Geld und Wert*, S. 90 – 104.]

79 Engster muss diese Korrektur strikt ablehnen, weil diese derjenigen, die er vornimmt, strikt widerspricht: Sohn-Rethel argumentiert erkenntnistheoretisch, Engster seinslogisch. Das ist ein Unterschied ums Ganze. [Im Vortragsmanuskript findet sich hier der Zusatz mit Hinweis auf die Neue Marxlektüre: »Verweis auf die NML, die diesen Unterschied auch nicht akzeptiert.«]

80 Und aus der Feststellung, dass etwas zeitlos gefasst ist, folgt keineswegs, dass diese Zeitlosigkeit die Existenz des Zeitlichen aus sich heraussetzt. Heidegger und Hegel betreiben hier *beide* reine Gedankenakrobatik. Begriffslogisch stimmt es bei Hegel aber wieder: Unendlichkeit setzt Endlichkeit voraus!

81 So sehr es in der antiken Philosophie versucht worden sein mag, ein solches Zusammenfallen zu denken: es gelang ihr nicht.

Logiken: Zum einen die ökonomisch-rationale, die alles Wirkliche überlagert, sich als allgemeingültig verstehen muss, heute als Positivismus auftritt, und ihre Basis im Warentausch hat insofern, als sie hieraus – und nicht aus einer Einheit, nicht aus einem bestimmten (im übrigen sehr modernen) Zeitbegriff den ›Satz der Identität‹ ermittelt. Zum anderen, und hier kommen wir auf die politische Dimension der Logik, die des Krieges, der Gewalt, der Autorität, die dem Warentausch (in der Warenproduktion wie im Staat) vorgelagert ist. Sie fristet in der Öffentlichkeit ein Schattendasein, wird verdrängt,[82] ist aber ständig unterschwellig präsent und wird (vor allem auch in den Verhandlungen, die einem Warentausch vorangehen) praktiziert. Das Ineinandergreifen dieser beiden Logiken durchzieht alle Aussagen und Urteile über die Realität, sodass rational nur der Form nach argumentiert wird, inhaltlich aber noch nicht einmal die niedrigsten Ansprüche an Kohärenz oder Konsistenz der Argumentation erfüllt werden, um vom Anspruch auf Vernunft ganz zu schweigen. Engster jedenfalls zieht die Reflexion eindeutig in diese dem Warentausch äußerliche Logik hinüber und trifft damit den Nerv von Subjekten, die von Frieden, Versöhntheit und Humanität im Allgemeinen reden, um im Namen deren Uneingelöstheit umso besser das Werk der Vernichtung des Differenten im Besonderen betreiben zu können.

Was bei Engster als logische Notwendigkeit erscheint – die Einbeziehung des Geldes in die Zeit, ohne eine zu sein (und überhaupt in seiner Durchführung unmöglich ist), ist bei Heidegger schlicht dem Erfordernis geschuldet, sich gegenüber einer Kritik abzusichern, der auffällt, dass seine Seinslogik von Grund auf unfähig ist, im Seienden ablaufende Prozesse adäquat zu erfassen. Heidegger schlägt mit seinem Zeitbegriff scheinbar zwei Fliegen mit einer Klappe: Erstens lässt sich das Seiende auf diese Weise als zeitlich bestimmt darstellen, insofern es von Sein und Zeit zugleich aus dem Sein herausgesetzt ist, und zweitens hat er mit seinem Zeitbegriff ein Prinzip angegeben, aufgrund dessen sich das eine Seiende gegenüber dem anderen ausdifferenzieren lässt, ohne dieses Individuationsprinzip einem menschlichen Subjekt zuschlagen zu müssen: Es wird dem nicht-menschlichen Da-Sein zugeschlagen, dessen Reflexion dieses Individuationsprinzip aufs Sein zurückbezieht. Heidegger sieht sich, mit anderen Worten, gezwungen, nachdem er die »Notwendigkeit der Frage nach dem Sein«[83] beantwortet hat, auch das seit Bestehen der Philosophie existierende Grundproblem – die Frage nämlich, wie Sein und Werden ineinander (also nicht-antinomisch) in eine Einheit aufgehen – einer Lösung zuzuführen.[84] So einfach und evident seine existential-

82 Siehe hierzu Gerhard Scheits Arbeiten zur Verdrängung der Gewalt, zuletzt: *Kritik des politischen Engagements*. Freiburg; Wien 2016, dort zum Beispiel S. 25, 144, 232.
83 Martin Heidegger: Sein und Zeit [1926]. Tübingen 1993, S. 2–15.
84 Einer Lösung im übrigen, die der in Hegels Logik nicht unbedingt konträr ist, deren Komplexität aber, siehe oben, radikal vereinfacht – und das, ohne den von ihm ja strikt abgelehnten Geschichtsbegriff wiedereinzuführen, der die Geschichte als dem (aktuell gegebenen) Sein vorausgehend erachtet. Nach der ›Kehre‹ gestaltet sich das Verhältnis zur Zeit etwas anders. Aber das wurde oben schon erläutert.

ontologische Lösung in ihrer Unmittelbarkeit auch ist, sie ist logisch, da ihr keine Notwendigkeit im formallogischen Sinne zugrunde liegt, unhaltbar – und dürfte auch von Positivisten nicht akzeptiert werden, würden sie sich mit dem Problem der Zeit als einem auch subjektiv-leiblichen Phänomen der sinnlichen Erfahrung, also anders als nur rein logisch auseinandersetzen.[85]

Die übliche Kritik an der Ontologie, das heißt am ontologischen, auf Unmittelbarkeit zielenden Bedürfnis (wie zugleich am Nationalsozialismus), sie affirmiere das Kapital und betreibe diese Affirmation im Grunde lediglich radikaler als Liberalismus, Rationalismus und Humanismus schon von je, geht an den Ursachen ihrer Wirksamkeit vollkommen vorbei. Sie formuliert (und verspricht) vielmehr eine Utopie (eine Versöhnung) jenseits der marktrationalen Vermittlungen und Negationen gerade da, wo, wie bei Engster, das Utopietabu streng beachtet wird, wo also das Utopische überhaupt kein Thema ist. Im Nicht-Identischen Adornos erkennt Engster noch Momente eines positiv Utopischen und weist es daher konsequent zurück.[86] Denn würde die Existentialontologie dieses ihr Utopische thematisieren, dann zeigte sich überdeutlich, dass in ihm kein anderer als der kapitale Souverän alle Macht auf sich vereinen soll.[87]

85 Das hieße natürlich, sie gleich aufzufordern, jede Logik inhaltlich zu lesen (Klaus Heinrich): das dürfte ein vergebliches Bemühen bleiben.

86 Engster: Geld als Maß, Mittel und Methode (wie Anm. 1), z. B. S. 346–355.

87 [Im Vortragsmanuskript lautete der auf diesen folgende (aller-) letzte Satz: »Und eine utopische Thematisierung hat sie auch nicht nötig: das seinslogisch argumentierende, philosophische Pack und der faschistische Pöbel haben sich – über ihre Geschmacksunterschiede hinweg – immer schon im gemeinsamen und gemeinschaftlichen Kern hervorragend verstanden.« Wir mutmaßen, das Manfred Dahlmann sich solche Wendungen für den mündlichen Vortrag und das direkte Streitgespräch vorbehalten wollte und beschränken uns daher auf die Dokumentation in der Fußnote.]

Christian Thalmaier

Immanenz und Indolenz

Reflexionen zu Manfred Dahlmanns Kritik des Heidegger-Marxismus

1807: Phänomenologie des Geistes.
1867: Das Kapital.
1927: Sein und Zeit.
Martin Heidegger[1]

Zu Manfred Dahlmanns von früher Abneigung gegen philosophische Moden gesättigter Begabung gehörte die Fähigkeit, Heideggers untote Präsenz schon früh und auch dort wahrgenommen zu haben, wo Linke Anfang der 1970er Jahre auf dem *großen Basar*[2] nicht mehr vorrangig die blauen und roten Bände erstanden, sondern sich zunehmend mit den bunten Patchwork-Büchlein[3] vom Merve-Verlag für die allerneuesten Diskurse ertüchtigten. Sein Gespür für das Nachleben des Nationalsozialismus nicht *gegen* die Universität, sondern *in* den geisteswissenschaftlichen Fakultäten, brachte ihn am Otto-Suhr-Institut seit 1975 auf Kollisionskurs mit dem Großmeister des akademischen Postnazismus: Michel Foucault. Diesem widmete er seine 1980 bei Johannes Agnoli eingereichte Diplomarbeit, in der er mit subtilen Analysen *das Rätsel der Macht* als Fetischisierung eines »absoluten Subjektes« entschlüsselte, in welcher die Reflexion auf das *automatische* endgültig vergessen war.[4] So konnte sich Heideggers *Sein* nach dem *linguistic turn*, auf dem Umweg über Frankreich und camoufliert als »die Macht« 25 Jahre nach der Kapitulation und einer langen Latenzzeit im Freiburger Husserl-Archiv auf seine

1 Kleine Notiz Martin Heideggers in einem seiner *Schwarzen Hefte*: Anmerkungen I – V (Schwarze Hefte 1942 – 1948). Hrsg. v. Peter Trawny. Gesamtausgabe, Bd. 97. Frankfurt am Main 2015, S. 131.

2 So der Titel des gleichnamigen Szene-Bestsellers von Daniel Cohn-Bendit: Der große Basar. Gespräche mit Michel Lévy, Jean-Marc Salmon, Maren Sell. München 1975. Dort erinnert sich *Dany le Rouge* unter anderem daran, wie er vom Zionisten zum Pazifisten wurde, im Frankfurter Kinderladen mit Kindern flirtete und in einer heißen Pariser Mainacht von drei Zuhältern vor der Polizei beschützt wurde.

3 Ein anderer Bestseller jener Zeit war Jean-François Lyotards: Das Patchwork der Minderheiten. Für eine herrenlose Politik. Übers. v. Clemens-Carl Haerle. Berlin 1977.

4 Manfred Dahlmann: Das Rätsel der Macht. Michel Foucaults Machtbegriff und die Krise der Revolutionstheorie. Freiburg; Wien 2017.

unverfügbar seinsgeschichtliche Entbergung und Wiederkehr in den Diskursen der Postmoderne auch in Deutschland vorbereiten.

Spätestens zehn Jahre später hatte sich Heidegger *post mortem* aus den traurig langweiligen Lektürekursen seines ewigen Assistenten Friedrich-Wilhelm von Herrmann befreit und war als Untoter machtvoll an die Universitäten zurückgekehrt. Dort hilft er seither in kuriosen Verkleidungen und halbherzigen Reinkarnationen Kulturwissenschaftlern aller Fakultäten bei der *Verwindung* der Metaphysik, der Dekonstruktion des durch Anrufung zum Subjekt erst subjektivierten Individuums und der Verflüchtigung eines leiblosen Geistes in den rhizomatösen Geflechten und *planetarisch* ausgespannten Netzen des Signifikanten. Manchmal zucken Assistenten noch kurz über ihren cultural, gender und postcolonial studies zusammen, wenn ihnen nachts der Geist aus dem Schwarzwald erscheint. Am nächsten Morgen aber verweigern sie den akademischen Vaterschaftstest, weil man selbstredend mit alten Nazis in Kniebundhosen, die in Herrgottswinkeln vor schwarzen Heften sitzen, nichts zu tun haben will und sich also nur rhetorisch fragt: Was soll denn der alte Mann aus der oberschwäbischen Provinz mit uns zu tun haben, die wir tagtäglich in Berkeley und Paris, Bologna und Berlin die urbane Multitude performen?

Von *Mille Plateaux*[5] des keineswegs objektiven Geistes werden seither jährlich tausend neue akademische Bausätze auf die Märkte in den tieferen Lagen der Ideologieproduktion geworfen, bestens geeignet für Neu-, Re- und Dekonstruktionen, für Parallel- und Relektüren, für Zitate und Montagen gerne auch disparater Elemente. Auch wenn Zitat und Montage vielleicht nur wie das Stück Maßwerk aus dem Steinladen des Freiburger Münsters in der neu-sachlichen Villa am Lorettoberg[6] imponieren, es spielt keine Rolle: steinerner Kitsch in der Innenarchitektur hier, epigonaler Synkretismus in den Humanities dort und im Allgemeinen: die Produktion von Bedeutung durch erinnerungslose Wiederholung[7] des Vergessenen garantieren hohe Umschlaggeschwindigkeiten auf den akademischen Märkten.

Postmoderne I: Heinz Dieter Kittsteiner

Es war nur eine Frage der Zeit, bis einer kam, um im Teilsortiment Philosophie des postmodernen Theorie-Recycling-Angebotes ausgerechnet eine Montage aus Marxscher Wertformanalyse und Heideggers *Kehre* vorzulegen. Das war nicht schon Frank Engster,

5 So der Titel des Merve-Bestsellers von Gilles Deleuze und Félix Guattari. Berlin 1992.

6 Gehobene Wohngegend in der Bischofsstadt Freiburg im Breisgau.

7 »Erinnerungslose Wiederholung« ist allerdings nach Kierkegaard ein Oxymoron, weil er Wiederholung als eine Form von Erinnerung versteht, die sich von dieser gleichsam nur durch die Bewegungsrichtung unterscheidet: Erinnerung nach vorne. Von »bewusstloser« Erinnerung zu sprechen verbietet sich aber, weil die Lieferanten ihre ideologischen Waren ja hellwach und bei sogenanntem klarem Bewusstsein produzieren. Dieses würde allerdings sofort eintrüben, wenn sie sich vergegenwärtigten, dass fast alles, was sie sagen, in den letzten 2500 Jahren schon hundertmal und meistens besser gesagt wurde.

sondern Heinz Dieter Kittsteiner, der nicht wie jener den beschwerlichen Umweg von Marx zu Heidegger über Lukács, Adorno, Sohn-Rethel und Hegel nahm, sondern 2004 die enorme Nachfrage nach postmodernen Spezialitäten mit einer für lesende Linke verstörenden direkten »Wende für Marx *und* Heidegger« bediente.[8] Dass der *Dernier Cri* sich nicht zum Skandal ausweitete und Kittsteiner bis heute nur schwach rezipiert wurde, verdankt sich wohl dem Umstand, dass man in Heidegger zwar meist ungeprüft und vollkommen richtig den Philosophen des Nationalsozialismus sah, ihn und seine Bewunderer der frühen und späterer Stunde zu lesen aber weithin und bis heute als überflüssig erachtet.

Kittsteiner macht selbst darauf aufmerksam, dass es schon vorher »Anläufe« gegeben habe, »Martin Heidegger und Karl Marx zusammenzudenken« und dass also der eigene Versuch, ein »künftiges Denken« anzukündigen, nicht der erste war. Bisherige Bemühungen um die »Vermittlung beider« hätten aber die »*Form* der Vermittlung« im Unklaren gelassen (25). Diesem Mangel sucht Kittsteiner dadurch abzuhelfen, dass er in einer Art von Wechselrede Marx und Heidegger so zu Wort kommen lässt, dass im Essay allmählich sichtbar wird, inwiefern beide auf je verschiedene Art ihren Abschied von der Idee einer wie immer verborgenen Geschichtsmächtigkeit der Gattung vollziehen: jener im *Kapital* durch die formgenetische Fortbestimmung des Wertes zum automatischen »Substanz-Subjekt« und dieser nach der *Kehre* im Wege seinlassender Unterwerfung des Daseins unter eine unverfügbare Seinsgeschichte. Das wäre dann, wenn man wider Marx' bessere Erkenntnis und mit Engster Geld und Geist zuerst hegelmarxistisch legieren und dann auf eine reine, staatenlose Ökonomie reduzieren würde,[9] kaum abweisbar. Allerdings sprechen weder Marx noch Heidegger den Abschied als solchen aus: Marx verliert das nur vermeintlich geschichtsmächtige Subjekt Proletariat stillschweigend im »Gesamtprozess der kapitalistischen Produktion« (MEW 25) als bloßes variables Kapital und Heidegger kehrt im bekannten Interview mit Augstein – vom Nationalsozialismus keineswegs erschüttert, sondern lediglich wegen seiner gescheiterten Ambitionen als Führer im Wissensdienst[10] nachhaltig enttäuscht – zu seinen Anfängen als Ministrant in Meßkirch zurück, indem er, nun aber mit dem heroischen Gestus des in die Ferne

8 Heinz Dieter Kittsteiner: Mit Marx für Heidegger. Mit Heidegger für Marx. München 2004, S. 17. Hervorhebung nicht im Original; alle Seitenverweise im Text beziehen sich, wenn nicht anders angegeben, auf das hier genannte Buch.

9 Zur Frage, wie Engster das bewerkstelligt, siehe Manfred Dahlmanns dreiteiliges Vortragsmanuskript für ein Wochenendseminar der Initiative Sozialistisches Forum (ISF) im Jahre 2014 zum Verhältnis von Seinslogik und Kapital, dessen dritter und letzter Teil in diesem Heft abgedruckt ist. Der erste Teil erschien in sans phrase 15/2019 unter dem Titel: Seinslogik und Kapital. Kritik der existentialontologischen Fundierung der Marxschen Kritik der politischen Ökonomie – am Beispiel von Frank Engsters *Das Geld als Maß, Mittel und Methode*. Der zweite Teil erschien in sans phrase 16/2020.

10 Siehe Martin Heideggers sogenannte Rektoratsrede: Die Selbstbehauptung der Universität. Reden und andere Zeugnisse eines Lebensweges. Gesamtausgabe, Bd. 16. Frankfurt am Main 1978, S. 114: »Die drei Bindungen – durch das Volk an das Geschick des Staates im geistigen Auftrag – sind dem deutschen Wesen gleichursprünglich. Die drei von da entspringenden Dienste – Arbeitsdienst, Wehrdienst und Wissensdienst – sind gleich notwendig und gleichen Ranges.«

und zugleich weit nach oben blickenden einsamen Denkers, zur Geschichtstheologie Zuflucht nimmt: „Nur noch ein Gott kann uns retten.“[11]

Die anfängliche strategische Operation, mit der Kittsteiner über eine bloße Engführung von Marx und Heidegger hinauswill, besteht in der Identifikation beider als Gnostiker: »Unsere durchzuführende These: Die Weltsicht der Gnosis vom schlechten Schöpfergott und dem kommenden Gott der Erlösung hat sich auf diese beiden Denker verteilt.« Marx habe den Demiurgen in einen »formgenetischen Begriff transformiert«, also in das Kapitalsubjekt; Heidegger erkenne den falschen Demiurgen im »Man« und später im »Ge-stell«. (14) Beide Denker verhielten sich komplementär und bräuchten einander, denn: Heideggers Deutungen fielen einerseits hinter Marx zurück, Marx erreiche aber andererseits nicht den heideggerschen »Horizont« (25), welcher nach Hegels gescheitertem Versuch einer »Vermittlung von Geist und Welt« erst den metaphysischen Sinn für die für »Not der Notlosigkeit« und das seinsgeschichtliche »Ereignis« öffne (207). Der komplementären Mangelhaftigkeit beider Denker könne *uno actu* durch eine »Implantation« des Kapitalsubjekts in die heideggersche Kehre abgeholfen werden (156 f.). Als Resultat dieser Operation würden die gnostischen Motive beider Denker wieder zusammenfinden und sich beider Unzulänglichkeiten wechselseitig ausgleichen. Heidegger halte in dieser akademischen Gefechtsordnung den »metaphysischen Kampfplatz« offen und mit ihm die »Hoffnung auf die Wiederbringung des Seienden aus der Wahrheit des Seins«. Darin bestehe das Große an den *Beiträgen zur Philosophie* mit dem »eigentlichen« (!) Titel *Vom Ereignis*. »Marx hingegen ist *seiner* geschichtsphilosophischen Metaphysik entkleidet. Ihm bleibt das Verdienst, den Demiurgen begriffen zu haben. So sind die gnostischen Motive in diesen beiden Denkern in ihre Bestandteile auseinandergefallen. Der eine stellt dar, was ist; der andere erdenkt, was fehlt. Beide zusammen erst bilden ein Ganzes. Mit Marx für Heidegger – mit Heidegger für Marx.« (225 f.)

Weder Kittsteiner noch Engster, die beide *das Kapital* als »umgestülpte« Hegelsche Logik lesen, kommt in den Sinn, dass schon bei Hegel die reine Logik in sich selbst problematisch und gleichsam verunreinigt[12] sein könnte und überdies in ihrem Verhältnis zu Realphilosophie – zur Philosophie der Natur und des Geistes – bestimmt werden müsste, bevor man dem Einfall nachgehen kann, Hegel und Marx und mit ihnen Geist und Geld in einem Atemzug zu nennen und letztere sodann augenzwinkernd in eine

11 Heidegger im Interview mit Rudolf Augstein in: Der Spiegel vom 31. Mai 1976, S. 193 – 229. Ein adventistisches Moment in der heroischen Geste bringt Heidegger dort so zum Ausdruck: »Heidegger: Uns bleibt die einzige Möglichkeit, im Denken und im Dichten eine Bereitschaft vorzubereiten für die Erscheinung des Gottes oder für die Abwesenheit des Gottes im Untergang; daß wir im Angesicht des abwesenden Gottes untergehen. SPIEGEL: Gibt es einen Zusammenhang zwischen Ihrem Denken und der Heraufkunft dieses Gottes? Gibt es da, in Ihrer Sicht, einen Kausalzusammenhang? Meinen Sie, daß wir den Gott herbeidenken können? Heidegger: Wir können ihn nicht herbeidenken, wir vermögen höchstens die Bereitschaft der Erwartung zu wecken.«

12 Von nicht einholbaren Voraussetzungen im Anfang der Logik und der Kontamination des spekulativen Satzes durch die Zeit. Siehe hierzu die späteren Ausführungen zur Logik und Geschichte.

Analogie[13] zu setzen.[14] Darum sucht man bei Kittsteiner vergeblich nach einer Auseinandersetzung mit der kritischen Hegelrezeption von Schelling bis Adorno und auch Engsters wenig geistreiche Kritik an der *Negativen Dialektik* Adornos ist weithin verfehlt und stellt sich, wo sie etwas trifft, nicht in den »Umkreis seiner Stärke« (Hegel). Man vermisst auch jede Öffnung der fast schon ornamentalen Gedankenführung bei Kittsteiner und der exzessiv redundanten Engsters für die Gegenstände des Geistes, wie ihn Hegel als subjektiven, objektiven und absoluten bestimmte und wie sie in der materialistischen Kritik seit Marx vor allem als Kritik der Religion, der *politischen* Ökonomie (Gesellschaft *und* Staat), des Individuums (Psychoanalyse) und der Kunst (Ästhetik) thematisch wiederkehrten. Auch die Geschichte bleibt bei Kittsteiner und Engster draußen. Man gefällt sich beim Flanieren in den Fußgängerzonen zwischen *Posthistoire* und Postmoderne, in denen es zwischen der demiurgisch selbstbezüglichen Prozesslogik des Geldes und dem »Ereignis«-Horizont des Seins weit und breit nichts mehr zu geben scheint. Geschichte hat, wie Manfred Dahlmann im ersten Teil seiner Kritik an Engsters Geld- und Seinslogik zeigt, bei diesem nie stattgefunden.[15] Winfried Meyer, auf den Manfred Dahlmann verweist, sieht in solcher Philosophie nach Auschwitz nicht nur die Abspaltung der theoretischen von der praktischen Philosophie, sondern im psychoanalytischen Sinne auch eine »Leugnung der Realgeschichte«, welche für das Schweigen der Mittäter in der bundesrepublikanischen Nachkriegsgesellschaft, die Meyer eine »klandestine Verbrechergemeinschaft nennt«,[16] bestimmend war. Diese Gemeinschaft der Komplizen beerben Kittsteiner und Engster. Beide philosophieren als Repräsentanten der Postmoderne zwar insofern über dem dort üblichen Niveau, als die Schüler von Foucault, Lacan und Derrida im Allgemeinen weder am deutschen Idealismus, noch an Marx und der Neuen Marx-Lektüre ein besonderes Interesse zeigen. Aber indem Kittsteiner und Engster die Wertformkritik nur als Material für eine Montage oder eine Analogie verwenden, agieren sie zugleich ihre Gleichgültigkeit gegenüber allem aus, was die Wahrheitsfähigkeit des zu entfaltenden Existenzialurteils ausmacht: die Notwendigkeit des Kommunismus und »dass Auschwitz nicht sich wiederhole, nichts Ähnliches geschehe« (Adorno).

Während Kittsteiner allerdings an einer lichten Stelle seines Implantationsprojekts immerhin noch die Konkurrenz als Einwand gegen den Absolutheitsanspruch des

13 Im Begriff der *Analogie* versteckt Engster den Umstand, dass er weder über den Zusammenhang von Geist und Geld, also über Hegel als den metaphysischen Denker des Kapitals (Krahl), noch über den kategorialen Ort des Begriffs der Analogie etwas Genaueres zu sagen weiß. Darum kann er auch Analogie als eine Übersetzung des Begriffs der Verschiebung ausgeben und letztlich einräumen, dass es ihm wesentlich um die vermeintliche Übereinstimmung von Marx und Hegel im Verständnis immanenter Kritik geht. Siehe Frank Engsters Dissertation: Das Geld als Maß, Mittel und Methode. Das Rechnen mit der Identität der Zeit. Berlin 2014, S. 24 f.

14 Die in unausgesprochenem Einverständnis mit dem Leser gerne als Homologie gelesen werden darf.

15 Dahlmann: Seinslogik und Kapital (wie Anm. 9), S. 50 f.

16 Winfried Meyer: ›was keineswegs einst war‹. von der leugnung der realgeschichte in der deutschen nachkriegsphilosophie. Freiburg 2006, S. 11.

Substanz-Subjekts Kapital in Anspruch nimmt,[17] schließt Engster auch diese in seinem Programm der Selbstvermessung alles Seienden ein oder vielmehr: schließt sie aus dem schlecht unendlichen Werden des Geldes, immer nur zu nichts als sich selbst, aus. So bleibt sie lediglich Funktion und Schein auf der »Oberfläche«, von Engster auch »Ebene« genannt, der Real-Reflexion des Geldes: Funktion zur Bildung der Durchschnittsprofitrate, Schein, weil auf ihr das Kapitalverhältnis verkehrt als bloßes Resultat der Betätigung individueller Tauschakte der Marktteilnehmer erscheint.[18]

Postmoderne II: Frank Engster

Das alles hat Manfred Dahlmann in seiner Studie zu Frank Engsters Dissertation gründlichst dargestellt. Eine Art von erweitertem Resümee der geleisteten Kritik[19] soll hier nur gezogen werden, damit in der Zuspitzung auch sichtbar wird, dass und wie Engster mit seiner hermetischen Radikalisierung des Hegelmarxismus so auftritt, als habe es die Hegelkritik von Schelling bis Adorno nie gegeben.

So folgt er dem Erstgutachter seiner Dissertation Andreas Arndt zwar in dessen unerschütterlicher Treue zu Hegel, die sich weder von den Genannten noch von Auschwitz beirren lässt. Nicht aber möchte Engster Arndts These hinnehmen, dass Marx nicht nur die von ihm intendierte materialistische »Umstülpung«[20] der hegelschen Dialektik

17 »Nachdem das Substanz-Subjekt ... entfaltet ist, muss es wieder durchgestrichen werden. Denn allein schon der Begriff verführt zu der falschen Annahme, als liege der Bewegung der Weltgeschichte ein festes Zentrum als Substanz zugrunde. Im Gegenteil: das dynamische Substanz-Sein des Kapitals wird nur wirkende Kraft und Realität in der Konkurrenz der vielen Kapitale. Die Substanz ist ein leeres Zentrum, dessen Macht aus der Interaktion der Konkurrenz hervorgeht.« (Kittsteiner: Mit Marx für Heidegger, wie Anm. 8, S. 119.) Man fragt sich allerdings, wie Kittsteiner trotz dieser Einsicht zu der Meinung gelangen konnte, das derart leere Substanz-Subjekt könne seinen Mangel an Sein ausgerechnet im seinsgeschichtlichen Horizont Heideggers überwinden. Siehe zum Ort der Konkurrenz in der Kritik der politischen Ökonomie auch Manfred Dahlmann: Seinslogik und Kapital (wie Anm. 10). 3. Teil: Die Zeit im Geld. In: sans phrase 17/2020, S. 201.

18 Engster: Das Geld als Maß (wie Anm. 13), S. 725 f., Anm. 68.

19 Die Gerhard Scheit neben klärenden Anmerkungen zur Neuen Marx-Lektüre und solchen zur wichtigen Unterscheidung zwischen transzendentaler und spekulativer Identität um die nicht nur ironische Perspektive auf das chinesische Sozialkredit-System ergänzt hat, an das Engsters ökonomische Reduktion von Souveränität auf die Selbstreflexion des Geldes in seinen drei Bestimmungen als Maß, (Tausch-)Mittel und (kapitaler) Methode denken lässt. (Gerhard Scheit: Auf der neuen Seidenstraße der Theorie. Vier Thesen zur Existentialontologie des Geldes – anlässlich von Manfred Dahlmanns Kritik an Frank Engster. In: sans phrase 15/2019, S. 65–81.)

20 In seinem Nachwort zur zweiten Auflage des ersten Bandes des Kapitals aus dem Jahre 1873 erklärt Marx programmatisch: »Meine dialektische Methode ist der Grundlage nach von der hegelschen nicht nur verschieden, sondern ihr direktes Gegenteil. Für Hegel ist der Denkprozess, den er sogar unter dem Namen Idee in ein selbständiges Subjekt verwandelt, der Demiurg des Wirklichen, das nur seine äußere Erscheinung bildet. Bei mir ist umgekehrt das Ideelle nichts andres als das im Menschenkopf umgesetzte und übersetzte Materielle. Die mystifizierende Seite der hegelschen Dialektik habe ich vor beinah 30 Jahren, zu einer Zeit kritisiert, wo sie noch Tagesmode war ... Die Mystifikation, welche die Dialektik in Hegels Händen erleidet, verhindert in keiner Weise, daß er ihre allgemeinen Bewegungsformen zuerst in umfassender und bewusster Weise dargestellt hat. Sie steht bei ihm auf dem Kopf. Man muss sie *umstülpen*, um den rationellen Kern in der mystischen Hülle zu entdecken.« (Karl Marx: Das Kapital (1867). Marx-Engels-Werke (MEW), Bd. 23. Berlin 2006, S. 27. Hervorhebung nicht im Original.)

misslungen sei, sondern dass man bei Marx überhaupt keine Dialektik erkennen könne, »die auf einem der Wissenschaft der Logik vergleichbaren Theorieniveau angesiedelt«[21] sei. Das will Engster auf seinem Weg von Hegel über Marx zu Heidegger radikal anders, nämlich analogisch so sehen, als habe Marx den hegelschen Geist tatsächlich vom Kopf auf die Füße gestellt, ins Geld »umgestülpt« und dadurch entmystifiziert. Das ist Engsters Einstiegspunkt auf seinem Holzweg zu Heidegger und so lässt sich seine postmoderne USP[22] und zugleich der Montageplan seines Bausatzes skizzieren:

Man isoliere zunächst die Logik aus dem hegelschen System und spalte von ihr die gesamte Realphilosophie, insbesondere die Philosophie des Raumes und der Zeit in der Naturphilosophie, und des Rechts, der Moralität und der Sittlichkeit als Momente des objektiven Geistes ohne Rest ab.[23] Innerhalb der Logik fokussiere man auf das Maß als qualitatives Quantum, in welchem nach Hegel Qualität und Quantität in unmittelbarer Einheit sind, um so den Absprungsort für die Analogie des Geistes zum Geld und einen merkwürdigen Vorrang des Maßes vorzubereiten, der sich Engsters Fixierung auf die Immanenz immanenter Kritik verdankt. *En passant* schließe man die *Logik* in der Weise mit der *Phänomenologie des Geistes* kurz, dass man die in der Erfahrung sich vollziehende Selbstprüfung des Bewusstseins kurzerhand in eine *Selbstvermessung* umdeutet, sagt Hegel doch wörtlich, dass »das Bewußtsein seinen *Maßstab* an ihm selbst« gebe.[24] Sodann unterziehe man die Marxsche Kritik der politischen Ökonomie derselben Prozedur, indem man durch Reduktion auf die Wertformanalyse insbesondere die Marxsche Kritik der hegelschen Philosophie, der deutschen Ideologie und des Staates[25] abspaltet und mit ihr die Gegenstände materialistischer Kritik seit Marx überhaupt: vor allem die Kritik des Antisemitismus nach der Shoah, der Politik im Postnazismus, des Staates und seiner Gewalt, des Individuums in der Psychoanalyse und der sogenannten Kultur durch »Mülltrennung«.[26] Hat man durch diese parallele Reduktion auf Logik einen mit Marx vermeintlich vollständig kompatiblen Hegel gewonnen, imprägniere man jenen mit

21 Andreas Arndt: Geschichte und Freiheitsbewusstsein. Berlin 2015, S. 132.

22 USP steht für Unique Selling Proposition, zu deutsch: Alleinstellungsmerkmal. Es entscheidet darüber, ob und in welchem Umfang sich eine Ware durch ein herausragendes Merkmal im Sinne eines einzigartigen Nutzenversprechens so von konkurrierenden Waren abhebt, dass ein bestimmter Mindestabsatz als wahrscheinlich erscheint. Es versteht sich, dass solche Marketingregeln auch für die Produkte aus der Kulturindustrie und anderen Branchen der Ideologieproduktion gelten.

23 Liest also Hegel gewissermaßen nur vom Ende her und vergisst, wie er seit seinen Jenaer Jahren überhaupt dazu kommen konnte, die drei Systemteile im absoluten Geist zusammenzuschließen. Siehe auch Anm. 75.

24 G. W. F. Hegel: Phänomenologie des Geistes (1807). In: Ders.: Werke in 20 Bänden, Bd. 3. Hrsg. v. Karl Markus Michel und Eva Moldenhauer. Frankfurt am Main 1976, S. 76.

25 Es ist bekannt, dass Marx die geplante systematische Kritik des Rechts und des Staates nicht ausgearbeitet hat. Eine solche Kritik ist jedoch in seinem Werk vielfach angelegt und an einigen Stellen auch angesetzt, zum Beispiel in der Kritik der hegelschen Rechtsphilosophie und nicht zuletzt im Kapital dort, wo der Äquivalententausch als gerechter Tausch identifiziert wird. Die Marxsche Kritik macht einsichtig, dass sich Ausbeutung in den Formen des Rechts vollzieht.

26 So der Titel der gleichnamigen Aufsatzsammlung von Gerhard Scheit, der auf Adornos Diktum anspielt, »alle Kultur nach Auschwitz, samt der dringlichen Kritik daran, [sei] Müll«: Mülltrennung. Beiträge zu Politik, Literatur und Musik. Hamburg 1998.

diesem, um so ein spirituelles Geld-Subjekt zu gewinnen, das wie ein schwarzes Loch alles Sichtbare, Lebendige und einzelne verschlingt. Dieses trinitarisch als »Maß, Mittel und Methode« verfasste und schwach viskose Geld-Subjekt injiziere man schließlich *in vitro* in das heideggersche Ge-stell, welcher Eingriff sofort drei Resultate zeitigt: die endgültige »Urbanisierung der heideggerschen Provinz«[27] (Kreuzberg statt Todtnau), sodann die Annäherung des vormals als bestimmungsloser Abgrund alles Seienden gedachten Seins an ein bewusstloses Subjekt und damit schließlich die Weltmarktfähigkeit desselben, das fortan seine automatische Subjektivität und staatenlose Souveränität als wirkliche gegen Marx bitter ironische Rede vom »automatischen Subjekt« behaupten soll. Mit dieser Operation gelingt Engster, was philosophisch weniger talentierte Kulturwissenschaftler nicht vermochten: die Heimholung Heideggers aus dem national-sozialistischen Ausnahmezustand, in dem sich der Wert nicht mehr verwertet,[28] in die Normalität eines prosperierenden Weltmarktes auf der Höhe der chinesischen »Anwendung des Wertgesetzes« – wie man das früher in Moskau und Ostberlin genannt hätte.[29]

Es wurde gesagt, dass diese Operation voraussetzt, Hegel im Jenseits seiner von Schelling bis Adorno reichenden Rezeptionsgeschichte zu lesen und die Möglichkeit einer »Umstülpung« der Logik des Geistes in eine des Geldes einfach vorauszusetzen. Engster hätte sich allerdings der Tragfähigkeit des hegelschen Grundes versichern müssen, bevor er von diesem aus seine philosophisch keineswegs belastbare Brücke zu Marx baut.

Engsters Neue Hegellektüre

Seit seinen frühen Versuchen einer Postmodernisierung der Kritik der Politischen Ökonomie vor 20 Jahren in der Zeitschrift *Karoshi* hat Engster sein Vorurteil gegen Adorno nicht zu überdenken vermocht: dieser kritisiere Hegel und lese Marx als Theoretiker der *Subsumtion* des Besonderen und Einzelnen unter das Allgemeine und verkenne so Dialektik als den Modus der *Konstitution* des theoretischen Subjekt-Objekts, das Marx später als treuer Schüler Hegels nur noch zu »vergesellschaften«[30] brauchte. Schon damals deutete sich an, dass Engster sich Kritik nur als immanente ohne jeden Rest vorstellen kann und daher weder auf ihre immanent erreichbaren Grenzen noch auf die Lücken und Brüche innerhalb der Dialektik einen Gedanken verschwenden will. Als könnte das ein Vorwurf sein, attestiert er der Kritischen Theorie, sie wolle »ihre Kritik an der kapitalistischen Gesellschaft ... am allerwenigsten als durch das Kapital

27 Mit diesem Kompliment bedachte Habermas Hans-Georg Gadamer anlässlich der Verleihung des Hegel-Preises der Stadt Stuttgart 1979.

28 Gerhard Scheit: Suicide Attack. Zur Kritik der politischen Gewalt. Freiburg 2004, S. 84, 87, 144, 357 und passim.

29 Siehe Scheit: Auf der neuen Seidenstraße der Theorie (wie Anm. 19), S. 80 f.

30 Engster: Das Geld als Maß (wie Anm. 13), S. 40, 57 – 78 und passim.

selber gestiftet verstehen« und insinuiert damit, Adorno mache irgend ein erschlichenes Positives außerhalb des Geldes in ähnlicher Weise gegen die verkehrte Gesellschaft geltend, wie der Katholik den unbedingten Heilswillen Gottes gegen die luthersche Prädestination. Tatsächlich ruft Engster theologische Motive auf, wenn er das Nichtidentische als Projektion des schlechten Gewissens glaubt decouvrieren zu können, mit welcher Adorno der sündig zirkulären Dialektik Hegels entkommen will: »Denn obwohl es der Unwahrheit des Ganzen entspräche, auch jede kritische Gesellschaftstheorie als durch die Kapitaltotalität gestiftet und als Moment ihrer Selbstvermittlung zu begreifen, hätte sich für Adorno eine solche Bestimmung von Gesellschaftskritik nur wieder subsumtionslogisch am Nicht-Begrifflichen und Nicht-Identischen versündigt, für das die Kritische Theorie sich einsetzt; der versöhnende Zirkel der Hegelschen Dialektik, den das Nicht-Identische als ihr schlechtes Gewissen durchbrechen soll, wäre erneut geschlossen.« In Adornos *Negativer Dialektik* vermeint Engster also eine Art von Bußwerk zu erkennen, das sich allerdings im bloßen *Bewußtsein* der Schuld und im reinen *Denken* des Nichtidentischen erschöpfe: »Die konsequente Negativität der negativen Dialektik kann gegen das unwahre Ganze nur auftreten, wenn sie ihm gegenüber ein Nicht-Identisches schlechthin aufführen kann, in dem die Möglichkeit des ganz Anderen bewahrt bleibt. Und im Denken selbst, das sich des im Begriff nicht zu sich Kommenden schuldhaft bewußt werden kann und dadurch die Reflexion an das Nicht-Identische gemahnt, findet Kritische Theorie diesen nichtpositiven Gegenstand.«[31] Und, scheint Engster hinzufügen zu wollen: ihre falsche Befriedigung weit unter dem Niveau Hegels als des Überwinders der spinozistischen Immanenz- und Substanzphilosophie.

Es wäre unangemessen, Engster einen 20 Jahre alten Text vorzuhalten, wenn er seither auf seine Begeisterung für die Immanenz immanenter Kritik reflektiert und Adornos Hegelkritik nicht weiter abgewehrt, sondern abseits seines messtheoretischen Reimzwangs halbwegs unvoreingenommen rezipiert hätte. Tatsächlich aber hat Engster seinen Affekt gegen Lücken im prozessierenden Selbstverhältnis von Geist und Geld und in der als universal imaginierten Konstitution alles Seienden durch Selbstvermessung[32] niemals wahrnehmen wollen, sondern in der Vorstellung noch intensiviert, auch negative Dialektik intendiere wesentlich die Sicherung eines *Maßes der Kritik*.[33] Dieses fin-

31 Frank Engster: Adornos subsumtionslogischer Begriff der Dialektik und das Nicht-Identische oder: Hegel & the form – you can run, but you can't hide. In: trend onlinezeitung 6/2002. www.trend.infopartisan.net/trd0602/t170602.html. Spiegelung aus karoshi Nr. 5, letzter Zugriff: 15. 8. 2020.

32 Auch die Natur erfahre dadurch, dass der Mensch an sie das ihr zuvor entnommene Maß anlegt, eine wundersame Begegnung mit sich selbst: »Der Trick ist jedoch nicht allein, der Natur ihre Maße zu entnehmen, um sie an ihre eigenen Maße zu halten und zum Gegenstand des Wissens zu machen. Der Trick ist, dass die Natur dadurch sich selbst Gegenstand ist. Nicht der Wissenschaft wird die Natur zum Gegenstand der Messung, sondern die Wissenschaft organisiert, dass die Natur sich durch ihre Maße selbst zum Gegenstand der Messung wird. Die Naturwissenschaft organisiert gleichsam die Selbstbegegnung der Natur.« Die Engführung von Messung und Selbstreflexion der Natur ist also nicht nur eine Metapher. (Frank Engster: Geist, Logik, Kapital und die Technik des Maßes. In: Revista Opinião Filosófica Nr. 7/1. Porto Alegre 2016, S. 166, 167.)

33 Engster: Das Geld als Maß (wie Anm. 13), S. 346–355, 749 f.

de Adorno eben im Nichtidentischen, das aber diese Funktion nur vermöge des Scheiterns spekulativer Identifikation *ex negativo* und leider nur unter Verstoß gegen das Immanenzgebot der Kritik übernehmen könne.[34]

Das Nichtidentische misst aber gar nichts, sondern ist nur der Name für das aus der Logik notwendig Verdrängte und Ausgeschlossene, das im – allerdings begrifflich vermittelten – Versuch, aus dem Immanenz- und Verblendungszusammenhang auszubrechen, aufscheint und sehen lässt, dass es im Begriff nicht aufgeht. Engster nennt solche Ausbruchsversuche ein »Verfehlen der Identifikation«, obwohl doch solche Identifikation umgekehrt als Verfehlen des Nichtidentischen, im identifikatorischen Begriff nicht Aufgehenden, zu begreifen wäre, das sich ungebremster Abwehr des Endlichen, Vergänglichen und Hinfälligen verdankt. Vielleicht zeigt sich an dieser Stelle besonders deutlich, dass Engster auf seine Vorentscheidung, partout dialektisch denken zu wollen, nicht reflektieren und nicht sehen will, dass Adorno im Grunde nichts anderes versucht, als Immanenz selbst zum Gegenstand immanenter Kritik zu emanzipieren. Denn immanente Kritik »hat ihre Grenze daran, daß schließlich das Gesetz des Immanenzzusammenhanges eins ist mit der Verblendung, die zu durchschlagen wäre.«[35]

Es zeigt sich hier wie anderswo in seinem Werben für einen zur Fundamentalontologie verdichteten Hegelmarxismus, dass Engster trotz seiner Begeisterung für Immanenz untergründig der von Hegel kritisierten Vorstellung Kants verhaftet bleibt, man könne die Werkzeuge, Mittel und Maßstäbe der Erkenntnis des Absoluten vor und außerhalb desselben bestimmen.[36] Nichts anderes unternimmt Engster nämlich wider seine eigene Intention, wenn er geschichtsvergessen und vor aller Erfahrung voraussetzt, seine der hegelschen Seinslogik entliehene und ins Geld verschobene *Große Methode* könne sich in reiner Immanenz selbst einholen und wie das hegelsche Absolute als reines Selbstverhältnis in einer in sich gegenläufigen Bewegung gleichzeitig gründen und begründen.[37] Engster liest also das *Kapital* paradoxerweise als spekulatives Existenzialurteil, das sich wesentlich in einer Kritik des als reflexiv imaginierten Geld-Subjekts durch seine Darstellung (und *vice versa*) erschöpfe, also in der Selbstkritik des Geldes, welcher sich in reinem Zusehen und per Anwendung der *Großen Methode* anzumessen die einzige Aufgabe der allerneusten Neuen Marx-Lektüre sei. Zu erinnern wäre Engster daher an die materialistische Hegelkritik seit Schelling, die er allerdings nur in Gestalt der *Negativen Dialektik* zu kennen scheint, ohne die dort in sich verschränkte Kritik transzendentaler und spekulativer Identität[38] aufzunehmen. Indem er nämlich Adorno als einen Subsumtionstheoretiker abfertigt, der gesellschaftliche Synthesis nur

34 Ebd. S. 353, 750.

35 Theodor W. Adorno: Negative Dialektik. Begriffe und Kategorien. In: Ders.: Gesammelte Schriften, Bd. 6. Hrsg. v. Rolf Tiedemann. Frankfurt am Main 1997, S. 183.

36 Siehe zum Beispiel Hegels berühmte Einleitung in die Philosophie des Geistes (wie Anm. 24), S. 68 – 81.

37 Zum Begriff der Einheit von Sich-Gründen und Sich-Begründen siehe Ute Guzzoni: Werden zu sich. Eine Untersuchung zu Hegels Wissenschaft der Logik. Freiburg 1963, S. 101 – 114.

38 Also von Kant und Hegel in den beiden ersten Modellen der Negativen Dialektik (wie Anm. 32), S. 209 – 353.

als gewaltsame Subsumtion des Besonderen unter das Allgemeine beklage und überdies in seiner Fixierung auf die Logik des Tauschs das im Kapital gleichsam begrifflich gewordene Geld verfehle, schlägt Engster zwar ein Fünkchen Wahrheit aus dem Befund, dass Adorno tatsächlich aus seinem Ekel vor der Ökonomie keinen Hehl machte und seine Hinweise zur Kritik der politischen Ökonomie im engeren Sinne unter dem Niveau seiner Kant- und Hegelkritik liegen.[39] Aber es ist spätestens seit dem Erscheinen der *Negativen Dialektik* vor mehr als 50 Jahren nicht schwer einzusehen, dass Adorno gerade in seiner Kritik an den hegelschen Zentralbegriffen – Vermittlung, Identität, Negativität, Totalität und Erfahrung – die Marxsche Kritik der politischen Ökonomie nicht nur erreicht, sondern die bei Marx noch dem feuerbachschen Materialismus verhaftete Hegelkritik erst materialistisch-dialektisch entfaltet und für die Kritik der ebenso »verrückten« wie »objektiven Gedankenformen« der Ökonomie fruchtbar macht.

Da in Adornos Hegelkritik in der *Negativen Dialektik*, den *Drei Studien zu Hegel* und in den *Minima Moralia* auch die Kritik Hegels durch Schelling, Feuerbach und Marx aufgespeichert ist, stürzt Engsters Brücke von Hegel zu Marx schon mit dem Nachweis der Insuffizienz seiner Adornokritik ein. Darüber hinaus den Weg der materialistischen Hegelkritik seit Schelling nachzuzeichnen, ist hier schon deswegen nicht möglich, weil diese Aufzählung noch gar nicht vollständig ist und insbesondere auch Freuds psychoanalytische Selbstkritik des Individuums als eines Triebsubjekts als implizite metapsychologische, i. e. *realphilosophische* Kritik am hegelschen Vorrang des Subjekts zu begreifen ist. Auch in Sartres phänomenologischer Ontologie und in Sohn-Rethels Verendlichung des Transzendentalsubjekts artikuliert sich materialistischer Widerstand gegen das *Proton Pseudos* des absoluten Geistes, in dem sich prozessierende Relation als Substanz ausgibt.[40] Verwiesen sei insoweit nur auf die Studien von Manfred Frank und Dieter Henrich, die den Spuren der Hegelkritik von Hölderlin über Schelling, Feuerbach und Marx bis zu Sartre folgen,[41] von denen Engster allerdings so wenig wissen will wie von Geschichte, auch der Geschichte der Philosophie, überhaupt. Er beschränkt sich[42] im Grunde auf eine Metakritik der Hegelkritik Adornos. Jener soll hier deswegen

39 Zur Asymmetrie von philosophischer und ökonomischer Kritik bei Adorno siehe Dirk Braunstein: Adornos Kritik der politischen Ökonomie. Bielefeld 2011, S. 9 f. und passim. Unter Hinweis auf eine Seminarmitschrift aus dem Sommersemester 1962 legt Braunstein nahe, dass Adorno Marx' Ekel vor der »ökonomischen Scheiße« (so Karl Marx in einem Brief an Friedrich Engels vom 2. April 1851) geteilt hat.

40 Siehe hierzu die immer noch lesenswerte Habilitationsschrift von Christoph Türcke, der die Verwechslung von Relation und Substanz als das Unwesen der Didaktik und spekulativer Dialektik zugleich einsichtig macht: Vermittlung als Gott. Lüneburg 1986, S. 16; 124 f.: »Als Vater ist Gott reines, unbestimmtes Sein, also Nichts; sofern er sich aber zum Sohn bestimmt und als Heiliger Geist in sich zurückbiegt, ist er konkrete Totalität. Die absolute Vermittlung, als die Hegel die Wirklichkeit fasst, ist zwar Ausdruck der vermittelnden Bewegung des Kapitals – aber einer, der die ganze abendländische Metaphysik in sich aufgesogen hat ...« Die von Hegel formabsolutistische Vertauschung von Substanz und unendlicher Vermittlung äfft die Didaktik in der Vorstellung nach, didaktische »Vermittlung sei ein konsistentes Drittes neben dem Vermittelten.«

41 Siehe vor allem Manfred Frank: Der unendliche Mangel an Sein. Schellings Hegelkritik und die Anfänge der Marxschen Dialektik. Frankfurt am Main 1975; Dieter Henrich: Hegel und Hölderlin. In: Ders.: Hegel im Kontext. Frankfurt am Main 2010, S. 9 – 40 und Karl Marx als Schüler Hegels, S. 188 – 208.

nachgegangen werden, weil in ihr der wahnhafte Zug insistent immanenter Kritik[43] besonders deutlich hervortritt.

Weil er jeden materialistischen Ausbruchsversuch aus den kreisenden Kreisen und Sismondischen Spiralen des sich immerzu verfolgenden und wieder einholenden Geld-Geistes im Keim ersticken will, muss Engster Adornos *Negative Dialektik* als eine Ontologie des Nichtidentischen missverstehen, so als bezeichne dieses einen einnehmbaren Standpunkt und nicht gerade die schon ihrem Begriff nach nicht positivierbaren Lücken und Risse im Schuld- und Verblendungszusammenhang einer begrifflich verfassten Wirklichkeit. Von diesem vermeintlichen Standpunkt der Nichtidentität unterscheide sich der des Geldes, auf den zu stellen Engster dem Leser anempfiehlt, durch seine spekulative Identität, die sich um der Möglichkeit von Erkenntnis willen in der lückenlosen Immanenz von Kritik zu wiederholen habe. So stehe der Kritiker gleichzeitig neben und in der gesellschaftlichen Totalität, so wie die ausgesonderte Geldware gleichzeitig in und außerhalb der ungeheuren Warensammlung stehe[44] oder auch das Tier als solches »neben und außer Löwen, Tigern, Hasen und allen andern wirklichen Thieren« (Marx). Überall nichts als die spekulative *Identität der Identität und der Nichtidentität* und weit und breit kein Nichtidentisches und noch nicht einmal eine intransigente Kantische Antinomie, die sich ihrer Auflösung in die rastlose Selbstkontinuierung des Geld-Begriffs zu widersetzen vermöchte. Von diesem Feldherrnhügel eines vollendeten Hegelmarxismus aus könne der Kritiker dann gleichsam bewußtlos reflektierend die bewußtlose Reflexion des Geldes in seinen drei Funktionen als Maß, Mittel und kapitaler Methode in der kühlen Geborgenheit reiner Immanenz teilen, innerhalb derer uns das Geld bis auf Weiteres das Ereignis des Kommunismus vorenthalte.[45] Und so schließt Engster das Bilderverbot mit dem Heideggerschen Ereignis kurz: »Indes hat Marx' Kritik die kapitalistische Gesellschaft bekanntlich keiner Überwindung zuführen (!) können. Wenn die kommunistische Revolution dasjenige Ereignis – um einen aktuell gewordenen Begriff Heideggers aufzugreifen (!) – gewesen sein wird, das nicht aus den Widersprüchen des Kapitalismus und aus seiner geschichtlichen Entwicklung mit objektiver oder gar logischer Notwendigkeit folgen musste, wenn die kommunistische Revolution vielmehr Ereignis gerade darum sein muss, weil sie sich erst von einer neuen, anderen Gesellschaft her wird begründen können, dann kann es ohnehin keine logische oder gar wissenschaftliche Begründung der Revolution geben. Zumindest kann es keine Theorie einer zukünftigen, ganz anderen, einer kommunistischen Gesellschaft geben schon vor deren Eintritt.«[46] – Was Adorno und der Materialismus nicht nur nie-

42 Neben der teilweise bemerkens- und lesenswerten Darstellung erkenntnistheoretischer Aporien bei Lukács und Sohn-Rethel.

43 Totale Immanenz wäre gleichsam der Begriff für die psychotische Dissoziation Gottes vor seiner Kontraktion im Akt der Schöpfung.

44 Engster: Das Geld als Maß (wie Anm. 13), S. 764.

45 Ebd. S. 735 – 744.

46 Ebd. S. 53 und 735 – 744.

mals bestritten, sondern immer wieder gegen das »Auspinseln« (Adorno) von Utopie geltend gemacht haben. Engster allerdings unterstellt, dass es zwischen dem gerade nicht theoretisierbaren Nichtidentischen und einer ebenso wenig theoretisierbaren kommunistischen Gesellschaft keinerlei Beziehung gebe, weil er den herrschaftlichen *Begriff* nicht vom *Namen* einer anderen Gesellschaft unterscheiden kann, die sich bestimmter Negation der falschen ohne die Perspektive einer Aufhebung im Begriff verdankt: freie Assoziation als die »Einheit des Vielen ohne Zwang«.[47]

Da also für Engster Immanenz die erste Philosophenpflicht ist, muss er die nicht enden wollende aber zugleich nervtötend langweilige Selbsteinholung des geldgeistigen Substanz-Subjekts im Gehäuse ihrer Immanenz irgendwie auftakeln. Dazu dient der Heidegger entliehene und auch bei Engster latent heroisch anmutende Gestus einer »Bereitschaft des Sich-Offen-Haltens für die Ankunft oder das Ausbleiben« – des Kommunismus[48] – eine Methode, die man insbesondere von Heideggers *Beiträgen* kennt, auf den sich Engster daher völlig zu recht bezieht, und die in gewisser Weise Marx in jungen Jahren in Hegels Sprung aus der Logik in das Ereignis der Natur auch wahrnimmt: »Dieser ganze Übergang der Logik in die Naturphilosophie ist nichts andres als der – dem abstrakten Denker so schwer zu bewerkstelligende und daher so abenteuerlich von ihm beschriebene Übergang aus dem Abstrahieren in das Anschauen. Das mystische Gefühl, was den Philosophen aus dem abstrakten Denken in das Anschauen treibt, ist die Langweile, die Sehnsucht nach einem Inhalt.«[49] Karl Heinz Haag hat darauf aufmerksam gemacht, dass diese Langeweile nicht nur den Sprung der Idee in die Äußerlichkeit der Natur motiviere, sondern zugleich für den Übergang des absoluten Idealismus in Positivismus stehe. Er bezieht sich auf eine Stelle in der *Großen Logik*, wo nach Hegel die absolute Idee sich frei als »Einheit des reinen Begriffs und seiner Realität« setze und so in die »Unmittelbarkeit des Seins« zusammennehme.[50] »Hegel kann es nicht verhehlen: wenn das als weltgeschichtlicher Prozeß existierende Absolute die bewußte Einheit seines »Begriffs und seiner Realität« erreicht hat, kehrt es »als die Totalität in dieser Form« wieder in den Anfang des Prozesses zurück – und ist erneut »Natur«. Ein anderer Sinn von Natur und Geschichte war für Hegel – wie für den modernen Pantheismus überhaupt – nicht denkbar: in seinem absoluten Idealismus geht die abendländische Metaphysik über in Positivismus.«[51]

47 Joachim Bruhn: Adorno: Die Konstellation des Materialismus. In trend onlinezeitung 7 – 8/2003. www.trend.infopartisan.net/trd7803/t037803.html, letzter Zugriff: 15.8.2020.

48 So Martin Heidegger (wie Anm. 11), S. 209. Im Gespräch mit Augstein tritt allerdings Gott an Stelle des Ereignisses, das bei Engster auf den Namen Kommunismus hören soll.

49 Karl Marx: Ökonomisch-philosophische Manuskripte (1844). Marx-Engels-Werke (MEW), Bd. 40. Berlin 2006, S. 586.

50 G.W.F. Hegel: Wissenschaft der Logik II. In: Ders.: Werke in 20 Bänden, Bd. 6. Hrsg. v. Karl Markus Michel und Eva Moldenhauer. Frankfurt am Main 1976, S. 573.

51 Karl Heinz Haag: Der Fortschritt in der Philosophie. Frankfurt am Main 1985, S. 100.

Engster mag zwar wie Hegel und andere nach ihm eine solche Langeweile auch empfinden und ruft daher das Ereignis als des Königs reitenden Boten auf die Bühne seiner Kritik-durch-Darstellung-vice-versa. Zugleich drückt er sich aber um jede Erforschung der inneren Brüche und äußeren Grenzen spekulativer Dialektik und würde, was letztere angeht, wohl ohne Zögern auf Hegels Ausführungen zum Übergang des Endlichen ins Unendliche nach der Selbstreflexion der Schranke und des Sollens verweisen: Wer die Schranke als solche bestimme, sei schon darüber hinausgegangen und das Ding an sich sei auch nur ein Ding an sich *für uns* – das weiß jeder Hegelianer. Aber im schützenden Windschatten seiner affirmativen Hegellektüre, die sich in solchen leicht zitierfähigen Philosophemen zusammenfasst, verkürzt Engster Adornos negativ dialektische Hegelkritik um ein Wesentliches: die Dialektik. Allein diese vermag nämlich als *negative* die unwahre Positivität immanenter Spekulation als deren eigene Unwahrheit – mit dem Begriff gegen den Begriff – zu transzendieren.

Denn seine Wahrheit hat spekulatives Denken nur, wenn vom Absoluten gesprochen wird, als welches sich der Geist als prozessierendes Selbstverhältnis und, könnte es sich erklären, das Kapital gegenüber den Individuen gebärdet. Außerhalb eines solchen hypostasierten Absoluten hat die Spekulation ihr Recht verloren. Sie muss sich dann zurücknehmen und anerkennen, dass ihr Zentralbegriff *Vermittlung* selbst vermittelt ist und daher die ihm zugedachte Funktion, nicht nur endliche Vermittlung von Subjekt und Objekt, sondern zugleich unendliche Substanz und selbst Subjekt zu sein, nicht erfüllen kann.[52] Hegel verletze daher, so Adorno, seinen eigenen Begriff von Dialektik, indem er ihn gerade – nicht – verletze: »Aus der logischen Bewegung der Begriffe ist nicht in die Existenz überzugehen. Hegel zufolge bedarf es konstitutiv des Nichtidentischen, damit Begriffe, Identität zustande kommen; so wie es umgekehrt des Begriffs bedarf, um eines Nichtbegrifflichen, Nichtidentischen sich bewußt zu werden. Nur verletzt er seinen eigenen Begriff von Dialektik, der gegen ihn zu verteidigen wäre, indem er ihn nicht verletzt, ihn zur obersten widerspruchsfreien Einheit zusammenschließt. *Summum ius summa iniuria.*«[53] Adorno setzt also keineswegs dem Gebot immanenter Kritik eine abstrakt von irgendwo hergeholte Freiheit zur Kritik von einem Standpunkt außerhalb des Verblendungszusammenhangs entgegen, als welchen er die negative Synthesis der kapitalistischen Gesellschaft begreift, wie sie sich im Bewusstsein der Einzelnen darstellt. Vielmehr überbietet er Hegel materialistisch in der Erkenntnis, dass zwar »nichts aus dem dialektischen Immanenzzusammenhang« hinausführe, »als er selber«,[54]

52 Haag nennt diese Insuffizienz reiner Vermittlung »die geschichtliche Entsubstantialisierung des Absoluten«. Diese teilt das angemaßte Absolute des Kapitals mit dem traditionell Absoluten Gottes: »Dieser Gott ist freilich ein völlig sinnloses Gebilde: als ein Prinzip, das in seiner Funktion – der Vermittlung von Welt – aufgeht, vermag er eben diese Funktion nicht zu erfüllen.« (Ebd. S. 99.)

53 Theodor W. Adorno: Zur Metakritik der Erkenntnistheorie. Drei Studien zu Hegel: Skoteinos oder Wie zu lesen sei (1962/63). In: Ders.: Gesammelte Schriften, Bd. 5. Hrsg. v. Rolf Tiedemann. Frankfurt am Main 1997, S. 375.

54 Theodor W. Adorno: Negative Dialektik (wie Anm. 35), S. 145.

dieser Ausgang jedoch in eine nicht mehr spekulative »Logik des Zerfalls«[55] münde, in der Hegels Wahrheit in ihrer Unwahrheit erst sichtbar werde.[56]

Hegels »Unwahrheit«

lautet daher der Titel eines außerordentlich konzisen Essays, in welchem Ute Guzzoni Adornos Hegelkritik im Zugleich von Wahrheit und Unwahrheit resümiert.[57] Spekulativ wahr sei Hegels System insofern, als in ihm erstmals das »Einzelne, Endliche und Differente als ein solches gesetzt und bestimmt« werde. Für das Ganze konstitutiv werde es aber nur als Verschwindendes und im »unendlichen Prozess des Zu-sich-selbst-kommens der begrifflichen Totalität« aufgehobenes, das als Ganzes daher das Unwahre sei. (93) Dieser spekulativen Unwahrheit stehe wiederum die geschichtliche Wahrheit des Befundes gegenüber, dass die »in Hegels Denken sich durchsetzende Vormacht« des selbstbezüglichen Systems der »Geschlossenheit der gesellschaftlichen Allgemeinheit« entspreche, dem »Identitätszwang , den der absolute Begriff dem im Begriff unauflöslichen Einzelnen antut«. (95) Guzzoni und auch Adorno scheuen sich, dieses Allgemeine als das paradox in Geld und Staat unmittelbar gewordene Allgemeine negativer Vergesellschaftung auszusprechen, das Marx am Anfang des *Kapitals* schlicht die »kapitalistische Produktionsweise« nennt. Darauf kommt es aber nicht an, denn nun fragt Guzzoni mit Adorno weiter: »Wie aber steht zu dieser geschichtlichen Wahrheit die anfangs genannte« spekulative Wahrheit, also »Hegels Einsicht in den antithetischen Charakter des Seienden?« Die Antwort lautet: Weil sich diese beiden Wahrheiten widersprechen, indem sich der gesellschaftlich konstituierte Vorrang des Subjekts als Form gegen die Individuen durchsetzt, werde einsichtig, dass Hegels spekulative Wahrheit zugleich geschichtlich unwahr ist. »Der Wahrheit und Unwahrheit auf der spekulativen Ebene stehen umgekehrt Unwahrheit und Wahrheit auf der geschichtlich-realen Ebene gegenüber. Die Diskrepanz von spekulativer und geschichtlicher Ebene ist als solche bereits Index von Unwahrheit«. (96)

Diese Diskrepanz indiziert also die Unwahrheit einer Realität oder die Wahrheit einer Unwirklichkeit, die als begrifflich verfasste mit Hegels System den erschlichenen Vorrang des Subjekts gemein hat. Aber weder Hegels Geist noch das Kapital können das Individuum als verschwindendes retten, das Besondere aus seinem Dienst im und am Allgemeinen befreien und im Sinne einer positiven Synthesis aus sich selbst heraus

55 Ebd. S. 148.

56 Diese Logik ist aber gleichsam porös und lässt in der Weise Licht in die Höhle der Immanenz schimmern, dass Freiheit nicht nur gedacht und transzendental als Bedingung der Möglichkeit von Kritik vorausgesetzt werden muss, sondern manchmal und für einen Augenblick lang auch als jederzeit möglich geahnt werden kann.

57 Ute Guzzoni: Hegels Unwahrheit. Sieben Stücke zu Adorno. Freiburg; München 2003, S. 93 – 98. Alle folgenden Seitenverweise im Text beziehen sich, wenn nicht anders angegeben, auf das hier genannte Buch.

geschichtsbildend, schöpferisch und geschichtlich wahr werden. Rastlose Vermittlung durch Negation und Aufhebung in immer wieder neue labile Unmittelbarkeiten vermag zwar gegen die dem Hegelschen Geist und dem Kapital inhärente Tendenz zur finalen Synthesis durch Vernichtung – also zur nun endgültig nicht mehr spekulativen Identität im Tod – Aufschub zu gewähren. Zugleich aber wächst die Gefahr, dass mit der zunehmenden organischen Zusammensetzung des Gesamtkapitals und der es bedienenden Menschen[58] die Resistenzkraft gegen Tendenzen abnimmt, der stets latenten und drohenden Vernichtung durch vorlaufenden Amok in die unmittelbare Vernichtung um der Vernichtung willen entkommen zu wollen. Anzuerkennen und möglich zu machen wäre nach Adorno daher der Vorrang des Objekts, das Telos der Revolution. Guzzoni zitiert Adorno, der dies in der *Negativen Dialektik* mit weniger Emphase so ausdrückt: »Wahrhafter Vorrang des Besonderen wäre selbst erst zu erlangen vermöge der Veränderung des Allgemeinen«. (98)

Logik und Realphilosophie

So wie Adorno und der Materialismus nach ihm die strikte Trennung von Logik und Geschichte durch die Logik hindurch als Schein kritisieren, um im Medium geistiger Erfahrung den Besiegten[59] doch noch Gehör zu verschaffen und letztlich Leid beredt werden zu lassen, so setzt Engster seiner Spiritualisierung des Geldes diese Trennung qua Abspaltung der Logik Hegels von der auf den 790 Seiten seiner Dissertation unthematisch bleibenden Realphilosophie einfach unreflektiert voraus. Nichts Endliches und nichts Hässliches, kein Schmerz und keine Angst, nicht die Folter und nicht die Schoah sollen die reine Logik des Geldes – als Reflexion desselben in sich – kontaminieren und die Selbstvermessung der Welt im Geld und in den Naturwissenschaften behindern. Im Reinraum solcher Immanenz entgeht Engster, wie wohl hartnäckigen Neohegelianern auch sonst, dass schon die als zeitlos vorausgesetzte reine Logik zumindest durch jene Zeit verunreinigt ist, welche der spekulative Satz zu seiner Entfaltung benötigt. Diese affiziert daher den göttlichen Begriff bereits, bevor sich die absolute Idee »entschließt, das Moment ihrer Besonderheit oder des ersten Bestimmens und Andersseins, die unmittelbare Idee als ihren Widerschein, sich als Natur frei aus sich zu entlassen.« Weil die Idee aber vorher im unvordenklichen Sein der Logik gleichsam als »die Darstellung Gottes ... vor der

58 Siehe Theodor W. Adorno: Minima Moralia. Reflexionen aus dem beschädigten Leben. In: Ders.: Gesammelte Schriften, Bd. 4. Hrsg. v. Rolf Tiedemann. Frankfurt am Main 1997, S. 261 f.

59 Im Aphorismus »Vermächtnis« der Minima Moralia bestimmt Adorno in Erinnerung an Walter Benjamin das geschichtlich Nichtidentische näher als das der Dialektik *Entronnene*, das einer Geschichtsschreibung aus der Perspektive der Besiegten aus den Bruchstücken der »einzigen Katastrophe« (Walter Benjamin) entgegenleuchten würde. (Ebd. S. 172.)

Erschaffung der Natur und eines endlichen Geistes ist«, muss man annehmen, dass Hegels Gott sich schon vor dem ersten Tag der Genesis in die Äußerlichkeit der Zeit verloren hatte, obwohl diese erst in § 257 der *Enzyklopädie* thematisch wird, also logisch und historisch nach der freien Selbst-Entlassung der absoluten Idee in die Äußerlichkeit ihres Andersseins (§ 244), die nunmehr die Idee zur Natur bestimmt (§ 247).[60]

So wie der auf seiner Reinheit bestehende Begriff seine anfängliche Schuld gegenüber der Natur aus eigener Kraft nie mehr wird begleichen können – ihn trennt von seinem zeitlosen Anfang für immer der durch den freien Sprung in die Natur vor aller Zeit eröffnete Abgrund[61] –, so kann auch schon der Anfang der Logik sich nicht aus sich selbst begründen und bedarf einer unvermittelten Setzung, des Sprungs aus einem unvordenklichen Seienden, einem womöglich naturhaften Etwas, das Hegel auf der Suche nach dem reinen Anfang freilich Anathema ist, weshalb er das Etwas zwar voraussetzen, aber in derselben logischen Sekunde zum bestimmungslosen Sein entleeren muss. Auf diese anfängliche Setzung folgt die gewissermaßen transzendentallogisch punktförmige Gleichsetzung des Seins als Begriff mit dem Seienden überhaupt, das in seiner unbestimmten Unmittelbarkeit dasselbe sein soll wie das Nichts.[62] So kehrt in Hegels Anfang der Logik die Vorform des ontologischen Gottesbeweises im Satz des Parmenides wieder, wonach Denken und Sein dasselbe seien. Die Gleichsetzung von Sein und Nichts hat allerdings mit spekulativer Identität (der Identität und der Nichtidentität) nichts gemein. Denn diese findet im logischen Gegenstand ja sein Anderes an ihm selbst, was jenem ersten Sein in seiner anfänglichen Form verwehrt bleiben muss, da es die Stufe der Reflexion noch gar nicht erreicht hat, ist es doch »ohne alle weitere Bestimmung«.[63] Wenn Hegel diesem Sein aber zur Bewahrung seiner Reinheit bescheinigt, es sei »nur sich selbst gleich«, dann verunreinigt er es gegen seine Intention im selben Atemzug mit einem Reflexivpronomen, das nichts anderes anzeigt und anzeigen kann, als dass das Sein »sich« selbst offenbar doch nicht dasselbe oder vielmehr dasselbe nur in seiner Negativität gegen sich selbst ist. Bereits hier im Anfang der Logik möchte Hegel also Sachhaltiges radikal »abschütteln«, um so den Vorrang des Subjekts zu behaupten, das kein anfängliches Etwas dulden kann. »Hegel kann selbst die minimale Spur von Nichtidentität im Ansatz der Logik nicht ertragen, an die das Wort ›etwas‹ mahnt.«[64] Das Sein kann, weil es nur sich selbst gleich sein und nichts anderes in sich haben soll, nicht in das Nichts übergehen, sondern

60 Zitiert wurde hier nach der von Friedhelm Nicolin und Otto Pöggeler editierten Ausgabe: G. W. F. Hegel: Enzyklopädie der philosophischen Wissenschaften im Grundrisse (1830). Hamburg 1969, S. 196–209.

61 Den Abgrund kann Hegel auch nicht dadurch schließen, dass er im zweiten Schluss des § 576 kurz vor dem Ende der Enzyklopädie vom Standpunkt des Geistes aus die Natur dem Geist voraussetzt, weil die Schlüsse ja keine Zeitumkehr implizieren, sondern nur das absolute Selbstverhältnis der sich denkenden, konkret und völlig durchsichtig gewordenen Idee zur Darstellung bringen sollen.

62 G. W. F. Hegel: Wissenschaft der Logik I. In: Ders.: Werke in 20 Bänden, Bd. 5. Hrsg. v. Karl Markus Michel und Eva Moldenhauer. Frankfurt am Main 1976, S. 83.

63 Ebd. S. 82.

64 Adorno: Negative Dialektik (wie Anm. 35), S. 139.

muss in dieses immer schon übergegangen sein.[65] Wie kann man sich eine solche initiale Bewegung, aus der sich ja alle Gestalten der objektiven Logik vom Dasein bis zur absoluten Idee hervorbringen sollen, denken? Hegel kann das nur, indem er ein Plagiat an Heidegger begeht und dessen Jargon der Eigentlichkeit ganz unschwäbisch vorwegnimmt: »In der reinen Reflexion des Anfangs, wie er in dieser Logik mit dem Sein als solchem gemacht wird, ist der Übergang noch verborgen; weil das Sein nur als unmittelbar gesetzt ist, bricht das Nichts an ihm nur unmittelbar hervor.«[66] Dass das Nichts am Sein hervorbreche, damit sich im Werden zum Dasein der Übergang *entberge* – diese Wendung nährt eine böse Ahnung: dass der Formabsolutismus Hegels Heideggers Fundamentalontologie schon immer näher war, als es jene wahrhaben wollen, die Hegel auch nach Auschwitz noch immer vom Kopf auf die Füße stellen oder gar, wie Engster, Marx mit Hegel in Fasson bringen wollen.

Während Hegel aber die anfängliche Verunreinigung des Seins mit Zeit und Reflexivität stillschweigend übergeht, setzt Engster umgekehrt alles daran, insistent Zeit in sein Geld-Subjekt zu infundieren, um dieses so zum lebendigen Geld zu erwecken, lange bevor es raumzeitlich als Münze oder Schein und vom Staat, den Engster nicht zu kennen scheint, mehr oder weniger reguliert in Umlauf kommt. Auch sonst muss man anerkennen, dass Hegel um der ontotheologischen Schlüssigkeit seines Systems willen sich viel – auch realphilosophische – Mühe gegeben hat und, wenn er dieses bestimmten Gefahren ausgesetzt sah, diese anders als Engster und Hegelianer von heute nicht verleugnete, sondern etwa in der *Rechtsphilosophie*[67] geradezu suchte. So überraschen Hegels besorgte und manchmal für einen Augenblick fast fatalistisch anmutende Bemerkungen über die Unfähigkeit der bürgerlichen Gesellschaft »dem Übermaße der Armut und der Erzeugung des Pöbels zu steuern.« Der Armut abzuhelfen sei daher eine »wichtige, bewegende und quälende« Frage.[68] Sein Verständnis für die Rechtsferne des Pöbels und eine Ahnung von den Ursachen einer Überproduktionskrise erinnern gelegentlich und von ferne sogar an die Marxsche Kritik der politischen Ökonomie, etwa wenn Hegel die krisenhafte Unterkonsumtion auf die Formel bringt: »Im Mangel der Konsumenten besteht die Armut der Produzenten.«[69] Schließlich scheut er auch nicht die zeitlose Feststellung, dass es »auch reichen Pöbel« gebe.[70]

65 Siehe Hegel: Wissenschaft der Logik I (wie Anm. 62), S. 83.

66 Ebd. S. 104.

67 Während Engster aber aus seinem logifizierten Zeitbegriff jegliche Erfahrung als im Heideggerschen Sinne »vulgär« ausgeschlossen hat, klingt bei Heidegger, etwa in der »Langeweile«, der »Unheimlichkeit« oder der »Sorge«, eine Erfahrung von Zeit noch an. Diese Erfahrungsreste mögen Heidegger 1933 veranlasst haben, seinen heroischen Existenzialismus an den heroischen Realismus von Nazis mit bestandener Reifeprüfung und Ritterkreuzträgern aus den Freikorps anschließen zu wollen.

68 G. W. F. Hegel: Grundlinien der Philosophie des Rechts. In: Ders.: Werke in 20 Bänden, Bd. 7. Hrsg. v. Karl Markus Michel und Eva Moldenhauer. Frankfurt am Main 1976, S. 390.

69 G. W. F. Hegel: Die Philosophie des Rechts. Vorlesung von 1821/22. Hrsg. v. Hansgeorg Hoppe. Frankfurt am Main 2005, S. 224.

70 Ebd. S. 222.

In solche Niederungen des Realen begibt sich Engster in seinem rein logischen Zugriffsversuch auf die postmoderne Gesellschaft ausnahmslos nicht. Weder gibt ihm zu denken, dass Hegel seine Logik immer zugleich als Ontologik fasst, die sich im Durchgang durch die Natur und die Formen des Geistes im absoluten Geist philosophisch wiederfinden muss, noch dass Marx seine Kritik ausdrücklich als eine solche der *politischen* Ökonomie bezeichnet, die bei Hegel realphilosophisch im objektiven Geist situiert ist und keineswegs in der Logik. Dem Einwand, dass daher weder die Logik Hegels als Teil des übergreifenden Systems, noch die Wertformanalyse im *Kapital* von den Gegenständen der Realphilosophie abgespalten werden könne, begegnete Engster auf einer Podiumsdiskussion im Februar 2020 in Freiburg mit der undeutlichen Behauptung, dass die Logik des Geistes wie die des Geldes wesentlich die Methode liefere, die Gegenstände der Natur und des Geistes, die durchaus kontingent sein könnten, angemessen zu denken und zu begreifen. Damit bringt er die Geschichte der Arbeiterbewegung – als eine der Konversion vom möglichen kollektiven Subjekt der Geschichte zum realen variablen Kapital spätestens seit 1914 – und: Auschwitz auf den Status der Krugschen Schreibfeder[71] herunter und fällt obendrein hinter Hegel auf Kant zurück, indem er die Methode zum Erkenntniswerkzeug depotenziert, das dem Realen in der Weise gegenübersteht, dass es die immer schon gewesene Vermittlung zwischen dem Denken und seinem Gegenstand nicht mehr denken kann.

Hegel aber sagt sowohl, dass die Weltgeschichte Fortschritt im Bewusstsein der Freiheit sei, als auch dass die Philosophie ihre Zeit in Gedanken erfasse. Nimmt man Hegel in diesen beiden sich wechselseitig bedingenden Suppositionen ernst – und man darf annehmen, dass Engster als versierter Hegelmarxianer das tut –, dann ist leicht einzusehen, dass Hegels *Logik* nach seinem eigenen Verständnis sich auf etwa demselben weltgeistlichen Fortschrittsniveau bewegen muss wie sein realphilosophisches Desiderat, der im System der Bedürfnisse geschichtlich offenbar unvermeidbare Pöbel möge mittels Korporation, Kolonisation und subsidiärer Kontrolle[72] aus der Armut befreit werden. »Das *was ist* zu begreifen, ist die Aufgabe der Philosophie, denn das *was ist*, ist die Vernunft«, lehrt Hegel in der Vorrede zu den *Grundlinien der Philosophie des Rechts*[73]

71 Hegel war im Jahre 1802 in zwei polemischen Artikeln Traugott Krugs ebenfalls polemischer Forderung an den transzendentalen Idealismus entgegengetreten, dieser möge seine Schreibfeder philosophisch, a priori, deduzieren. Dieter Henrich zeigt in einem Vortrag aus dem Jahre 1956, dass Hegel in seinen ersten Jenaer Jahren noch nicht über einen entwickelten Begriff des Zufalls verfügte und dass »der spekulative Idealismus Hegels zwar die Notwendigkeit des Ganzen des Seienden behauptet, daß er aber dennoch so wenig beansprucht, alles Individuelle deduzieren zu können, daß er vielmehr die einzige philosophische Theorie ist, die den Begriff des absoluten Zufalls kennt.« (Henrich: Hegels Theorie über den Zufall. In: Ders.: Hegel im Kontext, wie Anm. 39, S. 160.)

72 Hegel: Die Philosophie des Rechts (wie Anm. 70), S. 224–227. Der Hauptweg zu neuen Ländern und das die Industrie »belebende Element« sei »das Meer« und die tapfere Suche neuer Länder sei die »Poesie des Gewerbes«. (Ebd. S. 224.)

73 Hegel: Grundlinien (wie Anm. 68), S. 26.

und ratifiziert damit das Bündnis zwischen der absoluten Idee auf der Höhe seiner Philosophie mit dem objektiven Geist[74] in seiner weltgeschichtlichen Gestalt der Jahre zwischen der Doppelschlacht von Jena und Auerstedt 1806 und der Julirevolution ein Jahr vor dem Tod Hegels im Jahre 1831, zwei zweifellos nicht kontingenten Ereignissen im geschichtlichen Wirkungsfeld der französischen Revolution. In den *Vorlesungen über die Geschichte der Philosophie* bestimmt Hegel diese Homologie von Philosophie und Geschichte als Selbsterzeugung der Gattung durch Arbeit: »Diese Arbeit des Menschengeistes im inneren Denken ist mit allen Stufen der Wirklichkeit parallel. Keine Philosophie geht über ihre Zeit hinaus. Die Geschichte der Philosophie ist das Innerste der Weltgeschichte.«[75]

Engster, sein Gutachter Arndt oder auch der Blogger von *Daily Hegel*[76] würden gegen Hegels eigenes Selbstverständnis wahrscheinlich immer noch einwenden, dass der bloß objektive Geist samt Weltgeschichte hinter dem absoluten Geist zurückbleibe und nur der logische absolute Begriff die Höhe und Reinheit der sich vollkommen durchsichtig gewordenen Philosophie erreiche. Aber solche Einwände »verkennen nicht nur den Totalitätsanspruch der *Logik* im System Hegels; sie nehmen auch das Resultat desselben nicht ernst, welches die Auflösung von *Realität* und *Begriff* in der wiederhergestellten ›reflexionslosen Unmittelbarkeit‹ des selbstbewussten Geistes verheißt: Ohne die Bewahrheitung dieser Verheißung schlösse Hegels Philosophieren sich überhaupt nicht zu einem ›System‹; d. h. sein Prinzip verflüchtigte sich zu einer bloß regulativen Idee, deren Verwirklichung grundsätzlich ausgeschlossen wäre. Aber gerade einer solchen Konzeption gilt Hegels Polemik.«[77] Diese Konzeption ist letztlich die Kants, die zwar auch Adorno als den »Kantischen Block« kritisiert, ohne diesen allerdings wie Hegel im absoluten Selbstverhältnis der Idee verflüssigen zu wollen.

Frank macht über den Nachweis der Verschränkung von Logik und Geschichte bei Hegel hinaus darauf aufmerksam, dass der logische Charakter seines Systems Hegel auch dazu zwinge, Frieden mit der Wirklichkeit zu schließen, und weist den bekannten Einwand, Hegel meine mit »Wirklichkeit« nur jene wahre Wirklichkeit, welche in der Idee sei, als Tautologie zurück: »Bei der Gleichung der Vernunft nur mit sich selbst sich zu begnügen, hieße eine Position repressiver Toleranz zu beziehen, die sich von der des

74 Den Hegel in seinem frühen Systementwurf von 1805/1806 gegenüber dem damals von ihm so bestimmten »wirklichen« Geist und dem absoluten noch gar nicht ausdifferenziert hatte. Siehe Walter Jaeschke: Hegel-Handbuch. Leben – Werk – Schule. 2. Aufl. Stuttgart 2010, S. 169 – 175.

75 G. W. F. Hegel: Vorlesungen über die Geschichte der Philosophie III. In: Ders.: Werke in 20 Bänden, Bd. 20. Hrsg. v. Karl Markus Michel und Eva Moldenhauer. Frankfurt am Main 1976, S. 456.

76 So der Titel eines inzwischen eingestellten Philosophie-Blogs von Marc Püschel, der nun als Autor für die Online-Plattform Philosophie Heute – Philosophie & alles, was dazugehört schreibt, wo man nachlesen kann, wie ein Hegelianer von heute seine Tage verbringt: »Twittert regelmäßig unter dem programmatischen Pseudonym Daily Hegel, schreibt unregelmäßig für das Feuilleton der ›jungen Welt‹ und ist aktiv in der Gesellschaft für dialektische Philosophie.«

77 Frank: Der unendliche Mangel (wie Anm. 41), S. 268 f.

alten Schelling kaum unterschiede und überdies den Idealismusverdacht Feuerbachs und Marxens ganz und gar ins Recht setzte«[78] – und nicht negativ dialektisch reflektierte wie Adorno in seiner Kritik der Wahrheit Hegels in ihrer Unwahrheit.

Auf ein Wort (Marx)

Auf Engsters Lektüre der *Logik* war deswegen ausführlich einzugehen, weil sich von ihr aus seine postmodern radikalisierte Entsubstantialisierung der Gesellschaft erklärt, also der Fortschritt von der hegelschen *Verflüssigung* zur *strukturalistischen* Pneumatisierung der Kategorien, und weil hier sichtbar wird, wie der Weg von Hegel zu Heidegger auch ohne Foucault und Lacan ins Holz geschlagen werden kann. Seine Ausführungen zu Marx scheinen dagegen vor allem dem ebenso ehrgeizigen wie aussichtslosen Vorhaben zu dienen, Hegel doch noch vom Kopf auf die Füße zu stellen. Sie dienen zugleich als Sichtvermerk für die linke akademische Szene, die sich in wehmütiger Erinnerung an die bolschewistische Antike mit den Subtilitäten und Kapriolen der französischen Meisterdenker schwer tut und diesen bis auf Weiteres die Polylux-Marx-Folien zum neuesten Kapitalkurs der Rosa-Luxemburg-Stiftung vorzieht. Im Übrigen haben Manfred Dahlmann und Gerhard Scheit zu Engsters Marxlektüre das Wesentliche gesagt. Von ihren Kritiken ist vor allem zu lernen, dass Marx Adorno und Sohn-Rethel eben noch nicht kannte und daher zwischen der Realabstraktion am Webstuhl und der auf dem Marktplatz nicht so streng unterschied, wie es seine Unterscheidung von Produktion und Zirkulation ansonsten nahelegt. Dass x Ware A = y Ware B sei, ist eben etwas anderes als die leidvolle Reduktion des Arbeiters auf einen bloßen Rohstoff des Kapitals, auf die »produktive Verausgabung von menschlichem Hirn, Muskel, Nerv, Hand usw.«[79] Diese Reduktion ist reale Abstraktion, da sie den Arbeiter allein als Verkäufer und Anwender seiner Arbeitskraft in Geltung setzt und dadurch jene Spaltung des unglücklichen Bewusstseins erzwingt, welche den Arbeiter sich selbst als sein Anderer gegenübertreten lässt. Diese Realabstraktion ist insofern auch *realspekulativ*, als sie eine wahnhafte Sucht des vom Zerfall bedrohten Individuums nach Identität in dieser Nichtidentität induziert, die mit Hegel das Misslingen spekulativer Versöhnung teilt. Dagegen ist jene von Sohn-Rethel visierte Realabstraktion im Tausch bekanntlich das ins Endliche zurückgenommene Transzendentalsubjekt Kants, welches nunmehr als gemünztes Apriori eine andere, nicht spekulative Einheit des Bewusstseins und der Gesellschaft stiftet. Die Warenhüter vollziehen diese identifizierende Abstraktion an den Produkten, die sie als Waren gleichsetzen, auf dreifache Weise: durch die Wahrnehmung der Waren als Träger von Wert, also als verborgenes Geld, durch den realen synallagmatischen Tauschakt und

78 Ebd. S. 269, Anm. 44.

79 Marx: Das Kapital (wie Anm. 20), S. 58.

durch die Verschiebung der libidinösen Besetzungsenergie von der veräußerten Ware auf die Gegenleistung. Es stehen sich im *Kapital* daher zwei Identitäten, die spekulative und die transzendentallogische – nicht spekulativ, sondern antinomisch – gegenüber. Dass Marx Zeit seines Lebens und gar im selben Satz schwankte, ob er nur »mit der eigentümlichen Ausdrucksweise Hegels kokettieren« oder ihn als den »großen Denker« aus der »mystischen Hülle« zu seiner wahren Größe befreien solle,[80] ist der geschichtlich gewordenen Dialektik von Antinomie und Widerspruch geschuldet, wie sie sich im nach wie vor offenen Streit zwischen Kant und Hegel darstellt. Negative Dialektik kann daher auch als der Versuch verstanden werden, die Antinomie als Widerstand gegen die spekulative Bewegung von Nichts zu Nichts zu behaupten und zu bewahren, ohne aber die Erkenntnis preiszugeben, dass Subjekt und Objekt wechselseitig immer schon vermittelt sind und der instrumentelle Zugriff auf die gesellschaftliche Wirklichkeit – sei es über die Kategorien des Verstandes, sei es über die regulative Idee eines Gottes – daher stets unwahr ist. Insofern folgt der Materialismus zwar nicht Hegels Programm spekulativer Vermittlung, die in der Selbstaufhebung der Idee in bewusstlose Natur kulminiert, hält aber dem Erfahrungsbegriff des jungen Hegel die Treue: »Diese dialektische Bewegung, welche das Bewußtsein an ihm selbst, sowohl an seinem Wissen als an seinem Gegenstande ausübt, insofern ihm der neue wahre Gegenstand daraus entspringt, ist eigentlich dasjenige, was Erfahrung genannt wird.«[81]

Diagnose und Schluss

Geistige Erfahrung aber ist Engsters Sache nicht, ihm ist die gegenständliche Realität noch nicht einmal »Bückware«,[82] denn: er braucht sie einfach nicht. Auf dem Feldherrnstandpunkt der Geld-Substanz stört kein Lüftchen die unruhige Ruhe des Geldgeistes, der im postmodernen Kritiker inkarnieren und dort ganz bei sich sein darf, wo er sich ganz genügt. Es und er bedürfen keines Äußeren und Engster will auch nichts Reales: es könnte die zeitlose Ruhe und Reinheit des sich durchsichtig gewordenen Selbst verderben.

Dieses Selbst will der im Abstrakten eingeschlossenen Gewalt des transzendentalen und des – vermeintlich spekulativ verfassten – automatischen Subjekts durch vorlaufende Identifikation mit dem Bestehenden entkommen. Der Selbstzerissenheit des unglücklichen Bewusstseins widersetzt es sich durch Mimesis an den prozessierenden Wert, dessen Selbstbezüglichkeit es im narzisstischen Rückzug auf sich selbst psychisch wiederholt und verdoppelt. »Es zeigt sich an diesem Punkt bestimmt« (Marx), dass Hegel nicht nur der metaphysische Denker des Kapitals (Krahl), sondern auch der Realphilosoph des

80 Ebd. S. 27 f.
81 Hegel: Phänomenologie des Geistes (wie Anm. 23), S. 78.

Narzissmus als der Fühlform des Subjekts ist. Dieses scheitert tagtäglich erneut in seinen lebenslänglich adoleszent bleibenden Liebesmühen, weil der Kampf um seine innere Einheit immer schon fast alle Kraft aufgezehrt hat und das begehrte Objekt daher meist nur noch für niederenergetisch narzisstische Selbstbespiegelung zur Verfügung steht. Hier wird der Spiegel, anders als bei Lacan, vom Bildner zur Prothese der Ichfunktion. Die fundamentale Spaltung in den Verkäufer (Arbeitnehmer) und das Objekt des Verkaufs (Arbeitskraft) und alle aus dieser resultierenden und mit ihr einhergehenden Spaltungen in der Konkurrenz – Unmensch und Übermensch, Citoyen und Bourgeois, Kumpel und Konkurrent – erschweren die Hingabe ans Objekt bis an die Grenze ihrer Unmöglichkeit. Überhaupt wird fraglich, ob man sich und den anderen in seinem realabstrakten Dasein als »Hirn, Muskel, Nerv, Hand usw.« oder als den konkurrierenden Propagandisten seiner selbst und seines Warensortiments auf den Märkten überhaupt lieben kann. Vor der Folie eines solcherart prekären und chronischen Staus der Libido erkennt Freud im sekundären Narzissmus den untauglichen Heilungsversuch des zur libidinösen Besetzung der Außenwelt nicht mehr fähigen Subjekts durch »Rückkehr der Objektlibido zum Ich« qua Verwandlung in Narzissmus: »Bei verdrängter Libido wird die Liebesbesetzung als arge Verringerung des Ichs empfunden, Liebesbefriedigung ist unmöglich, die Wiederbereicherung des Ichs wird nur durch die Zurückziehung der Libido von den Objekten möglich. Die Rückkehr der Objektlibido zum Ich, deren Verwandlung in Narzissmus, stellt gleichsam wieder eine glückliche Liebe dar, und anderseits entspricht auch eine reale glückliche Liebe dem Urzustand, in welchem Objekt- und Ichlibido voneinander nicht zu unterscheiden sind.«[83]

Der spekulative Idealismus Hegels erweist sich so aus der Perspektive des Wunsches als des Vaters des philosophischen Gedankens auch als eine zum System ausgelegte *performative* »Rückkehr der Objektlibido zum Ich«, welche das Reale als stets Verschwindendes wesentlich nur im Durchgang zur Konstruktion eines unverletzlichen und unsterblichen Selbst benötigt. Weil aber diese unmögliche Rückkehr in den vom Narzissten letztlich ersehnten Zustand pränataler *Koenästhesie* im solipsistisch einsamen Tod des Narziss zu enden droht,[84] sucht dieser psychisch autark zu werden und in sich in einer Sphäre hoheitlicher Immanenz gleichsam reichsbürgerhaft gegen das Eindringen

82 Siehe hierzu Joachim Bruhns Kritik an Enderwitz' Konsum, Terror und Gesellschaftskritik. Eine Tour d'horizon, Münster 2005: Realität als Bückware. Über ein neues Produkt des Theoretikers Ulrich Enderwitz. In: Bahamas 47/2005, S. 53 – 55. In dieser Rezension kritisiert Joachim Bruhn Enderwitz als einen Theoretiker, der Versatzstücke aus der Empirie nur als Reklame für seinen vorgefassten Plan benutze. Darüber werde das »Faktum blöde und zum Indiz, zur Beute eines Theoretikers.« Aber in die Versuchung, solcherart Reklame zu machen, kann der moderne Mystiker Engster gar nicht kommen, weil in ihm und aus ihm nur der Geld-Geist spricht, etwa so wie Gott im Gesang der Hildegard von Bingen.

83 Sigmund Freud: Zur Einführung des Narzissmus (1914). In: Ders.: Gesammelte Werke, Bd. 10. Hrsg. v. Anna Freud et. al. London 1949, S. 167.

84 Siehe hierzu Bèla Grunberger; Pierre Dessuant: Narzissmus, Christentum, Antisemitismus. Eine psychoanalytische Untersuchung. Stuttgart 2000 und den ersten Teil meiner Artikelfolge in sans phrase 11/2017: »Muss ein lieber Vater wohnen. Zur politischen Ökonomie der Vaterschaft.«

eines jeglichen Realen abzudichten. Die deutlichsten Symptome dieses Narzissmus sind daher Lückenphobie[85] und eine mit der wachsenden organischen Zusammensetzung des narzisstischen Subjekts einhergehende Indolenz gegen sich und andere. Um den Schmerz des Objektverlusts nicht mehr zu spüren und leiblichen Schmerz zu verhindern oder, wo das ersichtlich nicht gelingt, doch zu verdrängen, wirft sich das Subjekt mit all seiner Vorstellungskraft ganz in den Spiralstrudel einer halluzinierten objektiven Subjektivität. Diese ist zwar, wie Marx im Fetischkapitel gezeigt hat, realer Schein; als solcher kommt er aber dem anästhetischen Bedürfnis des Subjekts ebenso entgegen, wie er dieses Bedürfnis durch die Spaltung der Gattung zugleich erzeugt.

Nach allem konnte es nicht überraschen, als Engster bei jener Podiumsdiskussion im Februar 2020 in Freiburg auf die Frage, warum in seiner großen Logik nicht nur Auschwitz, sondern auch das physische Leiden überhaupt keinen Ort haben, Geschichte so vollständig in der Präsenz seiner Logik auflöst, dass er allen Ernstes zu sagen sich nicht verbietet: Man wisse doch nichts über den Schmerz, etwa im Mittelalter; es sei zu vermuten, dass man in jener Zeit kraft der Hoffnung auf die Erlösung im Paradies nicht oder jedenfalls ganz anders gelitten habe als wir. Die sich hieran anschließende Diskussion ergab, dass die Natur auch außerhalb seiner Dissertation in Engsters logisch-ökonomischem Diskurs verschwunden ist und die Gegenstände der Realphilosophie so weit außerhalb des Kreises seiner Interessen liegen, dass man nicht umhinkommt, Engster aus schmerztherapeutischer Perspektive in der Nähe von Geistheilern zu sehen. Deren bevorzugtes Therapieangebot könnte auf den Leitspruch hören: Indolenz durch Immanenz.

85 Siehe zu diesem diagnostischen Begriff Christine Kirchhoff: Hass auf Vermittlung und »Lückenphobie«. Zur Aktualität der Psychoanalyse. In: Phase 2. Zeitschrift gegen die Realität 41 (2011 / 2012). www.phase-zwei.org/hefte/artikel/hass-auf-vermittlung-und-lueckenphobie-34, letzter Zugriff: 19. 8. 2020.